국제적 분쟁과 소송금지명령
(Anti-suit Injunction)

국제적 분쟁과 소송금지명령

(Anti-suit Injunction)

이 창 현

경인문화사

iv

〈목 차〉

제1장
서론

제1절 연구의 배경 및 목적

흔히 국제적 분쟁에 있어서는 당사자들이 계약 체결 단계에서부터 미리 전속적 국제재판관할합의 또는 중재합의(양자를 합하여 이하에서는 '분쟁해결합의'라고 한다)[1]를 하여 두는 경우가 많다. 그러나 막상 분쟁이 발생하고 나면 위와 같은 합의를 의도적으로 위반하거나 그 분쟁해결합의의 성립이나 유효성 또는 불명확성을 다투면서 각자 자기에게 유리한 법정지(보통은 자국 법원인 경우가 많다)에 소를 제기하는 경우가 흔히 발생한다.[2] 특히 국제소송전략의 일환으로, 외국에서 소가 제기

---

1) 통상 주된 계약에 포함된 관할합의조항 또는 중재조항의 형태로 이루어지는 경우가 많으므로 이를 '분쟁해결조항'이라고도 하고 '분쟁해결메커니즘'이라고도 하는데, 넓게는 준거법 선택조항까지 아우르는 개념으로 사용하기도 한다(김인호, "국제계약의 분쟁해결메커니즘의 구조와 상호작용", 국제거래법연구, 제23집 1호, 2014., 222면). 김인호, 위 논문에서는 협의의 분쟁해결조항과 준거법 선택조항 사이의 유기적 상호작용에 관해 분석하고 있다.

2) 여기서 자기에게 가장 유리한 법정지란 것은 뒤집어 말하면 상대방에게 가장 불리한 법정지라고 할 수 있다. 어떤 면에서는 후자가 현실의 소송전략에서는 더 중요한 의미를 가진다고 할 수 있겠다. 보통은 자기에게 유리한 법정지로 자국 법원을 선택하는 경우가 많겠지만, 외국법원을 선택하는 경우도 많다. 예컨대, 미국회사인 애플은 2011. 8. 4. 독일 뒤셀도르프 지방법원에 삼성전자 독일법인과 삼성전자를 상대로 갤럭시 탭 등 제품의 판매금지를 구하는 가처분을 신청하였는데, 이는 독일법원이 특허권 규정을 엄격히 적용해 특허권자에 유리한 판결을 낼 뿐 아니라 특허침해소송의 본안판결이 날 때까지 길게는 수년간 특허를 침해한 제품판매를 아예 금지하는 등 특허보호를 위해 적극적인 조치를 취하고 있기 때문이고, 특히 뒤셀도르프 법원은 가처분 신청을 다른 지역보다 빠르게 처리해주고, 2009년 기준 특허권자 승소율이 62%나 되는데 이는 세계 평균 35%와 비교하면 두 배 수준이기 때문이라고 한다(정선주, "민사소송법적 관점에서 본 삼성-애플의 독일 특허쟁송", 민사소송, 제17권 1호, 2013., 287면 주2). 최근(2019. 4.경)에 한국 회사들인 LG화학이 SK이노베이션을 상대로 미국 ITC(국제무역위원회)와 델라웨어주 지방법원에 영업비밀침해 및 특허침해 관련 소송을 제기한 사례도 비슷한 예이다. 이에 맞서 SK이노베이션은

4 국제적 분쟁과 소송금지명령

되었거나 소 제기가 임박한 상황에서 당사자 일방이 자국 또는 자기에게 유리하고 상대에게 불리한 특정 국가의 법원에 별도로 채무부존재확인과 같은 소극적 확인의 소를 제기하여 소송을 지연시키거나, 자국 법정이 제공하는 사실상의 우대를 이용하여 자신에게 유리한 판결을 받아내려 하거나, 장래 외국에서 선고될 판결의 승인 및 집행을 차단하기 위한 전략으로 사용하는 경우가 있다.[3] 이는 유럽에서 흔히 '이탈리아 어뢰 공격(Italian Torpedo)'[4] 또는 '어뢰소송(Torpedo Litigation)'이라고 부르는 소송전략의 하나로서, 이탈리아와 같이 소송 진행이 느리기로 유명한[5] 국가의 법원에 선제적으로 소(주로 소극적 확인의 소)를 제기하여

먼저 서울중앙지방법원에 채무부존재확인 및 명예훼손에 따른 손해배상청구 소송을 제기하였고, 그후 미국 ITC와 연방법원에 특허침해 관련 소송을 제기하였다. 양측이 미국에서 소송을 제기한 이유는 입증의 편의와 증거개시제도(discovery), 미국 소재 회사에 대한 배터리 판매를 금지하는 판결에 대한 집행력 확보의 잇점 때문이라고 한다(법률신문, 2019. 10. 7.자 6면 기사 및 http://news.mt.co.kr/mtview.php?no=2019061014118291398 기사 참조)(2020. 7. 20. 최종방문). 위 사건에 관하여 최근(2020. 2. 14.)에 미국 ITC는 LG화학이 제기한 SK이노베이션의 조기패소 요청을 받아들여 SK이노베이션의 조기패소판결(Default Judgment)를 선고하였다(https://www.dailian.co.kr/news/view/877806?sc=Naver 기사 참조)(2020. 7. 20. 최종 방문). 최근 양사가 합의하여모든 관련 소송을 취하하기로 하였다.

3) 이러한 소극적 확인의 소의 문제점과 처리방안에 관해서는, 석광현[국제민사소송법], 199~200면; 석광현[개정안 총칙], 95, 96면; 양석완, "소극적 확인의 소와 국제적 소송경합 - 소송지연 또는 유리한 법정지선점 전략으로 악용되는 경우를 중심으로-", 고려법학, 제64호, 2012. 3., 481면 이하; 이규호, "선제타격형 국제소송에 대한 연구", 민사소송 제14권 제2호(2010. 11.), 117면 이하; 김용진 [2016], 21면 이하 참조.

4) 이는 Franzosi, Mario, "Worldwide Patent Litigation and the Italian Torpedo", European Intellectual Property Review, 1997., 382에서 처음 사용된 표현이다.

5) 일례로 Trasporti Castelletti v. Hugo Trumpy 사건(Case C-159/97, Trasporti Castelletti Spedizioni Internazionali SpA v. Hugo Trumpy SpA [1999] ECR I-01597)에서는, 이탈리아 대법원이 영국 관할조항과 관련된 소송을 심리할 관할권이 없다는 최종판결을 받아내는 데까지 10년 이상의 시간이 소요되었다.

상대방을 곤란에 빠트리는 것을 말한다. 이와 같은 경우 만약 선행하는
소극적 확인의 소와 후행하는 이행의 소를 동일한 청구라고 본다면,[6] 설
령 이탈리아에서의 소송이 종국에는 국제재판관할권이 인정되지 않아
각하된다고 하더라도 그 때까지 상당한 기간 동안 후행[30] 이행의 소가
중지되거나 각하됨으로써[7] 상대방 당사자로서는 여러 가지 면에서 고통
을 당하게 된다. 최근에는 다국적 특허소송에서 자신에게 보다 유리하고
상대방에게 불리한 법정지를 선택하여 선제적으로 소를 제기하는 보다
진화된 형태도 많이 발견된다.[8]

실제로 국제적 분쟁에서 이와 같이 외국법원에서 소송을 제기 당한
다는 것은 피소자로 하여금 응소로 인한 상당한 비용과 시간, 노력을 소
비하게 만들고, 그 외에도 외국법 및 사법제도의 부지, 절차의 생소함,
승패의 예측불가능성, 지리적 거리와 언어 및 문화적 차이로 인한 의사
소통의 어려움, 소송지연 및 정당한 권리 실현 지연 등으로 인한 물질
적·정신적 고통에 시달리게 한다. 그밖에도 법정지가 달라짐으로 인한
절차적 차이(예컨대, 변호사 비용부담, 성공보수금, 법관의 질, 증명의

---

6) 소극적 확인의 소와 이행의 소 사이에 소송물이 동일한지 또는 중복제소에 해
   당하는지의 문제에 관해서는 많은 논란이 있으나, 유럽사법재판소는 핵심쟁점
   (core issue 또는 Kernpunkt)이 공통된다면 동일한 청구라고 보아 이를 동일한
   청구라고 본다(Gubisch Maschinenfabrik KG v. Guilio Palumbo [1987], C-144/86,
   ECR 4861; Tatry v. Maciej Rataj [1994], C-406/92, ECR I-5439; Erich Gasser GmbH v.
   MISAT Srl. [2003], C-116/02, ECR I-14693). 국내에서도 이에 관한 다양한 논의가
   있으나, 이 쟁점은 본 논문의 범위를 벗어나므로 생략한다. 상세한 내용은 위
   주3에서 소개한 문헌들 참조.
7) 국제적 소송경합의 처리에 관해서는 뒤에서 다시 살펴보기로 한다.
8) 앞서 본 주2의 사례 및 뒤에서 볼 Samsung v. Huawei 사건, 독일의 Nokia v.
   Daimler and Continental 사건, 프랑스와 영국, 미국 법원에서 제기된 IPCom v.
   Lenovo and Motorola 사건 등이 그러한 사례이다. 위 독일, 프랑스, 영국 사례에
   서는 미국법원에 선제 소송이 제기되었는데, 이를 두고 어떤 논자는 Italian
   torpedo에 빗대어서 US torpedo라고 부르기도 한다(http://patentmyfrench.com/
   no-u-s-torpedo/ 참조)(2020. 7. 20. 최종 방문).

정도[9] 및 방법, 증거개시제도, 배심제도, 금지명령 또는 보전처분 제도, 집행 절차 및 집행가능성 등 lex fori에 따른 소송절차상의 차이) 및 실체적 차이(예컨대, 징벌적 손해배상 등 고액의 손해배상 가부, 특허침해소송에서 특허권자에게 보다 우호적인 태도인지 여부,[10] 명예훼손으로 인한 손해배상 소송에서 책임발생 요건과 증명책임의 차이[11]) 등으로 인하여 불측의 피해를 입을 가능성이 상존한다.[12] 이러한 부담은 때로는

---

9) 예컨대, 영미에서는 전통적으로 민사소송에서 요구되는 증명의 정도가 우리 민사소송법상 요구되는 증명의 정도인 '고도의 개연성' 정도보다 완화된 '증거의 우월(preponderance of evidence)' 또는 '우월한 개연성(preponderance of probabilities)' 정도로 충분하다고 한다(석광현[국제민사소송법], 317~318면). 한편, 준거법 결정과 관련하여, 증명의 정도(증명도)가 절차의 문제인지, 실체의 문제인지에 관해서는 논란이 있는데(절차법설과 실체법설이 대립한다), 이에 관해서는 뒤에서 다시 살펴본다.

10) 이는 주2에서 보았다.

11) 예컨대, 미국의 경우 수정 헌법 제1조에 따라 표현의 자유 및 언론의 자유가 강하게 보호됨에 따라 언론사에 대한 명예훼손 책임을 인정받기가 비교적 어려운 편임에 반하여, 영국법상으로는 명예훼손으로 인한 손해배상소송에서 원고가 피고의 고의, 허위사실인지 여부, 특별한 손해를 증명할 필요가 없고, 그 결과 원고에게 매우 우호적인 환경이고 책임 인정이 비교적 쉬우며 손해배상 액도 고액이라고 한다. 이러한 이유로 런던이 '세계 명예훼손 소송의 수도(libel capital)'라고 불리운다고 한다(Hartley[2009], 277.)

12) 흔히 이러한 이유들로 인하여 '법정지쇼핑'(forum shopping)이 이루어지게 된다. 법정지쇼핑의 원인 및 결과에 관한 문헌은 매우 많은데, 우선 석광현[2000], 2면; Andrew S. Bell, Forum shopping and venue in transnational litigation, Oxford University Press, 2003., para. 1.01~2.58; Salles, Luiz Eduardo Ribeiro, Forum shopping in international adjudication : the role of preliminary objections, Cambridge, United Kingdom : Cambridge University Press, 60~90; Ferrari, Franco(ed.), Forum shopping in the international commercial arbitration context, Munich : sellier european law publishers, 2013., 1~22; Whytock, Christopher A., "The evolving forum shopping system", Cornell Law Review, vol. 96, 2011., 485~490; Assarch, Ali, "Forum shopping and the cost of access to justice: cost and certainty in international commercial litigation and arbitration", Journal of Law and Commerce, Vol. 31(1), 2012., 4~12 등 참조.

기업이나 개인의 존립을 위협하는 심각한 수준일 수도 있고, 그러한 부담 때문에 분쟁에 대한 법적대응 자체를 포기하거나, 울며 겨자먹기 식으로 화해에 응할 수밖에 없도록 내몰기도 한다.13) 그 정도가 아니라고 해도 적어도 이러한 '선제 어뢰공격' 한 방으로, 당사자간 협상력(bargaining power)의 균형추를 일시적으로 흔들어 놓을 수는 있다.

이에 대한 상대방의 구제수단으로는 사후적으로 손해배상을 청구하여 입은 손해를 전보받을 수도 있겠지만, 사전에 이러한 악의적 시도를 차단하기 위한 보다 적극적 수단을 강구할 필요가 있다. 바로 그러한 선제적·적극적 구제수단 중의 하나로 영미법계에서 널리 활용되고 있는 제도가 바로 'Anti-suit Injunction'(이하 '소송금지명령'14)이라 한다)이다.

---

13) 특히, 다국적기업이나 대기업과 같은 경제적 강자에 비해서 중소기업이나 개인사업자 같은 경제적 약자의 경우 이러한 위험은 훨씬 증대된다.

14) [용어 정리] 현재 우리나라 문헌에서 사용되고 있는 'Anti-suit Injunction'의 국문 번역은 '소송유지명령(訴訟留止命令)', '소송금지명령', '제소금지명령', '제소금지가처분', '이중소송 정지명령' 등 여러 가지가 있다. 일본에서는 '차지명령(差止命令)'이라는 표현이 사용된다. 영미법계와 우리나라는 제도가 서로 다르기 때문에 반드시 어느 용어가 더 정확하다고 할 수는 없다. 종래 국내 문헌에서는 '소송유지명령'이라는 용어가 더 많이 사용되는 것으로 보이는데, ① 소를 제기하기 전에 미리 이를 금지하는 것뿐만 아니라, 이미 제기된 소를 정지(stay)하는 내용까지 포함시킨다는 의미에서는 '금지'보다는 '유지(留止)'라는 표현이 좀 더 적절한 것으로 보이고, ② 현행법인 우리 상법도 영미법상의 injunction 제도를 도입하면서 이를 '유지청구권'이라고 명명하고 있는 점(상법 제402조, 제424조, 제564조의2) 등을 고려하면, 전문용어로서는 '소송유지명령'이라는 용어가 적절해 보이기는 한다. 그러나 가급적이면 '유지(留止)'라는 어려운 말보다는 일반인도 쉽게 이해할 수 있는 용어를 사용하는 것이 현대적인 추세인데다, '소송유지'라고 하면 자칫 금지가 아니고 반대로 '소송을 계속한다'는 의미로 오인될 소지가 있는 점, 가처분과 관련해서는 '제소금지가처분'이라는 용어가 널리 사용되고, 지식재산권 또는 민법 분야에서는 일반적으로 '금지청구' 또는 '금지명령'이라는 용어가 통용되고 있는데 그와의 정합성을 유지할 필요가 있는 점 등의 이유에서, 본 논문에서는 편의상 '소송금지명령'이라는 용어를 사용하기로 한다. 다만, 우리 법제상 영미법상 'Anti-suit Injunction'과 가장 유사한 기능을 하는 것은 보전처분 단계에서 제소금지를 명하는 가처분

예컨대, 영국을 중재지로 하는 중재합의가 있었음에도 불구하고, 한국법원에 소를 제기한 경우 영국법원은 한국에서의 소제기를 금지하는 내용의 소송금지명령을 발령하고 있다. 현재까지 영국과 미국 등 여러 국가들에서 소송금지명령을 발령하고 있는 추세인데,15) 실제로 한국 당사자들이 한국법원에 채무부존재확인의 소를 제기하였다가 영국이나 미국법원으로부터 소송금지명령을 당한 사례들도 있었다.16) 최근에는 Samsung v. Huawei 사건과 Apple v. Qualcomm 사건, Microsoft v. Motorola 사건 등 글로벌 기업들 사이에서 소송금지명령이 문제되어 언론의 주목을 받은 사례들이 있었다.17)

　그런데 한국에서도 이와 같은 소송금지명령을 발령할 수 있을까? 구체적으로, 국제적 분쟁에 있어서 한국법원이 외국법원에서의 제소를 금지하는 내용의 소송금지가처분 또는 그 본안소송에 해당하는 소송금지판결을 선고할 수 있을까? 혹은 한국 중재판정부가 그러한 내용의 임시적 처분 또는 중재판정을 내릴 수 있을까? 만일 가능하다고 한다면, 과연 어떠한 법적 근거로, 어떠한 요건 하에 그것이 가능한가? 그 효력 및 집행방법은 어떠한가? 거꾸로 외국법원 또는 외국 중재판정부가 한국에서의 제소를 금지하는 내용의 소송금지명령 또는 임시적 처분을 발령한 경우 그 효력은 어떠하고, 이를 국내에서 집행할 수 있는가?

　이러한 논점들에 관하여, 종래에 외국에서는 영미법계 국가와 유럽국가들을 중심으로 하여 많은 연구자료 및 판례들이 나와 있는 반면에, 국

이 될 것이므로, 'Anti-suit Injunction'의 한국적 대체 제도를 말할 때는 '소송금지명령'과 '소송금지가처분'이라는 용어를 호환적으로 사용하기로 한다.
15) 각국의 태도에 대해서는 뒤에서 자세히 살펴본다.
16) 뒤에서 살펴볼 China Trade and Development Corp. v. M.V. Choong Yong 사건, Rationis Enterprises, Inc. Of Panama and Mediterranean Shipping Co. S.A. of Geneva, 97 Civ. 9052(Ro) 사건, 서울중앙지방법원 2013. 5. 16. 2013가합7238 사건 등이 그러한 사례이다.
17) 위 사례들에 대해서도 뒤에서 다시 살펴본다.

내에서는 아직 단편적이고 개괄적인 연구자료들[18])이 소수 나와 있고 그 나마도 외국 사례에 대한 소개와 함께 한국에서의 적용 가능성을 간략히 언급하는 정도에 그칠 뿐, 이론적인 근거와 요건, 효력, 준거법, 집행 등을 소송금지명령의 각 유형별로 정치하게 체계적으로 분석하고 있는 연구자료는 거의 없는 실정이다. 더구나 국내에서는 하급심 판례까지 포함하여도 아직 이에 관한 판례가 발견되지 않는다.

본 논문은 국제적 분쟁에서 소송금지명령의 한국 내 활용가능성에 관하여 보다 체계적이고 정치한 분석작업을 시도해 보고, 무엇보다도 한국법상 그것이 가능할 이론적 근거 및 구체적 요건론의 시론적 모색과 이에 부수하는 쟁점으로서 효력 및 집행, 준거법 등의 국제민사소송법적 문제들을 종합적으로 규명해 보기 위한 목적에서 작성되었다. 이를 통해 국제적 분쟁에서 종종 이슈가 되는 소송금지명령이 국내에서는 실제로 어떻게 활용될 수 있는지를 구체적으로 형상화 해보고 나아가 이를 기초로 현재의 국제거래 실무와 세계적 동향 하에서 한국 당사자들이 취해야 할 대응책 및 입법론적 대안을 나름대로 제시해 보고자 한다. 이를 위한 선행작업으로 비교법적 검토가 필요함은 물론이다.

한편, 본 논문의 주된 연구 대상은 소송금지명령의 한국법상 적용 가능성이지만, 이 논의는 유사한 법제를 따르는 일본이나 독일 등 대륙법계 국가들에게도 약간의 참고가 될 수 있을 것으로 본다.

---

18) 현재까지 소송금지명령을 주된 연구대상으로 삼은 국내 문헌들은 다음과 같다. 석광현[소송유지명령]; 김동진[2004]; 이규호[2019]; 이규호[집행금지명령]; 조인영[2020]. 그 외에 부수적인 쟁점으로 소송금지명령을 다룬 문헌들은 더 많은데, 이에 관해서는 뒤의 각 해당 부분에서 다시 언급한다.

제2절 상정 가능한 소송금지명령의 여러 모습

우선, 실무상 또는 이론상 발생할 수 있는 소송금지명령의 여러가지 모습(유형)을 한번 상정해 보자.

먼저, ① 한국 당사자를 기준으로 할 때 소송금지명령을 제기하는 경우(능동형)와 제기 당하는 경우(피동형)가 있다. ② 발령 주체를 기준으로 할 때는 외국법원 발령, 외국 중재판정부 발령, 한국법원 발령, 한국 중재판정부 발령의 경우로 나눠볼 수 있다. ③ 금지하는 내용을 기준으로 할 때는 소송금지명령(Anti-suit Injunction), 중재금지명령(Anti-arbitration Injunction),[19] 집행금지명령(Anti-enforcement Injunction),[20] 증거개시절차 금지명령(Anti-discovery Injunction),[21] 소송금지명령이나 중재금지명령을 금지하는 명령(Anti-anti-suit Injunction,[22] Anti-anti-arbitration Injunction) 등

---

19) 영국에서 Anti-arbitration Injunction이 발령된 판례로는 Claxton Engineering Services Ltd v. TXM Olaj-Es Gazkutato KFT [2011] EWHC 345; Elektrim SA v. Vivendi Universal SA (No 2) [2007] EWHC 571 (Comm); Albon v. Naza Motor Trading Sdn Bhd [2007] EWCA Civ 1124; Excalibur Ventures LLC v. Texas Keystone Inc [2011] EWHC 1624 (Comm) 등이 있다. 다만, 영국에서 중재금지명령은 'competence- competence' 원칙으로 인하여 매우 예외적인 경우에만 발령이 허용된다고 한다(Fentiman[2015], para 16.05. 같은 취지의 판례로는 Weissfisch v. Julius [2006] EWCA Civ 218; Claxton Engineering Services Ltd v. TXM Olaj-Es Gazkutato KFT [2011] EWHC 345).

20) 뒤에서 다시 살펴보겠지만, 최근 Samsung v. Huawei 사건에서 문제된 것도 바로 이 집행금지명령(Anti-enforcement Injunction)이다. 영국에서 Anti-enforcement Injunction이 발령된 판례로는 Bank St Petersburg OJSC v. Vitaly Arkhangelsky [2014] EWCA Civ 593; Ecobank Transnational Inc v. Tanoh [2015] EWCA Civ 1309 등이 있다. 영국의 Anti-enforcement Injunction에 대한 상세한 소개는 Raphael [2019], para. 5.65~5.72 참조. 집행금지명령에 관한 국내 문헌으로는 이규회[집행금지명령], 24~26, 30, 31면 참조.

21) 이는 영미의 '증거개시절차(discovery)'를 금지하는 명령이다. 이에 관해서는 Born/Rutledge[2018], 1013 참조.

22) 영국에서 Anti-anti-suit Injunction이 발령된 판례로는 General Star International In-

으로 나눠볼 수 있다. ④ 대상 국가를 기준으로 할 때는 한국 법원·중재
판정부에 제기된 소송·중재를 금지하는 경우와 외국 법원·중재판정부에
제기된 소송·중재를 금지하는 경우로 나눠볼 수 있다. ⑤ 위 소송금지명
령이나 중재금지명령 중에서는 아직 제소 또는 중재신청이 이루어지기
전에 사전적·선제적으로 제소 또는 중재신청 행위를 금지하는 내용의
명령, 이미 제기된 후에 소송절차 또는 중재절차의 진행을 중지 또는 유
지(留止)하는 내용의 명령, 나아가 이미 제기된 소송절차 또는 중재절차
의 취하를 명하는 내용의 금지명령(취하명령)이 있을 수 있다. ⑥ 금지의
무(부작위의무)의 발생 근거를 기준으로 보면, 분쟁해결합의(전속적 국
제재판관할합의 또는 중재합의) 위반의 경우와 그밖의 경우(분쟁해결합
의 위반 외의 부당한 외국 제소 또는 중재신청)로 나눠볼 수 있겠다.

이와 같이 상정 가능한 소송금지명령의 다양한 국면을 응용해 보면
다음과 같은 여러가지 경우의 수가 나올 수 있다. 예컨대, 외국법원이
한국법원에 제기된 소송에 관하여 분쟁해결합의 위반 외의 부당한 외국
제소를 이유로 소송금지명령을 발령하는 경우(아래 표의 ②-1, ⓐ-1, ⓑ-1,
ⓒ-3),23) 한국법원이 외국법원에 제기된 소송에 관하여 전속적 국제재판
관할합의 위반을 이유로 소송금지명령을 발령하는 경우(아래 표의 ①-1,
ⓐ-2, ⓑ-1, ⓒ-2), 외국 중재판정부가 한국법원에 제기된 소송에 관하여
중재합의 위반을 이유로 소송금지명령을 발령하는 경우(아래 표의 ②-2,

demnity v. Stirling Brown [2003] Lloyd's Rep IR 719; Sabah Shipyard v. Government
of Pakistan [2003] 2 Lloyd's Rep 571; Ecom Agroindustrial Corp Ltd v. Mosharaf
Composite Textile Mill Ltd [2013] EWHC 1276 (Comm); IPCom v. Lenovo UK and
Motorola UK [2019] EWHC 3030 (Pat) 등이 있다. 독일법원과 프랑스법원이
Anti-anti-suit Injunction을 발령한 판례로는 뒤에서 볼 Nokia v. Daimler and
Continental 사건과 IPCom v. Lenovo and Motorola 사건이 있다.
23) 뒤에서 볼 China Trade and Development Corp. v. M.V. Choong Yong 사건과
Rationis Enterprises, Inc. Of Panama and Mediterranean Shipping Co. S.A. of Geneva
v. Hyundai Mipo Dockyard Co. Ltd. 사건이 이러한 경우에 해당한다.

ⓐ-1, ⓑ-1, ⓒ-1), 한국법원이 외국중재판정부에 제기된 중재에 관하여 중재합의 위반을 이유로 외국에서의 중재절차를 금지하는 중재금지명령을 발령하는 경우(아래 표의 ①-1, ⓐ-2, ⓑ-2, ⓒ-1), 외국법원이 외국법원에 제기된 집행신청에 관하여 분쟁해결합의 위반 외의 부당한 외국 제소를 이유로 집행금지명령을 발령하는 경우(아래 표의 ②-1, ⓐ-2, ⓑ-3, ⓒ-3)[24] 등의 다양한 조합이 가능하다.

이상의 여러 모습(유형)을 표로 정리해 보면 아래와 같다.

발령주체 기타	① 한국		② 외국	
	①-1 법원	①-2 중재판정부	②-1 법원	②-2 중재판정부
ⓐ 대상 국가	ⓐ-1한국 법원·중재판정부		ⓐ-1 한국 법원·중재판정부	
	ⓐ-2 외국 법원·중재판정부		ⓐ-2 외국 법원·중재판정부	
ⓑ 금지의 내용	ⓑ-1 소송금지(Anti-suit Injunction)			
	ⓑ-2 중재금지(Anti-arbitration Injunction)			
	ⓑ-3 기타(Anti-enforcement Injunction, Anti-discovery Injunction, Anti-Anti-suit Injunction, Anti-anti-arbitration Injunction)			
ⓒ 금지의 근거	ⓒ-1 중재합의 위반			
	ⓒ-2 전속적 국제재판관할합의 위반			
	ⓒ-3 기타(분쟁해결합의 위반 외의 부당한 외국 제소)			

제3절 연구의 방법 및 범위

본 논문을 작성함에 있어서 방법론적으로 특히 아래의 점들을 유념하였다.

첫째, 본 논문에서는 위 표의 각 유형을 전체적으로 다루었지만, 그

---

24) 뒤에서 볼 Samsung v. Huawei 사건에서 미국법원이 Huawei를 상대로 발령한 집행금지명령(Anti-enforcement Injunction)이 이러한 경우에 해당한다.

중에서 가장 중점을 둔 연구 대상은 '한국법원이 외국법원에 제기된 소송에 관하여 소송금지가처분'을 발령 가능한지이다(위 표의 ①-1, ⓐ-2, ⓑ-1, ⓒ-1~3). 따라서 주된 초점은 외국 이론의 소개가 아니라 국내에서 소송금지명령이 허용될 수 있는지, 있다면 그 이론적 근거가 무엇이고 구체적인 요건은 무엇인지, 그에 따른 효력이나 집행, 준거법 등 부수되는 국제민사소송법적 쟁점들을 종합적으로 다루고자 함에 있다. 그 결과 불가피하게 국내 민사소송법학 또는 민사집행법학, 민법학의 영역에서 이뤄져야 할 논의에 관해서도 상당 부분 거론할 수밖에 없지만, 이는 필요 최소한의 범위 내에서만 다루고 상세 내용은 생략한다.

둘째, 국내에서의 활용 가능성에 초점을 둔다 하더라도, 소송금지명령은 원래 영미법계에서 유래한 제도라서 우리에게는 매우 생소한 것이고, 실제로도 영미법계 국가들을 중심으로 외국에서 적극적으로 활용 및 논의되어 온 제도이므로, 외국의 논의 및 사례에 대한 비교법적 검토는 불가피하다. 그러나 이 또한 논문의 분량상 필요 최소한의 범위 내에서 압축적으로만 다룬다. 다만, 국내법상의 해석론이나 시론을 제시함에 있어서 참고가 될 필요성이 큰 부분, 예컨대 허용 근거나 구체적인 요건론 및 판단기준을 제시하는 외국의 이론 및 판례에 관해서는 비교적 상세히 검토한다. 이 과정에서 추출된 외국법의 핵심 이념과 해석론을 국내 해석론에도 반영하고자 시도하였다.

셋째, 위 첫째(국내법상 해석론에 치중)와 둘째(비교법적 검토) 양자의 방법을 병행하여 연구를 진행함에 있어서 지속적으로 봉착하게 되는 하나의 문제점은, 대륙법을 계수한 우리 국내법상 해석의 한계 지점과 영미법계의 법리가 서로 끊임없이 충돌한다는 점이다. 이러한 법계의 충돌은 국제적 분쟁 관련 연구에 있어서는 숙명적인 것이기는 하지만 특히 본 논문의 연구 대상인 소송금지명령에 관해서는 더하다. 본 논문에서는 영미법에서 유래하고 활용되어 온 이 제도의 한국적 수용가능성을 논증함에 있어서 대륙법계의 근본적 한계를 넘지 않으면서 기존의 대륙법계 도그마에 지나치게 사로잡히지 않고 영미법계 법리를 최대한 수용해 보고자 시도하였다. 궁극적으로 '양 법계의 조화'와 '他山之石에 의한 수용 및 한계점 설정'이라는 가치를 지향하였다.

넷째, 단순히 이론적인 논의에만 그치지 않기 위해, 본 논문에서는 실제로 법원에 제기될 구체적인 사안을 염두에 두고 그 심리 구조나 단계적 순서에 따라서 논의를 진행하였다. 구체적으로는, 국내에서 소송금지명령과 가장 유사한 제도로 기능할 것으로 예상되는 소송금지가처분 신청에 대하여 법원이 어떠한 단계로 심리하여 판단하게 될 것인지를 상정하여 논의를 전개하였다.

다섯째, 앞서 본 소송금지명령의 다양한 모습(유형)에 따른 분류를 기초로 각 유형별로 구분하여 논의를 진행하였다. 기본적으로는 한국법원이 발령하는 경우와 한국 중재판정부가 발령하는 경우를 나눠서 보는데, 전자에 더 중점을 둔다. 분쟁해결합의(전속적 국제재판관할합의 또는 중재합의) 위반의 경우와 그밖의 경우(분쟁해결합의 위반 외의 부당한 외국 제소 또는 중재신청)로도 나눠서 보는데, 後者의 경우는 국내 선행 연구가 전무하다시피 하여 거의 시론적인 해석론을 전개하여 보았다. 한편, 논의 전개가 유사한 전속적 국제재판관할합의 위반과 중재합의 위반의 경우 중에서는 前者를 주로 다루고, 後者는 반복을 피하는 선에서 요약 또는 異同 비교 방법으로 기술하였다.

여섯째, 궁극적으로는 우리 국내법의 해석론으로도 외국처럼 소송금지명령이 제한적으로 가능하다는 결론을 도출하게 되는데, 이에 있어서 우선은 법리적 해석론에 근거하지만, 최근의 국제적 동향과 국제적 분쟁에서의 현실적·정책적 필요성도 아울러 고려하였다. 현실적 필요성은 법리 해석론과 전혀 무관하지 않고 어느 정도 영향을 미친다.

일곱째, 국내에서도 예외적으로 일정한 경우에는 소송금지명령을 인정할 수 있다고만 하고 그칠 것이 아니라, 법적 안정성과 예측가능성을 높이기 위해서는 좀 더 구체적인 요건론이나 판단기준, 그밖의 고려요소들을 시론적으로 제시해 보고자 노력하였다. 당연히 부족하거나 무리한 부분이 있을 것이고, 이는 후일 다른 연구로 보완될 것임을 예정하였다.

본 논문의 범위와 관련해서는 위에서 언급한 제한 외에도 다음과 같은 범위 제한이 필요하다. 본 논문에서는 기본적으로 국제적 분쟁, 즉 외국적 요소가 있는 사건을 전제로 논의를 진행하였고, 순수한 국내적 분쟁은 특별히 언급하는 경우를 제외하고는 논의 대상에서 제외하였다. 예컨대, 한국법원이 한국에서의 다른 소송을 금지하는 내용의 소송금지명령은 특별한 언급이 없는 한 본 논문의 논의 대상이 아니다.

제4절 논의 순서

먼저 제2장에서는 소송금지명령 제도가 국제적 분쟁에서 가지는 실제적 의미 및 기능을 살펴보고, 한국 당사자가 관련된 실제 사례의 소개를 통해 소송금지명령의 실제와 이것이 한국과 무관한 문제가 아님을 확인한다. 이어서 비교법적 검토를 통해 각국의 태도와 법리를 살펴본다.

제3장에서는 본격적으로 한국법원의 발령 가능성에 관해서 살펴본다. 우선 국내에서의 개론적인 논의 현황을 살펴본 후에 한국법원의 소송금지가처분 발령 가부에 관해서 본다. 그에 있어서는 실제 가처분 사건의 심리 단계별로 나누어 재판권 및 국제재판관할권의 존재(준거법 포함), 피보전권리의 존재, 보전의 필요성 요건을 차례로 검토한다. 특히, 가장 핵심적인 문제인 '피보전권리(다툼 있는 권리관계)[25]의 존재'에

---

25) [용어 정리] 뒤에서 다시 살펴보겠지만, 한국법상 임시 지위를 정하는 가처분의 요건으로는 '다툼 있는 권리관계의 존재'가 요구됨에도(민사집행법 제300조 제2항), 통상 학계 및 실무계에서는 이를 '피보전권리의 존재'라고 칭하고 있다. 이는 법문상 정확한 용어사용은 아니다. 다만, 적용의 실제에 있어서 양자의

관해서 전속적 국제재판관할합의 위반, 중재합의 위반, 분쟁해결합의 위반 외의 부당한 외국 제소의 경우로 나누어 상세히 검토한다. 부수적인 쟁점으로 담보의 제공, 인용결정의 주문례, 효력 및 집행 등의 문제도 아울러 검토한다. 이어서 한국법원의 중재금지가처분 발령 가부, 집행금지가처분 발령 가부에 관해서도 살펴본다.

제4장에서는 한국 중재판정부의 소송금지명령 발령 가능성에 관해 살펴본다.

제5장에서는 대응책 및 입법론을 제시해 보고, 제6장 결론에서는 국제적 동향 및 소송금지명령 제도를 수용할 현실적·정책적 필요성과 장래의 과제를 음미해 본다.

차이가 있다고 보기 어렵고, 이미 널리 사용되고 있는 표현이어서 이해하기도 쉬운 점에서 본 논문에서도 편의상 '다툼 있는 권리관계'를 '피보전권리'라고 칭하기로 한다.

제2장
소송금지명령의 개요 및 비교법적 검토

제1절 제도의 개요와 실제

I. 개념 및 연혁

소송금지명령(Anti-suit Injunction)은 원래 영국에서 기원한 제도로서 피신청인으로 하여금 외국법원 또는 중재판정부에 제소 또는 중재신청을 개시하지 못하게 하거나 이를 중지하게 하거나 취하하도록 명하는 법원의 명령을 말한다.[1] 그 역사는 매우 오래되어서 15세기 무렵 영국의 형평법 법원(Court of Chancery)이 형평법에 반하는 판결을 얻기 위한 소송을 영국 보통법 법원(Common law courts)에 제기하는 것을 금지하기 위해 발령한 것이 그 기원이라고 한다(이것을 영국에서는 'common injunction'이라고 한다).[2][3] 영국에서 1665년에 선고된 Love v. Baker 판결[4]에서 이미 Lord Clarendon 대법원장이 소송금지명령에 관해 '위험한

---

1) Raphael[2019], para. 1.05.
2) Hartley[2009], 222.; Raphael[2019], para. 2.03.
3) 논자에 따라서는, 그보다 앞서 보통법 법원(common law courts)이 교회 재판소 (ecclesiastical courts)의 관할 확장을 막기 위해 발령하던 금지영장(writ of prohibition)을 기원으로 보기도 하는데, 예컨대, Bermann, George A., "The use of anti-suit injunctions in international litigation", Columbia Journal of Transnational Law, Vol.28(3), 1990., 593면에 의하면, "영국법에서 Anti-suit Injunction의 역사적 뿌리는 최소한 15세기까지 거슬러 올라가는데, 최초로 등장한 것은 보통법 법원 (common law courts)이 교회 재판소(ecclesiastical courts)의 관할 확장을 막기 위한 금지영장의 형태였다"라고 쓰고 있다. 그러나 보통법 법원이 교회 재판소를 향하여 발령하던 위 금지영장은 오늘날의 anti-suit injunction과는 달리 대인적인 것이 아니라 교회 재판소를 대상으로 하여 발령하는 것이고(Hartley[2009], 222. 참조) 그 성격도 상이하므로, 적어도 현대의 anti-suit injunction과 유사한 형태의 소송금지명령은 형평법 법원이 보통법 법원과의 관계에서 발령한 것이 그 기원이라고 봄이 타당하다고 생각된다.
4) Love v. Baker [1665] 1 Chan Cas 67, 22 ER 698

구제수단'이 될 수 있다며 우려를 표한 내용("such a remedy might be a dangerous case")이 발견될 정도로5) 소송금지명령의 연원은 깊다. 이와 같이 당초 영국 국내의 법원 사이에서 순수한 국내적 맥락 하에 발령되던 소송금지명령은 점차 스코틀랜드, 아일랜드, 그밖에 영국 식민지 국가들로 확장되어 적용되다가, 19세기 무렵에 이르러서는 영국 밖의 외국 제소를 금지하는 내용으로까지 확장되기에 이르렀다.6) 그 이래로 영국 법원은 많은 판례들에서 실질적 정의라는 명분 하에 자국의 관할권 혹은 중재절차를 보호하기 위한 소송금지명령을 매우 적극적으로 발령하여 왔고, 이러한 영국의 태도가 때로는 외국, 특히 대륙법계 국가들과 갈등을 초래하기도 하였지만, 그럼에도 영국에서 유래한 소송금지명령 제도는 미국 등 여러 영미법계 국가들에 널리 전파되어 오늘날 세계적으로 광범위하게 활용되고 있는 추세이다.

이런 연혁적인 이유로 소송금지명령 제도에는 영미법적 성격이 강하게 베어있는데, 그 두드러진 특징 가운데 하나는 소송금지명령이 어디까지나 대인적 효력만을 가지는 대인적 처분으로서 당사자가 이를 위반할 경우 법정모욕7)죄(contempt of court) 등의 제재8)를 받게 되는 효력이 있

---

5) Raphael[2019], para. 2.04.

6) Raphael[2019], para. 2.06.

7) [용어 정리] 영미법의 'contempt of court'에 대한 번역으로는 '법정모욕'(석광현 [소송유지명령], 15면), '법원모욕'(정선주 외[2017], 124면; 사법정책연구원[2015], 40면), '법정모독'(최민용 외[2013], 17면), '법원모독'(이규호, "한미 FTA상 저작권 집행과 우리법의 대응(상)", 법조, 56권 9호, 2007., 317면) 등으로 다양한데, 우리 형법 제138조에서 표제를 '법정모욕'이라고 쓰고 있는 점에 비추어 이하에서는 '법정모욕'이라고 표현한다.

8) 그 제재로는 징역형 또는 벌금형에 처해지거나, 재산이 압류되거나, 발령 법원에 계속 중인 소송을 계속 진행함이 허용되지 않게 된다고 한다(Hartley[2009], 207). 당사자가 법인인 경우에는 법인의 재산을 강제관리하거나 법인의 이사 또는 기타 직원을 구금하거나 그들의 재산을 강제관리 할 수 있다고 한다(한충수, "국제보전소송의 재판관할권 – 직접관할을 중심으로-", 국제사법연구, 제4호, 1999., 113면). 한편, Wilson, Maura E., "Let Go of That Case - British Anti-Suit

을 뿐 직접적으로 외국법원에 계속 중인 소송이 중지되거나 외국법원이
그 명령을 따라야 하는 효력까지 생기는 것은 아니라는 점이다. 어찌보
면, 영미법계의 소송금지명령 제도가 외국의 주권 및 재판권의 침해라는
거센 비판을 교묘히 회피[9]하면서도 사실상의 실효성과 구속력을 상당
부분 확보함으로써 세계적으로 널리 전파될 수 있었던 가장 핵심적인
이유도 이 대목이 아닌가 생각한다.

한편, 소송금지명령 제도가 영국에서 기원하여 각국에 전파된 것이어
서 기본적인 법리는 영국의 그것과 유사하지만, 완전히 일치하지는 않고
각 국가마다 법리나 운용 실태가 다소 상이하게 발전되었다. 그 결과,
개념이나 용어 사용, 법적 근거, 형식, 요건, 효과 등 여러 측면에서 각
국가마다 조금씩 상이한 모습을 띤다. 따라서 외국의 소송금지명령 제도
에 관해 설명할 때는 어느 국가의 소송금지명령을 말하는 것인지를 반
드시 구분하여 논할 필요가 있고, 특히 영국과 미국의 제도는 용어 사용,
법적 근거, 형식, 요건에 있어서 상이한 부분이 적지 않으므로 이를 뭉뚱
그려 영미법의 태도라고 소개함은 다소 부정확한 방법이다.[10]

Injunctions against Brussels Convention Members", Cornell International Law Journal,
Vol.36, 2003., 214. 주47에 의하면, 국제상거래의 맥락에서 Anti-suit Injunction의
위반은 다국적기업들로 하여금 자산의 강제관리, 경영자의 구금에 이를 수 있
으므로 결국 이를 따를 수밖에 없게 된다고 한다.

9) 그럼에도 불구하고, 뒤에서 다시 보겠지만 소송금지명령이 사실상 외국의 주
권 및 재판권 침해가 됨은 부인할 수 없다고 보는 시각이 많다.

10) 실제로 국내 문헌 중에서는 영국과 미국의 제도를 구분하지 않고 뭉뚱그려 영
미법의 태도라고 소개하는 경우가 있는데, 이는 소송금지명령 제도를 이해함
에 있어서 다소 혼란을 초래하는 요인이 되기도 한다. 특히, 영미법계 국가들
의 판례를 국가 구분없이 나열할 경우 주의해서 살펴볼 필요가 있다.

II. 국제적 분쟁에서 가지는 실제적 의미 및 기능

1. 국제적 분쟁에서의 법적 위험 요소와 위험 관리

국제적 분쟁에 있어서 당사자들(특히, 다국적 기업들)은 국내거래와 구별되는 여러가지 위험 요소(risk)[11]들을 파악하고 그에 대한 경제학적, 경영학적, 법적 평가와 함께 그 대응 비용(cost), 절차, 소요 기간, 결과의 전망, 결과가 미칠 영향이나 파장 등을 예측하고, 이를 기초로 마치 투자 결정과 같이 합리적인 경영판단을 해야만 한다. 예컨대, 법적 위험(legal risk)이라는 측면에서 볼 때, 만일 법적 분쟁이 발생했을 경우에 예상되는 대응 비용, 절차, 장소 및 소요 기간, 승소 확률, 집행 가능성, 추가적 분쟁의 가능성 등의 위험 요소들을 객관적으로 분석한 다음, 그러한 비용이나 위험부담의 총체적 평가액 규모보다 적은 액수의 합의금이라면 소송보다는 화해(settlement)로 분쟁을 종결하는 것이 더 유리하다고 판단하게 될 것이다. 이를 위하여 국제거래 당사자들은 사전적으로는 위험을 미리 방지하고자 하는 조치들[12]을, 사후적으로는 이미 발생한 위험을 줄이려는 노력을 하게 되고, 각 위험 요소들에 대한 평가와 득실 분석 및 최종 의사결정의 과정을 거치게 된다.

---

11) 국내거래와 구별되는 국제거래의 위험 요소들에 관해서, Fentiman은 이를 크게 거래 위험(transaction risk)과 법적 위험(legal risk)으로 나누고, 그 중 법적 위험으로는 우호적이지 않은 법정지에서 소송을 할 위험, 병행소송의 위험, 준거법의 결정과 그 불확실성, 집행 불가능성의 위험 등을 들고 있다. 나아가, 이를 5가지 유형, 즉 ① 협상 위험(Negotiation risk), ② 방식 위험(Formation risk), ③ 반대당사자 위험(Counterparty risk), ④ 이행 위험(Performance risk), ⑤ 성질결정 위험(Recharacterization risk)으로 분류하여 분석하고 있다(Fentiman[2015], para. 1.01, 1.07, 2.01, 3.01, 3.06).

12) 예컨대, 담보를 확보하거나, 위험 증가 시 계약의 조기이행 또는 대체이행을 하도록 하는 규정을 마련하거나, 계약 전에 법적 자문의견서를 제출하게 하는 방안 등이 있겠다(Fentiman[2015], para. 1.10).

위험 요소들의 평가와 관련하여, 법적 위험 요소들 가운데 특히 중요성이 큰 것은 '법정지의 위험(venue risk)'과 '집행 가능성의 위험(enforcement risk)'이다.[13] 이 중에서 필자의 견해로는 특히 법정지의 위험이 가장 중요하다고 보는데, 그 이유는 법정지의 결정이 단순히 장소나 비용 등 소송절차적 문제뿐만 아니라, 법정지에서 인정되는 공서양속이나 국제적 강행법규의 적용을 통하여 준거법의 결정 문제나 나아가 본안에서의 실체적인 문제에까지 직·간접적인 영향을 미치게 되고, 그밖에 집행재산의 소재, 집행 가능성, 승인·집행 절차 및 가부 등 집행 단계의 문제에까지 영향을 미치기 때문이다. 여기에다가, 실제 국제적 분쟁에서는 많은 경우 본안판단 단계에까지 가지 않고 그 전에 화해(settlement)로 분쟁을 종결하는 경우[14]가 많다는 점까지 고려하면 법정지 결정의 중요성은 더욱 커진다.[15] 무엇보다, 법정지가 어디인지가 결정되고 난 후에야 각 당사자들이 소송 진행에 대한 총체적인 위험의 정도를 평가할 수 있게 된다.[16] 한 설문조사 자료에 의하면, 저명한 100개 기업들 중 40개가 이러한 법정지 위험으로 인해 자신들의 의사결정에 영향을 받은 적이 있었다고 답하였다고 한다.[17]

국제거래 당사자들은 전략적으로 이러한 법정지의 위험을 미리 방지

---

13) Fentiman[2015], para. 1.02, 1.11, 1.22, 1.26, 2.01, 2.02
14) 뒤에서 볼 Samsung v. Huawei 사건에서도 결국 미국법원에서의 본안판결까지 가지 않고 소송금지명령만 발령된 상태에서 양자간의 화해로 분쟁이 종결되었다.
15) 이와 같이 국제적 분쟁에서는 최종 판결까지 가지 않고 그 전 단계에서(어떤 경우는 소송금지명령만 발령된 단계에서) 화해 등으로 분쟁을 종결하는 경향이 많기 때문에 실제로 대부분의 국제소송에서 관할에 관한 다툼이 이뤄지고 소송금지명령 신청도 흔하게 제기된다. 이러한 사실은 첫째, 국제적 분쟁에서 '광의의 국제사법'이 가지는 실제적 중요성이 크다는 점을 시사하고, 둘째, 소송금지명령이 가지는 소송전략상의 효용이 적지 않다는 점을 확인시켜 주며, 셋째, 그럼에도 불구하고 우리나라에서는 그간 소송금지명령에 대한 학계 및 실무계의 관심이 적었다는 점을 환기시켜 준다.
16) Fentiman[2015], para. 1.22
17) Fentiman[2015], para. 2.02

하거나 줄이기 위하여 여러 조치들을 시도하는데, 그 예로 관할합의, 중재합의, 준거법합의,[18] 분쟁해결합의 위반에 대한 손해배상합의, 그리고 선제소송의 제기, 소송금지명령 신청 등이 있다. 이와 같이 국제거래 당사자는 법적 위험 관리(legal risk management)[19]를 위한 여러 전략들을 상황에 맞게 구사함으로써 분쟁해결에 있어 보다 동태적으로 대응할 수 있게 된다. 소송금지명령은 위와 같은 법적 위험 관리(legal risk management) 도구 중 하나로 볼 수 있는데, 위 관할합의, 중재합의, 준거법합의 등과 같은 사전 분쟁해결합의는 상대방이 언제든지 이를 위반하거나 그 효력을 다투면서 무용화 시도를 할 여지가 있다는 점에서 일정한 한계가 있고, 손해배상합의는 상대방의 분쟁해결합의 위반 또는 선제소송 제기 시도를 사전에 억제시킬 수 있다는 측면에서 매우 효과적인 도구이기는 하나, 손해배상청구소송을 별도로 제기해야 하고 그 본안판단까지 다시 상당한 시간과 비용이 소요되며 그 결과도 명확히 예측불가능하며, 손해 산정이 어렵거나 손해배상소송으로 전보받기 어려운 손해들도 있다는 등의 단점을 지닌다. 이에 반하여, 소송금지명령은 국제적 분쟁이 발생한 직후 상대적으로 빠른 시간 내에 적극적·선제적으로 대응함으로써 손해의 위험을 원천적으로 차단하고, 협상과 소송에서 전략적 우위를

---

18) 김인호, "국제계약의 분쟁해결메커니즘의 구조와 상호작용", 국제거래법연구, 제23집 1호, 2014., 222면에서는 준거법합의까지 포함한 개념으로서 '분쟁해결 메커니즘'이라는 용어를 사용한다.
19) 국제적 분쟁에서의 법적 위험 관리(legal risk management)에 관한 상세한 내용은 Fentiman[2015], Ch. 2 참조. 그밖에, McLachlan은 당사자들이 법정지를 선택하는 동기를 2가지 유형으로 설명하면서, ① 준거법, 증거법 등을 포함한 소송법 규정, 승소판결의 집행가능성 등 법적 측면과, 소송비용, 소송절차의 신속성 등 경제적 측면을 종합적으로 고려하여 자신에게 객관적으로 가장 유리한 국가의 법원을 선택하는 경우, ② 전략적인 측면에서, 예컨대 소송지연 등을 목적으로 소극적 확인의 소를 제기하는 것과 같이 상대방에게 더 불리하고 자신에게 유리한 국가의 법원을 선택하는 경우를 들고 있다(McLachlan, Campbell, Lis Pendens in International Litigation, Brill, 2009., 38 이하).

점할 수 있게 해주는 법적 위험 관리 도구이므로, 국제거래 당사자에게
는 상당히 매력적인 제도이다. 이러한 점에서, 통상 국제소송을 제기할
복수의 법정지 중 하나를 선택함에 있어서 당사자들이 고려해야 할 여
러 요소들 중 하나로 소송금지명령과 같은 구제수단이 있는지 여부가
포함된다.[20]

2. 국제적 소송경합 상황과 대응 메커니즘

국제적 분쟁 해결 메커니즘에서 소송금지명령이 가지는 실제적인 의
미와 기능을 이해하기 위해서는 무엇보다도 '국제적 소송경합'의 상황을
이해할 필요가 있다. 동일 당사자 사이의 동일한 청구에 관하여 복수의
국가 법원에서 소송이 계속되는 것을 '국제적 소송경합'(Lis alibi pendens,
흔히 줄여서 Lis pendens라고 함)이라 하는데,[21] 국제적 분쟁에서 이러한
국제적 소송경합의 상황은 흔히 발생하는 일이다. 이는 앞서 본 바와 같
이 각 당사자가 자신에게 좀 더 유리한 법정지에서 소송을 진행하고 싶
어 하기 때문이고, 때로는 소송전략상 상대방에 대한 공격 수단 혹은 압
박 수단으로 선제적 소송(pre-emptive proceeding) 또는 후발적 병행소송
을 제기하기도 한다. 위험 관리 측면에서 본다면, 이로써 자신의 법적
위험도는 낮추고 상대방의 법적 위험도는 높일 수 있게 된다. 그러나 국
제적 소송경합의 상황이 발생하면 양 당사자들로서는 더 많은 시간과
비용을 소비하게 되고 불편을 감수해야 할 뿐만 아니라 후에 판결의 모
순저촉 가능성도 발생하게 되므로 결코 바람직한 상황은 아니다.
이러한 국제적 소송경합의 상황을 해결하는 방법으로, 대륙법계에서
는 '우선주의'를 원칙으로 하여 후소 계속 법원이 후소를 중지 또는 각하

---

20) Fentiman[2015], para. 7.28, 7.29. 예컨대, 영국 런던, 미국 캘리포니아, 독일 뮌헨,
   홍콩이나 싱가포르 등이 그러한 측면에서 선호된다고 볼 수 있다.
21) Cheshire/North/Fawcett[2017], 407.

하는 방식(흔히 'Lis pendens 원칙'이라고 한다)을 주로 이용하고, 영미법
계에서는 '부적절한 법정지의 법리(forum non conveniens)'와 같은 국제재
판관할이론를 통해 해결하는 방식을 따른다.[22]

대륙법계에 속하는 독일과 우리나라의 다수설인 승인예측설도 기본
적으로 우선주의를 원칙으로 하면서 전소 법원의 판결이 후소 법원의
국가에서 승인될 수 있을 것으로 예상되는 경우에 후소를 각하하는 방
식을 취한다. 유럽연합의 브뤼셀규정(민사 및 상사사건의 재판관할과 재
판의 집행에 관한 유럽연합이사회 규정)[23]도 기본적으로 우선주의를 바
탕으로 후소 법원이 소송을 중지하도록 규정하고 있다(이에 관해서는
뒤에서 다시 살펴본다). 헤이그 재판관할합의협약(2005. 6. 30. 관할합의
에 관한 협약(Convention on Choice of Court Agreements), 이하 '헤이그 재
판관할합의협약'이라 한다)이 적용되는 경우(즉, 국제적인 민사 또는 상
사사건에서 전속적 재판관할합의가 있고, 그 합의된 법원이 체약국 내에
있는 경우)라면, 전속적 재판관할합의 법원으로 선택된 법원의 국가 이
외의 체약국의 모든 법원은 원칙적으로 그 소송절차를 중지하거나 각하
하여야 한다(제6조).

이에 반하여 영미법계 국가[24]에서 주로 이용하는 '부적절한 법정지의

---

22) Encyclopedia[2017], Chapter L.11, 1161.

23) 브뤼셀규정의 현재 공식 명칭은 "Regulation(EU) No 1215/2012 of the European
Parliament and of the Council of 12 December 2012 on Jurisdiction and the recognition
and enforcement in civil and commercial matters(recast)"이다. 브뤼셀규정의 전신인
브뤼셀협약, 이를 대체한 2000년 브뤼셀규정(Brussels I), 2012년에 개정되어
2015. 1. 10.부터 시행되는 위 개정 브뤼셀규정(Brussels I bis 또는 Brussels I
recast, 이하 '브뤼셀 I bis'라 한다), 1988년 당시 유럽경제공동체 국가들과 자유무
역연합(EFTA) 국가들 간에 체결된 브뤼셀협약의 병행협약인 루가노협약(2010년
개정되어 유럽연합 국가들과 덴마크, 노르웨이에서 발효함)을 모두 포괄하여
보통 '브뤼셀체제(Brussels Regime)'라고 한다. 이하에서는 '브뤼셀규정'과 포괄적
인 의미에서의 '브뤼셀체제'라는 용어를 호환적으로 사용한다.

24) 구체적으로는 영국, 미국, 호주, 뉴질랜드, 캐나다, 홍콩, 브루나이, 싱가포르,

법리'는 국내법원에 국제재판관할이 있음에도 불구하고, 외국에 국제재
판관할을 가지는 대체법정지가 있고 그 외국법원에서 재판하는 것이 더
적절하고 정의의 요청에 부합하는 경우, 법원이 재량으로 국내법원의 소
를 중지하거나 각하하는 소극적 방법을 말한다.[25] 이 법리는 기본적으
로 국제재판관할권의 존부 판단과 그 행사 여부에 대한 판단을 분리하
여, 관할권이 인정됨에도 그 행사를 자제함으로써 국내법원의 소를 중지
하고 외국법원에서 소가 진행되도록 하고, 그로써 국제적 소송경합의 상
황을 일정 정도 해결하는 기능을 한다. 어떤 경우에 관할권 행사를 자제
하고 국내법원의 소를 중지할 것인지에 대한 구체적 판단기준은 국가마
다 다소 상이하다.[26][27]

지브롤터, 카리브 연안국, 아일랜드 등이 부적절한 법정지의 법리를 채택하였
다고 한다(Cheshire/North/Fawcett[2017], 393, 394). 호주의 경우에는 영국의 부적
절한 법정지 법리를 그대로 채용하지 않고 다소 상이하게 채용하였다고 한다
(이에 관해서는 뒤에서 다시 살펴본다).

25) 석광현[국제민사소송법], 85, 188면; Cheshire/North/Fawcett[2017], 395.

26) 예컨대, 호주의 경우 영국의 부적절한 법정지 법리를 그대로 채용하지 않고 다
소 상이하게 채용하였고(이에 관해서는 뒤에서 다시 살펴본다), 미국도 영국의
부적절한 법정지 법리와는 상이한데, 미국의 경우 대부분의 주에서는 위 법리
를 채용[리딩 케이스는 Piper Aircraft Co. v. Reyno, 454 U.S. 235 (1981) 판례임]하
지만 그 적용 요건은 주마다 조금씩 상이하고, 한 개 주(Montana)는 위 법리의
채용을 거부하였으며, 두 개 주(Idaho 및 Oregon)는 공식적으로 위 법리를 채용
하지는 않은 상태다(Born/Rutledge[2018], 356~357). 한편, 미국에서 국제적소송경
합에 관한 일반적인 원칙은, 동일 청구에 관한 병행소송은 어느 한 청구에 대
한 판결이 선고되어 다른 소송에서 기판력의 항변을 할 수 있을 때까지는 허
용하는 것이라고 한다(다만, 전속적 관할합의 위반을 이유로 소송금지명령이
신청된 경우 위 원칙은 적용되지 않는다고 한다)[Heiser, Walter W., "Using
Anti-Suit Injunctions to Prevent Interdictory Actions and to Enforce Choice of Court
Agreements", Utah Law Review, Vol. 2011(3), 2011., 872~873].

27) 부적절한 법정지의 법리에 관한 상세한 비교법적 검토는 석광현[2000], 46면 이하
(제3장) 참조. 영국의 부적절한 법정지의 법리에 관한 외국 문헌은 매우 많은데,
기본적인 내용으로는 Cheshire/North/Fawcett[2017], 393 이하 참조. 미국의 그것에
관한 기본적인 내용은 Born/Rutledge[2018], 349~444 참조. 그밖의 참고문헌 목록은

　　분쟁해결 메커니즘에 있어서 양자의 장·단점을 비교하면, 대륙법계의 우선주의는 기준이 비교적 객관적이고 명확하여 예측가능성이 담보되는 장점이 있는 반면, 지나치게 경직되고 기계적인 적용으로 인해 앞서 본 바와 같이 소극적 확인의 소를 선제적으로 제기한 경우 등에 있어서 구체적 타당성이나 정의가 훼손되는 문제가 생길 수 있고, 그 결과 우위 선점을 위한 '법정으로의 경주'(race to the courthouse) 또는 '판결을 위한 경주'(race for a judgement)를 조장[28]한다는 단점이 있다. 영미법계의 부적절한 법정지의 법리는 그 반대의 장·단점을 가지고, 특히 자국의 소가 소극적 확인소송일 때 그것이 전소라도 이를 중지할 수 있다는 장점이 있다. 이러한 양자의 장·단점을 조화 및 상호보완할 필요가 있는데, 주목할 점은 2018. 1. 19. 입법예고된 국제사법 전부개정법률안(이하 '국제사법 개정법률안'이라 한다)[29][30]에서도 부적절한 법정지의 법리를 제한적으로 수용하고(제12조), 국제적 소송경합에 관해서도 우선주의와 승인예측설을 원칙으로 하면서 예외적으로 부적절한 법정지의 법리를 가미하였다는 점이다.[31]

　　석광현[국제민사소송법], 85면 주44); Hartley[2009], 236면; Born/Rutledge[2018], 349 주1 참조.

28) 석광현[국제민사소송법], 195면.

29) 법무부는 2014. 6.경부터 국제사법 개정 준비작업에 착수하여 2018. 1. 19. 국제사법 전부개정법률안을 입법예고 하였으며, 위 법률안은 2018. 11. 20. 국무회의를 통과하였으나 아직 최종적으로 국회를 통과하지는 못하고 있다. 위 국제사법 전부개정법률안의 원문은 법무부 홈페이지에서 확인할 수 있다.

30) 국제사법 개정법률안에 대한 소개로는 석광현[개정안 총칙]; 석광현[개정안 각칙](위 2개의 논문들은 석광현[국제사법과 국제소송6], 439면 이하에도 수록됨); 석광현, "2018년 국제사법 전부개정법률안에 따른 해사사건의 국제재판관할규칙", 한국해법학회지, 40권 2호, 2018.; 이필복, "전속적 국제재판관할 개관", 국제사법연구, 24(1), 2018.; 오정후, "국제사법 개정안의 국제재판관할", 민사소송, 제22권 제2호, 2018.; 노태악, "국제재판관할합의에 관한 2018년 국제사법 전부개정법률안의 검토 -법원의 실무와 헤이그재판관할합의협약을 중심으로-, 국제사법연구 제25권 제1호, 2019. 등 참조.

그렇다면 위와 같은 국제적 소송경합 이론이 국제적 분쟁 해결 메커니즘에 있어서 실제로 어떻게 작용하는지를 살펴보자.

[사례1] X가 Y를 상대로 자국 A법원에 이행의 소(前訴)를 먼저 제기하였는데, 그 후 Y가 자국 B법원에 소극적 확인의 소(後訴)를 제기하였다. 이 경우 X 입장에서는 외국의 B법원에서 국제적 소송경합의 항변을 할 수 있고, 그 결과 만일 B법원이 대륙법계의 우선주의 법리에 따른다면 B법원의 소송을 중지 또는 각하할 것이나,[32] 부적절한 법정지의 법리를 따른다면 B법원의 판단기준을 적용한 결과 A법원이 적절한 법정지라고 판단할 경우에는 B법원의 소송을 중지 또는 각하하고, B법원이 적절한 법정지라고 판단할 경우에는 B법원의 소송을 진행할 것이다.[33] 어느 경우든 X의 입장에서는 외국에 있는 B법원에서 응소하여 관할을 다투면서 B법원이 소송 중지 여부를 결정할 때까지 기다릴 수밖에 없다. 만일 B법원이 부적절한 법정지의 법리에 따를 경우에는 불확실성과 예측불가능성이 커지고 경우에 따라 중복소송의 상태가 해소되지 않은 채로 양

---

31) 상세 내용은 석광현[개정안 총칙], 94~107면 참조.

32) 앞서 본 바와 같이 소극적 확인의 소와 이행의 소 사이에 소송물이 동일한지 또는 중복제소에 해당하는지의 문제에 관해서는 많은 논란이 있으나, 일단 동일한 청구라고 보는 전제에서 논의를 진행한다.

33) 부적절한 법정지의 법리에 따를 때, 제소시기에 별 차이가 없다면 제소 시기의 선후 자체는 큰 의미가 없으나 어느 법정에서의 소송절차가 다른 법정에 비해 상당히 진행되었다면 이는 비록 결정적인 것은 아니더라도 적절한 법정지의 판단에 영향을 미친다고 한다(석광현[2000], 112면). 한편, 자국 소가 소극적 확인의 소인 경우에는 부적절한 법정지의 법리에 따를 때 자국 소를 중지할 가능성이 크다(특히 영국에서는 그러하다. 석광현[2000], 113면). 입법례에 따라서는 우선주의를 원칙으로 하면서도 명문으로 이행의 소를 소극적 확인의 소보다 우선시키는 경우도 있는데, 헤이그국제사법회의 1999년 '민사 및 상사사건의 국제재판관할과 외국재판에 관한 협약(Convention on Jurisdiction and Foreign Judgments in Civil and Commercial Matters)' 예비초안 제21조 제6항이 그러하다. 우리 국제사법 개정법률안에서도 이러한 규정의 도입이 제안되었으나 채택되지는 않았다(석광현[개정안 총칙], 96면).

국에서 병행소송이 진행될 가능성도 있다.

[사례2] X가 Y를 상대로 자국 A법원에 이행의 소(後訴)를 제기하였는데, 그에 앞서 Y가 자국 B법원에 소극적 확인의 소(前訴)를 먼저 제기하였다. 이 경우 만일 B법원이 대륙법계의 우선주의 법리에 따른다면 B법원의 소송을 계속 진행할 가능성이 많고,[34] A법원도 같은 대륙법계라면 오히려 X가 자국에서 제기한 A법원의 이행의 소가 중지 또는 각하될 가능성이 많을 것이다.[35] 이러한 경우가 바로 앞서 본 'Italian Torpedo'의 전형적인 예이다. 만일 B법원이 부적절한 법정지의 법리에 따를 경우에는 자국 전소를 중지할 가능성도 있겠지만, 그것을 사실상 기대하기 어려운 경우도 많을 것이고, 설령 결과적으로 중지한다고 하더라도 그 결정 시까지는 X가 외국에 있는 B법원에서 관할항변 등 응소를 해야만 한다. 어느 경우든 X의 입장에서는 국제적 소송경합 이론만으로는 충분히 보호받기 어려운 한계가 있다.

이와 같이 국제적 분쟁 해결 메커니즘에 있어서 국제적 소송경합 이론은 소극적, 수동적, 정태적인 성격이 강하고, 일정한 한계를 지니고 있다. 즉, 국제적 소송경합 이론만으로는 ① 외국법원에서의 제소 자체를 막을 수는 없고, ② 원칙적으로 외국법원에 소송계속이 발생한 후라야 비로소 작동할 수 있는 메커니즘이므로 그 전단계에서의 사전 대응책으로 활용하기 어려우며,[36] ③ 외국법원이 부적절한 법정지의 법리에 기하

---

34) 물론, 앞서 본 1999년 예비초안 제21조 제6항과 같이, 소극적 확인의 소의 경우에는 전소라도 이를 중지하여야 한다고 볼 수도 있을 것이다. 국내법의 해석으로도 위와 같이 봄이 타당하다는 견해가 있으나(석광현[국제민사소송법], 199~200면), 이에 관해서는 여전히 논란의 여지가 있다.
35) 이 경우에도 마찬가지로 이행의 소를 우선하여 후소일지라도 중지 또는 각하하지 않고 진행함이 타당하다는 견해가 있다(석광현[국제민사소송법], 199면).
36) 한편, 영미법계의 부적절한 법정지의 법리는 외국소송이 실제로 제기되어 소송계속이 발생하기 전이라도 적용 가능하다고 하나(Hartley[2009], 205면), 그 경

여 관할권 행사를 거부할 권한이 없거나, 그러한 권한이 있더라도 자국 법상 그 요건에 해당되지 않는다고 보는 경우, 또는 우선주의에 따라서 자국 소를 중지 또는 각하하지 않고 계속하는 경우가 있을 것이고, ④ 설령, 외국 제소에 대하여 관할을 다투어 결과적으로 그 재판의 진행을 막을 수 있다고 하더라도 그 결정 시까지 상당한 시간과 비용을 지출하여야 하므로, 대응수단으로서는 일정한 한계를 가지고 있다.[37]

여기에서 보다 적극적, 선제적, 동태적인 소송전략 내지 분쟁해결 메커니즘으로 등장하는 것이 바로 소송금지명령이다. 위 사례에서 X는 Y가 자국 법원에 소를 제기하기 전에 선제적으로 자국인 A법원에 소송금지명령을 신청할 수 있고, 이행의 소를 제기함과 동시에 소송금지명령을 같이 신청할 수도 있으며, Y가 B법원에 제소한 후에 이러한 조치를 할 수도 있는 등 상황에 따라 다양한 소송전략을 구사할 수 있다.[38] 그에 따라 자국인 A법원이 소송금지명령을 발령해 준다면, X로서는 Y의 부당한 관할권 악용 시도를 사전에 차단함으로써 외국인 B법원에서 응소해야 함에 따른 여러 손해를 미연에 방지할 수 있고, 이에 더하여 유리한 자국 법원에서의 배타적 관할권까지 확보할 수 있게 된다. 경우에 따라서는 소송금지명령을 신청하는 것 자체만으로도 협상력에서 우위를 점할 수 있게 되고 그 결과 화해에 이르게 될 수도 있으므로, 소송금지명

우에는 상대적으로 법원이 위 법리를 적용하여 자국의 관할권 행사를 자제하리라고 기대하기 어려울 것이다.

37) Fentiman[2015], para. 16.02에서도 소송금지명령이 필요한 실제적인 이유로 위 ③, ④와 유사한 내용을 들고 있다. 위 부분에서는 그밖에도 소송금지명령의 실제적 필요성으로서, 외국법원에 소를 제기한 원고가 그 국가의 공서 또는 강행법규에 기해 분쟁해결합의의 효력을 부인하고자 시도하나, 영국법에 의하면 그렇게 보기 어려운 경우, 상대방에게 불리한 법정지에서의 응소를 강요함으로써 소송전략상 이익을 얻으려는 시도를 막을 필요가 있는 경우 등을 들고 있다.

38) 이런 점에서 소송금지명령을 국제적 분쟁에 있어서의 동태적 접근 또는 동태적 해결수단으로 설명하기도 한다(석광현[국제민사소송법], 189면).

령은 소송전략상 매우 유용한 수단이 된다.

이와 같이 순기능적인 측면에서 본다면, 소송금지명령은 국제적 분쟁에서 흔히 있을 수 있는 상대방의 부당한 관할권 악용이나 Forum shopping[39] 시도로부터 자신을 방어할 수 있는 매우 강력하고도 실효성 있는 제도가 될 수 있다. 또한 국제적 소송경합 상황을 해결하는 대륙법계의 지나치게 경직된 태도[40]에 비하여, 이 제도는 영미법계의 부적절한 법정지의 법리와 함께 구체적 타당성과 실질적 정의를 살리기 위한 유연한 제도로 적절히 활용될 수 있는 장점이 있다.[41] 만일 이러한 소송금지명령이 적절히 활용되고 발령된다면, 국제적 분쟁이 본안판단 단계에까지 가지 않고 그 전 단계에서 화해(settement) 등으로 해결될 수도 있다.

이에 반하여 역기능적인 측면도 배제할 수 없는데, 그 기준이 다소 추상적이고 불명확하여 자의적이거나 국수주의적 판단이 가능하고 법적

---

39) 물론, Forum shopping이 부정적인 측면만 있는 것은 아니다. 정당한 이익 추구를 위한 합리적 이유가 있는 Forum shopping은 국제거래에서 합법적인 소송전략의 일환으로 긍정되어야 한다(이를 'Forum shopping'과 구별하여 'Forum selection'이라고 표현하기도 한다). Forum shopping이 가지는 이러한 양면성(정당한 관할 이익의 추구 v. 관할권의 남용)은 부당한 Forum shopping을 막기 위한 '소송금지명령'이 어디까지 허용되어야 하는지에 관한 경계 획정의 문제와 연결된다. 이런 문제를 다룬 영국 판례로는 Star Reefers Pool Inc v. JFC Group Co Ltd [2012] EWCA Civ 14 참조. 이에 관한 상세한 설명은 Fentiman[2015], para. 7.10.~7.12. 참조.

40) 영국의 Airbus Industrie v. Patel 판결에서 Lord Goff는 이러한 대륙법계의 경직성이 부정의를 초래할 수 있다고 지적하면서, 영미법계의 태도는 유연하고, 실용적이며, 실질적 정의를 이룰 수 있다고 한다(Airbus Industrie v. Patel [1999] 1 AC (HL) 131).

41) 석광현[국제민사소송법], 189면에서는 "부적절한 법정지의 법리는 정치하지 못한 국제재판관할규칙을 가진 영미법계의 법원이 개별사건에서 구체적 타당성이 있는 국제재판관할 배분을 실현하는 유연한 수단인데, 소송유지명령도 구체적 타당성을 위한 것으로 부적절한 법정지의 법리와 상호 보완적 기능을 한다. 이런 의미에서는 위 법리는 국제재판관할배분 시 '미세조정'(fine-tunnig)을 위한 도구라고 할 수 있다"고 설명한다.

안정성을 해칠 수 있으며, 외국의 주권이나 재판권 침해, 국제예양에 반할 수 있는 문제가 제기되고, 영미법계 국가의 사법제도에 대한 우월감이나 오만함이 근저에 깔려있다는 비판도 가능하며, 특히 영미법계 당사자로서는 소송금지명령에 우호적인 자국의 법원을 이용하여 분쟁 초기부터 상대방을 강하게 압박하는 무기로 악용될 소지도 있다.

Ⅲ. 한국 당사자가 관련된 사례 소개

실제로 한국 당사자들이 한국법원에 채무부존재확인의 소를 제기하였다가 영국이나 미국법원으로부터 소송금지명령을 당한 사례들이 여러 건 있었다. 미국법원이 발령한 사안으로 ① China Trade and Development Corp. v. M.V. Choong Yong 사건, ② Rationis Enterprises, Inc. Of Panama and Mediterranean Shipping Co. S.A. of Geneva v. Hyundai Mipo Dockyard Co. Ltd. 사건, 영국법원이 발령한 사안으로 ③ 서울중앙지방법원 2013. 5. 16. 선고 2013가합7238 판결의 사실관계에서 언급된 사건 등이 그러하다.

위와 같이 종래에는 주로 한국 당사자들이 외국법원으로부터 소송금지명령을 당하는 경우가 많았는데, 최근에는 반대로 한국 당사자가 외국법원에 소송금지명령을 신청하여 발령받은 사건도 있는데, 최근의 Samsung v. Huawei 사건이 그러하다.

여기서 한국 당사자가 관련된 실제 사례들을 비교적 상세히 살펴보는 것은 이를 통해 소송금지명령이 현실에서 어떻게 활용되고 있는지와 이것이 한국과 무관한 문제가 아님을 생생하게 확인할 수 있기 때문이다.

1. China Trade and Development Corp. v. M.V. Choong Yong 사건[42] [43]

1) 사안의 개요

원고들인 China Trade and Development Corp. 등 회사들(이하 'China Trade'라고 한다)은 1984. 11. 미국에서 콩 25,000 metric tons를 구매하였다. 원고들은 피고인 쌍용해운 주식회사(Ssangyong Shipping Co. Ltd., 이하 '쌍용해운'이라 한다)와 사이에 위 콩을 워싱턴주 타코마에서 대만의 항구까지 운송하는 계약을 체결하였다. 쌍용해운이 그 소유의 선박 충용호(M.V. Choong Yong)로 위 콩을 운송하던 중 위 배가 좌초되어 콩이 못쓰게 되자, 원고들은 약 600~700만불의 손해를 입었다고 주장하면서 1985년 당시 캘리포니아에 정박 중이던 피고 소유의 다른 선박 부용호(M.V. Boo Yong)를 압류하였다. 그 후 원고들과 피고 쌍용해운은, 쌍용해운이 180만불의 담보를 제공하는 조건으로 위 압류를 해제하고, 캘리포니아에서의 소송도 중단하기로 하되, 그 대신 쌍용해운은 원고들이 뉴욕남부지방법원(District Court for the Southern District of New York)에 제기할 소송에 응하기로 합의하였다. 또한 쌍용해운은 위 소송에 대하여 '부적절한 법정지의 법리(forum non conveniens)'에 근거한 본안 전 항변을 하지 않기로 하였다.

---

42) China Trade and Development Corp. v. M.V. Choong Yong, 837 F.2d 33 (2d Cir. 1987.).

43) 보통 '원고명 v. 피고명'으로 되어 있는 사건명 표시와는 달리, 이 사건은 '원고명 v. 선박명'으로 되어 있는데, 이는 이 사건이 해사사건(admiralty action)으로서 '대물소송(action *in rem*)'에 해당하기 때문으로 보인다. 대물소송(proceeding *in rem* 또는 action *in rem*)은 물건인 선박 자체를 피고로 해서 선박의 압류를 얻어 개시되고 선박의 경매를 목적으로 하는 소송으로서, 사람을 피고로 하는 통상의 대인소송(proceeding *in personam* 또는 action *in personam*)에 대립하는 소송형식을 말한다[김종호, "미국법상 대물소송(action *in rem*) 제도에 관한 소고", 한양법학 제23권 제4집 통권 제40집, 2012. 11., 260면].

원고들이 뉴욕남부지방법원에서 750만불의 손해배상을 구하는 소를 제기함에 따라, 한국과 대만을 넘나드는 광범위한 증거개시(discovery) 절차가 진행되었고, 변론기일이 1987. 9. 21.로 지정되었다. 그런데 아직 증거개시 절차가 진행 중이던 1987. 4. 22.경(위 좌초 사고 발생 후로부터 약 2년 반 후, 위 소송이 개시된 후로부터 약 1년 반 후) 쌍용해운이 한국의 부산지방법원에 위 소송과 동일한 내용에 관하여 쌍용해운측의 채무가 없다는 확인을 구하는 채무부존재확인의 소를 제기하였다.

이에 원고들은 피고가 한국에서의 소송 진행을 하지 못하도록 하는 내용의 소송금지명령을 뉴욕남부지방법원에 신청하였다.

2) 1심 법원의 판단[44]

1심 법원인 뉴욕남부지방법원은 원고들의 소송금지명령 신청을 받아들여 쌍용해운에 대하여 한국에서의 소송을 진행하지 못하도록 하는 내용의 소송금지명령을 발령하였다. 먼저 1심 법원은, 소송금지명령을 발령할 수 있는 2가지 전제요건, 즉 양 소송에서의 당사자 동일 요건과, 소송물 동일 요건[45]을 충족한다고 판단한 후, 그 외의 추가적인 요건으로, 외국법원에서의 소송이 상대방을 괴롭히는(vexatious) 것이고, 외국에서의 중복소송이 비용(expense) 및 판결로의 경주(race to judgment)를 초래하는 것에 해당하므로, 소송금지명령 발령요건을 충족한다고 보았다.

이와 같은 1심 법원의 입장은 뒤에서 볼 미국에서의 '완화된 접근방식'을 따른 것이다.

---

44) China Trade and Dev. Corp. v. M.V. Chong Yong, No. 85 Civ. 8794 (S.D.N.Y. July 2, 1987).

45) 판결 원문에서는 "resolution of the case before the enjoining court must be dispositive of the action to be enjoined"이라고 쓰고 있는데, 같은 판결에서는 위 내용을 "the issues of liability are the same"이라는 표현으로도 바꿔쓰고 있는 것을 보면, 이를 '소송물 동일'로 이해할 수 있을 것이다.

3) 항소심 법원의 판단[46]

항소심 법원인 제2순회구 연방항소법원(United States Court of Appeals, Second Circuit)은 대상판결에서, 한국에서의 소송을 허용한다고 해서 미국의 공서양속이 침해된다고 볼 수 없고, 한국소송이 미국의 재판관할권을 위협하는 것으로 보기 어려우므로, 본건에서 외국소송을 금지할 이익보다 국제예양(comity)을 존중할 이익이 더 크다고 보면서, 1심 법원의 소송금지명령을 취소하였다.

이와 같은 대상판결의 입장은 뒤에서 볼 미국에서의 '엄격한 접근방식'을 따른 것이다. 위 대상판결은 미국에서도 '엄격한 접근방식'의 리딩케이스로 거론되는 중요한 판결인데, 위 판결에 대한 비판론도 만만치 않다.[47] 위 대상판결에서도 Bright 판사는 다수의견과 달리 1심 법원의 결론에 찬동하는 내용의 반대의견을 밝히면서, 추가적으로 "① 쌍용해운은 이미 뉴욕남부지방법원에서 손해배상소송을 제기하는 것에 대해 동의했다. ② 한국에서의 소송은 오로지 원고들을 괴롭히기 위한 것이고 소송을 늘릴 뿐이다. ③ 오늘날과 같이 소송비용이 과도하게 요구되고, 사소한 상사사건 하나 해결한다고 국제예양의 원칙이 위험에 처하게 되는 것도 아닌 점에서, 우리 법원은 지구를 반 바퀴나 돌아야 하는 외국에서의 중복소송으로 인해 이미 우리 법원에 계속되어 있는 소송을 혼란스럽게 하고 복잡하게 하는 것을 막아야 할 적극적인 의무가 있다고 생각한다. 이는 우리 법원이 이미 2년 가량 이 사건을 진행해왔고, 이 사건에 관하여 대인 관할과 사물 관할을 가지고 있다는 점에서 더욱 더 그

---

46) China Trade and Development Corp. v. M.V. Choong Yong, 837 F.2d 33 (2d Cir. 1987.).

47) 예컨대, Riley, Brian W., "Civil Procedure - Antisuit Injunction Held Invalid against Parallel Suit in Foreign Country", 22 Suffolk U. L. Rev., 1988., 1234, 1240.에서도 위 대상판결을 비판하면서 오히려 위 대상판결에서 Bright 판사가 내놓은 반대의견과 1심 판결의 결론을 지지한다.

러하다."라고 덧붙였다. 私見으로는 위 반대의견의 논거가 상당히 설득
력 있어 보인다.

4) 한국소송의 경과

쌍용해운은 위 미국 1심 법원의 판결 선고 후 대상판결인 위 항소심
판결 선고 전인 1987. 9.경 불상의 사유로 부산지방법원에 제기한 소송을
취하하였다.[48]

2. Rationis Enterprises, Inc. of Panama and Mediterranean
Shipping Co. S.A. of Geneva v. Hyundai Mipo Dockyard Co.
Ltd. 사건(선박 MSC Carla 침몰사건)

이 사건은 한국의 주식회사 현대미포조선(이하 '현대미포조선'이라
한다)이 미국법원으로부터 소송금지명령을 당한 사례인데, 본안 사건(1
심[49]) 및 항소심[50])이 있고 그에 파생하여 선고된 소송금지명령 사건(1
심[51] 및 항소심[52])이 있다.

---

48) 이 부분 내용은 필자가 대법원 사건검색 등으로 확인해 보았으나 그 내용이
확인되지 아니하였는데, 김동진[2004], 104면, 주17에서 위와 같은 내용으로 쓰
고 있어 이를 인용한다.

49) Rationis Enterprises, Inc. of Panama and Mediterranean Shipping Co. S.A. of Geneva,
97 Civ. 9052(Ro), 325 F.Supp.2d 318 (S.D.N.Y. 2004.)

50) Rationis Enterprises, Inc. of Panama and Mediterranean Shipping Co. S.A. of Geneva
v. Hyundai Mipo Dockyard Co., Ltd., 426 F.3d 580 (2d Cir. 2005.)

51) Rationis Enterprises, Inc. of Panama and Mediterranean Shipping Co. S.A. of Geneva,
97 Civ. 9052(Ro), 2000 WL 1015918 (S.D.N.Y. 2000.)

52) D Mediterranean Shipping Co., S.A. of Geneva, [Hyundai Mipo Dockyard Co., Ltd.
v. AEP/BORDEN INDUSTRIES; Angelo Brothers, Co.; Cummins Engine Company,
Inc.], No. 00-7935, 261 F.3d 264 (2d Cir. 2001.)

1) 사안의 개요[53]

(1) 본안 사건의 개요

파나마 회사인 Rationis Enterprises, Inc.(이하 'Rationis Enterprises'라 한다)가 소유하는 선박 MSC Carla에 관하여 1984. 9.경 현대미포조선이 선박 중간부분에 중간선체(mid-body)를 용접하여 선박을 연장하는 선박연장개조작업을 수행하였다. 그 후 위 선박은 운행을 계속하다가 1997. 11.경 컨테이너 화물을 가득 싣고 프랑스 Le Havre항을 떠나 미국 Boston항으로 향하였는데 1997. 11. 24. 대서양을 항해 중 폭풍을 만나 용접라인을 따라서 두 조각으로 깨져 침몰하게 되었다.[54]

선주인 Rationis Enterprises와 선박운항자(operator)인 Mediterranean Shipping Co. S.A. of Geneva(이하 'MSC'라 한다)는 1997. 12. 9. 뉴욕남부지방법원에 선주책임제한절차를 신청하였고, 그러자 위 선박에 선적되어 있던 화물들의 약 1,000여 화주들은 1998. 9.경 위 선박연장개조작업을 수행한 현대미포조선을 상대로 불법행위 또는 제조물책임 등을 근거로 손해배상을 청구하는 제3자 소송(third-party complaints)을 같은 법원에 제기하였다.

(2) 소송금지명령 사건의 개요

현대미포조선은 위 본안 사건의 변론준비절차(pre-trial proceedings)에

---

53) 이 사건의 사실관계는 다소 복잡하고 국제재판관할, 손해배상책임의 준거법, 소멸시효 등 다양한 쟁점이 다루어졌는데, 본 논문에서는 소송금지명령 부분을 중심으로 하여 최대한 간략히만 언급한다. 위 사건에 대한 상세한 소개 및 평석에 관해서는 정해덕[2009]; Choe, Chang Su, "Transnational Litigation Strategies for the U.S. Foreign Anti-suit Injunction", 민사소송: 한국민사소송법학회지, 제18권 2호, 2015., 438~440면 참조.

54) 침몰 사고 일자가 선박연장개조작업일로부터 약 13년이나 지난 후이므로 위 소송에서 소멸시효 완성 여부가 중요한 쟁점으로 다루어졌다.

서 뉴욕남부지방법원에 관할이 없다고 다투었다. 이어서 현대미포조선
은 위 제3자 소송이 제기되기 전인 1998. 6. 26. 화주들 중 3곳(Cummins
Engine Co., AEP/Borden Industries, and Angelo Brothers Company)을 상대방
으로 하여 대한민국 울산지방법원에 채무부존재확인의 소를 제기하였다
(울산지방법원 98가합5087 사건, 이하 '한국소송'이라 한다). 위 사건 외
에도 현대미포조선은 1999. 11. 8. ABC Carpet & Home 외 993곳을 상대로
채무부존재확인의 소를 제기하였으나(울산지방법원 99가합7196 사건),
이 소송은 인지 및 주소 미보정으로 인하여 2005. 1. 10. 소장각하명령
되었다.

그러자 뉴욕남부지방법원은 위 화주들 3곳이 신청한 소송금지명령
신청을 받아들여 2000. 7. 24. 현대미포조선으로 하여금 더 이상 한국소
송을 진행하지 못하도록 명하는 소송금지명령을 발령하였다.[55]

이에 대하여 현대미포조선이 항소하였는데, 항소심 법원인 제2순회
구 연방항소법원(United States Court of Appeals, Second Circuit)은 2001. 8.
3. 대인관할권에 관한 증거조사 불충분 등을 이유로 1심 판결을 파기·환
송하였다.[56]

2) 미국법원의 판단

(1) 본안 사건에 대한 판단

1심 법원인 뉴욕남부지방법원(Owen 판사)은 2004. 7. 12. 위 선박 침
몰 사건에 대한 현대미포조선의 손해배상책임을 인정하는 판결을 선고

---

55) Rationis Enterprises, Inc. of Panama and Mediterranean Shipping Co. S.A. of Geneva,
   97 Civ. 9052(Ro), 2000 WL 1015918 (S.D.N.Y. 2000.)
56) D Mediterranean Shipping Co., S.A. of Geneva, [Hyundai Mipo Dockyard Co., Ltd.
   v. AEP/BORDEN INDUSTRIES; Angelo Brothers, Co.; Cummins Engine Company,
   Inc.], No. 00-7935, 261 F.3d 264 (2d Cir. 2001.)

하였다.[57] 그러나 항소심 법원은 2005. 10. 17. 현대미포조선의 손해배상
책임에 관한 준거법은 미국법이 아니라 한국법이고[58] 한국법에 따르면
소멸시효가 완성되었으므로 현대미포조선의 손해배상책임이 인정되지
않는다고 판시하면서 1심 판결을 파기·환송하였다.[59]

(2) 소송금지명령 사건에 대한 판단

1심 법원인 뉴욕남부지방법원(Owen 판사)은 2000. 7. 24. 소송금지명
령을 발령하면서 다음과 같이 판시하였다.[60]

「미국법원이 소송금지명령 발령을 위해 요구하는 기본 요건인 대인
관할권을 가질 것과, 당사자 및 소송물 동일이라는 요건이 충족된다. 그
외의 요건으로, ① 미국의 공서(public policy)에 반하는지, ② 외국소송이
괴롭히는(vexatious) 것인지, ③ 미국의 대물관할권(in rem jurisdiction) 또
는 준대물관할권(quasi in rem jurisdiction)을 위협하는 것인지, ④ 외국소
송이 형평(equitable considerations)에 반하는지, ⑤ 외국에서의 중복소송
이 지연, 불편, 비용, 모순저촉, 판결로의 경주(race to judgment)를 초래하
는 것인지 여부[61]를 검토한 결과 위 요건들도 모두 충족된다.[62] 현대미

---

57) Rationis Enterprises, Inc. of Panama and Mediterranean Shipping Co. S.A. of Geneva,
   97 Civ. 9052(Ro), 325 F.Supp.2d 318 (S.D.N.Y. 2004.)
58) 1심 법원은 준거법에 관한 별다른 논의 없이 미국법이 적용된다는 전제에서
   판단하였으나, 항소심 법원은 준거법 결정에 관하여 상세히 논하면서 결국 여
   러 요소들 중에서 불법행위로 인정되는 위 선박연장개조작업 장소가 한국인
   점과 현대미포조선이 한국법인인 점을 중요한 요소로 평가하여 준거법을 한국
   법으로 결정하였다.
59) Rationis Enterprises, Inc. of Panama and Mediterranean Shipping Co. S.A. of Geneva
   v. Hyundai Mipo Dockyard Co., Ltd., 426 F.3d 580 (2d Cir. 2005.)
60) Rationis Enterprises, Inc. of Panama and Mediterranean Shipping Co. S.A. of Geneva,
   97 Civ. 9052(Ro), 2000 WL 1015918 (S.D.N.Y. 2000.)
61) 위 판결에서는 위 다섯가지 요건들에 관하여 American Home Assurance Corp.
   v. Insurance Group of Ireland, Ltd., 603 F.Supp. 636, 643 (S.D.N.Y.1984) 부분과
   China Trade, 837 F.2d at 36 부분을 인용하고 있다(Rationis Enterprises, Inc. of

포조선은 위 China Trade 판례에 따를 때 소송금지명령은 불허되어야 한다고 주장하나, 위 판례와는 사안이 다르다. 현대미포조선은 뉴욕남부지방법원에 대인관할권이 인정되지 않는다고 주장하나, 대인관할권이 인정된다.」

그러나 항소심 법원은 2001. 8. 3. 다음과 같이 판시하면서 1심 판결을 파기·환송하였다.[63]

「주요 쟁점에 관해 다툼이 있는 경우에는 반드시 소송금지명령을 발령하기 전에 증거조사를 위한 심문(evidentiary hearing)을 거쳐야 하는데,[64] 1심은 이러한 심문을 거치지 않았다.

대인관할권을 인정하기 위한 증거도 불충분하다. 1심 법원은 대인관할권을 인정하기 위한 두 가지 요소인 '최소한의 접촉(minimum contacts)'과 '합리성(reasonableness)'에 관한 심사를 제대로 하지 않았다.

소송금지명령의 발령요건과 관련해서는, 다른 요건보다도 '외국소송이 미국의 관할권을 위협하는 것인지', '미국의 공서가 침해되는지'라는 요건이 훨씬 더 중요한데, 1심 법원은 이러한 요건을 세부적으로 검토하지 않았다. 1심 법원은 China Trade and Development Corp. v. M.V.

Panama and Mediterranean Shipping Co. S.A. of Geneva, 97 Civ. 9052(Ro), 2000 WL 1015918 (S.D.N.Y. 2000.), at 2].

62) 특히, 1심 법원은 그 중 ④ 요건을 주로 검토하면서, 관련사건이 매우 많고 복잡하므로 모든 소송을 가급적 한 법원에서 처리함이 바람직하다는 점과 부수적 금반언(collateral estoppel)의 문제가 발생할 수 있는 점을 근거로 들었다.

63) D Mediterranean Shipping Co., S.A. of Geneva, [Hyundai Mipo Dockyard Co., Ltd. v. AEP/BORDEN INDUSTRIES; Angelo Brothers, Co.; Cummins Engine Company, Inc.], No. 00-7935, 261 F.3d 264 (2d Cir. 2001.)

64) Visual Sciences, Inc. v. Integrated Communications Inc., 660 F.2d 56, 58 (2d Cir. 1981.); Fengler v. Numismatic Americana, Inc., 832 F.2d 745, 748 (2d Cir. 1987.); Rationis Enterprises, Inc. of Panama and Mediterranean Shipping Co., S.A. of Geneva, [Hyundai Mipo Dockyard Co., Ltd. v. AEP/BORDEN INDUSTRIES; Angelo Brothers, Co.; Cummins Engine Company, Inc.], No. 00-7935, 261 F.3d 264 (2d Cir. 2001.), at 269.

Choong Yong 판례가 적용되지 않을 수도 있다고 보았지만 위 판결은 소송금지명령 발령의 기준으로 충분히 참고되었어야 한다.」

위와 같은 항소심 법원의 입장은 앞서 본 China Trade and Development Corp. v. M.V. Choong Yong 판례와 마찬가지로 엄격한 접근방식을 따른 것으로 보인다.

3) 그 후의 경과[65]

그 후 1심 법원은 위 항소 법원의 파기·환송 판결에 따라서 다시 증거조사를 위한 심문(evidentiary hearing)을 거친 후 2002. 7. 10. 위 사건에 관하여 대인관할권이 인정된다고 판시하였다.

위 본안 사건의 1심 판결이 선고된 후 1심 법원은 2004. 9. 30. 다시 현대미포조선에 대하여 '한국소송의 참가를 금지하고 한국소송의 2004. 10. 1.자 변론기일에 참석하더라도 미국 재판의 진행과정을 한국 재판부에 알리는 것 이외의 변론을 금지'하는 명령을 하였다.

그 후에도 한국소송이 계속되자 1심 법원은 2004. 11. 8. 다시 위 2004. 9. 30.자 명령이 유효함을 선언함과 아울러 더 나아가 현대미포조선에 대하여 한국소송을 취하하도록 명령하였다.

결국, 현대미포조선은 2005. 1. 3. 한국소송을 취하하였다(그러나 그 후인 2005. 10. 17. 선고된 본안 사건의 항소심 판결에서는 위에서 본 바와 같이 현대미포조선이 최종적으로 승소하였다).

---

65) 이 앞 부분까지는 미국판결 원문을 통해 직접 확인이 가능하였으나, 그 후의 경과와 관련해서는 직접 확인이 어려워, 한국소송에 직접 참여하여 사정을 잘 알고 있는 것으로 보이는 정해덕[2009], 81면을 참조하였다.

3. 서울중앙지방법원 2013. 5. 16. 선고 2013가합7238 사건

위 사건은 직접적으로 소송금지명령이 쟁점이 된 사건은 아니나, 사실관계를 보면 원고와 피고가 모두 서로를 상대로 영국법원에 소송금지명령을 신청하여 영국법원이 각 소송금지명령을 발령한 사안이라 매우 흥미로운 사건이다. 그 사실관계는 위 사건의 판결문과 위 사건 당사자 사이의 소송비용액확정에 관한 서울고등법원 2012. 5. 21.자 2012라69 결정[66]을 종합해서 파악할 수 있는데 요약하면 아래와 같다.

1) 사안의 개요

원고는 한국 해운회사인 국양해운 주식회사이고, 피고는 말레이시아 철강회사인 키스와이어 에스디엔 비에이치디(Kisswire SDN, BHD)이다. 원고는 피고와 화물운송계약을 체결하고 선하증권을 발행하였는데, 항해 중 선박 기관에 문제가 생기자 피고에게 항해포기 의사표시를 하였다. 이에 피고는 원고를 상대로 서울중앙지방법원에 손해배상청구의 소(2009가합64784)를 제기하였다. 위 선하증권에는 대한민국 법원이 관할법원으로 지정되어 있었고, 용선계약서에는 영국 중재에 의하기로 하는 중재합의가 있었다. 원고는 위 2009가합64784 사건에서 영국 중재합의에 기하여 소가 부적법하다고 주장하는 한편, 2009. 11. 23.경 같은 이유로 영국법원에 대한민국 법원의 소송에 관한 소송금지명령 및 중재인의 지정을 구하는 신청을 하였다. 영국 하이코트는 2010. 1. 13. 신청인(원고)의 신청을 받아들여 피신청인(피고)에게 아래와 같은 내용의 명령(Anti-Suit Injunction Order)을 하였다. 아울러 위 명령에 불응하는 경우 법

---

66) 위 결정에서 서울고등법원은, 피고가 취하한 아래 2009가합64784 사건의 소송비용을 피고에게 부담시킨 원심의 결정이 정당하다고 보았다(위 결정은 대법원 2012. 8. 24.자 2012마871 결정으로 재항고기각 되어 확정되었다).

정모욕죄로 간주되어 벌금형에 처하거나 재산이 압류될 수 있다고 고지
되었다.

1. 피신청인은 2008년도 선박 아이우드(AIUD)의 철제화물의 운송 및 화물의
   손해와 관련하여 이 법원의 추가적인 명령이 있거나 중재조항의 존재 및
   유효성에 관한 중재판정부의 결정이 있기 전에는 대한민국 서울중앙지방
   법원에 신청인을 상대로 개시한 소송을 계속, 제소 및 조력하는 것이 금
   지된다.
2. 피신청인은 2008년도 선박 아이우드의 철제화물의 운송 및 화물의 손해와
   관련하여 이 법원의 추가적인 명령이 있거나 중재조항의 존재 및 유효성
   에 관한 중재판정부의 결정이 있기 전에는 런던 중재판정부에 중재를 신
   청하는 것 외에 신청인을 상대로 별개의 절차를 개시, 유지, 제소 및 조력
   하는 것이 금지된다.
3. 신청인은 피신청인과의 분쟁과 관련하여 7일 이내에 중재인을 선임하여
   야 한다.
4. 피신청인은 이 사건 신청과 관련하여 발생한 13,500파운드 상당의 신청인
   의 비용을 지급하여야 한다.
5. 양 당사자는 48시간의 사전 서면통지로 이 명령을 변경 또는 취소하기 위
   한 신청을 할 수 있다.

그에 따라 영국 중재절차가 개시되었고, 영국 중재판정부는 2010. 3.
23. 원고의 신청에 따라 용선계약상 중재합의가 유효하다고 판단하였다.
그 후 원고와 피고는 위 2009가합64784 사건에 관하여 변론기일을 추후
지정으로 변경하여 달라는 신청을 하였으며 그러던 중 피고는 2011. 7.
12. 위 소송을 취하하였다. 그런데 위 중재절차에서 원고가 주장할 수
있는 항변의 범위에 관하여 다툼이 있자, 피고는 2012. 4. 23. 중재판정부
에 항변의 범위에 관한 판단을 구하였고, 이에 대하여 중재판정부는

2012. 10. 22. '선하증권은 이 청구에 적용되지 않으므로, 원고는 선하증권이나 헤이그 규칙상의 항변을 원용할 수 없다'고 판정하였다. 그러자 원고는 2013. 1. 29. 서울중앙지방법원에 원고의 손해배상채무 부존재 확인을 구하는 이 사건 소(2013가합7238)를 제기하였다. 이에 피고는 2013. 3. 7. 원고의 이 사건 소제기에 대하여 영국법원에 소송금지명령을 신청하였고 영국법원은 2013. 3. 20. 이를 받아들여 원고에게 소송금지명령을 발하였다.

2) 한국법원의 판단 및 사건의 경과

이 사건 소에서 피고는, 원고의 이 사건 소제기가 종전의 행위와 모순되는 소송행위로서 신의성실에 반하여 허용되지 아니하므로 부적법하다고 주장하였다. 이에 대하여 서울중앙지방법원은 피고의 위 본안 전 항변을 받아들여 이 사건 소를 각하하였는데, 그 주된 이유는 원고가 종전 위 2009가합64784 사건에서 영국 중재합의에 기하여 소가 부적법하다고 항변하고 영국법원에 소송금지명령까지 신청하여 그에 기해 피고가 위 2009가합64784 소송을 취하하기까지 하였는데, 그 후 영국 중재절차에서 원고가 원용 가능한 항변의 범위가 제한되자 비로소 다시 대한민국 법원에 관할권이 있음을 주장하면서 이 사건 소송을 제기한 것은 원고가 스스로 한 선행행위와 모순되고 피고의 신뢰를 부당하게 침해하는 행위라는 것이었다. 그 후 위 판결은 항소심(서울고등법원 2013. 12. 6. 선고 2013나40539 판결) 및 상고심(대법원 2014. 4. 24. 선고 2014다4439 판결)에서도 항소기각 및 상고기각(심리불속행)되어 그대로 확정되었다.

위 사건은 선하증권이나 용선계약에 포함된 중재합의의 효력이나 원고가 원용할 수 있는 항변권의 범위, 신의칙의 법리 등 여러 쟁점을 다루고 있는데, 이에 관한 상세한 논의는 본 논문의 범위를 벗어나므로 생략하되, 한 가지만 언급하자면, 私見으로는 신의칙이라는 일반원칙의 보충성을 고려할 때 위 대상판결에서 곧바로 신의칙 위반으로 부적법 각하하기에 앞서, 위 중재합의의 효력이 대상 사건에 미치는지 여부를 먼저 판단하고, 만약 미친다면 중재합의에 기하여 부적법 각하(중재법 제9조 제1항)함이 맞지 않았을까 하는 생각이 든다.[67]

그러나 소송금지명령의 맥락에서 볼 때, 우리나라에서는 아직 생소한 소송금지명령을 영국법원은 한국 당사자와 관련해서도 적극적으로 발령하고 있다는 점, 특히 영국을 중재지로 하는 중재합의 위반을 이유로 한 소송금지명령에는 더욱 적극적이라는 점을 확인할 수 있고, 영국법원이 발령하는 소송금지명령의 구체적인 주문례를 볼 수 있다는 점에서 흥미로운 사건이다.

4. Samsung v. Huawei 사건[68]

1) 사안의 개요

중국 핸드폰 제조업체인 화웨이(Huawei Technologies. Co. Ltd., 이하

---

67) 위 법원이 위 중재합의의 효력이 대상사건에 미치지 않는다고 보았을 수도 있는데 이는 확인할 수 없다. 또한, 중재합의의 존재는 직권조사사항이 아니고 항변사항이라고 해석되므로(중재법 제9조 제1항은 "중재합의가 있다는 항변을 하였을 때에는 법원은 그 소를 각하하여야 한다"고 규정한다), 대상사건에서 피고가 그러한 항변을 하지 않았기 때문에 법원도 그에 대한 판단을 하지 않았을 수도 있는데, 위와 같은 사건의 경과에 비추어 볼 때 피고가 그러한 항변을 하지 않았을 가능성은 낮아 보인다. 그밖에, 중재합의에 기한 본안 전 항변은 본안에 관한 최초의 변론을 하기 전에 하여야 하는데(중재법 제2항), 피고가 본안 전 항변을 하기 전에 본안에 관한 변론을 하였을 수도 있다. 그러나 대상사건에서 제1회 변론기일에 바로 변론종결된 후 각하판결이 선고된 점에 비추어 그럴 가능성도 낮아 보인다.

68) Huawei Technologies. Co. Ltd. v. Samsung Electronics Co., Case No. 3:16-cv-02787-WHO (N.D. Cal. Apr. 13, 2018.), 2018 WL 1784065.

'화웨이'라 한다)가 2016. 5.경 삼성전자 주식회사(Samsung Electronics Co.,
이하 '삼성전자'라 한다)를 상대로 삼성전자가 화웨이의 LTE 부문 표준필
수특허를 침해했다고 주장하면서 중국법원과 미국법원에 여러 개의 소
송을 제기하였다. 이에 대하여 중국 선전시 중급인민법원(Intermediate
People's Court of Shenzhen)이 먼저 2018. 1. 11. 화웨이 승소의 판결을 선
고하였고, 위 판결에서는 화웨이 특허를 침해한 삼성전자 스마트폰의 제
조 및 판매 금지까지 함께 명해졌다. 이에 삼성전자는 위 중국판결에 대
해 항소하고 2018. 1. 26. 캘리포니아 북부연방지방법원(United States Dis-
trict Court for the Northern District of California)에 중국법원의 제조 및 판
매금지 명령의 집행을 금지해달라는 내용의 소송금지명령(정확히는 소
송금지명령의 한 형태인 집행금지명령, 즉 Anti-enforcement Injunction에
해당함)을 신청하였다.

위 소송금지명령 사건에서 삼성전자는 소송금지명령이 받아들여지지
않는다면 삼성전자의 중국 공장들을 닫아야만 하고, 어쩔 수 없이 불리
한 협상을 강요 당하게 되거나 화웨이와의 전세계적인 소송으로 내몰릴
수밖에 없게 된다고 주장하였다.

2) 미국법원의 판단

캘리포니아 북부연방지방법원의 Orrick 판사는 2018. 4. 13. 삼성전자
의 신청을 받아들여 화웨이가 미국법원의 판결이 나오기 전까지 중국법
원의 금지명령을 집행해서는 안된다는 취지의 명령(Anti-enforcement
Injunction)을 하였다.[69] Orrick 판사는 소송금지명령에 관하여 상세히 논

---

[69] 양측의 분쟁 경위와 판결 내용은 기본적으로 대상판결문에 근거하였고, 그밖
에도 아래의 웹사이트들을 참고하였다(2020. 7. 20. 최종 방문).
- https://www.essentialpatentblog.com/2018/04/judge-orrick-enjoins-huawei-enforcing-injunction-infringing-seps-issued-chinas-shenzhen-court-huawei-v-samsung/

증하면서 아래와 같이 설시하였다.

소송금지명령의 요건에 관해서는 제9순회구 연방항소법원[70]이 채용하는 '3요건(three-part inquiry, 이를 Gallo test라고도 한다)'을 적용한다. 이는 ① 당사자 및 소송물 동일, ② 외국소송이 미국의 공서(policy)에 반하거나, 괴롭히거나 억압적인(vexatious or oppressive) 것이거나, 미국법원의 대물관할권 또는 준대물관할권을 위협하거나, 기타 형평(equitable considerations)에 반하는 경우일 것[71], ③ 예양(comity)의 고려이다.[72]

소송금지명령이 예비적 금지명령(preliminary injunction)의 형태로 발령되는 경우, 예비적 금지명령을 발령하기 위해 일반적으로 요구되는 요건, 예컨대 본안 승소가능성(likelihood of success on the merits) 요건은 따로 요구되지 않고 소송금지명령의 요건 충족여부만 심리하면 된다.[73]

만약 소송금지명령이 발령되지 않는다면, 삼성전자는 중국에서 뿐만 아니라 전세계적으로 영향을 미치는 상당한 손해를 입게 된다. 중국법원의 금지명령

- https://news.naver.com/main/read.nhn?mode=LSD&mid=sec&sid1=105&oid=001&aid=0010029545
- https://news.naver.com/main/read.nhn?mode=LSD&mid=sec&sid1=101&oid=014&aid=0004003923
- https://www.law.com/therecorder/2018/12/03/samsungs-anti-suit-injunction-against-huawei-on-shaky-ground-at-federal-circuit/?slreturn= 20190317075953

70) E. & J. Gallo Winery v. Andina Licores S.A., 446 F.3d 984 (9th Cir. 2006.) at 990; Microsoft Corp. v. Motorola, Inc., 696 F.3d 872 (9th Cir. 2012) at 881.

71) 이상의 요소들을 위 판결에서는 'The Unterweser Factors'라고 부른다. 이는 Seattle Totems Hockey Club, Inc. v. Nat'l Hockey League, 652 F.2d 852 (9th Cir. 1981), at 855에서 채용한 것이다.

72) Huawei Technologies. Co. Ltd. v. Samsung Electronics Co., Case No. 3:16-cv-02787-WHO (N.D. Cal. Apr. 13, 2018.), 2018 WL 1784065, at 4, 6 이하.

73) Huawei Technologies. Co. Ltd. v. Samsung Electronics Co., Case No. 3:16-cv-02787-WHO (N.D. Cal. Apr. 13, 2018.), 2018 WL 1784065, at 4; E. & J. Gallo Winery v. Andina Licores S.A., 446 F.3d 984 (9th Cir. 2006.) at 991; Microsoft Corp. v. Motorola, Inc., 696 F.3d 872 (9th Cir. 2012) at 883~884.

이 집행된다면, 어느 법원에서도(특히 당원에서) 당사자들의 계약위반 주장에 대해 사법적 판단을 내릴 기회를 가져보기 전에, 삼성전자가 화웨이 측의 라이선스 조건을 받아들이도록 강요당하는 결과가 될 것이다.[74] 이런 점에서 대상 사건은 위 ② 요건 중 외국소송이 미국의 공서(policy)에 반하거나, 미국법원의 관할권을 위협하거나, 기타 형평(equitable considerations)에 반하는 경우에 해당된다.

③ 요건에 관해서도, 화웨이가 미국법원에 먼저 소를 제기한 다음날 중국법원에 소를 제기한 점, 삼성전자가 구하는 금지명령이 일정한 기간 및 대상의 범위 내로 한정되어 있는 점 등에 비추어 국제예양이 침해되는 경우가 아니다.

결론적으로, 소송금지명령의 발령요건들이 모두 충족된다.

위와 같은 대상판결의 입장은 뒤에서 볼 미국에서의 '완화된 접근방식'을 따른 것으로 평가된다.

3) 그 후의 경과

미국법원의 위 소송금지명령에 대하여 화웨이가 항소하였으나, 그 후 2019. 2.경 삼성전자와 화웨이가 합의를 하면서 관련된 모든 소송을 취하, 종료하는 것으로 양측의 분쟁이 마무리 되었다.[75]

이는 소송금지명령이 국제적 소송에서 소송전략의 일환으로 사용될 수 있고 그 결과 본안판결까지 가기도 전에 분쟁이 화해로 종결되는 실무적 경향이 있음을 잘 보여주는 대목이다.

---

74) Huawei Technologies. Co. Ltd. v. Samsung Electronics Co., Case No. 3:16-cv-02787-WHO (N.D. Cal. Apr. 13, 2018.), 2018 WL 1784065, at 10.

75) 관련 기사는 https://news.mt.co.kr/mtview.php?no=2019051420321665572 참조(2020. 7. 20. 최종 방문).

5. 기타 사건

위 사건들 외에도 한국 당사자가 관련된 외국의 소송금지명령 사건들이 더 있으나, 본 논문의 분량 제한상 간략히만 소개한다.

BAE Systems Technology Solution & Services, Inc. v. Republic of Korea's Defense Acquisition Program Administration and Republic of Korea 사건에서는, 한국의 방위사업청과 한국 정부가 미국법원으로부터 '미국법원의 판결 시까지 한국에서의 소송을 금지'하는 예비적 소송금지명령(Preliminary Injunction)을 당했는데, 그 후 같은 1심 법원이 1심 판결76)을 선고하면서 BAE Systems가 제기한 영구적 소송금지명령(Permanent Injunction) 신청을 기각하였고, 그 항소심 판결77)에서도 1심 판결을 유지하면서 한국소송이 괴롭히거나 억압적인 경우라고 보기 어렵고 국제예양의 고려 필요성에 비추어 1심 판결이 그 재량권을 남용하지 않았다고 판시하였다.78)

Industrial Maritime Carriers (Bahamas), Inc. v. Barwil Agencies A.S. 사건79)에서는, 한국의 주식회사 대우가 1998년경 터키 법원에 먼저 소를 제기하여 2003. 5.경 터키 법원으로부터 승소 판결을 받았는데, 그 후 상대방이 2003. 6.경 대우를 상대로 미국법원에 소를 제기하고 2003. 10.경에는 위 터키 판결의 집행을 금지하는 소송금지명령(집행금지명령)을 신청하면서 그 심문기일 전까지 우선 위 집행을 금지해달라는 일방적(ex parte)인 임시적 제지명령(temporary restraining order)을 신청하였다. 이에

---

76) BAE Systems Technology Solution & Services, Inc. v. Republic of Korea's Defense Acquisition Program Administration, Case No.: PWG-14-3551, 2016 WL 7115955 (U.S. District Court, D. Maryland, Southern Division. 2016)

77) BAE Systems Technology Solution & Services, Inc. v. Republic of Korea's Defense Acquisition Program Administration, 884 F.3d 463 (4th Cir. March 6, 2018)

78) 이규회[집행금지명령], 19~20면에서도 위 판결을 소개하고 있다.

79) Industrial Maritime Carriers (Bahamas), Inc. v. Barwil Agencies A.S., No. C.A. 03-1668, 2003 WL 22533704 (E.D. La., Nov. 5, 2003).

위 미국법원은 일단 임시적 제지명령을 발령하였으나 그 후 심문기일을 거친 다음 위 소송금지명령 신청은 기각하였다. 그 주된 이유로는 터키 소송이 제기된 후 5년이나 지나서 미국소송이 제기된 점, 터키 법원이 판결을 선고하였고 그에 대하여 위 상대방이 항소하여 다투고 있는 점 등을 들었다.[80]

Hamilton Bank, NA v. Kookmin Bank 사건[81]에서는, 한국의 국민은행이 먼저 한국법원에 Hamilton Bank를 상대로 신용장 관련 소송을 제기하였고, 약 3달 후에 Hamilton Bank가 미국법원에 한국소송을 금지하는 소송금지명령을 신청하였는데, 미국법원은 위 신청을 기각하였다.

한국 당사자가 관련된 사건은 아니지만, 많이 알려진 사건으로 Apple v. Qualcomm 사건[82]에서도 소송금지명령이 문제된 바 있다. 사안은 다음과 같다. 스마트폰 업체인 애플은 모뎀 칩을 공급하는 퀄컴에 대해 "퀄컴이 독점적인 지위를 이용해 과도한 로열티를 부과했다"면서 영국, 일본, 중국, 대만 등 11개의 법원에 손해배상을 청구했다. 퀄컴도 이에 맞서 소송을 제기하면서 애플의 위 소송을 금지하는 소송금지명령을 신청하였다. 이에 캘리포니아 샌디에고지방법원(United States District Court, San Diego of California)의 Gonzalo Curiel 판사는 애플의 외국 법에 따른 권리행사가 괴롭히는(vexatious) 것이라고 볼 수 없다고 하면서 위 신청을 기각하였다.[83]

---

80) 위 판결에 대한 상세한 소개는 Choe, Chang Su, "Transnational Litigation Strategies for the U.S. Foreign Anti-suit Injunction", 민사소송 : 한국민사소송법학회지, 제18권 2호, 2015., 440~441면 참조.

81) Hamilton Bank, NA v. Kookmin Bank, 999 F.Supp. 586 (S.D.N.Y. 1998)

82) Apple Inc. v. Qualcomm Incorporated, 2017 WL 3966944 (U.S.S.D. Cal. September 7, 2017), Case No. 3:17-cv-00108-GPC-MDD

83) 위 사건에 관한 소개는 아래의 인터넷 사이트 참조(2020. 7. 20. 최종 방문).
  • https://www.reuters.com/article/us-apple-qualcomm/apple-lawsuits-against-qualcomm-can-proceed-u-s-judge-rules-idUSKCN1BJ29V
  • https://www.androidheadlines.com/2017/09/court-denies-qualcomms-anti-suit-injunc-

그 외에도 Microsoft v. Motorola 사건[84])에서도 소송금지명령이 발령된 바 있다.

제2절 비교법적 검토

Ⅰ. 영국

1. 인정 여부 및 근거

원래 소송금지명령은 영국 형평법 법원이 국내에서 보통법 법원과의 관계에 있어서 발령하던 것에서 기원하였음은 앞서 본 바와 같다. 오늘날 영국은 국제적 분쟁에 있어서도 자국의 관할권 및 중재절차를 수호하기 위하여 소송금지명령을 가장 적극적으로 발령하고 있는 나라에 속한다.

오늘날 영국의 소송금지명령은 형평법상의 고유한 권한 보다는 성문법 규정, 즉 영국 Senior Courts Act 1981[85]) 제37조 제1항에 근거하여 발령되고 있다.[86]) 위 조항은 "하이코트[87])는 법원이 정의에 부합하고 편리하

---

tion-against-apple.html

84) Microsoft Corp. v. Motorola, Inc., 696 F.3d 872 (9th Cir. 2012)

85) Senior Courts Act 1981, Chapter 54, Section 37. 종전의 법령명은 Supreme Court Act였으나, 2005년 헌법개혁법(Constitutional Reform Act 2005)에 의하여 그 명칭이 Senior Courts Act로 바뀌었다. Senior Courts는 Court of Appeal, High Court, Crown Court를 말한다.

86) Raphael[2019], para. 3.06.

87) 영국의 하이코트(High Court)는 일부 항소심도 담당하기는 하지만 주로 1심 재판을 담당하는 법원이므로 '고등법원'이라고 번역하는 것은 적절치 않다고 생각되어 '하이코트'로 칭하기로 한다. 참고로, 영국의 법원 구조를 개괄적으로

다고 판단하는 모든 경우에 명령으로 잠정적 또는 최종적 금지명령을
발령하거나 재산관리인을 선임할 수 있다."고 규정한다.[88)89)] 항소법원
(Court of Appeal)도 원심인 하이코트 또는 카운티코트와 동일한 관할권
과 권한을 가진다(Senior Courts Act 1981 제15조).

　　한편, 영국법원은 중재절차와 관련하여 영국 중재법(Arbitration Act
1996) 제44조에 따라 잠정적 금지명령(interim injunction)[90)]을 발령할 수
있는데, 위 조항 적용상의 여러가지 제한[예컨대, 증거나 재산을 보전하
기 위한 긴급성이 인정되는 경우일 것 등(위 법 제44조 제3, 4항)]으로 인
하여 이를 중재절차를 보호하기 위한 소송금지명령의 근거로 삼기에는
적합하지 아니하고, 위 Senior Courts Act 1981 제37조 제1항에 근거하는
것이 낫다. 이에 관하여 영국 대법원은 중재합의를 원인으로 한 소송금
지명령을 반드시 중재법 제44조에 기해서만 발령할 수 있는 것은 아니고
Senior Courts Act 1981 제37조 제1항에 근거하여 발령할 수도 있다고 판시

　　살펴보면, ① 최종심을 담당하는 대법원(Supreme Court, 헌법개혁법 이전 명칭
　　은 House of Lords), ② 하이코트와 형사법원(Crown Court)의 항소심재판을 담당
　　하는 항소법원(Court of Appeal)의 형사부(Criminal Division)와 민사부(Civil
　　Division), ③ 중요 민사사건의 1심재판과 일부 항소심재판을 담당하는 하이코
　　트(High Court)의 여왕좌부(Queen's Bench Division : 계약, 불법행위, 해상 관장),
　　가사부(Family Division : 가족법 관장), 형평부(Chancery Division : 물권, 회사, 지
　　적재산권 관장), ④ 중요 형사사건의 1심재판과 경미한 형사사건의 항소심재판
　　을 담당하는 형사법원(Crown Court), ⑤ 경미한 민사사건의 1심재판을 담당하
　　는 카운티코트(County Courts), ⑥ 경미한 형사사건 및 일부 민사사건의 1심재판
　　을 담당하는 치안판사법원(Magistrates' Courts)이 있다.
88) 원문은 다음과 같다. The High Court may by order (whether interlocutory or final)
　　grant an injunction or appoint a receiver in all cases in which it appears to the court
　　to be just and convenient to do so.
89) 하이코트 외에 카운티코트도 이론상으로는 County Courts Act 1984 제38조 제1항에
　　근거하여 하이코트가 발령할 수 있는 것과 동일한 명령을 발령할 수 있으나,
　　실제로는 소송금지명령 신청인들이 하이코트를 이용한다고 한다(Raphael[2019],
　　para. 3.02. 각주 2).
90) 위 조항에 따라 최종적 금지명령(final injunction)을 발령할 수는 없다.

한 바 있다.[91]

그밖에도, 중재금지명령과 관련해서 영국법원은 영국 중재법 제72조 제1항에 따라 임시적 또는 최종적 '중재금지명령'을 발령할 수도 있다.[92]

한편, 영국에서 소송금지명령을 발할 권한은 기본적으로 형평법상 권한이기 때문에 판사는 이 권한을 행사함에 있어서 재량권을 가진다. 그러나 이 재량권은 100년 이상에 걸쳐 발전되어 온 법적 기준들에 의하여 제한받는다.[93] 이는 아래 요건에서 살펴본다.

2. 요건 및 효과

1) 요건

영국법상 소송금지명령은 원래 형평법원의 판례에 의하여 발전된 제도이고, 위 Senior Courts Act 1981 제37조 제1항도 그 발령요건에 관하여는 '법원이 정의에 부합하고 편리하다고 판단하는 모든 경우'라고 포괄·추상적으로 규정하고 있을 뿐이어서, 소송금지명령의 구체적인 발령요건은 여전히 기존의 판례법과 개별 사안에서의 법원 해석에 달려 있다. 그 결과, 영국법원이 소송금지명령을 발령하는 구체적인 요건은 다소 애매하고 그 설명 방법도 논자에 따라 매우 다양하여, 어떤 판례나 문헌에서도 그 분류 방식을 통일적으로 제시하지는 못하고 있다.[94]

---

91) AES Ust-Kamenogorsk Hydropower Plant LLP v. Ust-Kamenogorsk Hydropower Plant JSC [2013] UKSC 35; Southport Success S.A. v. Tsingshan Holding Group Co. Ltd [2015] EWHC 1974 (Comm).

92) Raphael[2019], para. 11.01.~11.03., 11.25.~11.29 참조.

93) Lenenbach[1998], 267.

94) Cheshire/North/Fawcett[2017], 425. 위 책에서는 그 이유로, 행위에 중점을 두는 논자도 있고 원고의 권리에 중점을 두는 논자도 있는 등 각자 강조점이 다르기 때문이라고 한다.

그러나 영국의 판례나 문헌들에서 공통적으로 추출되는 요건들을 정리해 보면 대체로 ① 영국법원에 관할권이 있고, ② 원고가 '외국에서 제소되지 않을 권리(right not to be sued abroad)'를 가져야 하며, ③ 소송금지명령을 발하는 것이 정의의 목적에 부합하여야 하고,[95] ④ 소송금지명령을 발하는 것이 예양의 원칙에 반하지 않을 것으로 요약할 수 있겠다.[96] 이하에서 차례로 살펴본다.[97]

(1) 관할권

영국에서는 브뤼셀규정이 적용되는 경우는 현재 시행되는 브뤼셀 I bis 규정에 따라서 관할이 정해지고, 그렇지 않은 경우에는 영국의 전통적 관할 법리에 따른다.

영국법에 따를 때, 소송금지명령을 발령하기 위해서는 영국법원이 대인관할권(personal jurisdiction) 및 사물관할권(subject-matter jurisdiction)을 가져야 한다.[98]

---

95) 이는 Senior Courts Act 1981 제37조 제1항에서 요구하는 요건이기도 하다.

96) 이는 대체로 석광현[소송유지명령], 7면의 분류이기도 한데, 이 분류가 가장 적절한 것으로 보인다.

97) 참고로, 영국의 Fentiman은 영국에서 소송금지명령을 발령하기 위해 요구되는 핵심적 전제조건(pre-conditions) 7가지를 다음과 같이 열거한다. ① 신청인에 대한 부정의(injustice)를 막기 위한 강행규범적 목적(위 Senior Courts Act 1981 제37조 제1항이 요구하는 사항), ② 상대방의 외국소송에서의 행위가 비양심적(unconscionable)일 것(형평법은 양심에 기해 작동되는 것이므로), ③ 금지 대상은 상대방이지 외국법원이 아님(형평법상의 금지명령은 대인적인 것이므로), ④ 소송금지명령이 상대방에게 부정의를 초래하지 않을 것(형평법상의 구제수단은 형평상의 균형을 요구하므로), ⑤ 영국법원이 상대방에 대하여 관할권을 가질 것, ⑥ 예양의 고려에서, 대인관할권 외에도 영국법원이 사물관할권(subject-matter jurisdiction)을 가질 것(즉, 영국법원이 이익을 가질 것), ⑦ 예양의 고려에서, 외국소송에 대한 금지명령이 영국법상 인정되는 원칙에 기하여 외국법원이 관할권을 행사하기로 한 결정을 재심사하는 결과를 초래할 경우 그 발령을 거부할 것(Fentiman[2015], 16.12, 16.13).

98) Fentiman[2015], 16.30

영국법원이 피고에 대하여 대인관할권을 취득하는 경우는 ① 피고가 영국에 현존하는 동안 피고에게 소환장(writ)[99]이 송달된 경우와 피고가 영국의 재판관할권에 복종한 경우,[100] ② 영국법원이 민사소송규칙(Civil Procedure Rules, 흔히 'CPR'이라 한다) 6.36[101] 및 그 시행세칙에 해당하는 실무지침(Practice Direction) 6B에 따른 법원의 허가를 받아 외국에 있는 피고에게 소환장을 송달한 경우이다.[102] 위 ①의 경우는 일반적인 관할법리와 동일하게 적용되므로 특별히 문제될 것이 없고, 소송금지명령의 경우는 특히 ②의 경우가 중요한데, 그 중에서도 민사소송규칙 6.36, 실무지침 6B, 3.1, (3), (6), (4A)항과 민사소송규칙 62.5가 실무상 유용하다.[103] 예컨대, 전속적 관할합의 위반의 경우에는 민사소송규칙 6.36, 실무지침 6B, 3.1, (6), (d)[104]에 따라서 외국 피고에 대한 송달이 허가될 수

---

99) 소장(claim form)이라고도 한다.

100) 석광현[소송유지명령], 7면. 여기서 피고가 영국의 재판관할권에 복종한 경우에는 피고가 송달을 받은 경우, 피고가 본안에 관하여 변론한 경우, 당사자들이 관할합의를 한 경우, 외국에 있는 원고가 영국에서 소를 제기한 경우 등이 있다(석광현[소송유지명령], 7면 주11).

101) 개정 전의 1998년 민사소송규칙에서는 6.20.이었는데 개정된 2008년 민사소송규칙에서는 6.36으로 변경되었다. 그 내용은 다음과 같다.
"민사소송규칙 제6.36조 법원의 허가가 필요한 경우의 소장 송달(Rule 6.36 Service of the claim form where the permission of the court is required) 제6.32조나 제6.33조가 적용되지 않는 소송에서 본 부를 보충하는 실무지침 B 제3.1조에 규정된 사유가 적용되는 경우에는 원고는 법원의 허가를 받아 법역 외에서 소장을 송달할 수 있다. In any proceedings to which rule 6.32 or 6.33 does not apply, the claimant may serve a claim form out of the jurisdiction with the permission of the court if any of the grounds set out in paragraph 3.1 of Practice Direction B supplementing this Part apply."(위 번역은 장준혁, "계약관할로서의 의무이행지관할의 개정방안", 국제거래법연구, 23집 2호, 2014., 375면을 따랐다).

102) Cheshire/North/Fawcett[2017], 423; Fentiman[2015], para. 16.32; Donohue v. Armco Inc [2002] 1 All ER 749

103) Raphael[2019], para. 18.22~18.23

104) 내용은 다음과 같다. "(6) 계약에 관하여 소가 제기된 경우로서 그 계약이 다음에 해당하는 경우 (d) 법원이 그 계약에 관한 어떤 청구에 대하여 판단할

있고, 중재합의 위반의 경우에는 같은 실무지침 6B, 3.1, (6), (c)[105]에 따라서 외국 피고에 대한 송달이 허가될 수 있다.[106][107]

그밖에 영국법원에 대인관할권이 인정되는 주요한 경우로서, 소송금지명령 신청이 영국의 본안소송에 부수하여 제기된 경우에는 본안소송에 관한 관할이 있다면 자동적으로 소송금지명령에 관한 관할도 부여된다.[108]

대인관할권 외에 사물관할권이 요구된다는 점은 국제예양의 고려에서 나온 것인데, 이러한 사물관할권이 인정되려면 영국법원이 그 분쟁에 관하여 정당한 이익(legitimate interest)을 가질 것이 요구된다.[109] 그런데 위 사물관할권을 가질 것이라는 요건은 뒤에서 볼 '외국에서 제소되지 않을 권리'의 발생 요건 중 하나로도 거론되고(즉, '괴롭히거나 억압적인' 요건에서 '자연적 법정지' 개념으로도 거론됨), 예양에 반하지 않을 것이라는 요건에서도 다시 거론되는 문제인데, 사실상 동일한 내용을 관할이라는 맥락에서 개념화한 것으로 보인다. 이 때문에 논자에 따라서는 관할 요건에서는 대인관할권만 거론하고 사물관할권이라는 개념은 별도로 다루지 않는다.[110] 사물관할권을 독립적인 요건으로 다루는 견해에서는

관할권을 가지도록 하는 조항이 포함되어 있는 경우 (6) A claim is made in respect of a contract where the contract (d) contains a term to the effect that the court shall have jurisdiction to determine any claim in respect of the contract."

105) 내용은 다음과 같다. "(6) 계약에 관하여 소가 제기된 경우로서 그 계약이 다음에 해당하는 경우 (c) 영국법이 준거법인 경우 (6) A claim is made in respect of a contract where the contract (c) is governed by English law"

106) Raphael[2019], para. 18.47. 이에 따르면, 실무지침 6B, 3.1, (6), (d)는 중재합의에 관해서는 적용되지 않고 대신 중재합익에 관해서는 6B, 3.1, (6), (c)가 적용될 수 있다고 한다.

107) 이에 관한 상세한 내용은 Raphael[2019], para. 18.22~18.72 참조.

108) Hartley[2009], 207. 주2; Cheshire/North/Fawcett[2017], 423; Fentiman[2015], para.16. 34; Masri v. Consolidated Contractors International (UK) Ltd (No3) [2009] 2 WLR 669 (CA), at para 26.

109) Fentiman[2015], para. 16.33

주로 다음과 같은 경우, 즉 ① 본안소송이 영국법원에 제기되어 있고 소송금지명령 신청이 그 본안소송에 부수하여 제기된 경우, ② 본안판결이 영국법원에서 내려졌고 소송금지명령 신청이 그 본안소송에서 나오는 신청인의 이익을 보호하기 위해 제기된 경우, ③ 영국법원이 전속적 관할합의 등에 기해 당사자간 분쟁의 실체에 관하여 배타적 관할권을 가지는 경우, ④ 모든 관련 요소가 영국법원과 관련된 경우와 같이 영국법원이 그 분쟁과 압도적인 관련성을 가지는 경우에 사물관할권이 인정된다고 한다.[111]

(2) 외국에서 제소되지 않을 권리(right not to be sued abroad)

가장 중요한 요건인 '외국에서 제소되지 않을 권리'가 인정되기 위해서는 (a) 금지되는 당사자가 비양심적으로 행동(unconscionable conduct)하거나, (b) 외국에서의 제소가 분쟁해결합의를 위반한 경우에 해당되어야 한다.[112] 이에 관해서도 논자에 따라 분류 방식이 매우 다양한데, 예컨대, Fentiman은 외국에서 제소되지 않을 권리 부분을 크게 2개로 나누어 (a) 실체적 권리를 보호하기 위한 경우(이는 위 분쟁해결합의 위반의 경우에 해당한다)[113], (b) 절차적 권리를 보호하기 위한 경우(이는 위 비양심적으로 행동하는 경우에 해당하는 것으로서 '절차 남용' 또는 '괴롭히거나 억압적인 경우'를 말한다)[114]로 분류한다.[115][116]

---

110) 예컨대, Cheshire/North/Fawcett[2017] 및 Raphael[2019] 등이 그러하다.
111) Fentiman[2015], para. 16.34~16.35
112) 이는 석광현[소송유지명령], 8면과 Cheshire/North/Fawcett[2017], 425면의 분류를 따른 것이다.
113) Fentiman[2015], para. 16.41 이하.
114) Fentiman[2015], para. 16.67 이하.
115) Fentiman[2015], para. 16.39.
116) 그밖에, Raphael[2019], para. 4.05.에서는 ① 외국에서 제소되지 않을 실체적인 법률상 또는 형평법상의 권리를 보호할 필요가 있는 경우(분쟁해결합의 위반 포함), ② 외국 제소가 괴롭히거나 억압적인 경우 또는 비양심적인 경우로 구

이 중 (a) 금지되는 당사자가 비양심적으로 행동하는 경우라 함은 주로 외국소송절차가 피고를 '괴롭히거나 억압적인(vexatious or oppressive)' 경우 또는 기타 비양심적 행동이 있는 경우를 말하고, (b) 외국에서의 제소가 분쟁해결합의를 위반한 경우라 함은 영국법원에 관할을 부여하는 전속적 관할합의 또는 영국을 중재지로 하는 중재합의를 위반한 경우를 말한다.[117]

이하에서는 편의상 분쟁해결합의 위반부터 차례로 살펴본다.

가) 분쟁해결합의 위반의 경우

뒤에서 다시 살펴보겠지만, 영국에서는 분쟁해결합의에 기한 당사자의 의무를 '계약상 의무(contractual obligation)'로 보고, 그에 따라 계약당사자에게 '합의된 관할에 대해서 다투지 않을 의무 및 다른 법원에서 제소하지 않을 계약상의 의무' 및 '외국에서 제소 당하지 않을 권리'가 부여되며,[118] 나아가 분쟁해결합의를 위반하여 외국에 제소했을 경우 이는 당연히 계약위반(breach of contract)이 되어 손해배상의무가 발생한

분하여 설명하고, Heinze/Dutta는 위 양자를 묶어서 '원고가 외국에서 제소되지 않을 권리(right not to be sued abroad)를 가지는 경우'로 보면서, 외국의 제소가 원고를 괴롭히거나 억압적인 경우 원고는 형평법상의 권리를 가진다고 보고, 반면에 분쟁해결합의 위반의 경우 원고는 법률상의 권리를 가진다고 설명한다(Heinze, Christian A./Dutta, Anatol, "Enforcement of Arbitration Agreements by Anti-suit Injunctions in Europe—From Turner to West Tankers", Yearbook of Private International Law Vol. IX 2007, 2008, 419 이하, 석광현[소송유지명령], 8면에서 재인용).

117) 석광현[소송유지명령], 9면, 12면; Cheshire/North/Fawcett[2017], 426, 432면. 영국이 아닌 다른 나라를 법정지로 하는 전속적 국제재판관할합의 또는 다른 나라를 중재지로 하는 중재합의가 있는 경우에 영국에서 소송금지명령을 하는 것은 예양의 원칙상 허용되지 않는다고 해석된다(Raphael[2019], para. 7.43~7.50).

118) Fentiman[2015], para. 2.09, 2.61, 2.225, 2.228; Cheshire/North/Fawcett[2017], 436; Turner v. Grovit [2002] 1 WLR 107, at [25]; British Airways Board v. Laker Airways Ltd [1985] AC 58, at 81.

다고 본다.119)120) 기본적으로 분쟁해결합의에는 양 당사자들이 다른 곳에서 소를 제기하지 않겠다는 약속 및 그 위반에 대해 소송금지명령으로 이를 금지할 수 있다는 약속이 묵시적으로 포함되어 있다고 보는 것이다.121)

그에 따라 분쟁해결합의 위반의 경우에는 '외국에서 제소 당하지 않을 권리'가 용이하게 발생되고, 소송금지명령을 발령할 재량권은 신중하게 행사되어야 한다는 요청이 이 경우에는 적용되지 않고 정의의 목적이나 예양 요건에 대한 고려 정도도 낮아지며,122) 다른 경우보다 비교적 용이하게 소송금지명령이 발령된다.123) 이러한 분쟁해결합의 위반을 이

---

119) Fentiman[2015], para. 2.249; Cheshire/North/Fawcett[2017], 437; Briggs[2008], 303; Antomo[2017], 299. 같은 취지의 영국 판례로는 Donohue v. Armco Inc [2002] UKHL 64; Union Discount Co v. Zoller [2002] 1 WLR 1517; A/S D/S Svendborg v. Akar [2003] EWHC 797 (Comm); Starlight Shipping Co. v. Allianz Marine & Aviation Verisicherungs AG (The Alexandros T) [2014] EWCA Civ 1010; DVA v. Voest Alpine [1997] 2 Lloyd's Rep 279, 285 등이 있다.

120) 물론, 영미법계 학자 중에서 손해배상청구권을 부정하는 소수의 반대견해도 있다. 예컨대, Ho, Look Chan, "Anti-suit Injunctions in Cross-Border Insolvency: A Restatement", International and Comparative Law Quarterly, Vol. 52(Part 3), 2003., 708~709에서는 관할합의의 효력으로서 선택된 법원이 소송을 진행하고 선택되지 않은 법원은 소송 진행을 거부할 수 있을 뿐, 계약위반에 대한 계약적 구제수단에 관한 독립적인 권리(손해배상청구권)가 발생하지는 않는다고 본다. 이는 관할합의가 소송법적 효과만을 가진다고 보는데서 근거하는데, 결과적으로 우리나라 등 대륙법계에서 주장되는 소송계약설과 유사한 견해로 보인다.

121) Fentiman[2015], para. 16.41; Donohue v. Armco Inc [2002] UKHL 64, at [23]~[24]; AES Ust-Kamenogorsk Hydropower Plant LLP v. Ust-Kamenogorsk Hydropower Plant JSC [2013] UKSC 35, at [1].

122) Cheshire/North/Fawcett[2017], 437, 439; Fentiman[2015], para. 16.102~16.106.

123) Akai Pty Ltd v. People's Insurance Co Ltd [1998] 1 Lloyd's Rep 90 판결에서는 심지어 외국법원(호주법원)이 전속적 관할합의의 효력을 부인한 경우에도 영국법원이 전속적 관할합의의 계약적 효과에 기하여 소송금지명령을 발령하였다. 위 사건에서는 당사자들이 영국법원으로 전속적 관할합의를 하였고 준거

유로 소송금지명령이 발령된 영국의 사례는 매우 많은데,[124] 실제로 영국법원이 발령하는 소송금지명령의 대부분을 차지하는 것이 바로 이 분쟁해결합의 위반의 경우라 한다.[125][126]

그렇다고 분쟁해결합의 위반이라는 것만으로 곧바로 소송금지명령이 허용되는 것은 아니고, 다른 요건, 즉 정의에 부합되어야 하고, 예양에 반하지 않을 것이라는 요건이 충족되어야만 한다. 다시 말해, 분쟁해결합의 위반이라 하더라도 소송금지명령이 허용되지 않는 경우가 있을 수 있다. 다만, 다른 경우와 달리 분쟁해결합의 위반의 경우에는 소송금지

법도 영국법이었는데, 호주에서 소송이 제기되었고 이에 대해서 호주법원은 영국법원으로 정한 위 전속적 관할합의가 자국의 강행법규인 호주 보험계약법에 저촉된다는 이유에서 그 효력이 없다고 보았으나, 영국법원은 위 전속적 관할합의에 기한 계약적 권리에 기초하여 소송금지명령을 발령하였다(위 판례의 사안에 관해서는 Fentiman[2015], para. 2.252 참조).

124) 전속적 관할합의 위반에 관한 대표적인 판례로는 Donohue v. Armco Inc [2002] 1 All ER 749; American International Specialty Lines Insurance Co v. Abbott Laboratories [2002] EWHC 2714 (Comm); Akai Pty Ltd v. People's Insurance Co Ltd [1998] 1 Lloyd's Rep 90 등 참조.
중재합의 위반에 관한 대표적인 판례로는 Aggeliki Charis Compania Maritima SA v. Pagnan SpA (The Angelic Grace) [1995] 1 Lloyd's Rep 87 (CA); Southport Success S.A. v. Tsingshan Holding Group Co. Ltd [2015] EWHC 1974 (Comm); AES Ust-Kamenogorsk Hydropower Plant LLP v. Ust-Kamenogorsk Hydropower Plant JSC [2013] UKSC 35; Bannai v. Erez [2013] EWHC 3689 (Comm); Starlight Shipping Co. v. Tai Ping Ins. Co., [2007] EWHC (Comm) 1893 등 참조(위 사건 등 영국판례의 사안에 관한 간략한 소개는 조인영[2020], 316~318면; 이규호[2010], 79면 참조).

125) 김동진[2004], 102면에 따르면, 이는 관할합의에 반하여 소송을 제기하는 사실만으로 소권남용이 추정되며, 따라서 피신청인측에서 관할합의를 지킬 수 없는 충분한 이유를 소명하지 않는 한 소송유지명령을 발령한다고 하여 증명책임을 피신청인이 부담하도록 하고 있기 때문이라고 한다.

126) Fentiman은 영국에서 소송금지명령이 발령되는 주된 3가지 사유로, ⓐ 외국에서의 소제기가 계약위반(breach of contract)이거나, 전속적 관할합의 또는 중재합의 위반인 경우, ⓑ 영국의 소송에서 실패한 일방 당사자가 동일 청구에 대하여 외국에서 다시 제소한 경우, ⓒ 영국소송의 피고가 전술적인 이유에서 외국에서 소를 제기한 경우를 든다(Fentiman[2015], para. 16.01.).

명령을 허용하지 말아야 강력한 이유(strong reasons)를 상대방이 증명하
여야 한다.127) 이러한 차원에서, 분쟁해결합의 위반임에도 소송금지명령
이 허용되지 않는 사례로는, 소송금지명령의 원고가 허위의 증거를 제출
한 경우,128) 신청의 시기가 늦은 경우,129) 특히 피고가 외국소송에서 지
출하는 비용이 증가하는데도 원고가 이를 묵인하거나 소송금지명령 신
청을 고의로 지연한 경우,130) 분쟁해결합의로 인해 제3자가 피해를 입게
될 경우 등이 있다.131) 다시 말해, 소송금지명령으로 인해 피고나 제3자
가 피해를 입게 되고 이것이 부정의에 이를 정도인 경우에는 소송금지
명령이 거부된다. 그러나 단순히 병행소송의 위험이 있다는 점이나 복수
판결의 모순저촉 위험성이 있다는 점만으로는 분쟁해결합의 위반을 이
유로 한 소송금지명령을 저지할만한 사유로 부족하다.132) 그밖에, 전속
적 관할합의의 효력이 미치지 않는 제3자가 당사자 중에 포함되어 있는
경우에는 전속적 관할합의 위반을 이유로 한 소송금지명령을 발령할 수
없다고 본 사례도 있다.133)

---

127) Donohue v. Armco Inc [2002] 1 All ER 749, at [24]; Skype Technologies SA v.Joltid
Ltd v. Kasesalu [2009] EWHC 2783 (Ch), at [29]; Aggeliki Charis Compania Maritima
SA v. Pagnan SpA (The Angelic Grace)[1995] 1 Lloyd's Rep 87, 96 (CA). 참고로,
이 법리는 외국법원을 전속관할법원으로 하는 관할합의가 있음에도 영국법
원이 자국 소송을 중지(stay)하지 않아야 할 경우에 관하여도 동일하게 적용
되는 법리이다.
128) Royal Bank of Scotland Plc v. Highland Financial Partners LP [2013] EWCA Civ 328,
at [158~171].
129) Donohue v. Armco Inc [2002] 1 All ER 749, at [24]; Shashoua v. Sharma [2009]
EWHC 957 (Comm), at [51].
130) Shashoua v. Sharma [2009] EWHC 957 (Comm), at [42~45]
131) Fentiman[2015], para. 16.46; Donohue v. Armco Inc [2002] 1 All ER 749, at [27].
132) Fentiman[2015], para. 16.47
133) Team Y&R Holdings Hong Kong Ltd & Ors v. Ghossoub and Cavendish Square
Holdings BV v. Ghossoub [2017] EWHC 2401 (Comm). 한편, 이 판결과는 사안이
다소 상이한 사건에서, 전속적 관할합의의 당사자가 아닌 제3자에게도 계약
의 해석상 전속적 관할합의의 효력이 미친다고 보아서 소송금지명령을 허가

영국법원을 부가적 관할법원으로 지정한 부가적 관할합의에 기해서
는 외국에서 소송을 제기하지 않을 의무가 발생하지 않으므로 원칙적으
로 영국법원이 위 관할합의 위반을 이유로 소송금지명령을 발령하지 않
을 것이다.[134] 다만, 일단 부가적 관할합의 법원에서 소송이 진행됨으로
써 전속적 관할로 전환된 경우에는 가능할 수 있고, 또한 영국법원이 부
가적 관할합의 법원 중 하나일 경우 영국에서의 소송을 금지하는 소송
금지명령을 외국법원에 신청하지 못하게 하는 내용의 anti-anti-suit
injunction을 발할 수는 있다.[135]

영국법원을 전속관할법원으로 하는 관할합의 위반을 이유로 소송금
지명령을 발하기 위해서 반드시 영국법원에 소송이 개시되었거나 개시
가 임박하여야 하는 것은 아니다.[136] 중재절차와 관련해서는, 영국 중재
법 제44조가 '중재절차를 위한 목적 및 중재절차와 관련하여서(for the
purposes of and in relation to arbitral proceedings)'라고 규정되어 있어, 중
재합의 위반을 이유로 한 소송금지명령은 반드시 중재절차가 개시되었
거나 임박한 경우에만 발령할 수 있는지가 한 때 논란이 되었으나, 영국
대법원은 중재합의 위반을 이유로 한 소송금지명령을 반드시 위 중재법
조항에 기해서만 발령할 수 있는 것은 아니고 Senior Courts Act 1981 제37
조 제1항에 근거하여 발령할 수도 있다고 판시하면서, 이 경우 중재절차

한 판례로는 Dell Emerging Markets (EMEA) Ltd & Anor v. IB Maroc.com SA [2017]
EWHC 2397 (Comm). 전자의 사안에서는 계약 당사자가 아닌 제3자에 대해서
도 관할합의의 효력이 미친다고 해석할 만한 명시적인 조항이 없었던 반면,
후자의 사안에서는 계약 조항에 제3자인 계열사에 대해서도 효력이 미친다고
볼만한 조항이 있었고 그에 따라 계열사에 대해서도 관할합의조항이 적용될
것으로 당사자들이 예상하였다고 해석하였다.

134) Cheshire/North/Fawcett[2017], 440; Royal Bank of Canada v. Cooperative Centrale
Raiffeisen-Boerenleenbank BA [2004] EWCA Civ 7.
135) Fentiman[2015], para. 16.52; Cheshire/North/Fawcett[2017], 440, 450; Sabah Shipyard
v. Government of Pakistan [2003] 2 Lloyd's Rep 571.
136) Cheshire/North/Fawcett[2017], 436.

의 임박을 요하지 않는다고 판시한 바 있다.137)

분쟁해결합의와 관련된 한 가지 흥미로운 쟁점으로 영국에서 논의되
는 문제로는, 전속적 관할합의와 중재합의 외에 '준거법합의'를 보호하
기 위한 소송금지명령 발령 가능성 문제이다. 흔히 준거법합의를 잠탈하
고 그와 다른 자국 법을 적용시키기 위한 목적에서 자국 법원에 소를 제
기하는 경우가 많은데, 이러한 경우 준거법합의 당사자에게 부정의를 초
래하게 되므로 전속적 관할합의 위반의 경우와 마찬가지로 보아 소송금
지명령을 발령할 수 있는가 하는 문제이다.138) 달리 보면, 준거법합의도
분쟁해결합의와 같이 일정한 계약상의 권리, 나아가 외국에서 제소 당하
지 않을 권리를 발생시키는 효력을 가지는가의 문제이다.

이에 관하여 British Airways Board v. Laker Airways Ltd 판결139)에서
Lord Diplock은 준거법이 영국법이라는 전제에서 원고가 영국법에 따라
소송에서 방어권을 행사할 권리를 보호하기 위해 소송금지명령을 발령
할 수 있음을 언급한 바 있다. 그러나 Star Reefers Pool Inc v. JFC Group
Co Ltd 판결140)에서는 명시적인 준거법합의가 없는 한, 단지 외국법원이
영국법원에서 적용할 법과 다른 법을 적용한다는 것만으로 소송금지명
령을 발령할 수는 없다고 판시하였다. 그렇다면 명시적인 준거법합의가
있는 경우는 어떠한가? 이에 관해서 아직까지 영국법원의 명시적인 판
례는 없는 것으로 보이고, 다만 호주의 판례141) 중에 준거법합의 조항은
선언적인 효력을 가지는 것이고 약정의 효력(promissory effect)을 가지지

---

137) AES Ust-Kamenogorsk Hydropower Plant LLP v. Ust-Kamenogorsk Hydropower
Plant JSC [2013] UKSC 35, at [28]. 이 쟁점에 관한 상세한 논의는 Fentiman[2015],
para. 16.54~16.57 참조.
138) 이 쟁점에 관한 상세한 논의는 Fentiman[2015], para. 16.60~16.66; Briggs[2008],
11.16~11.78 참조.
139) British Airways Board v. Laker Airways Ltd [1985] AC 58, 81 (HL).
140) Star Reefers Pool Inc v. JFC Group Co Ltd [2012] EWCA Civ 14.
141) Ace Insurance Ltd v. Moose Enterprise Pty Ltd [2009] NSWC 724.

는 않으므로 소송금지명령의 근거가 될 수 없다고 판시한 것이 있다고
한다.[142] 그러나 영국에서는 준거법합의 조항도 약정의 효력을 가진다
는 견해가 다수 제기되고 있다.[143] 이 견해에 따르면, '본 계약은 영국법
에 의해 규율되고 해석되어야 한다(this contract shall be governed and
construed in accordance with English law)'와 같은 통상적인 준거법합의 조
항이라면 당사자로서는 당연히 그에 따른 권리·의무와 법적 구속력을
부여하는 것으로 의욕하였다고 본다. 그렇지 않더라도 최소한, 분쟁해결
합의가 존재하는 외에 추가적으로 준거법합의가 존재하는 경우 그러한
점은 피고의 행위가 비양심적인 것이라고 판단할 하나의 추가적 근거로
기능할 수 있고, 그 경우 상대방이 소송금지명령을 허용하지 말아야 할
강력한 이유(strong reasons)를 증명하기가 더 어려워질 것이라고 한다.[144]

이상에서 살펴본 분쟁해결합의 위반의 경우와 아래에서 볼 다른 경
우들과의 차이점을 요약하자면, 분쟁해결합의 위반의 경우 '외국에서 제
소 당하지 않을 권리'가 용이하게 도출되고, 비양심성이나 부정의가 추
정됨으로써 소송금지명령이 발령되어서는 안되는 사정에 관한 증명책임
이 피고에게로 전환 또는 완화되며, 소송금지명령을 발령할 재량권은 신
중하게 행사되어야 한다는 요청이 적용되지 않고, 그 결과 다른 요건들
(정의의 목적에 부합할 것과 '예양'에 반하지 않을 것)의 심사기준도 완
화된다.

나) 괴롭히거나 억압적인 경우

'외국에서 제소되지 않을 권리'가 인정되기 위한 다른 하나의 경우인

---

142) Fentiman[2015], para. 16.62.

143) Fentiman[2015], para. 16.64; Briggs[2008], 11.16~11.78

144) Fentiman[2015], para. 16.65; Ecom Agroindustrial Corp Ltd v. Mosharaf Composite
Textile Mill Ltd [2013] EWHC 1276 (Comm), at [32]; Shell v. Coral Oil Co Ltd [1999]
1 Lloyd's Rep 72, 78.

'비양심적으로 행동(unconscionable conduct)'하는 경우의 첫번째 유형으로 외국소송이 '괴롭히거나 억압적인(vexatious or oppressive) 경우'를 든다. 이는 영국에서 전통적으로 분쟁해결합의가 없는 경우에 소송금지명령을 발령하는 중요한 근거로 사용되어 온 개념으로서 연혁적으로는 '부적절한 법정지의 법리'와도 밀접하게 관련되어 있다. 그러나 '괴롭히거나 억압적인 경우'에 관하여 명확한 정의를 내린 영국의 판례나 문헌은 찾아보기 어렵다. 나아가, '괴롭히는 경우'와 '억압적인 경우'가 어떻게 구분되는 것인지, 이 양자와 '비양심적인(unconscionable) 경우'는 어떻게 구분되는 개념인지 그 경계가 매우 모호하고, 이에 관한 명확한 설명도 찾기 어렵다. 대부분의 판례나 문헌에서는 '괴롭히는 경우'와 '억압적인 경우'를 엄격히 구분하지 않은 채 포괄적으로 사용하고, '비양심적인 경우'와도 혼용하여 사용하는 것으로 보인다.[145)146]

군이 '괴롭히거나 억압적인 경우'에 대한 개념정의를 내린 문헌을 찾아보자면 없지는 않지만,[147]대체로 영국의 문헌 및 판례들은 '괴롭히거

---

145) 예컨대, Cheshire/North/Fawcett[2017], 426~437.

146) Turner v. Grovit 판결에서 Lord Hobhouse는 "괴롭히거나 억압적이라는 용어는 비양심적 행동을 비판하는 데 사용되는 다른 문구"라고 설시한 바 있다 (Turner v. Grovit [2002] 1 WLR 107, at [24]). 전통적으로 영국 법조에서는 '비양심적 행동'을 정의내리는 것에 대해 거부감이 있다고 한다(Cheshire/North/Fawcett[2017], 432). 오늘날에는 '괴롭히거나 억압적인'이라는 기준이 더 보편적으로 쓰이고 있는데, 양자의 구별은 이론적인 의미가 있을 뿐 실무상 큰 차이를 가져오는 것은 아니다(Raphael[2019], para. 2.29~2.35, 4.47~4.60).

147) 영국 문헌 중에서는 부적절한 법정지의 법리와 관련하여, '괴롭히거나 억압적인' 경우라 함은 일반적으로 도덕적인 비난가능성을 포함하는 것으로, '피고가 자신의 승소 가능성을 높이거나 소송에서의 입지를 강화시키려는 것이 아니라, 원고를 불필요한 곤경에 빠뜨리거나 불필요한 비용을 지출하게 함으로써 괴롭히려는 의사를 말한다'고 설명한 내용이 발견된다(Hartley[2009], 208; MacShannon v Rockware Glass Ltd. [1978] AC 795, at p. 810). 예컨대, 부유한 피고가 근거 없음을 알면서도 자금 부족으로 방어에 어려움을 겪을 수 있는 원고를 상대로 외국에서 소송을 제기하는 경우를 말한다고 한다(Hartley[2009], 208).

나 억압적인' 경우에 관한 획일적인 정의를 내리려고 하기 보다는, 구체
적으로 그러한 경우에 해당되는(혹은 해당되지 않는) 사례들을 분석하는
방식을 선호하는 것으로 보인다. 이는 위 개념 자체가 '정의의 요청'에
기초한 것으로서 궁극적으로는 개별 사안에 따라서 융통성 있게 판단될
수밖에 없음을 전제로 한 태도로 보인다. Société Nationale Industrielle
Aerospatiale v. Lee Kui Jak 판결[148]에서 Lord Goff는, '괴롭히거나 억압적
인' 경우라는 개념이 그 정의에 의해 제한되어서는 안된다고 강조되어
왔다고 설시한 바 있다.[149]

이러한 맥락에서, 영국 판례나 문헌들에서 '괴롭히거나 억압적인 경
우'에 관한 기준으로 제시한 것들과 그에 해당한다고 본 사례 및 해당하
지 않는다고 본 사례들을 구체적으로 살펴보면 아래와 같다. 모든 개별
사례들에서 가장 기본적으로 충족시켜야 할 전제요건은 '부정의
(injustice)'가 발생될 것이다. 또한, '괴롭히는 경우' 이거나(or) '억압적인
경우' 둘 중 하나이면 되고, '괴롭히고(and) 억압적인 경우'일 것을 요하
지는 않는다.[150] 아래 각 사례의 어느 하나에 해당하거나 해당하지 않는
다고 해서 '괴롭히고 억압적인' 경우에 해당하는지 여부가 결정되는 것
은 아니고, 전체적인 고찰과 함께 종합적인 판단이 필요하다.

① 우선 외국소송이 '괴롭히거나 억압적인 경우'에 해당한다는 이유
로 소송금지명령을 발령하기 위해서는 그 전제조건으로 영국법원이 '자

---

148) Société Nationale Industrielle Aerospatiale v. Lee Kui Jak [1987] AC 871 (PC),
    893F-G.
149) 여기서 Lord Goff는 "괴롭히거나 억압적인 경우가 무엇인지 정의내리거나 일
    정한 한계선을 긋는 것은 가장 현명하지 못한 일이다. 그보다는 정의 구현이
    부당한 목적에 의해 왜곡되는 것을 막기 위해 법원이 괴롭히거나 억압적인
    경우라면 언제든지 개입할 필요가 있다는 일반적 원칙에 따름이 타당하다.
    괴롭히거나 억압적인 경우의 정의를 시도하기보다는 그 편이 낫다. 결국 그
    것은 개별 사안에 따라 다른 것이다"라는 Bowen 판사의 설시(McHenry v.
    Lewis 22 Ch D 397, 407-408)를 인용하고 있다.
150) Raphael[2019], para. 4.48.

연적 법정지(natural forum)'[151]로 인정되어야 한다.[152] Airbus Industrie GIE
v. Patel 판결[153]에서도 영국법원이 자연적 법정지가 아니라는 이유에서
소송금지명령신청을 기각하였다.[154] 다만, 위 판결에서는 예외적으로 영
국법원이 자연적 법정지가 아닌 경우에도 소송금지명령을 발령할 수 있
는 가능성을 열어 두었는데, 예컨대, 관할권을 행사하는 외국의 행동이
국제예양상 영국법원에 통상 요구되는 존경을 박탈하는 사안과 같은 '극
단적인 경우'라면, 영국법원에 관할권이 없더라도 소송금지명령을 발령
할 수 있다고 판시하였다.[155]

② 그러나 부적절한 법정지의 법리에 따라 영국소송을 중지하기 위한
기준을 소송금지명령 발령 기준으로 그대로 적용할 수는 없다. 즉, 영국
법원이 자연적 법정지(natural forum)에 해당된다는 것만으로 외국법원에
서의 소송을 금지하는 명령을 발할 수는 없다. 그렇게 한다면 국제예양
에 부합하지 않게 되고 또한 오직 정의의 목적상 필요한 경우에만 소송
금지명령을 발할 수 있다는 기본 요건에 배치되기 때문이다.[156] 결국,
영국법원이 자연적 법정지에 해당된다는 것만으로 외국법원에서의 제소

---

151) 'natural forum'을 '자연스러운 법정지'라고 번역하기도 한다. 영국에서 부적절
    한 법정지의 법리를 적용하기 위한 요건 중 가장 중요한 것으로 '명백히 더
    적절한 다른 법정지가 있을 것'을 요구하는데, 이는 즉 다른 법정지가 그 사
    건과 가장 현실적이고 실질적인 관련성을 가진다는 것을 의미한다(MacShannon
    v Rockware Glass Ltd. [1978] AC 795, at 829). 영국에서는 '자연적 법정지(natural
    forum)'라는 용어와 '적절한 법정지(appropriate forum)'라는 용어를 동의어로서
    혼용하고 있다고 한다(Cheshire/North/Fawcett[2017], 397).
152) Fentiman[2015], para. 16.91
153) Airbus Industrie v. Patel [1999] 1 AC (HL)
154) 위 판결에서 Lord Goff는 영국법원이 '세계의 경찰'로 행세하려 해서는 안된다
    고 설시한 바 있다(위 판결 at p.121). 위 Airbus Industrie v. Patel 판결의 사안에
    관한 소개는 Hartley[2013], 228, 412; Cheshire/North/Fawcett[2017], 431 참조.
155) Airbus Industrie v Patel [1999] 1 AC (HL), at 119, 140.
156) Société Nationale Industrielle Aerospatiale v. Lee Kui Jak [1987] AC 871 (PC);
    Cheshire/North/Fawcett[2017], 427.

가 '괴롭히거나 억압적인'에 해당하게 되는 것은 아니고, 소송금지명령을 발령하기 위하여는 영국법원이 자연적 법정지여야 할 뿐만 아니라 외국법원에서의 소송이 원고에게 부정의를 초래하는 것이어야 한다.[157)]

③ 피고의 외국소송이 완전히 불합리한 것이어서 승소 가능성이 없는 경우 또는 피고가 자신에게 유리한 결과를 얻기 위한 목적에서 2곳의 법원에 동시에 소를 제기하는 경우는 통상 '괴롭히는' 경우에 해당한다.[158)]

④ 피고가 외국에 소송을 제기함으로써 자신에게 유리한 혜택을 도모할 만한 실질적인 근거가 있는 경우(예컨대, 집행가능한 자산이나 담보물이 외국에 있다거나, 다른 당사자가 특정 외국법원에서만 응소할 수 있는 경우)에는 외국법원에 소를 제기한다고 해서 '괴롭히는' 경우라 할 수 없다.[159)] 그러나 경우에 따라서는 외국에서 소를 제기할 이익들이 존재함에도 불구하고 '괴롭히거나 억압적인 경우'에 해당한다고 본 사례도 있는데, 뒤에서 볼 Société Nationale Industrielle Aerospatiale v. Lee Kui Jak 판결이 그러하다. 위 사안에서는 피고가 텍사스 법원에 소송을 제기할 합리적인 이익 내지 혜택들(징벌적 손해배상 제도, 광범위한 증거개시 제도, 배심제도, 엄격한 책임주의, 전문 변호사들의 존재, 성공보수 제도 등)이 존재하였음에도 불구하고 '괴롭히거나 억압적인 경우'에 해당한다고 보아 텍사스 법원에서의 소송을 금지하는 명령을 허가하였다.[160)] 이와 비슷한 차원에서, 광범위한 증거개시 제도, 성공보수 제도는 피고가 외국에 소송을 제기할 합법적인 이익에 해당되지 않는다고 본 판례들도 있다.[161)]

⑤ 피고가 외국에서 제기한 소송이 원고를 괴롭히고 억압적인 것인지를 판단함에 있어서는, 소송금지명령이 발령되지 않을 경우 외국소송에

---

157) Cheshire/North/Fawcett[2017], 428.
158) Peruvian Guano Co. v. Bockwolt (1883) 23 Ch D 225, 230.
159) McHenry v. Lewis 22 Ch D 397; The Irini A [1999] 1 Lloyd's Rep 196.
160) Société Nationale Industrielle Aerospatiale v. Lee Kui Jak [1987] AC 871 (PC).
161) Simon Engineering plc v. Butte Mining plc [1996] 1 Lloyd's Rep 104 n, at 110, 111.

응해야 할 원고에게 발생될 부정의와, 소송금지명령이 발령될 경우 피고에게 발생될 부정의를 모두 고려해야 한다.162) 이는 곧 양자의 이익형량을 거쳐서 '괴롭히고 억압적인지' 여부를 결정해야 한다는 의미로 보인다.

⑥ 그밖에 '억압적인 경우'에 해당되는 예로는, 당사자의 정당한 소송준비행위가 방해될 때, 외국법원이 호도되고(misled) 있을 때, 당사자에게 그 사건과 무관한 비용을 발생시킬 때, 외국법원에서 공정한 재판을 보장받지 못할 우려가 있는 때, 외국소송이 악의로 제기된 것이거나 패소할 수밖에 없는 소송일 때, 피고가 외국에 소송을 제기할 합리적인 근거가 없고, 다른 법원에 관할이 생기는 것을 막기 위한 방어적 수단으로 외국소송을 제기한 것일 때 등이 있다.163)

⑦ 반면, 병행소송이 존재함으로 인해 장차 판결의 모순저촉 또는 판결로의 경주(rush to a judgment)와 같은 부정적인 결과가 초래될 수 있다고 하더라도, 병행소송이 존재한다는 사실 자체만으로 억압적인 경우라고 볼 수는 없다. 또한, 외국소송에서 그 분쟁이 그 외국과 매우 실질적인 연관성을 가지는 경우, 예컨대 미국인이 미국에서 발생한 사기 계획에 관하여 미국에서 소를 제기하는 경우에는 억압적인 경우라고 할 수 없다. 외국소송에서 영국법이 아닌 다른 법을 적용한다는 것만으로 억압적인 경우라고 할 수도 없다.164)

⑧ 현대적인 의미에서 '괴롭히거나 억압적인 경우'라는 요건은 소송금지명령을 함부로 발령하지 못하게 하기 위해 요구하는 높은 기준으로서의 기능이 크다. 이 점에서 '괴롭히거나 억압적인 경우'라는 요건은 뒤에서 볼 '예양'에 반하지 않기 위한 장치 중 하나라고 볼 수 있다.165)

---

162) Société Nationale Industrielle Aerospatiale v. Lee Kui Jak [1987] AC 871 (PC). 이 판례에 대해서는 뒤에서 다시 살펴본다.

163) Cheshire/North/Fawcett[2017], 430.

164) Cheshire/North/Fawcett[2017], 430.

165) Raphael[2019], para. 4.55.

다) 기타 비양심적 행동이 있는 경우[166]

'비양심적으로 행동(unconscionable conduct)'하는 경우의 두번째 유형
으로서 '기타 비양심적 행동이 있는 경우'는 주로 영국법원에서의 적법
절차(due process of the English court)를 수호하기 위해 발령되는 경우이
다. South Carolina Insurance Co v. Maatschappij 'de Zeven Provincien' NV 판
결[167]에서도, 비양심적 행동은 '괴롭히거나 억압적인 경우' 외에 영국법
원의 적법 절차에 간섭하는 행동도 포함한다고 판시하였다.

앞서 본 '괴롭히거나 억압적인 경우'와의 차이점은 전자가 주로 원고
로 하여금 '외국소송'에서 방어하게 함이 부정의에 해당된다는 점에 초
점을 두고 있는 반면에, 이 요건은 주로 '영국소송'에서의 적법 절차 또
는 그에 대한 원고의 절차적 권리 보호에 주된 초점을 두는 것으로 보인
다.[168] 그러나 양자가 명확하게 구분된다고 보기는 어렵고, 경우에 따라
서는 양자 모두에 해당되는 사안도 있는 것으로 보인다.[169] 논자에 따라
서는, 위와 같이 설명하지 않고, '괴롭히거나 억압적인 경우'는 외국에서
제소되지 않을 권리를 '외국소송의 부적절성'에서 도출하는데 반하여,
여기서의 '기타 비양심적 행동이 있는 경우'는 '행위 자체'에서 이를 도
출한다는 차이가 있다고 설명하기도 한다.[170]

이 경우의 소송금지명령은 주로 외국소송 제기가 영국법원에서의 적
법 절차(due process of the English court) 또는 그에 대한 원고의 절차적
권리를 침해한다고 인정되는 경우에 발령되는데,[171] 구체적으로는 4가

---

166) 앞서 본 바와 같이 Fentiman은 이를 '절차 남용'(abuse of process of the English
    court)의 경우로 설명하고 있다.
167) South Carolina Insurance Co v. Maatschappij 'de Zeven Provincien' NV [1987] AC
    24.
168) Fentiman[2015], para. 16.90 참조.
169) 예컨대, RBS v. Hicks and Gillett[2010] EWHC 2579 (Ch).
170) Cheshire/North/Fawcett[2017], 426, 432. Turner v. Grovit [2002] 1 WLR 107 (HL), at
    [25]에서도 마찬가지로 설시한다.
171) South Carolina Insurance Co v. Maatschappij 'de Zeven Provincien' NV [1987] AC

지 유형, 즉 ① 원고가 영국소송에 참여한 것에 대한 보복 목적으로 외국소송이 제기된 경우,[172] ② 영국법원에서 이미 선고된 판결에 관해 다시 판단받기 위한 목적에서 외국소송이 제기된 경우,[173] ③ 영국법원의 관할판단권한(competence-competence)을 배제하기 위한 목적에서 외국소송이 제기된 경우,[174] ④ 영국의 도산절차를 보호하기 위한 목적에서 외국소송에 대한 소송금지명령이 발령되는 경우[175]가 있다.[176]

영국법원에서의 적법 절차를 보호하기 위한 것이므로, 이 요건에 해당하려면 당연히 영국법원과 그 사안 사이에 충분한 이해관계와 관련성이 인정되어야 한다.[177] 따라서 외국에만 이용가능한 법정지가 존재하는 경우(이른바 'single forum case')에는 여기에서의 비양심적인 행동에

24; Bank of Tokyo Ltd v. Karoon [1985] AC 45; Masri v. Consolidated Contractors International (UK) Ltd (No3) [2009] 2 WLR 669, at [26].

172) 위 Bank of Tokyo Ltd v. Karoon 사건에서는, 원고가 그 고객인 피고를 상대로 한 영국소송에서 증거를 제출하자, 피고가 원고 및 원고의 뉴욕 자회사를 상대로 뉴욕에서 소송을 제기했다. 이에 영국법원은 '영국소송 외의 법원에서 원고 행위의 적절성을 판단하도록 한다면, 원고가 실질적 부정의의 위험에 노출될 것이다'는 이유에서 원고(원고의 자회사는 위 영국소송의 당사자가 아니었으므로 제외됨)에 대한 뉴욕 소송의 금지명령을 허가하였다.

173) Masri v. Consolidated Contractors International Company Srl [2008] EWCA 625, at [95]; RBS v. Hicks and Gillett[2010] EWHC 2579 (Ch). 이 경우는 영국법원의 적법 절차를 수호하기 위한 경우이기도 하지만, 동시에 '괴롭히거나 억압적인 경우'에도 해당되는 것으로 본다(위 Masri v. Consolidated Contractors International Company Srl, at [95]).

174) Tonicstar Ltd v. American Home Assurance Company [2004] EWHC 1234 (Comm) 사건에서는, 중재절차를 위해서 소송절차를 중지해야 하는지 및 중재지가 영국인지에 관하여 영국법원에서 이미 소송이 계속 중임에도 이러한 문제를 뉴욕법원에서 판단받기 위한 목적에서 제기된 뉴욕소송의 금지를 명하였다.

175) Harms Offshore AHT Taurus GmbH & Co KG v. Bloom [2009] EWCA Civ 632; Kemsley v. Barclays Bank plc [2013] EWHC 1274 (Ch); Société Nationale Industrielle Aerospatiale v. Lee Kui Jak [1987] AC 871 (PC)

176) Fentiman[2015], para. 16.69~16.89

177) Cheshire/North/Fawcett[2017], 435.

해당된다고 보기 어렵다. 위 'single forum case'에는 관할법원이 한 곳뿐
인 경우 외에도, 당해 청구가 그 외국법원에서만 '받아들여질 수 있는'
경우까지 포함한다.[178] British Airways Board v. Laker Airways Ltd 판결[179]
에서도, 미국법상 인정되는 담합행위로 인한 손해배상이 영국법상으로
는 인정되지 않았기 때문에 외국에만 이용가능한 법정지가 존재하는 경
우(single forum case)의 사안에 해당되고, 이 경우 원고에게는 피고의 행
동에 대해서 불평할 수 있는 권리가 없기 때문에 미국소송을 계속하는
것이 비양심적 행동에 해당되지 않는다고 보았다.[180] 앞서 본 바와 같이
이를 사물관할권의 문제로 설명하기도 한다.[181]

한편, 위 British Airways Board v. Laker Airways Ltd 판결[182]에서는, 원
고가 영국법상 공시행위에 의한 금반언(estoppel in pais), 약속에 의한 금
반언, 선정(election), 포기, 실효 등과 같은 방어권을 가지기 때문에 외국

---

178) Cheshire/North/Fawcett[2017], 434.

179) British Airways Board v. Laker Airways Ltd [1985] AC 58.

180) Cheshire/North/Fawcett[2017], 434. 위 British Airways Board v. Laker Airways Ltd
판례의 사안은 다음과 같다. 영국 항공회사인 레이커사의 파산관재인은 미국,
영국 및 유럽대륙의 항공사들이 미국 독점금지법에 반하는 담합행위에 의하
여 레이커사가 파산했다고 주장하면서 위 항공사들을 상대로 미국 연방법원
에서 손해배상을 구하는 소를 제기하였다. 영국법상 담합행위를 이유로 미국
법에 상응하는 손해배상은 인정되지 않았으므로 이는 single forum case에 해
당한다. 당시에는 아직 미국소송의 당사자가 아니었던 레이커사의 은행인
Midland Bank의 신청에 따라 영국의 하이코트는 레이커사가 미국의 소송을
Midland Bank에게까지 확장하는 것을 금지하는 소송금지명령을 발하였다
[Laker Airways Limited v. Sabena, Belgian World Airways, 731 F.2d 909 (DC. Cir.
1984)]. 이를 계기로 영국법원과 미국법원이 상호 상대방 국가에서의 소송금
지를 명하는 일련의 소송금지명령과 금지명령에 대한 금지명령이 발해졌다.
결국은 영국 귀족원이 영국법원의 소송금지명령을 취소함으로써 사태가 해
결되었다(석광현[소송유지명령], 10면 주31에서 인용). 위 판례 사안에 대해서
는 Cheshire/North/Fawcett[2017], 434도 참조.

181) 위 1) 부분 참조.

182) British Airways Board v. Laker Airways Ltd [1985] AC 58, at 81.

에서 제소되지 않을 권리를 가지는 경우도 기타 비양심적인 행동에 포함된다고 하였다.

Turner v Grovit 판결[183]에서는, 원고가 당사자인 영국소송이 계속 중이었는데, 피고가 위 영국소송절차를 좌절시키거나 방해할 목적으로 외국(스페인)에서 악의적으로 소송을 제기하였고, 원고가 가지는 영국소송에서의 정당한 이익을 보호할 필요성이 있다는 이유에서 소송금지명령을 허가하였다. 위 판결에서 Lord Hobhouse는, 금지되는 당사자의 비양심적 행동이 있어야 할 뿐만 아니라, 원고도 그러한 행동에 대해 불평할 수 있는 권리가 있고 나아가 그 행동을 금지하기 위하여 정당한 이익을 가져야 할 필요성이 있음을 강조하였다.[184] Glencore International AG v. Exter Shipping Ltd 판결[185]에서도, 진행 중인 영국소송을 보호하기 위한 필요에서, 악의적인 의도(여러 법원에서 소송하여야 할 부담을 지움으로써 원고를 힘들게 하기 위한 목적과 소송지연의 목적)로 제기된 외국(Georgia) 소송에 대한 소송금지명령을 허가하였다.[186]

반면, 진행 중인 영국소송의 당사자가 미국에서 증거 확보를 위한 기일 전 증거개시(pre-trial discovery) 절차를 신청한 사안에서는, 그러한 행위가 비양심적인 행동에 해당되지 않는다고 본 사례가 있는데, 필요한 증거를 영국에서 얻든 외국에서 얻든 그것은 당사자에게 달려있고 영국법원은 여전히 그 절차를 통제할 수 있기 때문에 그것이 영국법원의 적법 절차를 간섭하는 것이 아니라고 보았다.[187]

---

183) Turner v. Grovit [2002] 1 WLR 107 (HL), at [29]. 위 판결의 사실관계에 관한 상세한 소개는 석광현[소송유지명령], 17~19면; 이철원[2012], 21~22면; Cheshire/North/Fawcett[2017], 477, 433 참조.

184) Turner v. Grovit [2002] 1 WLR 107 (HL), at [29]; Cheshire/North/Fawcett[2017], 433.

185) Glencore International AG v. Exter Shipping Ltd [2002] EWCA Civ 528, at [65~70]

186) Cheshire/North/Fawcett[2017], 433.

187) South Carolina Insurance Co v. Maatschappij 'de Zeven Provincien' NV [1987] AC 24; Cheshire/North/Fawcett[2017], 434.

그밖에, 외국법원이 과잉관할(exorbitant jurisdiction)을 행사하는 경우에
도 기타 비양심적 행동의 경우로 보아 소송금지명령을 발령할 수 있다.[188]

(3) 정의의 목적에 부합할 것

이 요건은 영국의 소송금지명령에서 가장 근본적인 요건이자 법령
(Senior Courts Act 1981 제37조 제1항)상 명시적으로 요구되는 요건이다.
이 요건과 관련하여 문제되는 것들은 대체로 다음과 같다.

① 소송금지명령을 신청한 원고가 영국법원에서의 절차를 남용한 경
우에는 소송금지명령이 허용되지 않는다. 이는 '형평법에 호소하려는 자
는 깨끗한 손(clean hand)으로 와야 한다'는 원칙에 따른 것으로, 예컨대,
소송금지명령의 원고가 허위의 증거를 제출한 경우에는 소송금지명령이
거부된다.[189] 그밖에 신청의 시기가 늦은 경우,[190] 특히 피고가 외국소
송에서 지출한 비용이 증가하는데도 원고가 이를 묵인하거나 소송금지
명령 신청을 고의로 지연한 경우,[191] 분쟁해결합의로 인해 제3자가 피해
를 입게 될 경우 등이 있다.[192] 다시 말해, 소송금지명령으로 인해 피고
나 제3자가 피해를 입게 되고 이것이 부정의에 이를 정도인 경우에는 소
송금지명령이 거부된다. 비슷한 맥락에서, 피고가 외국에 소송을 제기할
합법적이고 실질적인 이익이 있는 경우에도 소송금지명령이 거부될 수
있음은 앞서 본 바와 같다. 소송금지명령으로 인해 피고가 담보를 상실

---

188) Midland Bank plc v. Laker Airways Ltd [1986] QB 689 판결에서는, 미국의 독점금
    지법(antitrust legislation)에 따라 미국과 관련없는 원고를 상대로 미국에 제기
    한 소에 관하여 이는 다른 근거들과 함께 소송금지명령을 발령할 수 있는 근
    거가 될 수 있다고 판시하였다.
189) Royal Bank of Scotland Plc v. Highland Financial Partners LP [2013] EWCA Civ 328,
    at [158]
190) Donohue v. Armco Inc [2002] 1 All ER 749, at [24]; Shashoua v. Sharma [2009]
    EWHC 957 (Comm), at [51]
191) Shashoua v. Sharma [2009] EWHC 957 (Comm), at [42]~[45]
192) Fentiman[2015], para. 16.46; Donohue v. Armco Inc [2002] 1 All ER 749, at [27]

할 우려가 있는 경우에도 부정의에 해당하여 소송금지명령이 거부될 수 있다.193)

② 피고에게 영국법원에서의 대등한 구제수단이 없는 경우에는 외국 소송에 대한 금지명령이 거부될 수 있다. 예컨대, OceanConnect UK Ltd v. Angara Maritime Ltd 판결194)에서 항소법원은 피고가 주장한 선박우선특권이 영국법원에서는 받아들여지지 않을 것인데 미국법원에서는 받아들여질 상당한 가능성이 있다는 이유에서 소송금지명령을 취소하였다.

③ 이에 따라, 외국소송을 금지하기 위해서는 대등한 구제수단이 다른 법원에 있을 것이라는 요건이 부가적으로 요구된다. 그러나 이러한 요건은 분쟁해결합의 위반의 경우195)나, 피고의 악의가 인정되는 경우에는 필요 없거나 완화된다고 해석된다.196)

④ 이와 관련하여, 유럽인권협약(European Convention on Human Rights) 제6조는 '공정한 재판을 받을 권리'를 규정하는데 소송금지명령이 이에 반하는 것이 아닌지 문제된다. 그러나 이에 관해서 영국 판례는, 다른 국가의 법원에서 대등한 구제수단을 누릴 수 있는 이상, 소송금지명령의 발령이 위 규정에 기한 권리를 침해하는 것은 아니라고 판시한 바 있다.197) 유럽인권협약 제6조는 당사자가 '공정한 재판을 받을 권리'를 '어디에서 행사할 것인지'에 관해서는 다루고 있지 않고, 중요한 점은 그러한 권리가 '어디에선가(somewhere)' 보장되어야 한다는 점이기 때문이라고 한다.198)

---

193) Welex AG v. Rosa Maritime Ltd (The Epsilon Rosa) (No2) [2003] EWCA Civ 938
194) OceanConnect UK Ltd v. Angara Maritime Ltd [2010] EWCA Civ 1050
195) 그 경우에는 당사자가 자신의 대등한 구제수단을 포기한 것이라고 볼 수 있기 때문이다.
196) Fentiman[2015], para. 16.102~16.106.
197) O.T. Africa Line Ltd v. Hijazy (The Kribi) (No1) [2001] 1 Lloyd's Rep 76
198) O.T. Africa Line Ltd v. Hijazy (The Kribi) (No1) [2001] 1 Lloyd's Rep 76., at [42]

(4) 예양199)의 원칙에 반하지 않을 것

영국에서 일반적으로 '예양(comity)'이라 함은 상이한 국가, 특히 그의 법원과 법제가 적절한 경우 서로에게 상호 존중, 공감과 경의를 나타내는 것을 의미한다.200) 소송금지명령과 관련해서는, 이러한 예양의 원칙으로부터, 소송금지명령을 하는 법원은 외국의 이해관계를 고려하여야 하고 외국의 주권을 침해하거나 간섭하여서는 아니된다는 원칙이 도출되며, 이는 소송금지명령을 발령할지를 결정하는 법원의 재량권을 제약하는 기능을 한다.201) 특히, 영국의 소송금지명령은 그 효과가 대인적인 것이라고는 해도 사실상 외국법원에 간접적인 영향을 미치는 것202)이라는 점에서, 예양의 원칙에 반하지 않을 것이라는 요건이 매우 중요하게

---

199) 예양(comity)에 관한 영미의 참고문헌은 굉장히 많은데, 기본적으로 Raphael [2019], para. 1.26~1.64, 4.77~4.92, 8.24~8.51; Fentiman[2015], para. 1.59~1.61, 16.111~16.130; Born/Rutledge[2018], 562~563 참조. 그밖에도 Fentiman[2015], para. 16.111의 주219에 실린 문헌들; Dicey, Morris & Collins on The Conflict of Laws, 14th ed., 2006., ∬1-008 to 1-017; Richard Fentiman, "Anti-suit Injunctions – Comity Redux?", Cambridge Law Journal., Vol. 71(2), 2012.; Michael D. Ramsey, "Escaping 'International Comity'", Iowa Law Review, Vol. 83(5), 1998.; Donald Earl Ⅲ Childress, "Comity as Conflict: Resituating International Comity as Conflict of Laws", U.C. Davis Law Review, Vol. 44(1), 2010.; Joel R. Paul, "Comity in International Law", Harvard International Law Journal , Vol. 32(1), 1991.; Eric Roberson, "Comity Be Damned: The Use of Antisuit Injunctions Against the Courts of a Foreignnation", University of Pennsylvania Law Review, Vol. 147(2), 1998.; Daniel Tan, "Anti-Suit Injunctions and the Vexing Problem of Comity", Virginia Journal of International Law, Vol. 45(2), 2005.; Cameron Sim, "Choice of Law and anti-Suit Injunctions: Relocating Comity", International and Comparative Law Quarterly, Vol. 62(3), 2013.; Felix W. H. Chan, "Anti-suit Injunctions and the Doctrine of Comity", Modern Law Review, Vol. 79(2), 2016. 등 참조.

200) Raphael[2019], para. 1.26.

201) Naumann[2008], S. 205; 석광현[소송유지명령], 14, 15면.

202) Lenenbach[1998], 294. Cheshire/North/Fawcett[2017], 424에서는 "외국법원의 관할권에 대한 묵시적 간섭"(implicit interference with the jurisdiction of a foreign court)이라고 표현한다.

고려된다. Société Nationale Industrielle Aerospatiale v. Lee Kui Jak 판결[203] 에서 Lord Goff도, 소송금지명령은 외국법원에 대한 것이 아니라 당사자에 대한 것이라고 하면서도 다만 간접적으로 외국법원에 영향을 미칠 수 있기 때문에 신중하게 발령되어야 한다고 설시한 바 있다.

영국에서 예양은 소송금지명령 당부 심사의 마지막 단계에서 고려되고 그 결과 예양에 반하는 것으로 인정되는 경우에는 소송금지명령의 발령이 거부된다. 그러나 영국에서 조차도 예양의 구체적인 역할이나 내용은 명확하게 정립되어 있지 않아서,[204] 이를 일률적으로 정의하기는 어렵고, 개념정의 자체가 실제 문제해결에 크게 도움이 되는 것도 아니다. 더구나 그 적용에 있어서도 상당한 재량이 부여되어 있어서 이것을 개념화 하기는 매우 어렵다. 결국, 개별 사례들을 분석하여 이들에서 보여지는 핵심 요소와 일정한 경향성을 추출한 후 전체적 고찰을 통해 종합적 판단을 내릴 수밖에 없어 보인다. 여기서 중요한 점은 각 사례의 어느 하나에 해당하거나 해당하지 않는다고 해서 요건 충족 여부가 결정되는 것은 아니고, 전체적인 고찰이 필요하다는 점이다.

소송금지명령에 관한 영국 판례와 문헌에서 추출되는 예양 요건의 구체적인 판단 요소들과 관련 쟁점들을 분석해 보면 아래와 같다.

① 충분한 관련성

일반적인 기준으로, 예양의 원칙은 소송금지명령에 의한 외국법원에 대한 간접적 간섭을 정당화 하기 위해 영국법원이 문제된 사안과 충분한 관련성과 이익(sufficient interest in, or connection with, the matter in question)을 가질 것을 요구한다.[205] 따라서 영국법원이 자연적 법정지인 경우(즉, 영국법원이 문제된 사안과 충분한 관련성과 이익을 가지는 경우)에는 예양의 침해가 되지 않을 소

---

203) Société Nationale Industrielle Aerospatiale v. Lee Kui Jak [1987] AC 871 (PC)
204) Fentiman[2015], para. 1.52, 16.111; Lenenbach[1998], 294.
205) Airbus Industrie v. Patel [1999] 1 AC (HL), at 136, 138.

지가 많으나,[206] 반대로 영국법원이 자연적 법정지가 아닌 경우에 소송금지명
령을 발령함은 예양의 원칙에 반한다.[207] 이 점에서 영국에서 '예양에 반하지
않을 것'이라는 요건은 앞서 본 '괴롭히거나 억압적인 경우'라는 요건과 서로
연관되어 있다. 일부 견해는 앞서 본 바와 같이 이를 사물관할권의 문제로 설
명하기도 한다.

그러나 영국법원과의 관련성 및 이익만으로 예양의 요구가 곧바로 충족되는
것은 아니다.[208] 즉, 예양의 원칙은 영국법원과의 충분한 관련성 이상의 것을
요구하는데, 그것이 구체적으로 무엇인지는 명확하지 아니하다.[209] 결국, 이는
개별 사안의 사실관계에 따라 case-by-case로 결정될 재량적 영역에 속한다.[210]

반면에, 예외적인 경우에는 영국법원과의 충분한 관련성이라는 제한 없이도
소송금지명령이 발령될 수 있는데, 예컨대, 관할권을 행사하는 외국의 행동이
국제예양상 영국법원에 통상 요구되는 존경을 박탈하는 사안과 같은 '극단적인
경우'라면, 영국법원에 관할권이 없더라도 소송금지명령을 발령할 수 있다고
판시한 바 있다.[211]

② 외국법원의 우선권

일반적으로 영국법원은 외국법원이 그 소송 계속 여부에 대한 판단에 있어
서 우선권을 가진다고 추정(법률상 추정까지는 아니더라도)하는 경향이 있
다.[212] Barclays Bank v. Homan 사건에서 Hoffmann 판사는 "예양과 상식에 입각

---

206) 앞서 본 바와 같이 영국법원이 자연적 법정지인 경우에도 항상 소송금지명령
    이 허용되는 것은 아니다.
207) Airbus Industrie v. Patel [1999] 1 AC (HL), at 134, 189, 139; Cheshire/North/Fawcett
    [2017], 431.
208) Fentiman[2015], para. 16.111, 16.112, 16.116.
209) Fentiman[2015], para. 16.111, 16.113.
210) Fentiman[2015], para. 16.113, 16.114.
211) Airbus Industrie v Patel [1999] 1 AC (HL), at 140.
212) Fentiman[2015], para. 16.111, 16.114, 16.118.; Barclays Bank v. Homan [1993] BCLC
    680, 687; Mitchell v. Carter [1997] 1 BCLC 673, 687 (CA); Highland Crusader LP v.

할 때, 통상적으로 해당 외국 판사가 그 법원에서의 관할 인정 여부, 소송의 중
지 혹은 계속 여부를 판단하기에 가장 적합한 판사라고 추정된다."고 판시한
바 있다.213)

　③ 이원적 적용기준
　영국에서는 소송금지명령의 근거가 분쟁해결합의 위반인지 아니면 분쟁해
결합의 위반 외의 부당한 제소의 경우인지에 따라서 예양에 대한 고려 정도가
달라진다고 본다.214) 즉, 분쟁해결합의 위반의 경우에는 예양의 원칙을 고려하
지 않거나 훨씬 약하게 고려한다. 그 근거로는 분쟁해결합의가 있는 경우 그
합의된 법원 또는 중재판정부가 관할권판단권한(competence-competence)을 가
진다고 보기 때문이라는 설명이 있다.215) 이러한 태도는 개정된 브뤼셀 I bis에
도 반영된 바 있다. 즉, 2015. 1. 10.부터 시행된 개정 브뤼셀 I bis는, 선제타격
소송의 폐해를 방지하기 위한 목적에서 종전의 엄격한 Lis pendens 원칙을 다소
수정하여, 관할합의에 의해 전속적 관할법원으로 지정된 법원은 설령 그것이
선행 소송이 아니고 후행 소송이라고 하더라도 관할권에 관한 우선적인 판단
권한(competence-competence)을 가지게 되고, 그 외의 법원은 위 지정된 법원이
관할없음을 선언할 때까지 소송을 중지하여야 한다고 규정한다(제31조 제2항,
Recital 22). 그밖에, 전속적 관할합의나 중재합의를 위반하여 내려진 외국 판결
은 영국에서 승인·집행 되지 않을 것216)이라는 점, 분쟁해결합의를 위반한 외
국소송은 주로 소송 진행이 느린 곳에 제기한 어뢰소송(torpedo action)인 경우

　　Deutsche Bank AG [2009] EWCA Civ 725; Kemsley v. Barclays Bank plc [2013]
　　EWHC 1274 (Ch), at [29]-[36]; Harms Offshore AHT Taurus GmbH & Co KG v.
　　Bloom [2009] EWCA Civ 632, at [29].
213)　Barclays Bank v. Homan [1993] BCLC 680, 687.
214)　Cheshire/North/Fawcett[2017], 424, 439; Fentiman[2015], para. 16.119.; Naumann[2008],
　　S. 205, 206.; Aggeliki Charis Compania Maritima SA v. Pagnan SpA (The Angelic
　　Grace) [1995] 1 Lloyd's Rep. 87 (CA).
215)　Fentiman[2015], para. 16.121
216)　Civil Jurisdiction and Judgments Act 1982, section 32.

가 많다는 점 등도 예양 원칙이 고려되지 않는 부가적인 근거가 될 수 있다.[217)

④ 과잉관할(exorbitant jurisdiction)의 경우

외국법원이 과잉관할권을 행사한 경우에는 예양의 원칙이 고려될 필요가 없
다.[218) 캐나다 대법원의 판결[219) 중에는 이를 극단적으로 "스스로 예양을 준수
하지 않은 외국법원은 예양의 원칙에 근거한 존중을 기대할 수 없다."고 표현
한 것도 있다.

⑤ 외국소송의 진행 정도

외국소송이 오래 진행되었을수록, 외국소송에서 더 많은 수의 당사자와 판
사가 연관되었을수록 예양에 대한 고려의 중요성이 증대된다.[220)

⑥ 외국법원의 반응 정도

예양을 고려함에 있어서, 해당 외국이 영국의 소송금지명령에 대하여 거부
감을 크게 갖고 있는 국가라면 좀 더 신중하게 고려할 필요가 있다고 본다.[221)
이 견해에 따르면, 자국에서도 소송금지명령을 발령하기 때문에 그에 대한 거
부감이 덜한 영미법계 국가인지, 아니면 이를 발령하지 않기 때문에 거부감이
더한 대륙법계 국가인지 여부에 따라 그 정도를 달리 고려할 필요가 있고, 후
자의 경우에는 설령 분쟁해결합의 위반의 경우라도 예양을 고려하여 상당히
신중을 기할 필요가 있다고 한다.[222) 그러나 이 기준이 결정적인 기준은 아니

---

217) Fentiman[2015], para. 16.123.
218) Airbus Industrie v. Patel [1999] 1 AC, 119, 140 (HL).
219) Amchem Products Inc v. British Columbia (Workers' Compensation Board) [1993]
    102 DLR (4th) 96.
220) Cheshire/North/Fawcett[2017], 424; Royal Bank of Canada v. Cooperative Centrale
    Raiffeisen-Boerenleenbank BA [2004] EWCA Civ 7, at [50].
221) Cheshire/North/Fawcett[2017], 440.; Fentiman[2015], para. 16.119.; Turner v. Grovit
    [2002] 1 WLR 107 (HL), at [29]에서도 '영국법원은 소송금지명령이 외국법원에
    서 어떻게 인식될지를 고려한다.'고 판시한 바 있다.

고 경우에 따라 이를 고려하지 않을 수도 있다.223) 외국법원이 영국법원의 소송금지명령을 인정하지 않는다는 사실 자체만으로는 소송금지명령을 불허할 사유가 되지 못한다.224)

⑦ 실제적 필요성

예양의 원칙에 의하면, 소송금지명령이 신청인에게 꼭 필요한 상황이 아니라면 소송금지명령은 정당화 될 수 없다.225) 예컨대, 외국소송이 제기되기 전에 영국에서의 소송이 먼저 종결될 것 같은 상황이라면, 굳이 영국소송을 보호하기 위하여 외국소송을 금지하는 명령을 발할 필요가 없다.226)

⑧ 구제수단 소진 여부

외국법원에서의 구제수단(예컨대, 관할위반에 대한 이의절차)이 존재한다면 그 절차를 거쳤는지 여부도 예양 준수 여부에 관한 하나의 판단기준이 된다.227)

⑨ 국제법 위반 문제

영국법원이 소송금지명령을 발하는 것이 국제법(국제공법을 말한다)에 반하는 것이 아닌가 하는 점이 논란이 되어 왔는데, 반대 견해228)도 있기는 하지만, 지배적인 견해는 소송금지명령이 외국의 법원에 대한 것이 아니라 당사자에 대한 것이므로 국제법에 반하거나 외국의 주권 침해에 해당하는 것은 아니라

222) Cheshire/North/Fawcett[2017], 440.
223) Fentiman[2015], para. 16.119.
224) Fentiman[2015], para. 16.119.; The Front Comor [2005] 2 Lloyd's Rep 159 (CA).
225) Fentiman[2015], para. 16.129.
226) Star Reefers Pool Inc v. JFC Group Co Ltd [2012] EWCA Civ 14.
227) Fentiman[2015], para. 16.129.; Amoco (UK) Exploration v. British American Offshore Ltd [1999] 2 Lloyd's Rep 772, at [44].
228) Hartley[1987], 506.; Gottwald, Peter, "Grenzen zivilgerichtlicher Massnahmen mit Auslandswirkung", Festschrift für Habscheid zum 65. Geburtstag, 6. 1989., 122-123(Lenenbach[1998], 293. Fn. 212에서 재인용).

고 본다.[229]

2) 효과

앞서 보았듯이, 영국의 소송금지명령은 어디까지나 대인적(in personam)
인 것이지 외국법원에 대한 것이 아니다.[230] 즉, 소송금지명령은 대인적
효력만을 가지는 대인적 처분으로서 당사자가 이를 위반할 경우 법정모욕
죄(contempt of court)의 대인적 제재를 받게 되는 효력이 있을 뿐이고, 직접
적으로 외국법원에 계속 중인 소송이 중지되거나 외국법원이 그 명령을
따라야 하는 것은 아니며, 소송금지명령을 위반한 행위의 효력이 무효로
되거나 부인되는 것도 아니다.[231]

영국에서 소송금지명령을 위반하였을 경우 당사자가 받게 되는 법정
모욕죄의 구체적인 제재 내용은 징역형 또는 벌금형에 처해지거나, 재산
이 압류되거나, 영국법원에 계속 중인 본안소송의 진행이 금지되는 것이
다.[232] 영국에서는 성문법이 제정되기 전에도 법원의 고유한 권한에서

---

229) Lenenbach[1998], 294. 이에 대한 상세는 Raphael[2019], para. 1.90 참조. 이에 따
르면, 국제법협회(The International Law Association)도 2003년 결의에서 영국의
소송금지명령을 승인한 바 있다고 한다.
230) Cheshire/North/Fawcett[2017] 423; Donohue v. Armco Inc [2002] 1 All ER 749, 757;
Turner v. Grovit [2002] 1 WLR 107 (HL); Société Nationale Industrielle Aerospatiale
v. Lee Kui Jak [1987] AC 871, 892 (PC).
231) 정선주 외, 임시의 지위를 정하기 위한 가처분제도의 발전방향에 관한 연구,
법원행정처, 2017., 65면.
232) Hartley[2009], 207; Fentiman[2015], para. 16.19, 17.47. 여기서 본안소송의 진행이
금지된다는 것은 위반자가 영국 본안소송에서 변론 또는 응소하는 것을 금지
하는 내용의 명령이 내려질 수 있다는 의미이다. 이는 위반자의 재판권을 박
탈하는 상당히 강력한 조치이므로, 재판받을 권리에 관한 유럽인권협약 제6
조 위반의 문제도 있고 해서 상당히 제한적으로만 가능한 조치로 보인다. 이
에 관한 상세한 내용은 Fentiman[2015], para. 17.47~17.53 참조. 이에 관한 영국
판례로는 Motorola Credit Corp v. Uzan (No 2) [2004] 1 WLR 113 (CA) 참조.

그러한 제재를 할 수 있었으나, 오늘날에는 민사소송규칙(Civil Procedure Rules, CPR) part 81, 실무지침(Practice Direction) 81, 법정모욕법(Contempt of Court Act 1981) 등에 근거하여 이루어지고 있다.[233] 법인의 경우에는 법인의 재산을 압류하거나 법인의 이사 또는 기타 직원을 구금하거나 그들의 재산을 압류할 수 있다.[234] Maura E. Wilson에 의하면, 국제상거래의 맥락에서 소송금지명령의 위반은 다국적기업들로 하여금 자산의 압류, 경영자의 구금에 이를 수 있으므로 결국 외국소송을 중지할 수밖에 없게 된다고 한다.[235] 게다가 영국의 소송금지명령을 따르지 않을 경우 영국에서 진행될 해당 분쟁에 대한 소송이나 중재절차에서 상당한 사실상의 불이익을 받게 될 우려도 있고, 심지어는 본안소송에서의 변론권을 박탈 당하게 될 수도 있으므로, 당사자로서는 쉽게 위반하기 어렵다. 뿐만 아니라, 소송금지명령을 위반하여 진행한 외국소송에서 받은 판결은 영국에서 승인·집행할 수 없게 되는 법적 효과까지 발생한다.[236] 이는 상당히 의미있는 효과로서 이 때문에 소송금지명령을 따르게 되는 경우가 많다고 한다.[237]

---

233) 영국의 법정모욕죄에 대한 제재에 관한 상세한 내용은 C. J. Miller, Contempt of Court, 3rd ed., Oxford, 2000.; Lord Mackay of Clashfern, Halsbury's Laws of England 22, 5th ed., LexisNexis, 2012.; Nigel Lowe·Sir Gordon Borrie, Borrie and Lowe's Law of Contempt, 2nd ed., London: Butterworths, 1983.; David Eady·A.T.H. Smith, Arlidege, Eady & Smith on Contempt, 2nd ed., London: Sweet & Maxwell, 1999.; 사법정책연구원[2015], 43~58, 123~134면; 한충수, "국제보전소송의 재판관할권 - 직접관할을 중심으로-", 국제사법연구, 제4호, 1999., 113면 등 참조.

234) 한충수, "국제보전소송의 재판관할권 - 직접관할을 중심으로-", 국제사법연구, 제4호, 1999., 113면.

235) Wilson, Maura E., "Let Go of That Case - British Anti-Suit Injunctions against Brussels Convention Members", Cornell International Law Journal, Vol.36, 2003., 214, 주47.

236) Civil Jurisdiction and Judgments Act 1982, s32; Philip Alexander Securities Ltd v. Bamberger [1997] ILPr 73, 115 (CA); The Hari Bhum [2004] 1 Lloyd's Rep 206; Cheshire/North/Fawcett[2017], 423, 574.

반면에, 대인적인 효력에 그치는 결과 일정한 한계는 있는데, 소송금
지명령을 위반하더라도 만일 그 위반 당사자가 영국에 거주하지 않고
영국에 별다른 재산도 없다면, 소송금지명령은 직접적인 실효성을 상실
하게 된다.[238]

또한, 통상 외국법원은 자국 소송을 금지하는 영국의 소송금지명령을
승인·집행해 주지 않는 경우가 많을 것이다. 우리나라에서도 외국법원
이나 중재판정부가 발령한 소송금지명령은 한국에서 승인·집행 될 수
없다고 본다.[239] 독일과 일본에서도 마찬가지로 본다.[240] 참고로, 최근

---

237) Fentiman[2015], para. 16.19.
238) Cheshire/North/Fawcett[2017], 423.
239) 한국에서 외국법원이 발령한 소송금지명령의 승인·집행을 부정하는 이유는
    승인·집행의 대상이 되는 외국재판은 '심문을 거친 본안에 관한 종국재판이
    고 확정재판'이어야 한다고 보기 때문이다. 따라서 영미법계의 임시적(잠정
    적) 소송금지명령은 물론이고 최종적 소송금지명령도 승인대상이 되지 않고,
    대륙법계의 보전처분도 승인대상이 되지 않는다고 본다(석광현[소송유지명
    령], 15면, 33면; 석광현[국제민사소송법], 349~352면; 권창영[2018], 149~156면).
    대법원 2010. 4. 29. 선고 2009다68910 판결도 '외국법원의 판결'이라 함은 재
    판권을 가지는 외국의 사법기관이 그 권한에 기하여 사법상의 법률관계에 관
    하여 대립적 당사자에 대한 상호간의 심문이 보장된 절차에서 종국적으로 한
    재판을 의미한다고 판시하였다. 필자도 대체로 위의 설명에 찬성하나, 한 가
    지 드는 의문은, 영미법계의 소송금지명령 중 최종적 소송금지명령(final
    injunction)의 경우 변론(trial)도 거치게 되어 있고 만일 항소 등을 거쳐서 최종
    확정되었다면 이는 우리법상 금지를 명하는 이행판결(종국판결)과 마찬가지
    로 보아서 확정성 및 종국성을 충족하였다고 볼 여지도 있지 않은가 하는 점
    이다. 물론, 그 경우에도 '본안'에 관한 종국재판은 아니라고 본다면 여전히
    승인·집행의 대상이 아니라고 볼 수 있다. 그밖에 외국법원이 발령한 소송금
    지명령을 승인·집행하는 것이 민사소송법 제217조 제3호의 '공서'에 반하는
    것으로서 거부사유에 해당한다고 주장될 수도 있겠으나, 소송금지명령 자체
    를 공서에 반한다고 보기는 어렵다고 본다(더구나 필자는 한국법원의 소송금
    지명령도 긍정하므로 더더욱 외국 소송금지명령이 공서에 반한다고 볼 수는
    없다고 본다).
240) Schack[2006], Rn. 773; Geimer[2009], Rn. 1014(석광현[소송유지명령], 16면 주65에
    서 재인용); 권창영[2018], 149~156면. 일본의 사례는 권창영[2018], 151면 참조.

채택된 헤이그국제사법회의의 2019년 외국재판의 승인 및 집행에 관한 협약에서도 임시적 보호조치(interim measures of protection)는 승인·집행 대상인 판결에 해당하지 않는다고 규정한다(제3조 제1항 b호 후문).[241] 그러나 실제에 있어서 영미법계의 소송금지명령을 외국에서 굳이 승인·집행 받아야 할 실익은 크지 않은데, 위와 같은 법정모욕 등 대인적 제재의 위하력과 사실상의 구속력만으로도 많은 경우 실효성이 담보되기 때문이다.[242] 앞서 본 영미의 여러 사례들과 뒤에서 볼 독일 및 프랑스의 최근 판례에서도 대부분 소송금지명령이 일단 발령되면 그에 따라 외국 소송을 취하하는 등 임의이행이 이루어졌다.

영국에서는 소송금지명령의 효력이 대인적인 것이므로 외국 주권을 침해하는 것이 아니라는 점을 애써 강조하려고 하지만, 위와 같이 소송금지명령은 당사자에게 상당한 사실상의 구속력을 미치게 되고, 그 결과 외국법원에도 간접적인 영향을 미치게 된다는 점은 부인할 수 없는 사실이다.[243] 앞서 예양 부분에서도 살펴보았듯이, 바로 이러한 점 때문에 예양이라는 요건을 소송금지명령 발령에 있어서 매우 중요한 요소로 고려하는 것이다.

어떤 면에서는, 이와 같이 소송금지명령이 대인적 효력에 그친다는 한계를 지님과 동시에 당사자에게 상당한 사실상의 구속력을 미친다는 점이 이 제도의 묘미 중 하나가 아닐까 생각된다.

---

241) 물론, 이와 달리 외국 소송금지명령의 승인·집행을 허용하는 국가도 있는데, 예컨대, 프랑스 파기원은 In Zone Brands 사건(Cass 1ère civ., 14 October 2009, pourvoi n° 08-16369)에서 미국법원이 발령한 소송금지명령의 집행을 허용한 바 있다(이는 뒤에서 다시 살펴본다).

242) 石黑一憲[1996], 217면도 同旨로 보인다.

243) Cheshire/North/Fawcett[2017], 424.

3. 유형과 형식 및 절차

1) 유형(types)

영국에서 실제로 발령되는 소송금지명령을 금지 대상을 기준으로 분류하면, 일반적인 소송금지명령(Anti-suit Injunction), 중재금지명령(Anti-arbitration Injunction),[244] 집행금지명령(Anti-enforcement Injunction),[245] 소송금지명령이나 중재금지명령을 금지하는 명령(Anti-anti-suit Injunction[246], Anti-anti-arbitration Injunction) 등으로 나눠볼 수 있다.

한편, 그 효력이 잠정적인지 최종적인지를 기준으로 분류하면, 잠정적(interim 또는 interlocutory)[247] 소송금지명령과 최종적(final) 소송금지명

---

244) 영국에서 중재금지명령(Anti-arbitration injunction)이 발령된 판례로는 Claxton Engineering Services Ltd v. TXM Olaj-Es Gazkutato KFT [2011] EWHC 345; Elektrim SA v. Vivendi Universal SA (No 2) [2007] EWHC 571 (Comm); Albon v. Naza Motor Trading Sdn Bhd [2007] EWCA Civ 1124; Excalibur Ventures LLC v. Texas Keystone Inc [2011] EWHC 1624 (Comm) 등 참조. 다만, 영국에서 중재금지명령은 'competence-competence' 원칙으로 인하여 외국 중재가 'vexatious and oppressive'한 경우와 같이 매우 예외적인 경우에만 발령이 허용된다고 한다(Fentiman [2015], para. 16.05. 같은 취지의 판례로는 Weissfisch v. Julius [2006] EWCA Civ 218; Claxton Engineering Services Ltd v. TXM Olaj-Es Gazkutato KFT [2011] EWHC 345; Sabbagh v. Khoury & Ors [2019] EWCA Civ 1219 등 참조).

245) 영국에서 집행금지명령(Anti-enforcement Injunction)이 발령된 판례로는 Bank St Petersburg OJSC v. Vitaly Arkhangelsky [2014] EWCA Civ 593; Ecobank Trans-national Inc v. Tanoh [2015] EWCA Civ 1309 등 참조. 영국의 Anti-enforcement Injunction에 대한 상세한 소개는 Raphael[2019], para. 5.65~5.72; 이규회[집행금지명령], 24~26, 30, 31면 참조.

246) 영국에서 Anti-anti-suit Injunction이 발령된 판례로는 General Star International In-demnity v. Stirling Brown [2003] Lloyd's Rep IR 719; Sabah Shipyard v. Government of Pakistan [2003] 2 Lloyd's Rep 571; Ecom Agroindustrial Corp Ltd v. Mosharaf Composite Textile Mill Ltd [2013] EWHC 1276 (Comm) 등 참조.

247) 영미에서는 대체로 'interim injunction'과 'interlocutory injunction'이라는 용어를 엄격히 구분하지 아니하고 혼용하는 것으로 보인다. 한편, 'preliminary

령으로 나눌 수 있다.[248]

2) 형식(form)

영국에서 발령하는 소송금지명령의 가장 기본적인 형식은 피고로 하여금 외국에서의 소송을 금지하는 내용의 부작위명령(prohibitory form)이다. 구체적으로는, 피고로 하여금 외국소송을 더 이상 진행하지 못하게 하는 내용,[249] 그 외국에서 추가적인 소송을 제기하지 못하게 하는 내용, 영국에 병행 소송이 제기된 경우에 그 영국소송을 금지하는 내용의 소송을 외국법원에 제기하지 못하게 하는 내용[250] 등이 있다.[251]

이와 달리, 경우에 따라서는 피고로 하여금 일정한 의무를 부과하는 작위명령 형식(mandatory form)의 소송금지명령이 발령되기도 한다. 구체적으로는, 피고로 하여금 외국소송의 중지(stay) 결정을 얻도록 명하는 내용, 외국소송을 중단(discontinue)하도록 명하는 내용, 선박압류를 해제하도록 명하는 내용,[252] 외국소송을 중단하기 위한 모든 필요한 조치를 다하도록 명하는 내용[253] 등이 있다.[254] 그런데 부작위명령에 비해서 이

---

injunction'이라는 용어는 주로 미국에서 사용하는 용어로서 'interim 또는 interlocutory injunction'의 하위개념으로 그 일종에 속하는 것으로 보인다.

248) 영국의 '잠정적 금지명령(interim injunction)'에 관한 상세 내용은 Raphael[2019], para. 13.01~13.68, 17.57~17.76, 영국의 '최종적 금지명령(final injunction)'에 관한 상세 내용은 위 책 para. 3.02~3.08, 3.32~3.41 각 참조.

249) 가장 일반적인 형태로서, 앞서 본 서울중앙지방법원 2013. 5. 16. 2013가합7238 사건에서 영국법원이 발령한 소송금지명령이 이에 속한다.

250) Kesabo v. African Barrick Gold Plc [2013] EWHC 4045 (QB)

251) Fentiman[2015], para. 16.07

252) Kallang Shipping SA v. Axa Assurance Senegal (The Kallang) [2007] 1 Lloyd's Rep. 160, ∮14.("the dependednts shall discontinue the proceedings in Dakar and procure the release of the vessel Kallang which has been arrested in such proceedings."라고 판시함으로써 외국소송을 중단하고 선박압류를 해제할 것을 명하였다).

러한 작위명령 형식의 소송금지명령은 피고에게 더 침해적이라는 점에서, 그것을 정당화 할만한 특별한 사정이 인정되는 경우에만 발령된다.[255] 예컨대, 피고가 영국 중재조항 또는 관할합의조항을 무력화시키기 위해 외국에서 제소하는 경우,[256] 피고가 영국에서 이미 선고된 판결을 무시하고 동일한 청구에 관해 외국에서 다시 제소한 경우,[257] 피고의 행위가 원고의 적법절차에 관한 권리를 침해함이 명백한 경우[258] 등과 같이 피고의 행위가 특별히 악의적인 경우에 발령된다.[259] 나아가, 만일 발령되는 경우에도 피고로 하여금 합의한 중재절차를 개시하도록 명하거나 합의된 관할법원에 제소하도록 명하는 내용까지 허용되지는 않는다고 한다.[260]

영국법원은 일정한 조건을 붙인 조건부 소송금지명령을 발령할 수도 있다.[261] 전반적으로 소송금지명령을 어떤 내용 및 형식으로 발령할지

---

253) Turner v. Grovit [2002] 1 WLR 107 (HL)

254) Raphael[2019], para. 3.38.; Fentiman[2015], para. 16.08. 영국에서 이러한 작위명령 형식(mandatory form)의 소송금지명령이 발령된 판례들로는 Turner v. Grovit [2002] 1 WLR 107 (HL), 113-114, ∮16; British Airways Board v. Laker Airways Ltd [1984] QB 142 (CA), 203; Hemain v. Hemain [1988] 2 FLR 388 (CA), 389C; Toepfer International GmbH v. Société Cargill France [1997] 2 Lloyds Rep 98, 102, 111; Masri v. Consolidated Contractors International Company Sal [2008] EWCA Civ 625, ∮6 등이 있다.

255) Raphael[2019], para. 3.39.; Mamidoil-Jetoil Greek Petroleum Co SA v. Okta Crude Oil Refinery AD [2003] 1 Lloyds Rep 1, 36-37; Credit Suisse First Boston (Europe) Ltd v. Seagate Trading Co Ltd [1999] 1 Lloyds Rep 784, 792-794

256) Ecom Agroindustrial Corp Ltd v. Mosharaf Composite Textile Mill Ltd [2013] EWHC 1276 (Comm)

257) RBS v. Hicks and Gillett[2010] EWHC 2579 (Ch)

258) Turner v. Grovit [2002] 1 WLR 107 (HL)

259) Fentiman[2015], para. 16.06

260) Raphael[2019], para. 3.40.

261) Société Nationale Industrielle Aerospatiale v. Lee Kui Jak [1987] AC 871 (PC). 이 사건에서 소송금지명령에 부가한 조건들에 관해서는 뒤에서 위 판례의 사안과 함께 살펴보기로 한다.

에 관해서 영국법원은 상당한 재량을 가진다.[262]

3) 절차

소송금지명령은 통상 영국에서의 소 제기가 임박한 때에 신청되는 것이 보통이나, 반드시 그것을 요구하는 것은 아니고 영국 본안소송의 소장이 송달되기 전에도 가능하다. 상대방에 대한 통지 없이 일방적으로 (ex parte)도 소송금지명령이 이루어질 수 있는데,[263] 다만 그 경우 법원은 발령된 소송금지명령을 유지할지 여부를 심리하기 위한 심문기일을 최대한 빨리 지정해야 한다.[264]

4. 판례의 소개

영국에서 소송금지명령에 관한 판례는 너무나 많아서 이를 일일이 소개하기는 어렵고, 이미 앞서 본 각 쟁점마다 해당 관련 판례들을 소개한 것으로 대신한다. 다만, 이하에서는 소송금지명령에 관한 영국의 대표적 판례 중 하나인 Société Nationale Industrielle Aerospatiale v. Lee Kui Jak 판결[265]에 관하여 간략히 소개한다.

이 판결은 영연방 국가인 브루나이(Brunei)법원 판결에 대한 상고사건에 관하여 영국 추밀원(Privy Council)[266]이 한 판결이다. 이 사건의 원고

---

262) Fentiman[2015], para. 16.09
263) 이는 뒤에서 볼 미국의 임시적 제지명령(temporary restraining order)의 경우와 같다.
264) Fentiman[2015], para. 16.20; Kesabo v. African Barrick Gold Plc [2013] EWHC 4045 (QB), at [19].
265) Société Nationale Industrielle Aerospatiale v. Lee Kui Jak [1987] AC 871 (PC)
266) 영국 추밀원(Privy Council)은 영국의 해외영토(UK overseas territories), 국왕부속령(Crown dependencies), 영연방 국가들(Commonwealth countries) 중 추밀원을 최종법원으로 인정한 국가의 최종심을 담당하는 법원이다(https://www.jcpc.uk

(소송금지명령을 신청한 당사자)는 프랑스의 헬리콥터 제조회사이고 피고는 브루나이 사람 Lee Kui Jak의 유족들이다. 브루나이에서 원고가 제조한 헬리콥터의 추락으로 인해 Lee Kui Jak이 사망하자 그 유족들이 브루나이법원에 소송을 제기하는 한편 그와 별도로 징벌적 손해배상을 구하기 위하여 미국 텍사스법원에 소송을 제기하였다. 그러자 원고가 브루나이법원에 위 텍사스소송에 대한 소송금지명령을 신청하였다. 브루나이법원은 이를 기각하였으나, 그 상고심인 영국 추밀원(Privy Council)은 위 사안에서 브루나이법원이 자연적 법정지(natural forum)이고, 텍사스소송이 괴롭히거나 억압적인 것에 해당한다고 보아 소송금지명령 신청을 받아들였다. 위 판결에서 Lord Goff는, 텍사스법원에서 이미 기일 전 증거개시(pre-trial discovery)절차가 광범위하게 진행되었다는 사정은 브루나이법원이 자연적 법정지라는 결론에 영향을 미치지 않는다고 보았다. 나아가, 소송금지명령을 발령하지 않을 경우 원고에게 발생할 부정의(injustice)로, 원고의 책임이 인정될 경우 원고는 위 사고에 책임이 있는 헬리콥터 운행자들을 상대로 브루나이에서 별도의 구상청구를 해야 하는데(브루나이법원에서는 헬리콥터 운행자를 제3자로 끌어들여 제3자 소송을 할 수 있으나, 텍사스법원에서는 관할이 인정되지 않아 이러한 제3자 소송이 불가능하였다), 이 경우 텍사스법원이 원고의 책임을 인정하는 판결을 선고하더라도 브루나이법원이 그대로 운행자들의 구상책임을 인정하리라는 보장이 없으므로, 결국 원고로서는 텍사스소송에서 패소하고 브루나이 구상소송에서도 패소할 수도 있다는 점을 들었다.[267] 반면, 소송금지명령을 발령할 경우 피고에게 발생할 부정의로는, 피고가

참조) (2020. 7. 20. 최종 방문).

267) 위 사안에서, 텍사스 법원이 따르는 엄격한 책임주의, 징벌적 손해배상제도, 배심원 제도는 피신청인의 유족들이 위 제도들을 포기하기로 약속하였기 때문에 신청인에게 발생할 부정의 사유로 고려되지는 않았다. 그러나 일반적으로는 위와 같은 제도들의 존재는 부정의 사유로 고려될 수 있는 요소로 생각된다.

텍사스법원에서 이미 개시한 증거조사 절차의 무용화, 텍사스에서의 소송비용 발생, 텍사스 변호사의 변론 불가능 등이 거론되었으나, 원고 측에서 이러한 문제점을 해소할 대책들을 제공하기로 약속하였고, 그에 따라 증거개시절차가 끝날 때까지는 텍사스법원의 소송을 계속할 것, 텍사스법원에서의 증거자료를 모두 브루나이법원에 제출되도록 할 것, 텍사스소송에서의 소송비용을 브루나이소송에서의 소송비용으로 인정할 것, 택사스소송에서의 변호사가 브루나이법원에서 변론할 수 있도록 협조할 것 등을 조건으로 소송금지명령이 발령되었다.

이 판결은 다음과 같은 특징이 있다. 즉, 분쟁해결합의가 존재하지도 않았고, 피고가 텍사스법원에 소송을 제기할 합리적인 이익 내지 혜택들(징벌적 손해배상 제도, 광범위한 증거개시 제도, 배심제도, 엄격한 책임주의, 전문 변호사들의 존재, 성공보수 제도 등)이 많이 존재하였으며, 피고가 임박한 영국(브루나이)소송을 좌절시킬 목적에서 텍사스소송을 제기한 것도 아니고(동시에 제기되었음), 피고가 악의적인 의도에서 텍사스소송을 제기했다고 볼 증거도 없었음에도, 텍사스소송이 진행될 경우의 '결과'가 원고에게 부정의를 초래하고 한다는 이유로 소송금지명령이 발령되었고,[268] 양 당사자에게 발생할 부정의를 형량한 결과 일정한 조건을 부가하여 소송금지명령을 발령한 것이다. 요컨대, 이 판결은 ① 분쟁해결합의가 없더라도 '부정의'가 초래될 예외적인 경우에는 소송금지명령을 발령할 수 있다는 점, ② 반드시 당사자의 '악의적 행동'에 초점을 맞추기 보다는 '부당한 결과'에 초점을 맞추어 이 경우에도 이익형량에 따라 '부정의' 및 '괴롭히거나 억압적인 경우'에 해당될 수 있다고 본 점, ③ 소송금지명령에 일정한 조건을 부가한 점, ④ '부정의' 또는 '괴롭히거나 억압적인 경우'와 같이 불명확한 개념의 적용에 있어서 영국법원은 상당히 폭넓은 재량권을 행사하는 것으로 보이는 점 등에서 의미

---

268) Fentiman[2015], para. 16.93.

가 있는 판결이다.

5. 영국 법제에 대한 국제적 반응

영국은 전통적으로 국제적 소송경합의 상황에서 부적절한 법정지의 법리(Forum non conviens)와 소송금지명령(Anti-suit Injunction)이라는 상호 보완적인 두 가지 도구[269]를 사용함으로써 개별 사안에 따른 구체적 타 당성과 실질적 정의를 살리는 유연한 해결을 시도하여 왔는데, 이에 대 하여는 그 장점에도 불구하고 자의적인 해석 가능성과 주권이나 국제예 양 침해라는 측면에서 많은 비판이 제기되었다.[270] 특히, 법체계적 전통 이 다르고 법적 안정성을 상대적으로 중요하게 생각하는 대륙법계 국가 들의 반발을 샀고, 그 결과 아래에서 보다시피, 독일에서는 영국의 소송 금지명령이 독일의 주권을 침해하는 것이라고 보아 그 송달을 거부한 바 있고,[271] 유럽사법재판소도 영국의 소송금지명령 제도가 브뤼셀체제 와 양립될 수 없다는 판결들을 선고하기에 이르렀다. 심지어 같은 영미 법계 국가들 사이에서도 영국의 소송금지명령은 종종 갈등과 충돌 상황 을 야기하였다. 앞서 본 Laker Airways 사건[272]에서도 영국법원과 미국법 원이 서로 상대방에 대한 소송금지명령을 발령함으로써 충돌한 바 있고, 호주와 영국 사이에도 소송금지명령으로 갈등이 초래된 사례가 있다.[273]

---

269) Naumann[2008], 105.

270) 영국의 소송금지명령에 대한 비판적인 견해의 예로는 Naumann[2008], 205~215 참조.

271) OLG Düsseldorf, ZZP, 109 (1996), 221

272) Laker Airways Limited v. Sabena, Belgian World Airways, 731 F.2d 909 (DC. Cir. 1984).

273) Society of Lloyd's v. White and others [2000] CLC 961, QBD (Comm), The Times 14 April 2000, 144 SJ LB 190 (위 판례의 사안에 대한 소개는 김동진[2004], 109, 110면 참조). 그밖에, 앞서 본 바와 같이 Akai Pty Ltd v. People's Insurance Co Ltd [1998] 1 Lloyd's Rep 90 판결에서는 호주법원이 전속적 관할합의의 효력을

아래에서 상세히 살펴보겠지만, 같은 영미법계인 미국에서는, 비록 소송금지명령이 직접 외국법원에 대해서 발령되는 것은 아니지만 실질적으로 외국법원의 관할권 행사를 제한한다는 점에서 매우 신중하게 행사되어야만 한다는 입장이 지배적이다.[274]

요약하자면, 전통적으로 영국이 소송금지명령 발령에 가장 적극적인데, 이에 대한 대륙법계 국가들의 반응은 부정적이며, 미국은 각 주마다 다르지만 기본적으로는 국제예양을 의식하면서 다소 신중하게 발령하는 입장이었다고 할 수 있다. 그러나 최근의 흐름을 보면, 뒤에서 다시 살펴보겠지만 대륙법계 국가들 중에서도 예컨대, 프랑스의 경우에는 최소한 분쟁해결합의 위반의 경우 소송금지명령을 인정하는 입장으로 선회하였고,[275] 그밖의 국가들에서도 일반화 시키기는 어렵지만 예외적으로 소송금지명령을 허용한 것으로 보이는 사례가 발견되고 있다. 이 점에서 종래 영국의 소송금지명령에 대한 타국가들의 적대적 내지 비판적 태도도 그 실제적 필요성으로 인하여 일정 정도 완화되는 추세가 아닌가 생각된다.[276]

한편, 최근 영국의 Brexit 이후 기존에 영국에서 적용되던 위 브뤼셀체제 및 헤이그 재판관할합의협약 하에서의 규정과 법리들이 계속 유지될지, 아니면 이에 변화가 생길지는 아직 불확실한 상태이다.[277] 영국이

부인한 경우에도 영국법원이 전속적 관할합의의 계약적 효과에 기하여 소송금지명령을 발령한 바 있다.

274) Born/Rutledge[2018], 552.

275) 뒤에서 볼 프랑스 파기원의 2009년 In Zone Brands 판결과 파리항소법원의 2020년 IPCom v. Lenovo and Motorola 판례.

276) Raphael[2019], para. 1.18.도 同旨.

277) 영국의 Brexit와 소송금지명령에 관해서는 Raphael[2019], para. 1.100; Mukarrum Ahmed & Paul Beaumont, Exclusive choice of court agreements : some issues on the Hague Convention on choice of court agreements and its relationship with the Brussels I recast especially anti-suit injunctions, concurrent proceedings and the implications of BREXIT, 13 J. Priv. Int'l L. 386, 2017.; Andrew Dickinson, "Back to

개별적인 조약 등을 체결하지 않을 경우 극단적으로는 브뤼셀체제 하에서 받던 제약 없이 자유롭게 소송금지명령을 발령할 수 있는 상태로 회귀할 가능성도 배제할 수는 없다.

II. 미국

1. 인정 여부 및 근거

미국에서도 영국과 유사하게 소송금지명령을 '일방 당사자로 하여금 외국법원에서 재판을 개시하거나 참여하는 것을 금지하는 명령'이라고 정의하는데,[278][279] 일반적인 금지명령(injunction)의 일종으로서 소송금지명령(Anti-suit Injunction)이 다뤄지고 있다. 미국의 소송금지명령 제도를 이해함에 있어서 주의할 것은 영국의 소송금지명령 제도와는 그 전개과정이나 접근 방법이 다소 상이하다는 점[280]과 미국 각 주마다 기본적인 입장이나 법리 전개가 상이하여 일률적인 원칙이나 기준을 추출하기가 어렵다는 점이다.

영국의 형평법에서 유래하는 미국의 금지명령(injunction) 제도는 그 명

---

the Future: The UK's EU Exit and the Conflict of Laws", 12 Journal of Private International Law, 2016. 등 참조.

278) Born/Rutledge[2018], 551.

279) 미국의 소송금지명령에 관한 문헌들은 매우 많은데, 우선 Born/Rutledge[2018], 551~571면과 위 책의 531면 각주 1번에 소개된 참고문헌들, 그밖에, Andrew N. Vollmer, "U.S. Federal Court Use of the Antisuit Injunction to Control International Forum Selection"; Jack L. Goldsmith (ed.), International Dispute Resolution: The Regulation of Forum Selection, Fourteenth Sokol Colloquium, 1997, p. 237 이하 등 참조.

280) 그 이유에 관해서 Raphael[2019], para. 1.15.에서는 영국의 근대적 소송금지명령이 미국 독립 후에야 발전되었기 때문이라고 설명한다.

령의 효력 기간에 따라 '최종적(종국적) 금지명령(final injunction, permanent injunction)'과 '잠정적(중간적) 금지명령(interlocutory injunction)'으로 구분되고, 이 중 잠정적 금지명령은 다시 '예비적 금지명령(preliminary injunction)'과 '임시적 제지명령(temporary restraining order, TRO)'[281]으로 구분된다. 최종적 금지명령은 정식의 변론절차(trial)를 거쳐 신청인에 대한 완전한 구제방법으로서 행해지는 금지명령으로서 주문에 별다른 기간 제한이 없는 이상 명령의 효력이 영구적인 반면, 잠정적 금지명령은 신청인의 회복할 수 없는 손해(irreparable injury)를 피하기 위하여 최종적 금지명령이 발령되기 전에 일정 기간에 한정되어 발령되는 금지명령이고, 예비적 금지명령은 정식의 변론절차(trial)를 거치기 전이나 변론절차 진행 중에 당사자에게 회복할 수 없는 손해를 막기 위하여 법원이 임시로 명하는 금지명령으로서 그것이 발령되기 위해서는 반드시 피신청인에게 통지하고 심문 기회를 부여하여야 한다. 예비적 금지명령의 효력은 본안판결 또는 최종적 금지명령 시까지만 지속된다. 반면, 임시적 제지명령은 예비적 금지명령이나 최종적 금지명령이 발령되기 전의 현상(status quo)을 보존하기 위하여 짧은 기간[282] 동안 발령되는 금지명령으로서 피신청인에 대한 통지와 심문을 거치지 아니하고 일방적(ex parte)으로 발령된다.[283][284] 이 중 예비적

---

281) 앞서 본 Industrial Maritime Carriers (Bahamas), Inc. v. Barwil Agencies A.S. 사건에서도 심문 없이 일방적(ex parte)으로 집행금지를 명하는 임시적 제지명령(temporary restraining order)이 발령된 예를 볼 수 있다.
282) 연방민사소송규칙(Federal Rules of Civil Procedure) 제65조에 의하면, 14일을 초과하지 아니하는 범위 내에서 법원이 정한 날까지 효력을 유지하고, 다만 효력 만료 전에 법원이 정당한 사유가 있다고 인정하는 경우 이를 연장할 수 있고, 반대당사자가 연장에 동의하는 경우에도 이를 연장할 수 있다.
283) 이흥주[2011], 314면. 그밖에 미국의 금지명령 제도에 관한 문헌으로는 정선주 외, 임시의 지위를 정하기 위한 가처분제도의 발전방향에 관한 연구, 법원행정처, 2017., 53~66면; 김연, "영미법상의 Injunction 소송절차 소고", 경성법학, 2호, 1993.; 유상호, "미국의 인장크션(Injunction)제도", 재판자료, 6집, 법원도서관, 1980.; 김태선, "미국법상 금지명령 제도-불법행위법 개정안에 대한 시

금지명령과 임시적 제지명령은 미국 연방민사소송규칙(Federal Rules of Civil Procedure) 제65조에서 그 절차를 규정하고 있다.[285] 소송금지명령에 관해 미국법원은 실제로 위 각 형태 모두로[286] 다양하게 발령할 수 있는데,

---

사점을 중심으로-", 민사법학, 61호, 2012.; 박시훈, "위법행위에 대한 금지청구권의 연구", 서울대학교대학원, 법학박사학위논문, 2015., 126면; 사법정책연구원[2015], 134~135면 등 참조. 이에 관한 미국 문헌으로는 The American Law Institute, Restatement of The Law Torts 2d. Volume 4, 1979, 559; Dan B. Dobbs, Law of Remedies, 2nd ed. 1993, Vol. 1, § 2.9(1), § 2.11(1); 일본의 문헌으로는 吉垣実, "アメリカ会社訴訟における 中間的差止命令手続の機能と展開 (1), (2) -予備的差止命令と仮制止命令の紛争解決機能-", 大阪経大論集, 2011~2012. 참조.

284) 미국의 금지명령(injunction) 제도는 형평법에서 유래하는 특수한 제도라서 대륙법계인 우리법제와 비교하기는 어려우나, 대체로 최종적 금지명령은 우리법상 금지를 명하는 본안판결(종국판결)과 유사하고, 예비적 금지명령(preliminary injunction)은 우리법상 금지를 명하는 가처분(임시지위 가처분)에 상응하는 제도로 보인다(정선주 외, 임시의 지위를 정하기 위한 가처분제도의 발전방향에 관한 연구, 법원행정처, 2017., 55면). 심문 없이 발령하는 점이 가장 큰 특징인 임시적 제지명령(temporary restraining order)은 우리법상 심문 없이 발령하는 계쟁물 가처분이나 민사집행법 제304조 단서에 따라 심문 없이 발령하는 가처분과 유사하다고 볼 수 있다.
한편, 우리 중재법상 일방적(ex parte) 처분이 가능한지에 관해서는 논란이 있는데, 허용되지 않는다고 본다(석광현[2017], 121~124면 참조).
미국의 임시적 제지명령을 우리법에도 도입할 필요성이 있다는 논의에 관해서는 정선주 외, 임시의 지위를 정하기 위한 가처분제도의 발전방향에 관한 연구, 법원행정처, 2017., 126~129면; 김연학[2008], 183면; 이규호, "임시의 지위를 정하는 가처분과 관련하여 잠정명령 제도의 도입에 관한 연구", 민사소송, 제17권 제2호, 2013. 11., 417면 이하; 김기정 외, "미국의 TRO(Temporary Restraining Order)에 대한 이해 및 TRO 유사 잠정명령 도입에 관한 제안", 김능환 대법관 화갑기념: 21세기 민사집행의 현황과 과제, 민사집행법 실무연구Ⅲ(통권 제5권), 2011., 213면 이하 참조. 그밖에 이흥주[2011]에서도 임시적 제지명령의 우리법에의 도입 가능성에 관해 논의하나 부정적인 입장이다.

285) 연방민사소송규칙(Federal Rules of Civil Procedure) 제65조의 내용에 대한 상세한 소개는 이흥주[2011], 315~318면 참고.

286) 앞서 살펴 본 BAE Systems Technology Solution & Services, Inc. v. Republic of

미국 판례들을 보면 주로 예비적 금지명령의 형태로 가장 많이 발령되는 것으로 보인다.

이와 같이 미국에서는 소송금지명령 또한 금지명령(injunction)의 일종으로서 위와 같은 다양한 형태로 발령되어 왔는데, 그에 관해서 명시적인 성문법 규정은 없고,[287] 아직 미국 연방대법원이 명확한 기준을 정립하고 있지도 않다. 그럼에도, 오랫동안 미국의 각 연방법원들은 그 관할에 속하는 당사자들에 대한 일반적 형평법상 권한으로 당연히 소송금지명령을 발령할 권한이 있고, 그 발령 기준은 연방법에 의하여 규율된다고 보아 왔으며,[288] 이것은 확립된 원칙이라고 한다.[289]

미국법원이 소송금지명령을 발령할 권한의 근거에 관해서는, 당사자에 대하여 관할권을 가지는 이상 그 당사자를 통제할 권한이 있고 당사자로 하여금 영토 밖이라고 하더라도 그에 복종하도록 명령할 수 있다고 설명하는 견해도 있고, 판례 중에는 법원에 내재한 형평법상의 권한에서 소송금지명령을 발령할 권한이 나온다고 설시한 것도 있다.[290] 일반적으로 이러한 형평법상의 구제수단은 손해배상으로는 충분하지 않아 형평법상의 구제수단이 없을 경우 당사자가 회복할 수 없는 손해를 입게 되는 경우에만 허용된다.[291]

한편, 미국에서 소송금지명령은 일반적인 금지명령(injunction)의 일종

Korea's Defense Acquisition Program Administration and Republic of Korea 사건에서 예비적 소송금지명령은 발령하고 영구적 소송금지명령 신청은 기각한 예를 보았다. 또한, 임시적 제지명령 형태로 발령된 예는 앞서 Industrial Maritime Carriers (Bahamas), Inc. v. Barwil Agencies A.S. 사건에서 보았다.

287) Born/Rutledge[2018], 552.

288) Born/Rutledge[2018], 552.

289) 이규호[2010], 80면; 김동진[2004], 103면.

290) Born/Rutledge[2018], 560; Karaha Bodas Co, LLC v. Perusahaan Petambangan Minyak Dan Gas Bumi Negara, 335 F.3d 357, 364-65 (5th Cir. 2003).

291) Born/Rutledge[2018], 560; Morles v. Trans World Airlines, Inc., 504 U.S. 374, 381 (1992).

이기는 하지만, 미국법원은 그 발령요건이나 판단기준의 측면에서 볼 때
소송금지명령을 특수한 한 형태로 취급하여 일반적인 금지명령과는 다
소 구별되는 독자적인 발령요건이나 판단기준을 세워 적용하고 있는 것
으로 보인다. 즉, 미국법원은 각 연방항소법원마다 기준이 다소 다르기
는 하나 일반적으로 예비적 금지명령의 발령요건으로 ① 회복하기 어려
운 손해(Irreparable Injury), ② 다른 구제방법의 부적절성(Inadequacy of
Legal Remedies),[292] ③ 본안 승소가능성(Likelyhood of Success on the
Merits), ④ 이익형량(Balance of Hardship, 가처분이 발령되었을 경우 피신
청인이 입게 되는 불이익과 가처분이 기각되었을 경우 신청인이 입게
되는 불이익의 비교형량),[293] ⑤ 공익(Public Interest)을 요구하지만,[294] 실
제 소송금지명령 사건에서는 이러한 일반적 요건들을 검토하기 보다는
아래에서 보는 소송금지명령의 독자적인 발령요건들을 주로 검토하고
있다. 예컨대, 미국법원은 예비적 금지명령의 형태로 발령되는 소송금지
명령에 관하여 예비적 금지명령을 발령하기 위해 일반적으로 요구되는
본안 승소가능성 요건은 따로 요구되지 않고 소송금지명령의 요건 충족
여부만 심리하면 된다고 판시한 바 있다.[295]

---

292) Weinberger v. Romero-Barcelo, 456 US 305, 102 S.Ct. 1798 (1982)
293) Amoco Production Co. v. Village of Gambell, Alaska, 480 US 531, 107 S.Ct. 1396
   (1987)
294) 김연학[2008], 167면; 권영준[2008], 54면 참조. 그밖에 정선주 외, 임시의 지위를
   정하기 위한 가처분제도의 발전방향 에 관한 연구, 법원행정처, 2017., 59~62면
   에서도 미국의 예비적 금지명령의 발령요건에 관하여 상세히 소개하고 있다.
295) Huawei Technologies. Co. Ltd. v. Samsung Electronics Co., Case No. 3:16-cv-02787-
   WHO (N.D. Cal. Apr. 13, 2018.), 2018 WL 1784065, at 4.; E. & J. Gallo Winery
   v. Andina Licores S.A., 446 F.3d 984 (9th Cir. 2006.) at 991; Microsoft Corp. v.
   Motorola, Inc., 696 F.3d 872 (9th Cir. 2012) at 883~884.

2. 요건 및 효과

1) 요건

(1) 개요

미국 제도를 이해함에 있어서의 난점은 소송금지명령을 발령하고 있는 각 연방법원들마다 서로 상이한 법리와 접근방법을 취하고 있어 그 발령요건에 관한 일반적인 기준을 정리하기가 매우 어렵다는 점이다. 실제로 각 연방법원 태도의 분류와 평가도 논자마다 다소 상이한 방식으로 하고 있다.

미국법원이 소송금지명령을 발령하기 위해 공통적으로 요구하는 기본 요건으로는 대인관할권을 가질 것296)과, 당사자 및 소송물 동일이라는 요건이 있다.297) 국제예양(comity)의 고려라는 요건도 각 연방법원마다 고려하는 정도가 다를 뿐이지 공통적으로 고려하는 요건이다.

그 외에 추가적으로 요구하는 소송금지명령 발령요건에 관해서는 각 연방법원마다 태도가 상이한데, 각 연방법원의 접근 태도를 크게 분류해 보면, 완화된 접근방식과 엄격한 접근방식으로 나눌 수 있다.298) 이와

---

296) 앞서 본 Rationis Enterprises, Inc. of Panama and Mediterranean Shipping Co., S.A. of Geneva, [Hyundai Mipo Dockyard Co., Ltd. v. AEP/BORDEN INDUSTRIES; Angelo Brothers, Co.; Cummins Engine Company, Inc.], No. 00-7935, 261 F.3d 264 (2d Cir. 2001.) 판결에서도 대인관할권(personal jurisdiction)에 관한 증거조사 불충분을 이유로 1심 판결을 파기한 바 있다.

297) 앞서 본 우리 당사자가 관련된 China Trade and Development Corp. v. M.V. Choong Yong, 837 F.2d 33 (2d Cir. 1987.) 판결 및 Rationis Enterprises, Inc. of Panama and Mediterranean Shipping Co., S.A. of Geneva 판결에서도 이와 같이 설시하였다.

298) 각 접근방식에 따른 분류에 대한 상세한 소개는 Born/Rutledge[2018], 552~553; Choe, Chang Su, "Transnational Litigation Strategies for the U.S. Foreign Anti-suit Injunction", 민사소송: 한국민사소송법학회지, 제18권 2호, 2015., 422~435면; 이

같이 갈라지는 것은 근본적으로 국제예양의 역할에 대한 시각이 다르다는 점을 반영한다고 한다.[299] 즉, 엄격한 접근방식에서는 '국제예양의 원칙에 따라서 소송금지명령은 드물게 아주 예외적인 경우에만 허용되어야 한다'고 본다.[300]

(2) 두 가지 접근방식

먼저, '완화된 접근방식'은 제5순회구, 제7순회구, 제9순회구 연방항소법원이 취하는 방식[301]인데, 이에 따르면 국제소송과 국제중재의 중복 제기가 신속하고 효율적인 사건의 판단을 방해하는 경우에 소송금지명령을 발령하는 것을 선호하며, 적절한 수준에서의 예양의 원칙, 외국에서의 소송의 남용적 성격, 재판의 중복을 초래하는지 여부, 신청인이 외국에서의 소송에 의해 회복할 수 없는 손해를 입었는지 여부 및 추가적인 지연 및 비용을 초래할 것인지 여부를 고려한다.[302] 완화된 접근방식의 대표적 판례인 Kaepa, ING v. Achilles Corp 판결[303]에서 법원이 소송금지명령의 요건으로 제시한 것은, ① 미국소송과 외국의 병행소송에서 당사자 및 소송물이 동일할 것, ② 외국소송이 괴롭히는(vexatious) 것이거나, 미국의 공서(public policy)에 반하거나, 미국법원의 관할권을 위협하거나, 기타 형평에 반하는 경우일 것이다.[304]

규회[2010], 81~83면 참조.

299) Born/Rutledge[2018], 552.

300) Born/Rutledge[2018], 553.; Gau Shan Co. v. Bankers Trust Co., 956 F.2d 1354 (6th Cir. 1992).

301) 여기에 속하는 판례로는 Kaepa, ING v. Achilles Corp, 76 F.3d 624 (5th Cir. 1996); Seattle Totems Hockey Club, Inc. v. Nat'l Hockey League, 652 F.2d 852, 855-56 (9th Cir. 1981); Philips Med. Sys. Int'l B.V. v. Bruetman, 8 F.3d 600, 605 (7th Cir. 1993) 등이 있다.

302) 이규회[2010], 81면.

303) Kaepa, ING v. Achilles Corp, 76 F.3d 624 (5th Cir. 1996).

304) Kaepa, ING v. Achilles Corp, 76 F.3d 624 (5th Cir. 1996), at 552, 553;

'엄격한 접근방식'은 제1순회구, 제2순회구, 제3순회구, 제6순회구, 제
8순회구, 제11순회구, 콜롬비아 특별구 순회구가 취하는 방식305)인데, 이
에 따르면 법원은 기판력이 외국의 절차를 금지하거나 외국에서의 소송
이 공서를 해할 우려가 있거나 미국법원의 관할권을 위협하는 경우를
제외하고는, 예양의 원칙에 입각하여 소송금지명령을 내려서는 아니된
다는 견해를 취하고 있다.306) 엄격한 접근방식의 대표적 판례인 앞서 본
China Trade and Development Corp. v. M.V. Choong Yong 판결307)에서 법
원이 소송금지명령의 요건으로 제시한 것은, ① 당사자 및 소송물이 동

Born/Rutledge[2018], 563, 564.

305) 여기에 속하는 판례로는 Quaak v. Klynveld Peat Marwick Goerdeler Bedrijfsre-
visoren, 361 F.3d 11, 17 (1st Cir. 2004); China Trade and Development Corp. v.
M.V. Choong Yong, 837 F.2d 33 (2d Cir. 1987); Stonington Partners, Inc. v. Lernout
& Hauspie Speech Prods. N.V. 310 F.3d 118, 126 (3d Cir. 2002); Gau Shan Co.
v. Bankers Trust Co., 956 F.2d 1349, 1355 (6th Cir. 1992); Laker Airways Ltd. v.
Sabena, Belgain World Airlines, 731 F.2d 909, 927 (D.C.Cir. 1984); Goss Int'l Corp.
v. Man Roland Drucksmaschinen Aktiengesellschaft, 491 F.3d 355, 361 (8th Cir.
2007) 등이 있다.

306) 이규호[2010], 81~82면. 한편, 위 논문에서는 제1순회구와 제2순회구를 별도로
중도적 접근방식으로 분류하고 있는데, 위 제1, 2순회구가 나머지 다른 순회
구와는 다소 상이한 접근방식을 취하고 있는 것은 사실이나, 그 차이가 현격
한 것으로 보이지는 않으므로 크게 보아 위 제1, 2순회구의 입장도 엄격한 접
근방식으로 분류해도 무방하다고 생각한다. Choe, Chang Su, "Transnational
Litigation Strategies for the U.S. Foreign Anti-suit Injunction", 민사소송: 한국민사
소송법학회지, 제18권 2호, 2015., 427~428면에서도 제1, 2순회구를 엄격한 접
근방식으로 분류하고 있다. 한편, Born/Rutledge[2018], 552~553에서는 제1, 2순
회구도 엄격한 접근방식 항목에 포함시키면서 "2순회구는 한 때 엄격한 입장
을 취했으나 최근에는 소송금지명령에 우호적인 태도를 보인다. 1순회구는
엄격한 입장을 살짝 수정하여 적용한다. 11순회구는 전반적으로 엄격한 입장
을 지지하는 것으로 보이나 그것을 명시적으로 채택하지는 않았다."고 설명
한다.

307) China Trade and Development Corp. v. M.V. Choong Yong, 837 F.2d 33 (2d Cir.
1987.).

일할 것, ② 외국소송이 미국법원의 관할권을 위협하거나, 미국의 공서
에 반할 것이다.[308]

두 가지 접근방식을 비교해 볼 때, 결론적으로 엄격한 접근방식과 완
화된 접근방식의 가장 큰 차이는, 전자의 경우 단순히 외국소송이 괴롭
히는(vexatious) 경우라거나 외국소송이 지연, 불편, 비용 등을 초래한다
는 것만으로는 소송금지명령을 허용하지 않는다는 점에 있는 것으로 보
인다.

(3) 구체적인 내용

여기서 '괴롭히는 경우', '미국의 공서에 반하는 경우', '미국법원의 관
할권을 위협하는 경우'가 각각 구체적으로 어떤 경우인지는 개별 사안마
다 다양해서 일률적으로 정의하기는 어려우나, 대체적인 내용을 살펴보
면 아래와 같다.[309]

'괴롭히거나 억압적인 경우'에 관해서는, 미국에서도 영국과 마찬가지
로 명확한 정의를 내리지는 못한다.[310] 다만, 연방대법원은 일반적으로
자신의 권리 구제를 위해 반드시 필요하지 않은 비용이나 고통을 상대방
에게 부가함으로써 상대방을 힘들게 하는 경우가 괴롭히는(vexatious) 경
우라고 언급한 적이 있다.[311] 일반적으로 외국소송이 불필요한 소송지연
에 해당하거나, 상당한 불편을 야기하거나, 장래 판결의 모순저촉을 가져
올 수 있는 경우에는 '괴롭히는 경우'에 해당된다고 한다.[312]

---

308) Born/Rutledge[2018], 561.
309) 이에 관한 상세한 설명은 Born/Rutledge[2018], 564~567 참조.
310) Born/Rutledge[2018], 564.
311) Gulf Oil Corp. v. Gilbert, 33 U.S. 501, 508 (1947); Born/Rutledge[2018] 564.
312) Allendale Mut. Ins. Co. v. Bull Data Sys., Inc., 10 F.3d 425 (7th Cir. 1993); Seattle
Totems Hockey Club v. Nat'l Hockey League, 652 F.2d 852 (9th Cir. 1981); Cargill,
Inc. v. Hartford Acc. & Indem. Co., 531 F. Supp. 710 (D. Minn. 1982);
Born/Rutledge[2018] 564.

'미국의 공서에 반하는 경우'의 예로는, 당사자가 분쟁에 관련된 미국의 법을 회피하고자 하는 경우,[313] 미국소송에서 사용할 증거를 만들어 내기 위해 외국에서 소를 제기한 경우[314] 등이 있고, 그밖에 아래에서 보듯이 분쟁해결합의를 지원하는 것이 미국의 공서라고 한 사례들도 있다.

'미국법원의 관할권을 위협하는 경우'는 외국법원이 미국소송을 금지하거나 미국법원이 anti-anti-suit injunction을 발령할 때 주로 인정된다.[315] 다른 경우로는 외국소송이 미국소송의 온전성(integrity)을 훼손할 때 인정된다. 그 예로는, 중재판정을 승인·집행한 미국판결을 보호하기 위한 경우,[316] 미국 중재절차에서의 중재가능성(arbitrality)에 관한 미국판결을 보호하기 위한 경우,[317] 미국판결에 따른 판결금 변제를 위해 지급된 돈의 상환을 구하는 중국소송을 금지한 경우[318] 등이 있다.

분쟁해결합의 위반의 경우에는 미국도 영국과 유사하게 비교적 용이하게 소송금지명령을 허가하는 것으로 보인다. 이는 완화된 접근방식을 취하는 법원이든 엄격한 접근방식을 취하는 법원이든 마찬가지로 보이는데, 그 근거는 분쟁해결합의를 지원하는 것이 미국의 공서이므로 이에 반하는 외국소송에 대하여 소송금지명령을 발령할 수 있다는 것이다.[319]

---

313) Laker Airways Ltd v. Sabena, Belgain World Airlines, 731 F.2d 909, at 931 (D.C.Cir. 1984).

314) United States v. Davis, 767 F.2d 1025 (2d Cir. 1985).

315) Born/Rutledge[2018], 565; Mut. Serv. Cas. Ins. Co. v. Frit Indus., Inc., 805 F. Supp. 919 (M.D. Ala. 1992), aff'd, 3 F. 3d 442 (11th Cir. 1993); Owens-Illinois v. Webb, 809 S.W. 2d 899 (Tex. App. 1991).

316) Karaha Bodas Co., LLC v. Perusahaan Pertambangan Minyak Dan Gas Bumi Negara, 500 F.3d 111, 126 (2d Cir. 2007).

317) Paramedics Electromedician Comercial, Ltda v. GE Med. Sys. Info. Techs., Inc., 369 F.3d 645, 654-655 (2d Cir. 2004).

318) Eastman Kodak Co. v. Asia Optical Co. Inc., 118 F. Supp. 3d 581 (SDNY. 2015).

319) 관할합의 위반에 관한 판례로는 Sanofi-Aventis Deutschland GmbH v. Genetech, Inc., 716 F.3d 586 (Fed. Cir. 2013); Applied Med. Distrib. Corp. v. The Surgical Co. BV, 587 F.3d 909 (9th Cir. 2009); E. & J. Gallo Winery v. Andina Licores S.A.,

영국과 마찬가지로 미국에서도 분쟁해결합의 위반의 경우에는 국제예양의 원칙을 낮은 정도로만 고려하는데, 예컨대, 앞서 본 Applied Med. Distrib. Corp. v. The Surgical Co. BV 판결320)에서는, "관할합의의 실행을 지원하는 미국의 공서는 국제예양의 요인보다 압도적으로 우선하고, 관할합의 위반의 경우 소송금지명령이 국제예양에 미치는 영향은 수인할 수 없는 정도는 아니다."라고 판시한 바 있다. 또한, 영국과 유사하게 미국에서도 분쟁해결합의 위반의 경우 소송금지명령의 발령이 정당한 경우로 추정되므로, 피고는 이를 뒤집을만한 사유, 예컨대 관할합의가 불합리하다거나 정의에 반한다는 사유 등을 증명하여야 한다. 그러나 소비자계약이나 근로계약 같은 경우에는 이러한 추정이 부적절하다고 한다.321) 미국에서도 영국과 마찬가지로 분쟁해결합의를 위반한 외국 판결은 승인·집행되지 않을 수 있다.322)

---

446 F.3d 984 (9th Cir. 2006); A.P. Moller-Maersk A/S v. Ocean Express Miami, 550 F. Supp. 2d 454 (S.D.N.Y. 2008); Farrell Lines Inc. v. Columbus Cello-Poly Corp., 32 F. Supp. 2d 118 (S.D.N.Y. 1997), affid sub nom. Farrell Lines Inc. v. Ceres Terminals Inc., 161 F.3d 115 (2d Cir. 1998); MacPhail v. Oceaneering Int'l, Inc., 302 F.3d 274, 278 (5th Cir. 2002). 중재합의에 관한 판례로는 Paramedics Electromedicina Comercial, Ltda. v. GE Med. Sys. Info. Techs., Inc., 369 F.3d 645, 653-54 (2d Cir. 2004).

320) Applied Med. Distrib. Corp. v. The Surgical Co. BV, 587 F.3d 909 (9th Cir. 2009), at 919-20.

321) Heiser, Walter W., "Using Anti-Suit Injunctions to Prevent Interdictory Actions and to Enforce Choice of Court Agreements", Utah Law Review, Vol. 2011(3), 2011., 869-870.

322) Heiser, Walter W., "Using Anti-Suit Injunctions to Prevent Interdictory Actions and to Enforce Choice of Court Agreements", Utah Law Review, Vol. 2011(3), 2011., 873~876. 위 글에 의하면, 미국에서 외국 판결의 승인·집행은 주법에 의해 규율되는데, 대다수의 주는 '통일 외국금전판결 승인법(the Uniform Foreign Money-Judgments Recognition Act of 1962, 또는 2005년 개정된 2005 revision, the Uniform Foreign-Country Money Judgments Recognition Act, 'UFMJRA')을 채택하거나, 보통법상의 원칙으로 위 법의 기준 또는 외교관계법 Restatement[Restatement (Third) of Foreign Relations Law]의 기준을 채택하였다. 그에 따르면, 외국법원에

한편, '국제예양'의 내용에 관해서는 뒤에서 따로 살펴보겠지만, 영국과 마찬가지로 미국에서도 법원마다 상이한 표현을 사용하고 있어 '예양'의 정의를 일률적으로 내리기는 쉽지 않다. 미국 연방대법원에 의하면, 예양을 '국내 법원이 다른 주권국가의 법률과 이익에 관계되는 사건의 해결에 접근함에 있어서 그에 따른 협조의 정신'이라고 정의하거나,[323] '한 국가가, 국제적 의무 및 편의와, 그 자신의 국민 또는 그 법률의 보호 하에 있는 다른 사람들의 권리의 양자를 적절히 고려하여 그의 영토 내에서 다른 국가의 입법적, 행정적 또는 사법적 행위에 대하여 허락하는 승인이다'라고 정의한다.[324] 그밖에 미국의 항소심 판결 중에서는 국제예양을 '단순한 예의보다는 강하고 의무보다는 약한 다소 불명확한 원칙으로서, 주권 국가간의 마찰을 조정하려는 시도'라고 정의한 것이 있다.[325]

절차와 관련해서는, 앞서 본 바와 같이 임시적 제지명령의 형태로 발령되는 경우 피신청인에 대한 통지와 심문을 거치지 아니하고 일방적(ex parte)으로 발령할 수 있지만, 예비적 금지명령의 형태인 경우는 반드시 통지 및 심문(hearing) 절차를 거쳐야 하고,[326] 최종적 금지명령의 경우에

관할권이 없는 경우 그 판결의 승인을 거부하도록 되어 있고[UFMJRA § 3, § 4(a)(2)], 외국 판결이 집행 법원의 공서에 반하는 경우 등에는 승인을 거부할 수 있도록 규정하고 있다[UFMJRA § 4(b), § § 4(b)(1)-(3)]. 분쟁해결합의를 위반한 외국 판결에 대해서도 승인을 거부할 수 있다[UFMJRA § 4(b)(5); UFCMJRA § 4(c)(5); Restatement (Third) of Foreign Relations Law § 482(2)(f) (1987)].

323) Societe Nationale v. District Court, 482 U.S. 522, 543 n.27 (1987).

324) Hilton v. Guyot, 159 U.S. 113, 163-4 (1895); E. & J. Gallo Winery v. Andina Licores S.A., 446 F.3d 984 (9th Cir. 2006.) at 994; Huawei Technologies. Co. Ltd. v. Samsung Electronics Co., Case No. 3:16-cv-02787-WHO (N.D. Cal. Apr. 13, 2018.), 2018 WL 1784065, at 11. (위 정의 부분의 번역은 석광현[국제민사소송법], 22, 23면을 따랐다).

325) Republic of Phil. v. Westinghouse Electric Co., 43 F. 3d. 65, 75 (3d. Cir. 1994)

326) Visual Sciences, Inc. v. Integrated Communications Inc., 660 F.2d 56, 58 (2d Cir. 1981.); Fengler v. Numismatic Americana, Inc., 832 F.2d 745, 748 (2d Cir. 1987.);

는 정식의 변론절차(trial)를 거쳐야 한다.

(4) 총평 및 비교

위와 같이 소송금지명령의 요건에 관한 미국법원의 입장은 통일적이지 않고 다양해서 일률적으로 평가하기는 어려운데, 전반적으로 비록 소송금지명령이 직접 외국법원에 대해서 발령되는 것은 아니지만 실질적으로 외국법원의 관할권 행사를 제한한다는 점에서 매우 신중하게 행사되어야만 한다는 입장이 지배적이다.327) 두 가지 접근방식 중에서도 엄격한 접근방식을 취하는 주가 훨씬 많은 점에서도 이런 경향을 읽을 수 있다. 영국과 비교할 때, 상대적으로 국제예양을 존중하여 소송금지명령을 비교적 엄격한 요건하에 예외적으로만 인정하려는 태도가 좀 더 우세한 것으로 평가되고,328) 우리 당사자가 관련된 China Trade 사건329)에서도 역시 이러한 엄격한 기준을 적용하고 있는 것으로 보인다.

또한, 미국에서는 앞서 본 영국과 달리 '외국에서 제소 당하지 않을 권리(rights not to be sued abroad)'라는 요건을 따로 언급하지 않고 있고, 영국에서 주로 거론하는 '비양심적 행동'이나 '괴롭히거나 억압적인 경우'와 같은 요건들보다는 '미국의 공서 위반'이나 '미국의 관할권 위협'이라는 요건을 더 중요하게 다루면서 독자적인 법리를 전개해 나가고 있다.

이와 같이 영국과 미국은 소송금지명령에 관하여 다소 상이한 용어

Rationis Enterprises, Inc. of Panama and Mediterranean Shipping Co., S.A. of Geneva, [Hyundai Mipo Dockyard Co., Ltd. v. AEP/BORDEN INDUSTRIES; Angelo Brothers, Co.; Cummins Engine Company, Inc.], No. 00-7935, 261 F.3d 264 (2d Cir. 2001.), at 269.

327) Born/Rutledge[2018], 552; Encyclopedia[2017], Chapter L.11, 1161.

328) 그러나 앞서 소개한 한국 당사자 관련 사례들과 같은 일부 사안에서는 오히려 영국보다 더 적극적으로 소송금지명령을 발령하는 것처럼 보이는 경우도 있다.

329) China Trade and Development Corp. v. M.V. Choong Yong, 837 F.2d 33 (2d Cir. 1987.).

를 사용하면서 독자적인 법리를 전개하고 있지만, 전반적으로는 미국법원도 영국법원과 대체로 비슷한 문제들을 직면하고 비슷한 해결법에 도달하고 있는 것으로 보인다.[330] 때로는 미국법원과 영국법원이 서로 충돌하는 양상을 보인 경우[331]도 있었으나 대체로는 상호 영향을 주고 받으면서 큰 틀에서 유사한 법리를 발전시켜 나가는 관계로 보인다.

2) 효과

소송금지명령의 효과는 기본적으로 영국의 그것과 크게 다르지 않다. 소송금지명령은 당사자를 상대로 한 대인적인 효력을 가질 뿐이고 외국법원을 구속하는 효력은 없다.[332] 영국과 마찬가지로 소송금지명령을 위반한 당사자는 벌금, 징역형 등 법정모욕죄[333]의 제재를 받게 되는데,[334] 그 법적 근거는 법원 고유의 권한 및 각종 성문법 규정이다. 성문법적 근거규정은 연방법 제401조[18 U.S.C. sec. 401 (3)][335]와 각 주법[336]이다.

---

330) Raphael[2019], para. 1.15.
331) 가장 대표적인 사례가 앞서 본 Laker Airways 사건이고, 최근의 사례로는 Petter v. EMC [2016] ILPr 3, and [2015] EWCA Civ 828 (judgment of 31 July 2015) 사건이 있다.
332) Ibeto Petrochemical Indus. Ltd v. M/T Beffen, 475 F.3d 56 (2d Cir. 2007)
333) 미국의 법정모욕죄에 관한 상세한 내용은 Federal Judicial Center, Benchbook for U.S. District Court Judges, 6th ed., 2013.; Michigan Judicial Institute, Contempt of Court Benchbook, 4th ed., 2015.;Ronald Goldfarb, "The Constitution and Contempt of Court", 61 Michigan L. R. 283, 1962.; Jone C. Fox, "The Nature of Contempt of Court", 37 L. Q. 191, 1921.; 사법정책연구원[2015], 59~78, 134~148면; 최민용 외 [2013], 31~50면; 이상현[2009], 287~295면; 한승 외 6명, "가처분 위반에 대한 제재 도입문제", 민사집행법 실무연구 III, 2011., 170~172면; 김연학[2008], 192~197면 등 참조.
334) Amchem Prods., Inc. v. Windsor, 521 U.S. 591, 605 (1997); Paramedics Electromedicina Comericial, Ltd. v. GE Med. Sys. Info. Techs., Inc., 369 F.3d 645 (2d Cir. 2004); Garpeg. Ltd. v. United States, 583 F.Supp. 789, 798 (S.D.N.Y. 1984).
335) 그 내용은 다음과 같다.

3. 판례

미국의 소송금지명령에 관한 판례도 매우 많아서 이를 일일이 소개하기는 어렵고, 앞서 본 각 쟁점마다 소개한 판결들 및 한국 당사자가 관련된 China Trade and Development Corp. v. M.V. Choong Yong 판결 등의 소개로 대신한다.[337]

III. 유럽연합(EU)

유럽연합 소속국을 규율하는 브뤼셀 I bis에 의하면, "동일한 청구에 관하여 동일한 당사자들간에 상이한 회원국들의 법원에 소송이 계속한 때에는, 최초로 소송이 계속한 법원 이외의 법원은 최초로 소가 계속한 법원의 관할이 확정될 때까지 직권으로 소송을 중지하여야 하고, 최초로 소가 계속한 법원의 관할이 확정된 때에는 다른 법원은 그 법원을 위하여 관할을 거부하여야 한다"고 규정한다.[338]

제401조. 법원의 권한 – 법정모욕
미국의 법원은 아래와 같은 법원의 권위에 대한 모욕행위에 대하여 재량으로 벌금형이나 징역형, 또는 두 제재를 병과하여 처벌할 수 있는 권한이 있다.
(1) 사법 기능을 방해하기 위한 법정 안 또는 그 부근에서의 부정행위
(2) 공무 수행 중인 법원공무원의 부정행위
(3) 법원의 적법한 영장, 절차, 명령, 판결, 결정 또는 강제집행에 대한 불복종 또는 저항행위

336) 예컨대, 뉴욕주 법원조직법(New York Judiciary Law) 제750~781조 등이 있다.
337) 그밖에 소송금지명령 관련 미국판례들의 사안에 대한 소개는 Born/Rutledge[2018] 554~560; 이규호 "국제상사중재와 국제소송의 경합", 국제사법연구, 제16호, 2010. 12., 83~89면; 조인영[2020], 318~319면 참조.
338) 이는 현재 시행 중인 브뤼셀 I bis 제29조 제1항 및 제3항의 내용인데, 브뤼셀 체제에서의 종전 규정들(브뤼셀 I 규정 제27조)도 일부 상이한 점을 빼고는 대체로 동일하게 규정되어 있었다.

이와 같이 브뤼셀체제가 국제적 소송경합에 관하여 우선주의 입장을 취함에 따라, 종래 유럽연합에서는 이탈리아와 같이 소송이 더디기로 유명한 법원에 선제적으로 소송을 제기함으로써 다른 국가에서의 소송이나 중재절차를 방해하려는 시도들이 종종 있었다('Italian Torpedo'). 이런 경우, 앞서 본 바와 같이 영국법원은 다른 유럽연합 소속국에서의 소송을 금지하는 소송금지명령을 발령해 왔는데, 이러한 영국의 태도는 소송금지명령에 대해 부정적인 대륙법계 유럽연합 소속국들의 입장과 충돌되는 것일 뿐만 아니라, 브뤼셀체제의 위 규정과 상충될 소지가 있었다.

이에 관하여 유럽사법재판소[339]는 Turner v. Grovit 사건[340]에서 "영국법원이 다른 회원국에서의 소송절차를 개시 또는 계속하는 것을 금지하는 명령을 하는 것은 브뤼셀체제와 양립할 수 없다"고 판시하였고, 그 후 Allianz v. West Tankers 사건[341]에서는 중재합의 위반을 이유로 소송금지명령을 발하는 경우에도 위 Turner 판결의 법리가 적용될 것인지[342]가 쟁점이 된 사안에서 "회원국의 법원이 어느 사람에게 다른 회원국에서의 소송절차가 중재합의를 위반하는 것이라는 근거로 소송금지명령을 하는 것은 브뤼셀체제와 양립하지 않는다"고 판시하였다.[343] 위 유럽사

---

339) 정식 명칭은 'Court of Justice of the European Union(약칭 : CJEU)'인데, CJEU는 최고법원인 'Court of Justice'와 'General Court'로 구성되고(유럽연합조약 제19조 및 유럽연합기능조약 제257조 참조), 이 중 최고법원인 Court of Justice를 통상 European Court of Justice(약칭 : ECJ)라고 칭한다. 이하에서는 '유럽사법재판소'라고 칭한다.

340) C-159/02 [2004] ECR I-3565.

341) C-185/07 [2009] 2009 WL 303723. 위 Allianz v. West Tankers 판결의 사안에 관한 상세한 설명은 석광현[소송유지명령], 19~21면, 이철원[2012], 24~25면 참조.

342) 당시 브뤼셀 I 규정 제1조 제2항 d호는 "본 규정은 중재에는 적용되지 않는다"고 규정하였기 때문에, 중재합의 위반을 이유로 한 영국법원의 소송금지명령 가부가 브뤼셀 I 규정의 적용범위로부터 배제되는지 여부가 문제된 것이다.

343) 위 Turner 판결 및 West Tankers 판결의 사실관계 및 판시내용에 관한 상세한 소개는 석광현[소송유지명령], 16~21면; Raphael[2019], para. 12.01. 이하; Naumann

법재판소 판결들에 따라 영국법원은 더 이상 유럽연합 소속국 법원에 제기된 소송에 관해서는 소송금지명령을 발령하지 못하게 되었다. 다만, 유럽연합 이외의 국가들에 관하여는 여전히 영국의 종전 입장을 유지할 수 있다.

위 West Tankers 판결에 대해서는 중재에 관한 브뤼셀 I 규정의 적용범위를 지나치게 확장함으로써 중재절차의 효율성을 훼손한다는 면에서 상당한 비판이 제기되었다.[344] 중재계, 특히 영국 중재계에서는 부정적인 반응과 함께 런던을 중재지로 하는 중재합의가 줄어들 수 있다는 우려가 제기되었고, 실제로 병행소송 제기가 우려되는 경우에는 미국을 중재지로 삼을 것을 제안하는 글들도 발표되었다.[345]

위 유럽사법재판소 판결들 이후 법원이 아닌 중재판정부가 발령하는 소송금지명령이 더 활성화 되었다는 분석도 제기되었는데,[346] 이와 관련하여 법원이 아닌 중재판정부가 다른 회원국 법원에 관한 소송금지명령을 발령하는 것이 브뤼셀체제 하에서 허용되는지 여부가 쟁점이 되었던

[2008], 181면 이하; 이철원[2012], 19면 이하 참조.

344) Paschalidis[2017], 334. 위 페이지의 주5에 의하면, 그와 같은 비판을 제기한 문헌으로, "Briggs, Adrian, Civil Jurisdiction and Judgments § 2.40 (5th ed., Informa 2009); Edwin Peel, Arbitration and Anti-Suit Injunctions in the European Union, 125 L. Q. Rev. 365 (2009); Georges-Albert Dal, L'arrêt 'West Tankers' et l'effet négatif du principe de compétence-compétence, 2010 Revue pratique des sociétés 22 (2010); Catherine Kessedjian, Arbitrage et droit européen: une désunion irrémédiable?, Recueil Dalloz 981 (2009); Horatia Muir Watt, Cour de justice des Communautés européennes (grande chambre) – 10 février 2009 – Aff. C185/07, 98 Revue critique de droit international privé 373 (2009); Bernard Audit, Arrêt Allianz and Generali Assicurazioni Generali, EU:C:2009:69, Journal du Droit International 1283 (2009); Sylvain Bollée, Allianz SpA et autre c/ West Tankers Inc, Revue de l'arbitrage 413 (2009)." 등을 들고 있다.

345) Moses, Margaret, "Barring the Courthouse Door? Anti-Suit Injunctions in International Arbitration", Kluwer Arbitration Blog, 2011.(http://arbitrationblog.kluwerarbitration.com/2011/11/14/barring-the-courthouse-door-anti-suit-injunctions-in-international-arbitration/) (2020. 7. 20. 최종 방문).

346) Raphael[2019], para. 7.64.

최근 유럽사법재판소의 Gazprom OAO v. Lithuania 사건347)에서 유럽사법
재판소는 이것이 허용된다고 판시하였다. 위 사건은 스톡홀름을 중재지
로 하는 중재합의가 있었음에도 리투아니아 에너지부가 Gazprom사를 상
대로 리투아니아법원에 소를 제기하자, Gazprom사가 중재판정부(Stockholm
Chamber of Commerce tribunal)에 소송금지명령을 신청하여 중재판정부가
이를 발령하였고, 위 소송금지명령의 승인 및 집행을 리투아니아법원에
신청하자 리투아니아 대법원이 그 가부를 유럽사법재판소에 문의한 사
안이다. 위 사건에서 유럽사법재판소는 '브뤼셀 Ⅰ 규정은 회원국 중재
판정부의 판정에 대한 승인·집행에 관해서는 적용되지 않으므로, 동 규
정이 회원국 법원에의 소송금지를 명하는 중재판정부의 판정에 대한 승
인·집행을 금지한다고 볼 수 없고, 이에 관해서는 회원국의 국내법이나
뉴욕협약과 같은 국제규범이 적용된다'고 판시하였다.348)

위 사건에서 유럽사법재판소의 법률자문관(Advocate General)349)은,
'위 West Tankers 판결 이후 개정되어 2015. 1. 10.부터 시행된 브뤼셀Ⅰbis
의 신설된 Recital 12350)가 본 사안에도 적용되고, 그에 의하면, 위 West

---

347) C-536/13 [2015] ECLI:EU:C:2015:316.
348) 위 Gazprom 사건의 사실관계와 판시내용에 관한 상세한 내용은 Paschalidis[2017],
   336~339; Greenwood[2015] 참조.
349) 유럽사법재판소의 'Advocate General'에 대한 명칭 번역례 및 그 상세한 소개
   는 조인영[2020], 315면 참조.
350) 위 West Tankers 판결 이후 개정된 브뤼셀Ⅰbis(2012년에 개정되어 2015. 1. 10.
   부터 시행된 Regulation No 1215/2012)에서는 중재를 적용범위에서 제외하는
   위 제1조 제2항 d호를 그대로 유지하면서 위 조항이 어떻게 적용 및 해석되
   어야 하는지에 관한 상세한 해설규정(Recital 12)을 신설하였다. 위 Recital 12에
   따르면, 동 규정은 회원국의 법원이 국내법에 따라 중재합의가 무효이거나
   이행할 수 없는 것인지에 관해 심리하는 것을 금지하지 아니하고(para. 1), 중
   재합의의 무효 여부나 이행할 수 없는 것인지 여부에 관한 회원국 법원의 판
   단은 동 규정의 승인·집행에 관한 규칙의 적용 대상이 되지 아니하며(para.
   2), 동 규정은 중재판정부의 구성, 중재인의 권한, 중재절차에서의 행위와 관
   련된 소송 또는 부수적 절차 및 중재판정의 무효화, 재검토, 항소, 승인·집행

Tankers 판결과 달리, 중재합의를 지원하기 위한 회원국 법원의 소송금지명령도 허용되어야 한다'는 취지(이는 위 West Tankers 판결의 판시를 뒤집는 내용이다)의 의견서를 제출하였으나,[351] 유럽사법재판소는 위 개정된 브뤼셀 I bis를 적용하지 않고 종전 브뤼셀 I 규정을 적용하면서, 중재합의를 지원하기 위한 회원국 법원의 소송금지명령도 허용되는지(즉, 앞선 West Tankers 판결의 판시가 변경되어야 하는지), 개정된 브뤼셀 I bis가 종전 West Tankers 판결에 어떤 영향을 미치는지에 관해서는 언급하지 않았다.[352] 따라서 현재로서는 유럽사법재판소의 입장이 불명확하나, 위 Gazprom 판결에도 불구하고 회원국 법원이 중재합의 위반을 이유로 다른 회원국 법원에의 소송을 금지하는 것은 위 West Tankers 판결에 따라 여전히 허용되지 않는다고 볼 수밖에 없다고 생각된다.[353] 이러한 해석은 위 Gazprom 판결 이후에 나온 최근 영국의 Nori Holdings v. Bank Otkritie 판결[354]에서도 확인되는데, 위 사건에서 영국 하이코트의 Males 판사는 Gazprom 판결에 제출된 법률자문관의 의견을 반박하면서, Gazprom 판결과 개정 브뤼셀 I bis의 Recital 12에 의하더라도 여전히 위 West Tankers 판결은 유지되어야 한다고 판시하였다.[355]

에 관한 소송이나 판결에 대하여 적용되지 아니한다(para. 4)고 규정한다.

351) Opinion of Advocate General Wathelet in Gazprom, C-536/13, EU:C:2014:2414, paras 90–152; Paschalidis[2017], 337; Greenwood[2015].

352) Greenwood[2015] 참조.

353) 이에 대해서는 반대견해가 있는데, 즉 개정된 브뤼셀 I bis의 신설된 Recital 12에 따라 회원국 법원이 중재합의 위반을 이유로 다른 회원국 법원에의 소송을 금지하는 소송금지명령을 발령할 수 있다고 해석하는 견해이다(Paschalidis[2017], 341~345).

354) Nori Holdings v. Bank Otkritie [2018] EWHC 1343 (Comm).

355) 위 판결의 사안 및 상세한 내용은 Lee, Serena/Phua, Myron, "Why Allianz v. West Tankers Still Applies under the Brussels Regulation (Recast): An Analysis of Nori Holdings v Bank Otkritie [2018] EWHC 1343 (Comm)", Journal of International Dispute Settlement, Vol.10(4), 2019.; Browne, Oliver E./Price, Robert, "English Court Cannot Issue Anti-Suit Injunctions Restraining Other EU Court Proceedings", Latham

한편, 2015. 1. 10.부터 시행된 개정 브뤼셀 I bis에서는 중재와 관련된 Recital 12의 신설 외에도, 국제적 소송경합과 관련하여 선제타격소송의 폐해를 방지하기 위한 목적에서 종전의 엄격한 Lis pendens 원칙을 다소 수정하였다.[356] 즉, 관할합의에 의해 전속적 관할법원으로 지정된 법원은 설령 그것이 선행 소송이 아니고 후행 소송이라고 하더라도 관할권에 관한 우선적인 판단권한(competence-competence)을 가지게 되고, 그 외의 법원은 위 지정된 법원이 관할없음을 선언할 때까지 소송을 중지하여야 하도록 개정되었다(제31조 제2항, Recital 22).[357] 브뤼셀체제 하에서 소송금지명령이 허용되지 않는다고 본 위 Turner 판결 및 West Tankers 판결은 위와 같이 개정되기 전 브뤼셀체제하에서의 판결인데, 개정된 브뤼셀 I bis 하에서 유럽사법재판소가 어떤 입장을 취할지는 아직 불명확하다고 한다.[358] 다만, 앞서 본 바와 같이 중재합의 위반의 맥락에서는 영국의 Nori Holdings v. Bank Otkritie 판결에서 개정 브뤼셀 I bis에 의하더라도 여전히 위 West Tankers 판결이 유지되어야 한다고 판시한 바 있다.

요약하자면, 유럽사법재판소의 Turner 판결 및 West Tankers 판결에 따라 유럽연합 내에서 '법원'의 소송금지명령은 허용되지 않고, 이는 중

& Watkins LLP 웹사이트, 2018.(https://www.latham.london/2018/07/english-court-cannot-issue-anti-suit-injunctions-restraining-other-eu-court-proceedings/); Lutzi, Tobias, "Nori Holdings: England & Wales High Court confirms 'continuing validity of the decision in West Tankers' under Brussels I Recast", 2018.(http://conflictoflaws.net/2018/nori-holdings-england-wales-high-court-confirms-continuing-validity-of-the-decision-in-west-tankers-under-brussels-i-recast/)(이상 각 웹사이트는 2020. 7. 20. 최종 방문)

356) 브뤼셀체제 하에서의 국제적 소송경합 해결 방법 및 소송금지명령 가부에 관한 상세한 내용은 Fentiman[2015], para. 2.191 이하, 16.131 이하 참조.

357) 위 브뤼셀 I bis 개정 내용에 관한 상세는 김용진[2016], 33면 참조.

358) Fentiman 2.198, 16.14, 16.143 참조. Fentiman 2.200~2.208에 의하면, 위와 같이 개정된 브뤼셀 I bis 하에서도 남용적인 선제타격소송의 위험이 완전히 제거되지는 않는다고 한다.

재합의 위반을 이유로 한 경우에도 마찬가지이며, 다만 Gazprom 판결에 따라 '중재판정부'의 소송금지명령은 금지되지 않는다는 것이다. 개정된 브뤼셀 I bis 하에서 유럽사법재판소가 위 Turner 판결 및 West Tankers 판결을 그대로 유지할지 여부는 여전히 불명확하다.

한 가지 덧붙이자면, 위와 같은 유럽사법재판소의 판결들로 인해 유럽에서는 중재합의에 따른 관할권에 관하여 중재판정부가 법원보다 더 강한 권한을 가지게 되었다고 평가되고 있다.[359]

한편, 유럽인권협약(European Convention on Human Rights) 제6조는 '공정한 재판을 받을 권리'를 규정하는데 유럽에서의 소송금지명령이 이에 반하는 것이 아닌지 문제된다. 그러나 이에 관해서 영국 판례는, 다른 국가의 법원에서 대등한 구제수단을 누릴 수 있는 이상, 소송금지명령의 발령이 위 규정에 기한 권리를 침해하는 것은 아니라고 판시한 바 있다.[360] 그 이유는 유럽인권협약 제6조는 당사자가 '공정한 재판을 받을 권리'를 '어디에서 행사할 것인지'에 관해서는 다루고 있지 않고, 중요한 점은 그러한 권리가 '어디에선가' 보장되어야 한다는 점이기 때문이라고 한다.[361]

---

359) Paschalidis[2017], 339; Greenwood[2015] 참조.
360) O.T. Africa Line Ltd v. Hijazy (The "Kribi") (No1) [2001] 1 Lloyd's Rep 76.
361) O.T. Africa Line Ltd v. Hijazy (The "Kribi") (No1) [2001] 1 Lloyd's Rep 76., at [42]

Ⅳ. 독일 및 프랑스 등 유럽국가들

1. 독일

1) 개요

영미법계와는 상이한 법체계적 전통을 가진 대륙법계 국가들은 대체로 소송금지명령에 대해 낯설어 하거나 부정적인 입장이다.[362]

대륙법계에 속하는 독일에서도 기본적으로 법원은 영미법계 법원과 같은 형평법상의 권한을 가지고 있지 않고, 설령 정의의 요청이 있는 경우라 하더라도, 새로운 구제수단을 창설할 권한이 없으며, 민사소송법은 강행규정이므로 법관은 그에 따라야만 한다(즉, 법관에게 형평법상의 권한과 같은 재량권이 부여되어 있지 않다).[363] 또한, 독일법상 소송금지명령이 허용되기 위해서는 소송금지를 구할 수 있는 실체법적 금지청구권이 인정되어야만 하고 영미법과 같이 광범위한 재량적 소송금지명령이 허용되지는 않는다.[364]

---

362) Raphael[2019], para 1.17. 소송금지명령에 대한 대륙법계의 전통적인 시각에 관해서는 H Gaudemet-Tallon, "Les régimes relatifs au refus d'exercer la compétence juridictionnelle en matiere civile et commercial: Forum non conveniens, lis pendens" (1994) 46 Rev Intl Dr Comp, 423, 434면('une intrusion intolérable dans le fonctionnement de la justice étrangère'); AT von Mehren, "Theory and Practice of Adjudicatory Authority" (2002) 295 Recueil des Cours 327~328; J Fernandez Rozas, "Anti-Suit Injunctions Issued by National Courts" in E Gaillard (ed), Anti-Suit Injunctions in International Arbitration (Juris 2005), 75, 79~80('unknown in civil countries'); N Sifakis, "Anti-Suit Injunctions in the European Union: A Necessary Mechanism in Resolving Jurisdictional Conflicts?" (2007) 13 JIML 100, 102~105. 등 참조(Raphael[2019], para 1.17. 주26에서 재인용).

363) Lenenbach[1998], 272.

364) Lenenbach[1998], 273, 278; Schack[2006], Rn. 771; 석광현[소송유지명령], 25면, 주96, 주99.

그 결과, 전통적으로 독일의 법원은 소송금지명령에 대해 부정적이고, 소송금지명령을 발령한 사례도 거의 없어 독일에서는 소송금지명령이라는 것이 거의 알려지지 않은 제도라고 한다.[365] 독일 문헌 중에서는 'A right not to be sued abroad'라는 권리는 독일에서 인정되지 않고, 독일 법원에서 소송금지명령은 발령되지 않는다고 단정적으로 기술하는 것도 있다.[366]

2) 판례

일반적으로 소송금지명령에 관한 독일의 부정적인 입장을 드러내는 대표적인 판례로 언급되는 것은 다음의 판례이다. 즉, 외국 송달과 관련하여, 독일 뒤셀도르프고등법원(OLG Düsseldorf)은, 독일 당사자에 대하여 독일법원에서의 소송을 금지하는 영국법원의 소송금지명령[367]은 첫째, 재판관할권의 유무를 독자적으로 결정할 수 있는 독일의 사법주권을 부인함으로써 독일의 주권을 침해하는 것이고, 둘째, 재판받을 권리를 보장하는 독일헌법상 의무의 이행을 방해하여 독일 주권을 침해하는 것이어서 송달협조 거부사유인 공서에 반하는 요청에 해당된다는 이유에서, 위 영국 소송금지명령을 독일에서 송달하는 것이 헤이그송달협약 제13조 제1항[368]에 따른 독일의 주권을 침해하는 것이라고 보아 독일 중앙

---

365) Lenenbach[1998], 273. 위 문헌 276~278면에서는 그 이유를 두 가지로 분석하는데, 첫째 독일법원은 형평법상의 권한을 가지고 있지 않고(즉, 법관에게 재량권이 부여되어 있지 않음), 둘째 강행적 성격의 관할규정들 때문이라고 한다.
366) Pfeiffer[2007], S. 77.
367) 이는 영국 하이코트가 런던국제중재법원(London Court of International Arbitration)에 전속적 관할을 부여하는 중재합의를 위반하여 독일 당사자가 독일에서 제기한 소송에 대하여 소송금지명령을 발령한 사안이다.
368) 이는 민사 또는 상사의 재판상 및 재판외 문서의 해외송달에 관한 1965년 11월 1일 협약을 말하는데, 제13조 제1항은 "송달요청서가 이 협약의 규정과 일치할 때, 피촉탁국은 이를 이행하는 것이 자국의 주권 또는 안보를 침해할 것

당국은 그 송달을 거부할 수 있다고 판시하였다.[369] 위 판결에 대해서는 소송금지명령의 송달이 독일의 주권 침해라고 볼 수 없다는 취지에서 비판적인 견해들이 많다.[370] 한편, 위 판결에 대응하여 영국법원은 자국 소송금지명령을 거부하는 외국(독일)의 판결에 대한 영국에서의 승인·집행을 거부할 수 있다고 판시한 바 있다.[371]

이와 달리, 이혼사건과 관련하여 이례적으로 소송금지명령과 유사한 내용의 명령을 허가한 독일 대법원의 판례[372]가 하나 있는데, 위 판례의 사안은 다음과 같다.

독일인 부부가 1927년부터 서로 별거하던 중 남편이 1935년에 라트비아법원에서 부인을 상대로 이혼소송을 제기하였다. 남편이 독일법원이 아닌 라트비아법원에 이혼소송을 제기한 이유는, 당시 라트비아법에 따르면 3년의 별거기간 후에는 이혼이 가능하였으나 독일법에 따르면 유

이라고 판단하는 경우에 한하여서만 이를 거부할 수 있다"고 규정한다(석광현[소송유지명령], 16면, 주66).

369) OLG Düsseldorf, ZZP, 109 (1996), 221; Lenenbach[1998], 317~319.

370) Lenenbach[1998], 319~321; 국내에서 이에 대한 비판적인 견해(주권 침해로 볼 수 없다는 견해)로는 이규호[2019], 96, 97면 참조.
우리나라에서도 마찬가지로 한국소송을 금지하는 외국법원의 소송금지명령을 송달 거부할 수 있는가라는 문제가 제기될 수 있는데, 私見으로는, 개별 사안에 따라 case-by-case로 판단할 문제이기는 하나, 일반적으로 소송금지명령의 대인적인 성격, 소송금지명령을 허용하더라도 매우 제한적인 경우에만 허용하고 있는 점, 이미 세계적으로 많은 국가들이 소송금지명령을 발령하고 있다는 점 등에 비추어 볼 때, 이를 헤이그송달협약 제13조 제1항의 자국 주권 침해에 해당한다고 볼 수는 없다고 본다. 필자는 한국법원의 소송금지명령 가능성을 긍정하는 입장에 있으므로 더욱 그렇게 보기는 하나, 한국법원이 이를 부정하는 입장에 있다고 가정하더라도 이는 동일하다고 본다(이와 달리, 석광현[소송유지명령], 33면에서는 한국법원이 소송금지명령을 부정한다면 외국 소송금지명령의 촉탁도 거부할 수 있으나, 반대로 긍정한다면 거부할 수 없다고 한다).

371) Philip Alexander Securities and Futures Ltd v. Bamberger [1997] IL Pr 73.

372) RGZ 157, 136 (136) (F.R.G.)

책배우자의 이혼청구가 인정되지 않았기 때문이었다. 이에 부인은 독일 법원에 남편의 라트비아소송을 중단하도록 명해 줄 것을 신청하였고, 독일 항소법원은 이를 받아들여 남편에게 라트비아소송의 중단을 명하였다. 이에 대하여 독일 제국재판소는, 남편이 독일법의 엄격한 규정을 회피하고자 시도하였고 이는 독일의 선량한 풍속(boni mores)을 위반한 것이므로 독일민법 제826조373)의 불법행위를 구성한다고 보아서 라트비아소송에 대한 중지를 명한 항소법원의 판결이 타당하다고 판시하였고, 아울러 부인에게 라트비아법원에서 소송하느라 부담하였던 소송비용의 상환을 명하였다.374)

위 판례는 이혼소송과 관련된 것이라 민사 분쟁에 대해서도 일반적으로 적용될 수 있을지는 의문이나,375) 금지명령의 법리적 근거를 독일민법의 불법행위 규정376)에서 찾은 점은 뒤에서 볼 한국에서의 논의에 있어서도 어느 정도 시사하는 바가 있다(물론, 독일의 경우 우리나라와는 달리 불법행위의 구제수단은 원상회복이 원칙이고 해석상 부작위청구권도 인정하므로 우리법 해석에 있어 그대로 적용할 수 있는 것은 아니다).

그밖에, 최근의 독일판례 중에서는 독일 연방카르텔청(Bundeskartellamt)에의 제소를 금지하는 신청에 대하여, 원칙적으로 그러한 금지를 할 권

---

373) 독일민법 826조는 "공서양속에 반하는 방법으로 고의로 상대방에게 손해를 야기한 자는 그 손해를 상대방에게 배상할 의무가 있다"고 규정한다.

374) 위 판결에 대한 상세한 내용은 Lenenbach[1998], 273~274; Kropholler[1982], Rz. 172; Peter Schlosser, "Anti Suit Injunctions in International Arbitration", RIW, 2006., 486; 김동진[2004], 113면 주46 참조. 위 Lenenbach[1998], 274~275면에서는 그밖의 독일 판례들도 소개하고 있다.

375) Raphael[2019], para. 1.22, 주38에서도 위 독일 판례는 의문이며 이를 일반화시킬 수는 없다고 지적한다.

376) 독일민법은 불법행위의 객관적 요건으로 3가지, 즉 권리침해(제823조 제1항), 보호법규위반(제823조 제2항), 공서양속위반(제826조)을 들고 있다(전원열, "명예훼손 불법행위에 있어서 위법성 요건의 재구성", 서울대학교대학원 박사학위논문, 2001., 39면).

한은 있다고 인정하면서도, 이는 특별한 법적 구제의 필요성이 인정되는 경우에만 허용되는데 이것이 입증되지 않았다는 이유로 위 소송금지명령을 거부한 사례[377]가 있다.

종래의 독일판례 경향은 대체로 위와 같은데, 최근에 독일에서 최초로 미국법원의 소송금지명령(anti-suit injunction)을 금지하는 소송금지가처분(anti-anti-suit injunction)을 허용한 주목할 만한 판례가 나왔다. 이는 Nokia v. Daimler and Continental 사건인데, 그 내용은 아래와 같다.

[사안의 개요][378]

이 사건은 4G, 5G, Wifi 등 차량용 모바일기술 관련 표준필수특허(SEPs: Standard Essential Patents)의 FRAND 조건[379]을 둘러싸고 특허권자인 Nokia와 기술사용자인 Daimler 및 Continental 사이에 벌어진 일련의 특허분쟁에서 파생된 사건이다. 먼저 Nokia가 2019. 3. 21. Daimler를 상대로 독일의 뮌헨, 만하임, 뒤셀도르프 등 지방법원에 총 10건의 특허침해소송을 제기하였고, Continental은 위 소송에서 Daimler를 위해 보조참가를 하였다. 그후 Continental은 2019. 5. 10. Nokia 등을 상대로 미국 캘리포니아 북부연방지방법원(United States District Court for the Northern District of California)에 FRAND 조건 침해 및 반독점 위반

---

377) OLG Düsseldorf, (DFL), (2009. 9. 16.), VI-Kart 1/09 (V); Raphael[2019], para. 1.22, 주38.

378) 사실관계 및 판시내용에 관한 상세한 내용은 Holzapfel, Henrik/Dölling, Christian, "German Court Issues First-Ever Anti-Suit Injunction", McDermott Will and Emery 웹사이트, 2019. 8. 2.(https://www.mwe.com/insights/german-court-issues-first-ever-anti-suit-injunction/); Richter, Konstanze, "Munich Higher Regional Court confirms Nokia's anti-anti-suit injunction against Continental", JUVE Patent Newsletter 웹사이트, 2019. 12. 12.(https://www.juve-patent.com/news-and-stories/cases/munich-higher-regional-court-confirms-nokias-anti-anti-suit-injunction-against-continental/) 참조(이상 각 웹사이트는 2020. 7. 20. 최종 방문).

379) FRAND(Fair, Reasonable and Non-Discriminatory)는 '공정하고, 합리적이고, 비차별적인' 조건을 말한다.

을 이유로 소를 제기하였다. 이어서 Continental은 2019. 6. 12. 위 미국법원에 Nokia가 독일법원에 제기한 특허침해소송의 진행을 금지하는 소송금지명령 (anti-suit injunction)을 신청하였다. 그러자 Nokia는 2019. 7. 9. 독일 뮌헨지방법원(Landgericht München I)에 Continental이 미국법원에 소송금지명령을 신청하고 진행하는 것을 금지하는 내용의 소송금지가처분(anti-anti-suit injunction)을 신청하였다.

[독일법원의 판단 및 사건의 경과[380]]

이에 대하여 1심 법원인 뮌헨지방법원은 2019. 7. 11. 위 신청을 받아들여, Continental에 대하여 Nokia의 독일 특허침해소송을 금지하는 소송금지명령 신청의 금지를 명하고, 이를 위반할 경우 250,000 유로 이하의 과태료(Ordnungsgeld) 또는 경영자에 대한 6개월(반복 위반시는 2년) 이하의 질서구금(Ordnungshaft)을 부과하는 내용의 'anti-anti-suit injunction' 성격의 소송금지가처분을 발령하였다. 아울러 위 법원은 Continental에 대하여 이미 신청한 위 2019. 6. 12.자 미국법원에의 anti-suit injunction 신청을 취하하고 더 이상 위 절차를 진행하지 말도록 명하였다. 위 법원은 만일 심문을 거칠 경우 가처분의 목적을 달성할 수 없는 특별한 사정[381]이 있다고 보아 예외적으로 채무자에 대한 심문 없이(ex parte) 위와 같은 소송금지가처분 결정을 하였다.

이에 대하여 Continental이 항소하였으나 항소심인 뮌헨고등법원(OLG München)은 2019. 12. 12. 위 1심 결정이 정당하다고 하면서 항소를 기각하였다 (Continental은 1심 결정 후 미국에서의 소송금지명령 신청을 취하하였다).

위 사건에서 독일법원은, Continental의 신청에 따라 미국법원이 소송금지명

---

380) 1심 사건번호: LG München Ⅰ, Urteil v. 11/07/2019, 21 O 9512/19, ZD 2020, 204
    항소심 사건번호: OLG München, Urteil v. 12/12/2019, 6 U 5042/19, MittdtPatA 2020, 169
381) 즉, 뮌헨지방법원은 심문기일을 잡을 경우 미국법원이 그 전에 소송금지명령을 발령할 위험이 있다고 보았다.

령을 발령한다면 이는 불법행위에 관한 독일민법 제823조 제1항에서 보호되는 법적 권리인 Nokia의 법적 이익(특허권)이 간접적으로라도 침해될 수 있다고 보았고, 그 보전의 필요성도 인정된다고 보았다. 또한 비록 소송금지명령이 미국에서 허용되는 것이라고 하더라도, 일정한 경우 독일에서 위법한 것이 될 수 있는데 이는 그것이 독일에서의 소권을 박탈하는 것이어서 법치주의나 적법절차의 원칙, 당사자의 재판청구의 자유를 침해할 수 있기 때문이라고 보았다. 이에 더하여 항소심 법원은 Continental의 소권과 Nokia의 재산권 양자를 이익형량한 결과 Continental의 소권이 제한될 수 있다고 보았다. 항소심 법원은 원칙적으로 독일법상 당사자의 소권을 부인하는 것은 허용되지 않지만 이는 계약상의 의무나 불법행위에 기하여 제한 가능하다고 하면서, 미국법원의 소송금지명령은 특허권을 침해하는 것으로서 독일민법 제823조 제1항의 불법행위를 구성할 수 있다고 보았다.

[평가]

위 사건에서 독일법원이 소송금지가처분을 발령하기 위해서 피보전권리의 존재, 보전의 필요성 등 가처분의 각 요건별로 판단하고 있는 모습이 확인된다. 무엇보다도, 피보전권리 존부에 관해서 독일법원은 불법행위에 관한 독일민법 제823조 제1항의 권리가 침해된다고 판시하였는데, 이는 불법행위에 기한 금지청구권을 피보전권리로 인정한 취지라고 해석된다. 앞서 본 바와 같이 독일의 경우 우리와는 불법행위 법리가 상이하므로 그 법리를 그대로 한국에 적용할 수는 없지만, 한국법의 해석에 있어서도 어느 정도 시사하는 바가 있다.

그러나 위 판례의 논지를 보면 독일에서의 재판권을 침해하는 미국의 소송금지명령이 위법하다고 보고 이를 막기 위한 목적 하에서만 소송금지가처분(anti-anti-suit injunction)을 인정한 것으로 보이고, 소송금지가처분 자체를 긍정한 입장이라고 해석하기는 어렵다고 생각된다. 오히려, 부정적인 입장을 전제로 하고 있는 것이 아닌가 생각된다. 私見으로는, 독일법원의 위와 같은 논리는 다소 자기모순적인 것이 아닌가 하는 의문이 든다.[382] 왜냐하면, 독일에서

의 재판권을 침해하는 미국의 소송금지명령이 위법하다고 하면서 소송금지가
처분(anti-anti-suit injunction)을 발령하였지만, 이러한 독일법원의 소송금지가처
분 역시 미국에서의 소권(소송금지명령 신청권까지 포함)을 간접적으로 침해하
는 것이기 때문이다. 이러한 모순을 스스로 의식하였는지, 뮌헨지방법원은 위
결정이 Continental의 미국 본안소송을 금지하는 것이 아니고 단지 소송금지명
령 신청만 금지하는 것이므로 Continental의 소권을 박탈하는 것이 아니라고 밝
혔으나, 다소 궁색한 논리로 생각된다.383) 차라리 소송금지명령을 제한된 범위
내에서 정면으로 인정하는 편이 더 낫지 않았을까 생각된다.

　　다른 측면에서 보면, 독일의 위 판례는 순전히 영미의 소송금지명령에 대항
하기 위한 자구적 수단으로서만 제한적으로 소송금지가처분을 인정한 취지라
고 보이기도 한다. 이 점에서는 독일이 여전히 영미의 소송금지명령을 부정적
으로 보면서도 그 대항수단을 적극적으로 마련하고자 시도하는 것으로 보인다.

　　다른 한편으로는, 특허권자에 대해 우호적이고 특허침해금지가처분 발령에
도 적극적이기로 알려진 뮌헨법원이 글로벌 특허소송에서 경쟁력의 우위를 점
하고자 하는 정책적 고려도 어느 정도 반영된 입장이 아닌가 추측된다. 실제로
위 결정으로 인하여 특허권자들이 독일법원을 법정지로 더 선호하게 될 것이
라고 전망하는 견해들이 발견된다.384)

---

382) Klein, Fabian M., "First Anti-Anti-Suit Injunction in Germany", Ashurst 웹페이지,
　　2020. 4. 16.(https://www.ashurst.com/en/news-and-insights/legal-updates/first-anti-anti-
　　suit-injunction-in-germany/)(2020. 7. 20. 최종 방문)에서도 비슷한 의문을 제기하
　　고 있다.
383) 항소심 법원도 이 점에 관해서는, 본안소송이나 소송금지명령 절차나 모두
　　미국에서는 합법적인 것이라는 점에서는 차이가 없다고 하면서 위 1심 결정
　　의 논리에는 반대하였다.
384) Klein, Fabian M., "First Anti-Anti-Suit Injunction in Germany", Ashurst 웹페이지,
　　2020. 4. 16.(https://www.ashurst.com/en/news-and-insights/legal-updates/first-anti-anti-
　　suit-injunction-in-germany/)(2020. 7. 20. 최종 방문) 참조.

3) 학설

독일의 학설들을 검토해 보면, 소송금지명령에 대하여 부정적인 입장이 전통적인 다수설로 보이지만[385] 최근에는 독일에서도 아래와 같이 일정한 경우에 소송금지청구권(외국에서 제소 당하지 않을 권리)을 인정할 수 있다는 견해들도 다수 발견된다.

먼저, 분쟁해결합의 위반의 경우, 그 분쟁해결합의의 효력으로서 외국에서 제소 당하지 않을 권리(소송금지청구권 또는 소송금지의무)가 발생하는지에 관하여 부정설[386]이 전통적으로 다수이기는 하지만, 최근에는 이를 긍정하는 견해들[387]도 발견된다. 이는 각 분쟁해결합의의 법적 성질

---

385) 석광현[소송유지명령], 27면; Raphael[2019], para 1.17.; Lenenbach[1998], 273; Pfeiffer [2007], S. 77. 등에서도 그와 같이 보고 있다. 소송금지청구권을 부정하는 독일의 다수적 견해에 대한 소개는 뒤에서 다시 본다.

386) 전속적 관할합의 위반에 관해서는, Pfeiffer[2007] S. 77.; Geimer[2009], Rn. 250d, 1717; Schack[2006], Rn. 771; Kropholler[1982], Rz. 168; Matscher[1967], S. 20ff. 한편, 위 견해들 중에서 Geimer는 전속적 관할합의의 효력을 실체법상 권리가 아닌 소송법상 권리라고 설명하면서(Geimer[2009], Rn. 1716), 전속적 관할합의에 따라서 당사자는 관할이 배제된 법원에서 제소하지 않을 소송법상의 의무가 있고, 이를 위반했을 경우 제소를 금지할 수는 없지만, 손해배상책임은 있다고 본다(Geimer[2009], Rn. 1717).
중재합의 위반에 관해서는, Naumann[2008], S. 98-99; Schwab/Walter[2005], Kapitel 7, Rn. 20.; Stein-Jonas Et al., Kommentar zur Zivilprozessordnung, § 1025 (1988), Rn. 1; Reinhold Geimer Et al., Zivilprozessordnung, § 1025 (1995), Rn. 3.(위 Stein-Jonas 이하 문헌은 Lenenbach[1998], 286, 주164에서 재인용).

387) 전속적 관할합의 위반에 관해서는, Schröder[1987], S. 531ff.; Lenenbach[1998], 286, 287; Schlosser[1985], S. 37.; Kürth[1988], S. 63; Hau[1996], S. 205.; Jasper[1990], SS. 127-128.; Antomo[2017], S. 467. 한편, 위 Schröder[1987], S. 532에서는 '제소금지의무는 반드시 명시적으로 표시되어야만 하는 것은 아니고 묵시적으로 이루어질 수도 있다'고 설명한다. 반면에, Kropholler[1982], Rz. 168, Fn. 348에서는 '명시적으로 표시되지 않는 한 제소금지의무는 부정된다'고 본다.
중재합의 위반에 관해서는, Lenenbach[1998], 289;Schlosser[1985], S. 37; Kürth [1988], S. 74; Jasper[1990], SS. 127-128.; Rolf Stürner, Der Justizkonflikt zwischen

과도 관련되는 문제인데, 이에 관한 상세한 논의는 아래 각 해당 부분(전속적 관할합의 위반, 중재합의 위반에 관한 각 성질, 손해배상청구권, 소송금지청구권에 관한 아래 각 해당 부분)에서 다시 살펴보기로 한다.

분쟁해결합의가 없는 경우에도, 일정한 경우에는 외국 제소행위가 불법행위를 구성할 수 있고, 그 경우 불법행위에 기한 소송금지청구권을 인정할 수 있다는 견해가 제시되었다. 즉, 독일법의 해석에 의하면 불법행위가 성립되는 경우 손해배상 외에 가해행위의 금지청구도 가능한데, 외국 제소행위가 공서양속에 반하는 고의 행위일 경우 독일민법 제826조의 불법행위가 성립될 수 있고, 외국 제소행위가 예컨대, 영업에 관한 권리를 침해하는 경우 민법 제823조 제1항[388]의 불법행위가 성립될 수 있으므로,[389] 이러한 경우에는 소송금지명령이 가능하다고 보는 견해가 있다.[390]

일정한 경우에는 소송금지명령에 대한 금지명령(anti-anti-suit injunction)을 발령할 수도 있다고 보는 견해가 있는데, 이 견해는 그것이 가능한 경우로, 소송금지명령이 독일법원에 인정되는 전속관할권과 배치되는 것일 때, 불법행위에 관한 독일민법 제823조 제1항 또는 제826조의 요건

Europa und den USA, 1982., 52(Lenenbach[1998], 289, 주182에서 재인용-); Schütze, Rolf A., Schiedsgericht und Schiedverfahren, 3. Auflage, 1999, Rn. 126(석광현[소송유지명령], 26면 주102에서 재인용). 그밖에 독일에서 긍정설의 대표적 학자인 Peter Schlosser에 의하면, 중재합의 결과 당사자는 법원에 제소하지 않을 실체법상의 부작위의무를 부담하고, 이는 별소 또는 가처분에 의하여 관철될 수 있다고 본다[Peter Schlosser, "Anti-suit injunctions zur Unterstützung von internationalen Schiedsverfahren", Recht der Internationalen Wirtschaft (2006), S. 486ff.(석광현[소송유지명령], 29면 주117에서 재인용-)].

388) 독일민법 제823조 제1항은 "고의 또는 과실로 위법하게 타인의 생명, 신체, 건강, 자유, 재산, 기타 권리를 침해한 자는 그로 인하여 발생한 손해를 배상할 의무가 있다"고 규정한다. 앞서 본 Nokia v. Daimler and Continental 판례도 소송금지가처분의 근거로 이 조항을 들고 있다.

389) 독일민법은 3가지 유형으로 불법행위를 규정하는데, 이는 권리침해(제823조 제1항), 보호법규위반(제823조 제2항), 공서양속위반(제826조)이다.

390) Lenenbach[1998], 292~293.

이 충족될 때를 들고 있다.[391]

한편, 국제예양의 문제에 관하여는 이것이 영미법의 소산이라 독일과 같은 대륙법계 국가에서는 예양의 개념이 적용되지 않고, 따라서 소송금지명령 발령 가부에 관한 기준으로 기능하지 못한다고 한다.[392]

요약하자면, 독일에서는 최근에 학설상 긍정설도 대두되고 있고 일부 긍정설로 해석할 여지가 있는 판례도 존재한다는 점에서 소송금지명령에 대한 독일의 입장이 부정설이라고 단정하기는 어렵지만, 앞서 본 국내외의 여러 문헌들[393]에서도 독일은 소송금지명령에 대하여 부정적인 국가라고 기술하고 있는 점과, 외국 송달과 관련한 위 뒤셀도르프 고등법원 판결[394], 위 Nokia v. Daimler and Continental 판례의 태도 등에 비추어 볼 때, 현재로서는 소송금지명령에 대한 일반적인 독일의 입장은 부정설이라고 해석하는 것이 타당해 보인다.

4) 기타

독일에서는 법정모욕에 관한 일반적인 제재규정[독일 법원조직법(Gerichtsverfassungsgesetz) 제176~179조]은 두고 있으나, 앞서 본 영미법의 경우처럼 소송금지명령 등 법원의 명령 위반을 법정모욕으로 제재하는 제도는 두고 있지 않다.[395] 그 대신, 독일에서도 우리나라와 유사하게 간접강제의 방법으로 소송금지명령의 효력을 확보할 수 있는데[독일 민

---

391) Lenenbach[1998], 302. 앞서 본 Nokia v. Daimler and Continental 판례도 이와 거의 유사한 논거로 소송금지가처분(anti-anti-suit injunction)을 인정하였다.

392) Lenenbach[1998], 295.

393) 예컨대, 석광현[소송유지명령], 27면; Raphael[2019], para 1.17.; Lenenbach[1998], 273; Pfeiffer[2007], S. 77 등.

394) OLG Düsseldorf, ZZP, 109 (1996), 221

395) 독일의 법정모욕죄에 관한 상세한 내용은 사법정책연구원[2015], 79~87, 151~156면; 한승 외 6명, "가처분 위반에 대한 제재 도입문제", 민사집행법 실무연구 III, 2011., 168~169면 등 참조.

사소송법(ZPO) 제888조, 제890조], 독일 민사소송법상 간접강제의 방법으
로는, 부대체적 작위채무의 경우에는 이행강제금(Zwangsgeld)[396] 및 강제
구금(Zwangshaft)[397]이 있고(제888조), 부작위채무의 경우에는 과태료
(Ordnungsgeld) 및 질서구금(Ordnungshaft)이 있다(제890조).[398] 위와 같은
내용은 가처분명령의 경우에도 준용된다(제936조, 제928조).[399] 우리나라
와 다르게 독일에서는 간접강제에 관하여 일정한 구금이 가능한 점이
특색인데, 이 점에서 독일은 법정모욕죄를 두고 있는 영미법과 우리법의
중간 정도의 영역에 있는 것으로 보인다.

　한편, 독일에서도 우리나라와 유사하게 소송금지명령을 본안판결의
형태로 할 수도 있고, 임시지위를 정하는 가처분의 형태로 할 수도 있다
(독일 민사소송법 제940조). 독일에서도 우리나라와 마찬가지로 외국법
원이 발령한 소송금지명령은 승인·집행되지 않는다고 본다.[400] 이와 구
별되는 문제로, 독일에서도 우리나라와 마찬가지로 전속적 국제재판관
할합의나 중재합의를 위반한 외국판결은 독일 민사소송법(ZPO) 제328조
제1항 제1, 4호에 따라서 승인·집행되지 않을 것이다.[401]

---

396) 이에 관해서는 석광현[2017], 114면 주33; 김형석, "강제이행·특히 간접강제의
　　보충성을 중심으로", 서울대학교 법학, 제46권 제4호, 통권 제137호, 2005., 245
　　면; 사법정책연구원[2015], 152~154면; 권창영[2018], 491~492면 참조.
397) 이에 관해서는 정선주 외[2017], 220~221면 참조.
398) 앞서 본 최근의 Nokia v. Daimler and Continental 사건에서도 독일법원은 미국
　　법원에의 소송금지명령 신청의 금지를 명하면서 이를 위반할 경우 250,000 유
　　로의 과태료(Ordnungsgeld)와 경영자에 대한 6개월(반복 위반시는 2년) 이하의
　　질서구금(Ordnungshaft)을 부과하였다.
399) 독일의 간접강제에 관한 상세한 내용은 Lenenbach[1998], 304면; 정선주, "간접
　　강제금의 본질과 소송상의 제문제", 민사소송, 제16권 제1호, 2012., 434면 이
　　하; 권창영, "민사보전상의 간접강제제도", 사법논집, 제50집, 2011., 9~20면; 한
　　승 외 6명, "가처분 위반에 대한 제재 도입문제", 민사집행법 실무연구 III,
　　2011., 164~165면 등 참조.
400) Schack[2006], Rn. 773; Geimer[2009], Rn. 1014(석광현[소송유지명령], 16면 주65에
　　서 재인용).

2. 프랑스

1) 판례

소송금지명령에 대한 프랑스법원의 태도는 다음과 같이 요약될 수 있겠다. 종래 도산사건에 관하여 소송금지명령을 허용한 판례가 있었기는 하나 이는 도산사건이라는 특수성이 있었고, 전통적으로 프랑스법원은 소송금지명령에 대해서 부정적인 입장을 취하였던 것으로 보인다. 그런데 최근에는 분쟁해결합의 위반의 경우 이를 완화하여 외국의 소송금지명령을 허용하는 입장으로 선회하였다.[402)403)] 이에 관한 프랑스의 리딩 케이스 3개를 살펴보면 아래와 같다.

(1) 2002년 Banque Worms c. Brachot 사건 : 허용

프랑스 파기원(Cour de cassation)은 2002년 Banque Worms c. Brachot 사건[404)]에서 도산사건에 관하여 외국소송을 금지하는 소송금지명령을

---

401) Lenenbach[1998], 301. 전속적 국제재판관할합의 위반의 경우 독일 민사소송법 (ZPO) 제328조 제1항 제1호(관할 위반)에 따라서, 중재합의 위반의 경우 같은 항 제4호(공서 위반) 또는 뉴욕협약 제2조 제1항에 따라서 승인·집행이 거부될 것으로 보인다.

402) 프랑스법원의 소송금지명령에 관한 태도에 관해서는 Tang[2016], 167면; Raphael [2019], para. 1.19~1.21; Watt[2003], 573~576면; Perreau-Saussine[2010], 519~526면 참조. 그밖에 아래 웹사이트들에 실린 평석들도 참조(2020. 7. 20. 최종 방문).
   1. http://arbitrationblog.kluwerarbitration.com/2010/05/17/france-a-new-haven-for-anti-suit-injunctions/
   2. http://conflictoflaws.net/2009/french-court-agrees-with-u-s-anti-suit-injunc tion/
   3. https://www.lexology.com/library/detail.aspx?g=5c802c5e-6d20-45bc-b390-46346d39c41e
   4. https://blogavocat.fr/space/olivier.vibert/content/commercial-contracts---validity-of-an-anti-suit-injunction-under-french-law._96c21897-4574-4789-8ee7-ecdad4cf4a4a

403) 일부 국내문헌 중에서는 프랑스에서 소송금지명령은 인정되지 않는다는 취지로 기술한 것이 있으나, 이는 다소 부정확한 설명이다.

허용한 바 있다. 위 사건은 프랑스 채무자에 대해 프랑스에서 개시된 도
산절차에서 프랑스 채무자가 스페인에 부동산을 소유하고 있던 사안이
었는데, 위 절차에서 채권자들이 개별적으로 채무자의 스페인 재산에 대
해 압류조치를 하는 것이 금지되었음에도 프랑스 채권자가 스페인 재산
에 대한 압류를 신청하자, 항소심 법원은 1심 법원의 판결을 뒤집고 채
권자에 대하여 스페인에서의 모든 소송절차를 금지하는 명령을 허가하
였다(항소심 법원은 위 소송금지명령에 부가하여 우리법상 간접강제와
유사한 'astreinte'[405]까지 명하였다). 이에 대하여 프랑스 파기원은 위와
같은 명령이 채권자 평등의 원칙과 도산절차에서의 보편주의 원칙에 의
하여 일반적으로 허용된다고 판시하였다. 아울러 파기원은 프랑스법원
의 영토적 관할권 밖이라는 주장을 배척하면서, 피신청인에 대하여 대인
적으로 금지를 명하는 위 금지명령이 프랑스법원의 관할권 한계를 넘은
것이 아니라고 보았다.[406]

(2) 2004년 Stolzenberg 사건 : 부정

프랑스 파기원은 그 후 2004년 Stolzenberg 사건[407]에서는 'Mareva
injunction'이 프랑스의 공서에 반하는지 여부에 관해 판단함에 있어
Mareva injunction은 프랑스에서도 허용된다고 판시하면서, 방론(obiter
dictum)으로, Mareva injunction과는 달리 외국의 소송금지명령(anti-suit
injunction)은 프랑스의 주권을 침해하는 것이고 프랑스의 공서에 반하는
것이어서 그 집행을 허용할 수 없다고 판시하였다.[408]

---

404) Cass 1ère civ., 19 November 2002, pourvoi n° 00-22334.
405) 일반적으로 '아스트렝트(astreinte)'라고 불리는 프랑스의 위 제도는 우리법상
    간접강제와 유사하나 차이점도 많다. 프랑스의 아스트렝트(astreinte) 제도에
    관한 상세한 내용은 사법정책연구원[2015], 156~162면 참조.
406) 위 판례 사안에 대한 상세한 소개는 Watt[2003], 573~576면 참조.
407) Cass 1ère civ., 30 June 2004, pourvoi n° 07-03248.
408) Tang[2016], 167면; Perreau-Saussine[2010], 524면; 위 각주 402에서 소개한 웹사이

(3) 2009년 In Zone Brands 사건 : 허용

그런데 최근에 프랑스 파기원은 2009년 In Zone Brands 사건[409]에서, 전속적 재판관할합의를 실행하기 위하여 미국법원이 발령한 소송금지명령의 집행을 허용하면서 이것이 프랑스의 주권을 침해하거나, 공정한 재판을 받을 권리를 침해하거나, 공서에 반하는 것은 아니라고 판시하였다.

이 사건의 사안은 다음과 같다. 미국회사(In Zone Brands Inc.)와 프랑스회사(In Zone Brands Europe)가 독점공급계약을 체결하면서 미국 조지아(Georgia)법원을 관할법원으로 하는 전속적 관할합의를 하였다. 양자 간에 분쟁이 발생하자 프랑스회사가 프랑스에서 소송을 제기하였고, 이에 미국 조지아법원(Superior Court of Cobb County)이 프랑스소송을 금지하는 소송금지명령을 발령하였다. 그 후 미국회사가 프랑스법원에 위 미국 소송금지명령에 대한 집행판결(exequatur)을 신청하자, 프랑스회사는 미국법원의 소송금지명령이 프랑스의 주권 및 유럽인권협약(European Convention on Human Rights) 제6조의 '공정한 재판을 받을 권리'를 침해하는 것이고, 공서(public policy)에 반하는 것이라고 항변하였다. 이에 대하여 프랑스 파기원은, 외국 판결의 집행을 허용하기 위한 3가지 조건으로 ① 사기(fraud)적 행위가 없을 것, ② 해당 분쟁과 외국법원 사이의 충분한 관련성이 있을 것, ③ 외국 판결의 집행이 국제적 공서(international public policy)에 반하지 않을 것을 들면서, 첫째, 미국회사가 당사자간 관할합의에 따라서 미국법원에 소를 제기하는 것은 사기(fraud)에 해당하지 않고, 둘째, 미국법원이 자기의 관할권에 근거해서 재판을 한 것이고, 그것이 단지 계약 당사자들이 동의한 관할합의를 실행한 것이라는 점에서 '공정한 재판을 받을 권리'의 침해에도 해당하지 않으며, 셋째, 외국의 소송금지명령이 당사자 사이에 존재하는 계약적 의무(contractual obligation)를 실행하기 위한 것이고, 유럽연합의 조약이나 규정이 적용되

트 1, 3번도 참조.

409) Cass 1ère civ., 14 October 2009, pourvoi n° 08-16369.

는 경우도 아닌 이상, 공서에도 반하지 않는다고 판시하면서, 미국 소송
금지명령에 대한 집행판결을 허용하였다.[410]

(4) 2020년 IPCom v. Lenovo and Motorola 사건 : 허용

이 사건은 프랑스에서 최초로 미국법원의 소송금지명령(anti-suit injunc-
tion)을 금지하는 소송금지가처분(anti-anti-suit injunction)을 허용한 주목할
만한 사례인데, 그 내용은 아래와 같다.

[사안의 개요][411]

이 사건은 독일의 위 Nokia v. Daimler and Continental 사건과 매우 흡사하게
무선통신 관련 기술을 둘러싸고 IPCom과 Lenovo and Motorola 사이에서 벌어진
분쟁인데, 실체적인 쟁점은 다소 다르지만 절차적인 면에서는 독일의 위 사건
과 거의 비슷해서 사실관계는 위 사건의 Nokia 대신에 IPCom을, Continental 대
신에 Lenovo를 각 대입하면 된다.

이 사건도 모바일통신기술 관련 FRAND 조건에 관한 분쟁인데, Lenovo가

---

410) 위 판결의 상세한 내용에 관해서는 Perreau-Saussine[2010], 523~524면; Raphael[2019],
para. 1.19.; Tang[2016], 167면; 위 각주 402의 웹사이트들에 실린 평석들 참조.
411) 사실관계 및 판시내용에 관한 상세한 내용은 Cuniberti, Gilles, "Paris Court Issues
Anti Anti Suit Injunction", EAPIL 웹페이지, 2020. 3. 25.(https://eapil.org/2020/03/25/
paris-court-issues-anti-anti-suit-injunction/); Ling, Peter, "Paris Court Grants Anti-Anti-Suit
Injunction in IPCom v. Lenovo", The Ipkat 웹페이지, 2019. 12. 2.(http://ipkitten.blogspot.
com/2019/12/paris-court-grants-anti-anti-suit.html); Schulze, Christina, "Paris and London
courts award anti-anti-suit injunction", JUVE Patent Newsletter 웹사이트, 2019. 11.
11.(https://www.juve-patent.com/news-and-stories/cases/paris-and-london-courts-awa
rd-anti-anti-suit-injunction/); Ross, Steve, "French Court Issues Anti-Anti-Suit Injunction
Claim in FRAND Dispute", International Litigation Blog 웹사이트, 2020. 1. 14.
(http://international-litigation-blog.com/french-court-issues-anti-anti-suit-injunction-clai
m-in-frand-dispute/); 4ipcouncil 웹페이지, "Case law search: IPCom v. Lenovo, Court
of Appeal of Paris - RG 19/21426", 2020. 4. 13.(https://caselaw.4ipcouncil.com/search/
tag/anti-anti-suit%20injunction) 참조(이상 각 웹사이트는 2020. 7. 20. 최종 방문).

2019. 3. 14. 먼저 미국 캘리포니아 북부연방지방법원에 IPCom을 상대로 FRAND 조건 관련 소(계약위반, 반독점, 채무부존재 및 특허침해부존재 확인의 소)를 제기하였고, 이어서 2019. 9. 18. 위 법원에 IPCom으로 하여금 영국에서 진행 중인 소송의 진행을 금지하고 기타 다른 곳에서 위 기술 관련 소제기를 금지하는 내용의 소송금지명령을 신청하였다. 그러자 IPCom은 2019. 10. 28. 파리지방법원에 Lenovo로 하여금 위 미국 소송금지명령 신청을 취하하도록 명하는 내용의 소송금지가처분(anti-anti-suit injunction)을 신청하였다.

[프랑스법원의 판단 및 사건의 경과]412)

1심 법원인 파리지방법원(Tribunal de Grande Instance of Paris)은 2019. 11. 8. 유럽연합 회원국 법원이 다른 회원국 법원에 대한 소송금지명령을 발령하는 것은 공서에 반하므로 허용되지 않지만(Turner 판결), 비회원국 법원이 이를 발령하는 것은 그것이 관할합의나 중재합의를 실행하기 위한 경우에 한해서만 허용되는데, 이 사건에서는 Lenovo가 미국법원에 소송금지명령을 신청한 것이 관할합의나 중재합의를 실행하기 위한 것이 아니라 특허권자인 IPCom의 배타적 권리(특허권) 행사를 막기 위한 것이라고 하면서 IPCom의 소송금지가처분(anti-anti-suit injunction) 신청을 인용하였고, 그에 따라 Lenovo에 대하여 장래 소송금지명령 신청의 금지와 함께 이미 제기된 미국법원에의 소송금지명령 신청을 취하하도록 명하였고, 이를 위반할 경우 위반일당 200,000 유로의 간접강제(astreinte)도 부과하였다. 1심 결정 후 Lenovo는 미국에서의 소송금지명령 신청을 취하하였다.

이에 대하여 Lenovo가 항소하였지만 항소심인 파리항소법원(Paris Court of Appeal)은 2020. 3. 3. 위 1심 결정이 정당하다고 하면서 항소를 기각하였다(다만 1심 결정 중 장래 소송금지명령 신청의 금지를 명하는 부분은 시간적 및 장소적 범위 제한이 없이 너무 광범위하게 되어 있어 실제적 손해가 임박할 것이

---

412) 1심 사건번호: 파리지방법원(Tribunal de Grande Instance of Paris), 8/11/2019, RG 19/59311 2심 사건번호: 파리항소법원(Paris Court of Appeal), 3/3/2020, 19/21426

라는 가처분의 요건을 충족하지 못한다고 보아 이 부분만 파기하였다). 항소법
원은 미국법원의 소송금지명령이 프랑스법원의 배타적 관할권을 침해하고
IPCom의 지식재산권 및 공정한 재판을 받을 권리를 침해하는 것이므로 명백히
위법하고, 따라서 그러한 위험을 막기 위한 소송금지가처분을 발령하는 것은
프랑스 민사소송법 제835조의 요건을 충족시킨다고 보았다.[413)

[평가]

이 사건에서 프랑스법원은 소송금지명령이 허용되는 것은 관할합의나 중재
합의를 실행하기 위한 경우에 한정된다는 취지로 판시하면서 미국법원의 소송
금지명령은 이러한 경우에 해당되지 않으므로 위법하다고 보았다. 이는 종전
In Zone Brands 사건의 판시를 유지한 것으로 해석되고, 종전 입장을 변경하여
소송금지가처분 자체를 일반적으로 긍정한 입장이라고 해석하기는 어렵다. 오
히려, 분쟁해결합의 위반 외의 경우는 부정하는 입장이라고 해석된다. 그러나
독일의 위 Nokia v. Daimler and Continental 판례에서와 마찬가지로, 이 판례의
논리 역시 다소 자기모순적인 것이 아닌가 하는 의문이 든다.

2) 총평 및 시사점

2009년 판결 이전에 나온 2개의 판결 중 2002년 판결은 보편주의 원칙
등이 적용되는 도산사건에 관한 것이라 이를 다른 영역에까지 일반적으
로 확장하기는 어렵고, 2004년 판결은 직접적인 판시가 아니라 방론이라
는 점에서 역시 일반화하기 어렵다. 이런 점에서 소송금지명령에 대한
프랑스법원의 태도를 가장 명시적으로 명확하게 보여준 첫 판결이 2009
년 판결이라고 보인다.[414) 위 판결의 판시 내용과 관련 문헌들을 종합적

---

413) Cuniberti, Gilles, "Paris Court Issues Anti Anti Suit Injunction", EAPIL 웹페이지,
   2020. 3. 25.(https://eapil.org/2020/03/25/paris-court-issues-anti-anti-suit-injunc tion/)(2020.
   7. 20. 최종 방문).

으로 검토해 봤을 때, 위 판결은 우리에게 다음과 같은 몇 가지 시사점을 던져 준다. 첫째, 전통적으로 소송금지명령에 대해 부정적인 것으로 평가되는 대륙법계 국가에서도 최소한 분쟁해결합의의 실효성을 보장하기 위한 목적의 소송금지명령에 대해서는 비교적 거부감이 덜하다는 점이다. 둘째, 유럽연합 회원국과 관련해서는 여전히 유럽사법재판소의 Turner 판결 및 West Tankers 판결이 존중되어야 하므로 소송금지명령을 허용할 수 없으나, 유럽연합 외의 국가와 관련해서는 다른 법리를 적용하고 경우에 따라서는 소송금지명령이 허용될 수 있다는 점을 분명히 하였다는 점이다. 셋째, 위 판결은 전속적 관할합의 위반에 관한 사안이지만, 그 판시 내용(당사자간 '계약적 의무'의 실행이라는 측면에서 소송금지명령이 허용된다고 본 점)이나 프랑스의 중재 친화적 경향에 비추어 볼 때, 중재합의 위반의 경우에도 동일하게 적용될 것으로 해석된다.[415] 이는 최근의 위 IPCom v. Lenovo and Motorola 판례에서도 확인되었다. 넷째, 위 판결의 태도가 과연 분쟁해결합의 위반 이외의 경우에까지 확장될 수 있을지 여부는 여전히 미지수다.[416] 오히려, 최근의 위 IPCom v. Lenovo and Motorola 판례의 태도에 비추어 보면, 분쟁해결합의 위반의 경우에만 허용되고 그 외의 경우에는 허용되지 않는다는 입장으로 보인다.

3. 기타 유럽국가들

스위스 법원은 소송금지명령을 허용하지 않는 입장인데, 이는 중재절차를 지원하기 위한 것이든 법원의 소송을 지원하기 위한 것이든 마찬

---

414) Perreau-Saussine[2010], 524면.
415) Perreau-Saussine[2010], 525면; 위 각주 402의 웹사이트 1번 평석도 同늡.
416) Perreau-Saussine[2010], 525면에 의하면, 위 판결에서도 '모든 소송금지명령이 프랑스에서 집행 가능한 것은 아니라'고 판시하였다고 한다.

가지이다.[417) Air (Pty) Ltd v. International Air Transport Association 사건[418)
에서 스위스 법원(Court of First Instance of Geneva)은, 나미비아(Namibia)
법원이 발령한 중재금지명령(anti-arbitration injunction)에 대한 승인·집행
을 거부하면서, 중재금지명령은 국제적 공서에 반하고 Kompetenz-
Kompetenz 원칙에도 반하므로 스위스 법원이 이러한 중재금지명령을 발
령할 수 없고, 외국법원이 중재금지명령을 발령했다고 하더라도 스위스
에서 승인·집행될 수 없다고 판시하였다. 위 판례는 중재금지명령에 관
한 것이기는 하나, 학자들은 일반적으로 법원에 의한 소송금지명령도 스
위스에서 허용되지 않는다고 본다.[419) 스위스법상 그러한 소송금지명령
을 허용할 법적 근거가 없고 실익도 별로 없다고 보는 듯하다.[420)

그런데 이와 달리, 스위스 중재판정부는 소송금지명령이나 중재금지
명령을 발령할 수 있다고 보는 것이 확립된 견해이자 스위스 중재계의
실무례라고 한다.[421) 실제로 스위스 중재판정부가 소송금지명령이나 중
재금지명령을 발령한 사례들[422)도 여러 개 있는데, 대부분 ICC 중재규칙
이 적용되는 사안에서 동 규칙 제23조를 근거로 이를 발령하였다.

스위스의 이런 특이한 입장은 대륙법계의 전통과 중재강국으로서의
중재 친화적 입장 사이에서 일종의 타협점을 찾고 있는 모습으로 보여

---

417) Scherer/Jahnel[2009], 66, 68면; Markus/Giroud[2010], 243~244면; Raphael[2019], para.
    1.22. 주38. 그밖에 스위스의 소송금지명령에 관한 문헌으로는 A Lakatos and
    M Hilgard, "Anti-Suit Injunctions in Defence of Arbitration: Protecting the Right to
    Arbitrate in Common and Civil Law Jurisdictions", Part II (2008) 2 Bloomberg Eur
    LJ 41 등 참조(Raphael[2019], para. 1.22. 주38에서 재인용).
418) C/1043/2005-15SP (2 May 2005), trans (2005) 23 ASA Bull 739, 747. 위 판결의 사
    안 및 판시 내용에 관한 상세는 Scherer/Jahnel[2009], 66~67면 참조.
419) Scherer/Jahnel[2009], 66, 68면; Markus/Giroud[2010], 243~244면; Raphael[2019], para.
    1.22. 주38.
420) Scherer/Jahnel[2009], 68면.
421) Scherer/Jahnel[2009], 70면; Markus/Giroud[2010], 243~244면.
422) Scherer/Jahnel[2009], 70~73면에서 이러한 사례들을 상세히 소개하고 있다.

지는데, 일관성이 결여되고 다소 모순된 태도가 아닌가 생각된다.

　네델란드 법원은 종래 소송금지명령을 거부해 왔으나, 최근에는 비록 네델란드 국내에서의 소송을 금지한 것이기는 하나, 절차남용을 이유로 소송을 금지하는 명령을 발령한 사례가 있다.[423] 그러나 네델란드 법원의 입장이 소송금지명령을 인정하는 쪽으로 선회한 것인지 여부는 불명확하다.[424]

　벨기에 법원에서도 anti-anti-suit injunction을 발령한 사례[425]가 있기는 하나, 이는 예외적인 사례이고 일반적으로는 부정적인 것으로 보인다. 벨기에의 브뤼셀법원은 1989년에 미국의 소송금지명령이 벨기에의 공서양속과 유럽인권규약 6조의 재판받을 권리를 침해하므로 승인될 수 없다고 판시한 바 있다고 한다.[426]

　룩셈부르크도 역시 소송금지명령을 허용하지 않는 입장이다.[427] 반면에, 이탈리아에서는 소송금지명령과 같은 구제수단이 허용된다고 한다.[428]

---

423) Medinol v. Cordis KG 04/688 (2004, President of the District Court of the Hague); Raphael[2019], para. 1.22. 주37.

424) Raphael[2019], para. 1.22. 그밖에 네델란드의 소송금지명령에 관한 문헌으로는 S Dack, "Dutch Courage Ends Wasteful Litigation" (2004) 43 Euro Law 15; N Sifakis, "Anti-Suit Injunctions in the European Union: A Necessary Mechanism in Resolving Jurisdictional Conflicts?" (2007) 13 JIML 100, 103. 등 참조(Raphael[2019], para. 1.22. 주37에서 재인용).

425) Civ Bruxelles (18 December 1989) RW 1990~1991, 676. 그밖에 벨기에의 소송금지명령에 관한 문헌으로는 A Nuyts, "Les principes directeurs de l'Institut de Droit International sur le recours à la doctrine du forum non conveniens et aux anti-suit injunctions" (2003) 2 Revue Belge de Droit Intl, 536, 552–53; R Asariotis, "Anti-Suit Injunctions for Breach of a Choice of Forum Agreement: A Critical Review of the English Approach" (2000) Yearbook of European Law 447, 464 등 참조(Raphael[2019], para. 1.22. 주37에서 재인용).

426) 조인영[2020], 312면.

427) 24 February 1998, Numéro 10047(Raphael[2019], para. 1.22. 주38에서 재인용).

428) Raphael[2019], para. 1.22. 주38. 그밖에 이탈리아의 소송금지명령에 관한 문헌으로는 M Giorgetti, "Anti-Suit, Cross-Border Injunction e Il Processo Cautelare

V. 일본

일본법상 소송금지명령에 관한 규정은 따로 없고, 학설상 외국소송을 금지하는 소송금지명령이 가능한지에 관해서 긍정설과 부정설이 대립된다.

긍정설[429]은 일본 민사보전법상 임시지위를 정하는 가처분의 형태로 소송금지명령이 가능하다고 본다.

부정설[430]은 이러한 소송금지명령은 일본법상 불가능한데, 그 이유는 외국소송에 대한 금지청구권이 인정되지 않으므로 만일 소송금지명령을 인정하게 되면 본안으로 실현할 수 있는 이익 이상의 구제를 보전처분으로 인정하는 셈이 되어 허용될 수 없고, 보전의 필요성도 인정되지 않기 때문[431]이라고 설명한다.[432] 이 견해는 더 나아가 입법론으로도 소송금지명령 제도를 도입할 실익 내지 필요성이 부족하고 오히려 외국의 재판주권을 침해하는 폐해의 우려가 더 크다고 본다.[433]

Italiano" (2003) 53(2) Rivista di Diritto Processuale, 483; G Carbone, "Interference of the Court of the Seat with International Arbitration" (2012) 1 J Disp Res 217, 229 참조(Raphael[2019], para. 1.22. 주38에서 재인용).

429) 不破茂, "英米の裁判例にみる國際的訴訟差止(antisuit injunctions)-2完-國際的訴訟競合の規律を念頭において", 愛媛法学会雑誌, 18(4), 1992., 132면; Dogauchi[1994], 92~93면; 그밖에 도쿄대학의 道垣内正人도 일본 민사보전법에 따라 신청인의 실체법상 청구권을 피보전권리로 하여 상대방의 외국소송을 금지하는 가처분명령을 발할 수 있다는 견해를 피력하였다(이상 古田啓昌[1997], 106면 주78번에서 재인용).

430) 古田啓昌[1997], 96~98면; 小梁吉章[2007], 177면 주224); 木棚照一/松岡 博/渡辺惺之[2007], 322면.

431) 그 이유는, 경합하는 외국소송을 방치하더라도 신청인의 패소가 결정되는 것은 아니기 때문에 반드시 소송금지명령에 의해 신청인의 실체법상의 권리가 보호되는 것은 아니기 때문이라고 한다(古田啓昌[1997], 98면). 그러나 외국소송을 제기 당하고 이에 응해야 하는 것만으로도 신청인에게 회복하기 어려운 실질적인 손해가 발생할 가능성이 충분히 있다는 점에서, 위와 같은 설명은 이해하기 어렵다.

432) 古田啓昌[1997], 98면.

일본의 실무에서는 소송금지명령이 행해지지 않는다고 하고,[434) 일본 법원이 소송금지명령에 관해 판단한 사례도 없다고 한다.[435) 이에 관해서, 일반적으로 일본법원은 당사자에 대하여 일본의 영토 내에서 어떤 행위를 하거나 하지 않을 것을 명할 수 있을 뿐이므로, 일본법원이 외국 소송을 금지하는 명령을 허용하지 않을 것이라고 보는 견해도 있다.[436)

다만, 도산절차와 관련된 일본의 하급심 판례 중에서는, 구 회사갱생법 하에서 일본의 갱생회사에 대한 미국의 갱생채권자가 미국법원에 소를 제기한 사안에서, '갱생채권자들은 일본 국내 및 국외에서 일본법원이 인가한 갱생계획에 의하지 않고는 갱생회사로부터의 변제 수령 및 이를 위한 소송을 제기하거나 기타 행위를 하여서는 아니된다.'는 내용의 갱생계획수행명령을 내린 판례[437)가 있다.

한편, 일본에서도 우리나라나 독일과 마찬가지로 외국법원이 발령한 소송금지명령은 승인·집행되지 않는다고 본다.[438)

VI. 기타 영미법계 국가들 및 아시아 국가들

1. 호주, 캐나다 등 Commonwealth 국가들

영국령에 속하거나 속했던 British Virgin Islands[439) 및 Brunei[440) 등과

---

433) 古田啓昌[1997], 98면.
434) 古田啓昌[1997], 75면.
435) 古田啓昌[1997], 96면; Dogauchi[1994], 92면.
436) Dogauchi[1994], 92면.
437) 大阪地決 平成12·11·6(金商 1112号 53頁); 木棚照一/松岡 博/渡辺惺之[2007], 322~323면
438) 木棚照一/松岡 博/渡辺惺之[2007], 322면; 石黒一憲[1996], 79면 주79).
439) 영국 추밀원(Privy Council)의 판례 중 British Virgin Islands와 관련된 것으로는 Stichting Shell Pensionenfonds v. Krys [2015] AC 616 (PC) 참조.

같은 국가 뿐만 아니라, 대부분의 Commonwealth 국가들[441] 및 Common law 국가들은 소송금지명령을 인정한다.

호주[442]와 캐나다[443]도 소송금지명령을 발령하고 있으며 영국과 약간의 차이가 있기는 하지만 대체로 그 성격이나 적용 원칙들이 영국의 그것과 유사하다고 할 수 있다.[444] 다만, 호주의 경우에는 영국의 부적절한 법정지의 법리(Forum non conveniens)를 그대로 채용하지 않기 때문에 영국의 법리와는 다소 상이한 점이 있기는 하다.[445] 한편, 캐나다의

---

440) 영국 추밀원(Privy Council)의 판례 중 Brunei와 관련된 것으로는 Société Nationale Industrielle Aerospatiale v. Lee Kui Jak [1987] AC 871 참조.

441) 현재 Commonwealth 회원국들의 현황은 아래의 웹사이트 참조(2020. 7. 20. 최종 방문).https://en.wikipedia.org/wiki/Member_states_of_the_Commonwealth_of_Nations

442) 호주에서 소송금지명령을 인정한 대표적인 판례로는 CSR v. Cigna Insurance Australia [1997] 189 CLR 345 (HCA) 참조. 그밖에 호주의 소송금지명령에 관한 문헌으로는 Douglas[2017]; Young, Peter W./Croft, Clyde/Smith, Megan Louise, On Equity, Thomson Reuters, 2009., 1025 [16.120]; Nygh, Peter E., Conflict of Laws in Australia, 6th ed., 1995. 112~113.; Encyclopedia[2017], 1880~1886 등 참조. 특히, 호주법원이 소송금지명령을 발령할 수 있는 법적 근거에 관해서는 위 Douglas[2017], 69~89 참조.

443) 캐나다에서 소송금지명령을 인정한 대표적인 판례로는 Amchem Products Inc v. British Columbia (Workers' Compensation Board) [1993] 1 SCR 897 (Can SC) 참조. 그밖에 캐나다의 소송금지명령에 관한 문헌으로는 McClean, David, "A Common Inheritance? An Examination of the Private International Law Tradition of the Commonwealth", 260 Recueil des Cours 9, 1997.; Jean Gabriel Castel, Canadian Conflict of Laws, 1994., 137면; Vaughn Black, "Antisuit Injunction Comes to Canada", 13 QUEEN'S L.J., 1988. 등 참조.

444) Raphael[2019], para. 1.13.

445) Raphael[2019], para. 1.12. 주14; Douglas[2017], 69면, 주15; Cheshire/North/Fawcett [2017], 394. 석광현[2000], 110면 주440에 의하면, 호주 대법원은 Voth v. Manildra Flour Mills Pty Ltd. [1990] 171 CLR 538 판결에서, 영국의 Spiliada 판결에서 제시된 'more appropriate forum test' 대신 'clearly inappropriate forum test'를 채택하였는데, 그에 의하면 호주법원은 모든 사정에 비추어 그 법원이 명백히 부적절한 법정지인 경우에 비로소 부적절한 법정지의 법리에 의하여 관할권의 행사를 거부할 수 있고, 단순히 다른 법원이 더 적절하다는 사실만으로

퀘벡(Quebec)주의 경우 대륙법계인 프랑스법의 전통을 따르는 곳임에도 소송금지명령을 허용한다.[446]

뉴질랜드, 싱가포르,[447] 말레이시아[448]도 마찬가지로 소송금지명령을 발령하고 있으며 기본적으로는 영국법 특히 영국 추밀원(Privy Council)의 판례들을 따르고 있다.[449] 특히, 아시아에서 국제중재 및 국제상사법원의 허브화를 지향하는 싱가포르법원은 오히려 영국법원보다도 완화된 기준으로 또한 전략적으로 소송금지명령을 발하고 있다고 한다.[450] 싱가포르를 국제소송 및 국제중재의 허브로 삼으려는 국가 정책적인 고려와 필요성이 어느 정도 반영된 태도로 보이는 점에서, 우리에게 시사하는 바가 있다.

인도[451]의 경우도 마찬가지이다. 인도의 판례 중에는 델리하이코트

는 관할권의 행사를 거부할 수 없다고 한다. Douglas[2017], 74면에서도 위와 같은 취지로 설명하면서 The Chou Shan [2014] FCA 74, affd (2014) 224 FCR 384, 398 [57] 판결을 들고 있다.

446) Lac d'amiante du Quebec c. Lac d'amiante du Canada 1999 CanLII 13500 (Quebec CA); Opron v. Aero System Engineering [1999] RJQ 757, 777, 794; Raphael[2019], para. 1.21.

447) 싱가포르에서 소송금지명령을 인정한 판례로는 Singapore High Court 2003. 6. 27. 선고 Evergreen International S.A. v Volkswagen Group & Others - The Ever Glory 사건; Singapore High Court 2002. 5. 13. 선고, WSG NIMBUS PTE LTD V BOARD OF CONTROL FOR CRICKET IN SRI LANKA (2002 3 Singapore Law Reports 603) 등 참조.

448) 말레이시아에서 소송금지명령을 인정한 판례로는 BSNC Leasing Sdn BHD v. Sabah Shipyard Sdn BHD [2000] 2 MLJ 70 (Malaysia CA) 참조.

449) Raphael[2019], para. 1.13. 뉴질랜드와 싱가포르의 소송금지명령에 관한 상세한 소개는 위 Raphael[2019], Ch. 19 및 Ch. 20 참조. 싱가포르의 소송금지명령에 관해서는 Encyclopedia[2017], 2484~2492면도 참조.

450) 김동진[2004], 106면.

451) 인도에서 소송금지명령을 인정한 대표적인 판례로는 Oil and Natural Gas Commission v. Western Company of North America [1987] 1 SCC 496; Modi Entertainment Network v. WSG Cricket [2003] 4 SCC 341; Horlicks ndia v. Heinz [2010] (42) PTC 156 (Del) (DB) 등 참조. 한편, 영국의 Airbus Industrie v Patel

(High Court of Delhi)가 런던 중재절차의 금지를 명하는 잠정적 중재금지명령(interim anti-arbitration injunction)을 발령한 사례[452]도 있는데, 이에 대해서는 인도 법원이 과도하게 중재절차에 개입하는 것이라고 비판하는 견해[453]가 많다.

2. 홍콩

영국법을 계수하였고 국제중재에 적극적인 입장인 홍콩법원도 소송금지명령을 매우 적극적으로 발령하고 있다.[454] 홍콩법원이 소송금지명령을 허용한 사례는 매우 많은데, 그 중 몇 가지를 살펴보면 아래와 같다.

Ever Judger Holding v. Kroman Celik Sanayii Anonim Sirketi 사건[455]에서

[1999] 1 AC (HL) 사건의 사실관계에도 인도법원이 소송금지명령을 발령한 내용이 나온다.

452) Vikram Bakshi v. McDonald's India Pvt Ltd [Interim Application No. 62017 of 2014 in Civil Suit (Original Side) No. 962 of 2014].

453) Raphael[2019], para. 1.13; B Giaretta and A Kishore, "Anti-Arbitration Injunctions: Mixed Signals from India" (https://www.ashurst.com/en/news-and-insights/legal-updates/anti-arbitration-injunctions-mixed-signals-from-india/)(2020. 7. 20. 최종 방문).

454) 홍콩에서 소송금지명령을 인정한 판례로는 China Reit v. Su Ping [2007] HKEC 576; Lucky Sun Development v. Gainsmate International [2007] HKCFA 1011; Lioyang Shunfeng Iron and Steel v. Yeung Tsz Wang [2012] HKCA 246; Compania Sub Americana de Vapores v. Hin Pro International Logistics [2015] HKCA 107, [2016] HKCFA 79 [57]–[58]; Ever Judger Holding v. Kroman Celik Sanayii Anonim Sirketi [2015] 3 HKC 246; Sea Powerful II Special Maritime Enterprises v. Bank of China [2016] 2 HKC 566, [2017] 1 HKC 153; Arjowiggins HKK2 v. Shandong Chenming [2018] HKCFI 93 등 참조(Rapael[2019], para. 1.13. 주18에서 재인용). 그밖에 홍콩의 소송금지명령에 관한 문헌으로는 Luxton, Nick, "Anti-Suit Injunctions in Hong Kong: Recent Developments", Asian Dispute Review, Vol. 18(2), 2016.; Liu/Lai[2019] 등 참조.

455) Ever Judger Holding v. Kroman Celik Sanayii Anonim Sirketi [2015] 3 HKC 246. 위 판례의 사안에 관한 상세한 설명은 Mok, Wynne/Townsend, Matthew, "Hong Kong Court Issues First Anti-suit Injunction in Restraint of Foreign Court Procee-

홍콩하이코트(High Court of Hong Kong)는 선하증권상 홍콩 중재조항이 있음에도 이에 위반된 터키법원에서의 제소를 금지하는 소송금지명령을 승인한 바 있다.

최근의 Dickson Valora Group (Holdings) Co Ltd v. Fan Ji Qian 사건[456] 에서는 홍콩1심법원(Hong Kong Court of First Instance)이 홍콩 중재조항을 위반하여 중국 본토 법원(Shenzhen Qianhai Cooperation Zone People's Court)에 제기된 소송의 금지를 명하는 소송금지명령을 발령하였다. 특이한 점은, 위 사건에서 Fan Ji Qian은 중재합의의 직접적인 당사자가 아니었고 당사자인 회사의 실소유자에 불과하였지만, Fan Ji Qian이 위 중재합의가 포함된 주주간 계약에 기해서 성공보수를 중국법원에 청구하였으므로, 위 중재합의의 직접당사자가 아니더라도 중재합의에 구속된다고 판시하였다. 또한, Dickson Valora Group이 위 중재합의에 기하여 중국법원에 관할에 대한 이의를 하였으나 그것이 기각되었고, 그 후 홍콩법원에 소송금지명령을 신청하였는데, 이것이 중국법원 판결의 기판력에 저촉되는 것인지도 문제되었는데, 홍콩법원은 '홍콩 Foreign Judgments (Restriction on Recognition and Enforcement) Ordinance(Cap 46)' 제3조에 의거하여 홍콩 중재조항에 반하는 외국 판결을 승인·집행하지 않을 것이라는 이유에서 기판력 저촉이 아니라고 판시하였다.

GM1 and GM2 v. KC 사건[457]에서도 위와 같은 홍콩법원의 태도는 계

---

dings", Kluwer Arbitration Blog, 2015.
(http://arbitrationblog.kluwerarbitration.com/2015/07/15/hong-kong-court-issues-first-a nti-suit-injunction-in-restraint-of-foreign-court-proceedings/) (2020. 7. 20. 최종 방문) 참조.

456) Dickson Valora Group (Holdings) Co Ltd v. Fan Ji Qian [2019] HKCFI 482. 위 판례의 사안에 관한 상세한 설명은 Freehills, Herbert Smith, "Hong Kong Court Grants Anti-suit Injunction to Bind Third Party to Arbitration Agreement", Herbert Smith Freehills 웹사이트, 2019.(https://hsfnotes.com/arbitration/2019/03/05/hong-kong-court-grants-anti-suit-injunction-to-bind-third-party-to-arbitration-agreement/)(2020. 7. 20. 최종 방문); Liu/Lai[2019] 등 참조.

속되는데, 위 사건에서 홍콩1심법원(Hong Kong Court of First Instance)는 홍콩 중재조항을 위반하여 중국 본토 법원(Court of Suzhou)에 제기된 소송의 금지를 명하는 잠정적 소송금지명령(interim anti-suit injunction)을 발령하였다. 위 사건에서 홍콩법원은 홍콩 Arbitration Ordinance 제45조에 기하여 잠정적 소송금지명령을 발령할 권한이 있다고 보았고, 소송금지명령을 발령함에 있어서 중국 본토 법원이 관할권을 인정하여 소송을 계속 진행하였는지 여부나 중재조항의 성립 및 유효성이 다투어졌는지 여부는 장애 사유가 되지 않는다고 판시하였으며, Dickson Valora Group 판결과 마찬가지로 중재조항의 직접 당사자(GM1)가 아닌 그 제휴회사(GM2)에 대해서도 중재조항의 효력이 미친다고 해석되는 한 그 제휴회사(GM2)에 대한 소송금지명령도 허용된다고 판시하였다.

전체적으로 볼 때, 홍콩법원은 매우 중재 친화적인 태도를 보이면서 중재절차를 지원하기 위한 소송금지명령 발령에 적극적이고, 중재조항의 효력 범위도 비교적 넓게 해석하면서 제3자에 대해서까지도 중재합의를 이유로 한 소송금지명령을 폭넓게 발령하고 있다.

3. 중국

대륙법계에 속하는 중국에 있어서 소송금지명령 제도는 종전까지 매우 생소한 제도였다. 그러나 2020년에 들어 중국법원에서 소송금지명령을 허용한 2개의 결정이 연이어 선고되었는데, 이는 매우 주목할 만한 사건이라 할 만하다.

---

457) GM1 and GM2 v KC [2019] HKCFI 2793. 위 판례의 사안에 관한 상세한 설명은 Freehills, Herbert Smith, "Hong Kong Court Grants Interim Anti-suit Injunction in Favour of Arbitration to Restrain Court Proceedings Involving Third Party", Herbert Smith Freehills 웹사이트, 2019.(https://hsfnotes.com/arbitration /2019/12/02/hong-kong-court-grants-interim-anti-suit-injunction-in-favour-of-arbitration-to-restrain-court-proceedings-involving-third-party/)(2020. 7. 20. 최종 방문) 참조.

먼저, 중국 최고인민법원은 2020. 8. 28. 화웨이기술유한회사(华为技
术有限公司)(이하 '화웨이'라고 한다)가 컨버전트와이어리스허가유한회
사(康文森无线许可有限公司)(이하 '컨버전트'라 한다)를 상대로 제소한
사건[458]에서, 중국 본안 종심판결 전에 독일법원이 화웨이에 불리하게
선고한 판결의 집행을 금지하는 내용의 집행금지명령을 내렸다.[459] 이
사건에서 화웨이는, 컨버전트가 독일판결의 집행을 신청하는 것은 화웨
이에 대하여 돌이킬 수 없는 손해를 초래하고, 중국법원의 예기된 종심
판결의 집행을 방해할 수 있음을 근거로 중국 민사소송법 제100조[460]에
의하여 행위보전신청을 제기하였는데 중국법원이 이를 받아들였다. 그
이유에는 독일의 병행소송이 당사자에 대하여 압박한다는 점과 중국 사

---

458) 最高人民法院民事裁定书, (2019) 最高法知民终732, 733, 734号之一 (영문 사건
   번호 : Huawei v. Conversant, [2019] Zui Gao Fa Zhi Min Zhong 732, 733 and 734
   No 1.)

459) 이 중국 판례에 대한 상세한 소개는 류력, 주가보/이연(역), "중국에서의 부적절
   한 법정지의 원칙의 적용과 訴訟留止命令의 구축", 중국법연구, 제44집, 한중법
   학회, 2020. 11., 181면, 184면 참조. 영문자료로는 Sophia Tang, "Anti-Suit Injunction
   Issued in China: Comity, Pragmatism and Rule of Law", conflict of laws.net 웹사이트
   (https://conflictoflaws.net/2020/anti-suit-injunction-issued-in-hina-comity-pragmatism-
   and-rule-of-law/); SpicyIP웹사이트(https://spicyip.com/2020/10/hina-enters-the-realm-of-
   anti-suit-injunctions-in-standard-essential-patent-sep-cases.html) 참조.

460) 중국 민사소송법 제100조에 의하면, 당사자 일방의 행위 또는 기타 원인으로
   인하여 판결이 집행이 어려울 수 있거나 당사자에게 기타 손해를 초래할 수
   있는 사건에 대하여 인민법원은 상대방의 신청에 따라 그 재산에 대한 보전
   재정을 내릴 수 있고, 그로 하여금 일정한 행위를 행하거나 금지한다고 명할
   수 있다. 당사자가 신청하지 않은 경우라도 인민법원은 필요에 의하여 보전
   처분을 명하는 재정을 내릴 수 있다. 인민법원이 보전처분을 명하는 경우, 신
   청인에 대하여 담보제공을 명할 수 있으며, 신청인이 담보를 제공하지 아니
   하는 경우, 신청을 기각하는 재정을 할 수 있다. 인민법원은 신청을 접수한
   후, 상황이 긴급한 경우, 48시간 이내에 재정을 내려야 하며 보전처분을 명하
   는 재정이 내려진 경우 즉시 집행에 착수하여야 한다(류력, 주가보/이연(역),
   "중국에서의 부적절한 법정지의 원칙의 적용과 訴訟留止命令의 구축", 중국
   법연구, 제44집, 한중법학회, 2020. 11., 184면).

법권에 대한 보호 등이 포함되었다.[461] 최고인민법원은 결정문(재정서, 裁定书)에서 국제적 병행소송이 본국 소송에 미칠 영향을 명확히 지적하였는데 "행위의 효과로부터 볼 때, 컨버전트가 뒤셀도르프법원의 침해금지판결의 집행을 신청하고 허가를 받을 경우, 본 사건의 심리에 방해가 될 수 있으며, 본 사건의 심리와 판결이 의미를 상실하게 할 수 있고, (중략) 본 사건의 추진과 재판의 집행에 실질적인 소극적 영향을 끼칠 수 있다."고 설시하였다.[462]

다른 하나는 2020년 우한중급인민법원의 결정[463]인데, 이 사건에서는 미국회사인 Intel Digital(이하 '인텔'이라 한다)이 중국회사인 Xiaomi(이하 '샤오미'라고 한다)를 상대로 2020. 7. 29. 샤오미를 상대로 인도 델리하이코트에 특허침해금지신청을 하자, 샤오미가 우한중급인민법원에 그 금지신청을 하였고 위 법원은 이를 받아들여 인텔이 위 인도법원에 특허침해금지신청을 하는 것을 금지하는 결정을 하였다. 우한중급인민법원은 그 이유로 인텔이 중국에서의 소송을 방해하기 위해 고의로 인도

---

461) 이 부분 설명은 류력, 주가보/이연(역), "중국에서의 부적절한 법정지의 원칙의 적용과 訴訟留止命令의 구축", 중국법연구, 제44집, 한중법학회, 2020. 11., 184면에서 인용.

462) 류력, 주가보/이연(역), "중국에서의 부적절한 법정지의 원칙의 적용과 訴訟留止命令의 구축", 중국법연구, 제44집, 한중법학회, 2020. 11., 188면. 위 글에서는 "여기에는 중국 소송이 받을 불리한 영향을 완화하기 위한 절박성이 있었다고 직언할 수 있다. 본 사건은 미국의 주도하에서 서방의 각국이 화웨이를 선두로 하는 중국의 섭외기업에 대하여 다양한 방식의 제재를 가하고 있는 큰 배경 하에서 발생한 것인데, 이러한 사실은 홀시할 수 없다. 이러한 유형의 외국 관련 소송은 정치적인 영향을 받을 수 있으며, 그다지 합리적이지 않은 확대 관할권 규칙하에서 이루어진 것으로 정당성이 결여되는데, 만약 중국에 적극적이고 외향인 국제적 병행소송기제가 없음으로 하여 이에 대하여 방임한다면, 중국의 관할권과 중국 기업의 이익은 동시에 손해를 볼 수 있다. 따라서, 해외로 진출(走出去)한 중국 기업의 합법적인 권익을 보호하기 위하여, 소송유지명령제도는 중국에서 확립되어야 한다."고 쓰고 있다.

463) Xiaomi v. Intel Digital [2020] E 01 Zhi Min Chu 169 No 1.

에서 병행소송을 제기하였고, 인도판결이 중국판결과 모순저촉 될 수 있으므로, 샤오미의 회복할 수 없는 손해를 막기 위해 소송금지명령이 필요하고, 이는 인텔의 이익을 해하거나 공서에 반하는 것도 아니라고 하였다.[464] 그러자 인도법원은 이에 맞서서 다시 anti-anti-suit injunction을 내렸다.

이러한 중국법원의 전향적인 입장에 대하여, 중국 학계에서도 중국의 관할권을 보호하기 위해서 소송금지명령의 허용을 지지하는 견해들이 나오고 있고 더 나아가 아예 입법론으로 소송금지명령제도를 도입해야 한다는 주장까지 제기되었다.[465]

흥미로운 점은, 위 2건의 중국 판례 사안은 모두 앞서 본 독일과 프랑스의 최신 판례들과 유사하게 모바일 표준필수특허(SEPs) FRAND 조건과 관련된 글로벌 특허분쟁에 관한 사안이라는 점과 중국의 자국 기업 보호 및 자국 관할권 수호의 의도가 엿보인다는 점이다.

4. 시사점

위와 같이 아시아에서도 홍콩, 싱가포르 등 영미법계에 속한 아시아의 국가들은 모두 소송금지명령에 적극적인 입장이고, 최근 중국마저도 소송금지명령을 허용한 바 있다. 이러한 사실은 아시아에서 국제중재 및 국제상사법원의 허브화를 비슷하게 지향하는 우리나라에게 다음과 같은 점을 시사한다. 만일, 한국 당사자가 홍콩 또는 싱가포르 법원을 전속관

---

464) Sophia Tang, "Anti-Suit Injunction Issued in China: Comity, Pragmatism and Rule of Law", conflict of laws.net 웹사이트(https://conflictoflaws.net/2020/anti-suit-injunction -issued-in-china-comity-pragmatism-and-rule-of-law/); SpicyIP 웹사이트(https://spicyip. com/2020/10/china-enters-the-realm-of-anti-suit-injunctions-in-standard-essential-patent -sep-cases.html) 참조.

465) 류력, 주가보/이연(역), "중국에서의 부적절한 법정지의 원칙의 적용과 訴訟留 止命令의 구축", 중국법연구, 제44집, 한중법학회, 2020. 11., 185면, 188~191면.

할법원으로 합의하거나 홍콩 또는 싱가포르를 중재지로 하는 중재합의
를 하였음에도 이를 위반하여 한국법원에 제소하였다면, 이들 법원은 한
국소송을 금지하는 소송금지명령을 발령할 것으로 보이는데, 반대의 경
우에 한국법원은 이를 할 수 없다고 해석한다면, 사법 제도적 또는 정책
적인 무기의 비대등 현상이 발생한다.

더 구체적으로, 현실에서 발생할 수 있는 한 가지 사례를 들어보자.
최근 우리나라에서도 '알리바바(Alibaba.com)'에서 해외직접구매를 하는
경우가 많은데, 한국의 알리바바 이용자에게 적용되는 이용자 약관
(Terms of Use) 제12.7조에 의하면, 홍콩법을 준거법으로 하고, 홍콩법원
을 전속관할 법원으로 정하고 있다.[466] 만일 한국 소비자가 알리바바를
상대로 홍콩법원에 제소하지 않고 한국법원에 제소하였다면, 알리바바
가 홍콩법원에 한국소송을 금지하는 소송금지명령을 신청할 수 있고, 홍
콩법원은 위 전속적 관할합의조항을 근거로 그러한 소송금지명령을 발
령할 수 있다. 그렇다면, 알리바바가 한국법원에 같은 내용의 소송금지
가처분을 신청한다면 어떻게 될까? 종래의 논의 상황에 비추어 보면 아
마도 한국법원이 이러한 소송금지가처분을 받아들이기가 쉽지 않을 것
이다. 홍콩법원은 가능한데 한국법원은 불가능하다고 본다면 형평에 맞
지 않다고 볼 여지가 있다. 홍콩, 싱가포르 등과 경쟁하면서 국제소송
및 국제중재에서의 허브화를 추진하고 있는 우리 입장에서는 다시 한번
생각해 볼 일이다.[467]

---

466) Alibaba.com의 이용자 약관은 2019. 10. 9. 개정된 현행 약관과 그 전까지 적용
되던 구 약관이 있는데, 두 개 모두 한국 이용자에 관해서는 홍콩법을 준거법
으로 하고, 홍콩법원을 전속관할 법원으로 정하고 있다. 현행 약관의 원문 내
용은 Alibaba.com 홈페이지(https://rule.alibaba.com/rule/detail/2041.htm?spm=
a2700.8293689-ko_KR.0.0.601 d5d47Yfz5iw)(2020. 7. 20. 최종 방문)에서 확인할
수 있는데, 위 약관 중 12.7 및 2.1이 관련 조항이다.
467) 위에서 든 알리바바 사례에서는 다른 중요한 논점, 즉 국제소비자계약과 관
련한 논점이 별도로 검토되어야 한다(이에 관한 상세한 논의는 석광현[2016],

Ⅶ. 국제규범 : UNCITRAL 모델법, 국제중재기관(ICC 등)

지금까지의 논의는 주로 각국 법원의 소송금지명령에 관한 것인데, 중재판정부가 이러한 소송금지명령을 발할 수 있는지도 문제된다.

이에 관하여 2006년 개정된 국제상사중재에 관한 UNCITRAL 모델법(UNCITRAL Model Law on International Commercial Arbitration, 이하 'UNCITRAL 모델법'이라 한다) 제17조 제2항 b호는 "중재절차 자체에 현재의 또는 임박한 해를 끼치거나 영향을 미칠 행위를 방지 또는 금지하는 행위를 취하는 것"을 임시적 처분(interim measures)에 포함시킴으로써 중재판정부에 의한 소송금지명령이 가능하도록 규정하였고,[468] 나아가 2010년 개정된 UNCITRAL 중재규칙(UNCITRAL Arbitration Rules)은 2006년 개정된 모델법의 태도를 반영하여, 모델법과 동일하게 임시적 처분의 범위를 대폭 확대하고 소송금지명령과 같은 형태의 임시적 처분이 가능함을 명시하고 있으며(제26조 제2항 b호), 그 요건으로서 손해배상으로 회복할 수 없는 피해 발생(제26조 제3항 a호)과 본안의 승소가능성(제26조 제3항 b호)을 규정하고, 그밖에 담보의 제공(제26조 제6항), 부당한 임시적 처분에 대한 비용 및 손해배상 책임의 부과(제26조 제8항) 등에 대해서도 규정

92~97면, 122, 125면 참조). 만일 그러한 논의의 결과, 위 알리바바 약관의 관할조항은 국제사법 제27조 제6항에 따라 무효이고, 따라서 홍콩법원에 전속적 국제재판관할이 인정된다고 볼 수 없으며, 국제사법 제27조 제5항에 따라 소비자의 상거소인 한국법원에 관할이 인정된다고 본다면, 한국법원은 알리바바의 소송금지가처분 신청에 대하여, 설령 소송금지가처분의 허용 가능성을 긍정한다고 하더라도, '피보전권리(즉 소송금지청구권)'가 인정되지 않는다는 이유로 가처분신청을 기각하게 될 것이다. 그밖에 약관에 의한 전속적 관할합의의 허용요건(약관규제법 제14조 적용 여부)도 문제될 수 있는데, 이에 대해서는 뒤에서 다시 살펴본다.

468) 원문은 "(b) Take action that would prevent, or refrain from taking action that is likely to cause, current or imminent harm or prejudice to the arbitral process itself"로 되어 있다(번역은 석광현[소송유지명령], 32면을 따랐다).

하고 있다.

ICC(International Chamber of Commerce, 국제상업회의소) 중재규칙 및 ICSID(International Center for Settlement of Investment Dispute, 국제투자분쟁해결기구) 중재규칙에는 UNCITRAL 모델법과 달리 중재판정부의 임시적 처분 또는 긴급조치로서 어떠한 내용이 가능한 것인지에 관해서 구체적인 규정을 두고 있지 않고 포괄·추상적인 규정만 두고 있다. 예컨대, ICC 중재규칙 제28조 제1항은 '적절하다고 판단되는 임시적 처분 또는 보전조치를 할 수 있다(may order any interim or conservatory measure it deems appropriate)'라고만 규정한다. 그러나 ICC 중재규칙 및 ICSID 중재규칙을 적용한 중재판정부의 실제 판정례들에서는 소송금지명령이 가능한 것으로 판정하고 있다고 한다.[469]

한편, 우리 중재법은 종래에 중재판정부가 할 수 있는 임시적 처분을 '분쟁의 대상에 관한 것'으로 한정하였기 때문에 소송금지명령은 불가능하다고 해석되어 왔으나, 2016년 개정된 중재법에서는 임시적 처분의 범위를 확대하여 '중재절차 자체에 대한 현존하거나 급박한 위험이나 영향을 방지하는 조치 또는 그러한 위험이나 영향을 줄 수 있는 조치의 금지'를 규정(제18조 제2항 제2호)함으로써 현재는 소송금지명령도 발령할 수 있는 것으로 해석된다.[470]이에 관해서는 뒤에서 다시 살펴본다.

이와 같이 근래에는 국제적으로 중재판정부의 소송금지명령의 사례가 증가하고 있고, 특히 유럽사법재판소가 Allianz v. West Tankers 사건에서 중재합의의 실효성을 보장하기 위한 영국법원의 소송금지명령이 브뤼셀체제와 양립하지 않는다고 판시한 결과 중재판정부의 소송소금지명

---

469) 조인영[2020], 287, 290면. 위 글 291~294면에서는 ICSID, ICC 등의 중재판정 사례들도 함께 소개하고 있다.

470) 석광현, "2016년 중재법에 따른 중재판정부의 임시적 처분 – 민사집행법에 따른 보전처분과의 정합성에 대한 문제 제기를 포함하여 –", 국제거래법연구, 제26편, 제1호, 111~112면.

령이 더 활성화 될 것으로 예상된다.[471]

국제규범 중 한 가지 이채로운 것은, 2008년 해상운송계약에 관한 UN 협약[이른바 '로테르담 규칙', United Nations Convention on Contracts for the International Carriage of Goods Wholly or Partly by Sea('Rotterdam Rules')]에는 특이하게도 소송금지명령을 제한하는 취지의 규정을 두고 있다. 즉, 로테르담 규칙 제71조 제2항은 "제67조와 제72조에 따른 유효한 전속적 합의관할에 대한 합의가 존재하는 경우를 제외하고, 채무부존재확인의 소를 제기하거나 혹은 어떤 자로 하여금 제66조와 제68조에 따른 법정지를 선택할 권리를 박탈하려는 다른 소를 제기한 운송인 혹은 이행당사자는 적용가능한 제66조 혹은 제68조에 의하여 지정된 법정을 피고가 선택하면 그 소송을 철회하여야 하고 피고가 선택한 그 법정에서 소가 재개될 수 있다."라고 규정한다. 위 조항에서 '어떤 자로 하여금 제66조와 제68조에 따른 법정지를 선택할 권리를 박탈하려는 다른 소'라 함은 소송금지명령(Anti-suit Injunction)을 의미한다고 한다.[472] 이에 따르면 소송금지명령을 제기한 운송인 또는 이행당사자는 상대방이 다른 법정을 선택할 경우 위 소송금지명령을 철회(취하)하여야 한다.

Ⅷ. 총평

이상에서 본 소송금지명령에 대한 세계 각국의 대체적인 입장은 크게 영미법계와 대륙법계로 양분되어 영미법계 국가에서는 이를 적극적으로 활용하나 대륙법계 국가들은 대체로 이러한 제도를 두고 있지 않

---

471) 석광현[소송유지명령], 22면.
472) 이에 관한 상세한 내용은 김인현, "2008년 로테르담 규칙상 재판관할제도의 성립 과정과 내용- 전속적 합의관할을 중심으로 -", 한국해법학회지, 제32권 제1호, 2010. 4., 224~226면 참조

거나 이에 대하여 부정적인 태도라고 요약할 수 있겠다.[473]

이와 같은 법계의 차이에 따른 상반된 태도에도 불구하고, 대체로 최근의 국제적 흐름은 최소한 분쟁해결합의를 위반한 외국 제소에 대해서만큼은 중재절차 또는 자국 법원의 관할권을 수호하기 위한 목적에서 소송금지명령의 활용이 점차 확대되고 있는 추세로 보인다. 특히, 최근에는 중재절차에서 중재판정부에 의해 임시적 처분이나 긴급조치의 형태로 소송금지 임시적 처분이 발령되는 사례가 점증하고 있는 추세이고, 유럽사법재판소가 브뤼셀체제하에서는 법원의 소송금지명령이 허용되지 않는다고 제동을 건 결과 중재판정부의 소송금지 임시적 처분이 증가할 것이라는 관측도 제기된다.[474]

---

473) 영국의 Airbus Industrie v. Patel 판결에서 Lord Goff는 이러한 대륙법계와 보통법계의 접근법의 차이가 '문화적 차이(cultural differences)'를 반영하는 것이라고 한 바 있다(Airbus Industrie v. Patel [1999] 1 AC (HL) 131).

474) 석광현[소송유지명령], 22면.

제3장
한국법원의 발령 가능성

제1절 문제의 소재

앞서 본 바와 같이 영미법계 외국법원이 한국의 당사자를 상대로 직접적으로 소송금지명령을 발령한 사례들이 드물지 않게 발견되는데, 이러한 소송금지명령을 한국법원도 발령할 수 있을까? 예컨대, 한국 당사자와 체결한 중재합의를 위반하여 상대방이 외국에서 소를 제기하려고 할 때, 한국 당사자가 한국법원에 외국제소를 금지하는 내용의 가처분을 신청한다면, 과연 한국법원이 이를 받아들일 수 있을까? 더 나아가 그러한 내용의 본안판결도 가능한가?

본 논문에서는 영미법의 소송금지명령과 가장 유사한 우리법상의 제도로서 보전처분 형태의 소송금지가처분 발령 가부에 관하여 중점적으로 논의하기로 한다. 물론, 가처분이 아닌 본안소송의 형태로 제기할 경우에 관한 논의를 별도로 할 필요성도 있겠으나, 私見으로는, 증명 정도에서의 차이(증명과 소명)를 제외하고는, 본안 청구권 인정 여부의 문제와 소송금지가처분에서의 피보전권리 인정 여부의 문제는 동일한 문제라고 생각된다.[1][2] 소송 실무에 있어서도, 본안소송에 소요되는 시간이

---

1) 문광섭[2002], 322면에서도, "환경침해 유지가처분에 있어서의 피보전권리 즉 가처분을 통하여 보전하고자 하는 권리관계는 곧 환경침해유지청구권이고 이에 대한 검토는 본안소송의 경우와 같다."고 쓰고 있어 필자와 같은 의견이다.
2) 이와 관련하여, 이규회[2010], 99면에서는, '가처분적인 성격의 소송유지명령은 가능하지만 영구적인 형태의 소송유지명령은 우리법상 명문규정이 없기 때문에 인정하기 곤란하다'고 쓰고 있는데, 그 취지가 가처분으로는 가능하고 본안소송으로는 불가능하다는 취지라면, 그 이유가 무엇인지 잘 이해하기 어렵다. 뒤에서 보겠지만, 가처분이 가능하려면 피보전권리로서 소송금지청구권이 인정되어야 하는데, 그것이 인정된다면 소송금지를 구하는 본안소송도 안 될 이유가 없다고 본다. 보전처분에 특유한 요건들(예컨대, 보전의 필요성, 담보제공 등)을 제외한 부분, 특히 피보전권리 부분은, 증명의 정도(소명과 증명)에서의 차이 외에는 본안소송에 있어서도 동일하게 적용된다고 본다.

나 소송금지명령으로 달성하려는 목적 등을 고려하면 실제로 보전처분을 거치지 않고 곧바로 본안소송으로 제기할 실익은 거의 없어 보이고,[3] 보전처분만 신청하거나 양자를 동시에 제기하는 경우가 대부분일 것으로 보인다.[4] 따라서 이하에서는 소송금지가처분에 관하여 중점적으로 검토하고, 본안소송에서의 논의는 그에 포함시켜서 살펴보기로 한다.

제2절 국내의 일반적 논의 현황

종래에 국내에서 소송금지가처분의 인정 가부에 관하여 논의되고 있는 학설들의 내용을 보면, 우리법상 그러한 형태의 가처분이 허용되는 것인지의 문제(허용 가능성 또는 적법요건의 문제)와 실체적으로 발령요건을 충족할 수 있는지의 문제(발령요건 충족의 문제)를 명확히 구분하지 않고 포괄적으로 논의하고 있는 것으로 보인다.

私見으로는, 위 양자의 문제를 구분하여, 먼저 우리법상 그러한 형태의 가처분이 허용되는 것인지의 문제(허용 가능성 또는 적법요건의 문제)를 논의한 후, 부정된다면 부적법 각하하고, 긍정된다면 그 다음에 피보전권리와 보전의 필요성 등 실체적 요건을 인정할 수 있는지의 문제(발령요건 충족의 문제)를 논의할 필요가 있다고 본다.

즉, 허용 가능성 단계에서, 소송금지가처분은 국제예양이나 외국 주

---

3) 특히, 소송금지가처분과 같은 임시지위 가처분, 그 중에서도 만족적 가처분에서는 이른바 '보전소송의 본안화 현상', 즉 보전소송이 본안소송을 대신하여 통상의 권리구제수단이 되고 있는 현상이 두드러지게 나타난다. 보전소송의 본안화 현상에 관해서는 법원행정처[민사집행IV], 7면 참조.

4) 그밖에 실무상 본안소송이 제기될 경우로는 가처분이 인용될 경우 상대방이 본안의 제소명령(민사집행법 제301조, 제287조)을 신청하고 그에 따라서 본안소송이 제기되는 경우가 있을 수 있겠다.

권 침해, 재판청구권 침해 등의 이유에서 우리법상 아예 허용되지 않는 다는 견해를 취한다면, 다른 가처분 발령요건에 대해 더 나아가 살펴볼 필요 없이 신청을 부적법 각하하게 될 것이다. 우리나라에서 명시적으로 이러한 견해를 피력하고 있는 문헌은 발견하지 못하였으나(대부분은 위 와 같은 구분 자체를 하고 있지 않다), 아래에서 볼 부정설 중에서는 허 용 가능성 자체를 부정(즉, 각하 대상)하는 듯한 뉘앙스를 풍기는 것이 있다. 중재절차정지를 구하는 가처분이 허용될 수 없다고 판시한 대법원 1996. 6. 11.자 96마149 결정 및 대법원 2018. 2. 2.자 2017마6087 결정도 허용 가능성 자체를 부정한 것으로 해석된다.[5] 이러한 견해는 우리법상 외국 소송을 금지하는 가처분이 허용되는가의 문제를 가처분의 소송요 건(적법요건)[6] 중 하나로 보고 이것이 허용되지 않는다면 가처분 신청을 부적법 각하한다고 보게 되는 것이다.

만일, 허용 가능성을 긍정한다면, 그 다음으로 피보전권리와 보전의 필요성 등 우리법상 요구되는 가처분의 실체적 요건 충족여부를 요건별 로 검토하게 된다. 그런데 피보전권리와 보전의 필요성 등 가처분의 개 별적 요건들을 검토함에 있어서는, 모든 소송금지가처분에 대하여 동일 한 결론이 도출되는 것이 아니고, 개별 사안별로, 가처분을 구하는 각 사 유별, 유형별로 다르게 적용될 것이기 때문에, 소송금지가처분 일반에 대해 허용된다 또는 아니다라고 결론내릴 수 없다. 즉, 한국법원이 소송 금지가처분을 발령할 수 있다 또는 없다는 식으로 일률적으로 논할 수 는 없고, 각 해당 요건에 따라 각 사유별, 유형별로 따로 검토해 보아야 한다. 예컨대, 피보전권리 요건에 관하여 분쟁해결합의 위반의 경우는

---

5) 위 대법원 2018. 2. 2.자 2017마6087 결정의 1심도 신청을 각하하였고, 원심 및 대법원도 항고 및 재항고를 기각하였다.
6) 일반적으로 가처분의 소송요건(적법요건)으로는 재판권, 국제재판관할권, 당사 자능력, 당사자적격, 권리보호의 이익(이에 관해서는 견해대립이 있다) 등을 들고, 그것이 결여되면 신청을 각하하게 된다(권창영[2018], 329면, 433~446면).

인정되나 그 외의 경우는 인정되지 않는다고 볼 수도 있다. 물론, 어느 경우든 현행법상 피보전권리가 인정되기 어렵다고 볼 수도 있지만, 적어도 이런 식의 체계적·분석적인 검토가 필요하다. 아래에서 볼 종래 국내에서의 일반적 논의현황에서는 이러한 접근법이 결여되어 있어 아쉬움이 있다.[7]

본 논문에서는 가처분의 심리 단계별, 요건별로 대분류 한 후 소송금지를 구하는 각 사유별, 유형별로 세분하여 요건 충족여부를 상세하게 검토해 보고자 하는데, 그에 앞서 국내에서의 일반적인 논의 현황과 판례의 태도를 개괄적으로 살펴본다.

I. 학설의 태도

1. 긍정설

이 견해는 임시의 지위를 정하는 가처분의 일종으로 피신청인의 외국법원에의 소제기 금지 및 소송중단을 명하는 가처분의 발령이 가능한 것으로 적극적으로 해석하여야 한다고 하면서, 민사집행법 제300조 제2항[8], 제305조 제1항[9]의 해석만으로도 소송의 중단을 명하는 가처분이

---

7) 종래 국내에서 이 문제에 관해 논의되고 있는 현황을 살펴보면, 소송금지명령 (또는 소송금지가처분)에 관하여 사안별, 유형별, 요건별로 세분하여 허용 가부나 효과, 집행 등의 문제를 체계적으로 검토하고 있는 문헌은 거의 없는 것으로 보이고, 대부분은 외국 사례를 소개하고 이어서 일반론적, 개괄적인 수준에서 국내에서의 허용 가부에 관하여 긍정설, 제한적 긍정설, 부정설을 각 주장하는 데에 그치고 있는 실정이다. 필자가 검토한 바로는, 이 부분 논의를 가처분의 각 요건에 따라 세분하여 비교적 상세하게 검토하고 있는 국내 문헌은 석광현[소송유지명령], 23~31면이 거의 유일한 것으로 보인다.

8) 민사집행법 제300조 제2항은 "가처분은 다툼이 있는 권리관계에 대하여 임시의 지위를 정하기 위하여도 할 수 있다. 이 경우 가처분은 특히 계속하는 권리

가능하다고 주장한다.[10) 이 견해는 통상 그러한 가처분의 대상은 외국인일 경우가 많으므로 우리 헌법 위반의 점은 문제가 되지 않을 것이고, 외국, 특히 영국이 소송금지명령으로 우리 국민의 재판받을 권리를 침해하는 한 국가간 관계에 있어 중요한 원칙인 상호주의에 입각해 보더라도 문제가 없다고 주장하고, 가처분에 필요한 피보전권리에 관해서는, 장래의 혹은 현재의 재산상의 침해를 막기 위한 방해배제청구권과 같은 물권적 청구권과 유사한 적극적인 청구권을 인정할 수 있다고 보고 있다. 또한, 그러한 가처분의 이행 확보 방안에 관해서는 간접강제와 유사하게 가처분명령에 응하지 않을 경우 손해배상금의 선급을 명하도록 한다면 적절한 이행확보가 될 수 있을 것이라고 주장한다.[11) 위 견해에서는 물권적 청구권과 유사한 적극적인 청구권을 어떠한 근거에서 인정할 수 있는지에 대해서는 설명하지 않는다.

그밖에 특별한 법적 근거에 관한 설명 없이, 자국민 보호 및 외국법제와의 형평성 등을 고려하면 우리 법원도 가처분의 방법으로 외국소송에 대한 소송중지명령을 내릴 수 있다고 보는 견해가 있고,[12) 비교적 긍정설에 가까운 견해로, 개정 중재법상 중재판정부의 소송금지 임시적 처분이 허용된 만큼, 우리 법원이 중재합의에 위반하여 외국법원에 소를 제기하려는 자를 상대로 소송금지가처분을 발령할 수 있는지에 관하여 보다 적극적인 자세를 취할 가능성이 있다고 보는 견해가 있다.[13)

관계에 끼칠 현저한 손해를 피하거나 급박한 위험을 막기 위하여, 또는 그 밖의 필요한 이유가 있을 경우에 하여야 한다."고 규정한다.
9) 민사집행법 제305조 제1항은 "법원은 신청목적을 이루는 데 필요한 처분을 직권으로 정한다."고 규정한다.
10) 김동진[2004], 112, 113면; 이규회[2010], 99면도 긍정설의 입장으로 보인다.
11) 김동진[2004], 113면.
12) 정해덕[2009], 86면.
13) 박진수[2016], 12면.

2. 제한적 긍정설

이 견해는, 원칙적으로 허용하기 어렵다고 보면서도, 예외적인 경우에는 허용할 수 있다고 보는 견해이다. 즉, 우리법상으로는 당사자가 외국법에 따라 국제재판관할을 가지는 외국에서 소를 제기하는 것은 적법한 권리의 행사이므로 원칙적으로 외국법원의 소송절차에 간접적으로 간섭하는 소송금지명령을 허용할 근거는 없다고 보면서도, 다만 당사자의 외국에서의 제소가 소권의 남용이거나 명백한 신의칙위반에 해당하는 매우 예외적인 경우나, 전속적 관할합의와 중재합의와 같은 분쟁해결합의 위반의 경우에는 그의 주된 효력이 비록 소송법상의 효력이라고 하더라도 그에 포함된 또는 그와 함께 체결된 것으로 볼 수 있는 부수적 합의를 근거로 소송금지명령을 허용할 여지가 있다는 견해를 피력한다.[14]

다른 견해로는, 중재합의와 같은 분쟁해결합의 위반의 경우에는 소송금지명령을 허용할 수 없으나, 당사자의 외국에서의 제소가 소권의 남용이거나 명백한 신의칙 위반에 해당하는 매우 예외적인 사안에서는 소송금지명령을 허용할 여지도 있다고 보는 견해도 있다.[15]

3. 부정설

우리 법제상 외국에서의 소송 자체의 중지를 청구하는 소를 제기할 수 있는 실체법적 근거가 없다는 견해이다. 이 견해는 한국법에 따른 재판관할권이 없는 외국법원에 소추당하지 않는다는 일반적인 권리를 한국법에서는 찾을 수 없다고 한다.[16] 나아가 이 견해는 당사자의 관할합의에 반하여 외국법원에 소송을 제기한 경우에도 그러한 합의로부터 실

---

14) 석광현[소송유지명령], 34면.
15) 양석완[2014], 702~703, 705면.
16) 김용진, 국제민사소송전략 : 국제민사소송실무 가이드, 신영사, 1997., 162면.

체법적 의무를 도출할 수 없다는 것이 일반적인 견해라고 주장한다.17)
최근에는 위 부정설을 좀 더 발전시켜, 중재합의 위반의 경우 중재합의
의 효력으로부터 '외국법원에서 제소 당하지 아니할 권리'라는 소송법상
의 협력의무 발생을 긍정하면서도, 그 효과로서 손해배상청구만 인정하
고 소송금지가처분과 같은 소송금지명령은 발령할 수 없다고 설명하는
견해도 제시되었다.18) 민사집행법 제300조 제2항의 해석상 가처분의 대
상이 된다고 보기 어렵다는 견해도 있다.19) 그밖에 보전의 필요성이 인
정되지 않아 허용되기 어렵다고 보는 견해도 있다.20)

부정설에 따를 때, 그러한 가처분 신청은 부적법하므로 각하되어야
한다는 것인지, 이유 없으므로 기각되어야 한다는 것인지는 불명확하다.

II. 판례의 태도

1. 대법원 판례

이에 관한 우리 대법원의 명시적인 판례는 아직 없는 것으로 보인다.
하급심 판례까지 보더라도, 필자가 조사한 바로는 아직까지 한국법원에
서 외국법원에서의 제소를 금지하는 내용의 소송금지가처분이 발령된

---

17) 김용진, 국제민사소송전략 : 국제민사소송실무 가이드, 신영사, 1997., 175면 주105).
18) 김용진[2017], 98~100, 102면.
19) 조인영[2020], 306면.
20) 한민외[2012], 104, 105면(다만, 위 논문에서는, 중재절차를 방해하는 법원의 소
　　송절차를 금지하는 내용의 가처분은, 법원에서 중재법 제9조 제1항에 따라 소
　　를 각하하므로 별도로 가처분을 발령할 보전의 필요성은 없다고 설명하는데,
　　이는 국내 법원에의 제소를 금지하는 소송금지가처분에 관해서는 타당할 수도
　　있으나, 외국법원에의 제소를 금지하는 소송금지가처분에 대해서는 적용되기
　　어려운 설명으로 보인다). 그밖에, 김용진[2016], 37면에서도 보전의 필요성을
　　소명하는데 필요한 긴급성을 인정하기 어렵다고 한다.

사례는 없는 것으로 보이고, 아래와 같이 신청을 기각한 하급심 판례가 하나 발견될 뿐이다. 다만, 법원의 소송금지가처분과 비교적 유사한 내용으로, 법원이 중재절차의 정지를 구하는 가처분을 발령할 수 있는가에 관하여 이를 부정한 대법원 판례들(대법원 1996. 6. 11.자 96마149 결정, 대법원 2004. 6. 25. 선고 2003다5634 판결, 대법원 2018. 2. 2.자 2017마6087 결정)이 있는데, 이에 대한 상세한 소개 및 평가에 관해서는 아래(제3장 제5절)에서 별도로 살펴보기로 한다.

2. 하급심 판례

필자가 조사한 바로는 한국법원에서 외국법원에의 제소를 금지하는 내용의 소송금지가처분 신청을 다룬 유일한 사례로 보이는 서울중앙지방법원 2016. 1. 14.자 2015카합81427 결정 및 그 항고심인 서울고등법원 2016. 9. 8.자 2016라20160 결정(재항고 없이 그대로 확정됨)을 소개한다.

1) 사실관계

채권자(대한민국 법인)가 채무자(미국 법인)에게 물품을 공급하되 채무자가 수주한 물품에 대해서는 채무자에게 판매대금 중 일정 비율의 마크업 수익금을 지급하기로 하는 내용의 영업대리점계약이 양자간 체결되었다. 위 계약서에는 준거법 및 분쟁해결절차에 관하여, '위 계약에 관해서는 한국법을 적용하며 계약 이행과 관련하여 발생하는 모든 분쟁은 대한상사중재원의 중재 규정에 따라 한국어 사용에 의한 중재로서 해결한다'는 취지의 조항(이하 '이 사건 중재합의'라 한다)을 두었다. 그 후 채권자가 대한상사중재원에 채무자를 상대로 미지급 판매대금 및 금형비를 구하는 중재신청을 하고, 채무자는 채권자를 상대로 업무지원비 및 마크업 수익금의 지급을 구하는 반대신청을 하였다. 중재판정부는

2014. 4. 10. '채무자는 채권자에게 15억 원을 지급하라'는 내용의 중재판정(이하 '이 사건 중재판정'이라 한다)을 하였는데, 그 판정 이유 중에 2012. 6. 29.자로 채권자와 채무자의 채권이 대등액에서 상계되었다는 판단과 함께 채무자가 수주한 제품에 대한 납품이 진행되는 기간 동안에는 물품대금의 11%에 해당하는 채무자의 마크업 수익채권이 인정되어야 한다는 내용이 기재되어 있었다.

그러자 채무자는 2014. 7. 25. 채권자를 상대로 미국 미시간 동부지방법원 남부지원에 '이 사건 중재판정의 확인 및 승인명령(confirming and recognizing the Award)'과 '이 사건 중재판정에 따른 11%의 마크업 수익채권 지급의무에 대한 판결의 등록(entering judgment against Respondent and in favor of Petitioner in an amount equal to 11 percent of all revenues received pursuant to the Award)' 등을 구하는 소송을 제기하였다(이하 '이 사건 소송'이라 한다). 이에 대하여 채권자는 채무자를 상대로 대한상사중재원에 마크업 수익 지급채무의 부존재확인을 구하는 중재신청을 하였고, 채무자는 채권자에게 2013. 5. 30. 이후의 마크업 수익의 지급을 구하는 반대신청을 하였다(이하 '2차 중재사건'이라 한다). 이와 함께 채권자는 서울중앙지방법원에 주위적으로 채무자의 이 사건 소송 취하와 그 간접강제를 구하고, 예비적으로 채무자의 마크업 수익 관련 미국소송 진행을 금지하고 그 간접강제를 구하는 내용의 이 사건 소송금지가처분 신청[21]을 하였다.

---

21) 최종적인 신청취지의 전문은 다음과 같다. "주위적으로, 채무자는 채권자와 채무자 사이에 계속 중인 대한상사중재원 중재 제14113-0034호 및 반대중재 제15112-0005호의 판정일까지 채권자에 대하여 채권자와 채무자 사이의 2014. 4. 10.자 대한상사중재원의 중재판정[중재 제12113-0033호(본신청), 중재 제12112-0036(반대신청)]의 이유에 근거하여 미국법원에 제기된 집행 및 승인판결을 구하는 소를 취하하여야 한다. 위반행위 1일당 1,000만 원의 간접강제 신청. 예비적으로, 채무자는 채권자와 채무자 사이에 계속 중인 대한상사중재원 제14113-0034호 및 반대중재 제15112-0005호 사건의 판정일까지 미국법원이 채권

2) 판시 사항

위 사건에서 채권자는, 마크업 수익채권의 존부와 범위는 중재판정으로만 판단되어야 함에도 이 사건 소송에서 미국법원은 마크업 수익채권의 존부와 범위에 대하여 심리할 수밖에 없으므로 이는 이 사건 중재합의에 위반된다고 주장하면서 이 사건 중재합의의 이행청구권을 피보전권리로 주장하였다. 이에 대하여 서울고등법원은 피보전권리에 대한 판단 부분에서, 이 사건 소송은 이 사건 중재판정의 확인 및 승인명령과 판결등록을 구하는 소송으로서, 승인국에서 이 사건 중재판정의 승인을 받아 집행하기 위한 절차이므로 이 사건 소송의 제기가 이 사건 중재합의에 위반한 것이라고 보기 어렵고, 달리 채무자가 이 사건 중재합의에 반하여 이 사건 계약 관련 분쟁에 대한 새로운 청구를 하거나 별도의 심리를 구하고 있다고 볼 자료가 없다고 판시하면서 피보전권리를 부정하였다. 아울러, 판결의 이유 부분에도 집행력 등 판결의 효력이 미치는 미국 법제하에서 이 사건 중재판정의 이유 부분에 대한 판결등록 신청이 받아들여질 경우, 이 사건 중재판정에서 그 집행을 예정하지 않은 마크업 수익 채권에 대한 이유 부분의 판단에 대해서도 미국에서 곧바로 집행할 수 있는 결과가 되므로 이 사건 소송은 중재합의에 반한다는 채권자의 주장에 대해서도, 위 주장의 사유는 중재판정의 효력에 대하여 중재지국과 승인국의 소송법규가 정하는 바가 다를 경우 어느 국가의 기준을 따라야 하는지에 관한 문제일 뿐이고, 중재지국의 중재판정에서 집행을 예정하지 않은 중재판정의 이유에 기재된 사항이 승인국의 법에 따라 집행대상이 될 수도 있다는 사정만으로 중재판정의 승인 및 집행을 구하는 소의 제기가 중재합의에 위반된다고 볼 수는 없다고 판시하였다.

자에 대하여 이 사건 계약에 근거한 마크업 수익채권의 존부 및 범위에 대하여 심리 및 판단을 필요로 하는 소송과 마크업 수익을 청구하는 소송을 진행하여서는 아니 된다. 위반행위 1일당 1,000만 원의 간접강제 신청."

한편, 보전의 필요성과 관련해서도 위 법원은, 위 2차 중재사건의 심리가 2016. 4. 25. 종결된 사실, 미국에서 이 사건 소송은 현재 증거개시절차(discovery)가 진행 중인 사실에 비추어, 이 사건 소송이 제2차 중재사건의 판정보다 먼저 선고될 가능성은 적어 보이고, 달리 이 사건 소송이 시급히 중단되지 않으면 채권자에게 회복하기 어려운 손해나 급박한 위해가 발생할 우려가 있다고 볼 자료가 없으므로, 이 사건 신청은 보전의 필요성에 대한 소명도 부족하다고 판시하였다.

3) 위 판례에 대한 검토

먼저, 위 결정에서는 외국 제소를 금지하는 소송금지가처분이 국내에서는 아예 허용되지 않는다거나, 재판권이 없다거나 국제예양 또는 외국의 주권 침해라는 등의 이유로 소송요건 단계에서부터 부적법하다고 판단하지는 아니하였다. 즉, 소송요건에 관해서는 언급함이 없이 바로 피보전권리 판단으로 들어갔는데, 이 점에서 위 결정은 소송금지가처분의 허용 가능성 및 소송요건은 일응 긍정한 것이라고 해석할 여지가 있다. 그러나 법원의 실무상 기판력이 없는 가처분결정에 있어서 각하와 기각을 구분할 실익이 크지 않으므로 판단의 편의상 바로 실체판단에 들어간 후 기각을 하는 경우도 더러 있다는 점을 고려하면, 반드시 위 결정이 소송금지가처분 허용설의 입장을 취한 판례라고 단정하기는 어려워 보인다.

다음으로, 위 결정에서는 소송금지가처분신청의 당부를 판단함에 있어서 피보전권리 및 보전의 필요성이라는 가처분의 요건별로 판단하고 있는데, 뒤에서 보는 바와 같이 이는 타당하다고 본다. 피보전권리에 관해서 위 결정은 미국법원에 제기한 소가 이 사건 중재합의에 위반된 것이라고 보기 어려우므로 피보전권리의 존재가 소명되지 않는다고 보았다. 이를 반대해석하면 미국 제소가 이 사건 중재합의에 위반된 것이라면 피보전권리를 인정할 수도 있다는 취지로 해석할 여지가 있다. 만일 그렇지 않다면, 설령 중재합의 위반사실이 인정된다고 하더라도 피보전권리가 인정된다고 볼 수 없으므로, 중재합의 위반 여부에 관해서 판단할 필요 없이, 피보전권리는 인정되지 않는다는 식으로 설시함이 바람직했을 것이다. 그러나 역시 법원의 실무상 반드시 그와 같은 논리순서에 구속되는 것은 아니고 보다 분명한 이유 부분을 먼저 내세워 판단하는 구조를 취할 수도 있으므로, 위 결정이 중재합의 위반의 제소에 관하여 피보전권리 긍정설의 입장을 취한 판례라고 단정하기는 어려워 보인다.

다음으로, 위 결정에서는 미국에서 진행 중인 이 사건 소송이 위 2차 중재사건의 판정보다 먼저 선고될 가능성은 적어 보이고, 달리 이 사건 소송이 시급히 중단되지 않으면 채권자에게 회복하기 어려운 손해나 급박한 위해가 발생할 우려가 있다고 볼 자료가 없다는 이유에서, 보전의 필요성도 없다고 판시하였다. 그러나 금지하려는 외국소송보다 자국 사건이 먼저 선고될 것이라는 점이 소송금지명령의 필요성을 부정할 사유가 되는지는 의문이고, 오히려 앞서 본 영국의 법리[22]에 비추어 볼 때, 외국소송이 초기 단계에 있다는 점은 소송금지명령 발령에 긍정적인 요소라고 봄이 타당하다고 생각된다. 또한, 부당한 외국소송에 응소해야 하는 것 자체가 채권자에게는 회복하기 어려운 손해나 급박한 위해가 발생할 우려가 있는 경우에 해당될 수도 있다는 현실을 위 결정이 너무 간과한 것은 아닌가 하는 생각도 든다.

마지막으로 한 가지 덧붙이자면, 위 사건은 2016년 중재법 개정 전의 사안인바, 뒤에서 보는 바와 같이 개정 중재법에 따르면 중재판정부가

---

[22] 앞서 본 바와 같이 영국에서는 외국소송의 진행 정도에 따라 예양의 고려 필요성이 달라진다고 본다. 즉, 외국소송이 오래 진행되었을수록, 외국소송에서 더 많은 수의 당사자와 판사가 연관되었을수록 예양에 대한 고려의 중요성이 증대된다고 본다(Cheshire/North/Fawcett[2017], 424; Royal Bank of Canada v. Cooperative Centrale Raiffeisen-Boerenleenbank BA [2004] EWCA Civ 7, at [50]).

임시적 처분으로서 소송금지명령을 발령할 수 있게 되었다. 따라서 소송
금지가처분 가부에 관한 법원의 입장은 여전히 불명확한 반면, 이제는
신청인이 법원이 아닌 중재판정부(본건의 경우 대한상사중재원)[23]에 곧
바로 임시적 처분으로서 소송금지명령을 신청할 수도 있게 되었다. 법원
의 소송금지가처분에 대한 보다 적극적인 태도가 필요함을 시사하는 대
목이다.

III. 검토 및 私見

아래에서 개별적으로 상세하게 다시 분석해 보겠지만, 일단 위에서
본 국내에서의 일반적 논의에 대한 개괄적인 의견을 밝히자면 아래와
같다.

먼저, 우리법상 소송금지가처분은 아예 허용되지 않는다는 견해(허용
가능성 또는 적법요건 부정설)에는 찬성할 수 없다. 소송금지가처분에
관하여 우리 법원에 재판권이 존재하지 않는다고 보기 어렵고(재판권에
관해서는 뒤에서 따로 살펴본다), 그밖에 소송금지가처분은 외국 국가를
상대방으로 하는 것이 아니라 외국 소제기 당사자를 상대방으로 하는
것이고 그 효력은 해당 당사자에 대해서만 미치고, 영미법의 대인적 효
력과는 다른 대물적 효력이 있다고 하더라도 부작위가처분의 특성상 그
실질적 의미가 크지 않으며,[24] 영미법과 마찬가지로 외국법원으로 하여
금 소송을 중지하도록 하거나 그 제소행위의 효력을 부인하도록 하는
구속력은 없다는 점, 소송금지가처분을 허용하더라도 아래에서 보는 바
와 같이 일정한 요건 하에서만 엄격하게 인정하는 것이라는 점, 이미 많

---

23) 개정 중재법에 따라 대한상사중재원 국제중재규칙 제32조도 임시적 처분으로
   서 소송금지명령이 가능하도록 개정되었다.
24) 이에 대해서는 뒤의 제3장 제3절 V. 부분에서 다시 살펴본다.

은 외국법원들이 소송금지명령을 발령하고 있는 점에 비추어 볼 때 상호주의 측면에서도 소송금지명령 자체를 일률적으로 예양위반이라고 단정할 것은 아닌 점 등의 이유에서, 소송금지가처분이 국제법이나 국제예양의 위반, 외국의 주권 침해, 혹은 재판청구권의 침해에 해당되어 허용될 수 없다고 볼 것은 아니라고 본다.[25] 비교법적으로 보더라도, 앞서 본 바와 같이 영국에서도 지배적인 견해는 소송금지명령이 국제법에 반하거나 외국의 주권 침해에 해당하는 것은 아니라고 보고, 국제법협회(The International Law Association)도 2003년 결의에서 마찬가지 입장을 취한 바 있다.[26] 프랑스 파기원의 2009년 In Zone Brands 판결에서도 전속적 재판관할합의를 실행하기 위하여 미국법원이 발령한 소송금지명령이 프랑스의 주권을 침해하거나, 공정한 재판을 받을 권리를 침해하거나, 공서에 반하는 것은 아니라고 판시한 바 있다. 그밖에 달리 우리법상 그러한 신청을 제한하는 소송요건(적법요건)이 별도로 존재한다고 볼 만한 근거도 없다. 앞서 본 서울고등법원 2016. 9. 8.자 2016라20160 결정에서도 외국 제소를 금지하는 소송금지가처분이 국내에서는 아예 허용되지 않는다거나, 재판권이 없다거나 국제예양 또는 외국의 주권 침해라는 등의 이유로 소송요건 단계에서부터 부적법하다고 판단하지는 아니하였다. 이와 비교할 만한 것으로서, 뒤에서 살펴보겠지만, 우리 대법원이 중재절차정지를 구하는 가처분은 허용될 수 없다고 판시한 바 있고,[27] 그 판시 내용 및 1심 및 2심 결정의 내용을 살펴보면, 적법요건 심사에서 허용 가능성을 부정한 것으로 보이는데,[28] 위 판례는 중재법의 취지에 비추어 볼 때 법원이 중재절차를 정지하는 가처분을 할 수 없다는 것이

25) 국제예양 및 재판청구권 침해의 문제에 관해서는 뒤의 제3장 제4절 V. 2. 부분 및 같은 절 IV. 6. 부분에서 다시 살펴본다.
26) 상세는 Raphael[2019], para. 1.90. 참조.
27) 대법원 1996. 6. 11.자 96마149 결정, 대법원 2018. 2. 2.자 2017마6087 결정.
28) 위 대법원 2018. 2. 2.자 2017마6087 결정의 사안에서는 1심에서 신청을 부적법 각하하였는데, 그것이 항고 기각 및 상고 기각되었다.

므로, 위 판례의 논지를 소송금지가처분이 부적법하다고 볼 논거로 드는
것은 적당치 않다.

　따라서 소송금지가처분의 허용 가능성은 긍정되어야 하고, 다음으로
실체적 요건인 피보전권리의 존재 및 보전의 필요성 요건이 충족되는가
가 관건인데, 이는 앞서 본 바와 같이 일률적으로 답할 성질의 것이 아
니라 각 사안별, 유형별로 개별적으로 검토해 보아야 한다. 그런데 앞서
본 긍정설은 너무 구체성이 부족하고 피보전권리를 어떠한 법적 근거와
이론구성으로 인정할 수 있는지에 관한 설명도 부족하다. 부정설은 심지
어 당사자 간에 분쟁해결합의가 있는 경우에도 실체법적 의무가 인정되
지 않는다고 보는데, 이러한 해석은 분쟁해결합의를 하는 당사자의 실제
적인 의사를 도외시하고 법적 구제수단의 공백을 방임하는 결과를 초래
한다는 점에서 찬성하기 어렵다.

　부정설에서는 과연 소송금지가처분의 '실효성'이 있는가라는 의문을
제기할 수 있다. 우리법에는 영미법계의 법정모욕죄와 같은 제재수단이
마련되어 있지 않지만, 간접강제에 의하여 상당 부분 이행을 강제할 수
있고, 이는 우리법에서 이미 확고하게 이용되고 있는 수많은 금지가처분
사건들에서도 마찬가지이다. 물론, 간접강제를 집행할 자산이 국내에 없
다면 실효성이 없을 수 있으나, 이는 부득이한 문제이고 국제적 소송에서
는 대개 국내에도 일정 정도의 자산이 소재하는 경우가 많을 것이다. 한
국법원이 소송금지가처분을 발령하더라도 외국법원이 이를 승인·집행
해주지 않을 것이라는 점도 실효성에 대한 의구심의 이유가 될 수 있겠으
나, 부작위를 명하는 가처분의 성격상 위 간접강제를 집행하기 위한 경우
를 제외하고는 외국에서 굳이 승인·집행 받아야 할 실익이 크지 않다.
그보다는 한국법원의 소송금지가처분을 위반하여 진행한 외국소송에서
판결을 받더라도 그 판결은 한국에서 승인·집행될 수 없게 되는 효과가
더 의미가 크다고 본다. 무엇보다, 소송금지가처분을 위반할 경우 본안소
송 등에서 사실상의 불이익을 입을 우려가 있으므로 당사자로서는 이를

무시하기가 쉽지 않다는 사실상의 구속력이 있다(앞서 본 영미법계 사례들은 물론이고 대륙법계인 독일의 Nokia v. Daimler and Continental 사건과 프랑스의 IPCom v. Lenovo and Motorola 사건에서도 당사자들이 소송금지명령을 받은 후 외국 소를 취하하는 등으로 임의이행 하였다). 그밖에 부정설에 대한 세부적인 비판은 뒤에서 다시 보기로 한다.

私見으로는, 한국에서 소송금지가처분은 아예 허용될 수 없다는 견해에는 찬성할 수 없고, 일정한 경우에 이를 허용할 수 있다고 보는 제한적 긍정설에 찬성한다. 문제는 어떠한 경우에 어떠한 법리적 근거로 이를 허용할 수 있는가인데, 이는 사안별, 유형별로 좀 더 개별·구체적으로 접근해야 할 문제이다. 이하에서 자세히 살펴보겠지만, 개괄적인 결론만 언급하자면, 분쟁해결합의 위반의 경우에는 피보전권리를 인정할 여지가 크고, 분쟁해결합의 위반 외의 부당한 제소에 관해서도 예외적으로 피보전권리를 인정할 여지가 있다고 본다. 현행법상 법리적 근거도 도출할 수 있다고 본다. 법리적인 이유 외에 외국의 발령 실태 및 국제적 추세, 중재판정부의 발령 가능성과의 균형, 권리구제의 실제적 필요성 등 현실적·정책적 필요성도 무시할 수 없다.

이하에서는 가처분의 각 심리 단계별, 요건별로 대분류 한 후 소송금지를 구하는 각 사유별, 유형별로 세분하여 요건 충족여부를 상세하게 검토해 보기로 한다.

제3절 한국법원의 소송금지가처분 발령 가부

우리나라의 보전처분 제도는 독일 민사소송법(ZPO)을 계수한 일본 민사소송법을 다시 계수한 것이므로, 독일법의 계보에 속한다.[29] 소송금지가처분은 민사집행법 제300조 제2항에 규정된 임시의 지위를 정하기 위한 가처분에 속하고, 그 중에서도 일정한 부작위(소송금지)를 명하는 형태의 가처분(영미식 표현으로는 Prohibitory Injunction) 유형에 해당한다. 신청취지나 주문 형태에 따라서는 일정한 작위(예컨대, 신청 취하)를 명하는 가처분(Mandatory Injunction)의 형태가 될 수도 있으나, 대개의 경우는 부작위를 명하는 가처분이 될 것이다. 임시지위 가처분 중에서도 '만족적 가처분(단행가처분)'에 속한다.

한국법원이 외국에서의 소제기를 금지하는 내용의 소송금지가처분을 발령하기 위해서는 현행법 하에서 요구되는 가처분의 발령요건들(재판권 및 국제재판관할의 존재, 피보전권리의 존재, 보전의 필요성의 존재, 담보의 제공)이 모두 충족되어야 하므로, 이를 각 요건별로 단계적으로 검토해 나가야 한다. 앞서 본 국내의 견해들처럼 단순히 우리법상 가능하다고만 하거나 외국법원이 소송금지명령를 발령하는 이상 형평성 차원에서 우리도 가능하다고 보아야 한다는 정도의 설명만으로는 문제 해결에 큰 도움이 되지 않는다. 만일 가능하다고 본다면, 어떻게 가처분 발령요건들을 충족할 수 있는지를 논증하고, 그 구체적인 법적 근거를 제시할 수 있어야 한다. 부정하는 경우에도 마찬가지로 우리법상 불가능하다고만 할 것이 아니라 가처분의 요건 중 어느 요건이 충족되지 않기 때문에 부정하는지를 구체적으로 밝힐 필요가 있다.

절차적으로는, 소송금지가처분을 발령하기 위해서는 민사집행법 제304조에 따라 반드시 변론기일 또는 심문기일을 열어야 하는데, 실무상으로는 대부분 심문기일로 진행한다.[30] 다만, 같은 조 단서에 의하면, 그 기일을 열어 심리하면 가처분의 목적을 달성할 수 없는 사정이 있는 때에는 예외적으로 변론 또는 심문기일을 열지 않을 수 있으나,[31] 실무상

---

29) 권창영[2018], 54면.
30) 법원행정처[민사집행IV], 91면.
31) 앞서 본 독일의 최근 Nokia v. Daimler and Continental 사건에서 뮌헨지방법원은 심문을 거칠 경우 가처분의 목적을 달성할 수 없는 특별한 사정이 있다고 보

채무자가 송달을 고의적으로 회피함이 명백해 보이는 경우 등과 같이
매우 예외적인 경우가 아니고서는 심문 없이 임시지위 가처분을 발령하
는 사례는 드물다. 만일 심문 없이 발령한다면 뒤에서 볼 간접강제를 부
가할 수 없다(민사집행법 제262조, 제261조).

　이하에서는 한국법상 소송금지가처분의 발령요건으로 재판권 및 국
제재판관할권의 존재, 피보전권리의 존재, 보전의 필요성의 존재, 담보
제공의 순서로[32] 검토한다.[33]

　참고로, 앞서 본 영국의 소송금지명령 발령요건과 한국법상 소송금지
가처분의 발령요건들을 대비해 본다면, '외국에서 제소되지 않을 권리'
를 가져야 한다는 요건은 대체로 한국법상 '피보전권리의 존재' 요건에
대응될 것이고, '정의의 목적에 부합할 것'이라는 요건과 '예양의 원칙에
반하지 않을 것'이라는 요건은 그 성격상 기본적으로 '보전의 필요성' 요
건에 대응되는 것으로 볼 수 있다.[34] 영국에서도 위 '외국에서 제소되지

───────────

아 예외적으로 채무자에 대한 심문 없이(ex parte) 소송금지가처분을 발령한 바
있다.

[32] 단계적으로 순서에 따라 검토한다는 것은, 예컨대, 재판청구권 침해나 국제예
양에 반한다는 이유에서 외국 제소를 금지하는 소송금지가처분은 아예 허용되
지 않는다는 입장을 취하거나, 재판권 또는 국제재판관할권이 인정되지 않는
다고 보는 경우에는 더 나아가서 가처분의 다른 요건들을 검토할 필요가 없다
는 의미이다. 피보전권리와 보전의 필요성 요건은 서로 별개의 독립된 요건으
로 보고(대법원 2005. 8. 19.자 2003마482 결정, 대법원 2007. 7. 26.자 2005마972
결정), 두 요건의 심리 순서는 법정되어 있지 아니하나 먼저 피보전권리의 존
부를 심리하여 일응 그 존재가 소명되면 그 다음에 보전의 필요성에 관하여
심리하는 것이 논리적이고 법원 실무상으로도 통상 그와 같은 순서에 따르고
있다(대법원 1967. 2. 21. 선고 66다2635 판결). 다만, 사안에 따라서는 피보전권
리의 심리에는 어려움이 있지만 보전의 필요성이 없음이 명백한 경우가 있는
데, 이와 같은 경우에는 피보전권리에 관한 판단을 생략한 채 보전의 필요성이
없음을 이유로 신청을 기각할 수 있다.

[33] 실제로 위에서 살펴 본 서울고등법원 2016. 9. 8.자 2016라20160 결정(재항고 없
이 그대로 확정됨)에서도 소송금지가처분의 당부에 관하여 피보전권리 및 보
전의 필요성 요건별로 판단하는 형식을 취하였다.

않을 권리 요건'을 '실체적 권리를 보호하기 위한 경우'와 '절차적 권리를 보호하기 위한 경우'로 구분하여 설명하고, 위 '정의의 목적 및 예양 요건'을 묶어서 '발령 여부에 관한 재량권 행사'의 문제로 설명하는 견해[35]가 있는데, 이도 비슷한 시각으로 보인다.

그러나 이는 어디까지나 기본적인 면에서 대체로 유사하다는 의미이지 완전히 일치한다는 의미가 아니다. 실제로 영국에서는 '외국에서 제소되지 않을 권리 요건' 충족여부를 판단함에 있어서 '정의의 목적 및 예양 요건'을 아울러 고려하는 것으로 보이고, 그밖에 한국법상 보전의 필요성에 해당하는 요소들까지도 '외국에서 제소되지 않을 권리 요건'에서 포함하여 다루고 있는 것으로 보인다. 특히, 분쟁해결합의 위반인지 그 외의 경우인지를 나누어 前者의 경우에는 통상 그 자체로 '외국에서 제소되지 않을 권리 요건'이 충족된다고 보므로 '정의의 목적 및 예양 요건'은 '외국에서 제소되지 않을 권리 요건' 단계에서 따로 고려할 여지가 적지만, 後者 즉 분쟁해결합의 위반 외의 부당한 외국 제소의 경우에는 '외국에서 제소되지 않을 권리 요건' 단계에서부터 '정의의 목적 및 예양 요건'의 내용들이 어느 정도 고려되는 것으로 보인다. 뒤에서 따로 살펴보겠지만, 私見으로는 한국법상으로도 국제예양의 요소를 반드시 보전의 필요성 요건에서만 고려될 요소라고 볼 수는 없고, 경우에 따라서는 피보전권리의 존재 요건에서도 고려될 수 있다고 보고, 특히 분쟁해결합의 위반 외의 부당한 외국 제소의 경우에는 피보전권리 심사 단계에서부터 일정 부분 고려될 요소가 될 수 있다고 본다.

---

34) 석광현[소송유지명령], 30면도 同旨.
35) Fentiman[2015], para. 16,100.

I. 재판권, 국제재판관할권, 준거법

1. 재판권의 존재

우리법상 재판권은 국제재판관할권과는 구별되는 개념이다. 양자를 혼동하거나 명확히 구분하지 않는 견해도 있으나 이는 영미법적 시각에서 기인한 것으로 보이고 대륙법계인 우리법제에서는 타당하지 않다.[36] 재판권이 면제되는 경우로는 주권면제(또는 국가면제, 이하 '주권면제'라 한다),[37] 외교사절단의 구성원과 그 가족, 영사관원과 그 사무직원, 주한 미군 등에 대한 면제가 있다.[38] 제한적 면제론에 따를 때 주권면제의 대상이 되는 주체의 범위 및 대상 행위의 범위, 성질결정 등에 관해서 다양한 논의[39]가 있는데 여기서는 생략한다.

---

36) 국내에서 재판권을 국제재판관할권과 혼동하여 국제재판관할권을 재판권의 '대물적 제약'으로 설명하는 견해도 있으나 이는 타당하지 않고 양자의 개념은 명확히 구분되어야 한다(석광현[국제민사소송법], 32~36면; 전원열[2020], 96면 각주1; 대법원 1998. 12. 17. 선고 97다39216 전원합의체 판결). 양자를 구분하지 않는 견해는 영미법계의 영향을 받은 것으로 보이는데, 영미에서는 대륙법계와는 달리 '재판권'과 '국제재판관할권'을 준별하지 않고 양자를 포괄하여 'jurisdiction'이라고 한다(석광현[국제민사소송법], 35면).

37) 대법원은 과거에는 절대적 면제론의 입장이었으나 현재는 입장을 변경하여 제한적 면제론(또는 상대적 면제론)을 취한다(전원열[2020], 96면). 즉, 대법원 1998. 12. 17. 선고 97다39216 전원합의체 판결은 "국제관습법에 의하면 국가의 주권적 행위는 다른 국가의 재판권으로부터 면제되는 것이 원칙이라 할 것이나, 국가의 사법적 행위까지 다른 국가의 재판권으로부터 면제된다는 것이 오늘날의 국제법이나 국제관례라고 할 수 없다."고 판시하여 제한적 면제론을 취하였다.

38) 전원열[2020], 96면. 그밖에 재판권에 관한 상세한 논의는 석광현[국제민사소송법], 31~66면 참조.

39) 예컨대, 국가기업, 즉 외국국가가 지분을 소유하고 통제하는 독립한 법인에 대해서 주권면제가 적용되는지, 중앙은행에 대해서는 적용되는지, 주권면제의 대상이 되는 주권적 행위와 비주권적 행위의 구별은 어떻게 할 것인지 등에 관해서

소송금지가처분의 경우에도 그 가처분의 상대방이 위의 재판권 면제 대상에 해당하는 경우가 있을 수는 있으나, 그러한 경우는 매우 드물 것으로 보이고 또한 이는 소송금지가처분의 특유한 문제가 아니라 다른 소송이나 보전처분에서도 마찬가지로 발생할 수 있는 일반적인 문제이므로 본 논문의 목적하에서는 논외로 한다.

소송금지가처분에 관해서 검토할 문제는 소송금지가처분이 외국의 사법주권을 침해하는 것이어서 한국법원의 재판권이 부인된다고 볼 것인지이다. 이에 관해서는 아직 별다른 논의가 없지만, 私見으로는 소송금지가처분에 관하여 한국법원의 재판권 자체가 존재하지 않는다고 볼 근거는 없다고 본다. 왜냐하면 소송금지가처분은 기본적으로 상대방 당사자에 대하여 발령되는 것이지 외국법원을 대상으로 발령되는 것이 아니고, 그 효력도 기본적으로 해당 당사자에 대해서만 미치며 외국법원으로 하여금 소송을 중지하도록 하거나 그 제소행위의 효력을 부인하도록 하는 구속력은 없기 때문이다.[40] 따라서 설령 소송금지가처분이 외국법원의 사법주권에 간접적으로는 영향을 미치는 면이 있다고 하더라도, 이를 재판권이 면제되는 경우라고까지 보기는 어렵다.

비교법적으로 살펴보아도, 앞서 본 바와 같이 소송금지명령이 국제법 위반이나 외국의 주권 침해에 해당하지는 않는다는 것이 영국의 지배적인 견해이고, 국제법협회(The International Law Association)도 2003년 결의에서 마찬가지 입장을 취한 바 있는 점, 프랑스 파기원의 2009년 In Zone Brands 판결에서도 전속적 재판관할합의를 실행하기 위하여 미국법원이 발령한 소송금지명령이 프랑스의 주권을 침해하거나, 공정한 재판을 받을 권리를 침해하거나, 공서에 반하는 것은 아니라고 판시한 바 있는 점 등에 비추어, 소송금지명령이 외국 주권을 침해한다는 등의 이유로 재판권이 면제된다고 볼 것은 아니라고 생각된다.

다양한 논의가 있는데, 이에 관한 상세는 석광현[국제민사소송법], 42~50면 참조.
40) 소송금지가처분의 효력에 대해서는 뒤에서 다시 살펴본다.

2. 국제재판관할권의 존재

국제적 분쟁에 있어서 우리 법원이 외국에서의 소송금지를 명하는 가처분을 발령하기 위해서는 가장 먼저 우리 법원에 국제재판관할이 인정되어야 하는데, 이 문제는 그리 간단한 문제가 아니다.

우리 민사집행법이나 국제사법에는 보전처분의 국제재판관할에 관하여 아무런 규정도 두고 있지 않다. 그러나 국제사법 제2조의 해석 및 국제재판관할 결정에 관한 대법원 판례[41]에 비추어 볼 때, 민사집행법 제303조[42]에 따라 한국법원에 본안의 관할권이 있거나 다툼의 대상이 한국에 있는 경우에는 특별한 사정이 없는 한 보전소송에 관한 국제재판관할이 인정된다고 해석되고,[43] 학설도 대체로 같은 견해이다.[44] 참고로, 최근 국제사법 개정법률안에는 보전처분의 재판관할에 관한 규정을 따로 마련하였다.[45]

---

41) 대법원 2012. 5. 24. 선고 2009다22549 판결, 대법원 2013. 7. 12. 선고 2006다 17539 판결 등은 "국제재판관할을 결정할 때는 당사자 간의 공평, 재판의 적정, 신속 및 경제를 기한다는 기본이념에 따라야 하고, 구체적으로는 소송당사자들의 공평, 편의 그리고 예측가능성과 같은 개인적인 이익뿐만 아니라 재판의 적정, 신속, 효율 및 판결의 실효성 등과 같은 법원 내지 국가의 이익도 함께 고려하여야 하며, 이러한 다양한 이익 중 어떠한 이익을 보호할 필요가 있을지는 개별 사건에서 법정지와 당사자와의 실질적 관련성 및 법정지와 분쟁이 된 사안과의 실질적 관련성을 객관적인 기준으로 삼아 합리적으로 판단하여야 한다"고 판시한 바 있다.

42) 민사집행법 제303조는 "가처분의 재판은 본안의 관할법원 또는 다툼의 대상이 있는 곳을 관할하는 지방법원이 관할한다."고 규정한다.

43) 법원행정처[민사집행IV], 37, 38면.

44) 석광현[국제민사소송법], 135면; 석광현[소송유지명령], 23면; 권창영, "국제민사보전법상 국제재판관할", 민사집행법 실무연구 III, 통권 제5권, 2011., 280, 281면 ; 한충수, "국제보전소송의 재판관할권 -직접관할을 중심으로-", 국제사법연구, 제4호, 1999., 98~102면 ; 김상찬, "중재합의와 보전처분의 국제재판관할", 법학연구, 제51집, 2013. 9., 274면.

45) 위 국제사법 개정법률안 조항에 대한 상세한 소개는 석광현[개정안 총칙],

1) 본안의 관할

우선, 본안이란 보전처분에 의하여 직접 보전될 권리 또는 법률관계의 존부를 확정하는 민사재판절차를 말하고, 본안의 관할법원이란 이미 본안이 계속 중인 경우에는 그 법원을, 본안이 계속되기 전인 경우에는 장차 본안소송이 제기되었을 때 이를 관할할 수 있는 법원을 말하는데, 보전소송의 피보전권리와 본안 소송물인 권리는 엄격히 일치함을 요구하지 않고 청구의 기초의 동일성이 인정되는 한 본안이라고 할 수 있다.[46] 소송금지가처분과 관련해서 본안소송은 아래에서 다시 살펴보겠지만 통상 소송금지청구 또는 이와 유사한 내용의 부작위의무 이행청구의 소, 부작위의무 위반행위 금지청구의 소, 소취하 이행청구의 소, 소제기 위법확인청구의 소 등의 형태가 될 것이다.

외국 제소를 금지하는 소송금지가처분의 본안소송 관할에 관하여 주로 생각해 볼 수 있는 관할 근거로는 ① 피신청인의 보통재판적에 따른 관할, ② 피신청인의 영업소 관할, ③ 관할합의에 의한 관할, ④ 불법행위지 관할, ⑤ 의무이행지 관할, ⑥ 기타 실질적 관련성에 의한 관할이 있겠다. 재산소재지 관할은 소송금지가처분에서 적용될 여지가 없어 보인다. 이하에서는 문제될 소지가 있는 부분을 위주로 차례로 살펴본다.

(1) 영업소 관할

외국법인이 한국 당사자를 상대로 외국법원에 제소하는 것을 막기 위한 소송금지가처분 사건에서, 그 외국법인의 영업소 등이 한국 내에

107~109면 참조. 개정법률안의 해당 조항은 다음과 같다. "제14조(보전처분의 관할) ① 보전처분에 대하여는 법원에 본안에 관한 국제재판관할이 있거나 보전처분의 대상이 되는 재산이 대한민국에 있는 경우 법원에 국제재판관할이 있다. ② 제1항에 불구하고 긴급한 필요가 있는 경우에는 대한민국에서만 효력을 가지는 보전처분을 법원에 신청할 수 있다."

46) 법원행정처[민사집행IV], 26~28면.

있기만 하면 관할이 인정되는가? 이 문제는 외국적 요소가 있는 분쟁에서 민사소송법 제5조[47])에 따라 외국법인의 주된 사무소·영업소 또는 업무담당자의 주소가 국내에 있을 경우 당해 사건이 국내의 그 영업소 등과 관련이 없더라도 국제재판관할이 인정될 수 있는지의 문제인데, 이에 관해 긍정설과 부정설이 대립한다.

① 긍정설은, 오늘날 기업은 고도의 조직과 통제력을 가지고 지점과 영업소를 관리하고 있고, 교통과 통신망이 비약적으로 발달하여 본점과는 원격지에 있는 어느 지점이나 영업소가 자신과는 무관한 업무에 관해서도 본점의 신속한 지시와 통제에 따라 소송을 진행하는데 아무런 어려움이 없는 것이 보통이므로 재판진행에 있어서 당사자간 공평, 재판의 적정·신속한 처리에 전혀 문제가 없다는 이유에서 국제적 분쟁에 관해서도 민사소송법 제5조 제2항을 국제재판관할의 근거로서 허용하여야 한다는 견해이다.[48])

② 부정설은, 민사소송법 제5조 제2항은 독일 민사소송법에는 없는 조문으로서 국제재판관할에 대한 고려 없이 도입된 조항이고, 위 조항을 근거로 영업소 등 소재지인 한국에 외국법인에 대한 일반관할을 인정한다면 제12조[49])를 별도로 두되 이를 특별관할로 규정한 입법자의 의도가 완전히 무시되는 것이며, 미국의 '영업활동(doing business)'[50])에 기한 일

---

47) 민사소송법 제5조는 "① 법인, 그 밖의 사단 또는 재단의 보통재판적은 이들의 주된 사무소 또는 영업소가 있는 곳에 따라 정하고, 사무소와 영업소가 없는 경우에는 주된 업무담당자의 주소에 따라 정한다. ② 제1항의 규정을 외국법인, 그 밖의 사단 또는 재단에 적용하는 경우 보통재판적은 대한민국에 있는 이들의 사무소·영업소 또는 업무담당자의 주소에 따라 정한다."라고 규정한다.
48) 유중원, "신용장거래에 있어서 준거법과 재판관할의 결정기준", 국제사법연구, 2호, 1997., 416, 417면.
49) 민사소송법 제12조는 "사무소 또는 영업소가 있는 사람에 대하여 그 사무소 또는 영업소의 업무와 관련이 있는 소를 제기하는 경우에는 그 사무소 또는 영업소가 있는 곳의 법원에 제기할 수 있다."라고 규정한다.
50) 이에 대한 상세한 내용은 석광현[2000], 181~187면 참조.

반관할은 세계적으로 과잉관할의 전형적인 예로 비판되고 있다는 근거
에서 민사소송법 제5조를 근거로 주된 사무소·영업소의 일반관할을 인
정하는 것에 반대한다.[51] 이 견해가 다수 견해인 것으로 보인다. 그 경
우 구체적인 해결방법이나 민사소송법 제5조의 반영 정도에 관해서는
논자마다 견해가 다양하다.[52]

　③ 대법원 2000. 6. 9. 선고 98다35037 판결은 "구 민사소송법 제4조(현
민사소송법 제5조)에 의하면 외국법인 등이 대한민국 내에 사무소, 영업
소 또는 업무담당자의 주소를 가지고 있는 경우에는 그 사무소 등에 보
통재판적이 인정된다고 할 것이므로, 증거수집의 용이성이나 소송수행
의 부담 정도 등 구체적인 제반 사정을 고려하여 그 응소를 강제하는 것
이 민사소송의 이념에 비추어 보아 심히 부당한 결과에 이르게 되는 특
별한 사정이 없는 한, 원칙적으로 그 분쟁이 외국법인의 대한민국 지점
의 영업에 관한 것이 아니라 하더라도 우리 법원의 관할권을 인정하는
것이 조리에 맞는다."라고 판시하여 원칙적으로 민사소송법 제5조 제2항
이 국제소송에서의 일반관할 인정의 근거가 될 수 있다고 보았다. 위 판
결은 구 섭외사법이 적용되던 사안에 대한 것이고, 현행 국제사법이 적

51) 석광현[국제사법해설], 77, 78면; 한애라, "국제재판관할과 관련된 판결의 추이
　및 국제사법의 개정방향 -국제재판관할의 판단구조 및 법인에 대한 일부 과잉
　관할 쟁점과 관련하여-", 민사판례연구, 35권, 2013., 1128~1141면; 한충수, "국내
　토지관할 규정의 국제적 정합성 -법인의 보통재판적과 영업소 및 재산소재지
　특별재판적을 중심으로-", 민사소송, vol. 제13권 제2호, 2009., 135~137면; 유영
　일, "국제재판관할의 최근 동향", 세계화 시대의 법·법률가, 2002. 10., 787, 788
　면; 이헌묵, "일제 강점기 강제징용에 관련한 국제재판관할(대법원 2012. 5. 24.
　선고 2009다22549 판결)", 법률신문, 4093호, 2013. 1.자
52) 이에 관한 소개는 한애라, "국제재판관할과 관련된 판결의 추이 및 국제사법의
　개정방향 -국제재판관할의 판단구조 및 법인에 대한 일부 과잉관할 쟁점과 관
　련하여-", 민사판례연구, 35권, 2013., 1129; 한충수, "국내토지관할 규정의 국제
　적 정합성 -법인의 보통재판적과 영업소 및 재산소재지 특별재판적을 중심으
　로-", 민사소송, vol. 제13권 제2호, 2009., 135~137면 참조.

용되는 사안에 대해서도 그대로 유지될 수 있는지에 관해서는 아직 대법원의 명시적인 판례가 없다. 그러나 법원 하급심에서는 최근까지도 위 대법원 판결을 원용하면서 민사소송법 제5조 제2항을 근거로 영업소 등의 일반관할을 인정하거나 영업소 등 소재지를 실질적 관련성의 중요한 요소로 거시하고 있는 판결들이 선고되고 있다.[53]

私見으로는, 현행 국제사법하에서는 국내 토지관할규정이 곧바로 국제재판관할규칙의 근거로 이어지는 종래의 도식이 아닌, '실질적 관련성'을 기준으로 국제재판관할을 인정하고, 이를 판단함에 있어서는 '국제재판관할 배분의 이념에 부합하는 합리적인 원칙'에 따르도록 규정(제2조 제1항)하고 있는 점, 그에 있어서 국내법의 관할 규정을 참작하되 '국제재판관할의 특수성을 충분히 고려'하도록 규정(제2조 제2항)하고 있는 점 등에 비추어, 국내에 영업소 등이 소재한다는 이유만으로 그 영업소 등과 관련이 없는 사안에 대해서까지 민사소송법 제5조에 따라 일반관할을 인정하는 것은 '국제재판관할 배분의 이념'이나 '국제재판관할의 특수성'을 고려하지 않은 것으로서 과잉관할의 소지가 높다고 본다. 비교법적으로나 국제 규범의 추세에 비추어 보더라도,[54] 부정설이 타당하

---

53) 최근의 판결로는 서울중앙지방법원 2016. 12. 2. 선고 2016가합506545 판결 참조.그 외에도 서울고등법원 2009. 6. 19. 선고 2006나30787 판결. 서울고등법원 2009. 8. 20. 선고 2007나27566 판결, 서울고등법원 2008. 10. 30. 선고 2008나9374 판결, 서울고등법원 2012. 5. 17. 선고 2011나47994 판결, 부산고등법원 2009. 2. 3. 선고 2007나4288 판결, 서울중앙지방법원 2005. 7. 22. 선고 2003가합33009 판결, 서울중앙지방법원 2007. 1. 12. 선고 2005가합96400 판결, 서울중앙지방법원 2008. 9. 26. 선고 2007가합111631 판결, 서울중앙지방법원 2011. 1. 14. 선고 2007가합80850 판결, 부산지방법원 2009. 6. 17. 선고 2008나3906 판결, 서울남부지방법원 2011. 11. 4. 선고 2010가합8779 판결 등이 있다. 위 하급심 판결들에 대한 상세한 분석은 한애라, "국제재판관할과 관련된 판결의 추이 및 국제사법의 개정방향 -국제재판관할의 판단구조 및 법인에 대한 일부 과잉관할 쟁점과 관련하여-", 민사판례연구, 35권, 2013., 1132~1140면 참조.
54) 독일에서는 그와 같은 영업소 일반관할 규정이 없고, 일본도 최근 개정 민사소송법에서 그러한 조항을 두지 않는 것으로 입법적 해결을 하였다(석광현[국제

다고 본다. 따라서 국내에 영업소 등이 소재한다는 이유만으로 그 영업소 등과 관련이 없는 사안에 대해서까지 우리 법원의 일반관할을 인정하는 취지의 위 대법원 판결은 현행 국제사법 하에서는 더 이상 유지되기 어렵다고 본다. 민사소송법 제5조는 고려하지 않고 국제사법 제2조 및 민사소송법 제12조를 근거로 국제재판관할권을 판단함이 타당하다고 본다.

(2) 관할합의에 따른 관할

본안소송에 관하여 관할합의에 따른 국제재판관할이 인정되면, 특별한 사정이 없는 한 보전소송에 관하여도 관할이 인정될 것이다. 그런데 앞서 본 바와 같이 소송금지가처분의 본안소송을 소송금지청구 또는 이와 유사한 내용의 부작위의무 이행청구의 소, 부작위의무 위반행위 금지청구의 소, 소취하 이행청구의 소, 소제기 위법확인청구의 소 등으로 본다면, 관할합의도 위 금지청구 등에 관한 것이어야 한다. 예컨대, 당사자

사법해설], 77~78면, 주36; 한애라, "국제재판관할과 관련된 판결의 추이 및 국제사법의 개정방향 -국제재판관할의 판단구조 및 법인에 대한 일부 과잉관할 쟁점과 관련하여-", 민사판례연구, 35권, 2013., 1129면 주103). 헤이그국제사법회의(Hague Conference on Private International Law)에 의해 작성된 1999. 10. 30. "민사 및 상사사건의 국제재판관할과 외국재판에 관한 협약"(Convention on Jurisdiction and Foreign Judgments in Civil and Commercial Matters) 예비초안(Preliminary Draft) 제18조 제2항은 "특히 체약국의 법원은 오로지 다음 각호의 하나 또는 그 이상에 근거하여 관할을 행사할 수 없다."고 규정하면서 그 금지관할의 예시로서 재산 소재 또는 이에 대한 가압류, 원피고의 국적, 원고의 주소 등, 피고의 상업적 또는 기타 활동의 영위, 분쟁의 발생원인이 된 계약의 당해 국가 내에서의 서명을 들고 있다(한애라, 위 글, 1117면). 같은 예비초안 제9조도 영업소 등 소재지 관할을 당해 영업소 등과 직접적으로 관련된 분쟁(the dispute relates directly to the activity of that branch, agency or establishment)에 한정하고 있다. 유럽의 브뤼셀 I bis 규정 제7조 제5항(종전 브뤼셀 규정에서는 제5조 제5항)에서도 "영업소 등의 활동에서 기인한 분쟁(a dispute arising out of the operations of a branch, agency or other establishment)"이라고 규정하고 있다.

들이 주된 계약에 부수하여 한국법원으로 전속적 국제재판관할합의를
하면서 그에 위반된 외국 제소행위가 있을 경우 그에 관한 금지청구나
보전처분, 손해배상청구 등도 한국법원에서 한다고 정하였다면, 그러한
본안소송의 관할합의에 따라 한국법원에 소송금지가처분의 관할도 인정
될 것이다.

문제는 주된 계약에 관한 관할합의의 효력이 그 관할합의에 위반된
외국 제소행위에 대한 금지청구나 손해배상청구의 소에까지 미친다고
볼 수 있는지이다. 이는 기본적으로 당사자 의사해석의 문제이나 일반적
으로는 이를 긍정함이 타당하다고 본다.55) 따라서 주된 계약에 관하여
관할합의가 있다면 그에 기하여 소송금지가처분의 관할도 그 합의된 법
원에 있다고 인정할 수 있을 것이다. 실무상 이를 더 명확하게 하기 위
해서는 관할합의나 중재합의를 함에 있어서 위반 시 손해배상의무를 부
과하거나 소송금지명령을 허용하는 취지의 조항을 명시하고, 나아가 소
송금지명령이나 손해배상청구를 할 관할법원도 미리 합의조항으로 정해
두는 것이 좋을 것이다.

이와는 구별되는 문제로, 본안에 관한 전속적 국제재판관할합의가 있
으면 그 지정된 법원이 아닌 다른 국가의 법원은 보전처분에 관한 관할
도 배제 당하는가 하는 문제가 있다. 이에 관하여 독일 연방대법원은,
본안에 관한 전속적 국제재판관할합의의 효력이 보전처분에도 미친다는
이유로 전속적 관할법원이 아닌 다른 법원의 보전처분 관할을 부정하였
다.56) 그러나 私見으로는, 본안의 관할과 보전처분의 관할은 원칙적으로

---

55) 한승수[2019], 31~32면; Mankowski[2009], S. 34; Antomo[2017], S. 365에서도 전속적
   관할합의 위반에 따른 손해배상청구에 대하여 합의된 법원이 당연히 관할을
   가진다고 하고 이것이 독일의 통설이라고 한다. 금지청구에 대해서도 동일하
   게 볼 수 있다고 생각된다.
56) BGH Urteil vom 3. 12. 1973.(II ZR 91/72 BeckRS 1973 30380980), AWD 1974, 221
   = WM 1974, 242 = ZZP 88 (1975), 318.(권창영, "국제민사보전법상 국제재판관
   할", 민사집행법 실무연구 III, 통권 제5권, 2011., 296면에서 재인용).

구별되는 것이고, 특히 다른 법원의 관할을 배제하는 당사자의 의사는 가능한 제한적으로 해석하는 것이 바람직한데, 본안에 관한 전속적 관할 합의가 있었다고 하여 보전처분에 있어서까지 다른 법원의 관할을 배제 하는 전속적 관할합의가 있었다고 해석하는 것은 당사자의 의사해석 범 위를 넘는 것으로 보이는 점 등의 이유에서, 본안에 관한 전속적 국제재 판관할합의에도 불구하고, 다른 국가의 법원은 보전처분에 대한 국제재 판관할을 가질 수 있다고 본다.57) 우리 법원의 하급심 판결례 중에서도 이를 긍정한 사례가 있다.58) 참고로, 2005년 헤이그 재판관할합의협약 (The Hague Convention on Choice of Court Agreements) 제7조에서도 위 협 약이 가압류, 가처분 등 임시적 조치를 위한 재판에는 적용되지 않음을 명시하여, 전속적 재판관할합의가 있더라도 다른 국가의 법원이 임시적 조치(보전처분)를 위한 관할권을 가질 수 있다는 입장이다.59)

---

57) 석광현[국제사법해설], 92면도 同旨.
58) 서울중앙지법 2005. 6. 27.자 2005카합1100 결정(이는 서울고등법원 2005. 8. 30. 자 2005라527 결정으로 항고기각, 대법원 2005. 12. 28.자 2005마915 결정으로 심 리불속행기각되어 그대로 확정되었다). 그 사안은 독일법원을 관할법원으로 하는 전속적 관할합의를 한 대한민국 회사가 독점대리점 계약의 상대방인 독 일 회사를 피신청인으로 하여 신청한 영업방해금지가처분 사건인데, 가처분 사건의 관할은 민사집행법 제303조에 의하여 본안의 관할법원 뿐 아니라 '다툼 의 대상이 있는 곳'을 관할하는 법원에도 있고, 여기서 '다툼의 대상이 있는 곳' 이란 민사집행법 제300조 제1항에서 말하는 '계쟁물 소재지'보다 넓은 의미로 서 민사집행법 제300조 제2항 소정의 임시의 지위를 정하기 위한 가처분에 있 어서의 다툼이 있는 권리관계가 존재하는 곳도 포함한다는 이유로, 다툼이 있 는 권리관계가 존재하는 대한민국 법원에 국제재판관할권을 인정하였다.
59) 이에 관해서는 박정훈, "헤이그 재판관할합의협약(2005 Convention on Choice of Court Agreements)", 국제사법연구, 제11호, 2005., 252~253면; 이규호[2019], 84~85 면 참조.

(3) 불법행위지 관할

뒤에서 보겠지만, 불법행위에 기한 손해배상청구권은 금전채권으로서 가압류의 피보전권리가 될 수 있을 뿐, 임시적 지위 가처분의 일종인 소송금지가처분의 피보전권리는 될 수 없지만, 본안소송의 소송물이 보전처분의 피보전권리와 어느 정도로 일치하여야 하는가의 맥락에서는, 청구기초동일설을 취하는 판례[60]의 태도에 의할 때 불법행위에 기한 손해배상청구소송도 그 청구의 기초가 동일하다고 볼 수 있다면 소송금지가처분의 본안소송으로 인정될 수 있을 것이다. 불법행위에 기한 금지청구소송은 물론 본안소송이 된다.

따라서 외국 소제기 행위가 불법행위라는 이유로 소송금지가처분을 신청한 경우 한국이 불법행위지라고 볼 수 있다면 불법행위지 관할에 기하여 한국법원에 국제재판관할권을 인정할 수 있을 것으로 보인다.[61] 민사소송법 제18조에서는 불법행위지 특별재판적 규정을 두고 있는데, 이러한 불법행위지 관할은 국제재판관할에 있어서도 인정된다.[62] 관할 인정을 위한 차원에서는 외국 제소행위가 불법행위라고 주장하는 것만으로 족하고 실제로 불법행위의 성립이 인정될 필요는 없다. 불법행위라고 주장하기만 하면 그 원인이 분쟁해결합의 위반이든 그 외의 부당제소이든 관계 없이 불법행위지 관할을 적용할 수 있다(다만, 구체적으로 불법행위지가 어디인지에 관해서는 아래에서 보듯이 분쟁해결합의 위반의 경우와 그 외의 경우를 구분하여 살펴 볼 필요가 있다). 여기서의 불법행위지에는 장래 불법행위가 발생할 것으로 예상되는 곳도 포함된다고 본다.

---

60) 대법원 1982. 3. 9. 선고 81다1223,81다카991 판결, 대법원 2017. 3. 9. 선고 2016다257046 판결 등 참조.
61) 석광현[소송유지명령], 23, 24면.
62) 석광현[국제사법해설], 75면(다만, 불법행위지의 개념은 민사소송법의 그것과는 달리 국제민사소송법의 독자적인 입장, 즉 국제소송의 적정, 공평, 신속이라는 관점에서 합리적으로 결정할 것이라고 한다).

문제는 외국 제소행위가 불법행위라고 한다면 그 불법행위지를 어디로 볼 것인가이다. 예컨대, 한국에 상거소를 둔 A가 이탈리아에 상거소를 둔 B를 상대로 한국에서 이행소송을 제기하려고 하는데, B가 악의적으로 이탈리아법원에 소극적 확인의 소를 먼저 제기하였다면, 불법행위지는 이탈리아인가 한국인가? 뒤의 준거법 부분에서 더 자세히 살펴보겠지만, 이 경우는 행동지와 결과발생지가 상이한 격지불법행위의 한 유형에 해당한다고 보이는데, 행동지는 악의적 소극적 확인의 소가 제기된 이탈리아이고, 결과발생지는 피해자인 A의 상거소인 한국이라고 생각된다. 결과발생지라 함은 법익침해 당시 법익의 소재지를 말하는데, 부당한 외국 제소로 인해 피해자가 자국에서 소송할 수 있는 법익을 침해 당하였고, 이를 재산, 명예, 신체 또는 정신의 자유, 신용 등의 침해로 보더라도 그 법익의 소재지는 피해자의 상거소지라고 봄이 타당하기 때문이다.[63] 이렇게 본다면, A는 그 선택에 따라 행동지인 이탈리아법원 혹은 결과발생지인 한국법원 모두에서 제소할 수 있다고 본다.

만일, 외국 소제기 행위가 분쟁해결합의를 위반하여 불법행위에 해당한다는 이유로 소송금지가처분을 신청한 경우는 어떨까? 예컨대, 위 사례에서 A와 B가 영국법원을 전속관할법원으로 합의하였는데 B가 이탈리아법원에 소를 제기한 것이라면, 결과발생지는 한국(피해자의 상거소지)인가, 영국(전속관할법원 소재지)인가? 이에 관하여는 피해자 A의 상거소지인 한국만이 결과발생지로서 불법행위지가 되고 전속관할법원 소재지인 영국은 불법행위지와 무관하다는 견해가 있을 수 있고, 이와 달리 피해자 A의 상거소지인 한국뿐만 아니라 전속관할법원 소재지인 영

---

63) 앞서 본 프랑스 파리항소법원의 IPCom v. Lenovo and Motorola 판례에서도 미국법원의 소송금지명령으로 인한 손해가 프랑스에서 발생한다는 점을 근거로 프랑스법원에 소송금지가처분의 관할이 인정된다고 보았다(4ipcouncil 웹페이지, "Case law search: IPCom v. Lenovo, Court of Appeal of Paris - RG 19/21426", 2020. 4. 13.(https://caselaw.4ipcouncil.com/search/tag/anti-anti-suit%20injunction) 참조(2020. 7. 20. 최종 방문)].

국도 결과발생지로서 불법행위지가 될 수 있다는 견해도 가능하다. 私見으로는, 합의된 전속관할법원에서 재판받을 권리가 침해되었다는 측면을 고려할 때 전속관할법원 소재지도 결과발생지로서 불법행위지가 될 수 있다는 후자의 견해에 찬성한다.[64] 중재합의에 있어서 중재지에 관해서도 마찬가지로 볼 수 있다. 따라서 분쟁해결합의 위반에 기한 소송금지가처분의 경우 전속관할법원 소재지 또는 중재지 법원에 불법행위지 관할을 인정할 수 있다고 본다.

설령 위와 같이 보지 않는다고 하더라도, 분쟁해결합의 위반에 기한 소송금지가처분의 경우 보통은 피해자가 자신의 상거소지를 전속관할법원 또는 중재지라고 주장하면서 이를 위반한 상대방에 대하여 소송금지청구를 하는 경우가 많을 것이므로, 피해자의 상거소와 전속관할법원 소재지 또는 중재지가 같은 곳일 가능성이 높을 것이다. 그렇지 않더라도 전속관할법원 소재지 또는 중재지라는 사유는 뒤에서 볼 국제사법 제2조의 '실질적 관련성'을 판단함에 있어서 중요한 고려 요소로 기능할 수 있고, 그에 따라 전속관할법원 소재지 또는 중재지에 관할을 인정할 여지가 있다.[65]

⑷ 의무이행지 관할

민사소송법 제8조의 의무이행지 관할은 국제재판관할에 있어서는 앞서 본 민사소송법 제5조의 영업소 관할과 함께 과잉관할의 예로 지적되는 관할근거이다. 그에 대한 논의는 별론으로 하고, 의무이행지 관할과 관련하여 소송금지의무의 의무이행지를 어디로 볼 것인지가 문제된다.

---

64) 석광현[소송유지명령], 23, 24면도 同旨. 앞서 본 바와 같이 Mankowski[2009], S. 34; Antomo[2017], S. 365에서도 전속적 관할합의 위반에 따른 손해배상청구에 대하여 합의된 법원이 당연히 관할을 가진다고 하고 이것이 독일의 통설이라고 하는바, 전속관할법원 소재지를 불법행위지로 보아 그 법원에 관할을 인정하는 것도 이와 비슷한 맥락이라고 볼 수 있다.

65) 석광현[소송유지명령], 24면도 同旨.

예컨대, 한국법원을 전속관할법원으로 하는 전속적 관할합의나 한국을 중재지로 하는 중재합의를 위반하여 제3의 외국법원에 소를 제기한 경우, 소송금지의무의 의무이행지는 전속관할법원 소재지 혹은 중재지인 한국인가, 위 외국법원 소재지인가, 침해자(외국 제소행위자)의 상거소지인가? 부작위의무의 의무이행지가 어디인지에 관해서는 명확한 기준이 확립되어 있는 것이 아니어서 견해 대립이 충분히 가능할 것으로 보이나, 私見으로는 전속관할법원 소재지 또는 중재지를 당연히 소송금지의무의 의무이행지라고 보기는 어렵고,[66] 일반적으로는 침해자의 상거소지를 부작위의무의 의무이행지로 봄이 타당하다고 본다.[67][68] 이렇게 본다면, 분쟁해결합의 위반의 경우이든 그 외의 부당제소의 경우이든 간에 외국에서 제소하지 않을 부작위의무의 의무이행지는 침해자의 상거소지가 된다. 따라서 한국 당사자가 외국에 상거소를 둔 침해자를 상대로 하여 의무이행지 관할을 근거로 한국법원에 소송금지가처분을 제기하기는 어려울 것으로 생각한다. 다만, 전속관할법원 소재지 또는 중재지라는 사유는 뒤에서 볼 국제사법 제2조의 '실질적 관련성'을 판단함에 있어서 중요한 고려 요소로 기능할 수 있음은 앞에서와 마찬가지다.

---

66) 석광현[소송유지명령], 24면도 중재지에 관해서 同旨.

67) 이와 관련하여, 민일영 편집대표, 주석 민사소송법(Ⅰ), 한국사법행정학회, 제8판, 2018., 145면에서도 '부작위채무의 경우 부작위장소가 한정되어 있지 않은 일반적인 채무라면 채무자(이는 침해자를 의미한다)의 주소 또는 거소를 의무이행지로 보아야 한다'고 쓰고 있다.

68) 이는 의무이행지가 어디인지에 관한 준거법이 한국법일 경우의 해석이다. 통상의 경우에는 국제재판관할권의 판단이 선행하고 그 후 준거법을 판단하게 되나, 의무이행지 관할에 관해서는 준거법을 판단하여 이에 의하여 의무이행지를 확정하고 나서 이를 근거로 국제재판관할권을 판단하게 된다(김인호, 국제사법 -판례와 사례 분석과 해설-, 박영사, 2012., 88면; 김인호, "국제물품매매계약상의 원상회복의무와 그 이행지에 기초한 국제재판관할권", 인권과 정의, 408호, 2010., 131면).

⑸ 기타(실질적 관련성)

위와 같이 소송금지가처분 사건에서 독자적인 관할 근거로 사용될
수 있는 요소로서 피신청인의 보통재판적에 따른 관할, 관할합의에 따른
관할, 불법행위지 관할 등이 가능하다고 보았는데, 설령 각 개별 요소들
이 독자적인 관할 근거로 사용될 수 없는 경우라고 하더라도 그러한 요
소들이 국제사법 제2조 제1항의 '실질적 관련성'을 판단함에 있어서 고
려될 요소로 기능할 수는 있다.[69]

2) 다툼의 대상이 있는 곳의 관할

앞서 본 바와 같이 다툼의 대상이 한국에 있는 경우에는 특별한 사정
이 없는 한 보전소송에 관한 국제재판관할이 인정된다. 이 경우 '다툼의
대상이 있는 곳'이란, 계쟁물 가처분에 관한 민사집행법 제300조 제1항
의 '계쟁물 소재지'보다 넓은 의미로, 임시지위 가처분에 관한 같은 조
제2항의 '다툼 있는 권리관계'에 관하여 가처분하여야 할 유체물, 무체물

---

69) 이와 관련하여, 대법원은 "일제강점기에 국민징용령에 의하여 강제징용되어
일본국 회사인 미쓰비시중공업 주식회사(이하 '구 미쓰비시'라고 한다)에서 강
제노동에 종사한 대한민국 국민 갑 등이 구 미쓰비시가 해산된 후 새로이 설
립된 미쓰비시중공업 주식회사(이하 '미쓰비시'라고 한다)를 상대로 국제법 위
반 및 불법행위를 이유로 한 손해배상과 미지급 임금의 지급을 구한 사안에서,
미쓰비시가 일본법에 의하여 설립된 일본 법인으로서 주된 사무소를 일본국
내에 두고 있으나 대한민국 내 업무 진행을 위한 연락사무소가 소 제기 당시
대한민국 내에 존재하고 있었던 점, 대한민국은 구 미쓰비시가 일본국과 함께
갑 등을 강제징용한 후 강제노동을 시킨 일련의 불법행위 중 일부가 이루어진
불법행위지인 점, 피해자인 갑 등이 모두 대한민국에 거주하고 있고 사안의 내
용이 대한민국의 역사 및 정치적 변동 상황 등과 밀접한 관계가 있는 점, 갑
등의 불법행위로 인한 손해배상청구와 미지급임금 지급청구 사이에는 객관적
관련성이 인정되는 점 등에 비추어 대한민국은 사건 당사자 및 분쟁이 된 사
안과 실질적 관련성이 있다"고 판시한 바 있다(대법원 2012. 5. 24. 선고 2009다
22549 판결).

등을 모두 포함한다. 예를 들면, 건물인도·유아인도를 구하는 경우에는 건물 또는 유아가 있는 곳, 이사직무집행정지 및 대행자선임, 영화 또는 극장에의 출연금지를 구하는 가처분의 경우에는 그 작위 또는 부작위가 이루어지는 곳, 즉 회사의 본점소재지, 영화촬영지, 연극상영지 등이 다툼의 대상이 있는 곳, 총회개최금지 가처분사건에서는 총회개최지, 인터넷에 의한 명예훼손금지 가처분사건 등에서는 서버소재지 또는 관리업체의 소재지 등이 다툼의 대상이 있는 곳이 된다.[70] 접근금지 가처분은 접근금지를 구하는 장소, 영업금지 가처분은 영업이 행해지고 있는 장소[71], 건물사용방해금지 가처분은 건물이 있는 장소가 다툼의 대상이 있는 곳이 될 것이다.

소송금지가처분의 경우 다툼의 대상 소재지를 어디로 보아야 할지는 어려운 문제이다. 예컨대, 한국을 전속관할법원으로 합의하였는데 상대방이 외국에 소를 제기했을 경우, 또는 한국을 중재지로 하는 중재합의를 하고도 외국에 소를 제기했을 경우, 소송금지가처분을 제기한다면 다툼의 대상 소재지는 한국이 된다고 볼 것인지, 제소지인 외국이라고 볼 것인지가 문제된다. 보기에 따라서는 이 경우 다툼의 대상은 금지하려는 외국에서의 제소행위라고 보아야 할 것이므로 다툼의 대상 소재지는 외국이라고 주장할 수도 있겠다. 그러나 私見으로는 분쟁해결합의 위반을 이유로 한 소송금지가처분의 경우 다툼의 대상 소재지는 전속관할법원 소재지 또는 중재지(위 사례에서 한국)라고 봄이 타당하다고 생각한다. 반면에 분쟁해결합의 위반 외의 부당 외국제소의 경우에는 원칙적으로 다툼의 대상은 금지하려는 외국에서의 제소행위라고 보아야 할 것이므로, 다툼의 대상 소재지는 외국이라고 봄이 타당하다고 생각한다.

---

70) 법원행정처[민사집행IV], 31면.
71) 하급심 판례 중 서울중앙지법 2005. 6. 27.자 2005카합1100 결정이 이러한 사례에 해당한다(위 판례의 사안에 대해서는 뒤에서 다시 살펴본다).

3) 긴급관할

우리 법원에 국제재판관할이 인정되지 않는 경우라 하더라도, 극히 예외적으로 우리 법원의 국제재판관할을 인정할 필요가 있는 경우가 있다. 이는 관할을 허용하지 않을 경우 '재판의 거부(denial of justice)'가 되어 현저히 정의에 반하는 결과가 되는 경우, 예외적·보충적으로 국제재판관할을 인정하는 것으로서, 외국 제소행위가 공서양속에 반하거나 권리남용에 해당하고 그로 인한 침해가 중대한 경우 등에 예외적으로 우리 법원이 소송금지가처분의 국제재판관할을 인정할 수 있는 근거가 될 수도 있다.

그러나 긴급관할은 그 성격상 극히 예외적인 경우에만 제한적으로 인정되어야 할 것이고, 특히나 국제예양이나 외국 사법주권 침해 등의 우려가 강하게 제기되는 소송금지명령의 상황에서는 함부로 인정해서는 곤란하다고 본다.

3. 준거법

우리 법원에 제기된 소송금지가처분 사건에 관하여 적용할 준거법에 관하여는 기본적으로 성질결정을 기초로 절차적 문제와 실체적 문제를 나누어 살펴보아야 한다. 절차적 문제에 관하여는, 국제사법에 명시적인 규정은 없으나 '절차는 법정지법에 따른다(forum regit processum)'는 불문의 국제사법 원칙에 따라 법정지법(lex fori)이 적용된다.[72] 따라서 소송

---

72) 이는 대부분의 국가에서 널리 인정되고 있는 국제사법의 보편적인 원칙이자 우리 학계의 통설이다(Geimer[2009], Rn. 319f; Schack[2006], Rn. 47; 석광현[국제사법해설], 24면; 석광현[국제민사소송법], 158면; 석광현, 국제사법과 국제소송 제4권, 박영사, 2007., 126면; 신창선/윤남순[2016], 97면; 최공웅, 국제소송, 육법사, 1994., 243면 이하; 장준혁[2006], 250면 등). 우리 판례(대법원 1988. 12. 13. 선고 87다카1112 판결)도 같은 입장이다. 동 원칙의 연원과 이론적 근거 및 각

금지가처분의 경우, 재판권, 관할, 가처분 신청과 그 심리의 절차 및 요구되는 발령요건이 무엇인지(피보전권리의 존재 및 보전의 필요성), 담보제공, 불복 방법, 집행과 효력, 간접강제 등 소송절차적인 내용은 모두 우리 민사집행법과 민사소송법의 규율을 받는다. 소송금지가처분 사건에서 '소명책임과 소명의 정도'에 관하여 적용할 준거법에 관해서는 뒤에서 별도로 살펴보기로 한다.

가장 어려운 문제는, 소송금지가처분이 허용되는 것인지 여부('허용 가능성')의 준거법과 피보전권리 요건 단계에서 '피보전권리의 존부' 판단에 적용되는 준거법을 각 무엇으로 볼 것인지이다(뒤에서 다시 살펴보겠지만, '보전의 필요성' 인정 여부는 절차의 문제로 보아 법정지법인 한국법에 따른다고 본다).

이에 관하여 다른 국내의 문헌은 발견하지 못하였으나, ① 위 문제들을 모두 절차의 문제로 보아 법정지법인 한국법을 적용한다는 견해(절차법설), ② 반대로 위 문제들을 모두 실체의 문제로 보아 국제사법에 따라 결정되는 해당 법률관계의 준거법을 적용한다는 견해(실체법설), ③ 소송금지가처분의 허용 가능성의 문제와 피보전권리 존부의 문제를 구별해서 전자는 절차법설, 후자는 실체법설을 따른다고 보는 견해(이분설) 등이 가능하다고 생각된다.

만일, 위 ①설에 따라 모두 절차법을 적용한다고 본다면, 한국법원으로서는 피보전권리의 존부를 판단하기에 앞서 소송금지가처분의 허용 가능성을 한국법에 따라서 먼저 판단하고, 예컨대, 한국법상으로는 허용되지 않는다고 해석할 경우에는 신청을 각하할 것이고, 허용된다고 해석할 경우에는 더 나아가 피보전권리의 존부를 판단하게 될 것인데, 이 또한 법정지인 한국법에 따라 판단하게 될 것이다(예컨대, 국제사법에 따

국의 논의에 관한 상세한 내용은 장준혁[2006], 249~276면 참조. 위 글의 249면에 의하면 이 저촉법 원칙을 명문으로 규정하는 입법례도 있으나 매우 드물다고 한다.

라 결정되는 해당 법률관계의 준거법이 영국법이라 하더라도 피보전권리의 존부 판단은 한국법을 따르게 된다). 이와 달리 위 ②설인 실체법설에 따른다면, 피보전권리의 존부 뿐만 아니라, 한국법원이 소송금지가처분을 발령할 수 있는가의 문제도 실체의 문제로 보아 국제사법에 따라 결정되는 해당 법률관계의 준거법을 적용할 것이다.

이에 관한 영국의 태도를 살펴보면, 기본적으로는 절차법설의 입장인 것으로 보인다. 즉, 영국법원은 명시적으로 밝히고 있지는 않지만, 발령요건 충족여부를 포함하여 소송금지명령의 허용 가능성에 관하여 영국법을 적용함을 암묵적으로 전제하고 있다.[73] 심지어 당사자가 영국을 전속관할법원 또는 중재지로 합의하였지만 준거법은 다른 국가의 법이 적용되는 경우(실제로 이런 경우는 드물다고 한다)에 조차도, 영국법원은 소송금지명령의 요건 충족여부에 관해 영국법을 적용해 왔다고 한다.[74] 영국의 이러한 태도에 대해서는, 소송금지명령의 발령 여부는 남

---

73) Fentiman[2015], para. 16.15; Raphael[2019], para. 4.08 이하, 7.11~7.12.; 분쟁해결합의 위반에 관한 판례로는 OT Africa Line Ltd v. Magic Sportswear Corp [2005] 1 Lloyds Rep 252, §§ 38-41, [2005] 2 Lloyds Rep 170 (CA), §§ 50, 73; West Tankers Inc v. Ras Riunione Adriatica di Sicurta SpA (The Front Comor) [2005] 2 Lloyds Rep 257, §§ 31-52 등 참조. 분쟁해결합의 외의 경우에 관한 판례로는 Carron Iron Co v. Maclaren (1855) 10 ER 961, 5 HLC 416, 437; British Airways Board v. Laker Airways Ltd [1985] AC 58 (HL), 81D; Midland Bank Plc v. Laker Airways Ltd [1986] QB 689 (CA), 701H-702A; Barclays Bank Plc v. Homan [1993] BCLC 680 (Hoffmann J), 687-688; Simon Engineering Plc v. Butte Mining Plc (No 1) [1996] 1 Lloyds Rep 104 (Rix J), 107. 등 참조.

74) Raphael[2019], para. 7.12 주13. 그러한 영국 판례들로는 A/S D/S Svendborg v. Wansa [1996] 2 Lloyds Rep 559, 563, 569-571, 575; [1997] 2 Lloyds Rep 183 (CA), 186-188; The Owners of the 'MSC Dymphna' v. Agfa-Gevaert NV (David Steel J, December 19, 2001). British Virgin Islands and Bermuda 법원이 영국 중재합의 위반에 기한 소송금지명령에 관해 각 자국법을 적용한 판례로는 Finecroft Ltd v. Lamane Trading Corp (Eastern Caribbean SC, 6 January 2006), §§ 36-47; OAO 'CT-Mobile' v. IPOC International Growth Fund Ltd (Bermuda SC, 6 October 2006), §§ 77-92, 175, IPOC International Growth Fund Ltd v. OAO 'CT-Mobile' (Bermuda

용적 외국 제소를 하지 않을 의무에 관해 적용되는 법에 좌우된다는 점을 간과한 것이라는 비판이 있다.[75][76] 그러나 영국의 실무례는 앞서 본 소송금지명령 발령의 근거 법률인 Senior Courts Act 1981 제37조를 최우선 강행규정(overriding mandatory rule)[77]으로 해석하거나, 이를 절차의 문제로 보아서 영국법을 적용한다.[78] 분쟁해결합의 위반의 경우와 그 외의 비양심적인 경우 모두에 대해서 그렇게 보는데, 이와 같이 절차의 문제로 보는 이유는, 소송금지명령이 상대방의 외국소송 제기로 인한 부정의로부터 영국소송의 당사자를 보호하기 위한 것이기 때문이고, 분쟁해결합의에 따른 실체적 권리의 존재만으로는 소송금지명령을 발령하기에 부족하고 이에 부가하여 위 법률 조항에 따른 부정의(unjust)가 인정되어야 하기 때문이라고 한다.[79] 다만, 분쟁해결합의 위반의 경우에는 소송금지명령 발령의 전제가 되는 분쟁해결합의의 성립 및 유효성, 적용범위 및 효력 등을 판단해야 하는데, 그에 적용될 준거법은 해당 분쟁해결합의의 준거법이 된다고 한다.[80] 이러한 영국의 태도는 기본적으로 소송금지명령의 발령요건 충족여부를 절차법(영국법)에 따르되, 분쟁해

CA, 23 March 2007) 등 참조.

75) Fentiman[2015], para. 16.15, 주27 부분. Raphael[2019], para. 7.12에서도 이러한태도에 의문을 제기하면서, 분쟁해결합의의 준거법이 소송금지명령을 알지 못하는 다른 국가의 법인 경우에도 영국법에 따라서 소송금지명령을 허용해야 하는지 의문이라고 쓰고 있다.

76) 장준혁[2006], 247면에 의하면, 프랑스는 실체의 문제로 성질결정하는 범위가 넓은 편인 반면에, 영국은 절차라는 용어를 최대한 넓은 의미로 이해하려고 하는데 오늘날에는 영국에서도 이러한 태도가 기피되고 있다고 한다(같은 면 주20).

77) 이는 로마 I 규정 제9조 및 로마 II 규정 제16조에 나오는 'overriding mandatory provisions'과 같은 의미이다.

78) Fentiman[2015], para. 16.17., 16.18.; Raphael[2019], para. 4.10, 7.12 주13에 의하면, 영국에서는 전통적으로 형평법의 문제를 lex fori의 문제로 보고, 소송금지명령의 가부 문제도 절차 및 구제수단의 문제로 보아 왔다고 한다.

79) Fentiman[2015], para. 16.17., 16.18., 16.40.

80) Fentiman[2015], para. 16.40.

결합의의 효력(성립 및 유효성 등) 측면에 한해서만 분쟁해결합의의 준거법을 따르는 것으로 보인다. 이는 위에서 본 절차법설을 원칙으로 따르면서 예외적으로 이분설의 입장을 일부 가미한 다소 애매한 입장이라고 볼 수 있겠다.

私見으로는, 우리나라에서는 소송금지가처분의 허용 가능성의 문제와 피보전권리의 존부 문제를 구별하여, 전자는 절차의 문제로 보아 한국법에 따라야 할 것이고, 후자의 문제는 실체의 문제로 보아 국제사법에 따라 결정되는 해당 법률관계의 준거법에 따라야 한다고 생각한다(이분설). 그 이유는 다음과 같다. 우선, 소송금지가처분과 같은 형태의 가처분이 허용되는가의 문제는 일종의 소송요건(신청요건 또는 적법요건)에 해당하는 것이므로[81] 절차의 문제라고 보아야 한다. 이에 반하여, 피보전권리의 존부 문제는 청구권의 존부 문제로 귀결되므로 전형적인 실체의 문제로 보아야 한다.[82] 영국과 비교했을 때, 영국에는 소송금지명령 발령의 근거가 되는 법률(Senior Courts Act 1981 제37조)이 존재하고 그 전부터도 판례법의 일종인 형평법에 근거하여 인정되어 온 제도이며, 또한 전통적으로 형평법의 문제를 lex fori의 문제로 보고 소송금지명령의 가부 문제도 절차 및 구제수단의 문제로 보아 왔고,[83] 허용요건으로 실체적 권리의 존재만으로는 부족하고 이에 부가하여 위 법률 조항에 따른 부정의(unjust)가 인정되어야 한다고 보기 때문에, 그 허용 가능성

---

81) 중재금지가처분이 허용되지 않는다고 판시한 대법원 1996. 6. 11.자 96마149 결정도 같은 입장(허용되지 않으므로 부적법 각하)으로 보인다. 김수형[1996], 272면에 의하면, 부적법 각하되어야 하나 기판력이 있는 것도 아니므로 엄격히 기각과 각하를 구별할 필요가 없어 가처분신청을 기각한 원심을 파기하지 않은 것으로 보인다.

82) 물론, 뒤에서 보는 바와 같이, 피보전권리의 유형에 따라서는 소송금지청구권을 절차적 권리에 기인한 것으로 이해하는 견해도 있을 수 있으나, 필자는 이러한 견해에 찬성하지 아니한다.

83) Raphael[2019], para. 4.10, 7.12 주13

뿐만 아니라 '외국에서 제소 당하지 않을 권리' 등 실체적인 요건들 충족 여부까지도 모두 위 법조항 또는 형평법 법리의 범위에 포섭되는 절차의 문제라고 보아서 법정지법인 영국법을 적용할 근거가 충분히 있다. 반면에, 우리나라의 경우[84] 소송법 등에 그와 같은 근거 조항이 따로 존재하지 아니하고, 임시적 지위 가처분에 관한 민사집행법의 일반적 조항(제300조 제2항)에 따라 그 실질적인 요건(피보전권리의 존재 및 보전의 필요성) 충족여부를 판단하도록 되어 있는데, 우리법상 피보전권리의 존부 문제는 그 규율목적이나 기능에 비추어 실체의 문제로 봄이 타당하고, 이는 다른 대륙법계 국가도 마찬가지로 보인다.[85] 따라서 성질결정의 문제를 기본적으로 법정지법에서 출발하되 비교법적으로 획득된 기능개념으로 이해하면서 해당 실질규범의 목적과 저촉규범의 기능 및 법정책적 목적을 함께 고려하는 현대의 통설(기능적 목적론적 성질결정론)[86]에 의할 때, 피보전권리의 존부 문제는 절차의 문제가 아닌 실체의 문제로 성질결정하여 국제사법에 따라 결정되는 해당 법률관계의 준거법에 따라야 한다고 생각한다.[87]

이와 같이 본다면, 실제 소송금지가처분 사건에서 한국법원은 다음과 같은 판단 단계를 거치게 된다. 먼저, 소송금지가처분의 허용 가능성, 즉

---

84) 장준혁[2006], 270면에 따르면, 절차와 실체의 구분기준은 국가별로 다르다고 한다.

85) 일본의 경우 瀬木比呂志, 民事保全法, 日本評論社, 2014., 114면 참조.

86) Kropholler[2006], S. 126ff.; 석광현[국제사법해설], 30~31면; 신창선/윤남순[2016], 87면; 안춘수, "국제사법에 있어서의 성질결정 문제", 비교사법, 11권 2호, 2004., 344~350면; 이병화, "법률관계성질결정에 관한 국제사법적 고찰", 저스티스, 95호, 2006., 214면 이하; 장준혁[2006], 243~244면. 성질결정의 준거법에 관한 외국의 전통적인 견해들에 관해서는 이호정, 국제사법, 경문사, 1981., 108~120면도 참조.

87) 권창영[2018], 147면에서도 보전소송에 관하여는 법정지법(lex fori)인 우리나라 법률이 적용되나, 피보전권리의 성립 및 효력에 관하여는 국제사법상 원칙에 따른다고 하여 同旨로 보인다.

적법요건은 한국법에 따라서 판단한다. 한국법상 소송금지가처분은 아예 허용되지 않는다는 견해(허용 가능성 부정설)에는 찬성할 수 없음은 앞서 본 바와 같은데, 우리법상 그러한 신청을 제한하는 소송요건(신청요건)이 별도로 존재한다고 볼 만한 근거가 없고, 국제예양이나 외국 주권 침해, 재판청구권 침해[88]의 문제는 아래에서 보는 바와 같이 일정한 요건하에서만 엄격하게 인정하는 것인 이상 문제될 것이 없다고 보기 때문이다. 허용 가능성 단계를 통과하게 되면 다음으로, 피보전권리의 존부에 관해 판단하게 되는데 이 때 적용될 준거법은 국제사법에 의해 결정되는 해당 법률관계의 준거법이다. 예컨대, 중재합의 위반의 외국 제소인 경우, 중재합의에 따라 외국에서 제소하여서는 안 될 의무가 발생하는지 여부에 관한 준거법은 '중재합의의 준거법(중재합의의 성립 및 유효성의 준거법)'[89]이 된다(이에 관하여는 뒤에서 다시 상세히 살펴본다). 이는 중재합의의 효력으로서 중재합의를 위반하여 중재지 외의 국가에 제소하여서는 안 될 실체적 의무가 발생한다는 것을 전제로 하는 것인데, 이에 관한 상세한 논의는 뒤에서 다룬다. 그 다음 단계로, 법원은 보전의 필요성 인정 여부를 판단하게 되는데, 이는 절차의 문제로 성질결정함이 타당하므로 법정지법인 한국법에 따른다.[90]

II. 피보전권리의 존재 및 보전의 필요성

소송금지가처분을 인정하기 위한 가장 중요한 실질적 요건은 피보전

---

88) 재판청구권 침해의 문제는 뒤에서 다시 살펴본다.
89) 이는 중재의 대상이 된 주된 계약에 적용될 실질법과는 다른, 중재합의에 관해 적용될 독립적인 실질법을 말한다. 물론, 양자가 동일한 경우도 많다(목영준/최승재[2018], 125면 참조).
90) 이에 관해서는 뒤에서 다시 살펴본다.

권리의 존재 및 보전의 필요성인데, 이중 피보전권리 요건은 다룰 내용
이 많으므로 뒤의 제4절에서 독립하여 다루기로 하고, 여기서는 보전의
필요성 요건을 살펴본다.

1. 보전의 필요성 일반론

민사집행법 제300조 제2항에 의하면, 임시지위 가처분에서 요구되는
보전의 필요성 요건은 "현저한 손해를 피하거나 급박한 위험을 막기 위
하여, 또는 그 밖의 필요한 이유가 있을 것"이다.

여기서 '현저한 손해'는 본안판결의 확정까지 기다리게 하는 것이 가
혹하다고 생각되는 정도의 불이익 또는 고통을 말하고, 이는 직접 및 간
접의 재산적 손해뿐만 아니라 명예, 신용 그밖의 정신적 손해와 공익적
손해도 포함한다.[91] 손해가 현저하다고 하기 위해서는 가처분에 의하여
채무자가 입는 손해 내지 불이익에 비하여 채권자가 얻는 이익이 현저
하게 클 것을 요한다.[92] 실무상 현저한 손해의 측면에서 보전의 필요성
이 인정되는 예로 지식재산권의 침해방지를 구하는 가처분 등이 있다.[93]

'급박한 위험'은 현재의 권리관계를 곤란하게 하거나 무익하게 할 정
도의 위험을 말하며, 이는 현저한 손해와 병렬적인 개념이 아니라 현저
한 손해를 생기게 하는 전형적인 예라고 해석된다. 급박한 위험의 예로
는 명예를 훼손하는 인쇄물의 배포 등을 들 수 있다.[94]

'현저한 손해를 피하거나 급박한 위험을 막기 위하여'라는 사유는 보
전의 필요성을 인정하기 위한 단순한 예시에 불과하며, 그 외에도 '그 밖

---

91) 대법원 1967. 7. 4.자 67마424 결정.
92) 이 점은 뒤에서 볼 피보전권리 판단 단계에서도 요구되는 이익형량의 과정과
유사한데, 이에 따르면 결국 소송금지가처분에 관해서는 이익형량 요건을 이
중적으로 요구하는 것이 된다.
93) 법원행정처[민사집행IV], 68면.
94) 법원행정처[민사집행IV], 69면.

의 필요한 이유가 있을 경우'에 보전의 필요성이 인정되므로, 결국 보전의 필요성은 법원의 재량적 판단에 맡겨질 문제인데,[95] 특히 임시지위가처분은 본안판결 전에 채권자에게 만족을 주는 경우가 있는 반면에 그로 인한 채무자의 고통 또한 크다고 할 것이므로, 그 필요성의 인정에는 신중을 기해야 한다. 판례도 이러한 가처분을 필요로 하는지의 여부는 당해 가처분신청의 인용 여부에 따른 당사자 쌍방의 이해득실관계, 본안소송에 있어서의 장래의 승패의 예상, 기타의 제반 사정을 고려하여 법원의 재량에 따라 합목적적으로 결정하여야 한다고 하며,[96] 특히 가처분채무자에 대하여 본안판결에서 명하는 것과 같은 내용의 부작위의무를 부담시키는 이른바 만족적 가처분의 보전의 필요성 유무는 더욱 신중하게 판단하여야 한다고 하여 보다 고도의 보전 필요성을 요구하고 있다.[97]

보전의 필요성은 피보전권리의 존재와는 별도로 요구되는 독립된 요건으로, 그 심리에 있어서도 상호 관계없이 독립적으로 심리되어야 한다.[98] 따라서 피보전권리가 소명된다고 해서 보전의 필요성이 있는 것으로 사실상 추정하여 가처분을 발령함으로써 보전의 필요성이라는 요건을 사실상 사문화시켜서는 안 된다.[99] 피보전권리와 보전의 필요성 요건의 심리 순서에 관한 논의는 앞서 살펴보았다. 그러나 양자의 독립적 관계에도 불구하고, 실질적으로는 두 요건이 완전 별개가 아니라 어느 정도 상관관계를 가지는 것이므로 결국 두 요건의 충족 정도를 종합적으로 고려하여 가처분 발령 여부를 결정하게 될 것이다.[100] 앞서 본 바와 같이 쌍방 이익형량이라는 요건은 피보전권리와 보전의 필요성 요

---

95) 법원행정체[민사집행IV], 68면.
96) 대법원 1997. 10. 14.자 97마1473 결정.
97) 대법원 2009. 1. 20.자 2006마515 결정.
98) 대법원 2005. 8. 19.자 2003마482 결정, 대법원 2007. 7. 26.자 2005마972 결정.
99) 김연학[2008], 162면.
100) 김연학[2008], 162면도 同旨.

건에서 이중적으로 요구하는 것으로 보이고,[101] 그 외에도 양 요건 판단
에서 고려할 요소들 중에서는 아래에서 보는 바와 같이 양 요건에서 중
복되는 고려요소들이 있다. 두 요건의 상관관계를 달리 설명하자면, 침
해가 중대하고 피보전권리가 명백하게 소명된다면 보전의 필요성에 대
한 소명이 다소 낮더라도 가처분이 인용될 수 있고, 반대로 피보전권리
에 관한 소명 정도가 상대적으로 낮더라도 보전의 필요성이 매우 강하
다면 가처분이 인용될 수도 있을 것이다.[102]

영국의 경우, 우리와는 접근방식이 완전히 다르고[103] 요건의 분류도
다를 뿐만 아니라, 피보전권리 요건에 상응하는 '외국에서 제소 당하지
않을 권리' 요건에 대해서는 많이 거론하고 있는 반면, 보전의 필요성이
라는 개념은 별개로 다루고 있지 않으므로, 보전의 필요성 요건에서 우
리가 채용할 만한 것이 크게 많지 않다. 즉, 영국에서는 우리가 보전의

---

101) 이익형량이라는 요건은 미국에서 예비적 금지명령의 발령요건으로도 요구되
    는 것인데, 한국법상 이익형량 요건을 어느 단계에서 고려할지에 관해서는
    견해가 다양하다. 보전의 필요성 단계에서 고려할 요소라고 보는 견해(이동
    명, "임시의 지위를 정하는 가처분에 있어서의 보전의 필요성", 재판자료 제45
    집, 법원도서관, 1989., 60면)도 있고, 피보전권리와 보전의 필요성 이외의 부
    가적 요건으로서 보전의 필요성의 범주 밖에서 행해져야 한다는 견해(김연학
    [2008], 171면)도 있다. 私見으로는, 법적 근거 없이 피보전권리와 보전의 필요
    성 이외의 부가적 요건을 창설할 수는 없으므로 후자의 견해는 지지하기 어
    렵고, 피보전권리와 보전의 필요성 요건 모두에서 다른 요소들과 함께 고려
    할 하나의 요소로서 기능할 수 있다고 본다.
102) 문광섭[2002], 322면; 김연학[2008], 162~163면도 同旨. 위 163면에 의하면, 미국
    연방항소법원도 예비적 금지명령의 경우 원칙적으로 모든 요건을 입증하여
    야 하나, 모든 요건을 '완전하게' 입증하여야 하는 것은 아니고, 그 중 어느
    한 요소에 대한 입증이 매우 강력하면 다른 요소는 상대적으로 약한 입증으
    로도 가능하다고 한다(CityFed Financial Corp. v. Office of Thrift Supervision, 58
    F3d 746 (D.C. Cir. 1995)].
103) 기본적으로 영미법계에서는 피보전권리 요건과 보전의 필요성 요건을 개념
    적으로 분리하여 다루고 있지 않고, 양자를 뭉뚱그려서 포괄적인 요건 하에
    허용 가부를 논하는 접근방식을 취한다.

필요성 요건에서 주로 고려하는 요소들을 '정의의 목적에 부합' 요건과 '예양에 반하지 않을 것'이라는 요건에서 주로 고려하는 것으로 보이나, 대체로 그렇다는 것일 뿐 다른 측면이 많고, 경우에 따라서는 '외국에서 제소되지 않을 권리' 요건에서도 보전의 필요성 요소들을 고려하기도 하는데, 특히 분쟁해결합의 위반 외의 부당한 외국 제소의 경우에는 '외국에서 제소되지 않을 권리' 요건 단계에서부터 위 '정의의 목적에 부합' 요건과 '예양에 반하지 않을 것' 요건에서 다루는 내용들이 어느 정도 같이 고려되는 것으로 보인다.

이에 비해 미국의 법리는 우리에게 조금 더 참고가 되는데, 앞서 본 바와 같이 미국법원은 예비적 금지명령의 발령요건으로 ① 회복하기 어려운 손해(Irreparable Injury), ② 다른 구제방법의 부적절성(Inadequacy of Legal Remedies), ③ 본안 승소가능성(Likelyhood of Success on the Merits), ④ 이익형량(Balance of Hardship, 가처분이 발령되었을 경우 피신청인이 입게 되는 불이익과 가처분이 기각되었을 경우 신청인이 입게 되는 불이익의 비교형량), ⑤ 공익(Public Interest)을 요구하는데, 위 요건들은 한국법원이 통상 보전의 필요성 심사 단계에서 고려하는 요소들과 상당히 유사한 면이 많다. 그 외에도 미국에서는 손해발생의 우려가 '급박하다는(immediate, imminent)' 것을 입증해야만 하고 아직 특정되지 않은 장래 어느 시기에 현저한 손해가 발생할 우려가 있다는 것만으로는 금지명령을 인정하지 않는다고 보는데,[104] 이는 우리 민사집행법 제300조 제2항의 내용과 거의 유사하다.

독일에서는 우리 민사집행법 제300조 제2항과 거의 유사하게 현저한 손해나 급박한 위험을 막기 위해 또는 다른 사유에 의해 필요한 경우에 임시지위 가처분을 허용함으로써 보전의 필요성(Rechtsschutzbedürfnis) 요건을 따로 요구하고 있다(독일 민사소송법 제940조). 예컨대, 신청인이

---

104) Church v. City of Huntsville, 30 F3d 1332 (11th Cir. 1994)(김연학[2008], 159면 주 27에서 재인용).

침해사실을 알고도 장기간 아무런 조치를 취하지 않다가 가처분을 신청
한 경우에는 급박한 위험을 피하기 위한 요건이 충족되지 않은 것으로
본다.[105]

2. 인정 여부에 관한 국내의 논의

국내에서는 소송금지가처분의 인정 여부에 관하여 보전의 필요성이
인정되지 않으므로 소송금지가처분도 허용되지 않는다고 보는 견해들이
일부 발견된다.

먼저, 다른 절차로 해결할 수 있는 규정이 있는 경우에는 군이 법원
이 별도로 가처분을 발령할 필요가 없으므로 소송금지가처분의 경우 보
전의 필요성이 인정되지 않아 허용되기 어렵다고 보는 견해가 있다.[106]
이 견해는 중재합의 위반과 관련하여, 만약 절차 내에서 이를 정지시키
기 위한 규정이 별도로 존재한다면, 군이 법원에서 가처분을 내릴 필요
가 없는데, 중재절차에서는 중재합의의 존부나 유효성 및 중재판정부의
권한에 대한 심사를 우선적으로 중재판정부가 하도록 규정하고(중재법
제17조), 중재절차 개시 후 법원에 동일한 내용의 소가 제기되면 중재법
에 따라 법원이 소를 각하하며(제9조 제1항), 중재합의의 효력을 다투는
소송이 법원에 계속 중에 있더라도 중재판정부는 중재절차를 개시 또는
진행하거나 중재판정을 내릴 수 있으므로(제9조 제3항), 결국 법원에서
중재절차를 보전하기 위하여 법원의 다른 소를 금지하는 가처분을 내리
는 것은 '보전의 필요성'이 결여된다고 주장한다.[107] 일본에서도 이와 비

---

105) 정선주, "민사소송법적 관점에서 본 삼성-애플의 독일 특허쟁송", 민사소송,
    제17권 1호, 2013., 314면.
106) 양석완[2014], 700, 705면.
107) 한민외[2012], 104, 105면도 같은 취지로 보인다. 다만, 위 논문에서는 중재절차
    를 방해하는 법원의 소송절차를 금지하는 내용의 가처분은, 법원에서 중재법
    제9조 제1항에 따라 소를 각하하므로 별도로 가처분을 발령할 보전의 필요성

숫한 견해가 발견되는데, 이 견해는 경합하는 외국소송을 방치하더라도
신청인의 패소가 결정되는 것은 아니기 때문에 반드시 소송금지명령에
의해 신청인의 실체법상의 권리가 보호되는 것은 아니기 때문이라고 주
장한다.[108] 독일에서도 소송금지가처분에 있어서는 외국소송을 금지할
보전의 필요성이 인정되지 않는다는 견해가 있는데, 이 견해는 외국소송
으로 인한 피해는 손해배상으로 전보받을 수 있을 뿐이라고 한다.[109]

그러나 위와 같은 견해는 소송금지명령 또는 소송금지가처분 인정
여부에 관한 가장 핵심적인 포인트를 간과하고 있다는 점에서 찬성하기
어렵다. 즉, 국제소송에서 소송금지명령 또는 소송금지가처분이 논의되
는 가장 핵심적인 이유는, 비록 다른 대응수단이 있다고 하더라도 그것
만으로는 회복하기 어려운 실질적 피해가 있을 수 있고, 부당한 외국 제
소에 대응하는 것 자체로 이미 상당한 비용과 노력을 소요하게 되므로
이를 방지할 독자적인 필요성이 있다는 점에 있다. 중재의 경우를 보더
라도, 중재합의에 위반된 외국 제소에 대해서 당사자가 중재합의에 기한
항변을 제출하지 않으면 외국법원이 당사자를 중재에 회부하지 않을 가
능성이 크므로(뉴욕협약 제2조 제3항) 당사자는 외국소송에 출석하여 중
재합의의 항변을 제출할 필요가 있고, 결국 당사자로서는 실제로 외국의
소송에 출석해서 방어하지 않을 수 없어 그에 따른 시간, 노력과 비용이
소요되고 명성에 손상이 발생할 수 있으므로 외국소송을 금지할 실제적
필요성이 있다고 보아야 한다.[110] 따라서 다른 절차가 마련되어 있다고
하더라도 그것만으로는 실질적인 권리구제에 부족하다면 여전히 소송금
지가처분의 보전의 필요성이 인정될 수 있다고 본다.

은 없다고 설명하는데, 이는 국내 법원에의 제소를 금지하는 소송금지가처분
에 관해서는 타당할 수도 있으나, 외국법원에의 제소를 금지하는 소송금지가
처분에 대해서는 적용되지 않는 설명으로 보인다.
108) 古田啓昌[1997], 98면
109) Lenenbach[1998], 302면 주251에 소개한 Geimer의 견해.
110) 석광현[소송금지명령], 30면.

마찬가지 이유에서, 전속적 국제재판관할합의나 중재합의에 위반한 외국소송에서 판결이 선고되더라도 그 외국판결은 한국에서 승인 및 집행되지 않을 것이므로, 소송금지가처분을 발령할 보전의 필요성이 없다는 주장도 역시 설득력이 없다. 한국에서 승인·집행되지 않더라도 외국에서는 효력을 가질 수 있고, 그렇지 않더라도 위와 같이 외국소송에 대응하는 과정에서 이미 회복하기 어려운 손해가 발생할 수도 있기 때문이다.[111]

그밖에 보전의 필요성을 소명하는데 필요한 긴급성을 인정하기 어렵고 외국법원이 한국법원의 가처분을 존중한다는 보장도 없기 때문에 보전의 필요성을 인정하기 어렵다는 견해도 있다.[112] 그러나 개별 사안에서 부당한 외국 제소로 인해 실질적 피해를 입을 당사자의 법적·경제적 이익들을 개별·구체적으로 고려하지 않고 일률적으로 긴급성을 부인할 수는 없고, 외국법원이 한국법원의 가처분을 승인·집행 해줄지 여부는 승인·집행단계의 문제로서 설령 그것이 보장되지 않는다고 하여 보전의 필요성이 없다고 단정할 수는 없 으므로(가처분이 발령된다면 그 자체로도 일정한 법적 효력 및 사실상의 구속력을 발생시킨다), 위 견해도 부당하다고 본다.

결국, 일률적으로 보전의 필요성을 부정하는 견해는 타당하지 않고, 사안에 따라 case-by-case로 판단하여야 한다.

3. 구체적 요건 및 판단기준 제시(시론)

위 논의들과 국내 및 외국의 사례들에서 추출 가능한 요소들을 기초로, 소송금지가처분 사건에 있어 구체적인 보전의 필요성 판단기준 및

---

111) Lenenbach[1998], 302~303면에서도 마찬가지로 지적하고 있다. Schröder[1987], 545면도 同旨.
112) 김용진[2016], 37면.

고려요소들을 나름대로 제시해 보면 아래와 같다. 다만, 이는 어디까지
나 일응의 판단기준일 뿐이고, 보전의 필요성은 그 어떤 요건보다도 법
원의 재량적 판단에 맡겨질 문제이며, 그 판단에 있어서도 각 해당 요소
중 어느 하나에 해당하거나 해당하지 않는다고 해서 보전의 필요성 충
족 여부가 결정되는 것은 아니고 전체적인 고찰과 함께 종합적인 판단
이 필요하다.

참고로, 아래의 요소들 중 일부는 분쟁해결합의 위반 외의 부당 외국
제소의 경우 위법성 판단기준에서 볼 요소들과 중복되는 측면도 있으므
로, 뒤의 해당 부분(제3장 제4절 Ⅳ. 6.)을 같이 참조할 필요가 있다.

① 침해의 위험 및 침해의 계속성 : 외국소송이 아직 제기되지 않은 경우에는
   그 제기가 임박하였다는 점에 관한 개연성 소명 필요(급박한 위험).[113] 위험
   은 현재의 권리관계를 곤란하게 하거나 무익하게 할 정도의 위험이어야
   함. 침해는 일회적인 것이 아니라 계속·반복적인 것이어야 함.[114] 이미
   외국소송을 취하한 경우 등 침해가 종료된 경우 보전의 필요성 없음.
② 이익형량 : 가처분에 의하여 채무자가 입는 손해 내지 불이익에 비하여
   채권자가 얻는 이익이 현저하게 클 것(현저한 손해 요건). 이익형량 시
   고려할 구체적인 요소들은 뒤의 위법성 부분에서 볼 내용과 동일.
③ 침해자의 주관적 요소 : 고의 여부, 악의적 의도 등

---

113) 미국에서도 침해가 '급박하다는(immediate, imminent)' 것을 입증해야만 하고
   아직 특정되지 않은 장래 어느 시기에 현저한 손해가 발생할 우려가 있다는
   것만으로는 금지명령을 인정하지 않는다는 점은 앞서 보았다.
114) 대법원 2010. 8. 25.자 2008마1541 결정 및 위 사건의 원심인 서울고등법원
   2008. 9. 23.자 2008라618 결정["피신청인의 이 사건 업무방해 행위는 일회적인
   불법행위와는 달리 계속, 반복적으로 이루어지고 …(중략) 피신청인이 이 사
   건 프로그램의 적법성을 주장하면서 이를 계속 제작, 배포할 뜻을 표명하고
   있는 사정 등을 종합하여 보면…(중략) 업무방해행위의 금지를 구하는 가처
   분을 구할 수 있다고 할 것이므로 이 사건 가처분 신청은 그 보전의 필요성이
   충분히 소명된다"라고 판시함].

④ 본안 승소 가능성[115]

⑤ 피해 회복 곤란성 : 사후 금전배상만으로는 피해의 완전한 회복이 어려운 지 여부.[116] 침해자에게 금전적인 손해배상을 할 자력이 없는지 여부. 금 전적 손해 외에 피침해자가 입게 될 정신적 고통, 명예나 명성, 신용의 훼손 정도 등.

⑥ 위법성의 정도[117]

⑦ 장기간 현상을 방치하였는지 여부[118] 및 외국소송의 진행 정도 : 예컨대, 부당 외국 제소를 알고도 상당한 기간 동안 별다른 조치를 하지 않고 있 다가 그 외국소송절차가 상당히 진행된 후에야 비로소 소송금지가처분을 신청한다면 보전의 필요성이 인정되기 어려움.[119] 영국에서도 소송금지 명령 신청의 시기가 늦은 경우,[120] 특히 피고가 외국소송에서 지출한 비 용이 증가하는데도 원고가 이를 묵인하거나 소송금지명령 신청을 고의로 지연한 경우 소송금지명령을 허용하지 않음.[121] 그밖에 침해상태를 피침 해자가 스스로 초래한 경우(예컨대, 외국소송에 대하여 일정 정도 묵인하 는 태도를 보임에 따라 침해자가 외국소송을 제기한 경우)에도 보전의 필요성이 인정되지 않음.[122]

---

115) 대법원 1997. 10. 14.자 97마1473 결정, 대법원 2010. 8. 25.자 2008마1541 결정.

116) 대법원 2010. 8. 25.자 2008마1541 결정의 원심인 서울고등법원 2008. 9. 23.자 2008라618 결정.

117) 대법원 2010. 8. 25.자 2008마1541 결정의 원심인 서울고등법원 2008. 9. 23.자 2008라618 결정.

118) 대법원 2005. 8. 19.자 2003마482 결정은 "보전처분에 의하여 제거되어야 할 상 태가 채권자에 의하여 오랫동안 방임되어 온 때에는 보전처분을 구할 필요성 이 인정되기 어렵다"고 하였다.

119) 영국의 Toepfer v. Molino Boschi 사건에서도 이미 이탈리아에서의 소송이 상 당히 진행되었다는 이유로 소송금지명령이 거부된 바 있다.

120) Donohue v. Armco Inc [2002] 1 All ER 749, at [24]; Shashoua v. Sharma [2009] EWHC 957 (Comm), at [51].

121) Shashoua v. Sharma [2009] EWHC 957 (Comm), at [42~45]

122) 권창영[2018], 248면.

⑧ 한국의 공익이나 공공정책에 반하는지 여부[123]

⑨ 기타 : 외국소송에서 관할항변 등을 할 수 있다는 사정이나 외국판결이 선고되더라도 국내에서 승인·집행되지 않을 것이라는 사정은 보전의 필요성을 부인할 사유로 보기 어려움.[124]

4. 남용 통제장치로서의 기능

소송금지명령이나 소송금지가처분을 인정하더라도, 앞서 본 소송금지명령에 대한 외국 및 국내의 비판론과 신중론의 내용은 경청할 필요가 있다. 즉, 소송유지명령의 남용 가능성[125]이나 위험을 경계할 필요가 크다고 할 수 있는데, 소송금지가처분의 요건 중 보전의 필요성 요건을 좀 더 엄격하게 적용함으로써 이러한 남용 위험에 대한 통제장치로 활용할 수 있을 것으로 생각한다. 예컨대, 분쟁해결합의 위반에 해당하므로 피보전권리가 쉽게 인정된다고 보더라도, 상대방 재판청구권의 침해 정도가 중하고, 국제예양을 해하는 면이 강하다면, 상대적으로 보전의 필요성을 더 엄격하게 심사하여 남용 가능성을 통제할 수도 있을 것으

123) 앞서 본 미국에서의 금지명령 요건 4가지 중 하나임.
124) 그밖에, 서울중앙지방법원 2016. 1. 14.자 2015카합81427 결정, 서울고등법원 2016. 9. 8.자 2016라20160 결정(재항고 없이 그대로 확정됨) 사건에서는 보전의 필요성이 없다고 보았는데, 위 결정에서는 그 이유로, 미국에서의 소송이 대한상사중재원의 중재판정보다 먼저 선고될 가능성이 적어 보이는 점을 들면서 위 미국소송을 시급히 중단하지 않으면 채권자에게 회복하기 어려운 손해나 급박한 위해가 발생할 우려가 있다고 보기 어렵다고 쓰고 있으나, 위 사유는 보전의 필요성이 없다는 근거로 적절하다고 보기 어렵다고 생각한다.
125) 보전처분의 남용 가능성과 그에 대한 해결방안을 분석한 문헌으로는 심승우/이혜민, "보전처분의 남용 및 해결방안", 민사집행법연구, 9권, 2013., 226~300면; 정선주, "가처분제도의 남용에 대한 제재방안", 민사소송, 제21권 2호, 2017., 223면 이하; 정선주 외[2017], 197면 이하 등 참조. 위 문헌들에 따르면, 부당한 보전처분에 대한 해결방안으로는 대체로 엄격한 요건 소명 요구, 담보제도 강화, 손해배상제도 강화, 채무자 심문 강화 등이 있겠다.

로 생각한다. 이로써 영미법계의 구체적 타당성과 대륙법계의 법적 안정
성 사이에 어느 정도 균형을 도모할 수 있을 것이다.

5. 준거법

피보전권리의 존부에 관한 준거법과는 달리, 우리 법원이 소송금지가
처분을 심사함에 있어 보전의 필요성 요건을 판단하는 준거법은 법정지
법인 한국법이 될 것이다(lex fori). 보전의 필요성은 집행절차에 고유한
요건으로서 절차로 성질결정함이 타당하다고 보기 때문이다. 국내 문헌
중에서도 보전소송에 관하여는 피보전권리의 성립 및 효력에 관한 문제
를 제외하고는 모두 법정지법(lex fori)인 우리나라 법률이 적용된다고 기
술한 것이 있는데,[126] 같은 견해로 보인다.

III. 담보의 제공

가처분 신청을 인용하는 경우에는 담보 제공을 조건으로 할 수 있는
데(민사집행법 제301조, 제280조 제3항), 법원 실무상 임시지위 가처분을
인용할 경우 통상적으로 담보 제공을 명하며, 특별한 사정이 없는 한 지
급보증위탁계약 체결문서의 제출로 갈음함을 허가하고 있다. 다만, 소송
금지가처분과 같이 만족적 가처분의 경우 채무자에게 큰 손해가 발생할
수 있는 경우 등에는 현금 공탁을 명하는 경우도 있을 것이다.

소송금지가처분과 같은 임시지위 가처분의 경우 가압류 등 다른 보
전처분과는 달리 담보액을 정하는 일률적인 기준은 없고, 채무자가 입게
될 예상 손해액을 기준으로 하여 채권자의 자력, 소명의 정도, 본안에서

---

126) 권창영[2018], 147면.

의 승소가능성 등을 종합적으로 고려한 법원의 재량에 의하여 결정된다. 사견으로는, 소송금지가처분을 인용할 경우에도 그 남용방지를 위해서 담보액은 상대적으로 높게 정하되, 사안에 따라 지급보증위탁계약 문서 방식을 적절히 활용함이 타당하다고 본다. 담보제공명령에 대하여는 독립하여 불복할 수는 없으나, 담보제공명령의 불이행을 이유로 보전처분 신청이 각하되면 그 각하결정에 대하여 즉시항고를 할 수 있고(민사집행법 제301조, 제281조 2항),[127] 가처분이 발령되었을 경우 담보액이 상당하지 아니하다는 사유로 가처분이의를 할 수는 있다.[128]

　담보제공의 방식에는 일반적으로 담보제공명령을 먼저 하고 담보가 제공되면 비로소 보전처분을 발하는 방식과, 보전처분 주문에 담보제공 명령까지 포함하여 일시에 명하고 담보제공을 집행단계에서 소명토록 하는 방식이 있는데, 보통 법원 실무에서 임시지위 가처분에 관해서는 가처분결정과 동시에 담보제공을 명하는 방식을 택하고 있다.[129] 이 경우 주문의 형식은 "제1항은 채권자가 채무자를 위한 담보로 금 ○○원을 공탁하거나 위 금액을 보험금액으로 하는 지급보증보험증권을 제출하는 것을 조건으로 한다"라는 내용이 된다.

　미국의 경우에도 예비적 금지명령의 경우 일반적으로 담보를 제공하도록 명하고 있고, UNCITRAL 중재규칙(UNCITRAL Arbitration Rules) 제26조 제6항에서도 소송금지 임시적 처분에 관한 담보의 제공에 관해서 규정하고 있다.

---

127) 법원행정처[민사집행IV], 110~111면.
128) 법원행정처[민사집행IV], 161면.
129) 문광섭[2002], 324면.

IV. 인용결정의 방식(주문례) : 소취하를 명하는 가처분 가부

일반적으로 임시지위 가처분의 주문 형태에 관해서 법원은 상당한 재량을 가진다. 즉, 민사집행법 제305조 제1항은 "법원은 신청목적을 이루는 데 필요한 처분을 직권으로 정한다."고 정하고 있고, 법원은 신청인의 신청취지에 기하여 가능한 몇 가지 방안 중에서 적절한 형태의 주문을 자유로이 선택할 수 있다. 다만, 그 주문의 내용은 집행이 가능할 정도로 구체적이고 명확하게 특정되어야 한다.

소송금지가처분을 발령할 경우 그 형태는 일반적으로 부작위를 명하는 형태가 될 것이므로, 그 주문 형태는 "~소송을 진행하여서는 아니 된다"라거나 "~소송을 계속(또는 유지)하여서는 아니 된다", "~소송 절차에 응하거나 조력하여서는 아니 된다" 등의 형태가 될 것으로 보인다. 더 나아가서 일정한 형태의 작위를 명하는 형태, 예컨대, "~소를 취하하여야 한다", "~소를 중지하여야 한다", "~소를 중지시키기 위하여 필요한 조치를 하여야 한다"는 형태가 될 수도 있다. 여기서 소취하를 명하는 가처분이 가능한지에 관해서는 뒤에서 따로 살펴본다.

참고로, 우리나라에서는 아직까지 소송금지가처분 또는 소송금지명령이 발령된 사례가 없으므로 실제 법원의 주문례를 확인할 수는 없지만, 한국법원에서 외국법원에의 제소를 금지하는 내용의 소송금지가처분 신청을 기각한 하급심 결정[130]에서의 최종 신청취지 예를 보면 아래와 같다.

「주위적으로, 채무자는 채권자와 채무자 사이에 계속 중인 대한상사중재원 중재 제14113-0034호 및 반대중재 제15112-0005호의 판정일까지 채권자에 대하여 채권자와 채무자 사이의 2014. 4. 10.자 대한상사중재원의 중재판정[중재 제12113-0033호(본신청), 중재 제12112-0036(반대신청)]

---

130) 서울중앙지방법원 2016. 1. 14.자 2015카합81427 결정 및 그 항고심인 서울고등법원 2016. 9. 8.자 2016라20160 결정(재항고 없이 그대로 확정됨).

의 이유에 근거하여 미국법원에 제기된 집행 및 승인판결을 구하는 소를 취하하여야 한다. 위반행위 1일당 1,000만 원의 간접강제 신청. 예비적으로, 채무자는 채권자와 채무자 사이에 계속 중인 대한상사중재원 제14113-0034호 및 반대중재 제15112-0005호 사건의 판정일까지 미국법원이 채권자에 대하여 이 사건 계약에 근거한 마크업 수익채권의 존부 및 범위에 대하여 심리 및 판단을 필요로 하는 소송과 마크업 수익을 청구하는 소송을 진행하여서는 아니 된다. 위반행위 1일당 1,000만 원의 간접강제 신청」

그밖에, 우리 법원 하급심 판결[131]에 등장하는 영국 하이코트의 소송금지명령 주문례를 살펴보면 아래와 같다.

1. 피신청인은 2008년도 선박 아이우드(AIUD)의 철제화물의 운송 및 화물의 손해와 관련하여 이 법원의 추가적인 명령이 있거나 중재조항의 존재 및 유효성에 관한 중재판정부의 결정이 있기 전에는 대한민국 서울중앙지방법원에 신청인을 상대로 개시한 소송을 계속, 제소 및 조력하는 것이 금지된다.

2. 피신청인은 2008년도 선박 아이우드의 철제화물의 운송 및 화물의 손해와 관련하여 이 법원의 추가적인 명령이 있거나 중재조항의 존재 및 유효성에 관한 중재판정부의 결정이 있기 전에는 런던 중재판정부에 중재를 신청하는 것 외에 신청인을 상대로 별개의 절차를 개시, 유지, 제소 및 조력하는 것이 금지된다.

3. 신청인은 피신청인과의 분쟁과 관련하여 7일 이내에 중재인을 선임하여야 한다.

4. 피신청인은 이 사건 신청과 관련하여 발생한 13,500파운드 상당의 신청인의 비용을 지급하여야 한다.

---

131) 서울고등법원 2012. 5. 21.자 2012라69 결정.

  5. 양 당사자는 48시간의 사전 서면통지로 이 명령을 변경 또는 취소하기 위
    한 신청을 할 수 있다.

위 하급심 결정의 신청취지에는 "소를 취하하여야 한다"는 내용의 소
취하 명령을 구하고 있는데, 법원의 가처분으로 이러한 소취하 명령이
가능한지가 문제된다.

종래 대법원 1966. 5. 31. 선고 66다564 판결은 "강제집행 당사자사이
에 그 신청을 취하하기로 하는 약정은 사법상으로는 유효하다 할지라도
이를 위배하였다하여 직접 소송으로서 그 취하를 청구하는 것은 공법상
의 권리의 처분을 구하는 것이어서 할 수 없는 것이다."라고 판시하여,
신청취하 또는 소취하의 이행소구가 허용되지 않는다는 입장을 취하였
다. 그 이유는 공법상의 권리의 처분을 민사절차에서 소구함은 허용되지
않기 때문이라는 것이다.

그러나 위 대법원 판결은 독일 연방대법원의 1974. 1. 28.자 판결[132]
이 선고되기 전 독일의 다수설에 기초한 것으로 보이는데, 위 독일 연방
대법원의 판결에서 "민사상 화해로 형사고소를 취하할 의무를 부담하는
자가 취하의 의사표시를 하지 아니하는 경우 형사고소의 취하를 구하는
민사소송을 제기할 수 있다"고 판시한 후부터는 독일의 통설, 판례가 공
법상의 권리인 소취하를 구하는 것도 허용된다는 입장으로 변경된 것으
로 보인다.[133] 국내에서도, 이행소구 가능한 의사표시에서 공법상 의사
표시를 제외할 이유가 없다고 보는 것이 통설이므로,[134] 위 1966년의 대
법원 판결은 더 이상 유지될 수 없다고 본다. 따라서 소취하를 구하는

---

132) BGH NJW(1974), 900.
133) 남영찬, "부재자 재산관리인의 권한초과행위에 대한 허가신청절차의 이행약
    정을 소구할 수 있는지 여부", 대법원판례해설, 제35호, 2001., 21~22면.
134) 양석완, "의사표시를 구하는 소송과 보전처분의 한계", 비교사법, 14권 3호 상
    (통권 38호), 2007., 677면.

이행청구도 가능하다고 보아야 한다.135)

소취하를 구하는 이행청구가 가능하다면, 소취하를 구하는 가처분도 가능한가? 이에 관해서는 의사표시를 명하는 가처분의 가부라는 주제로 논의가 많은데,136) 상세한 내용은 생략하고, 결론적으로 의사표시를 구하는 이행청구가 가능한 이상, 의사표시를 구하는 가처분이 허용되지 않을 이유가 없고, 건물철거단행가처분 같은 것도 허용되는 이상, 단지 의사표시를 구하는 가처분을 허용하면 본안판결의 확정 전에 본안판결의 확정과 사실상 동일한 효과가 발생한다는 이유만으로 이를 부인할 근거는 없다고 본다.137) 우리 법원 실무도 의사표시 가처분을 허용하고 있고, 일본 판례도 의사표시 가처분을 허용하는 입장이라고 한다.138) 일본 판례 중에는 "후생성에 대하여 약가기준수재신청(藥價基準收載申請)의 취하를 하라"는 내용으로 가처분이 허용된 사례도 있다.139) 따라서 소취하를 구하는 가처분도 이론상 가능하다.

다만, 소취하를 명하는 가처분은 외국소송의 진행을 금지 또는 중지하는 가처분에 비하여 침해적 성격이 더 강하고, 소취하까지 요구하기보다는 잠정적인 중단을 명하는 것이 더 바람직하다고 볼 수 있으므로, 피보전권리나 보전의 필요성 요건을 충족하기가 좀 더 어려울 것으로 보인다. 만일, 소취하를 명하는 가처분이 발령된다고 해도, 그에 기하여 바로 외국소송에 관하여 소취하의 소송법적 효력이 발생하거나 외국법원이 소를 각하 또는 중지할 의무가 발생하는 것이 아님은 당연하고, 단지 부대체적 작위의무로 보아 간접강제의 방법으로 그 실효성을 확보할 수

---

135) 남영찬, "부재자 재산관리인의 권한초과행위에 대한 허가신청절차의 이행약정을 소구할 수 있는지 여부", 대법원판례해설, 제35호, 2001., 21~22면.

136) 이에 관한 상세한 내용은 권창영[2018], 269~282면; 권창영, "의사표시를 명하는 가처분", 사법논집, 제52집, 2011., 63~105면 참조.

137) 권창영[2018], 279~280면도 同旨.

138) 권창영[2018], 274~278면 참조.

139) 大阪高裁 1997. 11. 18. 決定, 平成 7년 (ラ) 438호(권창영[2018], 275면에서 재인용).

있을 뿐이라고 생각한다.

V. 효력 및 집행(간접강제 포함)

1. 효력

민사집행법상 가처분은 그 재판이 당사자 쌍방에게 고지된 때에 효력이 발생한다. 다만, 집행력만은 채권자에게 고지되면 채무자에게 고지되기 전이라도 즉시 생긴다(민사집행법 제301조, 제292조 제3항). 그 효력으로는 구속력,[140] 집행력, 형식적 확정력이 인정되고, 실체적 확정력(기판력)은 논란이 있으나 대법원은 인정하지 않는다.[141] 소송금지가처분의 경우 그 효력은 원칙적으로 당사자에 대해서만 미치고 제3자에 대해서는 미치지 않는다.[142]

앞서 본 영미법의 소송금지명령은 대인적(in personam)인 효력만을 가지는 대인적 처분으로서 당사자가 이를 위반할 경우 법정모욕죄(contempt of court)의 제재를 받게 되는 효력이 있을 뿐이고, 직접적으로 외국법원에 계속 중인 소송이 중지되거나 외국법원이 그 명령을 따라야 하는 것은 아니라고 하였다. 이와 비교할 때, 우리 민사집행법상 가처분은 원칙적으로 대물적 효력을 가진다.[143] 예컨대, 부동산처분금지가처분의 경우 당해 목적물의 처분을 제한하고 이를 위반할 경우 그 처분을 상대적으로 무효화 시킨다. 임시지위 가처분 중에서도 직무집행정지 및 직무대행자선임

---

140) 발령한 법원이 스스로 이를 취소·철회할 수 없는 효력을 말한다.

141) 대법원 1960. 7. 21.자 4293민항137 결정, 대법원 1977. 12. 27. 선고 77다1698 판결, 대법원 2008. 10. 27.자 2007마944 결정.

142) 윤경, "피보전권리 없이 받은 임시의 지위를 정하는 가처분에 위반행위의 효력", 인권과 정의, 300호, 2001., 49, 54면.

143) 김연학[2008], 195면.

가처분의 경우 성질상 당사자 사이뿐만 아니라 제3자에 대한 관계에서도
효력이 미치고 가처분에 반하여 이루어진 행위는 제3자에 대한 관계에서
도 무효이므로 가처분에 의하여 선임된 이사직무대행자의 권한은 법원의
취소결정이 있기까지 유효하게 존속한다.[144] 그러나 소송금지가처분과
같이 부작위를 명하는 임시지위 가처분의 경우에는 이러한 의미에서의
대물적 효력은 인정될 여지가 없다. 즉, 소송금지가처분에는 직접적으로
외국법원으로 하여금 소송을 중지하도록 하거나 그 제소행위의 효력을
부인하도록 하는 효력은 없고, 그러한 소송금지가처분에 위반한 행위가
있을 경우에도 그 사법적 효력이 부인되는 것은 아니며 채무자가 의무위
반에 대한 제재(간접강제)를 받는 것에 불과하다.[145] 굳이 대물적 효력이
라고 한다면, 채권자와의 관계에 있어서는 채무자의 외국소송 제기가 금
지된다는 효력을 가지게 되고 채무자가 그것을 위반함으로 인하여 간접
강제나 손해배상의 문제로 넘어갈 경우 금지명령에 의하여 외국소송 제
기가 금지되었다는 점 자체에 대한 효력이 미친다는 것 정도라고 할 수
있겠다. 이에 반하여, 영미법에서 대인적 효력을 가진다는 의미는, 소송
금지명령을 위반한 행위의 효력이 무효로 되거나 부인되는 것이 아니라
여전히 유효하고, 소송금지명령을 알지 못하는 제3자는 그로 인하여 자신

---

144) 대법원 2014. 3. 27. 선고 2013다39551 판결.
145) 대법원 1996. 12. 23. 선고 96다37985 판결; 윤경, "피보전권리 없이 받은 임시
　　의 지위를 정하는 가처분에 위반행위의 효력", 인권과 정의, 300호, 2001., 53
　　면 참조. 이에 대하여는 반대견해도 가능한데, 예컨대, 정선주, "가처분제도의
　　남용에 대한 제재방안", 민사소송, 제21권 2호, 2017., 239면에서는 "가처분의
　　실효성 확보를 위해서는 이에 위반한 행위는 원칙적으로 그 효력을 인정해서
　　는 안 될 것이다. 이에 따라 예컨대 가처분에 반하여 주주총회 결의가 이루어
　　진 경우에는 그 결의의 효력을 부인하여야 할 것이다"라고 쓰고 있는데, 이
　　견해가 소송금지가처분과 같은 경우에도 동일하게 볼지 여부는 불분명하다.
　　사견으로는, 성질상 예외적으로만 대세효를 인정하는 직무집행정지가처분 등
　　의 경우를 제외하고는 임시지위 가처분에 일반적 대세효를 인정하는 것은 무
　　리라고 생각하고, 소송금지가처분의 경우는 더욱 그러하다고 생각한다.

의 지위에 영향을 받지 않으며,146) 단지 법원명령을 위반한 대가로 채무
자에 대하여 법정모욕의 대인적 제재가 가해지는 것 뿐이라는 의미이다.
결국, 실질적으로는 소송금지가처분의 효력에 있어서 대물적 효력이라는
것이 큰 의미를 가지지는 못하고, 영미법의 대인적 효력이라는 것과 크게
차별적인 결과를 도출하는 것도 아니라고 생각된다.

2. 집행

소송금지가처분과 같이 부작위를 명하는 가처분은 채무자에게 그 처
분의 내용을 고지함으로써 족하고 별도의 집행행위는 불필요하다.147) 법
원은 부작위를 명하는 가처분의 주문에서 부작위명령 다음에 "집행관은
위 명령의 취지를 공시하기 위하여 적당한 조치를 취하여야 한다."라는
취지의 명령을 붙일 수 있는데,148) 공시를 명할 필요가 있는지 여부는 구
체적 사안에 따라 신중히 판단하여야 할 것이고, 그 판단에 있어서는 채권
자가 구하고 있는 부작위의 내용 등이 중요한 기준이 된다고 한다.149)

소송금지가처분의 경우, 한국법상 이를 위반하더라도 영미법계 국가
들처럼 법정모욕의 제재를 가하는 것은 불가능하다. 최근에는, 부작위의
무를 명하는 가처분의 실효성을 높이기 위해서 형법 제140조의 공무상
비밀표시무효죄의 구성요건을 넓게 해석하여 부작위의무를 명하는 가처
분을 위반했을 경우 위 죄로 처벌할 수 있다고 해석해야 한다는 견해도
제시되었으나,150) 현재의 대법원 판례151) 태도에 비추어 보면 인정되기

---

146) 정선주 외, 임시의 지위를 정하기 위한 가처분제도의 발전방향에 관한 연구,
    법원행정처, 2017., 65면.
147) 권창영[2018], 716면; 법원행정처[민사집행IV], 345면.
148) 대법원 1982. 7. 16.자 82마카50 결정. 이에 대해서는 반대입장(서울고등법원
    2011. 6. 22. 선고 2010나95385 판결)도 있는데, 이에 관해서는 권창영[2018],
    521~522면 참조.
149) 법원행정처[민사집행IV], 131면.

216 국제적 분쟁과 소송금지명령

어려운 해석으로 보인다. 우리도 영미법과 같이 법정모욕죄 등을 도입하자는 주장 및 논의[152]도 많이 이루어졌으나, 이 또한 아직은 국민적 공감대를 얻지 못하고 있다. 대륙법계 국가들 중에서도 독일이나 오스트리아와 같이 가처분결정을 위반하면 구금까지 가능하도록 규정한 국가들이 있으나,[153] 우리법상으로는 그러한 제도가 없다.

그 결과, 현행법 하에서는 소송금지가처분의 실효성을 확보할 수 있는 유일한 강제수단은 간접강제[154]이다. 실제로 소송금지가처분이 아닌 일반적인 금지가처분 사건들에서도 대부분 간접강제에 의해 실효성을

---

150) 이상현[2009], 301~303면.
151) 대법원은 "형법 제140조 제1항의 공무상 표시무효죄는 공무원이 그 직무에 관하여 봉인, 동산의 압류, 부동산의 점유 등과 같은 구체적인 강제처분을 실시하였다는 표시를 손상 또는 은닉하거나 기타 방법으로 그 효용을 해함으로써 성립하는 범죄이다. 따라서 집행관이 법원으로부터 피신청인에 대하여 부작위를 명하는 가처분이 발령되었음을 고시하는 데 그치고 나아가 봉인 또는 물건을 자기의 점유로 옮기는 등의 구체적인 집행행위를 하지 아니하였다면, 단순히 피신청인이 위 가처분의 부작위명령을 위반하였다는 것만으로는 공무상 표시의 효용을 해하는 행위에 해당하지 않는다."고 판시하였다(대법원 2008. 12. 24. 선고 2006도1819 판결, 대법원 2010. 9. 30. 선고 2010도3364 판결).
152) 한승 외 6명, "가처분 위반에 대한 제재 도입문제", 민사집행법 실무연구 Ⅲ, 2011.; 김연학[2008], 190~192면; 최민용 외[2013]; 하태헌, "미국법상 법원명령 위반에 따른 제재수단에 관한 연구 : 간접강제의 실효성 확보를 위한 제재수단을 중심으로", 민사집행법연구, 제9권, 2013.; 권오곤, "헤이그통신(12) 법원모욕죄", 법률신문, 2007. 12. 24.자, 14면 등 참조
153) 독일의 제도는 앞에서 이미 보았고, 오스트리아의 제도에 관해서는 정선주, "가처분제도의 남용에 대한 제재방안", 민사소송, 제21권 2호, 2017., 246~247면 참조. 그밖에 스위스에서는 가처분결정 위반에 대한 제재로 형법에 따른 과태료 부과가 가능하다고 한다(정선주, 위 논문 240~241면).
154) 간접강제에 관한 문헌으로는 권창영[2018], 489~521면; 오흥록, "간접강제에 대한 몇 가지 검토 : 집행문 부여 절차, 청구이의의 소를 중심으로", 민사판례연구, 37권, 2015.; 권창영, "민사보전상의 간접강제제도", 사법논집, 제50집, 법원도서관, 2011.; 한승 외, "가처분과 간접강제", 21세기 민사집행의 현황과 과제 : 김능환 대법관 화갑기념, 민사집행법 실무연구 Ⅲ, 사법발전재단, 2011. 등 참조.

확보하고 있는 것이 소송실무이다.

간접강제는 부대체적 작위의무(예컨대, 소취하의무)나 부작위의무 위반 시에 가능한 집행방법으로서 반드시 채권자의 신청이 있어야만 가능하고(민사집행법 제261조 제1항), 가처분결정에 간접강제를 위한 수권결정이나 집행명령을 같이 포함시키기 위해서는 반드시 가처분절차에서 채무자를 심문하여야 한다(민사집행법 제262조, 제261조).[155]

간접강제와 관련하여 소송금지가처분결정의 주문에 간접강제를 위한 수권결정이나 집행명령을 같이 포함시킬 수 있는지에 관해서 논란이 있으나,[156] 대법원은 이를 긍정한다.[157] 부작위의무를 명하는 집행권원의 강제집행으로서 간접강제를 명하는 경우 의무위반행위의 존재는 그 요건이 아니라고 해석된다.[158] 다만, 가처분결정의 주문에 간접강제를 포함시키기 위해서는 가처분결정을 따르지 않을 것이 강하게 의심되고 그 위법상태를 신속하게 제거할 필요성이 충분히 소명되어야 한다.

가처분결정 후에 간접강제를 별도로 신청하는 경우에는 일정한 기간 내에 이를 하여야 함을 주의해야 한다. 즉, 부작위를 명하는 가처분 재판이 고지되기 전부터 채무자가 가처분 재판에서 명한 부작위에 위반되는 행위를 계속하고 있는 경우, 그 가처분결정이 채권자에게 고지된 날부터 2주 이내에 간접강제를 신청하여야 한다.[159]

---

155) 법원행정처[민사집행IV], 132, 345면.
156) 이에 관한 견해대립의 내용은 김연학[2008], 191~192면 참조.
157) 대법원 2007. 6. 14.자 2006마910 결정, 대법원 2008. 12. 24.자 2008마1608 결정. 앞서 본 서울중앙지방법원 2016. 1. 14.자 2015카합81427 결정, 서울고등법원 2016. 9. 8.자 2016라20160 결정 사건에서도 신청인이 간접강제를 신청하였었다.
158) 대법원 1996. 4. 12. 선고 93다40614 판결
159) 대법원 2010. 12. 30.자 2010마985 결정, 한편, 부대체적 작위채무의 이행을 명하는 가처분의 경우에는 그 가처분결정이 송달된 날로부터 14일 이내에 간접강제를 신청하여야 함이 원칙이고, 위 집행기간이 지난 후의 간접강제 신청은 부적법하다고 할 것이며, 다만 가처분에서 명하는 부대체적 작위의무가 일정 기간 계속되는 경우라면, 채무자가 성실하게 그 작위의무를 이행함으로

218 국제적 분쟁과 소송금지명령

간접강제 결정의 주문은 보통 "피신청인은 … 하여서는 아니된다. 만약 피신청인이 위 의무를 위반할 경우에는 위반행위 1회(또는 매 1일)마다 금 … 원씩의 비율에 의한 금원을 신청인에게 지급하라"라는 형식이 된다. 이 경우 배상금액은, 채무자의 의무위반으로 채권자가 입는 손해에 중점이 있는 것이 아니고 채무자에게 금전적 부담을 과하여 간접적으로 의무이행을 확보하려는 데 그 목적이 있는 것이므로 그에 부합하도록 채무자 기업의 재산상태나 의무불이행을 통하여 그가 얻는 이익 등을 고려하여 실효성 있게 결정할 것이다.[160]

소송금지가처분의 직접적인 효력은 아니나, 만일 한국법원이 소송금지가처분을 발령하였는데 피신청인이 이를 위반하여 외국에서 소를 제기하고 외국법원으로부터 판결까지 받았다고 하더라도, 이러한 외국판결은 공서에 반하는 것으로서 우리나라에서 승인 또는 집행이 거부될 것이다.[161]

써 강제집행을 신청할 필요 자체가 없는 동안에는 위 집행기간이 진행하지 않고, 채무자의 태도에 비추어 작위의무의 불이행으로 인하여 간접강제가 필요한 것으로 인정되는 때에 그 시점부터 위 14일의 집행기간이 기산되는 것으로 보아야 할 것이다(대법원 2001. 1. 29.자 99마6107 결정).
160) 문광섭[2002], 326면.
161) 석광현[소송유지명령], 31면.

제4절 피보전권리의 존재

Ⅰ. 서론

1. 피보전권리 - '금지청구권'의 요부

영미법계 국가의 소송금지명령과 가장 유사한 한국의 제도는 가처분, 그 중에서도 일정한 부작위[162](소송금지)를 명하는 형태의 임시지위 가처분이라고 할 수 있다. 종래 우리 민사집행법상 일반 가처분의 요건은 통상 피보전권리의 존재 및 보전의 필요성의 존재로 설명된다. 그런데 임시지위 가처분에 관하여, 민사집행법 제300조 제2항의 법문상으로는 '다툼 있는 권리관계의 존재'가 요구될 뿐인데, 학계 및 실무계에서는 통상 이를 '피보전권리의 존재'라는 요건으로 설명하면서, 임시지위 가처분을 발령하기 위해서는 일정한 청구권(예컨대, 금지가처분에서는 금지청구권)이 존재해야 한다고 보고 있다. 여기에서 임시지위 가처분에 해당하는 소송금지가처분을 발령하기 위해서는 반드시 소송금지청구권이라는 권리의 존재가 필요한 것인가 하는 의문이 생긴다.

이에 관하여는 '다툼 있는 권리관계'만 존재하면 족하므로 반드시 소송금지청구권의 존재까지 필요하지는 않다는 견해가 있을 수 있다. 그러한 견해에 따른다면, 반드시 소송금지청구권이 인정되지 않더라도 예컨대, 외국에서 재판을 받을 것인지 아니면 한국에서 재판을 받을 것인지도 다툼 있는 권리관계에 해당된다고 넓게 해석할 여지가 생긴다.

그러나 필자는 다음과 같은 이유에서 소송금지가처분과 같은 임시지위 가처분의 경우에도 '다툼이 있는 법적 권리(청구권)'의 존재가 요구된

---

162) 다만, 소취하를 명하는 내용이 포함될 수도 있는데 이 경우는 작위의무를 명하는 가처분이 되겠다.

다고 본다(통상 이를 '피보전권리'라고 칭하고 있는데, 법문상 정확한 용
어는 아니지만 편의상 그와 같이 부르고 있으므로, 양자를 호환적으로
또는 병기하여 사용하기로 한다).

① 임시지위 가처분은 장래의 집행보전이 아닌 현존하는 위험방지를
위한 것이므로 엄밀한 의미에서는 피보전권리라고 할 것이 없지만, 보통
편의상 '다툼 있는 권리관계'를 피보전권리라고 하는 것이다.163) 여기서
중요한 부분은 '권리관계' 또는 '법률관계(Rechtsverhältnis)'라야 한다는 점
이다. 독일 민사소송법(ZPO) 제940조도 동일하게 '다툼있는 법률관계
(streitiges Rechtsverhältnis)'라고 규정하고 있는데, 이는 법률관계 존부확인
의 소에 관하여 규정하고 있는 같은 법 제256조 제1항의 '법률관계
(Rechtsverhältnis)'와 동일한 개념이라고 해석된다.164) 여기서 법률관계라
함은 구체적 요건사실에 법률을 적용함으로써 그 요건사실의 법률효과
로서 발생하는 특정의 사람 또는 물건에 대한 법률적 관계를 말하고,165)
민법상으로도 법률관계는 호의관계와 구별되는 것으로서 법률상 청구권
(권리)과 의무의 발생을 전제로 하는 개념이다.166) 따라서 단순한 사실
또는 사실상의 이익에 관한 주장, 추상적인 법률문제는 여기에 해당되지
아니하고, 현행 법제도에서 존재할 수 있는 권리 또는 법률관계에 관한
것이어야 한다.167) 우리 대법원 판례168)도 같은 취지인 것으로 보인다.

---

163) 민일영 편집대표, 주석 민사집행법(Ⅶ), 한국사법행정학회, 제4판, 2018., 667면;
     법원행정처[민사집행Ⅳ], 56면; 권창영[2018], 228면. 이는 독일과 일본에서도 마찬
     가지로 보인다(Wieczorek, Bernhard/Schütze, Rolf A., Zivilprozessordnung und
     Nebengesetze : Groβkommentar, Band. 5., 1994., S. 188; 鈴木忠一 外 2人 編, 註解
     强制執行法(4), 第一法規, 1979., 553면)(권창영[2018], 228면 주93에서 재인용).
164) 권창영[2018], 229면; Stein/Jonas, Kommentar zur Zivilprozeβordnung, 22. Aufl.(2002),
     Band. 9, § 940 Ⅱ
165) 민일영 편집대표, 주석 민사소송법(Ⅳ), 한국사법행정학회, 제8판, 2018., 118면;
     Stein/Jonas, Kommentar zur Zivilprozeβordnung, 23. Aufl.(2016), Band. 3, § 256 Ⅶ.
166) 지원림[2019], 33~34면.
167) 민일영 편집대표, 주석 민사소송법(Ⅳ), 한국사법행정학회, 제8판, 2018., 118,

국내 민사소송법 학계 및 판례가 확인의 소의 대상으로 '권리·법률관계'
이어야 하고 '사실관계'는 해당되지 않는다고 보는 것이나, 확인의 이익
이 인정되려면 '법률상의 이익'이 있어야 하고 단순한 '사실상, 경제적
이익'은 포함되지 않는다고 보는[169] 것도 같은 맥락이다.

② 소송금지가처분과 같이 금지(부작위)를 구하는 가처분의 경우에도
반드시 금지청구를 할 수 있는 법률적 근거, 즉 채권자의 채무자에 대한
금지청구권이 인정되어야 한다.[170] 실무상 주로 등장하는 금지가처분의
피보전권리는 물권, 인격권, 법률에 규정된 금지청구권, 계약에 기해 인
정되는 부작위청구권 등으로 제한되고, 이러한 권리에 해당하지 않는 경
우 임시지위 가처분이 받아들여지지 않는다.[171] 대표적인 금지가처분에
해당하는 지식재산권 침해금지가처분에 관한 대부분의 문헌들에서도 그
요건으로 당연히 금지청구권을 요구하고 이를 '피보전권리'로 표현하고
있다.

③ 대법원 판례는 이를 명시적으로 언급하고 있지는 않지만, 당연히
위와 같은 내용을 전제로 판시한 것들이 많다. 우선, 대법원 판례 중에
서는 본안청구 자체가 법률상 허용되지 않는 경우에는 가처분도 허용되
지 않는다고 본 것들이 다수 있다.[172] 일조권, 조망권, 환경권, 사생활침
해 등을 원인으로 한 방해금지가처분 사건들에서도 방해배제청구권 또
는 금지청구권이 법상 인정되어야 함을 당연한 전제로 판단하고 있
고,[173] 이는 인격권 침해,[174] 특허권 등 지식재산권 침해,[175] 부정경쟁행

120면.
168) 대법원 1966. 12. 19.자 66마516 결정, 대법원 1997. 10. 27.자 97마2269 결정.
169) 이시윤[2019], 234, 238면 ; 전원열[2020], 244~245면.
170) 이영창, (이론·실무·기재례) 보전소송, 진원사, 2011., 391면; 민일영 편집대표,
    주석 민사집행법(Ⅶ), 한국사법행정학회, 제4판, 2018., 683면.
171) 이영창, (이론·실무·기재례) 보전소송, 진원사, 2011., 391, 392.
172) 대법원 1997. 10. 27.자 97마2269 결정, 대법원 2001. 1. 16. 선고 2000다45020
    판결 등.
173) 대법원 1997. 7. 22. 선고 96다56153 판결 등.

위에 대한 금지청구 사건176) 등에서도 마찬가지이다.

독립적 은행보증금 지급금지가처분 사건에서도 대법원 1994. 12. 9. 선고 93다43873 판결은 "보증의뢰인과 보증인 사이의 은행보증서의 발행을 위한 보증의뢰계약은 그 보증에 따른 사무처리를 내용으로 하는 민법상의 위임계약에 다름 아닌 것으로서, 보증인은 그 수임인으로서 상대방인 보증의뢰인의 당해 보증서에 관한 이익을 보호하여야 할 의무를 부담하게 된다. 따라서 보증인은 특히 수익자의 보증금 지급청구가 권리남용임이 객관적으로 명백할 때에는 보증의뢰인에 대한 관계에 있어서 마땅히 그 지급을 거절하여야 할 보증의뢰계약상의 의무를 부담하고, 그 반면에 보증의뢰인으로서도 보증인에 대하여 위와 같이 수익자의 청구가 권리남용임이 명백하다는 것을 입증하여 그 보증금의 지급거절을 청구할 수 있는 권리를 가진다고 보아야 할 것이다. 이와 같이 해석하는 한, 수익자가 이처럼 권리남용적인 보증금의 지급청구를 하는 경우에는 보증의뢰인은 그 보증금의 지급거절을 청구할 수 있는 권리에 기하여 직접 그 의무자인 보증인을 상대방으로 하여 수익자에 대한 보증금의 지급을 금지시키는 가처분을 신청할 수 있다"고 판시하였다.

④ 하급심 실무례 또한 임시지위 가처분에서도 당연히 피보전권리의 존재 여부를 필수적으로 심사 및 판단하고 있는데, 이와 같이 우리 법원의 실무상 임시지위 가처분에서 피보전권리, 즉 청구권의 존재를 요구하는 것은 확립된 태도로 보인다.

⑤ 앞서 본 바와 같이 독일에서도 소송금지명령이 허용되기 위해서는 소송금지를 구할 수 있는 실체법적 금지청구권이 인정되어야만 하고 영미법과 같이 광범위한 재량적 소송금지명령이 허용되지는 않는다고 본다.177)

174) 대법원 2005. 1. 17.자 2003마1477 결정.
175) 대법원 2007. 1. 25. 선고 2005다11626 판결.
176) 대법원 2010. 8. 25.자 2008마1541 결정.2
177) Lenenbach[1998], 273, 278; Schack[2006], Rn. 771; 석광현[소송유지명령], 25면, 주

2. 본안 소송의 형태

어떠한 소송이 소송금지가처분의 본안소송이라고 할 수 있을까? 보전처분은 당연히 본안소송을 예정하고 있는 것일 뿐만 아니라, 만일 가처분 채무자의 신청에 따라 법원으로부터 제소명령을 받게 되면 상당한 기간 내에 본안의 소를 제기하여야 하며, 채권자가 제소명령을 받고도 그 기간 내에 본안의 소 제기를 증명하는 서류를 제출하지 아니하면 보전처분 취소사유가 된다(민사집행법 제301조, 제287조).

소송금지가처분의 본안소송은 통상 소송금지청구 또는 이와 유사한 내용의 부작위의무 이행청구의 소, 부작위의무 위반행위 금지청구의 소, 소취하 이행청구의 소, 소제기 위법확인청구의 소 등의 형태가 될 것으로 보인다.

부당한 외국제소로 인한 손해배상청구소송은 본안소송이 될 수 있을까? 뒤에서 보겠지만, 불법행위나 채무불이행에 기한 손해배상청구권은 금전채권으로서 가압류의 피보전권리가 될 수 있을 뿐, 임시적 지위 가처분의 일종인 소송금지가처분의 피보전권리는 될 수 없다. 그렇지만 본안소송의 소송물이 보전처분의 피보전권리와 어느 정도로 일치하여야 하는가의 맥락(예컨대, 본안 제소명령의 경우)에서는, 청구기초동일설을 취하는 판례[178]의 태도에 의할 때 손해배상청구소송도 그 청구의 기초가 동일하다고 볼 수 있다면 소송금지가처분의 본안소송으로 인정될 수 있을 것이다.

96, 주99.

178) 대법원 1982. 3. 9. 선고 81다1223,81다카991 판결, 대법원 2017. 3. 9. 선고 2016 다257046 판결 등 참조.

3. 소송금지청구권의 법적 근거

소송금지가처분에서 피보전권리는 '소송금지청구권'이 될 것이다. 우리법상 이러한 소송금지청구권(또는 소송금지의무[179]))이 인정되지 않는 이상, 단순히 그것이 현실적으로 필요하다거나 관할에 관하여 다툼이 있다는 등의 막연한 이유에서 한국법원이 소송금지가처분을 발령할 수는 없다. 만약, 그렇게 한다면 법적 근거 없이 보전처분 권한을 남용하는 것이 될 것이다. 판례법 국가인 영미법계 국가에서는 소송금지명령에 관하여 판사에게 형평법적 고유 권한에 기초한 매우 포괄적이고 광범위한 재량권을 부여하고 있고, 법원 판례에 의한 법형성 작용이 허용되지만, 우리 법제 하에서는 그것이 불가능하다. 정확히 말하자면, 영미법계 국가에서도 법적 근거 없이 소송금지명령을 발령하는 것이 아니라 성문법이나 형평법, 판례법에 근거해서 발령하는 것이다. 특히, 영국의 경우는 요건상 '외국 제소를 당하지 않을 권리'가 인정되어야 하는 것으로 해석되고 있다.

일반적으로 우리법상 금지청구권을 인정하기 위해서는 다음의 세 가지 유형 중 어느 하나에 해당되어야 한다. 즉, ① 법률에 금지청구권이 규정되어 있는 경우(이하 '① 유형'이라 한다),[180] ② 당사자 사이의 계약

---

179) 신청인의 입장에서는 소송금지청구권이 되고, 피신청인의 입장에서는 소송금지의무가 된다. 이하에서는 양자를 호환적으로 사용한다

180) 대법원도 "환경권은 명문의 법률규정이나 관계 법령의 규정 취지 및 조리에 비추어 권리의 주체, 대상, 내용, 행사 방법 등이 구체적으로 정립될 수 있어야만 인정되는 것이므로, 사법상의 권리로서의 환경권을 인정하는 명문의 규정이 없는데도 환경권에 기하여 직접 방해배제청구권을 인정할 수 없다"고 판시한 바 있고(대법원 1997. 7. 22. 선고 96다56153 판결), "환경권에 관한 헌법 제35조 제1항이나 자연방위권 등 헌법상의 권리에 의하여 직접 한국철도시설공단에 대하여 고속철도 중 일부 구간의 공사 금지를 청구할 수 없고, 환경정책기본법 등 관계 법령의 규정 역시 그와 같이 구체적인 청구권원을 발생시키는 것으로 해석할 수 없다"고 한 사례도 있다(대법원 2006. 6. 2.자 2004

에 기하여 금지청구권이 도출되는 경우(이하 '② 유형'이라 한다), ③ 불법행위 또는 남용적 외국제소에 대하여 해석상 금지청구권을 도출할 수 있는 경우(이하 '③ 유형'이라 한다) 중 하나여야 한다. 소송금지청구권의 경우에도 마찬가지로 위 세 가지 유형 중 하나에 해당되어야 한다.

위 ① 유형의 예로는, 민법 제214조의 소유권에 대한 방해배제청구권 및 방해예방청구권, 특허법, 상표법, 저작권법 등 지식재산권법 및 부정경쟁방지법 등이 규정하고 있는 금지청구권[181], 상법 제41조의 영업양도인의 경업금지의무, 상법 제402조, 제424조, 제564조의2에 규정된 유지청구권 등이 있다. 그러나 우리법상 소송금지청구권에 관한 법률 규정은 찾아볼 수 없으므로, 위 ① 유형은 직접적으로는 해당 사항이 없다. 위 법률규정들을 소송금지청구권에도 유추적용할 수 있는 경우가 있을 수 있지만, 이는 위 ③ 유형의 한 형태로 논의함이 더 적절하겠다.

위 ② 유형의 예로는, 사용자와 근로자 사이의 경업(전직)금지약정에 따른 경업(전직)금지의무,[182] 독점공급계약에 기한 타처 공급금지의무 등을 생각해 볼 수 있겠다. 국제거래와 관련해서 논의되는 것으로는 독립적 은행보증(first demand bank guarantee 또는 independent bank guarantee)이나 신용장에 관한 지급금지가처분 사건에서 지급금지청구권이 인정되는지 여부인데,[183] 이를 긍정하는 경우 그 법적 근거는 결국 보증의

마1148,1149 결정).

181) 구체적으로는, 저작권법 제123조, 특허법 제126조, 상표법 제65조, 언론중재 및 피해구제 등에 관한 법률 제30조 3항, 부정경쟁방지 및 영업비밀보호에 관한 법률 제4조, 제10조, 소비자기본법 제70조, 개인정보보호법 제51조 등에서 각 침해행위의 금지청구권을 규정하고 있다. 독일에서도 단체소송에 관하여 금지청구권을 규정하고 있고 프랑스, 오스트리아, 스위스 등에서도 비슷한 형태의 제도를 두고 있다고 한다(전원열[2020], 681면).

182) 실무상 이러한 경업(전직)금지약정에 기한 경업(전직)금지가처분 신청이 빈번하게 이루어진다.

183) 이에 관한 상세한 논의는 윤진수, "독립적 은행보증과 지급금지 가처분신청 금지 약관의 효력", 민사재판의 제문제, 1995., 402~407면 참조. 이에 따르면

뢰인과 보증인 사이의 보증의뢰계약(신용장의 경우는 개설의뢰인과 개설은행 사이의 개설의뢰계약)이 될 것이다.[184] 우리 대법원 판례도 같은 취지로 보인다.[185] 아래에서 상세히 살펴 볼 중재합의 또는 전속적 국제재판관할합의 위반에 기한 소송금지청구권도 이러한 ② 유형에 해당한다고 볼 수 있다.

가장 문제되는 유형이 ③ 유형인데, 이는 종래 주로 국내 민법학계에서 '불법행위(또는 위법행위)와 금지청구권'이라는 주제로 활발한 논의가 있어 왔고, 나아가 특정 영역에 관한 불법행위(예컨대, 지식재산권을 침해하는 부정경쟁행위, 인격권침해행위, 환경권침해행위, 제3자 채권침해행위 등)에 기하여 금지청구권이 발생되는지에 관하여도 개별 분야에

독일의 다수설과 대부분의 판례는 보증의뢰인과 보증인 사이의 사무처리계약에 기하여 지급금지청구권이 발생한다고 본다.

184) 윤진수, "독립적 은행보증과 지급금지 가처분신청금지 약관의 효력", 민사재판의 제문제, 1995., 402~407면 참조. 석광현, "국제신용장거래와 사기의 원칙에 관한 소고-한국법상의 법리를 중심으로-", 법학논총, 21집, 한양대학교, 2004., 112~113면도 同旨로 보인다.

185) 독립적 은행보증금 지급금지 사건에 관한 대법원 1994. 12. 9. 선고 93다43873 판결도 "보증의뢰인과 보증인 사이의 은행보증서의 발행을 위한 보증의뢰계약은 그 보증에 따른 사무처리를 내용으로 하는 민법상의 위임계약에 다름 아닌 것으로서, 보증인은 그 수임인으로서 상대방인 보증의뢰인의 당해 보증서에 관한 이익을 보호하여야 할 의무를 부담하게 된다. 따라서 보증인은 특히 수익자의 보증금 지급청구가 권리남용임이 객관적으로 명백할 때에는 보증의뢰인에 대한 관계에 있어서 마땅히 그 지급을 거절하여야 할 보증의뢰계약상의 의무를 부담하고, 그 반면에 보증의뢰인으로서도 보증인에 대하여 위와 같이 수익자의 청구가 권리남용임이 명백하다는 것을 입증하여 그 보증금의 지급거절을 청구할 수 있는 권리를 가진다고 보아야 할 것이다. 이와 같이 해석하는 한, 수익자가 이처럼 권리남용적인 보증금의 지급청구를 하는 경우에는 보증의뢰인은 그 보증금의 지급거절을 청구할 수 있는 권리에 기하여 직접 그 의무자인 보증인을 상대방으로 하여 수익자에 대한 보증금의 지급을 금지시키는 가처분을 신청할 수 있다"고 판시하여, 지급금지청구권의 법적 근거를 보증의뢰계약으로 보고 있다. 신용장 대금에 관한 판례도 같은 취지라고 해석된다(대법원 1997. 8. 29. 선고 96다43713 판결 등).

서 다양한 논의가 전개되었다.[186] 소송금지청구권과 관련해서는 그 법
적 근거로, 1) 불법행위에 기하여 일반적으로 금지청구권을 인정할 수
있는지, 2) 일반적으로 인정하기 어렵다면, 예외적으로 일정한 침해행위
에 관하여는 물권에 관한 민법조항 등 개별조항을 유추적용함으로써 소
송금지청구권을 인정할 수 있는지, 있다면 그 법적 근거에 관한 이론구
성을 어떻게 할 것인지, 3) 권리남용 또는 신의칙에 기하여 그러한 소송
금지청구권을 도출할 수 있는지, 4) 아예 영국의 '외국 제소를 당하지 않
을 권리'를 새로운 권리로 도입하는 방법은 없는지 등을 검토할 필요가
있다.

　이하에서는 위 ② 유형에 해당하는 전속적 국제재판관할합의 위반에
기한 소송금지청구권(아래 Ⅱ.항), 중재합의 위반에 기한 소송금지청구
권(아래 Ⅲ.항)을 차례로 살펴보고, 이어서 분쟁해결합의 위반 외의 부당
한 외국 제소에 대하여 위 ③ 유형의 법적 근거를 도출할 수 있는지 살
펴보기로 한다(아래 Ⅳ.항).

　관련 문제로, 손해배상청구권은 소송금지가처분의 피보전권리가 될 수
있을까? 소송금지청구가 사전적 구제수단에 해당한다면 손해배상청구는
사후적 구제수단으로서, 양자는 동일한 원인 행위에 기인한 것이라고 볼
수는 있겠으나, 이러한 손해배상청구권은 금전채권으로서 가압류의 피보
전권리가 될 수 있을 뿐, 금전지급가처분[187]을 제외하고는 임시지위 가처
분의 일종인 소송금지가처분의 피보전권리는 될 수 없다고 본다.[188]

---

186) 엄밀하게 말하자면, 위 ③ 유형도 결국 물권적 청구권에 관한 민법 규정들이
　　나 개별법의 규정들을 유추적용함으로써 금지청구권을 인정할 수 있다는 입
　　장이므로, 궁극적으로는 위 ① 유형의 한 변형이라고 볼 수 있다.
187) 금전지급가처분에서는 예컨대, 부양료, 임금의 지급을 구하는 것과 같은 정기
　　적·반복적 채권이나 교통사고로 인한 생활비, 치료비 지급청구권과 같은 금
　　전지급청구권이 피보전권리가 될 수 있다(법원행정처[민사집행Ⅳ], 57면; 권창
　　영[2018], 230면).
188) 민일영 편집대표, 주석 민사집행법(Ⅶ), 한국사법행정학회, 제4판, 2018., 672

II. 전속적 국제재판관할합의 위반의 경우

국제거래의 실무에 있어서 전속적 국제재판관할합의가 있음에도 이
에 반하여 다른 국가(보통 자국)의 법원에 소를 제기하는 경우가 드물지
않게 발생한다. 예컨대, 한국을 전속적 국제재판관할법원으로 하는 유효
한 관할합의가 있었음에도 일방 당사자가 외국법원에 소를 제기한 경우
에 타방 당사자가 한국법원에 소송금지가처분을 신청하였다면, 이러한
가처분의 피보전권리(즉 소송금지청구권)가 인정될 것인지, 인정된다면
그 법적 근거는 무엇인지가 문제된다. 이는 전속적 국제재판관할합의의
효력으로서 '전속적 관할합의에 반하여 다른 국가의 법원에 제소하여서
는 아니 될 의무(소송금지의무)'가 발생하는가(즉, 소송금지청구권이 인
정되는가)의 문제이다.

이를 검토하기 위해서는 먼저 논의의 대상인 전속적 국제재판관할합

면; 권창영[2018], 230면 주108; 대법원 1993. 1. 14.자 92마916 결정에서도 '금전
상의 손해배상청구권을 피보전채권으로 하여 직무대행자선임가처분 신청을
할 수 없다'고 판시하여 同旨이다.

그러나 이에 대해서는 반대견해도 있다. 김연학[2008], 158면에서는, "독일의
Peter Schlosser는 '금전채권에 관해서는 가압류만이 적법한 임시의 권리보호
수단이라고 해석되고 있는데 금전채권을 보전하기 위한 가처분이 부적법하
다는 것은 ZPO 어디에도 기재되어 있지 않으며 오히려 다툼의 대상에 관한
가처분은 적법하다고 기재되어 있는 것에 불과하다. 한편 연방헌법재판소는
임시의 권리보호는 적시적이고도 유효한 방법으로 이용하는 것이 아니면 안
된다고 하므로 가압류가 불충분한 것이라면 가처분에 의해서 그 흠결을 보충
하지 않으면 안 된다고 한다.'라 하고 있고(Peter Schlosser, Aktuelle Probleme
des transnationalen einstweiligen Rechtsschutzes, 법학연구 64권 9호, 한충수. '국
제보전소송의 재판관할권', 국제사법 연구 제4호, 한국국제사법학회, 1999.,
124면 주154에서 재인용), 당연한 이야기지만 미국에서도 피보전권리가 금전
채권이라도 금지명령을 구할 수 있다(Alliance Bond Fund, Inc.v. Grupo Mexi-
cano de Desarrollo, S.A., 143 F.3d 688 (2nd Cir. 1998)). 우리 실무상으로도 금전
채권을 피보전권리로 하는 임시지위가처분이 인용되고 있고, 결국 임시지위
가처분의 피보전권리에 개념상의 제한은 없다고 할 수 있다"라고 쓰고 있다.

의의 판단기준 및 허용요건을 검토하고(아래 1), 그 법적 성질을 검토하며(아래 2), 전속적 관할합의의 효력 일반을 간단히 검토한 후(아래 3), 소송금지청구권 발생 여부를 검토한다(아래 5). 관련 문제로서 손해배상청구권의 발생 여부도 함께 검토한다(아래 4). 위 2, 4, 5의 문제에 대한 필자의 견해는 따로 모아서 제시한다(아래 6). 준거법에 관해서도 검토한다(아래 7).

1. 전속적 국제재판관할합의의 판단기준 및 허용요건

국제재판관할합의에는 전속적 국제재판관할합의와 부가적 국제재판관할합의가 있는데, 본 논문의 주된 논의 대상은 전속적 국제재판관할합의에 한정된다. 부가적 국제재판관할합의의 경우 원래의 관할법원과 합의로 부가된 관할법원 모두에 관할권이 인정되므로, 어느 한 곳의 법원에 소를 제기하지 않았다 하더라도 관할합의 위반에 기한 소송금지의무의 발생은 문제될 여지가 없다고 본다. 설령, 원래의 관할법원(A) 및 부가합의된 관할법원(B)이 아닌 제3의 법원(C)에 소를 제기한 경우라 하더라도, 이는 단순히 C법원의 관할권 존부의 문제로 다툴 수 있을 뿐, 위 부가적 관할합의에 기하여 C법원에서의 소송금지의무가 발생될 수는 없다고 본다. 왜냐하면, 부가적 국제재판관할합의는 그 속성상 다른 법원의 관할을 배제하는 관할 배제적 효력(derogation)이 없다고 보아야하기 때문이다. 만일 그러한 효력이 있다고 본다면, 이는 부가적 관할합의가 아니고 전속적 관할합의라고 보아야 한다. 나아가, 만일 하나의 관할법원을 부가하는 것이 아니라 복수의 관할법원을 부가하면서 그 외 다른 법원의 관할권은 배제한다는 내용의 합의라면, 이는 부가적 관할합의로 볼 것이 아니라, 전속적 관할합의의 유형 중 선택적 관할합의에 속하는 것이라고 보아야 할 것으로 생각된다.[189] 물론 이 경우에도 관할합의 위반을 이유로 한 소송금지청구권이 아니라 뒤에서 볼 분쟁해결합의 위반 외의 부당제소에 기한 소송금지청구권이 발생할 여지는 있다.

문제는, 전속적 국제재판관할합의와 부가적 국제재판관할합의를 어떻게 구별할 것이냐이다.

1) 전속적 여부 판단기준

먼저, 국제재판관할합의가 전속적인지 부가적인지 여부 판단의 준거법은 무엇인지가 결정되어야 하는데, 이에 관해서는 뒤의 준거법 부분에서 따로 살펴보기로 한다. 여기서는 준거법이 한국법으로 결정되었을 경우의 국내법상 해석론에 대해서만 살펴본다.

전속적 국제재판관할합의인지 부가적 국제재판관할합의인지 여부는 우선적으로 당사자의 의사 해석에 따라 결정되어야 한다. 당사자의 의사가 명확한 경우에는 문제가 없으나, 불명확한 경우는 어떻게 할 것인가? (실무상으로는 전속적인지 여부에 관한 당사자의 의사가 불명확한 경우가 많은 것으로 보인다) 우선 당사자의 묵시적 의사를 추론할 수 있는 경우에는 그러한 묵시적 의사에 따라야 한다.[190] 예컨대, 준거법 선택조항과 함께 준거법 소속 국가를 법정지로 하는 국제재판관할합의는 전속적이라고 볼 여지가 크다.[191] 묵시적 의사마저 찾기 어려운 경우에는 어떻게 볼 것인지에 관해서는 크게 다음과 같이 견해가 갈린다.

---

189) 김민기, "국제재판관할합의-2005년 헤이그 재판관할합의협약을 중심으로-", 국제규범의 현황과 전망, 2006., 569면에 의하면, 부가적 관할합의를 "법정관할 있는 다른 법원의 관할을 배제하지 않고 단순히 그것에 덧붙여서 별도의 관할 법원을 합의하는 것"이라고 정의하고 있는데, 필자와 같은 견해로 보인다.

190) 석광현[국제민사소송법], 118면도 同旨.

191) 김인호, "국제계약의 분쟁해결메커니즘의 구조와 상호작용", 국제거래법연구, 제23집 1호, 2014., 222면.

(1) 전속적 관할합의로 추정하는 설

당사자의 의사를 확인할 수 없을 때는 원칙적으로 전속적 국제재판 관할합의로 추정해야 한다는 견해이다.[192] 이 견해는, 재판관할에 관한 여러 국제규범들이 그러한 태도를 취하고 있고, 국제거래에 있어 관할의 불안을 해소하는 기능으로 국제재판관할합의의 의의가 있으므로 이를 부가적 합의로 본다면 관할합의의 본래적 기능은 대부분 상실될 것이라는 점, 만일 그렇지 않다면 당사자의 진정한 의사에 반하는 경우가 많을 것으로 보일 뿐만 아니라 예측가능성의 보장과 분쟁의 신속한 해결이라는 장점을 가진 국제재판관할합의를 굳이 논의해야 할 의미가 크지 않게 될 것이라는 점을 논거로 든다.[193] 이 견해 중에서는 원칙적으로 전속적 합의로 보되, 당사자의 궁극적인 의사는 권리를 보다 용이하게 실현하고자 함에 있을 것이므로, 그 의사가 명백하지 않는 한, 관할법원으로 합의된 법원의 판결이 우리나라에서 승인되지 않을 경우에는 그 합의를 전속적 합의로 보아서는 안 된다는 견해도 있다.[194]

국제재판관할에 관한 국제규범들도 대체로 전속적 관할합의로 보는 경향이다. 즉, 헤이그국제사법회의(Hague Conference on Private International Law)에 의해 작성된 1999. 10. 30. "민사 및 상사사건의 국제재판관할과 외국재판에 관한 협약"(Convention on Jurisdiction and Foreign Judgments in Civil and Commercial Matters. 이하 '헤이그신협약'이라 한다) 예비초안 (Preliminary Draft. 이하 '1999년 예비초안'이라 한다) 및 2001. 6. 수정된 초안(이하 '2001년 초안'이라 한다)의 각 제4조 제1항에 의하면, 당사자들이 명시하지 않은 경우 합의된 법원은 전속적 관할을 가진다. 역시 헤이

---

192) 노태악[2012], 95~96면; 한충수[1997], 44~45면; 이인재[1989], 631면; 손경한[2013], 421면; 유재풍[1996(1)],73면; 김민기 "국제재판관할합의-2005년 헤이그 재판관할합의협약을 중심으로-", 국제규범의 현황과 전망, 2006., 571면.
193) 한충수[1997], 44~45면; 노태악[2012], 95~96면.
194) 이인재[1989], 631면.

그국제사법회의에 의해 전속적 재판관할합의에 관해 작성된 2005. 6. 30. 헤이그 재판관할합의협약(Convention on Choice of Court Agreements)195) 196) 제3조 b호에서도 "당사자들이 명시적으로 달리 정하지 않은 경우 이

---

195) 현재 헤이그 재판관할합의협약 가입국은 총 35개국(EU, 영국, 벨기에, 덴마크, 스웨덴, 독일, 프랑스, 이탈리아, 네델란드, 룩셈부르크, 우크라이나, 스페인, 포르투칼, 중국, 싱가포르, 미국, 멕시코 등. 이 중 미국, 중국, 우크라이나는 서명만 하고 비준은 하지 않은 상태임)이다. 최근에 최초로 헤이그 재판관할합의협약을 적용하여 외국(영국)판결의 승인 및 집행을 허가한 싱가포르 하이코트 (High Court of Singapore)의 판결(Ermgassen & Co Ltd v. Sixcap Financials Pte Ltd [2018] SGHCR 8)이 선고된 바 있다. 우리나라는 한국국제사법학회가 2015. 4. 협약 가입을 권고하는 등 학계와 실무계에서 가입을 촉구하고 있으나 아직 가입하지는 않았다. 협약의 체약국은 헤이그국제사법회의 웹사이트(https://www. hcch.net/en/instruments/conventions/status-table /?cid=98)에서 확인할 수 있다. 그밖에 협약의 텍스트는 http://hcch.e-vision.nl/index_en.php?act=conventions.text&cid=98 참조. 협약의 개관은 https://assets.hcch.net/docs/89be0bce-36c7-4701-af9a-1f27be 046125.pdf 참조(이상의 각 웹사이트는 2020. 7. 20. 최종 방문).
   위 협약에 대한 상세 해설은 Hartley, Trevor C./Dogauchi, Masato, Explanatory Report on the 2005 Hague Choice of Court Agreements Convention; Brand, Ronald A./Herrup, Paul M., The 2005 Hague Convention on Choice of Court Agreements: Commentary and Documents, Cambridge University Press, 2008. 참조. 그밖에 위 협약을 소개한 국내 문헌으로는 석광현, "2005년 헤이그 재판관할합의협약", 국제사법연구 제11호, 2005., 192면 이하; 석광현[2019], 223~273; 박정훈, "헤이그 재판관할합의협약(2005 Convention on Choice of Court Agreements)", 국제사법연구, 제11호, 2005., 192면 이하; 김희동, "헤이그관할합의협약과 우리 국제재판관할 법제의 과제", 숭실대학교 법학논총 제31집, 2014. 1., 41면 이하; 박상순, "헤이그 재판관할합의협약에 대한 연구", 서울대학교대학원 법학석사학위논문, 2017. 8.; 김효정[2019]; 김도형, "2005년 헤이그 재판관할합의협약(The Hague Convention on Choice of Court Agreements)의 검토", 국제규범의 현황과 전망-2012년 국제규범연구반 연구보고 및 국제회의 참가보고-, 2013., 31면 이하 참조.
196) 다만, 헤이그 재판관할합의협약에 있어서 '비대칭적 합의(asymmetric agreement)', 예컨대, 금융계약에서 차주가 대주를 상대로 제소하는 경우에는 특정국(X국)에서만 제소할 수 있는 반면 대주가 차주를 상대로 제소하는 경우에는 X국과 기타 국내법에 따라 관할을 가지는 국가에서 제소할 수 있다는 관할합의는 '전속적 관할합의'가 아니다(Hartley, Trevor C./Dogauchi, Masato, Explanatory

를 전속적인 것으로 본다."고 규정한다.[197) 브뤼셀협약(제17조)과 브뤼셀
Ⅰ규정(제23조 제1항), 브뤼셀Ⅰbis(제25조 제1항)[198]도 마찬가지로 규정
한다.[199) ALI(§ 202(1)(b)) 및 EMPG의 CLIP원칙(Art. 2:301(1)) 도 마찬가지
이다.[200) 위와 같은 입법례들을 받아들인 국제사법 개정법률안 제8조 제
3항도 국제재판관할합의를 전속적인 것으로 추정한다.[201)

(2) 부가적 관할합의로 추정하는 설

당사자의 의사를 확인할 수 없을 때는 원칙적으로 부가적 국제재판관
할합의로 추정해야 한다는 견해이다. 이 견해는 그 근거로서 국제재판관

Report on the 2005 Hague Choice of Court Agreements Convention, para. 105).

197) 원문은 "a choice of court agreement which designates the courts of one Contracting State or one or more specific courts of one Contracting State shall be deemed to be exclusive unless the parties have expressly provided otherwise."로 되어 있다.

198) 원문은 "Such jurisdiction shall be exclusive unless the parties have agreed otherwise."로 되어 있다. 이 조항에는 위 헤이그 재판관할합의협약과는 달리 '명시적으로(expressly)'라는 표현이 없는데, 이와 관련하여 당사자들이 '명시적으로' 달리 정하지 않은 경우 외에 '묵시적으로' 달리 정하지 않은 경우 전속적인 것으로 추정되는지 여부에 관해서 해석상 논란이 있다(Fentiman[2015], para. 2.71 참조).

199) 그밖에도 손경한[2013], 421면 주9)에서는 여러 국제규범의 태도를 소개하고 있는데, 그에 따르면 일부 입법례는 부가적 관할합의로 추정하기도 한다. 한편, 일본에서는 당사자가 명시적으로 별도의 합의를 하지 않는 한 전속적인 것으로 간주한다는 취지의 규정을 두는 것이 바람직하다고 여겨지고 있으나, 실무가들로부터 반드시 그렇게 해석되지 않는다는 반론이 있어 2009년 일본 중간시안에서는 명문의 규정을 두지 않게 되었고, 개정 민사소송법에서도 명문의 규정을 두고 있지 않다. 한편 당사자 의사해석의 여지를 넓게 두는 것이 바람직하다며, 당사자의 의사가 명확하지 않은 경우에 전속적 합의로 본다는 규정은 바람직하지 않고 두더라도 추정규정으로 그쳐야 한다는 주장도 있다고 한다(노태악[2012], 96면).

200) 노태악[2012], 96면.

201) 석광현[개정안 총칙], 82면에서는, "전속적인 것으로 추정함이 법적 안정성 측면에서 바람직하므로 개정안은 그런 취지를 명기한다"고 쓰고 있다.

할합의의 경우 국제재판관할의 기준이 불명확하므로 섭외사건에 있어서는 부가적 합의로 인정할 필요가 있다는 점, 또한 사건과 관련성이 없는 국가의 법원을 전속적으로 합의한 경우에는 일방 당사자가 소송수행을 단념할 수도 있다는 점 등을 들고 있다.[202] 미국법원도 전통적으로 명시적인 문언이 있는 경우에만 전속적으로 해석하고 그렇지 않은 경우에는 관할합의를 전속적으로 해석하는 것에 대해 대체로 부정적인 입장이다.[203] 이와 같이 미국법원의 주류적인 입장은 비전속적으로 추정[204]하는 것이라고 보이지만, 미국법원의 입장이 통일적인 것은 아니고 일부 법원은 다소 완화된 입장을 취한 경우[205]도 있었고, 일부 법원은 명시적인 문언이 없는 경우임에도 전속적 관할합의로 본 경우도 있는 등 입장이 다소 다양하다.[206] 한편, 독일에서도 부가적으로 해석한 판례가 있다.[207]

(3) Case-by-case로 정해야 한다는 설

이 견해는, 당사자간에 명시적 합의가 없다고 해서 곧바로 추정할 것은 아니고 우선 당사자들의 묵시적 의사를 탐구해야 하는데, 묵시적 의사도 알 수 없는 경우에는 일률적으로 판단할 것이 아니라 거래의 유형별로 달리 보아야 하고(예컨대, 해운선사의 입장에서는 관할을 집중할

---

202) 한충수[1997], 43면.

203) Born/Rutledge[2018], 446.

204) City of N.Y. v. Pullmanm, Inc., 477 F. Supp. 438, 442 n. 11 (S.D.N.Y. 1979).

205) Phillips v. Audio Active Ltd, 494 F. 3d 378, 386 (2d Cir. 2007); Am. Soda, LLP v. United States Filter Wastewater Group, Inc., 428 F. 3d 921, 927 (10th Cir. 2005).

206) Born/Rutledge[2018], 447.

207) 독일의 Hamburg 고등법원 판결(OLG Hamburg RIW83 124, 127)에서 당사자간의 관할합의를 부가적인 것으로 해석한 바 있다고 한다(한충수[1997], 44면 주95). 한편, 영국의 입장에 관해서는, Fentiman의 책에서는 영국 국내법이 적용되는 경우(Fentiman[2015], para. 2.61~2.70)와 브뤼셀규정이 적용되는 경우(para. 2.71)를 나누어서 설명하는데, 영국 국내법이 적용되는 경우에 부가적 합의로 추정하는지 전속적 합의로 추정하는지 불분명하다(내용 요약은 para. 2.70). 아마도 Case-by-case로 보는 것 아닌가 생각된다.

필요가 있으나 금융기관의 입장에서는 채무자의 재산이 있는 곳이라면 관할을 인정할 필요가 있으므로 부가적 관할합의를 희망할 것이라고 한다), 그러한 기준에 의하더라도 불분명한 경우에는 당사자의 관할이익을 고려할 때 부가적 합의로 추정함이 타당하다고 본다.[208]

(4) 국내 관할합의 법리를 적용하는 설

국내 토지관할에 관한 관할합의의 경우, 우리나라의 통설과 판례는 법정관할 중 어느 하나를 특정한 합의는 전속적 합의로, 법정관할이 없는 법원을 특정한 합의는 부가적 합의로 보는데,[209] 이러한 법리를 국제재판관할합의에 관해서도 그대로 적용하는 견해이다.

(5) 판례의 태도

국내재판관할합의에 관해서는 대법원이 앞서 본 바와 같이 법정관할 중 어느 하나를 특정한 합의는 전속적 합의로, 법정관할이 없는 법원을 특정한 합의는 부가적 합의로 보는 태도인 것으로 보이는데, 국제재판관할합의에 관해서는 아직 명시적인 대법원 판례가 없는 것으로 보인다. 다만, 대법원 2008. 3. 13. 선고 2006다68209 판결에서 "당사자들이 법정관할법원에 속하는 여러 관할법원 중 어느 하나를 관할법원으로 하기로 약정한 경우, 그와 같은 약정은 그 약정이 이루어진 국가 내에서 재판이 이루어질 경우를 예상하여 그 국가 내에서의 전속적 관할법원을 정하는 취지의 합의라고 해석될 수 있지만, 특별한 사정이 없는 한 다른 국가의 재판관할권을 완전히 배제하거나 다른 국가에서의 전속적인 관할법원까지 정하는 합의를 한 것으로 볼 수는 없다. 따라서 채권양도 등의 사유로 외국적 요소가 있는 법률관계에 해당하게 된 때에는 다른 국가의 재판관할권이 성립할 수 있고, 이 경우에는 위 약정의 효력이 미치지 아니

---

208) 석광현[국제민사소송법], 118면.
209) 이시윤[2019], 116면; 대법원 1963. 5. 15. 선고 63다111 판결.

하므로 관할법원은 그 국가의 소송법에 따라 정하여진다고 봄이 상당하다."고 판시한 바 있는데, 위 판결이 국제재판관할합의에 관해서 국내재판관할합의에 관한 법리를 그대로 적용한다는 취지라고 해석하기는 어렵다고 본다.[210]

그런데 하급심 판결은 대체로 국제재판관할합의에 관해서도 국내재판관할합의에 관한 위 법리를 그대로 적용하고 있는 것으로 보인다. 즉, 서울고등법원 2018. 12. 13. 선고 2018나2045405 판결(확정)은 "국제재판관할에 관한 합의에는 특정국 법원에 대하여 재판관할을 인정하고 그 밖의 다른 나라 법원의 재판관할권을 배제하는 전속적 재판관할합의와 특정국 법원의 관할을 부가하는 부가적 재판관할합의가 있고, 그 중 어디에 해당하는지는 당사자들의 의사에 따를 것이나, 당사자의 의사가 명백하지 아니할 때에는 법정관할 중 어느 하나를 특정한 합의는 전속적 합의로, 법정관할이 없는 법원을 특정한 합의는 부가적 합의로 봄이 상당하다."고 판시하였고, 서울중앙지방법원 2018. 12. 7. 선고 2018가합522855 판결, 서울중앙지방법원 2018. 6. 14. 선고 2017가합572327 판결도 같은 취지로 판시한 바 있다.

(6) 검토 및 私見

국제소송의 특수성을 감안할 때, 국내재판관할합의에 관한 해석론을 국제재판관할합의에 그대로 적용할 수는 없다고 본다. 거래의 유형별로 달리 보아야 한다는 견해는 설득력이 있으나, 그렇게 되면 법적 안정성과 관할에 대한 예측가능성이 너무 손상된다. 국제사법 개정법률안과 같이 입법으로 명확히 규정하는 것이 가장 바람직하겠으나, 현재의 해석론으로서는 전속적 합의로 추정하는 견해에 찬성한다. 그 이유는, ① 국제소송에서 당사자가 국제재판관할합의를 하는 주된 목적은 법정지의 차

---

210) 그 판시 취지는 다소 불분명하다. 석광현[국제민사소송법], 117면 주108), 123면 주126) 참조.

이에 따른 언어, 법제도, 문화 등의 차이와 그로 인한 소송절차 및 소송
결과의 불안정성을 미리 제거하고자 하는 것이므로, 법적 안정성과 예
측가능성을 높이기 위해서는 당사자가 달리 합의하였음을 입증하지 못
하는 한 전속적 합의로 추정함이 바람직하고, 그것이 국제재판관할합의
당사자의 일반적인 의사에도 부합한다고 생각되는 점, ② 추정한다는 것
일 뿐 반증이 허용되므로, 당사자의 관할이익을 본질적으로 박탈하는 것
은 아닌 점, ③ 이미 앞서 본 바와 같이 국제규범의 대다수가 전속적 합
의로 추정하고 있는 상황이므로, 전속적 합의로 추정하더라도 당사자의
기대를 크게 해치는 것이 아니고, 오히려 국제적 기준에 부합하는 점에
서 당사자의 합리적 기대에 부합할 여지가 큰 점 등에서다.

2) 허용요건

전속적 국제재판관할합의로 인정되는 경우에도, 그 합의가 유효한 것
이어야 소송금지청구권 발생 여부를 논할 수 있다. 종래 외국법원을 전속
적 국제재판관할법원으로 하는 전속적 국제재판관할합의가 유효하다고
인정하기 위한 요건(이는 그러한 합의가 허용되는가라는 차원의 문제이
므로, 뒤에서 볼 관할합의의 성립 및 유효성[211]과 구별하기 위해서 이하
'허용요건'이라 한다)[212]으로, 우리 대법원은 "대한민국 법원의 관할을 배
제하고 외국의 법원을 관할법원으로 하는 전속적인 국제관할의 합의가
유효하기 위하여는, 당해 사건이 대한민국 법원의 전속관할에 속하지 아
니하고, 지정된 외국법원이 그 외국법상 당해 사건에 대하여 관할권을
가져야 하는 외에, 당해 사건이 그 외국법원에 대하여 합리적인 관련성을

---

211) 이는 관할합의에 의사표시의 하자가 있다는 등과 같은 실질적 유효성의 문제
    를 말한다.
212) 일부 문헌에서는 '유효요건'이라고 표현하기도 한대유재풍, "국제소송관할의
    합의(1)", 법조, 제45권 1호, 1996., 80~87면].

가질 것이 요구된다고 할 것이고, 한편 전속적인 관할 합의가 현저하게 불합리하고 불공정한 경우에는 그 관할 합의는 공서양속에 반하는 법률행위에 해당하는 점에서도 무효이다."라고 판시하였다.213) 반대로, 외국법원의 관할을 배제하고 한국법원을 관할법원으로 하는 전속적 국제재판관할합의의 허용요건도 위와 동일한 기준으로 판단하고 있다.214)

위 대법원 판결이 제시하는 허용요건 중 '합리적 관련성' 요건에 대해서는 이를 찬성하는 견해215)도 있으나, 이에 대해 비판적인 견해216)가 다수인 것으로 보인다. 私見으로는, 전속적 국제재판관할합의의 허용요건으로 '합리적 관련성'을 요구하지 않는 것이 타당하다고 본다. 왜냐하면, 특별한 근거 없이 당사자의 사적자치를 제약하는 요건을 부가하는

---

213) 대법원 1997. 9. 9. 선고 96다20093 판결, 대법원 2004. 3. 25. 선고 2001다53349 판결, 대법원 2010. 8. 26. 선고 2010다28185 판결 등.

214) 대법원 2011. 4. 28. 선고 2009다19093 판결.

215) 이인재[1989], 639면; 유재풍, "국제소송관할의 합의(Ⅱ)", 법조, 제45권 2호, 1996., 75면; 강희철, "전속적인 국제재판관할 합의의 유효요건", 국제사법연구, 제2호, 1997., 345면. 강희철 위 논문에서는 그 논거로, "관련성 요건을 전혀 고려하지 않으면 합의된 법원으로 하여금 외국법의 적용, 외국에서의 증거조사 등 과도한 부담을 지게 하는 한편, 심리의 적정이나 소송경제에도 도움이 되지 않고, 당사자들에게도 소송 제기 및 방어에 부당한 부담을 지워 사실상 정당한 재판을 받지 못하는 결과가 초래될 수도 있으므로, 관련성 요건을 인정하는 것이 타당할 것이다."라고 한다.

216) 석광현[국제민사소송법], 120~121면; 석광현, "전속적 국제재판관할합의의 유효요건", 법률신문(2004. 7. 27.); 김인호, "국제계약의 분쟁해결메커니즘의 구조와 상호작용", 국제거래법연구, 제23집 1호, 2014., 233~234면; 손경한[2013], 452~454면; 한충수, "국제재판관할합의에 있어 전속적관할합의의 유효요건중 내국관련성 문제", 민사소송 : 한국민사소송법학회지, 제1권, 1998., 612~615면. 비교법적으로 보더라도, 다수의 국제규범과 외국 입법례도 '합리적 관련성' 요건을 요구하지 않는 입장이다. 헤이그국제사법회의 1999년 예비초안, 2001년 초안(제4조), 헤이그 재판관할합의협약(제3조), 브뤼셀 I 규정(제23조 제1항)이 그러한 태도이고, 독일, 영국, 미국, 일본의 통설과 판례도 같은 태도라고 한다. 외국의 입법례에 관한 상세 내용은 유재풍, "국제소송관할의 합의(Ⅰ)", 80~87면; 손경한[2013], 449~450면 참조.

해석이고, 합리적 관련성의 기준이 모호하므로 법적 안정성과 예측가능성을 해치게 되며, 이는 결과적으로 전속적 국제재판관할합의를 하는 취지에도 배치되기 때문이다. 국제규범들의 추세나 비교법적 검토에 의하더라도 이와 같이 봄이 옳다. 찬성론에서 주장하는 합의된 법원의 과도한 부담이나 소송경제는 당사자의 자치보다 우선할 가치는 아니다. 경우에 따라 불합리하고 불공정한 관할합의를 통제할 필요가 있다면, '공서양속에 반하는 법률행위' 요건으로 해결할 수 있고,217) 법정지법의 약관규제법과 같은 통제조항으로 해결할 수도 있다고 본다. 실제로 국제사법 개정법률안 제8조 제1항에서도 국제재판관할합의의 무효 사유를 열거하면서 위 '합리적 관리성' 요건은 포함시키지 않았는바, 위 요건을 배제한다고 명시적으로 규정하지는 않았지만, 입법 의도는 그런 취지라고 해석된다.218)

이와 관련하여, 영국에서는 전속적 관할합의의 효력을 부인하기 위해서는 '강력한 근거(strong reasons)'가 있어야 하고, 219) 이는 그 근거들이 '압도적일 것(overwhelming)'을 의미한다고 해석된다.220) 또한, 외국법원을 전속관할법원으로 하는 합의의 효력을 부인하기 위해서는 영국법원이 가장 비용적으로 효율적인(cost-effective) 법원이거나 편리한 법정지(convenient forum)로 인정되어야 하고, 이 경우 위와 같은 사정이 관할합의 당시의 상황에서는 예상할 수 없는 것이었어야 한다.221) 통상 상거래 당사자들(commercial parties)은 그러한 상황을 예상할 수 있었다고 추정

---

217) 석광현[국제민사소송법], 120면도 이를 지적한다.
218) 석광현[개정안 총칙], 82면.
219) Donohue v. Armco Inc [2002] 1 All ER 749, at [24]
220) Mercury Communications Ltd v. Communication Telesystems International [1999] 2 All ER(Comm) 33, 41
221) British Aerospace Plc v. Dee Howard Co [1993] 1 Lloyd's Rep 368, 376; Mercury Communications Ltd v. Communication Telesystems International [1999] 2 All ER(Comm) 33, 41

하는 경향이 강하다.222) 그밖에 전속적 관할합의의 효력을 부인하기 위
해서는 그것이 정의에 반한다는 점(injustice)이 인정되어야 한다.223) 그러
한 요건들에 대한 증명책임도 전속적 관할합의의 효력을 부인하려는 당
사자에게 지워진다.224) 이와 같이 영국에서는 원칙적으로 당사자 사이
의 합의에 따른 효력을 부여하고 예외적으로 매우 엄격한 요건 하에서
만 전속적 관할합의의 효력을 부인할 수 있다고 본다.225)

2. 전속적 국제재판관할합의의 법적 성질

전속적 국제재판관할합의의 효력에 기하여 소송금지청구권이 발생하
는지를 논하기 위해서는 먼저 전속적 국제재판관할합의의 법적 성질을
논할 필요가 있다. 종래 이 문제는 주로 국제재판관할합의에 관한 준거
법 결정의 선결문제로서 논의되어 왔다. 국제재판관할합의의 법적·성질
논의와 준거법 결정 사이에는 반드시 논리필연적인 관계가 존재한다고
보기 어렵고 실질적인 해결책을 제공하지도 못한다고 본다.226) 법적 성
질 논의와 소송금지청구권 인정 여부 사이의 관계도 반드시 논리필연적
으로 연결되는 관계라고 볼 수는 없지만(예컨대 소송계약설을 취하면서

---

222) JP Morgan Securities Asia Private Limited v. Malaysian Newsprint Industries Sdn Bhd
    [2002] ILPr 17, at [56]
223) Ellinger v. Guinness Mahon & Co [1939] 4 All ER 16; Citi-March Ltd v. Neptune
    Orient Lines Ltd [1996] 1 WLR 1367
224) Donohue v. Armco Inc [2002] 1 All ER 749, at [24]
225) 영국에서 전속적 관할합의의 효력에 관한 상세한 내용은 Fentiman[2015], para.
    2.227~2.236 참조.
226) 국제재판관할합의의 법적 성질 논의와 준거법 결정 사이의 관계에 대한 논의
    는 석광현[국제민사소송법], 118면, 주110); 한충수, "국제재판관할합의의 성질
    결정과 성립준거법", 법학논총, 14집, 1997., 151면, 160면; 한충수[1997], 66면
    참조. 국제재판관할합의의 준거법 결정에 있어서 법적 성질 논의가 별다른
    해결책이 되지 못한다는 점에 대해서는 한충수[1997], 66면; 박상순[2017], 52면
    참조.

소송금지청구권을 긍정하는 견해도 불가능한 것은 아니다), 뒤에서 보는 바와 같이 독일 등 대륙법계 국가들은 대체로 법적 성질 논의를 기초로 관할합의에 기해 일정한 작위·부작위의무, 손해배상의무, 소송금지의무 가 발생하는지 등을 논의하고 있고 국내에서도 비슷한 것으로 보이며 실제로도 법적 성질을 어떻게 보느냐에 따라서 소송금지청구권 발생을 달리 볼 소지가 있다고 생각되므로, 양자 사이에 어느 정도의 상관관계 는 있다고 본다.

1) 국내의 논의

국내 민사소송학계에서는 관할합의의 법적 성질을 소송행위[227]로서 소송상의 합의(소송계약)에 해당한다고 보는 데에 이론이 없는 것으로 보인다.[228] 따라서 관할합의는 요건 및 효과에 있어 소송법상의 규율을 받는다. 위와 같은 소송상의 합의(소송계약)[229]의 법적 성질에 관해서는 다시 사법계약설(실체계약설이라고도 한다, 이하 양자를 호환적으로 사용한다), 소송계약설이 주장되고, 사법계약설은 다시 의무이행소구설,

---

227) 소송행위의 개념에 관하여는, 우리나라 다수설은 "소송절차를 형성하고 그 요건과 효과가 소송법에 의하여 규율되는 행위"라는 요건 및 효과설을 따른 다(이시윤(2019), 394면; 전원열(2020), 308면). 이와 달리 소송법상 효과를 발생 시키는 행위는 모두 소송행위라고 보는 효과설과 소송법상 효과의 발생을 그 본래의 주요한 효과로 하는 행위만이 소송행위라고 보는 주요효과설(정동윤/ 유병현/김경욱(2019), 462면)도 있다. 私見으로는, 효과설은 소송행위의 개념을 너무 넓게 보는 해석이라 지지하기 어렵고, 주요효과설은 주요 여부에 관한 판단기준이 불명확하다는 난점이 있으므로, 요건 및 효과설이 타당하다고 생 각한다.
228) 이시윤(2019), 114면; 전원열(2020), 130면; 강현중, 민사소송법, 박영사, 2018., 175면; 정동윤/유병현/김경욱(2019), 155면; 한충수, 민사소송법, 박영사, 2018., 75면; 호문혁, 민사소송법, 법문사, 2016., 188면; 민일영 편집대표, 주석 민사 소송법(Ⅰ), 한국사법행정학회, 제8판, 2018., 213면.
229) 이에는 관할합의, 소취하합의, 부제소합의, 중재합의 등이 있다.

항변권발생설[230]로, 소송계약설은 다시 순수한 소송계약설과 발전된 소송계약설[231]로 분류되고 있다.[232] 위 논의들은 대체로 국내 재판관할합의에 관한 민사소송법적 논의로서, 주로 그 합의에 기하여 바로 소송법상의 처분적 효과(예컨대, 소취하합의에 따른 소송관계의 소급적 소멸효과)가 발생하는지, 당사자에게 항변권이 발생하는 것 뿐인지 등의 맥락에서 논의되고 있다. 그에 관한 상세한 분석은 민사소송법학의 문제이므로 생략하되, 본 논문에서 주로 문제되는 '국제재판관할합의로 인해 작위·부작위의무가 발생하는지'의 맥락에서 국내의 견해들을 개략적으로 정리해보면 아래와 같다.[233]

① 순수한 소송계약설[234]은 관할합의를 소송행위의 일종인 소송상의 합의, 즉 소송계약으로 보고, 그 요건이나 효과는 소송법에 의한 규율을 받는다고 보며, 소송법상의 처분적 효과 외에 관할합의에 기하여 어떤 작위·부작위의무와 같은 실체법적 효과(의무부과적 효과)를 발생시키지 않는다고 본다.

② 발전된 소송계약설[235]은 기본적으로 소송계약으로 보면서도 소송법상의 처분적 효과뿐 아니라 작위·부작위의무까지도 발생한다고 보는 견해이다. 이 견해는 소송상의 합의가 합의대로 이행되는 경우의 설명

---

230) 이시윤[2019], 397면; 전원열[2020], 312면.
231) 정동윤/유병현/김경욱[2019], 468면.
232) 그에 관한 상세한 논의는 이시윤[2019], 396~397면; 전원열[2020], 312면; 정동윤/유병현/김경욱[2019], 467~469면; 한충수, "국제재판관할합의의 성질결정과 성립준거법", 법학논총, 14집, 1997., 149~161면 참조.
233) 한편, 일부 국내 문헌에서는 국제재판관할합의의 법적 성질에 관하여 따로 논의하고 있으나, 이 또한 주로 준거법의 결정이라는 맥락에서 논의되고 있다. 예컨대, 한충수, "국제재판관할합의의 성질결정과 성립준거법", 법학논총, 14집, 1997., 149~161면; 손경한[2013], 423, 424면.
234) 김홍규/강태원, 민사소송법, 제4판, 삼영사, 2017., 167, 424면.
235) 정동윤/유병현/김경욱[2019], 469면; 한승수[2019], 26면; 이규회[2019], 104면도 발전적 소송계약설을 지지한다.

및 이에 위반하는 경우의 손해배상청구를 가능하게 하기 위하여서는 이러한 의무를 상정하여야 한다고 주장한다.[236]

③ 순수한 사법계약설은 소송상의 합의에 기하여 바로 소송법상의 효력은 발생할 수 없고, 사법상의 작위·부작위의무가 발생하므로 그에 따라 그 의무이행을 소구할 수 있고 손해배상청구도 가능하다고 본다. 국내에서는 순수한 사법계약설을 취하는 견해는 발견하기 어렵다.

④ 발전된 사법계약설(항변권발생설)[237]은 기본적으로 사법계약으로 보면서도 작위·부작위의무나 그에 따른 의무이행 소구 및 손해배상청구권의 발생은 부인하고, 단지 상대방 당사자에게 항변권이 발생할 뿐이며, 항변권을 행사하면 법원이 이에 대응하는 조치를 취하여야 한다는 견해이다. 우리 민사소송법학계의 다수설로 보이고, 분명하지는 않지만 판례의 기본적인 태도로 보인다.[238]

---

236) 정동윤/유병현/김경욱[2019], 469면에서는 이와 같이 쓰면서, 이것이 독일 및 일본의 유력설이라고 한다.

237) 이시윤[2019], 397면; 진원열[2020], 312면.

238) 소취하합의의 경우 권리보호의 이익이 없으므로 소를 각하하여야 한다는 취지의 대법원 1982. 3. 9. 선고 81다1312 판결, 대법원 1997. 9. 5. 선고 96후1743 판결, 대법원 2005. 6. 10. 선고 2005다14861 판결, 대법원 2013. 7. 12. 선고 2013다19571 판결. 강제집행신청취하합의의 경우 그 취하를 소로서 구하는 것은 허용되지 않는다고 하여 의무이행 소구를 부정한 대법원 1966. 5. 31. 선고 66다564 판결. 부집행합의는 실체상 청구의 실현에 관련하여 이루어지는 사법상의 채권계약이라고 본 대법원 1996. 7. 26. 선고 95다19072 판결. 부제소합의의 경우 권리보호의 이익이 없으므로 소를 각하하여야 한다는 취지의 대법원 1993. 5. 14. 선고 92다21760 판결, 대법원 2017. 6. 29. 선고 2017다8388 판결. 그런데 최근 부제소합의에 관하여 이를 (항변사항이 아닌) 법원의 직권조사사항이라고 판시한 대법원 2013. 11. 28. 선고 2011다80449 판결이 나와서 혼란을 주고 있다. 직권조사사항으로 보는 것은 소송계약설의 입장과 연결되는 것인데, 당사자가 부제소합의를 본안전 항변으로 주장하지도 않는데 법원이 직권으로 조사하여 판단한다는 것은 사적자치 영역에 대한 부당한 침해이고(전원열[2020], 313면), 종전의 다른 판결들과도 배치되는 것으로 보이는 점에서 위 판결의 타당성은 의문이다. 그 후에 나온 대법원 2017. 6. 29. 선고 2017다8388

⑤ 절충설[239]은 중재합의의 경우 중재조항과 중재부탁계약을 나누어서 보는 것과 마찬가지로 재판관할조항과 재판관할계약으로 나누어서 전자는 사법계약, 후자는 소송계약으로 보는 견해이다. 이에 따르면, 재판관할조항은 실체계약인 본 계약의 일부로서 실체계약의 성격을 잃지 않고, 당사자의 의사도 본 계약과 별도의 재판관할합의를 따로 한다고는 생각하지 않으므로 실체계약으로 봐야 하고, 반면 본 계약과 별도로 체결되는 재판관할계약은 대체로 분쟁발생 후에 체결되므로 당사자 간의 실체적 권리의무의 확정보다는 쟁송절차의 구체화에 중점이 놓이며 그에 적용될 준거법의 합의도 별도로 하는 등 재판절차의 진행을 전제로 하여 체결되므로 소송계약의 성질을 가진다고 본다.

2) 외국의 논의

① 영미법계 국가의 경우, 대륙법계에서와 같이 법적 성질에 관한 정치한 논의는 없으나,[240] 대체로 전속적 관할합의를 당연히 계약의 한 유형으로 보고 그에 기해 발생하는 당사자의 의무를 '계약상 의무(contractual obligation)'로 보며, 그에 따라 계약 당사자에게 '합의된 관할에 대해서 다투지 않을 의무 및 다른 법원에서 제소하지 않을 계약상의 의무' 및 '외국에서 제소 당하지 않을 권리'가 부여되고,[241] 나아가 전속적 국제재판관할합의를 위반하여 외국에 제소했을 경우 손해배상의무가 발생한다고 본다.[242][243] 또한, 전속적 관할합의나 중재합의에는 양 당사자들이

판결에서는 직권조사사항이라는 표현을 쓰지 않고 있다.

239) 손경한[2013], 424면.

240) Takahashi[2008], 69.

241) Fentiman[2015], para. 2.09, 2.61, 2.225, 2.228; Cheshire/North/Fawcett[2017], 436; Turner v. Grovit [2002] 1 WLR 107, at [25]; British Airways Board v. Laker Airways Ltd [1985] AC 58, at 81.

242) Fentiman[2015], para. 2.249; Cheshire/North/Fawcett[2017], 437; Briggs[2008], 303;

다른 곳에서 소를 제기하지 않겠다는 약속 및 그 위반에 대해 소송금지
명령으로 이를 금지할 수 있다는 약속이 묵시적으로 포함되어 있다고
본다.[244] 이러한 영미법계 국가의 태도는 앞서 본 사법계약설 및 소송금
지청구권 긍정설의 입장으로 보인다.

이에 관한 영국 판례의 문언을 보면, 전속적 관할합의 위반을 이유로
소송금지명령을 발령한 Donohue v. Armco Inc 판결에서 Lord Bingham은
"당사자들이 특정한 법원으로 전속적 관할합의를 한 경우 당사자가 그
합의의 범위에 속하는 청구에 관하여 합의한 법원 이외의 법원에서 소
를 제기한 때에는, 합의되지 않은 법원에서 소를 제기하는 당사자가 그
법정에서 제소하는 강력한 근거를 증명하지 않는 한, 계약상 합의의 준
수(to secure compliance with the contractual bargain)를 보장하기 위하여 영
국법원은 소송 중지나 외국 제소 금지명령, 기타 적절한 절차명령을 행
사할 통상적인 재량권을 가진다"고 판시하였는데,[245] 이에 의하면 사법

Antomo[2017], 299. 같은 취지의 영국 판례로는 Donohue v. Armco Inc [2002]
UKHL 64; Union Discount Co v. Zoller [2002] 1 WLR 1517; A/S D/S Svendborg v.
Akar [2003] EWHC 797 (Comm); Starlight Shipping Co. v. Allianz Marine & Aviation
Verisicherungs AG (The Alexandros T) [2014] EWCA Civ 1010 등이 있다.

미국의 판례도 유사한 입장인데, Laboratory Corp. of America v. Upstate Testing
Laboratory, Inc. 967 F. Supp. 295, 299 (N.D. Ill 1997); Allendale Mutual Insurance
Co. v. Excess Insurance Co., Ltd., 992 F. Supp. 278, 286 (S.D.N.Y. 1997); Indosuez
International Finance, B. V. v. National Reserve Bank 758 N.Y.2d 308, 311 (N.Y.
App. Div. 2003); Caribbean Wholesales & Service Corp. v. US JVC Corp., 963 F.
Supp. 1342, 1360 (S.D.N.Y. 1997) 등이 있다. 호주의 판례로는 Incitec Ltd. v.
Alkimos Shopping Corp. [2004] 138 FCR 496, [2004] FCA 698 등이 있다. 영미법계
국가의 판례에 관한 상세한 소개는 Takahashi[2008], 63-66 참조.

243) 물론, 영미법계 학자 중에서 손해배상청구권을 부정하는 소수의 반대견해도
있다. 이에 관한 상세는 앞의 2장 각주 120 참조.

244) Fentiman[2015], para. 16.41; Donohue v. Armco Inc [2002] UKHL 64, at [23~24]; AES
Ust-Kamenogorsk Hydropower Plant LLP v. Ust-Kamenogorsk Hydropower Plant JSC
[2013] UKSC 35, at [1].

245) Donohue v. Armco Inc [2002] 1 All ER 749, at [24]

계약설 및 소송금지청구권 긍정설의 입장을 확인할 수 있다. UAE 법원
으로 전속적 국제재판관할합의를 한 사안에 관한 Middle Eastern Oil LLC
v. National Bank of Abu Dhabi 판결246)에서도 "원고는 피고와 사이에서의
소송을 UAE 법원에 제기해야 할 계약상의 의무에 구속된다(the Claimant
was contractually bound to commence proceedings to the civil courts of the
UAE)"고 판시하였다.

미국도 대체로 영국과 비슷한 입장으로, 분쟁해결합의를 위반한 경
우 손해배상의무를 인정한 판례들이 많고,247) 소송금지명령도 비교적 용
이하게 허가한다.

② 독일에서는 전통적으로 국제재판관할합의의 성질에 관하여 국내에서
와 같이 크게 소송계약설248)과 사법계약설249)로 나뉘고, 양자를 절충한
성격의 발전된 소송계약설, 발전된 사법계약설 등도 존재한다.250)251)

---

246) Middle Eastern Oil LLC v National Bank of Abu Dhabi [2008] EWHC 2895 (Comm),
   at [10]

247) 위 각주 242 참조.

248) 독일에서 소송계약설의 입장을 취하는 문헌들로는 Pfeiffer[2007] S. 77.; Geimer
   [2009], Rn. 250d, 1717; Schack[2006], Rn. 771; Kropholler[1982], Rz. 168; Matscher
   [1967], S. 20ff. 등이 있다. 그밖에 Lenenbach[1998], 286, 주164에서는 소송계약
   설의 입장을 취하는 다양한 문헌 및 판례들을 소개하고 있다. 한충수[1997], 36
   면, 주75에서도 소송계약설을 취하는 전통적인 독일 문헌들을 소개하고 있다.

249) 독일에서 사법계약설의 입장을 취하는 문헌들로는 Schröder[1987], S. 531ff.;
   Lenenbach[1998], 286, 287; Schlosser[1985], S. 37.; Kürth[1988], S. 63; Hau[1996], S.
   205.; Jasper[1990], SS. 127-128. 등이 있다. 그밖에 Lenenbach[1998], 286, 주164에
   서는 사법계약설의 입장을 취하는 다양한 문헌 및 판례들을 소개하고 있다.
   한충수[1997], 36면, 주76; 유재풍[1996(1)], 75면, 주8에서도 사법계약설을 취하
   는 전통적인 독일 문헌들을 소개하고 있다.

250) 유재풍[1996(1)], 76면에서는 '발전된 사법계약설, 발전된 소송계약설'이라는 표
   현 대신에 '제한적 실체법설, 제한적 소송법설'이라고 표현하나, 유사한 내용
   으로 보인다.

251) 그밖에 독일의 학설에 관한 상세한 소개는 Antomo[2017], 409 ff.; Lenenbach[1998],
   286, 주162~164; Mankowski[2009], 주58~64; 한충수[1997], 36~38면, 54~69면; 유재풍

이 중 독일의 순수한 사법계약설에 의하면, 관할합의는 소송법률관계
에 관한 실체법상의 계약으로서 일정한 법원에 소를 제기하고 다른 법
원에는 제소하지 아니할 작위·부작위의 의무를 정립하는 계약이라고 본
다. 반면, 순수한 소송계약설은 이러한 '의무부과적 효력(Verpflichtung-
swirkung)'을 부인하고, 소송법상으로 관할을 창설(prorogation)하거나 배
제(derogation)하는 '처분적 효력(Verfügungswirkung)'을 가질 뿐이라고 본
다.252) 발전적 소송계약설은 관할합의의 성질을 기본적으로 소송계약으
로 보면서도 소송법상의 처분적 효과뿐 아니라 일정한 작위·부작위의무
까지도 발생한다고 본다.253) 최근에는 관할합의의 성격을 기본적으로는
소송법적 효력을 가진 소송계약으로 보면서도 일정한 실체법적 효력도
아울러 가지는 일종의 '혼합계약(ein hybrider Vertrag)'이라고 설명하는 견
해도 있다.254)

독일의 연방대법원 판례는 준거법 결정을 위한 성질결정의 맥락에서,
재판관할합의의 법적 성질에 관하여 중재합의와 마찬가지로 '소송법적
관계에 관한 실체계약(ein materiellrechtlicher Vertrag über Prozessrechtliche
Beziehung)'이라고 보았다.255)

[1996(1)], 75면 참조. 정동윤/유병현/김경욱[2019], 468~469면 각주에도 독일 및
일본의 문헌들이 소개되어 있다. 한편, 위 유재풍[1996(1)], 75면에서는 실체법설
이 독일의 통설이라고 하나, 석광현[소송유지명령], 29면에서는 실체계약설이
독일의 소수설이고 실체법상의 의무를 부정하는 것이 통설이라고 한다.

252) Pfeiffer[2007], S. 77.; Kropholler[1982]. S. 168.
253) Rosenberg/Schwab/Gottwald[2004], § 66 Ⅱ; Geimer[2009], Rn. 1716, 1717.; Antomo
[2017], S. 467. 위 Geimer[2009]에서는 전속적 관할합의의 효력을 실체법상 권리가
아닌 소송법상 권리라고 설명하면서(Rn. 1716), 전속적 관할합의에 따라서 당사
자는 관할이 배제된 법원에서 제소하지 않을 소송법상의 의무가 있고, 이를
위반했을 경우 제소를 금지할 수는 없지만, 손해배상책임은 있다고 본다(Rn.
1717).
254) Gottwald[1995], S. 296, 307, 308. 특히, Gottwald[1995], S. 308에서는 소송법과 실
체법을 이분법적으로 구분하는 견해를 비판하면서, 소송법은 실체법의 이행
을 돕기 위한 것임을 강조한다.

③ 일본에서도 마찬가지로 소송계약설과 사법계약설이 대립하고 있는데, 전통적으로는 사법계약설이 통설이자 판례[256]의 태도였으나 근래에는 소송계약설이 다수설이라고 한다.[257] 최근에는 순수한 소송계약설이나 순수한 사법계약설보다는 양자의 성격이 병존하고 있는 것으로 보는 견해도 여럿 발견된다.[258] 기본적으로는 소송법적 효력을 가진 소송계약으로 보면서도 일정한 실체법적 효력도 아울러 가진다고 설명하는 견해도 있는데 이도 유사한 견해로 보인다.[259]

---

255) BGHZ 49, 384 = BGH NJW 1968, 1233; BGH NJW 1972, 1622. 위 판결들에서 독일 연방대법원은, 준거법과 관련하여 재판관할합의의 방식·허용여부에 관해서는 법정지의 소송법이 적용되고, 재판관할합의의 성립에 관해서는 법정지 국제사법이 지정하는 국가의 실체법이 적용된다고 보았다. Lenenbach[1998], 286, 주164에서는 이와 관련된 독일의 다양한 판례들을 소개하고 있다.

256) 最判昭和44·10·17(民集 23卷 10号 1825頁). 위 판결은 소취하합의가 인정되는 사안에 관하여 권리보호의 이익이 없다는 이유로 소를 각하하였는데, 이는 소취하합의의 성질을 사법계약으로 보는 전제에 서 있는 것으로 해석된다. 반면에, 일본의 하급심 판례 중에서는 관할합의를 소송법적 합의로 보아 준거법에 관하여 법정지의 절차법을 적용해야 한다고 판시한 것이 있다(東京地判 昭和42·10·17(下民集 18卷 9·10号 100頁)(高橋宏司[2007], 109에서 재인용)].

257) 伊藤眞[2018], 340, 473.

258) 伊藤眞[2018], 341, 472면에서도 사법상 계약의 성격과 소송상 계약의 성격이 병존하는 것으로 본다(이 견해는 명확하지는 않으나 기본적으로 소송계약으로 보면서도 사법계약의 성격도 가지는 것으로 보는 듯한데, 이는 우리 학설상 발전적 소송계약설에 가까운 태도로 보인다). 松本博之/上野泰男[2015], 144면에서도 전속적 관할합의에 의무부과효를 인정하면서 손해배상청구권도 긍정하고 있는데, 이도 발전적 소송계약설의 입장으로 보인다. 정동윤/유병현/김경욱 [2019], 469면에서도 발전적 소송계약설이 독일 및 일본의 유력설이라고 한다.

259) Takahashi[2008], 67.

3. 전속적 국제재판관할합의의 효력 일반

전속적 관할합의의 가장 중요한 효력은 법정관할을 변경(Kompeten-zverschiebung)시키는 것인데, 설정적 합의 (prorogation)는 관할권이 없는 법원에 관할권을 창설시키며 당해 사건에 관하여 1심으로서의 심급을 개시할 수 있도록 하는 것인 반면, 배제적 합의(derogation)는 관할권이 있는 법원의 관할권을 배제시킨다.[260] 위와 같은 배제적 효력에 기하여 상대방 당사자가 방소항변을 하면 당해 법원은 그 소를 각하 또는 중지하여야 하는데, 여기에서 더 나아가 관할권이 배제된 법원에서 소송을 제기하여서는 아니되는 효력(즉, 소송금지의무)까지 발생하는지에 관해서는 앞서 본 법적 성질에 관한 입장에 따라 각기 다양한 견해가 제시된다(이에 관해서는 뒤에서 상세히 살펴본다).

헤이그 재판관할합의협약이 적용되는 경우(즉, 국제적인 민사 또는 상사사건에서 전속적 재판관할합의가 있고, 그 합의된 법원이 체약국 내에 있는 경우)라면, 전속적 재판관할합의 법원으로 선택된 법원의 국가 이외의 체약국의 모든 법원은 원칙적으로 그 소송절차를 중지하거나 각하하여야 한다(제6조). 따라서 위 협약이 적용되는 한도 내에서는 전속적 관할합의 위반을 이유로 한 소송금지명령의 필요성이 상대적으로 낮아질 것으로 보이지만, 위 협약의 적용범위에 관한 다툼[261]이나 관할합의의 유효성 및 위 제6조의 예외 사유[262] 해당 여부 등을 둘러싼 다툼의

---

260) 한충수[1997], 131면.
261) 위 협약의 적용범위에 관해서는 동 협약 제2조에서 규정하고 있다. 예컨대, 소비자계약이나 근로계약에 관련된 관할합의, 민사 또는 상사사건이 아닌 경우, 민사 또는 상사사건의 경우에도 제2조 제2항에서 정한 일정한 경우에는 동 협약이 적용되지 않는다. '비대칭적 합의(asymmetric agreement)'도 위 협약 상 '전속적 관할합의'에 해당하지 않음은 앞서 각주 196에서 보았다.
262) 제6조에 의하면, ① 선택된 법원의 국가의 법에 따라 그 합의가 무효인 경우, ② 소가 계속한 법원의 국가의 법에 따라 당사자가 합의를 체결할 능력이 없

소지가 여전히 상존하므로, 소송금지명령의 필요성이 완전히 없어지지
는 않는다.[263]

　헤이그 재판관할합의협약 제8조 제1항에 의하면, 전속적 재판관할합
의 법원으로 지정된 체약국의 법원이 선고한 판결만이 다른 체약국에서
승인·집행되고, 다른 법원의 판결에 대해서는 위 협약에 따른 승인·집행
이 적용되지 않는다.[264] 최근에 채택된 헤이그국제사법회의의 '2019년 7
월 2일 민사 또는 상사에 관한 외국판결의 승인과 집행에 관한 협약
(Convention of 2 July 2019 on the Recognition and Enforcement of Foreign
Judgments in Civil or Commercial Matters)'(이하 '외국재판의 승인 및 집행
에 관한 협약'이라 한다)[265] 제7조 제1항 d호도 '본원국에서의 절차가, 문
제된 분쟁이 본원국 외의 법원에서 결정되어야 한다는 합의 또는 신탁
증서의 지정에 반하는 경우' 승인·집행국의 법원은 외국판결의 승인·집
행을 거부할 수 있다고 규정한다. 이는 관할합의에 위반되어 이루어진
외국판결에 대해서는 승인·집행을 거부할 수 있다는 것이다.

는 경우, ③ 그 합의의 효력을 인정한다면 명백 한 부정의에 이르게 되거나
또는 소가 계속한 법원의 국가의 공서에 명백히 반하는 경우, ④ 당사자들이
통제할 수 없는 예외적인 이유로 인하여 그 합의가 합리적으로 이행될 수 없
는 경우, ⑤ 선택된 법원이 사건을 심리하지 않기로 결정한 경우에는 지정되
지 아니한 법원도 사건을 심리할 수 있다.

263) 이규호[2019], 83면도 同旨.
264) 한편, 브뤼셀 I bis 하에서는 전속적 관할합의의 유효성에 관한 지정되지 않
　 은 법원의 판결도 승인·집행 받을 수 있는 것으로 보인다(C-456/11 Gothaer
　 Allgemeine Versicherung AG v. Samskip GmbH EU : C : 2012 : 719, [2013] QB 548)
　 (이규호[2019], 107면에서 재인용).
265) 2019. 7. 2. 채택 및 서명되었고 우루과이가 첫번째 국가로서 서명을 하였다.
　 비준, 수락, 승인 또는 가입한 나라는 아직 없다. 자세한 내용은 아래의 웹사
　 이트 참조(2020. 7. 20. 최종 방문).
　 https://www.hcch.net/en/instruments/conventions/status-table/?cid=137
　 http://conflictoflaws.net/2019/done-an-important-day-for-global-justice-and-the-hague-
　 conference-on-private-international-law/

관할합의의 효력이 미치는 주관적인 범위는 원칙적으로 당사자와 그 포괄승계인이다. 특정승계인에게 관할합의의 효력이 미치는지가 문제되는데, 이는 해당 권리관계가 물권이냐 채권이냐에 따라서 달리 보아야 한다. 즉, 물권은 물권법정주의 때문에 그 권리의 내용을 자유롭게 변경할 수 없으므로 물권의 양수인은 양도인이 한 관할합의에 구속되지 않는다고 보아야 한다.266) 이와 달리 채권의 양수인은 그 채권을 발생시킨 계약상의 관할합의에 구속된다.267) 그런데 이러한 법리가 국제재판관할합의에까지 그대로 적용될지에 관해서는 신중한 검토가 필요하다. 채권이 국제적으로 거래되면 응소의 부담이 대폭 커지므로 사정이 달라질 수 있기 때문이다.268) 대법원 판례 중에서도 일본에 거주하는 A, B가 금전대여계약을 맺으면서 채권자 A의 주소지 법원을 관할법원으로 하는 전속적 관할합의를 한 후 A가 위 채권을 한국 거주 C에게 양도한 사안에서, 채권양도 등의 사유로 외국적 요소가 있는 법률관계에 해당하게 된 때에는 다른 국가의 재판관할권이 성립될 수 있고 이 경우에는 위 관할합의의 효력이 C에게 미치지 않는다고 판시한 사례가 있다(대법원 2008. 3. 13. 선고 2006다68209 판결).269)

---

266) 전원열[2020], 133면. 대법원도 근저당권설정자와 근저당권자 사이의 관할합의의 효력이 근저당권설정자로부터 부동산을 양수한 자에게 미치지 않는다고 판시하였다(대법원 1994. 5. 26.자 94마536 결정).

267) 전원열[2020], 134면. 대법원도 지명채권과 같이 그 권리관계의 내용을 당사자가 자유롭게 정할 수 있는 경우에는 당해 권리관계의 특정승계인은 그와 같이 변경된 권리관계를 승계한 것이라고 할 것이어서 관할합의의 효력은 특정승계인에게도 미친다고 하면서 대출금채권을 양수한 특정승계인에게 그 대출계약상 관할합의의 효력이 미친다고 보았다(대법원 2006. 3. 2.자 2005마902 결정).

268) 전원열[2020], 134면. 석광현[국제민사소송법], 123면에서도 위 법리를 그대로 국제재판관할합의에까지 적용하는 것은 적절하지 않다고 본다. 반면에, 한충수[1997], 135면에서는 위 법리를 국제재판관할합의에도 적용한다.

269) 다만, 석광현[국제민사소송법], 123면 주126에서는 위 판례를 당사자들이 국제거래에서 국제재판관할합의를 한 통상적인 경우 채권양수인에게 관할합의의 효력이 미치는가라는 쟁점에 대한 대법원의 판단으로 일반화할 것은 아니라

한편 선하증권에 의한 관할합의의 효력은 선하증권의 소지인이나 그 승계인에게도 미친다고 본다.[270]

관할합의의 효력이 미치는 객관적인 범위와 관련해서는, 계약책임에 관한 관할합의가 불법행위책임에도 미치는지가 문제된다. 동일한 책임 원인에 대하여 계약책임과 불법행위책임의 관할을 달리 본다는 것은 관할합의 당사자의 의사에도 반하고 소송경제나 재판의 통일 측면에서도 부당하므로, 불법행위책임에도 효력이 미친다고 본다. 독일과 일본의 판례와 다수설도 마찬가지 태도이다.[271]

4. 손해배상청구권 발생 여부

전속적 국제재판관할합의의 경우 그 효력으로서 손해배상청구권이 발생하는가? 즉, 유효한 전속적 관할합의가 존재함에도 불구하고 일방 당사자가 이에 위반하여 합의된 국가가 아닌 다른 국가의 법원에 제소하였을 경우, 상대방 당사자는 위반 당사자를 상대로 손해배상청구를 할 수 있을 것인가? 이는 앞서 본 법적 성질 논의와 연관이 있는 문제일 뿐만 아니라, 뒤에서 볼 소송금지청구권의 인정 여부와도 밀접하게 연관된 (반드시 동일하지는 않다) 문제이므로, 이를 먼저 살펴볼 필요가 있다. 손해배상청구권과 소송금지청구권 양자의 관계 및 異同에 대해서는 뒤 (제3장 제4절 V. 3.)에서 따로 살펴본다.

고 한다.

270) 석광현[국제민사소송법], 123면 주125; 한충수[1997], 136면.

271) 한충수[1997], 136~137면. 한편, 우리 대법원 1992. 1. 21. 선고 91다14994 판결의 입장은 불법행위책임에 미치지 않는다는 입장이라고 해석하는 견해가 있으나, 그렇게 보기는 어렵다(석광현[국제민사소송법], 123~124면; 한충수[1997], 138면에서도 이를 지적한다).

1) 국내의 논의

앞서 본 바와 같이 국내 민사소송법학계에서 소송상 합의의 법적 성질 논의와 관련하여 의무부과효 인정 여부나 손해배상의무 등 인정 여부를 일반적으로 논의하고 있는 것 외에는, 아직까지 이에 관한 본격적인 논의가 많지 않은데,[272] 최근에는 이를 긍정하는 견해들[273]도 등장하고 있다.

2) 외국의 논의

① 영미법계 국가의 경우, 앞서 본 바와 같이 대체로 전속적 관할합의 위반을 계약위반(breach of contracts)의 문제로 보는 전제에서 당연히 손해배상청구권을 인정하는 태도를 취한다. 물론, 관할합의는 소송법적인 효력만을 가진다고 보아 손해배상책임을 부정하는 소수의 반대견해[274]도 존재하나, 대다수의 학자와 판례들은 이를 인정하는 입장을 취한다.[275] 심지어 영국에서는 그러한 관할합의 위반 외국 제소를 조언한 변호사에게도 손해배상청구가 가능하다고 본다.[276]

---

272) 앞서 본 바와 같이 종래 관할합의에 관한 법적 성질 등의 논의는 주로 당사자가 항변을 해야하는 것인지 등과 관련된 민사소송법적 처리의 맥락 또는 국제재판관할합의의 준거법 결정의 맥락에서 논의되었고, 위반 시 손해배상의무나 소송금지의무 발생 여부의 맥락에서는 거의 다루어지지 않았다.

273) 이규회[2019], 104면; 한승수[2019], 27-29면.

274) 이에 대해서는 앞의 2장 각주 120 참조.

275) 이에 대해서는 앞의 각주 242 참조.

276) Fentiman[2015], para. 2.271; AMT Futures Ltd v. Marzillier, Dr Meier & Dr Guntner Rechtsanwaltsgesellschaft mbH [2014] EWHC 1085 (Comm), [2017] UKSC 13. 이 사건에서는 독일 법무법인이 영국법원으로 전속적 관할합의를 한 것을 위반하여 독일에서 제소하도록 유도했다는 이유로 영국법원에 제소당했는데, 종국적으로 영국 대법원은 불법행위가 독일에서 발생했기 때문에 영국법원이 관할권을 가지지 못한다고 판시하였지만, 그러한 청구가 가능다는 점은 인정되

한편, 유럽사법재판소의 Turner 판결 이후, 브뤼셀체제 하에서 전속적 관할합의를 위반하여 유럽연합 회원국에 제기한 선제소송에 대하여 손해배상의무가 발생하는지 여부[277)]에 관해서 영국의 Starlight Shipping Co. v. Allianz Marine & Aviation Verisicherungs AG (The Alexandros T) 판결[278)]은, 계약위반에 대해서 상대방에게 구제수단을 청구하는 문제는 절차적인 문제가 아니고 실체적인 문제이므로 유럽사법재판소의 Turner 판결 사안과는 다르다는 이유에서 이를 긍정한 바 있다. 학설도 이에 관하여 손해배상청구는 다른 회원국 법원에 대한 간접적인 간섭인 반면에, 소송금지명령은 직접적인 간섭이라는 면에서 차이가 있으므로, Turner 판결이 손해배상청구까지 금지하는 것으로 해석할 수는 없다고 본다.[279)] 개정된 브뤼셀 I bis의 맥락에 의하더라도 손해배상청구가 가능할 것으로 해석되는데,[280)] Fentiman은 이에 관하여 유럽사법재판소가 최종적으로 어떤 입장을 취할지는 결국 유럽사법재판소의 정책적인 판단에 따라 결정될 것이라고 전망한다.[281)]

그밖에 영국에서는 손해배상이 인정될 경우 손해배상의 범위, 기판력 등 다양한 문제에 관해서 논의하고 있다.[282)]

없다.

277) 이에 관한 상세는 Fentiman[2015], para. 2.253 이하 참조.

278) Starlight Shipping Co. v. Allianz Marine & Aviation Verisicherungs AG (The Alexandros T) [2014] EWCA Civ 1010. 위 판결에 대한 상세한 소개 및 비판은 Fentiman[2015], para. 2.255~2.264 참조.

279) Fentiman[2015], para. 2.262.

280) Fentiman[2015], para. 2.263. 다만, 이는 해당 규정이 적용되는 경우에만 그런 것이므로 제한적일 것이라고 한다.

281) Fentiman[2015], para. 2.264.

282) 영국에서 관할합의 위반에 의한 손해배상청구에 관한 상세한 내용은 Fentiman[2015], para. 2.248~2.283 참조. 그 중 손해배상의 범위는 Fentiman[2015], para. 2.249, 손해배상청구와 기판력의 문제는 Fentiman[2015], para. 2.250, 2.251 각 참조. 국내 문헌 중에서 관할합의 위반에 대한 손해배상청구에 관해 다룬 논문으로는 한승수[2019] 참조.

② 독일에서는 전속적 관할합의의 효력으로서 외국에서 제소 당하지 않을 권리(소송금지청구권)가 발생한다고 볼 수 없다는 전제에서 손해배상청구권도 부정하는 견해[283]가 전통적인 다수로 보이나, 최근에는 전속적 관할합의 위반의 경우 손해배상이 가능하다는 견해들[284]도 다수 발견된다. 여기에는 전속적 관할합의의 효력으로서 손해배상청구권 뿐만 아니라 소송금지청구권의 발생도 긍정하는 견해가 있는가 하면, 소송금지청구권은 부정하면서 손해배상청구권만을 긍정하는 견해[285]도 있다. 독일에서는 손해배상의 근거로서 계약책임(채무불이행책임)이 주로 논의되나, 앞서 본 바와 같이 독일민법 제823조 제1항 또는 제826조의 불법행위책임으로 접근하는 것도 논의되고 있다.[286]

그런데 최근 2019. 10. 17. 선고된 판결[287]에서 독일 연방대법원은 국제재판관할합의의 성격을 '절차적 측면에 관한 실체법적 계약'이라고 하면서 국제재판관할합의를 위반한 경우 손해배상청구가 가능하다고 명시적으로 판시하였다. 위 사안에서 당사자들은 독일 본을 관할법원으로 하는 국제재판관할합의를 하였음에도 원고가 이를 위반하여 미국법원에 소를 제기하여 관할이 없다는 판결(dismiss)을 받은 후 다시 독일 본 지방법원에 소를 제기하자 피고가 미국 소송에서 방어하기 위해 지출한 변호사비용을 반소로 청구하였다. 이 사건에서 독일 연방대법원은 국제재판관할합의를 위반한 경우 손해배상청구가 가능하다고 보았고, 피고가

---

283) Pfeiffer[2007] S. 77.; Schack[2006], Rn. 771; Kropholler[1982], Rz. 168.
284) Schröder[1987], S. 523, 531ff.; Lenenbach[1998], 286, 287, 290.; Gottwald[1995], S. 296, 307, 308; Geimer[2009], Rn. 1717, 1718.; Schlosser[1985], S. 37.; Kürth[1988], S. 60, 63.; Hau[1996], S. 202, 205.; Jasper[1990], SS. 126-128; Mankowski[2009], SS. 25-26.; Antomo[2017], S. 467. 한편, Kropholler[1982], Rn. 175에 의하면, 독일 민사소송법 제888조에 기한 강제와 전속적 관할합의 위반에 기한 손해배상청구는 명백히 남용적인 사안에만 한정되어야 한다고 본다.
285) Geimer[2009], Rn. 1717.
286) Mankowski[2009], S. 26.
287) BGH, Decision dated 17 October 2019, III ZR 42/19.

미국 소송에 방어하기 위해 지출한 합리적인 범위의 변호사비용을 손해로 인정하였다. 이는 매우 주목할 만한 판결이다.[288]

③ 일본에서는 전속적 관할합의 위반과 손해배상청구에 관해서 아직 활발한 논의가 이뤄지지 않은 것으로 보이나, 전속적 관할합의에 의무부과효를 인정하면서 손해배상청구권도 명시적으로 긍정하는 견해[289]가 존재하고, 이를 긍정하는 전제에서 그 근거로서 계약책임과 불법행위책임으로 나누어 접근하고 있는 문헌[290]도 발견된다.

④ 대륙법계에 속하는 스페인에서도 최근 전속적 관할합의 위반에 대하여 손해배상책임을 인정한 대법원 판결들이 선고된 바 있다.[291]

3) 기타

손해배상청구를 인정할 경우에는 기판력의 문제, 손해배상의 범위 및 액수 산정, 위약금이나 손해배상액의 예정, 준거법 등 다양한 쟁점들이 대두되나, 본 논문에서는 여기까지 다루지는 않기로 한다.[292]

5. 소송금지청구권 발생 여부

전속적 국제재판관할합의의 경우 그 효력으로서 소송금지청구권이 발생하는가? 즉, 당사자에게 그 관할합의에 반하는 제소행위를 하여서는

---

288) 위 판례의 상세한 내용은 Wilske, Stephan and Krapfl, Claudia, "German Federal Court of Justice grants claim for damages due to violation of jurisdiction clause", International Bar Association Arbitration Committee publication, 2020 참조.

289) 松本博之/上野泰男[2015], 144.

290) 高橋宏司[2007], 124-131; Takahashi[2008], 68-69.

291) Tribunal Supremo, 23.02.2007. Id Cendoj: 28079110012007100239; Tribunal Supremo, 12.01.2009. Id Cendoj: 28079110012009100055(한승수[2019], 17면에서 재인용).

292) 이에 관한 상세한 논의는 Fentiman[2015], para. 2.248~2.283; 한승수[2019], 33~43면 참조. 독일 문헌으로는 Antomo[2017]와 Mankowski[2009] 참조.

아니 될 의무(소송금지의무)가 발생하는가? 이는 앞서 본 법적 성질 논의 및 손해배상의무 인정 여부와도 연관이 되는 문제이다.

1) 국내의 논의

① 긍정설은, 전속적 관할합의에서 작위·부작위의무를 도출할 수 있다고 본다.[293] 이 견해는 기본적으로 소송계약(소송상의 합의)의 성질을 소송법상의 계약으로 보면서도 이에 위반하는 경우 손해배상청구 및 작위·부작위의무 소구도 가능하다고 보는 견해(발전적 소송계약설)에 입각한다.[294] 그밖에, 피보전권리로서의 소송금지청구권 발생 여부라는 차원에서 구체적으로 논하고 있지는 않지만, 앞서 소개한(제3장 제2절) 소송금지명령 긍정설 또는 제한적 긍정설의 견해들도 소송금지의무의 발생 가능성을 긍정하는 전제에 서 있는 것으로 이해된다.

② 부정설은, 전속적 관할합의로부터 작위·부작위의무가 도출되지 않는다고 본다. 즉, 당사자가 전속적 관할합의를 한 경우 관할이 배제된 다른 법원에 소를 제기해서는 안되지만 당사자는 배제적 합의가 있음을 항변할 수 있을 뿐이며 소제기를 금지하거나 소송의 철회를 구하는 소송을 제기할 수는 없다고 한다.[295] 그밖에, 재판관할권이 없는 외국법원에 소추당하지 않는다는 일반적인 권리를 한국법에서는 찾을 수 없다고 설명하기도 한다.[296] 나아가 이 견해는 당사자의 관할합의에 반하여 외국법원에 소송을 제기한 경우에도 그러한 합의로부터 실체법적 의무를 도출할 수 없다는 것이 일반적인 견해라고 주장한다.[297]

---

293) 정동윤/유병현/김경욱[2019], 469면; 이규호[2019], 105~106면.
294) 정동윤/유병현/김경욱[2019], 469면.
295) 한충수[1997], 131, 132면.
296) 김용진, 국제민사소송전략 : 국제민사소송실무 가이드, 신영사, 1997., 162면.
297) 김용진, 국제민사소송전략 : 국제민사소송실무 가이드, 신영사, 1997., 175면, 주105).

2) 외국의 논의

① 영미법계 국가의 경우에는 앞서 본 바와 같이 전속적 관할합의를 실체법상의 계약이라고 보면서 그에 따라 손해배상청구권 및 소송금지청구권을 모두 인정하는 입장이다.

② 독일에서는 전속적 관할합의의 효력으로서 외국에서 제소 당하지 않을 권리(소송금지청구권)가 발생한다고 볼 수 없다는 부정설[298])이 전통적인 다수로 보이나, 최근에는 이를 긍정하는 견해들[299])도 다수 제기되었다. 앞서 본 바와 같이 손해배상청구는 인정하면서 소송금지청구권은 부정하는 견해[300])도 있다.

③ 일본에서는 아직 이에 관한 논의가 활성화 되어 있지 않으나, 앞서 본 바와 같이 소송금지청구권을 부정하는 전제에서 소송금지명령을 부정하는 견해[301])가 발견되고, 실무상으로 이를 인정한 사례도 없다고 한다.[302])

---

298) Pfeiffer[2007] S. 77.; Geimer[2009], Rn. 250d, 1717; Schack[2006], Rn. 771; Kropholler [1982], Rz. 168. 위 견해들 중에서 Geimer는 전속적 관할합의의 효력을 실체법상 권리가 아닌 소송법상 권리라고 설명하면서(Geimer[2009], Rn. 1716), 전속적 관할합의에 따라서 당사자는 관할이 배제된 법원에서 제소하지 않을 소송법상의 의무가 있고, 이를 위반했을 경우 제소를 금지할 수는 없지만, 손해배상책임은 있다고 본다(Geimer[2009], Rn. 1717).

299) Schröder[1987], S. 531ff.; Lenenbach[1998], 286, 287.; Schlosser[1985], S. 37.; Kürth[1988], S. 60, 63.; Hau[1996], S. 202, 205.; Jasper[1990], SS. 126-128.; Antomo[2017], S. 467. 한편, 위 Schröder[1987], S. 532에서는 '제소금지의무는 반드시 명시적으로 표시되어야만 하는 것은 아니고 묵시적으로 이루어질 수도 있다'고 설명한다. 반면에, Kropholler[1982], Rz. 168, Fn. 348에서는 '명시적으로 표시되지 않는 한 제소금지의무는 부정된다'고 한다. 한편, 정동윤/유병현/김경욱[2019], 469면에서는 소송계약을 소송법상의 계약으로 보면서도 처분효과 외에 소송법상의 작위·부작위의무도 인정하는 견해가 독일과 일본의 유력설이라고 한다.

300) Geimer[2009], Rn. 1717.

301) 古田啓昌[1997], 97면.

6. 검토 및 私見

이상의 논의들에 관한 종합적인 검토 및 필자의 견해를 개진해 본다.

1) 전속적 국제재판관할합의의 법적 성질

결론적으로, 전속적 국제재판관할합의는 소송계약의 측면과 실체계약의 측면이 모두 혼재되어 있는 혼합계약이라고 본다(혼합계약설). 그 논거는 아래와 같다. 다만, 이는 어디까지나 '전속적'인 '국제'재판관할합의에 관한 논의이고, 국내 관할합의를 포함한 모든 관할합의에 대해서 이러한 견해가 관철되어야 한다는 것은 아님을 밝혀 둔다.

① 우선, 모든 전속적 국제재판관할합의에 대하여 일률적으로 하나의 법적 성질을 부여할 것이 아니라, 기본적으로는 관할합의 당사자의 진정한 의사에 좇아 case-by-case로 접근하여야 한다.[303] 당사자의 명시적 의사가 표현된 경우 그에 따라야 하고, 당사자의 의사가 명확하게 드러나지 않은 경우에도 제반 사정을 감안하여 당사자의 묵시적 의사를 확인하려는 시도를 하여야 한다. 묵시적 의사도 명확하지 않을 경우에는 아래에서 보는 이유에서 소송계약의 측면과 실체계약의 측면이 모두 병존하는 혼합계약으로 추정함이 타당하다.

② 전속적 국제재판관할합의에 소송법적 요소가 강하다는 점은 부인할 수 없다. 즉, 전속적 국제재판관할합의는 기본적으로 소송법이 정한

---

302) 古田啓昌[1997], 75면, 96면; Dogauchi[1994], 92면.

303) Mankowski[2009], S. 26.에서도 계약적 의무부여를 의욕하는지에 관한 당사자의 의사 탐구가 필요함을 역설하고 있으며, Antomo[2017], S. 467.에서도 법원이 먼저 당사자의 진정한 의사를 신중하게 살펴보아야 하고 그럼에도 의사가 불분명할 경우에야 비로소 당사자가 의무부과효를 의욕한 것으로 추정할 수 있다고 지적한다.

요건(예컨대, 서면 요건)에 따라 소송법상의 효력 발생을 목적으로 하는 것이다. 당사자 역시 이러한 소송법적 효력을 당연히 의욕한다고 보아야 한다. 따라서 전속적 국제재판관할합의는 기본적으로 소송계약의 성격을 가진다. 참고로, 로마 I 규정(계약상 채무의 준거법에 관한 유럽연합 규정)304)에서는 중재합의와 재판관할합의를 그 적용대상에서 제외하고 있는데[제1조 제2항 (e)], 이는 기본적으로 위 분쟁해결합의를 계약적 의무(contractual obligations)305)가 아닌 절차법적 문제로 보는 시각에서 기인한다고 한다.306)

③ 그러나 소송계약의 성격을 가진다고 해서 당연히 실체계약적 성격이 배제되어야 하는 것은 아니다.307) 강행규정이나 공서양속 등에 반하는 것이 아닌 이상, 당사자의 의사에 따라 양자의 병존이 얼마든지 가능하다. 이러한 혼합계약의 자유도 계약의 자유에서 기인하는 것으로서 허용되는 것이다.308) 전속적 국제재판관할합의의 성격을 양자택일적인 관계로 보는 이분법적인 분석은 지나치게 도그마적이다.309) 이보다는 당사자의 의사를 기초로 하여 그 법적 성질이 기능하는 실제적인 국면에 초점을 맞추어 합리적인 결과를 도출하는 기능적 해석이 필요하다.

④ 국제거래의 현실에서 전속적 국제재판관할합의를 하는 당사자의

---

304) Regulation (EC) No 593/2008 of the European Parliament and of the Council of 17 June 2008 on the law applicable to contractual obligations (Rome I), OJ L 177, 04/07/2008 P. 6-16.

305) 로마 I 규정은 '계약적 의무'에 관해서만 적용된다(제1조 제1항).

306) Para. 3.1.4 of the Opinion of the European Economic and Social Committee on the Proposal for a Regulation of the European Parliament and of the Council on the law applicable to contractual obligations (Rome I): COM(2005) 650 final - 2005/0261 (COD).

307) Lenenbach[1998], 287면도 同旨.

308) 지원림[2019], 1315면.

309) Gottwald[1995], S. 308에서도 소송법과 실체법을 이분법적으로 구분하는 견해를 비판하면서, 소송법은 실체법의 이행을 돕기 위한 것임을 강조한다.

의도는 다양하겠지만, 기본적으로 전속관할법원에서만 소송을 진행하고 다른 국가의 법원에서는 소를 제기하거나 제기 당하지 않겠다는 의사가 당연히 내포되어 있다고 본다. 이러한 의사는 단순히 소송법적인 것에 머무르는 것이 아니고 실체법적 의무부과를 의욕하는 것이라고 봄이 타당하다. 그렇지 않다면 일부러 전속적 국제재판관할합의를 할 이유가 없다. 국제소송에서 법정지(forum)의 중요성이나 그로 인한 각종 유불리 등의 이해관계를 고려하면 더더욱 그렇다. 국내소송의 경우, 이송이나 관할위반 항변 등으로 비교적 피해가 적은 방법으로 쉽게 대응할 수 있으나 국제소송에서는 다르게 보아야 한다.[310] 국제소송의 경우 관할법원으로의 이송이 원칙적으로 불가능하고, 언어, 법제도, 장소 등의 차이로 인해 국제재판관할합의에 위반된 외국 제소에 대응하여 관할위반의 항변을 하는 것 자체로 이미 상당한 비용과 노력을 소요하게 된다. 통상 국제거래의 실무에서는 이러한 위험을 미리 제거하기 위하여 국제재판관할합의를 하는 경우가 대부분이고, 많은 경우 주된 계약 체결과 함께 국제재판관할합의조항을 삽입하게 된다. 이러한 국제소송의 특성을 고려할 때, 전속적 국제재판관할합의에는 다른 외국 법원에서 제소하지 않을 실체적 의무를 부과하는 실체계약적 성격이 내재되어 있다고 해석하는 것이 당사자의 진정한 의사에 부합한다고 본다.

⑤ 만일, 소송법적 효력만을 인정하고 실체법적 효력을 인정하지 않는다면, 부당한 외국 제소에 대하여도 그 외국법원에서 각하 또는 정지 결정을 하기 전까지는 응소하여야 하고 달리 적극적인 구제수단이 없게 됨으로써 전속적 국제재판관할합의를 하는 당사자의 의도가 훼손되고, 권리구제의 부분적 공백상태가 야기된다. 전속적 국제재판관할합의에 실체적 의무부과효를 인정함으로써 당사자간 자발적 합의이행을 강제하고 부당한 합의 위반 시도나 포럼쇼핑 시도를 미연에 방지하는 효과도

---

310) Lenenbach[1998],, 278, 283에서도 국내소송의 경우(소송금지명령 필요성 부정)와 국제소송(소송금지명령 긍정)의 경우를 달리 보고있다.

얻을 수 있다.

⑥ 외국 및 국내에서도 전속적 국제재판관할합의에 두 측면이 혼재되어 있다고 보는 견해가 없지 아니하고,311) 앞서 본 국내 및 외국의 논의 중 '발전적 소송계약설'이나 독일 연방대법원의 '소송법적 관계에 관한 실체계약'이라는 견해도 결국은 두 측면이 혼재되어 있다는 것에 다름 아닌데, 굳이 이렇게 어려운 이름으로 복잡하게 설명하느니 보다는, 차라리 당사자의 의사가 양자 모두를 의욕한 것이므로 양자의 성질을 겸유한다고 보는 것이 더 실용적이고 명료한 해석이라고 본다.312)

---

311) Hartley[2013], 4면에서도 관할합의에 실체법적인 측면과 절차법적인 측면의 두 가지 성격이 혼재하고 있다고 보고 있다. 독일의 Gottwald[1995], S. 296, 307, 308.에서도 관할합의의 성격을 기본적으로는 소송법적 효력을 가진 소송계약으로 보면서도 일정한 실체법적 효력도 아울러 가지는 일종의 '혼합계약'(ein hybrider Vertrag)이라고 설명한다. 일본의 伊藤眞[2018], 340-341면에서도 사법상 계약의 성격과 소송상 계약의 성격이 병존하는 것으로 본다. 전병서, 강의 민사소송법, 박영사, 2018., 137면에서도 사법상 계약과 소송상 계약이 병존한다고 본다.

312) 여기서 양자의 성격이 혼재되어 있다는 것의 의미를 살펴볼 필요가 있다. 이와 관련하여, 소송상 화해의 법적 성질을 둘러싸고 종래 민사소송법 학계에서는 사법행위설, 소송행위설, 병존설, 양성설이 존재하는바, 이 중 병존설은 사법행위와 소송행위의 두 행위가 겹쳐서 외관상 하나로 보일 뿐이고 두 행위는 각각 실체법과 소송법에서 독립적으로 규율된다고 보는데 반해, 양성설은 양자의 성격을 모두 가진 하나의 행위로 보아 소송상 화해가 유효하려면 소송법상으로는 물론이고 사법상으로도 하자가 없어야 한다고 본다(전원열[2020], 562~563면; 정동윤·유병현/김경욱[2019], 715면). 국내의 다수설은 양성설을 따르고 판례는 소송행위설이다(대법원 2002. 12. 6. 선고 2002다44014 판결 등). 논의의 실익은 주로 의사표시에 하자가 있는 경우 소송상 화해의 효력이 부인되는지 여부에 있다. 법적 성질 논의와 효력 논의가 연결되기는 하지만, 민사소송법 제461조에서 준재심으로써만 화해조서의 효력을 번복할 수 있도록 규정하고 있는 관계로 소송상 화해의 효력에 관해서도 다시 기판력부정설, 무제한기판력설, 제한적 기판력설 등 여러 견해가 제기된다(이에 관해서는 전원열[2020], 568~569면 참조). 다수설인 양성설에서는, 병존설은 소송상 화해가 단일행위임을 외면하는 기교적 해석이라는 비판과 함께 의사표시의

⑦ 이렇게 볼 때, 양자 중 어느 한 가지의 성질만 인정하는 순수한 사법계약설이나 순수한 소송계약설은 찬성하기 어렵고, 작위·부작위의무의 발생을 부인함으로써 전속적 국제재판관할합의를 하는 당사자의 의도를 무색하게 만드는 발전된 사법계약설도 부당하다. 위 국내 학설 중 재판관할조항과 재판관할계약으로 나누어서 보는 견해는 흥미로운 해석이기는 하나, 재판관할조항의 형식이냐 재판관할계약의 형식이냐가 그 법적 성질을 좌우할 정도의 차별성을 지닌 요소인지 의문이고, 설령 재판관할계약이라고 하더라도 소송법적 효력만 인정하고 실체법적 효력을 부인할 이유는 별로 없다고 생각되므로, 이 또한 찬성하기 어려운 해석이다

⑧ 이처럼 전속적 국제재판관할합의를 혼합계약으로 해석한다면, 소송계약의 측면에서부터 소송법적 효력을, 실체계약의 측면에서부터 실체법적 효력을 각각 도출해 낼 수 있다. 하나의 전속적 국제재판관할합의에 두 가지 성질이 혼합되어 있다고 볼 때, 그 중 주된 성질 하나만을 대표적 성질로 결정하여 이를 모든 경우에 일률적으로 적용할 필요는 없다고 본다. 즉, 양자의 성격이 혼재한다고 하여 이를 반드시 화학적 융합으로 볼 필요는 없고, 물리적 결합으로 볼 수도 있으므로, 이질적인 각 성질로부터 각기 독립적인 효과를 도출해내는 것도 가능하다.313) 그

하자가 있는 경우에도 소송행위는 그대로 남게 되어 결과적으로 소송행위설과 같게 되는 난점이 있다고 비판한다(전원열[2020], 562~563면). 소송상 화해의 법적 성질에 관한 위 학설 중 어느 견해가 타당한지는 별론으로 하고, 필자는 여기서 전속적 국제재판관할합의의 성격을 혼합계약이라고 이해함에 있어서 병존설과 유사한 관점을 채용하고자 한다. 즉, 전속적 국제재판관할합의에 사법계약의 성격과 소송계약의 성격이 혼재한다고 본다는 의미는 양 행위가 병존하고 그 효력도 소송법과 실체법에 따라서 각각 별개로 판단된다고 본다는 의미로 이해한다(이는 뒤의 각주 313에서 볼 결합설의 시각과도 일맥상통한다).

313) 이와 관련하여, 민법상 혼합계약의 법적 취급에 관해서 당해 계약의 내용을 분해하여 각 계약에 포섭될 수 있는 부분에 대하여 각각 당해 계약의 규정을

결과, 전속적 국제재판관할합의로부터 소송법적인 효과가 발생하는 것은 물론이거니와, 손해배상의무나 소송금지의무와 같은 실체적 의무도 발생할 수 있는 것이다.

⑨ 다만, 이렇게 볼 때의 문제점은, 준거법 결정과 같이 양자 중 어느 하나로 성질결정을 하여야만 정할 수 있는 문제에 있어서는 어떻게 할 것이냐이다. 이에 대해서는 다음과 같은 설명이 가능하다. 먼저, 한 유형의 법률행위에 관해서는 반드시 하나의 준거법만 일률적으로 적용된다고 해석할 필요는 없다고 본다. 이 점은 뒤에서 볼 국제재판관할합의의 준거법에 관한 이분설에서도 드러난다. 결국 해당 준거법 결정이 필요한 국면에 따라서 달리 볼 수 있다. 국제재판관할합의가 어느 국면에서 기능하고 논의되는지에 따라서 양자 중 더 유의미하고 본질적인 어느 한 부분이 주된 성질로 기능한다고 규범적으로 정한 다음, 그에 따라 일정한 법적 결론을 도출할 수 있다고 본다.[314] 여기서, 해당 국면에서 무엇

───

적용하려는 결합설, 당해 계약의 중심적 요소를 기준으로 하여 이와 유사한 어느 한 전형계약에 흡수시키고자 하는 흡수설, 그밖에 유추적용설과 창조설 등이 주장되는데(지원림[2019], 1315면; 정진명, "혼합계약의 해석", 민사법학, 제16호, 1998., 447~450면; 김동훈, "신종계약의 입법방향", 민사법학, 제18호, 2000., 221면), 필자는 결합설을 따른다. 참고로, 우리 판례는 제작물공급계약에 관하여 당해 계약의 중심적 요소에 따라 적용법규가 결정된다는 입장을 취한다. 즉, 제작물공급계약의 성격에 대해서 대법원 판례는 "당사자의 일방이 상대방의 주문에 따라 자기 소유의 재료를 사용하여 만든 물건을 공급하기로 하고 상대방이 대가를 지급하기로 약정하는 이른바 제작물공급계약은 그 제작의 측면에서는 도급의 성질이 있고 공급의 측면에서는 매매의 성질이 있어 대체로 매매와 도급의 성질을 함께 가지고 있으므로, 그 적용 법률은 계약에 의하여 제작 공급하여야 할 물건이 대체물인 경우에는 매매에 관한 규정이 적용되지만, 물건이 특정의 주문자의 수요를 만족시키기 위한 부대체물인 경우에는 당해 물건의 공급과 함께 그 제작이 계약의 주목적이 되어 도급의 성질을 띠게 된다."고 판시한 바 있다(대법원 2010. 11. 25. 선고 2010다56685 판결). 제작물공급계약에 관한 혼합계약설의 상세한 내용에 관해서는 장준혁[2013], 470~473면 참조.

314) 이러한 설명은 성질결정의 준거법에 관한 현대의 통설인 기능적 목적론적 성

이 더 유의미하고 본질적인 부분인지는 일차적으로는 문제되는 해당 국면의 성질이 중요하고, 이차적으로 국제재판관할합의 당사자의 의사 해석을 기준으로 하며, 그밖에 법적 안정성, 국제사법 등 관련 저촉규범 및 실질규범의 일반적 원칙, 비교법적 경향 등을 합목적적으로 고려할 필요가 있을 것이다. 예컨대, 소송금지가처분신청 사건에서 피보전권리를 판단함에 있어서, 전속적 국제재판관할합의의 효력으로 소송금지청구권이 발생하는지에 관한 판단의 준거법은, 법정지법이 아니라, 전속적 국제재판관할합의의 준거법(즉, 전속적 국제재판관할합의의 성립 및 유효성의 준거법)에 의한다고 보아야 한다. 왜냐하면, 그 경우에는 전속적 국제재판관할합의의 소송법적 측면과 실체법적 측면 중에서 피보전권리의 존재라는 실체법적 측면이 더 유의미하고 본질적인 부분이기 때문이다(이에 대해서는 뒤에서 다시 살펴보기로 한다).

⑩ 요컨대, 전속적 국제재판관할합의의 법적 성질은 소송계약의 측면과 실체계약의 측면이 모두 혼재되어 있는 혼합계약이라 보고, 이와 같이 실체계약의 측면이 있는 이상 아래에서 보는 바와 같이 그로부터 소송금지청구권을 도출해 내는 것이 가능하다고 생각한다.

2) 소송금지청구권과 손해배상청구권 발생 여부

필자는 아래의 논거에서 긍정설을 지지한다.

① 당사자의 실질적인 의사에 부합하는 해석이기 때문이다. 이에 관해서는 위 1)항의 ④에서 든 이유가 그대로 적용된다. 전속적 국제재판관할합의를 하는 당사자의 주된 목적은 합의된 국가의 법원이 아닌 다른 외국법원에서 제소 당할 위험을 사전에 제거하고자 하는 것이고, 따라서 '다른 외국법원에서 제소 당하지 않겠다'는 것은 전속적 국제재판

질결정론의 주장과 어느 정도 통한다.

관할합의의 본질적 요소이며 당사자 의사의 핵심적인 부분이다.

② 만일, 소송법적 효력만을 인정하고 실체법적 효력을 인정하지 않는 결과, 전속적 국제재판관할합의를 위반해도 소송금지청구권과 손해배상청구권이 인정되지 않는다고 한다면, 위와 같은 당사자의 의도가 심히 훼손되고 권리구제의 부분적 공백상태가 야기된다. 이에 관해서는 위 1)항의 ⑤에서 든 이유가 그대로 적용된다. 부연하여, 부정설을 취하게 되면 Italian torpedo와 같이 악의적인 소송전략의 일환으로 전속적 국제재판관할합의에 위반된 부당한 외국 소송을 선제적으로 제기하더라도, 외국소송에서 관할항변을 하여 각하 또는 중지결정을 받아내야 하고 설령 이를 받아낸다고 하더라도 그때까지의 기간 동안 상당한 비용과 노력 등을 투입해야 함은 막을 수가 없다. 더구나 실체법적 부작위의무 발생을 부정하여 소송금지청구권을 부정한다면, 대개는 손해배상청구권도 부정하게 될 것인데,315) 사후적 손해배상까지 불가능하다고 하면 실질적 피해에 대한 구제수단이 없게 되는 것이다. 그렇게 된다면, 당사자가 굳이 전속적 국제재판관할합의를 할 이유가 무엇이겠는가?

③ 앞서 본 국내 및 외국의 논의를 참고하더라도, 영미법계 국가에서는 물론이고, 최근에는 대륙법계 국가에서도 분쟁해결합의 위반에 관한 구제수단으로 손해배상청구권이나 소송금지청구권을 인정할 수 있다는 견해들이 상당히 강력하게 제기되는 상황이고, 이러한 견해가 점차 힘을 얻어가는 추세로 보인다. 대륙법계 국가로서 종래 소송금지명령에 대해 부정적인 입장을 취하였던 프랑스 파기원도 최근에는 분쟁해결합의의 실효성을 보장하기 위한 목적의 소송금지명령에 대해서는 전향적으로 긍정하는 태도를 보여준 점(앞서 본 In Zone Brands 판결)은 참고할 만하다.

④ 앞서 본 바와 같이 영미법계 국가들을 비롯한 다수의 외국법원들

---

315) 물론, 소송금지청구권은 인정되지 않더라도 손해배상청구권은 인정되는 경우도 있을 수는 있다. 이에 관해서는 뒤의 제3장 제4절 Ⅴ. 3. 부분에서 다시 살펴본다.

은 이미 자국의 관할권를 수호하기 위하여 소송금지명령을 활발하게 발령하고 있고, 한국 당사자를 상대로 한국법원에의 제소를 금지하는 소송금지명령이 발령된 사례도 적지 않은데, 한국법원은 여전히 대륙법계의 법체계와 전통적인 법적 성질론에 얽매여 이를 할 수 없다고 본다는 것은 상호주의 차원에서나 사법정책적인 차원에서도 바람직하지 않다.

⑤ 더구나 중재법 개정으로 중재판정부의 소송금지 임시적 처분은 가능하게 되었는데 법원은 여전히 이를 할 수 없다고 보게 되면, 법체계적 정합성에 문제가 생기고, 법원과 중재판정부 사이에 권한의 불균형이 발생할 수 있다.[316]

⑥ 우리 민사소송법상 만일 관할법원을 한국법원으로 하는 전속적 국제재판관할합의가 있었는데 이를 위반하여 외국법원에 제소를 하여 외국법원으로부터 판결까지 받았다고 하더라도, 그러한 외국 판결은 우리나라에서 승인될 수 없는데(민사소송법 제217조 제1항 제1호), 이러한 점을 고려하면 위와 같이 승인되지 못할 외국소송 절차를 한국법원이 굳이 보호해 줄 필요성도 없다고 본다. 오히려, 이를 사전에 금지시킴이 정의나 소송경제에도 더 부합한다고 생각된다.[317]

⑦ 재판청구권이나 국제예양 침해의 문제는 뒤에서 별도로 살펴볼 것인데, 결론적으로는 분쟁해결합의 위반의 경우에는 재판청구권이나 국제예양이 소송금지청구권이나 손해배상청구권을 배제할 근거가 되지 못한다고 본다.

---

316) 석광현[소송유지명령], 28~29면도 이점을 지적하고 있다.
317) 이에 관하여, 오히려, 전속적 국제재판관할합의를 위반한 외국 제소에서 패소하였다 하더라도 그 외국 패소판결에 대한 한국법원의 승인·집행이 거부될 가능성이 있기 때문에 그것으로 해결할 수 있다고 반론할 수도 있을 것이나, 외국 제소에 응소하는 과정에서 이미 상당한 손해를 입을 것이기 때문에 보다 근본적으로 문제를 해결할 소송금지가처분의 필요성은 여전히 존재한다고 보아야 한다.

3) 논의의 정리 및 구체적 검토

전속적 국제재판관할합의로부터 소송금지청구권이 도출되는지 여부
는 기본적으로 개별 사안에서 당사자의 의사 해석에 따라 결정되어야
한다. 일반적인 전속적 국제재판관할합의의 경우라면 앞서 본 바와 같이
소송금지청구권이 도출될 수 있다고 본다(긍정설). 이렇게 보기 위해서
는, 그 전제로 '유효한' '전속적' 국제재판관할합의가 존재해야 하므로(유
효한 전속적 국제재판관할합의의 존재), 아래의 내용들이 검토되어야 한
다. 판단기준이 되는 준거법에 관한 논의는 뒤에서 별도로 살펴보고, 아
래에서는 준거법이 한국법임을 전제로 논의한다.

국제재판관할합의가 전속적인지 부가적인지 여부가 다투어질 때에
는, 법원으로서는 앞서 본 판단기준에 따라 전속적인지 부가적인지를 먼
저 판단해야 한다. 즉, 당사자의 명시적·묵시적 의사를 먼저 탐구하고,
불분명한 경우는 전속적 국제재판관할합의로 추정함이 타당하다. 만일
부가적 국제재판관할합의로 인정될 경우에는 관할합의 위반에 기한 소
송금지청구권이 발생된다고 볼 수 없음은 앞서 본 바와 같다.

관할합의 의사표시에 하자(통정허위표시, 불공정한 행위, 착오, 사기,
강박 등)가 있는 경우에는 민법을 유추적용하여 그 효력을 부인할 수 있
다. 이는 국내의 통설[318]로서, 앞서 본 법적 성질 논의에서 소송계약설을
취하는 견해에서조차 거의 이론 없이 인정하고 있다. 관할합의가 계약에
포함된 관할합의조항의 형식으로 되어 있을 때에는 계약 중 다른 조항의
효력은 관할합의조항의 효력에 영향을 미치지 아니한다(관할합의조항의
독립성).[319] 국제사법 전부개정법률안 제8조 제4항은 이를 명시한다.

---

318) 이시윤[2019], 114면; 전원열[2020], 131면, 313면; 정동윤/유병현/김경욱[2019],
     155면; 호문혁, 민사소송법, 법문사, 2016., 188면; 강현중, 민사소송법, 박영사,
     2018., 175면; 한충수, 민사소송법, 박영사, 2018., 75면; 민일영 편집대표, 주석
     민사소송법(Ⅰ), 한국사법행정학회, 제8판, 2018., 213면.

외국법원을 전속적 국제재판관할법원으로 하는 전속적 국제재판관할합의가 유효하기 위한 요건(허용요건)에 관해서는 앞서 본 바와 같다. 그 요건들을 충족하지 못한 경우 한국법원은 전속적 국제재판관할합의를 무효로 보게 되는데, 대법원이 요구하는 '합리적 관련성' 요건에 대해서는 논란이 있지만 이를 요구하지 않음이 타당하다. 반대로, 외국법원의 관할을 배제하고 한국법원을 관할법원으로 하는 전속적 국제재판관할합의의 허용요건도 마찬가지로 적용된다. 국제사법 개정법률안은 위 '합리적 관련성' 요건을 제외한 나머지 요건들을 대체로 반영하여 명문화 하였다(제8조 제1항).

소송의 대상인 분쟁의 성질상 어느 국가의 전속적 국제재판관할에 속하는 사건(예컨대, 부동산 물권에 관한 소, 지식재산권의 성립·유효성에 관한 소 등)에 대해서는 당사자들이 관할합의로서 이를 변경하거나 배제할 수 없다.320) 국제사법 개정법률안 제8조 제1항 3호도 "그 소가 제10조 제1항(전속관할) 그 밖의 대한민국의 법령 또는 조약에 따라 합의로 지정된 국가가 아닌 다른 국가의 국제재판관할에 전속하는 경우" 그 국제재판관할합의를 무효로 규정하고 있다. 무엇이 전속적 국제재판관할에 해당하는지에 관하여는, 브뤼셀 I 규정이나 1999년 예비초안 및 2001년 초안 등에서는 명문 규정을 두고 있는데 반하여, 종래 우리 국제사법이나 민사소송법은 구체적 규정을 두고 있지 않았고, 해석론으로 위 국제규범들의 규정들과 대체로 유사한 해석들을 따르고 있었다(그 인정 범위는 논자에 따라 조금씩 다르다).321) 그런데 이번 국제사법 개정법률안은 위 국제규범들을 수용하여 전속관할에 관한 상세 규정을 마련하였

---

319) 영국에서도 마찬가지로 본다(Cheshire/North/Fawcett[2017], 415; Fentiman[2015], para. 2.49). 미국에서도 동일하다(Born/Rutledge[2018], 475~476).

320) 석광현[국제민사소송법], 130면; 한충수[1997], 119면; 이필복, "전속적 국제재판관할 개관", 국제사법연구, 24(1), 2018., 303면.

321) 한충수[1997], 118~121면; 이인재[1989], 641면.

다(제10조 제1항).

민사소송법 제29조 제2항에 의하면, 관할합의는 서면으로 하여야 한
다. 따라서 서면으로 하지 않은 전속적 국제재판관할합의도 효력이 없으
나, 국제거래의 특수성이나 중재합의의 서면 요건성 완화 경향 등을 고
려할 때 국제재판관할합의의 서면성 요건은 국내 관할합의에서 보다는
다소 완화된 기준으로 해석할 필요가 있고, 전자적 통신수단도 서면성을
충족한다고 본다.[322] 국제사법 개정법률안 제8조 제2항은 이를 명시한다.

소비자계약의 경우, 분쟁이 이미 발생한 후에 하는 사후적 합의이거
나, 사전적 합의일 경우 소비자에게 유리한 추가적 합의가 아닌 한 국제
재판관할합의의 효력이 없다(국제사법 제27조 제6항). 따라서 전속적 국
제재판관할합의의 맥락에서는 소비자계약에 해당할 경우 오직 사후적
합의만이 유효하다. 앞서 본 알리바바 약관의 전속적 관할조항은 그 법
률관계가 소비자계약에 해당될 경우 국제사법 제27조 제6항에 따라 무
효이고, 따라서 홍콩법원에 전속적 국제재판관할이 인정된다고 볼 수 없
으며, 국제사법 제27조 제5항에 따라 소비자의 상거소인 한국법원에 관
할이 인정된다고 보게 된다. 근로계약의 경우도 내용은 동일하다(국제사
법 제28조 제5항).[323]

전속적 국제재판관할합의가 약관조항에 의하여 이루어진 경우에는,
"고객에 대하여 부당하게 불리한 재판관할의 합의조항은 무효로 한다"고
규정한 약관규제법 제14조에 따라 무효가 될 여지가 있다. 아래에서 보
겠지만, 국제재판관할합의의 허용요건(유효요건)에 관한 준거법은 법정

---

322) 석광현[국제민사소송법], 116면.
323) 소비자계약에 관한 국제사법 제27조와 근로계약에 관한 동법 제28조는 이른
    바 '전면적 또는 쌍방적' 규정 형식을 취하는데, 이에 대해서는 대한민국이 국
    제재판관할을 가지는 경우만을 규정하는 형식으로 개정하는 것이 바람직하
    다는 견해가 있다(김인호, "소비자계약 및 근로계약 사건의 국제재판관할의
    일반적 규정 방식에 대한 비판적 검토", 국제사법연구, 제24권 제1호, 2018.,
    292면).

지법에 따른다고 봄이 타당하므로, 준거법이 외국법으로 지정되었다고 하더라도 한국법원은 우리 약관규제법에 따라 국제재판관할합의의 유무효를 판단할 수 있다고 본다. 다만, 어느 경우가 '부당하게 불리한' 경우인지를 판단하기가 쉽지 않고, 앞서 본 공서 요건에 의하여 그 부당하게 불리한 관할조항의 효력을 부인할 수도 있으므로, 약관규제법을 적용할 실익이 크지 않다는 견해도 있다.[324]

당사자 쌍방 또는 당사자 일방이 전속적 국제재판관할법원을 선택할 수 있도록 하는 관할합의를 '선택적 전속적 관할합의'라 한다. 이러한 선택적 전속적 관할합의도 앞서 본 공서 요건에 반한다거나 약관규제법 위반의 경우 등 다른 무효사유가 없는 한 일반적으로 유효하다고 본다.[325] 다만, 관할법원 선택권을 일방 당사자만이 갖고 있을 경우 선택권자는 상대방의 제소 행위가 있기 전까지 이를 행사하여야 하는 신의칙상의 의무를 부담한다고 보므로, 이미 일방 당사자에 의해 소가 제기된 후에 상대방이 선택적 전속적 관할합의를 주장함으로써 타방 당사자로 하여금 제소기간을 도과하게 하는 것과 같이 부당한 결과를 가져오는 경우에는 그러한 선택적 전속적 관할합의를 주장할 수 없다고 보아야 한다.[326]

---

324) 약관규제법에 관한 쟁점에 관해서는 석광현[국제민사소송법], 125~128면; 석광현[2016], 94~97면 참조. 반면에, 실익이 있다는 견해는 손경한[2013], 460면 참조.
325) 한충수[1997], 46면.
326) 한충수[1997], 46, 48면; 동경지재판결 1977.10.17., 하급민집 18권(9-10합병호), 1002면도 同旨(한충수[1997], 47~48면에서 재인용)

7. 준거법

1) 문제의 소재

이상의 논의는 전속적 국제재판관할합의 위반의 경우 소송금지청구권이 발생하는지에 관한 국내법의 해석론이다. 만일 우리 법원에 소송금지가처분 신청이 제기되었을 경우, 피보전권리의 존부(즉, 전속적 국제재판관할합의 위반의 경우 소송금지청구권이 발생하는지 여부)에 관한 준거법이 한국법으로 결정되었다면, 위의 해석론이 적용될 것이다. 만일 그에 관한 준거법이 외국법, 예컨대 영국법으로 결정되었다면, 영국법에서 전속적 국제재판관할합의 위반의 경우 소송금지청구권이 발생한다고 보는지 여부에 따라 판단해야 할 것이다.[327] 준거법이 독일과 같이 소송금지청구권을 부정하는[328] 국가의 법이라면 우리 법원도 소송금지청구권을 인정하기 어려울 것인 반면, 영미법계 국가들처럼 이를 인정하는 국가의 법이라면 우리 법원이 소송금지청구권을 인정할 수 있게 된다. 여기서 준거법의 결정이 중요한 실익을 가지게 된다.

---

327) 준거법이 외국법이면 그 외국법의 해석도 우리 법원의 입장에서가 아니라 해당 외국법원의 해석을 따른다(석광현[국제사법해설], 132면; 대법원 1996. 2. 9. 선고 94다30041, 30058 판결). 따라서 준거법이 영국법이라면 앞서 본 영국의 판례들과 해석론이 적용된다.

328) 앞서 본 바와 같이 독일에서는 부정설이 전통적인 다수설이지만 최근에는 긍정설도 대두되고 있어 독일이 부정설을 취하는 국가라고 단정할 수는 없다. 다만, 국내외의 여러 문헌들(예컨대, 석광현[소송유지명령], 27면; Raphael[2019], para 1.17.; Lenenbach[1998], 273; Pfeiffer[2007], S. 77. 등)이 독일은 소송금지명령에 대하여 부정적인 국가라고 기술하고 있는 점과, 외국 송달과 관련한 독일 뒤셀도르프 고등법원 판결[OLG Düsseldorf, ZZP, 109 (1996), 221]의 태도에 비추어 볼 때, 현재로서는 독일의 입장은 부정설이라고 해석하는 것이 타당해 보인다.

2) 소송금지청구권 발생 여부의 준거법

(1) 서론

먼저, 개념상 구별해야 할 것은, 전속적 국제재판관할합의로부터 소송금지청구권이 도출되는지 여부 판단의 준거법과 앞서 본 소송금지가처분 허용 가능성 판단의 준거법이다. 허용 가능성은 소송요건(신청요건 또는 적법요건) 심사 단계에서 검토할 대상으로, 절차의 문제로 성질결정하여 법정지법에 따른다고 봄이 타당함은 앞서 살펴보았다. 여기서 다룰 것은, 일단 허용 가능성 단계를 통과한 다음에 피보전권리의 존부에 관해 판단하게 되는데 이 때 전속적 국제재판관할합의에 기하여 소송금지청구권이 발생하는지 여부 판단의 준거법을 무엇으로 볼 것이냐의 문제이다.

이에 대해서도 허용 가능성과 마찬가지로 법정지법에 따른다는 견해(법정지법설)가 있을 수 있으나, 이는 기본적으로 소송금지청구권 발생의 문제와 허용 가능성(적법요건)의 문제를 혼동한 것으로서 찬성할 수 없다. 앞서 본 바와 같이 영국법원은 소송금지가처분의 허용 가능성 뿐만 아니라 외국에서 제소 당하지 않을 권리를 포함한 발령요건 충족여부까지 영국법에 따라 판단하는 것으로 보이므로, 소송금지청구권 발생 여부에 관해서도 법정지법설을 취한 것으로 볼 수 있다. 그러나 영국과 달리 우리의 경우 피보전권리의 존부 문제는 절차의 문제가 아닌 실체의 문제로 성질결정 하여야 함은 이미 앞서 설명한 바와 같다(제3장 제3절 Ⅰ. 3.항). 그 결과 전속적 국제재판관할합의 위반에 기한 소송금지청구권 발생 여부도 법정지법이 아닌 전속적 국제재판관할합의의 준거법에 따른다고 봄이 타당하다(국제재판관할합의의 준거법설).[329] 가장 단순화하여 보더라도, 전속적 국제재판관할합의에 기하여 소송금지청구권이

---

329) 석광현[2019], 246, 주70도 同旨.

발생하는지의 문제는 어디까지나 전속적 국제재판관할합의의 효력의 문제
이므로, 그 준거법도 전속적 국제재판관할합의의 준거법이 되어야 한다.
이는 뒤에서 볼 중재합의 위반에 기한 소송금지청구권 발생 여부에 관
해서도 대체로 동일하다(즉, 중재합의의 준거법에 따른다고 본다).

논자에 따라서는 국제재판관할합의의 법적 성질 논의와 연동해서 그
법적 성질을 소송계약으로 본다면 준거법을 법정지법으로 보아야 한다
고 주장할 수도 있겠으나, 법적 성질 논의와 준거법의 결정은 반드시 논
리적 필연성이 있다고 볼 수 없고, 독일 및 국내 학계에서도 법적 성질
과는 무관하게(설령 소송계약으로 본다 하더라도) 의사표시의 하자와 같
은 국제재판관할합의의 성립 및 유효성의 문제에 관해서는 법정지의 국
제사법에 따라 결정되는 준거법에 따른다고 보는 것이 대체적인 경향[330)]
인 점에 비추어 보면, 위와 같은 주장은 너무 형식적인 논리로서 설득력
이 낮다고 본다. 더구나, 필자는 앞서 본 바와 같이 전속적 국제재판관
할합의의 법적 성질을 혼합계약으로 보므로 소송법적 성질과 실체법적
성질을 겸유한다고 보는데, 소송금지청구권이 발생하는지의 문제는 절
차법적 측면보다는 실체법적 측면이 더 유의미하고 본질적인 부분으로
기능하므로, 법적 성질 논의에 의하더라도 그 준거법은 법정지법이 아니
라 전속적 국제재판관할합의의 준거법이 되어야 한다고 본다.

(2) 전속적 국제재판관할합의의 준거법에 관한 견해 대립

그렇다면, 전속적 국제재판관할합의의 준거법은 무엇인가? 이에 관해
서는 국내에서 아래와 같이 견해가 대립한다.[331)]

---

330) 석광현[국제민사소송법], 118면 주110 참조. 국제재판관할합의의 준거법 결정
   에 있어서 법적 성질 논의가 별다른 해결책이 되지 못한다는 점에 대해서는
   한충수[1997], 66면; 박상순[2017], 52면도 同旨.
331) 이에 관한 상세한 소개는 석광현[국제민사소송법], 118~119면; 석광현[2015],
   229~231면; 김인호, "국제계약의 분쟁해결메커니즘의 구조와 상호작용", 국제
   거래법연구, 제23집 1호, 2014., 227~228면; 손경한[2013], 425~427면; 노태악

그런데 견해대립을 소개하기에 앞서, 국내에서 이 부분 용어 사용에 다소 혼선이 있고 논자마다 다르게 사용하는 경향이 있으므로, 먼저 용어 및 구별개념에 대한 정리가 필요하다.332)

첫째, '전속적 국제재판관할합의의 허용요건(유효요건)'333)이라고 함은 남용에 대한 통제의 문제를 포함하여 전속적 국제재판관할합의가 허용되는지의 문제를 말한다. 이는 의사표시의 하자와 같은 실질적 유효성(validity)과는 구별되는 것으로서 어떠한 관할합의가 허용되는 것인가라는 허용가능성(admissibility, 독일어로는 Zulässigkeit)334)의 문제이다. 예컨

[2012], 98면; 이규회[2019], 85면; 한승수[2019], 18~22면; 한충수[1997], 50~68면, 93면; 한충수, "국제재판관할합의의 성질결정과 성립준거법", 법학논총, 14집, 1997., 151면 이하; 유재풍[1996(1)], 75면 참조.

332) 아래의 용어 사용은 대체로 석광현[국제민사소송법], 118~121면의 사용례를 따랐다.

333) 본 논문에서는 '관할합의의 허용요건'이라는 개념을 '관할합의의 성립 및 유효성'과 구별하는 견해를 따랐지만, 견해에 따라서는 '허용요건(유효요건)'이라는 개념을 따로 구분할 필요가 없고 '성립 및 유효성'의 문제에 포섭되는 것으로 보면 족하다고 볼 수도 있다(김인회[2020], 356면; 김인호, "국제계약의 분쟁해결메커니즘의 구조와 상호작용", 국제거래법연구, 제23집 1호, 2014., 231~234면). 뒤에서 보는 바와 같이 독일과는 달리 영미에서는 '허용요건'이라는 개념을 따로 논하고 있지 않은 것으로 보인다.

334) 관할합의의 허용요건에 관한 외국의 논의를 살펴보면 다음과 같다. ① 독일에서는 허용요건을 'Zulässigkeitsvoraussetzung'으로 표현하는데, 뒤에서 볼 관할합의의 준거법과 관련하여 남용에 대한 통제의 문제를 포함하여 허용요건, 방식 및 효력에 관해서는 법정지법을 따른다는 견해가 유력하다고 한다(석광현, "국제거래와 약관의규제에관한법률의 적용", 국제사법연구, 2003. 12., 113면. 독일 문헌의 소개는 같은 면 각주 58 참조). 독일 연방대법원의 판례(BGH NJW 1972, 1622)도 "관할합의의 허용여부와 그 효력은 전적으로 소송법에 따라서 판단되어야 한다. 그러나 합의의 성립의 문제는 국제사법에 의하여 적용되는 민법에 의하여 판단되어야 한다."고 판시한 바 있다(상세한 내용은 뒤의 이분설 부분에서 살펴보기로 한다). ② 영미에서는 '유효성(validity) 또는 강제가능성(enforceability)'이라는 용어를 사용할 뿐 '허용요건'이라는 개념을 따로 논하고 있지는 않아 보인다. 다만, 영미에서도 의사표시의 하자 등으로 인한 관할합의의 유효성(validity)의 문제와는 다소 구별되는 문제로, 공서(public policy)에 기하여

대 우리 대법원 판례335)에 따르면, 당해 사건이 그 외국법원에 대하여 합리적 관련성을 가지지 않거나 전속적 관할합의가 현저하게 불합리하고 불공정한 경우 그 전속적 국제재판관할합의가 무효라고 보는 것을 말한다.336) 일부 문헌에서는 이를 적법요건이라고 표현하기도 하고,337) 또한 이 허용요건이 구비되지 않으면 전속적 국제재판관할합의도 무효가 되므로 이를 유효요건이라고 표현하기도 한다.338)

둘째, '전속적 국제재판관할합의의 방식 및 효력'이라고 함은 각 국가마다 요구하는 국제재판관할합의의 방식(예컨대, 우리 민사소송법 제29조 제2항의 서면339) 요건) 및 이를 갖추지 못했을 경우의 효력 등의 문

혹은 합리성의 법리[이는 미국 연방대법원의 The Bremen v. Zapata Off-Shore Co. 407 U.S. 1(1972) 판결로 확립된 법리로서, 관할합의가 불합리한(unreasonable) 것일 경우에는 무효인데 관할합의는 일응 유효한 것으로 추정되어 그것이 불합리하다고 증명되지 않은 한 유효하다는 법리이다]에 기하여 관할합의 자체를 통제하는 법리가 존재하고, 양자의 준거법이 다를 수도 있다고 한다(Born/Rutledge[2018], 470, 482~485, 495~499, 512). 영국에서는 브뤼셀 체제하에서 법정지의 공서나 강행법규에 의하여 브뤼셀 I bis 제25조에 따른 전속적 국제재판관할합의의 효력을 부인할 수 있는지의 문제도 논의하는데, 예컨대 관할합의가 불공정하게 체결된 일정한 경우에는 영국의 1977년 불공정계약조건법이나 불공정계약조건지침(Unfair Contract Terms Act 1977, Unfair Contract Terms Directive)에 따라 강제불가능(unenforceable)하게 될 수도 있다고 한다(Fentiman [2015], para. 2.77, 2.107~2.111; 김인호, "국제계약의 분쟁해결메커니즘의 구조와 상호작용", 국제거래법연구, 제23집 1호, 2014., 231~232면).

335) 대법원 1997. 9. 9. 선고 96다20093 판결, 대법원 2004. 3. 25. 선고 2001다53349 판결.

336) 이는 독일, 영국, 미국, 일본 등에서도 대체로 비슷한데, 다만 이들 국가들은 대법원이 요구하는 '합리적 관련성'을 요구하고 있지는 않다. 외국의 입법례에 관한 상세 내용은 유재풍, "국제소송관할의 합의(I)", 80~87면; 손경한 [2013], 449~450면 참조.

337) 석광현[2015], 229면.

338) 예컨대, 김인회[2020], 355면 이하; 유재풍, "국제소송관할의 합의(I)", 법조, 제45권 1호, 1996., 80면 이하; 김효정[2019], 190면.

339) 헤이그 재판관할합의협약 제3조 c호도 서면 또는 추후 참조할 수 있는 그밖

제를 말한다.

셋째, '전속적 국제재판관할합의의 성립 및 유효성(실질적 유효성)'이라고 함은 관할합의가 실질적으로 유효하게 성립되었는가의 문제(validity)로서, 예컨대 청약과 승낙이 유효하게 이루어져 계약이 성립되었는지, 의사와 표시의 불일치, 의사표시의 하자(사기, 강박, 착오 등), 선량한 풍속 기타 사회질서에 반하는지 여부 등의 문제와 그 효과를 말한다.[340]

본 논문에서 '전속적 국제재판관할합의의 준거법'이라고 할 때는 대체로 '전속적 국제재판관할합의의 성립 및 유효성'을 일컫는 것이나, 실제로 소송금지청구권 발생 여부를 판단하기 위해서는 위에서 언급한 각 개념이 모두 검토되어야 한다. 전속적 국제재판관할합의의 준거법에 관한 국내의 견해대립 내용은 아래와 같다.

① 법정지법설

이 설은 전속적 국제재판관할합의의 허용요건(유효요건), 방식 및 효력, 성립 및 유효성 모두에 관해서 일률적으로 법정지법이 적용되어야 한다는 견해이다.[341] 기본적으로 관할합의의 법적 성질을 소송계약으로 보고 이를 절차의 문제로 보는 시각에서 기인하는 견해로 보인다.[342]

의 통신수단으로 할 것을 요구하고 있다. 참고로, 최근에 선고된 서울고등법원 2020. 6. 9. 선고 2019나2044652 판결은 '전자문서'도 민사소송법 제29조 제2항에 정한 관할합의에 필요한 서면요건을 구비한 것으로 보았다.

340) 김인호, "국제계약의 성립에 대한 당사자의 상거소지법의 저지 기능", 법조, 57권 3호, 2008., 243면. 참고로, 국제사법 제29조 제1항에서도 '계약의 성립 및 유효성'이라는 용어를 사용하고 있다.

341) 명확지는 않으나, 한충수(1997), 66, 67, 93면도 이 견해인 것으로 보인다(다만, 위 글에서는 '제한적 소송법설'로 표현하고 있다). 또한, 뒤에서 보는 바와 같이 미국법원의 다수가 법정지법설의 입장을 취하고, 미국 통일컴퓨터정보거래법(UCITA) § 110(c) 및 호주 대법원 판례도 법정지법설을 취한다고 하며, 일본에서도 법정지법설이 지배적인 33견해로 보인다.

② 법정지 국제사법설

이 설은 전속적 국제재판관할합의의 허용요건(유효요건), 방식 및 효력, 성립 및 유효성 모두에 관해서 일률적으로 법정지의 국제사법에 따라 결정한다는 견해이다.[343]

③ 이분설

전속적 국제재판관할합의의 허용요건(유효요건), 방식 및 효력에 관해서는 법정지법을 따르고, 전속적 국제재판관할합의의 성립 및 유효성에 관해서는 법정지의 국제사법이 지정하는 준거법에 따른다는 견해이다.[344]

④ 계약준거법설

이 설은 국제재판관할합의를 계약으로 보고 국제재판관할합의의 허용요건(유효요건), 방식 및 효력, 성립 및 유효성 모두에 관해서 그 계약의 준거법에 따른다는 견해로서, 당사자가 재판관할합의의 준거법을 별도로 지정한 경우에는 그 법에 따르고 그러한 지정이 없으면 주된 계약에 준거법합의가 있으면 주된 계약의 준거법에 따른다고 한다.[345]

---

342) 손경한[2013], 425면에서는 법정지법설이 법적 성질을 소송계약으로 보는 견해의 당연한 결론이라고 설명한다.

343) 손경한[2013], 425면 주22에 의하면, 브뤼셀 규정 제23조의 해석론으로서도 재판관할합의의 방식 외의 문제는 법정지의 국제사법에 따른다고 해석하는 견해가 주류라고 한다.

344) 석광현[국제민사소송법], 118면; 한승수[2019], 20면; 박상순[2017], 52면; 유재풍[1996(1)], 79면; 이인재[1989], 633면. 뒤에서 보는 바와 같이 독일의 유력설과 판례도 이분설의 입장이다.

345) 다만, 이 견해를 취하고 있는 문헌은 발견되지 않는다. 이 견해에 관한 분류는 손경한[2013], 426면을 따른 것인데, 석광현[2015], 229면 주84에서는 이것이 정확한 분류라고 하기는 어렵다고 본다.

⑤ 합의관할법원 소속국법설

전속적 국제재판관할합의의 허용요건(유효요건), 방식 및 효력, 성립 및 유효성 모두에 관해서 일률적으로 합의관할법원 소속국법을 적용한다는 견해이다.[346] 예컨대, 당사자들이 영국법원을 관할법원으로 합의한 경우 관할합의의 성립 및 유효성도 영국법(영국의 국제사법 포함)에 따른다는 취지인데, 이는 헤이그 재판관할합의협약(제5조 제1항, 제6조 a호, 제9조 a호) 및 브뤼셀 I bis (제25조 제1항)가 취하는 태도이고 그밖의 여러 국제규범[347]에서도 취하고 있는 태도이다. 최근 우리 국제사법 개정법률안 제8조 제1항 제1호도 이러한 태도를 받아들였다.[348] 여기서 합의관할법원 소속국법에 그 나라의 국제사법도 포함하는지 여부에 관해서는 견해 대립이 있다. 헤이그 재판관할협약의 공식 해설서(Explanatory Report)에서는 합의관할법원 소속국법에 그 나라의 국제사법까지 포함된다고 보나,[349] 반면에 국내에서는 합의관할법원 소속국법에 그 국제사법까지 포함시키는 것은 바람직하지 않다고 보는 견해들이 있다.[350]

⑥ 법정지법 및 합의관할법원 소속국법설 요구설

당사자 사이 합의의 명확성과 예측가능성이라는 점에서 합의관할법원 소속국법 및 법정지법 양자 모두에 의하여 유효요건을 갖추어야 한다고 보는 견해이다.[351]

---

346) 손경한[2013], 427면.
347) CLIP § 2:301:(2), ALI § 202(2)(a), EMPG § 2:301:(2) 등.
348) 석광현[개정안 총칙], 80면 주112. 참고로 위 국제사법 개정법률안 제8조 제1항 제1호는 "다만, 다음 각호의 경우에는 그 합의는 효력이 없다. 1. 합의로 지정된 국가의 법(준거법의 지정에 관한 법규를 포함한다)에 따르면 그 합의가 효력이 없는 경우"라고 규정하고 있다.
349) Hartley, Trevor C./Dogauchi, Masato, Explanatory Report on the 2005 Hague Choice of Court Agreements Convention, para. 125.
350) 석광현[2005], 201~203면; 손경한[2013], 427면.
351) 노태악[2012], 98면.

⑦ 대법원 판례

국내의 문헌들[352]은 대체로 우리 대법원 판례가 법정지법설을 취하고 있다고 평가하면서, 그러한 판결들로 대법원 1997. 9. 9. 선고 96다20093 판결, 대법원 2004. 3. 25. 선고 2001다53349 판결을 들고 있는데, 이는 다소 의문이다. 위 판결들은 모두 전속적 국제재판관할합의의 허용요건(유효요건)에 관한 판결들로서, 당해 사건이 그 외국법원에 대하여 합리적 관련성을 가지지 않을 경우 그 전속적 국제재판관할합의가 무효임을 법정지법인 한국법에 따라 판단한 사안이다. 그런데 이분설을 취하더라도 전속적 국제재판관할합의의 허용요건(유효요건)에 관해서는 법정지법에 따르게 되므로, 결과적으로 위 판결들과 동일한 결론에 이르게 된다는 점에서, 대법원 판례가 법정지법설을 취한다고 단정할 수는 없는 것이다.

이에 관한 외국의 논의를 살펴보면 아래와 같다.

① 영국에서는 일반적으로 관할합의의 성립 및 유효성에 관한 준거법은 주된 계약의 준거법이라고 보는데,[353] 이는 결과적으로 위 법정지 국제사법설과 유사한 입장으로 보인다. 관할합의가 관할합의조항으로 포함되는 통상적인 경우, 이론적으로는 앞서 본 바와 같이 주된 계약의 준거법과 그 중에 포함된 관할합의조항의 준거법은 구별된다고 보지만, 실제에 있어서는 당사자가 달리 명시하지 않는 이상 주된 계약의 준거법과 동일한 준거법을 적용하기로 의도한 것이라고 추정한다.[354] 한편, 관할합의의 해석(interpretation)에 관해서는 법정지법인 영국법에 의한다고 보고 있다.[355]

반면에, 미국의 경우 관할합의의 '유효성(validity) 및 강제가능성(enforce-

---

352) 손경한[2013], 425면; 노태악[2012], 98면 ; 이규호[2019], 85면 등.
353) Cheshire/North/Fawcett[2017], 415, 416; Fentiman[2015], para. 2.49.
354) Cheshire/North/Fawcett[2017], 415, 416.
355) Fentiman[2015], para. 2.48.

ability)'(이는 위에서 본 '성립 및 유효성'과 유사한 의미로 이해된다)에 관
한 준거법은 법정지법이라고 보는 법원이 다수로 보인다.356) 미국의 통일
컴퓨터정보거래법(Uniform Computer Information Transactions Act, UCITA)
제110조 c항도 법정지법설을 취하고 있다.357) 미국에서는 관할합의의 '유
효성(validity) 및 강제가능성(enforceability)'의 문제와 '해석(interpretation)'
의 문제를 구분하여 각 그 준거법도 별개로 접근하려는 경향이 강하
다.358) 관할합의의 '유효성(validity) 및 강제가능성(enforceability)'의 문제와
'공서(public policy) 위반 여부'의 문제도 별개로 본다.359)

　　호주 대법원 판례360)도 법정지법설을 취한다고 한다.361)

　　② 독일에서는 종래 국제재판관할합의의 법적 성질 논의와 관련하여
다양한 학설들이 존재하나,362) 최근 독일의 유력설은 앞서 본 이분설이

---

356) Born/Rutledge[2018], 482, 512. 그러한 미국 판례로는 Stawski Distrib. Co. v.
　　Browary Zywiec S.A., 349 F.3d 1023 (7th Cir. 2003); Deere Credit, Inc. v. Grupo
　　Granjas Marinas, S.A. de CV, 2004 WL 729123, at *3 (S.D. Iowa); Tri-State Found.
　　Repair & Waterproofing, Inc. v. Permacrete Sys., Ltd., 2000 WL 245824 (W.D. Mo.)
　　등 참조(Born/Rutledge[2018], 482에서 재인용).
357) 손경한, "분쟁해결합의에 관한 일반적 고찰", 법조(2012. 12.), 2013., 60면; 김효
　　정[2019], 190면 주63.
358) Born/Rutledge[2018], 512; Symeonides, Symeon C., "What Law Governs Forum
　　Selection Clauses", Louisiana Law Review, Summer, 2018, Vol.78(4), 1146~1149;
　　Clermont, Kevin M., "Governing Law on Forum-Selection Agreements", Hastings Law
　　Journal, April, 2015, Vol.66(3), 645~647.
359) Born/Rutledge[2018], 512. 즉, 미국에서는 의사표시의 하자 등으로 인한 관할합
　　의 유효성(validity)의 문제와는 별개로, 합리성의 법리 또는 공서에 기하여 관
　　할합의 자체를 통제하는 법리가 존재하고 양자의 준거법이 다를 수도 있다고
　　한다(Born/Rutledge[2018], 470, 482~485, 495~499, 512).
360) Oceanic Sun Line Special Shipping Company Inc v Fay (1988) HCA 32; (1988) 165
　　CLR 197 (30 June 1988).
361) 김효정[2019], 190면 주63에서 재인용.
362) 독일에서의 법적 성질 및 준거법 논의에 관한 상세한 소개는 한충수[1997],
　　32~38, 50~67면; 이인재[1989], 632~633면 참조.

라고 한다.363) 독일 연방대법원의 판례364)도 같은 입장이다.

③ 일본에서는 법정지법설이 다수설365)이자 하급심 판례366)의 태도
로 보인다.367)

④ 그밖에 최근의 국제규범들은 국제재판관할합의의 준거법에 관하
여 대체로 합의관할법원 소속국법설을 취하고 있음은 앞서 보았다. 이러
한 국제규범들로는 헤이그 재판관할합의협약(제5조 제1항, 제6조 a호, 제

---

363) Stein/Jonas, Kommentar zur Zivilprozeβordnung, 23. Aufl.(2014), Band. 1, § 38 Ⅱ;
   Rosenberg/Schwab/Gottwald, Zivilprozessrecht, 15. Aufl., 1993., § 20 Ⅱ, S. 94f;
   Nagel, Heinrich, Internationales Zivilprozessrecht, 3. Aufl., 1991., Ⅲ Rz. 108, S. 52f;
   Schack, Haimo, Internationales Zivilverfahrensrecht, 1991., § 9 Rn. 432, S. 162(위
   Rosenberg/Schwab/Gottwald 이하의 문헌은 한충수[1997], 61면에서 재인용). 독
   일에서는 이분설을 '제한적 실체법설(eingeschrankte materiellrechtliche Theorie)'
   이라고 표현한다(한충수[1997], 60~61면).

364) BGH NJW 1972, 1622의 내용은 다음과 같다. 독일회사 A는 프랑스 회사 Y에
   대하여 갖고 있던 상품 대금채권을 독일은행 X에게 양도하고, X는 A와 Y간의
   독일법원을 전속관할로 하는 합의에 기하여 독일법원에 대금채권청구소송을
   제기하였다. 독일 연방대법원(BGH)은 이 사건에서 "관할합의의 허용성과 효
   력은 전적으로 소송법에 따라서 판단되어야 한다. 그러나 합의의 성립의 문
   제는 국제사법에 의하여 적용되는 민법에 의하여 판단되어야 한다. 그 이유
   는 독일민사소송법(ZPO)은 관할합의의 성립에 관한 규정이 없고 민법에 규정
   이 있기 때문이다. 다만 합의의 방식에 관하여는 독일민사소송법(ZPO)에 명
   문으로 규정되어 있기 때문에 소송법에 의하여야 한다."라고 판시하였다(한
   충수[1997], 61~62면에서 재인용).

365) 池原秀雄, "國際的裁判管轄權", 新 實務民事訴訟法講座(鈴本忠一/三ケ月章 監
   修), 第7卷, 日本評論社, 1982., 36面; 大須賀慶, "船荷證券裏面記載の普通契約
   條款によりなされた外國裁判所を專屬的管轄裁判所とする旨の合意が有效と
   された事例", ジュリスト, NO. 642, 1976., 121面; 平塚眞, "合意管轄, 別册
   ジュリスト(涉外判例百選), NO. 133, 1995., 206-207面; 秋元佐一郎, 國際民事訴
   訟法論, 國書刊行會, 1994., 133面(한충수[1997], 63면에서 재인용).

366) 東京地裁 昭和 42年 10月 17日 判決(下民集 18卷 9·10号 100頁). 위 판결에서
   는 관할합의를 소송법적 합의로 보아 준거법에 관하여 법정지의 절차법을 적
   용해야 한다고 판시하였다(高橋宏司[2007], 109에서 재인용).

367) 한충수[1997], 63면; 이인재[1989], 631~632면 참조.

9조 a호), 브뤼셀 I bis(제25조 제1항), CLIP § 2:301:(2), ALI § 202(2)(a), EMPG § 2:301:(2) 등이 있고, 최근 우리 국제사법 개정법률안 제8조 제1항 제1호도 같은 태도이다.

참고로, 외국판결 승인·집행의 맥락에서, 최근 채택된 헤이그국제사법회의의 2019년 외국재판의 승인 및 집행에 관한 협약 제7조 제1항 d호는 '본원국에서의 절차가, 문제된 분쟁이 본원국 외의 법원에서 결정되어야 한다는 합의 또는 신탁증서의 지정에 반하는 경우' 승인·집행국의 법원은 외국판결의 승인·집행을 거부할 수 있다고 규정한다. 이는 관할합의에 위반되어 이루어진 외국판결에 대해서는 승인·집행을 거부할 수 있다는 것인데, 이 때 관할합의의 유효성은 국제사법을 포함한 승인·집행국의 법에 의하여 판단된다고 해석된다.368)

(3) 검토 및 私見

私見으로는, 다음과 같은 이유에서 전속적 국제재판관할합의의 허용요건(유효요건), 방식 및 효력의 준거법과 전속적 국제재판관할합의의 성립 및 유효성의 준거법을 구별하는 이분설이 타당하다고 본다.369)

① 먼저, 전속적 국제재판관할합의의 허용요건(유효요건)은 각 법정지마다 고유한 정책이나 공서, 경제적 약자보호 등의 법원칙에 따라 판단될 필요가 있고, 방식이나 효력에 관해서는 각 법정지마다 소송법으로

---

368) Garcimartín, Francisco/Saumier, Geneviève, Judgments Convention: Revised Draft Explanatory Report, para. 299. 위 공식 해설서 초안(Draft Explanatory Report)은 동 협약 제정을 위한 HCCH의 제22차 외교회의 예비문서(Preliminary Document) 1번으로 제출되었던 자료이다(위 문서는 HCCH의 홈페이지 https://www.hcch.net/en/publications-and-studies/details4/?pid=6642&dtid=61 에서 다운 받을 수 있다)(2020. 7. 20. 최종 방문). 동 협약에 관한 최종적 공식 해설서(Explanatory Report)는 아직 공고되지 않은 것으로 보인다.

369) 석광현[국제민사소송법], 118면도 同旨. 반면에, 양자를 구별할 근거가 뚜렷하지 않으므로 동일하게 규율하여야 한다는 견해도 있다(손경한[2013], 426면).

규율하고 있는 경우가 많은바(예컨대, 우리 민사소송법 제29조 제2항의 서면 요건이나 제55조의 소송능력 규정이나 관할합의 효력 관련 규정 등) 소송법의 강행규정성을 고려하면 이에 관해서는 각 법정지의 소송법적 규율을 받는다고 보는 것이 더 합리적이고, 실제 각국 법원에서도 자국의 소송법적 규율을 쉽게 포기하지 않을 것이라고 생각된다. 이 점에서 허용요건(유효요건)이나 방식370) 및 효력에 관해서도 법정지 국제사법 혹은 계약준거법에 따라야 한다는 견해는 찬성하기 어렵다.

합의관할법원 소속국법설은 관할합의 당사자의 의사를 존중하고 예측가능성이 보장된다는 측면에서 상당히 설득력이 있는 견해이고,371) 헤이그 재판관할협약과 브뤼셀 I bis 등 여러 국제규범들 및 우리 국제사법 개정법률안이 취하는 태도인 점에서 상당히 무게가 실리는 견해이기는 하지만, 만일 합의된 국가(A)가 아닌 다른 국가(B)에 소가 제기되었다면 그 경우에도 해당 법정지법(B)이 아닌 합의된 국가(A)의 법에 따라 관할합의의 허용요건이나 방식 등을 판단해야 하는데, 법정지인 B국이 A국의 소송법을 적용해야 한다는 점에서 현재의 해석론으로는 찬성하기 어렵다. 국제사법 개정법률안과 같이 명문의 규정이 있어야 가능한 해석론으로 생각된다.372)

따라서 전속적 국제재판관할합의의 허용요건(남용에 대한 통제의 문제를 포함)이나 방식 및 효력에 관해서는 법정지법을 적용함이 타당하다고 본다.373)

---

370) 최근에 선고된 서울고등법원 2020. 6. 9. 선고 2019나2044652 판결에서도, 국제재판관할합의의 방식은 법정지법에 따라 판단할 사항이다고 판시한 바 있다.

371) 김인호, "국제계약의 분쟁해결메커니즘의 구조와 상호작용", 국제거래법연구, 제23집 1호, 2014., 232면에서도 법정지법을 적용하더라도 합의관할법원 소속국법을 적용하여야 한다고 주장한다.

372) 석광현[개정안 총칙], 80면 주112도 同旨.

373) 약관 조항에 관할조항이 포함되어 있는 경우 약관규제법상의 내용통제가 법정지법에 따를 사항인지에 관한 문제는 석광현[2016], 94~97면; 석광현[2015],

② 반면, 전속적 국제재판관할합의의 성립 및 유효성의 준거법은 법정지의 국제사법이 지정하는 준거법에 따라야 한다고 본다. 그렇게 보는 이유는, (a) 방식 및 효력과는 달리 성립 및 유효성의 문제(예컨대, 의사표시의 하자와 그 효과의 문제)는 소송법에서 규율하고 있지 않은데, 이러한 내용에 대해서까지 절차법으로서의 법정지법(lex fori)을 적용할 이유가 없고, 이는 실체법과 더 밀접하게 관련된 문제이므로 이에 대해서는 관할합의와 관련된 실체법을 적용함이 타당하다는 점, (b) 법정지법설과 같이 일률적으로 법정지법을 적용할 경우 당사자들이 관할합의의 준거법을 선택할 수 있는 자유를 해할 수 있는 점(사적자치의 보장 측면), (c) 국제거래에서는 통상 당사자들이 관할합의조항을 포함한 주된 계약의 준거법을 명시적으로 또는 묵시적으로 지정한 경우가 많은데 그러한 경우 이분설에 따르면 주된 계약의 준거법과 관할합의조항의 준거법이 일치하게 되어 준거법 결정이 간명해지고, 이것이 당사자의 진정한 의사에도 더 부합하는 것으로 보이는 점, (d) 뒤에서 볼 중재합의의 준거법과도 일관성을 유지함이 논리적으로도 바람직한 점, (e) 앞서 본 바와 같이 국제재판관할합의의 법적 성질 논의와 준거법 결정은 논리필연성이 없고 실제적인 해결책을 제공해 주지도 못하는 점[374] 등이다.

(4) 관련 문제 : 묵시적 지정 등

국제재판관할합의의 준거법에 따른다고 할 때, 위와 같이 일차적으로는 당사자들이 지정한 법이 적용되는데, 실무상 자주 문제되는 것으로, 국제재판관할합의의 준거법에 대한 명시적 지정은 없으나 당사자들이 관할합의조항이 포함된 주된 계약의 준거법을 명시적으로 또는 묵시적으로 지정한 경우 이를 국제재판관할합의의 묵시적인 준거법 지정으로

229면 참조.
374) 한충수[1997], 66면; Schack, Haimo, Internationales Zivilverfahrensrecht, 1991., § 9 Rn. 432, S. 162f.

볼 수 있는지의 문제가 있다. 이는 주로 뒤에서 볼 중재합의와 관련하여 중재합의와 묵시적 지정의 문제로 논의되고 있는 것인데, 관할합의의 경우에도 동일한 논의가 가능하다.

이에 대해서는 관할합의의 독립성이라는 측면에서 주된 계약상 준거법에 관한 합의가 있다고 해서 곧바로 관할합의도 같은 준거법에 의하여 판단할 것은 아니라는 견해(부정설)가 있을 수 있으나, 관할합의조항의 경우 재판관할합의가 주된 계약의 일부를 구성하는 형식을 취하므로, 명시적이든 묵시적이든 당사자들이 주된 계약의 준거법을 지정한 때에는, 달리 관할합의조항에 관하여 적용될 준거법을 따로 정하였거나[375] 그와 같이 볼만한 다른 특별한 사정이 존재하지 않는 이상, 주된 계약의 준거법과 관할합의조항의 준거법을 아울러 지정한 것이라고 추정하는 것이 통상 당사자의 의사에 부합할 것이라고 본다. 부정설에서 드는 관할합의조항의 독립성은, 주된 계약이 효력을 상실하더라도 관할합의 자체는 유효하다는 점에 방점을 두는 것으로서, 관할합의조항 당사자의 묵시적 의사를 해석하는 데에 있어서 기준으로 삼을 원칙으로는 보기 어렵다. 따라서 당사자들이 주된 계약의 준거법을 지정한 경우 관할합의의 성립 및 유효성에 관한 준거법도 그와 같이 지정한 것으로 추정한다.[376][377] 다만, 당사자의 의사가 관할합의에도 동일한 준거법을 지정하였다고 보기 어려운 사정이 발견되는 경우에는 묵시적 지정을 인정하는 데에 신중할 필

---

375) 실제로 그러한 경우는 거의 드물다고 한다(Born/Rutledge[2018], 512).

376) Cheshire/North/Fawcett[2017], 416; 석광현[국제민사송법], 118면, 김인호, "국제계약의 분쟁해결메커니즘의 구조와 상호작용", 국제거래법연구, 제23집 1호, 2014., 230면도 同旨. 한편, 김인호, 위 논문 236~237면에서는 더 나아가서 반대로 국제재판관할합의는 있으나 준거법합의가 없는 경우에 준거법도 동일하게 지정한 것으로 추정할 수 있는지에 관해서도 논의하고 있다.

377) 이에 관한 명시적인 판례는 없는 것으로 보이지만, 뒤에서 볼 중재합의와 관련해서는 묵시적 지정을 긍정한 하급심 판결(서울고등법원 2017. 4. 4. 선고 2016나2040321 판결)과 이를 수긍한 대법원 판결(대법원 2018. 7. 26. 선고 2017다225084 판결)이 있다.

요가 있다.

한편, 국제재판관할합의가 전속적인지 부가적인지 여부 판단의 준거
법은 무엇일까? 이는 실무적으로는 중요한 문제인데, 아직 국내에서는
이에 관한 논의가 거의 없는 것으로 보인다. 전속적인지 부가적인지 여
부의 판단은 일차적으로 당사자의 의사를 기초로 해야 한다는 측면에서
보면 관할합의의 성립 및 유효성과 마찬가지로 법정지 국제사법이 지정
하는 법에 따라야 한다는 견해도 가능하다. 그러나 私見으로는, 실제에
있어서 전속적인지 여부에 관한 당사자의 의사가 불명확한 경우가 많으
므로378) 당사자의 의사를 기초로 준거법을 결정할 필요성과 관련성이
상대적으로 낮은 점, 관할합의가 전속적인 것인지 부가적인 것인지 여부
는 기본적으로 소송법적 문제이고, 구별 기준이나 그에 따른 효력 및 차
이도 각 법정지마다 고유한 정책이나 소송법적 규율에 따라 좌우되는
것이라는 점에서 이를 절차 문제로 성질결정하여 법정지법(lex fori)에 따
른다고 봄이 타당하다고 생각한다. 물론, 법정지법을 적용함에 있어서는
앞서 본 바와 같이 국내재판관할과 상이한 국제재판관할의 특수성을 충
분히 고려하여야 하고, 국내재판관할에 대해 적용되는 원칙을 그대로 적
용하여서는 안된다.379) 따라서 법정관할 중 어느 하나를 특정한 합의는

---

378) 한충수[1997], 41면에 의하면, "실제의 경우 국제재판관할합의에 있어 과연 당
    사자가 전속적 관할합의를 한 것인지 추가적 관할합의를 의도한 것인지 불분
    명한 경우가 많이 있을 수 있다. 더욱이 양자의 성격 차이는 당사자에게 관할
    에 대한 항변권이 인정되는지 여부가 결정되기에 논란의 여지가 있다. 결국
    이러한 판단의 기준이 되는 것은 관할합의 당시의 당사자의 의사를 기준으로
    결정하는 것이 가장 바람직하다 할 것이나 계약당시의 당사자의 의사를 사후
    에 조사한다는 것은 현실적으로 대단히 어렵고 어떤 경우는 불가능하기까지
    하다."고 쓰고 있다. Weyland, Peter, "Zur Frage der Ausschliesslichkeit internation-
    aler Gerichts-standsvereinbarungen", Gedachtni sschrift fur Peter Arens, 1993., S.417
    에서는 보통거래약관으로 관할합의가 이루어진 경우에는 더욱 그러하다고
    한다(한충수[1997], 42면, 주87에서 재인용).
379) Weyland, Peter, lZur Frage der Ausschliesslichkeit internationaler Gerichts-stand-

전속적 합의로, 법정관할이 없는 법원을 특정한 합의는 부가적 합의로
보는 국내 관할합의 법리를 그대로 적용할 수는 없고, 국제재판관할 배
분의 이념에 부합하도록 당사자의 의사를 해석하여야 하고 그 의사가
불분명할 경우에는 앞서 본 바와 같이 원칙적으로 전속적 합의로 추정
하는 것이 타당하다고 본다.

3) 논의의 실익 및 결과

한국법원에 소송금지가처분 신청이 제기된 경우를 상정하여, 위 준거
법 논의의 결과를 단계별로 요약해 보면 다음과 같다.

먼저, 소송요건(신청요건 또는 적법요건)으로서 한국법원에서 소송금
지가처분의 허용 가능성을 심사함에 있어서는 법정지법인 한국법에 따
른다고 봄이 타당하고, 앞서 본 바와 같이 한국법상 이를 부정할 근거는
없다고 본다.

다음으로, 실체 요건에 대한 심리 단계로 들어가 한국법원이 전속적
국제재판관할합의 위반으로 인한 소송금지가처분 가부를 판단함에 있어
서, 우선 당해 국제재판관할합의가 전속적인지 부가적인지 여부는 법정
지법인 한국법에 따를 사항인데, 명시적인 법 규정은 없으나 해석론으로
는 당사자의 의사가 불분명하다면 전속적으로 추정함이 타당하다고 본
다. 전속적 국제재판관할합의로 볼 경우, 그러한 전속적 국제재판관할합
의 허용요건(유효요건)의 준거법은 법정지법으로 보므로, 위 전속적 국
제재판관할합의가 허용되는지 여부는 한국법(앞서 본 대법원 판례 포함)
에 따라야 할 것이다. 대법원 판례에 따르자면 합리적인 관련성 요건을
요구하게 될 것이나, 이에 대해 비판적인 학설에 따른다면 그러한 요건
이 충족되지 않더라도 전속적 국제재판관할합의가 유효하게 될 수 있다.

---

svereinbarungen", Gedachtnisschrift fur Peter Arens, 1993., S.419f(한충수[1997], 43
면에서 재인용).

방식 및 효력에 관한 준거법도 법정지법인 한국법이다.

다음으로, 피보전권리 존부 판단의 단계에서는 앞서 본 이분설에 따라 법정지인 한국의 국제사법이 지정하는 준거법에 따른다. 즉, 당사자가 명시적 또는 묵시적으로 선택한 법에 따르고(국제사법 제25조 제1항), 그러한 선택이 없는 경우 당해 국제재판관할합의와 가장 밀접한 관련이 있는 국가의 법에 따른다(국제사법 제26조 제1항). 만약 그것이 한국법으로 결정된다면 위에서 본 국내법상의 해석론, 즉 전속적 국제재판관할합의의 효력으로 소송금지청구권이 발생하는지에 관한 국내법의 해석론이 적용되고, 그 중 소송금지청구권 긍정설을 취하면 소송금지가처분을 발령할 수 있으나 부정설을 취한다면 할 수 없게 된다. 이분설을 취하지 않고 법정지법설을 취할 경우에도, 위 국내법상의 해석론에 따르게 된다. 반면에, 준거법이 외국법으로 지정된다면 위 국내의 해석론은 무용하게 된다.

관할합의가 관할합의조항의 형태로 이뤄진 통상의 경우, 예컨대, 주된 계약에서 영국법을 준거법으로 지정하였고, 관할합의조항이 주된 계약에 포함된 경우라면, 전속적 국제재판관할합의의 준거법도 영국법으로 지정한 것이라고 추정된다. 그 경우 일방 당사자가 전속적 국제재판관할합의를 위반하여 한국법원에 제소하였고 상대방 당사자가 이를 막기 위해 한국법원에 소송금지가처분을 신청하였다면, 한국법원은 피보전권리 존부(즉, 전속적 국제재판관할합의의 효력으로 소송금지청구권이 발생하는지 여부)를 판단함에 있어서 전속적 국제재판관할합의의 준거법인 영국법에 따라서 판단하여야 하므로, 소송금지청구권(영국법상 '외국에서 제소 당하지 않을 권리')의 발생을 긍정할 수 있을 것이다.

이와 같이, 준거법에 관한 논의는 생각보다 중요한 논점이면서 한편으로는 매우 까다로운 논점이다. 앞으로 국내에서도 이에 관한 연구가 좀 더 활발히 이루어져야 할 것으로 생각된다.

8. 관련 문제 : 관할합의 없는 전속관할 위반의 경우

전속적 국제재판관할합의에 의한 경우 외에도, 부동산 물권 변동에 관한 소에서 부동산 소재지, 지식재산권 등록에 관한 소에서 등록지 등 분쟁의 특성상 특정국가의 전속적 국제재판관할로 인정되는 경우가 있다.[380] 브뤼셀 I bis 제24조(종전 브뤼셀 I 규정에서는 제22조), 헤이그국제 사법회의 1999년 예비초안(제12조), 2001년 초안(제12조)는 전속적 국제 재판관할을 규정하고 있으나, 우리 국제사법과 민사소송법은 이에 관해서 규정하고 있지 않았는데, 최근 국제사법 개정법률안 제10조에서 전속적 국제재판관할에 규정을 마련하였다.[381]

이 경우에도 소송금지청구권 발생 여부에 관한 위 논의들이 그대로 적용될 수 있는가? 즉, 관할합의 없는 전속관할 위반의 경우에도 앞서 본 논의와 동일하게 소송금지청구권 발생을 긍정할 수 있는가? 예컨대, 등록지가 한국인 지적재산권의 등록이나 유효성에 관하여 외국에서의 제소를 막기 위한 소송금지가처분을 한국법원에 제기할 경우 이를 발령할 수 있는가? 私見으로는 이를 부정함이 타당하다고 본다. 왜냐하면, 전속적 국제재판관할합의 위반의 경우 당사자간의 합의에 근거하여 소송금지청구권이라는 실체적 권리를 도출할 수 있는데 반하여, 그러한 합의가 없는 경우에는 소송금지청구권이라는 실체적 권리를 도출할 법적 근거가 없기 때문이다. 즉, 단순히 전속관할 법원이 따로 있다는 것만으로 소송금지청구권이 도출된다고 볼 근거는 없다. 다만, 이와 같이 전속관할 법원이 아닌 외국법원에 제소하는 행위는 경우에 따라 아래 Ⅳ.항에서 볼 '분쟁해결합의 위반 외의 부당한 외국 제소'에 해당한다고 보고

---

380) 다만, 학자마다 구체적으로 인정하는 범위는 다소 상이하다. 이에 대해서는 석광현[국제민사소송법], 130~131면; 이인재[1989], 641면; 한충수[1997], 118~121 면 각참조.
381) 이에 관한 상세한 소개는 석광현[개정안 총칙], 84~93면 참조.

그에 따라 소송금지청구권이 발생한다고 볼 여지는 있을 것이다.

한편, 위와 같은 전속관할에 속하는 사건에 대해서는 당사자들이 합의에 의하여 이를 배제할 수 없으므로,[382] 만일 위 전속관할 법원이 아닌 법원을 당사자들이 전속관할 법원으로 합의하였고 그 중 일방 당사자가 위 합의를 위반하여 다른 법원에 제소하였다고 하더라도, 그러한 관할합의에 기하여 소송금지청구권이 발생되지는 않는다고 본다.

III. 중재합의 위반의 경우

위 II.항에서 본 전속적 국제재판관할합의 위반의 경우에 관한 논의는 대부분 중재합의 위반의 경우에도 유사하게 적용된다. 따라서 반복을 피하기 위해서, 중재합의 위반에 관해서는 위 전속적 국제재판관할합의 위반의 경우와 차이점을 위주로 기술한다. 우선 기본적인 차이점으로는, 관할합의 위반의 경우 법원과 법원 사이의 관할권 경합이 발생하나 중재합의 위반의 경우 중재판정부와 법원 사이의 경합이 발생한다는 점, 법적 성질에 관한 논의가 다소 상이하다는 점, 관할합의 위반의 경우보다는 중재합의 위반의 경우 소송금지청구권이나 손해배상청구권이 발생된다고 보는 긍정설이 조금 더 많은 것으로 보이는 점 등이다. 양자의 차이는 근본적으로 당사자 자치 원칙이 좀 더 강하게 작용하는 중재절차의 특성[383]에서 기인하는 부분이 많다.

종래 중재합의 위반에 대한 구제수단으로 논의되는 것으로는 ① 법원의 중재합의 이행명령(Pro-Arbitration Order), ② 소송금지명령(Anti-suit Injunction), ③ 손해배상청구, ④ 중재합의를 위반한 판결의 승인·집행 거

---

382) 석광현[국제민사소송법], 130면; 한충수[1997], 119면.
383) 국제소송절차와 국제중재절차의 異同 비교에 관한 기본적인 내용은 석광현 [국제상사중재법연구1], 44~52면 참조.

부 등이 있다. 그 중에서 소송금지명령은 다른 구제수단에 비하여 가장 직접적, 선제적으로 침해상태를 배제할 수 있는 유용한 수단이다. 본 논문에서는 범위를 한정하여 소송금지명령에 대해서만 주로 논의하고 나머지 구제수단에 대해서는 이와 관련되는 부분에 한해서만 간단히 언급하기로 한다.

실제 중재실무에서는 중재합의의 효력을 부인하면서 특정국의 법원에 중재합의의 효력을 다투는 소(중재합의 무효확인의 소 등) 또는 중재청구의 대상인 권리에 대한 본안소송(이행청구나 권리존재 또는 부존재 확인의 소 등)을 제기하는 경우가 드물지 않다. 예컨대, 한국을 중재지로 하는 유효한 중재합의가 있었음에도 일방 당사자가 외국법원에 소를 제기한 경우에 타방 당사자가 한국법원에 소송금지가처분을 신청하였다면, 이러한 가처분의 피보전권리(즉 소송금지청구권)가 인정될 것인지, 인정된다면 그 법적 근거는 무엇인지가 문제된다.[384] 이는 중재합의의 효력으로서 '중재합의에 반하는 제소행위를 하여서는 아니 될 의무(소송금지의무)'가 발생하는가(즉, 소송금지청구권이 인정되는가)의 문제이다.

이를 검토하기 위해서는 논리 체계상 우선 중재합의의 법적 성질을 검토하고 나서(아래 1), 중재합의의 효력 일반을 간단히 검토한 후(아래 2), 중재합의의 효력으로 소송금지청구권이 발생하는지를 검토해야 한다(아래 4). 관련 문제로서 손해배상청구권의 발생 여부도 함께 검토한다(아래 3). 위 1, 3, 4의 문제에 대한 필자의 견해는 따로 모아서 제시한다(아래 5). 준거법의 문제도 따로 살펴본다(아래 6).

---

384) 실제로 서울중앙지방법원 2016. 1. 14.자 2015카합81427 결정, 서울고등법원 2016. 9. 8.자 2016라20160 결정(재항고 없이 그대로 확정됨) 사건에서도 당사자간의 분쟁을 대한상사중재원의 중재에 의하기로 한 중재합의를 위반하여 미국법원에 제기한 소에 관하여 소송금지가처분을 신청하였고, 그 피보전권리의 인정여부가 다투어졌다.

1. 중재합의의 법적 성질

중재합의의 효력을 논하기 위해서는 먼저 중재합의의 법적 성질을 살펴볼 필요가 있다. 관할합의에서와 마찬가지로, 중재합의의 법적 성질 논의와 준거법 결정 사이에는 반드시 논리필연적인 관계가 존재한다고 보기 어렵고 실질적인 해결책을 제공하지도 못한다고 보나,[385] 그 법적 성질 논의와 소송금지청구권 인정 여부 사이에는 반드시 논리필연적으로 연결되는 관계라고 볼 수는 없어도 어느 정도의 상관관계는 있다고 본다.[386]

1) 국내의 논의

국내에서는 중재합의의 법적 성질에 관해서 크게 소송계약설, 사법계약설(실체계약설), 절충설이 대립한다.[387] ① 소송계약설은 중재합의를 소송행위[388]의 일종인 소송상의 합의, 즉 소송계약으로 본다. 이 견해는

---

385) 국제재판관할합의에서와 마찬가지로, 중재합의의 법적 성질 논의와 준거법 결정 사이에 반드시 논리필연적인 관계가 존재한다고 보기는 어렵고 실질적인 해결책이 되지도 못한다. 중재합의의 법적 성질 논의와 준거법 결정 사이의 관계에 대한 상세한 논의는 석광현[국제상사중재법연구1], 112~113면 참조.

386) 손경한·심현주, "중재합의에 대한 새로운 고찰", 중재연구, 제23권 제1호, 2013. 3., 59~60면에서는, 중재합의의 법적 성질을 논하는 실익이 거의 없고, 이와 같은 논의는 중재의 본질을 흐리는 시대착오적인 것이라고 주장하나, 반드시 그렇게 볼 것은 아니고 중재합의에 기해서 손해배상청구권이나 소송금지청구권이 발생하는지의 맥락에서는 법적 성질 논의가 어느 정도 필요하다고 생각한다.

387) 김명엽, "중재계약의 법적 성질과 효력에 관한 연구", 중재학회지, 제11권, 한국중재학회, 2001., 126면에 의하면, 이 문제는 독일과 일본 등의 판례에 있어서 종래부터 논의되어 왔는데 우리나라의 학설도 독일과 일본의 영향을 받아왔으며 소송법학자들과 중재관련 실무자들 사이에서 각기 다른 시각으로 중재합의의 법적 성질을 파악하여 왔다고 한다.

중재합의를 순수한 소송계약으로 파악하면서 소송법상의 처분적 효과만
발생시키고 법원에 제소하여서는 아니 된다는 실체법적 효과를 발생시
키지 않는다고 본다.[389] ② 사법계약설은 중재합의를 '당사자에게 인정
되는 생활관계를 스스로 형성할 수 있는 권능 즉, 실체법상의 처분권의
행사인 사법계약'[390]으로 본다. ③ 절충설은 중재조항과 중재부탁계약을
나누어서 전자는 사법계약, 후자는 소송계약으로 보는 견해이다.[391]

사법계약설이 우리나라의 다수설[392]인데, 이에는 다시 '절차법적 법
률관계에 관한 실체법상의 계약'이라는 설, '소송상의 관계에 대한 실체
법상의 계약'이라는 설, '소송법적 효과를 수반하는 특수한 私法上의 계
약'이라는 설이 있다.[393] 한편, 우리나라에서 아직 중재합의의 법적 성질

---

388) 소송행위의 개념에 관한 견해대립에 대해서는 앞에서 살펴보았다.

389) 김용진[2017], 94면.

390) 손경한·심현주, "중재합의에 대한 새로운 고찰", 중재연구, 제23권 제1호,
2013. 3., 59면.

391) 손경한, "중재자치와 중재의 준거법", 국제사법연구 제17호, 한국국제사법학
회, 2011. 12., 421~422면(손경한·심현주, "중재합의에 대한 새로운 고찰", 중재
연구, 제23권 제1호, 2013. 3., 59면에서 재인용).

392) 석광현[국제상사중재법연구1], 110면; 손경한, "중재합의", 사법연구 1: 계약법
의 특수문제, 1983., 123면; 김홍규, "중재법원(중재판정부)의 자기의 관할권을
판정하는 권한", 중재, 제298호, 2000., 6면; 오창석[2002], 126면 주34) 및 131면;
강현중, "중재합의의 효력", 중재, 343호, 2015., 5면; 손태우, "국제상사계약에
서의 중재합의이행에 대한 미국판례입장 -Republic of Nicaragua v. Standard
Fruit Co. 사건을 중심으로-", 상사판례연구, 제11집, 2000., 374면; 박종삼·김영
락, "중재계약에 관한 판례 분석", 중재, 제290호, 1998. 12., 33면; 정선주, "당
사자의 무자력과 중재합의 관계의 해소," 중재연구, 제12권, 1호, 2002. 8., 256,
264면; 김명엽, "중재계약의 법적 성질과 효력에 관한 연구", 중재학회지, 제11
권, 한국중재학회, 2001., 131면; 한승수[2019], 44면.

393) 석광현[국제상사중재법연구1], 109, 110면에서 재인용. 한편, 위 손태우, "국제
상사계약에서의 중재합의이행에 대한 미국판례입장 -Republic of Nicaragua v.
Standard Fruit Co. 사건을 중심으로-", 상사판례연구, 제11집, 2000., 374면과 박
종삼·김영락, "중재계약에 관한 판례 분석", 중재, 제290호, 1998. 12., 26면 이
하에서는, 위와 같이 혼합적 성격으로 보는 견해들을 '혼합계약설'로 분류하

에 관한 명시적인 판례는 없는 것으로 보인다.[394]

2) 외국의 논의

① 영미법계 국가에서는 대륙법계에서와 같이 중재합의의 성질이나 효력을 정치하게 분석하는 것 같지 않고 소송행위의 개념도 특별히 유의미하게 다루고 있지 않지만, 당연히 중재합의를 실체법상의 계약이라고 보는 입장에 서 있는 것으로 보인다.[395] 그에 따라 중재합의를 위반한 제소에 관하여 손해배상의무 및 소송금지의무까지 인정한다. 특히, 영국에서는 전속적 관할합의나 중재합의에는 양 당사자들이 다른 곳에서 소를 제기하지 않겠다는 약속 및 그 위반에 대해 소송금지명령으로 이를 금지할 수 있다는 약속이 묵시적으로 포함되어 있다고 본다.[396] 이러한 영미법계 국가의 태도는 앞서 본 사법계약설 및 소송금지청구권 긍정설의 입장으로 보인다.

앞서 소개한 영국법원의 Aggeliki Charis Compania Maritima SA v. Pagnan SpA(The Angelic Grace) 판례에서도 "당사자 간에 유효한 중재합의가 있는데도 외국법원에 소송이 계속 중인 경우 이는 '계약위반(breach of contract)'

고 있으나, 위 견해들은 어디까지나 중재합의의 기본성격을 실체법상의 계약으로 보는 것이므로, 본 논문에서는 혼합계약설이라고 하기 보다는 사법계약설이라고 분류한다.

394) 오창석[2002], 126면 주34)에서는 우리 판례가 '소송상의 관계에 대한 실체법상의 계약'이라고 보고 있다면서 대법원 1988. 2. 9. 선고 84다카1003 판결을 들고 있으나, 위 판결이 그러한 취지인지는 의문이다.

395) Fentiman[2015], para. 16.57; 석광현[소송유지명령], 13면; 손태우, "국제상사계약에서의 중재합의이행에 대한 미국판례입장 -Republic of Nicaragua v. Standard Fruit Co. 사건을 중심으로-", 상사판례연구, 제11집, 2000., 373면, 주37); 박종삼·김영락, "중재계약에 관한 판례 분석", 중재, 제290호, 1998. 12., 26면.

396) Fentiman[2015], para. 16.41; Donohue v. Armco Inc [2002] UKHL 64, at [23~24]; AES Ust-Kamenogorsk Hydropower Plant LLP v. Ust-Kamenogorsk Hydropower Plant JSC [2013] UKSC 35, at [1].

을 구성하므로 영국법원은 외국소송절차를 계속하는 것을 금지할 수 있는 본래적인 권한이 있고, 그 경우 법원으로서는 소송금지명령에 대한 신청이 신속하게 그리고 외국소송이 상당히 진행되기 전에 제기되었다면 주저할 필요가 없다'고 판시하였었는데, 이에 의하면, 사법계약설 및 소송금지청구권 긍정설의 입장이 확인된다.

또한, Southport Success S.A. v. Tsingshan Holding Group Co. Ltd 사건[397] 에서는 "소송금지명령(anti-suit injunction)의 목적은 중재절차의 진행이 아니라 중재합의에 기해 외국소송을 제기하지 않겠다는 부작위 의무 약속의 이행이다'고 설시한 바 있다.

② 독일에서는 학설로서는 전통적으로 중재합의를 소송계약으로 보는 견해[398]가 다수로 보인다. 이에 따르면 중재합의는 그에 의하여 사건관할권이 분배되는 소송법상의 처분적 효력만을 발생시키는 순수한 소송행위이고, 어떤 실체법상의 의무를 발생시키는 의무부과적 효력은 없다고 한다. 즉, 당사자는 신속한 중재절차에 협력할 소송법상 협력의무를 지지만, 이는 국가의 법원에 의해 그 이행이 강제될 수 없는 성질의 것으로 소송상의 부담(prozessuale Last)에 불과하다는 것이다.[399] 반면에 사법계약설도 존재하는데 여기에는 순수한 사법계약설도 있고, 기본적으로 사법계약으로 보면서도 소송계약적 성격을 인정하는 견해도 있는데, 이에 따르면 법원에 소송을 제기하여서는 아니 되는 실체법적 의무

---

397) Southport Success S.A. v. Tsingshan Holding Group Co. Ltd [2015] EWHC 1974 (Comm).

398) Naumann[2008], S. 98-99; Geimer[2009], Rn. 3786; Schwab/Walter[2005], Kapitel 7, Rn. 20. 그밖에 Schwab/Walter[2005], Kapitel 7, Rn. 37. 주133에서는 소송계약설을 취하는 전통적인 독일의 문헌들과 판례를 소개하고 있다. Lenenbach[1998], 286, 주164에서도 소송계약설을 취하는 문헌으로 Stein-Jonas Et al., Kommentar zur Zivilprozessordnung, § 1025 (1988), Rn. 1; Reinhold Geimer Et al., Zivilprozessordnung, § 1025 (1995), Rn. 3. 등을 소개하고 있다.

399) 석광현[소송유지명령], 26-27면; 김용진[2017], 93-94면.

가 부과된다.400) 독일의 연방대법원은 중재합의를 재판관할합의와 마찬
가지로 '소송법적 관계에 관한 실체계약(ein materiellrechtlicher Vertrag
über Prozessrechtliche Beziehung)'으로 본다.401)

③ 일본에서도 민사소송법 학계의 논의는 앞서 재판관할합의의 법적
성질 부분에서 본 내용과 동일하다. 일본의 중재법 또는 국제민사소송법
학계에서는 우리나라와 유사하게 소송계약설과 사법계약설이 대립하고,
그밖에도 소송법적 요소와 실체법적 요소가 혼합되어 있다고 보는 혼합
계약설도 있다.402)일본 판례는 기본적으로 소송계약설의 입장인 것으로
보이는데,403) 이와 달리 동경공소원(東京控訴院) 판결 중에서는 중재합
의를 기본적으로 소송계약으로 보면서도 실체법(민법)의 규정에 따라 중
재합의의 성립요건 등을 결정해야 한다고 판시함으로써 마치 위 독일
연방대법원의 '소송법적 관계에 관한 실체계약설'과 유사하게 본 것이
있다.404)

---

400) Lenenbach[1998], 288-289; Schlosser[1985], S. 37; Kürth[1988], S. 74; Jasper[1990], SS.
　　127-128.; Rolf Stürner, Der Justizkonflikt zwischen Europa und den USA, 1982.,
　　52(Lenenbach[1998], 289, 주182에서 재인용); Schütze, Rolf A., Schiedsgericht und
　　Schiedverfahren, 3. Auflage, 1999., Rn. 126. 그밖에 독일 학설들에 관한 상세한
　　소개는 Schwab/Walter[2005], Kapitel 7, Rn. 37. 주133 참조.
401) BGHZ 23, 198; BGHZ 40, 320. 그밖에 독일 판례에 대한 상세한 소개는
　　Lenenbach[1998], 286, 주164; 김홍규, "중재법원(중재판정부)의 자기의 관할권
　　을 판정하는 권한", 중재, 제298호, 2000., 6면 주7); 박종삼·김영락, "중재계약
　　에 관한 판례 분석", 중재, 제290호, 1998. 12., 29~30면 참조.
402) 中村達也[2017], 31면.
403) 大判大7·4·15(民錄 24輯 14卷 865頁); 中村達也[2017], 31면.
404) 東京控判 昭和10·8·5(新聞 3904 号 5頁); 박종삼·김영락, "중재계약에 관한 판
　　례 분석", 중재, 제290호, 1998. 12., 31면.

2. 중재합의의 효력 일반

중재합의의 효력에는, 소송절차의 진행을 방해하고 법원으로 하여금 분쟁을 중재절차에 회부하도록 하는 효력(소극적 효력, 소송배제적 효력 또는 직소금지의 효력)과 분쟁을 중재절차에 회부하여 중재판정을 받을 수 있는 효력(적극적 효력)이 있다.[405]

이러한 중재합의의 소극적 효력에 기하여 법원은 중재절차에 의하지 않은 법원에의 소송을 중지 또는 각하하고(우리 중재법 제9조 제1항은 각하하도록 규정한다), 적극적 효력에 기하여 신속한 중재절차의 진행을 위해 협력할 당사자의 협력의무가 널리 인정된다.[406] 독일 연방 대법원 의 판결[407]도 당사자의 협력의무를 긍정한 바 있다. 이러한 협력의무가 실체법상의 의무인지, 즉 불이행 시 법원이 이를 강제할 수 있는지에 관 해서는 긍정설과 부정설이 대립하는데, 이는 대체로 앞서 본 중재합의의 법적 성질 논의와 동일한 선상의 견해대립으로 보인다.[408] 중재합의의 효력에 기하여 법원에 소를 제기해서는 안 되는 소송금지의무가 발생하 는지의 문제도 위 협력의무에 관한 논의와 일맥 상통한다(이에 관해서 는 뒤에서 상세히 살펴본다). 다만, 위 협력의무는 중재합의의 적극적 효 력에서 기인하는 의무인데, 소송금지의무는 주로 중재합의의 소극적 효 력에서 기인하거나 양자 모두와 관련된 의무라고 보인다.

당사자의 협력의무와 관련하여, 미국에서는 연방중재법(Federal Arbitra- tion Act) 제2장 제206조(9. U.S.C. § 206)에 의하여 당사자가 중재를 강제 하는 소를 법원에 제기할 수 있고, 법원은 그에 따라 중재합의 이행명령

---

405) 석광현[국제민사소송법], 502~503면; 목영준/최승재[2018], 85, 90면.
406) 석광현[국제민사소송법], 503~504면.
407) NJW (1988), 1215.
408) 협력의무의 이행강제 가부에 관한 견해대립의 상세한 소개는 석광현[국제민 사소송법], 504면; 석광현[소송유지명령], 26면; 정선주, "당사자의 무자력과 중 재합의 관계의 해소," 중재연구, 제12권, 1호, 2002. 8., 256, 264면 참조.

(Pro-Arbitration Order)을 발령할 수 있으며, 이를 위반할 경우 당사자는 법정모욕의 제재를 받게 된다.[409)]

우리나라의 경우 법원이 미국과 같은 중재합의 이행명령(가처분)을 할 수 있는지에 관해서는 논란의 여지가 있다. 중재합의의 법적 성질을 사법계약으로 보고 중재합의 위반에 기한 손해배상청구 또는 소송금지 청구권을 인정할 수 있다는 견해에 선다면 이론적으로 중재합의 이행명 령도 긍정할 소지가 있다. 그러나 私見으로는, 중재합의 위반에 기한 손 해배상청구 또는 소송금지청구권을 인정할 수 있다고 보더라도, 법원이 중재합의 이행명령을 내리는 것은 이와 다른 문제로서 부정적으로 봄이 타당하다고 생각한다.[410)] 그 근거는 뒤에서 볼 법원의 중재금지가처분 이 허용되지 않는다고 보는 것과 유사한데, 법원이 중재절차에 직접적으 로 관여하는 것은 최소한에 그치는 것이 바람직하고, 중재판정부의 자기 심사권한(competence-competence) 원칙에 배치될 수 있으며, 달리 미국과 같은 법령상의 근거도 없기 때문이다.

한편, 뉴욕협약[외국중재판정의 승인 및 집행에 관한 국제연합협약, Convention on the Recognition and Enforcement of Foreign Arbitral Awards (New York Convention of 1958), 이하 '뉴욕협약'이라 한다] 제2조 3항은 '체약국의 법원은 일방 당사자의 신청에 따라 당사자들을 중재에 회부하 여야 한다'고 규정하고, UNCITRAL 모델법 제8조 제1항도 '법원은 당사자 들을 중재에 회부하여야 한다'고 규정하는데, 더 나아가 미국의 중재합 의 이행명령과 같은 명령을 할 수 있는지에 관해서는 아무런 규정이 없 어, 이는 각국의 입법에 맡기고 있는 것으로 보인다.[411)] 영국에서도 소 송금지명령을 발령히는 경우에 피고로 하여금 합의한 중재절차를 개시

---

409) 미국의 중재합의 이행명령에 대한 상세한 소개는 이규회[2010], 89~95면; 양석 완[2014]., 696~697면 참조.

410) 이규회[2010], 99면도 同旨.

411) 석광현[국제민사소송법], 503면.

하도록 명하는 내용까지 허용되지는 않는다고 한다.[412]

중재합의의 효력이 미치는 주관적인 범위에 관한 논의는 대체로 앞서 본 전속적 재판관할합의 부분과 유사하다.[413]

중재합의의 효력이 미치는 객관적인 범위는 기본적으로 당사자 의사표시 해석의 문제인데, 대법원은 그 범위를 가급적 넓게 해석하려는 입장으로 보인다. 주된 계약과 관련된 계약상 분쟁 외에 불법행위에 관한 분쟁에도 중재합의의 효력이 미치는지가 문제되는데, 대법원은 이를 긍정하는 입장으로 보인다.[414] 이러한 대법원의 해석은 타당하다고 본다. 따라서 예컨대, 주된 계약과 관련한 중재합의가 인정된다면, 이와 관련된 불법행위에 기한 손해배상청구의 소제기에 대해서도 중재합의 위반에 기한 소송금지청구권이 문제될 수 있다.[415]

---

412) Raphael[2019], para. 3.40. 그러나 이 설명은 다소 의문인데, 앞서 본 서울중앙지방법원 2013. 5. 16. 2013가합7238 사건에서 영국법원이 발령한 소송금지명령에는 "신청인은 피신청인과의 분쟁과 관련하여 7일 이내에 중재인을 선임하여야 한다."는 내용이 들어 있다.

413) 이에 관해서는 석광현[국제민사소송법], 504~505면 참조.

414) 즉, 대법원 1992. 4. 14. 선고 91다17146, 91다17153(반소) 판결은 "이 사건 영업양도계약서(갑 제2호증) 제14조의 중재조항에 의하면 '본계약내용에 관하여 당사자간에 해결할 수 없는 법적분쟁'을 중재대상으로 규정하고 있는바, 위에서 본계약내용에 관한 법적 분쟁이라고 함은 단순히 계약내용의 의미해석에 관한 분쟁만이 아니라 계약내용의 성립과 그 이행 및 그 효력의 존부에 직접 관련되거나 밀접하게 관련된 분쟁까지도 포함하는 취지라고 보아야 할 것이다. 이 사건과 같이 양도목적물의 숨은 하자로부터 손해가 발생한 경우에 양도인이 양수인에 대하여 부담하는 하자담보책임은 그 본질이 불완전이행책임으로서 본계약내용의 이행과 직접 관련된 책임인바, 동일한 사실관계에 기하여 하자담보책임과 불법행위책임이 경합하는 경우에 그 불법행위책임의 존부에 관한 분쟁은 본계약내용의 이행과 밀접하게 관련된 분쟁으로서 위 중재조항이 규정하는 중재대상에 포함된다고 보는 것이 타당하다."고 판시하였다. 이후의 대법원 2001. 4. 10. 선고 99다13577, 13584 판결도 같은 취지이다.

415) 중재합의의 효력범위에 대한 국내, 외국의 논의는 목영준/최승재[2018], 93~99면 참조.

3. 손해배상청구권 발생 여부

중재합의 위반의 경우 손해배상청구권이 발생하는가의 문제도 앞서 본 전속적 관할합의 위반의 경우와 유사한 양상으로 논의가 이루어 진다. 다만, 중재합의의 사적 자치 원칙에 비추어 긍정설이 관할합의에서 보다는 조금 더 많은 것으로 보인다.

1) 국내의 논의

앞서 본 바와 같이 국내 민사소송법학계에서 소송상 합의의 법적 성질 논의와 관련하여 의무부과효 인정 여부나 손해배상의무 등 인정 여부를 일반적으로 논의하고 있는 것 외에는, 아직까지 이에 관한 본격적인 논의가 많지 않은데, 최근에는 이를 긍정하는 견해들[416]이 제기되고 있다.

2) 외국의 논의

① 영미법계 국가의 경우에는 앞서 본 전속적 국제재판관할합의 위반의 경우와 대체로 동일하다.[417]

② 독일에서는 앞서 본 바와 같이 중재합의의 법적 성질을 순수한 소송계약으로 보는 입장에서 손해배상청구권을 부인하는 견해들이 다수로 보이나,[418] 최근에는 중재합의의 의무부과효력을 인정하면서 손해배상

---

416) 석광현[소송유지명령], 26-28면; 김용진[2017], 95면; 한승수[2019], 44면. 다만, 김용진 위 글에서는 손해배상청구는 인정하나 소송금지가처분과 같은 소송금지명령은 발령할 수 없다고 본다(98~100, 102면).
417) 미국에서 중재합의를 위반한 경우 손해배상청구권을 인정한 판례들로는 Red Cross Line v. Atlantic Fruit Co., 264 U.S. 109 (1924); Payton v. The Hurst Eye, Ear, Nose & Throat Hospital, 318 S.W. 2d 726 (Tex. Civ. App. 1958) 등 참조.

청구권의 발생을 긍정하는 견해들이 점차 확산되고 있다.[419] 독일 문헌 중에서는 소송금지명령과 손해배상청구를 모두 인정하면서, 기판력의 문제와 관련하여 외국소송을 금지하는 소송금지명령을 얻은 독일 당사자가 설령 그 외국 판결에서 패소하였다고 하더라도 외국소송으로 인한 손해배상청구를 할 수 있고 이것이 외국 판결의 기판력에 저촉되지는 않는다고 설명하기도 한다. 그 이유는 독일법에 따라 외국에서 제소되지 않을 권리를 가지는 경우 이를 위반하여 제기된 그 외국 판결은 독일 민사소송법(ZPO) 제328조 제1항 제3, 4호에 따라서 승인되지 않을 것이기 때문이라고 한다.[420]

　　그런데 앞서 국제재판관할합의 위반 부분에서 본 바와 같이, 최근

---

418) Naumann[2008], S. 98-99; Schwab/Walter[2005], Kapitel 7, Rn. 20.; Stein-Jonas Et al., Kommentar zur Zivilprozessordnung, § 1025 (1988), Rn. 1; Reinhold Geimer Et al., Zivilprozessordnung, § 1025 (1995), Rn. 3.(위 Stein-Jonas 이하 문헌은 Lenenbach [1998], 286, 주164에서 재인용).

419) Lenenbach[1998], 289, 301; Schlosser[1985], S. 37; Kürth[1988], S. 74; Jasper[1990], SS. 127-128.; Rolf Stürner, Der Justizkonflikt zwischen Europa und den USA, 1982., 52(Lenenbach[1998], 289, 주182에서 재인용); Schütze, Rolf A., Schiedsgericht und Schiedverfahren, 3. Auflage, 1999, Rn. 126; Schröder, "The Right not to be sued Abroad?", in FS Kegel 1987, 523, 548ff.; Schlosser, Der Justizkonflikt zwischen den USA und Europa. 1985, S. 37; ders, "Materell-rechtliche Wirkungen von Gerichts-standsvereinbarungen", FS Lindacher, 2007, S. 111-123; ders, "Anti-suit injunctions zur Unterstutzung von internt. Schiedsverfahren", RIW 2006, 486-492; Pfeiffer, Schutz gegen Klagen im forum derogatum, 2013, S. 330-337; Rosenberg/ Schwab/Gottwald, ZPR, § 66 Rn. 3; Gottwald, "Internationale Gerichtsstandsvereinbarungen", FS Henckel, 1995, 295, 307f(김용진[2017], 94면 주18에서 재인용). 이 중 독일에서 긍정설의 대표적 학자인 Peter Schlosser에 의하면, 중재합의 결과 당사자는 법원에 제소하지 않을 실체법상의 부작위의무를 부담하고, 이는 별소 또는 가처분에 의하여 관철될 수 있다고 본다(Peter Schlosser, "Anti-suit injunctions zur Unterstützung von internationalen Schiedsverfahren", Recht der Internationalen Wirtschaft (2006), S. 486ff.(석광현[소송유지명령], 29면 주117에서 재인용)].

420) Lenenbach[1998], 301. 그밖에 손해배상청구와 기판력의 문제에 관해서는 한승수[2019], 33-35면 참조. 영국의 경우는 Fentiman[2015], para. 2.250, 2.251 참조.

2019. 10. 17. 선고된 판결[421]에서 독일 연방대법원은 국제재판관할합의
를 위반한 경우 손해배상청구가 가능하다고 판시하였는데, 이러한 태도
는 중재합의 위반의 경우에도 마찬가지로 적용될 것으로 예상된다.[422]
　③ 일본에서는 이에 관하여 활발한 논의가 이뤄지지 않은 것으로 보
이나, 중재합의를 포함한 소송계약 일반에 대하여 의무부과효를 인정하
면서 손해배상청구권도 명시적으로 긍정하는 견해[423]가 발견된다.

4. 소송금지청구권 발생 여부

　중재합의의 경우 그 효력으로서 '중재합의에 반하는 제소행위의 금지
를 청구할 권리(소송금지청구권)'가 도출되고 그 이행을 소구할 수 있는
가? 이는 앞서 본 법적 성질 논의 및 손해배상의무 인정 여부와 연관되
는 문제이다. 논의 양상은 전속적 관할합의 위반의 경우와 거의 유사하
나, 다만, 중재절차는 국가공권력에 의한 재판을 배제하고 사적 분쟁해
결절차인 중재에 회부하기로 하는 사인간의 합의라는 점에서, 관할합의
등과 같은 전형적인 '소송상의 합의'와는 다소 다르게 볼 여지가 있다는
점을 고려할 필요가 있다.[424]

---

421) BGH, Decision dated 17 October 2019, III ZR 42/19.

422) Wilske, Stephan and Krapfl, Claudia, "German Federal Court of Justice grants claim
　　　for damages due to violation of jurisdiction clause", International Bar Association
　　　Arbitration Committee publication, 2020 참조.

423) 松本博之/上野泰男[2015], 144.

424) 앞서 언급한 바와 같이, 중재합의의 이런 특성으로 인하여 소송법학자들과
　　　중재관련 실무자들 사이에서 다소 다른 시각으로 중재합의의 법적 성질을 파
　　　악하여 왔다.

1) 국내의 논의

① 긍정설은, 중재합의의 당사자들은 중재합의를 이행할 의무, 즉 중재절차의 실행을 가능하게 하고 촉진하기 위하여 필요한 행위를 하고, 중재인의 판정 또는 기타 분쟁의 해결을 위태롭게 하는 행위를 하지 않을 실체법상의 의무를 부담하므로, 일방당사자가 중재합의의 이행을 거부하면 상대방은 법원에 강제이행을 구할 수 있고 의무위반에 대한 손해배상을 청구할 수 있다고 본다.[425] 이 견해는 특히 중재합의의 법적 성격을 실체법상의 계약으로 본다면 당사자들이 중재합의에 위반하여 외국법원에 제소하지 않겠다는 부수적인 합의를 할 수 있고, 그렇다면 다른 합의가 없는 경우 중재합의 속에 그런 취지가 이미 포함되어 있다고 보는 편이 당사자의 의사와 상식에 부합할 것이며, 실무적으로 중재인이 중재합의에 기하여 소송금지명령을 할 가능성이 점증하고 있는데, 중재인은 소송금지명령을 할 수 있는 데 반하여 우리 법원은 이를 할 수 없다는 것은 문제가 있다는 것을 추가적인 논거로 제시하고 있다.[426]

② 부정설은, 중재합의의 당사자는 중재합의의 내용에 따라 신속한 중재절차의 진행을 위하여 협력해야 할 실체법상의 의무를 진다고 보면서도 이러한 협력의무는 비용예납의무에 한정되고 그 밖의 협력의무는 국가법원에 의해 그 이행이 강제될 수 없는 성질의 것으로, 의무라기보다는 오히려 소송상의 부담이라고 해석한다.[427] 부정설 중에는 중재합의의 법적 성질을 소송계약으로 파악하고, 법원에 소를 제기하지 않는다는 소극적 내용의 처분효가 소송촉진의무에 따른 소송법상의 부작위의

---

425) 석광현[소송유지명령], 26~29면; 한승수[2019], 44면; 목영준/최승재[2018], 70면도 중재합의에 따른 일정한 작위·부작위의무 및 그 이행강제 가능성을 긍정하는 것으로 보인다.
426) 석광현[소송유지명령], 28~29면.
427) 오창석[2002], 131면.

무를 발생시킨다고 하면서 법원 제소 행위에 대한 손해배상청구권은 인
정하되, 소송금지가처분에 해당하는 영미법상의 소송금지명령은 외국절
차에 대한 침해가 되므로 우리나라에서 허용될 수 없고 손해배상 등 다
른 제도를 이용해야 한다는 견해도 있다.[428]

2) 외국의 논의

① 영미법계 국가의 경우에는 앞서 본 바와 같이 중재합의를 실체법
상의 계약이라고 보면서 중재합의를 위반한 제소에 관하여 손해배상청
구권 및 소송금지청구권까지 인정한다.

② 독일에서는 중재합의의 효력으로서 법원에서 제소 당하지 않을 권
리(소송금지청구권)가 발생한다고 볼 수 없다는 부정설[429]이 전통적인
다수로 보이나, 최근에는 이를 긍정하는 견해들[430]도 대두된다.[431] 독일

---

428) 김용진[2017], 94, 95, 99, 100, 102면. 다만, 이 견해에 따르면 손해배상청구는
 긍정하면서 소송금지명령은 부정하는 이유를 명확히 이해하기 어렵다.

429) Naumann[2008], S. 98-99; Schwab/Walter[2005], Kapitel 7, Rn. 20.; Stein-Jonas Et al.,
 Kommentar zur Zivilprozessordnung, § 1025 (1988), Rn. 1; Reinhold Geimer Et al.,
 Zivilprozessordnung, § 1025 (1995), Rn. 3.(위 Stein-Jonas 이하 문헌은 Lenenbach
 [1998], 286, 주164에서 재인용).

430) Lenenbach[1998], 289; Schlosser[1985], S. 37; Kürth[1988], S. 74; Jasper[1990], SS.
 127-128.; Rolf Stürner, Der Justizkonflikt zwischen Europa und den USA, 1982.,
 52(Lenenbach[1998], 289, 주182에서 재인용); Schütze, Rolf A., Schiedsgericht und
 Schiedverfahren, 3. Auflage, 1999, Rn. 126. 그밖에 독일에서 긍정설의 대표적 학
 자인 Peter Schlosser에 의하면, 중재합의 결과 당사자는 법원에 제소하지 않을
 실체법상의 부작위의무를 부담하고, 이는 별소 또는 가처분에 의하여 관철될
 수 있다고 본다[Peter Schlosser, "Anti-suit injunctions zur Unterstützung von
 internationalen Schiedsverfahren", Recht der Internationalen Wirtschaft (2006), S.
 486ff.(석광현[소송유지명령], 29면 주117에서 재인용)].

431) 정동윤/유병현/김경욱2019], 469면에서는 소송계약을 소송법상의 계약으로 보
 면서도 처분효과 외에 소송법상의 작위·부작위의무도 인정하는 견해가 독일
 과 일본의 유력설이라고 한다.

306 국제적 분쟁과 소송금지명령

문헌 중에는 중재합의 위반을 이유로 한 소송금지명령이 앞서 본 뉴욕
협약 제2조 제3항의 취지에 반한다고 지적하면서 소송금지명령에 부정
적인 견해가 있다.[432] 그러나 뉴욕협약의 위 조항이 직접적으로 중재합
의 위반을 이유로 한 소송금지명령을 금지한다고 해석하기는 어렵다고
생각된다.[433]

③ 일본에서는 앞서 본 관할합의 위반의 경우와 마찬가지로 부정적인
입장으로 보인다.

5. 검토 및 私見

이상의 논의들에 관한 종합적인 검토 및 필자의 견해를 개진해 본다.

1) 중재합의의 법적 성질

결론적으로, 중재합의는 소송계약의 측면과 실체계약의 측면이 모두
혼재되어 있는 혼합계약이라고 보는데(혼합계약설), 그 논거는 대체로
앞서 본 전속적 국제재판관할합의의 경우가 유사하므로, 위의 논거들을
그대로 원용한다. 다만, 이하에서는 중재합의에 특유한 사정과 논거만
추가적으로 부연한다.

① 중재절차를 관통하는 가장 기본적인 관념은 '사적자치의 원칙'이
고, 이것이 법원의 재판절차와 비교했을 때 중재절차의 가장 큰 특징이
다. 즉, 중재절차는 분쟁을 법원의 재판에 의하지 아니하고 중재인의 판
정에 의하여 해결하기로 선택한 당사자간의 자유로운 합의(이것이 중재
합의의 개념이다[434])에서 기인하고, 이러한 중재합의는 어디까지나 사적

---

432) Naumann[2008], S. 121f, 209ff.
433) 석광현[소송유지명령], 28면도 同旨.
434) 석광현, "국제상사중재에서 중재합의의 준거법", 법학논총, 제24권 제1호, 한

자치의 영역에서 이루어지는 자치적 분쟁해결합의의 일종으로, 마치 사법상의 화해계약과 유사하게 실체법상의 처분권에서 나오는 실체법상의 계약이다. 이러한 점에서, 중재합의에 실체법적 효력을 인정할 필요성은 전속적 국제재판관할합의의 경우보다 더 크다.

② 실제에 있어서도 중재합의를 하는 당사자는 일반적으로 소송절차적 효과는 물론이고 일정한 실체적 효과(예컨대, 중재절차에 협조할 의무나 법원에 제소하지 아니할 의무 등)까지도 의욕하는 것이 보통이다. 특히, 중재실무에서 당사자들이 굳이 중재조항을 삽입하거나 중재부탁계약을 체결하는 것에는, 재판절차와의 차별성을 인식하면서 분쟁을 재판절차에 의하지 않고 중재절차에 의하겠다는 적극적인 의지가 내포되어 있다고 보아야 하므로, 중재절차에 협조할 의무나 법원에 제소하지 않을 실체적 의무도 당연히 전제하고 있다고 보아야 한다.

2) 소송금지청구권과 손해배상청구권 발생 여부

전속적 국제재판관할합의에서와 마찬가지로 필자는 긍정설이 타당하다고 보는데, 그 논거도 그곳에서 본 논거와 사실상 동일하므로, 위의 논거들을 그대로 원용한다. 다만, 이하에서는 중재합의에 특유한 사정과 논거만 추가적으로 부연한다.

① 원래 중재란 개념적으로 사적 자치를 전제로 '국가재판권을 배제'하고 사인인 중재인의 판정에 의하여 분쟁을 해결하기로 하는 당사자 사이의 합의에 기초하는 비소송적 분쟁해결절차이고,[435] 중재합의라 함은 분쟁을 '법원의 재판에 의하지 아니하고' 중재인의 판정에 의하여 해

양대 학교 법학연구소, 2007., 7면. 우리 중재법 제3조 제1호도 '중재'의 정의에 관하여 '당사자 간의 합의로 분쟁을 법원의 재판에 의하지 아니하고 중재인의 판정에 의하여 해결하는 절차를 말한다'고 규정한다.

435) 목영준/최승재2018, 67면. 중재법 제3조 제1호도 유사한 취지로 규정되어 있다.

결하기로 하는 당사자간의 합의를 말한다.[436) 즉, 중재합의를 하는 당사
자의 주된 목적은 합의된 중재절차가 아닌 법원에서 제소 당할 위험을
사전에 제거하고자 하는 것이고, 따라서 '법원에서 제소 당하지 않겠다'
는 것은 중재합의의 본질적 요소이며 당사자 의사의 핵심적인 부분이다.
따라서 당사자간에 유효한 중재합의가 있었다면, 그 중재합의의 내용에
는 국가재판관할권을 배제하고 소권을 행사하거나 행사 당하지 않겠다
는 의사가 명시적 혹은 묵시적으로 포함되어 있다고 보아야 한다.[437) 이
러한 당사자의 의사를 실효적으로 관철시키기 위해서는, 중재합의의 결
과 분쟁해결을 위하여 소송을 제기하지 않을 의무 및 소송을 제기 당하
지 않을 법적 권리가 발생한다고 보아야 한다.

② 중재법 개정으로 중재판정부의 소송금지 임시적 처분은 가능하게
되었는데 법원은 여전히 이를 할 수 없다고 보게 되면, 법체계적 정합성
에 문제가 생기고, 법원과 중재판정부 사이에 권한의 불균형이 발생할
수 있다. 또한, 중재판정부의 임시적 처분은 그 집행절차에 있어서 다시
법원의 집행결정을 받아야 되는 등 법원의 보전처분에 비해 다소 불편
한 점이 있기 때문에, 중재판정부의 임시적 처분 보다는 법원의 보전처
분을 구할 실제적인 필요성도 있다.

---

436) 석광현, "국제상사중재에서 중재합의의 준거법", 법학논총, 제24권 제1호, 한
    양대 학교 법학연구소, 2007., 7면; 대법원 2005. 5. 13. 선고 2004다67264,67271
    판결도 "중재합의는 사법상의 법률관계에 관하여 당사자 간에 이미 발생하였
    거나 장래 발생할 수 있는 분쟁의 전부 또는 일부를 법원의 판결에 의하지
    아니하고 중재에 의하여 해결하도록 서면에 의하여 합의를 함으로써 효력이
    생기는 것이다"라고 판시한 바 있다.
437) 이에 관하여 양석완, "중재합의의 효력 - 주관적 범위", 비교사법, 제21권 2호,
    2014., 908면에서는 "중재합의는 법원에 의한 분쟁해결절차를 이용할 권리를
    포기하는, 즉 소권의 포기라는 중대한 예외를 합의하는 것이다. 따라서 유효
    한 중재합의가 있는 경우에는 반드시 계약당사자가 분쟁해결을 중재에 회부
    하고 중재판정에 구속되도록 하는 한편, 다른 한편으로는 국가의 재판관할권
    을 배제하도록 하는 효력을 가지게 된다(중재법 제9조 제1항)."고 쓰고 있다.

③ 만일 중재합의를 위반한 외국 제소에 관하여 외국법원이 그대로 재판을 하고 판결을 선고한다고 하더라도 이러한 외국 판결은 우리나라에서 승인·집행 될 수 없는데(그 이유는 공서 위반 또는 국제재판관할의 결여로 설명됨)[438], 이러한 점을 고려하면 위와 같이 승인되지 못할 외국 소송 절차를 한국법원이 군이 보호해 줄 필요성도 없다고 본다. 오히려, 이를 사전에 금지시킴이 정의나 소송경제에도 더 부합한다고 생각된다.

3) 논의의 정리 및 구체적 검토

중재합의로부터 소송금지청구권이 도출되는지 여부는 기본적으로 개별 사안에서 당사자의 의사 해석에 따라 결정되어야 한다. 일반적인 중재합의의 경우라면 앞서 본 바와 같이 소송금지청구권이 도출될 수 있다고 본다(긍정설). 이렇게 보기 위해서는, 중재합의가 유효하게 성립된 것임이 전제되어야 한다(유효한 중재합의의 존재). 또한, 중재합의로부터 소송금지청구권이 도출된다고 보기 위해서는, 중재합의의 목적이나 경위 등으로부터 당사자의 소송금지 의사를 추단할 수 있어야 하므로, 중재합의의 목적, 경위, 중재조항의 문언 등에 비추어 그러한 의사가 불명확하거나 모호하고 다의적인 해석이 가능한 경우(예컨대, 아래에서 볼 '선택적 중재합의'와 같은 경우)에는 소송금지청구권의 발생을 부정하여야 한다고 본다.

중재합의의 유효성 문제는 실무상으로도 주요 쟁점으로 자주 문제되

---

438) 중재합의에 위반한 판결의 승인집행은 그 승인집행이 구해지는 법정지법에 따를 사항이다. 뉴욕협약의 경우 제2조 제1항에서 체약국에 중재합의 승인의 무를, 제2조 제3항에서 체약국의 법원에 소송이 제기되었을 경우 '중재에 회부할 것을 당사자에게 명'할 의무를 부과하고 있으므로, 뉴욕협약의 체약국이라면 중재합의에 위반한 판결의 승인집행을 거부하는 것이 타당하다. 이 경우 승인집행의 거부 근거는 '재판권의 결여' 또는 '공서(public policy)위반'을 들 수 있다(석광현[국제사법과 국제소송5], 682면).

고 소송금지가처분의 전제조건으로서도 중요한 내용이므로, 아래에서는 좀 더 구체적으로 검토해 본다. 그 판단기준이 되는 준거법에 관한 논의는 뒤에서 별도로 살펴보고, 아래에서는 준거법이 한국법임을 전제로 논의한다.

(1) 유효한 중재합의

무효이거나 실효된 중재합의로부터는 당연히 소송금지청구권도 발생되지 않는다. 중재합의의 무효는 좁은 의미의 원시적 무효뿐만 아니라 의사표시의 하자로 인하여 중재합의가 취소되거나 철회된 경우도 포함하고, 중재합의의 부존재도 포함하며,[439] 중재합의가 이행불능인 경우도 포함된다.[440][441] 중재합의가 사후에 해제, 해지 등으로 실효된 경우도 같다. 중재합의가 주된 계약에 포함된 중재조항의 형식으로 되어 있을 때에는 주된 계약의 효력은 중재조항의 효력에 영향을 미치지 않는다(중재조항의 독립성, 중재법 제17조 제1항)[442].

중재판정이 중재절차의 하자 등의 사유로 인하여 취소판결로 취소된 경우, 중재합의의 효력도 실효되는지, 유효하게 존속되는지에 관해서는, 독일 민사소송법(제1059조 제5항)은 중재합의의 효력이 부활한다고 명시하고 있으나 우리 중재법은 모델법과 마찬가지로 그러한 규정을 두고 있지 아니하므로 논란이 있다. 이에 관해서는 실효설,[443] 유효설[444] 등

---

439) 석광현[국제상사중재법연구1], 200면; 대한상사중재원·한국중재학회, 주석중재법, 2005., 206면.
440) 목영준/최승재[2018], 276면.
441) 중재법 제9조 제1항도 "중재합의의 대상인 분쟁에 관하여 소가 제기된 경우에 피고가 중재합의가 있다는 항변을 하였을 때에는 법원은 그 소를 각하하여야 한다. 다만, 중재합의가 없거나 무효이거나 효력을 상실하였거나 그 이행이 불가능한 경우에는 그러하지 아니하다"고 규정한다.
442) 이는 우리 중재법 뿐만 아니라, 세계 각국의 입법과 UNCITRAL 모델법 등 국제규범에서도 대부분 규정하고 있는 내용이다.
443) 부산고등법원 1995. 7. 21. 선고 95나368 판결(위 판결은 "중재판정이 그 취소

이 있는데, 중재판정 취소사유별로 개별적으로 접근하여 중재합의 당사자의 무능력 또는 중재합의가 무효인 때(제36조 제2항 제1호 가목), 중재가능성이 없는 때(제36조 제2항 제1호 나목), 공공의 질서에 위배되는 때(제36조 제2항 제2호 나목)에는 중재합의도 효력을 상실하고, 그 이외의 사유로 중재판정이 취소된 때에는 중재합의가 유효하게 존속한다고 해석함이 타당하다.[445]

중재합의가 이행불능 되었다고 볼 수 있는 경우로는, 중재합의에서 특정인을 중재인으로 선정해두었는데 특정인이 중재를 거부한 경우,[446] 특정 기관을 중재기관으로 정해두었는데 실제로 중재기관이 존재하지 않는 경우[447] 등이 있을 수 있다. 다만, 중재기관을 모호하거나 다소 부

의 소에 의하여 취소된 경우 중재절차를 속개하거나 새로운 중재절차를 개시할 수 있다는 점에 관하여 중재법에 아무런 규정이 없는 이상 중재계약에 기하여 중재절차가 진행되어 중재판정이 내려지면 그 중재계약은 그 목적을 달성하여 실효되었다고 봄이 현행 중재법 및 보충적 분쟁해결수단인 중재제도의 정신에 부합하고, 그 후 중재판정이 취소되었다고 하여 이미 실효된 중재계약의 효력이 부활하는 것은 아니라 할 것이므로 원, 피고 사이에 이 사건 분쟁에 관하여 중재판정이 있었다가 그 중재판정이 취소된 이상 원, 피고 사이에 새로운 중재계약이 체결되거나 일방 당사자의 중재재개신청 등에 의하여 중재절차가 재개되고 상대방이 이에 응하여 사후적으로 중재합의가 성립되었다고 볼 여지가 있는 경우는 별론으로 하고, 이제 원, 피고 사이의 분쟁해결을 다시 중재절차에 의할 수는 없고, 그 분쟁의 해결을 위하여는 법원에 소를 제기할 수밖에 없다"고 판시하였다).

444) 조무제, "판례에서 보는 중재법", 중재, 319호, 2006., 73~74면.
445) 석광현[국제상사중재법연구1], 206면.
446) 대법원 1996. 4. 12. 선고 96다280 판결은 "중재계약에서 특정인을 중재인으로 선정한 경우에 있어서는 그 특정인의 중재판정을 받고자 하는 것이 중재계약을 체결한 당사자들의 의사이므로, 그 특정인이 중재인으로서의 직무수행을 거부하면 그 중재계약은 효력을 상실하거나 이행이 불능인 때에 해당한다"고 판시하였다. 이 사건에서는 중재합의에서 '서울특별시장'을 중재인으로 선정하였으나 서울특별시장이 중재인으로서의 직무수행을 거부하였다.
447) 서울고등법원 1980. 6. 26. 선고 80나535 판결에서는 당사자가 분쟁이 있을 경우 서울 소재 대한상공회의소의 중재에 회부하기로 약정하였는데, 이후 법

정확하게 지정한 것만으로는 이행불능이라고 보기 어렵다.[448] 중재합의
당사자의 무자력도 이행불능 사유로 인정하기 어렵다고 본다.[449]

구체적인 중재조항이 중재합의로서 효력이 있는 것으로 보기 위하여
는 중재법이 규정하는 중재의 개념, 중재합의의 성질이나 방식 등을 기
초로 당해 중재조항의 내용, 당사자가 중재조항을 두게 된 경위 등 구체
적 사정을 종합하여 판단하여야 한다.[450]

중재합의의 무효와 관련해서 문제의 소지가 있는 것은 약관규제법
위반 여부이다. 중재합의가 약관규제법 제2조 제1호의 약관 조항의 하나
로 이루어진 경우, 소송 제기 등과 관련된 약관의 내용으로서 '고객에게
부당하게 불리한 소송 제기 금지 조항 또는 재판관할의 합의 조항'으로

개정으로 그 기관이 상사중재업무를 취급하지 않고 대한상사중재협회만이
중재를 하게 된 경우를 중재합의의 이행불능인 경우로 보았다.

448) 서울민사지방법원 1992. 5. 1. 선고 91가합45511 판결에서는 중재기관으로 '영
국상사중재원(The British Commercial arbitration board)'을 지정하였는데 그와
동일한 이름의 중재기관이 존재하지 않았던 경우 "중재합의는 분쟁을 중재에
부탁하기로 하는 서면에 의한 합의로서 족하고 중재장소나 중재기관 또는 중
재인까지 명시할 것을 필요로 하는 것은 아니고, 또 The British Commercial
arbitration board도 뒷부분 arbitration board 부분이 고유명사로 쓰이지 아니한
점에 비추어 중재기관의 명칭을 나타내는 것이 아니고 영국의 중재기관 중
상사분쟁중재기관을 통칭하는 의미로 봄이 상당하다"라고 판시하였고, 서울
민사지방법원 1984. 4. 12. 선고 83가합7051 판결에서는 중재기관의 영문표기
를 'Korean Commercial Arbitration Association'으로 기재한 사건에서 이는
'Korean Commercial Arbitration Board'의 오기라고 보아 중재합의를 인정하였다.

449) 서울고등법원 2018. 4. 27. 선고 2018나24 판결(확정)도 "원고는 중재합의 당사
자가 자력이 없어 중재비용을 납부할 수 없을 경우 중재합의가 이행불능된
것으로 보아야 한다고 주장하나, 일반적으로 당사자의 자력 변경이 계약의
이행불능 사유로 인정되지 않을 뿐 아니라, 앞서 본 판례에 비추어 볼 때도
위와 같은 사유가 이행불능으로 인정되기는 어렵고, 외국에서도 명시적으로
법률이 없는 경우 당사자의 무자력을 중재합의의 이행불능 사유로 인정할 것
인지 여부에 대하여 다툼이 있는 것으로 보이는 점 등을 종합하면, 당사자의
무자력은 이행불능 사유로 인정하기 어렵다고 할 것이다"라고 판시하였다.

450) 대법원 2005. 5. 13. 선고 2004다67264, 67271 판결.

무효가 될 여지가 있다(약관규제법 제14조 제1호). 이에 관해서는 여러 측면에서 논의가 있으나, 본 논문의 대상 범위를 벗어나므로 상세한 논의는 생략하고, 아래 준거법 부분에서 간략히 살펴보기로 한다.

그밖에 중재가능성(arbitrability)이 없는 경우에도 중재합의는 무효이거나 이행될 수 없으므로,[451] 중재가능성이 없는 분쟁에 관하여 중재합의가 있다고 하더라도 소송금지청구권은 발생되지 않는다.

(2) 선택적 중재합의

선택적 중재합의의 유효성에 관해서는 종래 국내에서 많이 논의되었는데 이에 관한 상세한 소개는 생략하고,[452] 대법원 판결의 취지에 따를 때, 선택적 중재합의 위반에 기하여 소송금지청구권이 발생하는지의 문제에 국한해서 살펴보기로 한다.

대법원은 선택적 중재합의의 효력에 관하여 "'국적이 같은 구매자와 공급자 간의 분쟁은 구매자 국가의 법에 따라 판결 또는 중재에 의하여 해결되어야 한다(the dispute shall be referred to adjudication/arbitration in accordance with the laws of the Purchaser's country).' 와 같은 내용의 선택적 중재조항은 물품공급계약의 일방당사자가 상대방에 대하여 판결이 아닌 중재절차를 선택하여 그 절차에 따라 분쟁해결을 요구하고 이에 대하여 상대방이 별다른 이의 없이 중재절차에 임하였을 때 비로소 중

---

451) 김인호, "중재가능성의 합리적 경계획정을 통한 국제중재의 증진", 비교사법, 제23권 3호, 2016., 1152면에 의하면, 중재가능성이 없는 경우에도 중재합의는 유효하나 중재합의가 이행될 수 없을 뿐이라고 한다. 이에 반하여 석광현[국제민사소송법], 512면에서는 중재가능성이 없는 경우 중재합의가 무효가 될 수 있다고 한다.

452) 선택적 중재합의의 유효성에 관한 문헌으로는 석광현[국제상사중재법연구1], 132~134면; 정선주, "선택적 중재합의조항의 유효성과 문제점", 중재연구, 제13권 제2호, 2004., 585면 이하; 여미숙, "선택적 중재조항의 유효성", 민사판례연구, 27권, 2005., 723면 이하; 목영준, "중재에 있어서 법원의 역할에 관한 연구", 연세대학교대학원 법학박사학위논문, 2005., 39면 이하 등 참조.

재계약으로서 효력이 있다고 할 것이므로, 일방 당사자의 중재신청에 대하여 상대방이 중재신청에 대한 답변서에서 중재합의의 부존재를 적극적으로 주장하면서 중재에 의한 해결에 반대한 경우에는 중재계약으로서의 효력이 있다고 볼 수 없다'라고 판시하였다.[453]

이러한 대법원의 해석에 따르면, 중재와 소송을 선택적으로 규정하면서 선택권자, 선택권행사의 시기나 방법에 대하여 아무런 규정을 두고 있지 아니한 선택적 중재합의의 경우 일방 당사자만이 분쟁해결방법에 대한 선택권을 가진다고 볼 수 없고, 일방 당사자가 분쟁을 중재로 해결하고자 하더라도 상대방 당사자가 이에 반대하는 경우에는 소송에 의하여 해결하여야 한다. 이를 중재합의에 따른 소송금지청구권 발생 여부라는 맥락에서 본다면, 어느 일방 당사자가 중재합의의 부존재 또는 무효를 주장하면서 소송을 제기하는 경우에 문제되는 것이므로, 위 법리에 따라 선택적 중재합의는 무효라고 보게 되고, 따라서 그러한 선택적 중재합의에 기하여 소송금지청구권이 발생할 여지는 없게 된다.

다만, 선택적 중재합의에 기한 중재신청에 대하여 피신청인이 중재법 제17조 제2항[454]이 요구하는 바에 따라 본안에 관한 답변서를 제출할 때까지 중재합의가 부존재한다는 이의를 제기하지 않는다면, 그 중재절차의 나머지 단계에서는 그러한 이의를 제기할 수 없게 되고 위 선택적 중재합의는 중재합의로서의 확정적인 효력을 가지게 되는데,[455] 만약 그 후에 피신청인이 변심하거나 중재절차가 불리하다고 판단하여 다시 법원에 소송을 제기하는 경우, 선택적 중재합의가 유효하게 되었다고 하여 그로부터 소송금지청구권이 발생한다고 볼 수 있을까? 이는 부정함이 타당하

---

453) 대법원 2003. 8. 22. 선고 2003다318 판결.
454) 중재법 제17조 제2항은 "중재판정부의 권한에 관한 이의는 본안에 관한 답변서를 제출할 때까지 제기하여야 한다. 이 경우 당사자는 자신이 중재인을 선정하였거나 선정절차에 참여하였더라도 이의를 제기할 수 있다"고 규정한다.
455) 대법원 2005. 5. 27. 선고 2005다12452 판결.

다고 생각한다. 왜냐하면, 선택적 중재합의를 한 당사자의 의사는 애초부터 법원에의 제소를 하나의 선택지로 고려하는 것이었고, 그러한 제소를 금지하고자 하는 확정적인 의사가 있었다고 보기 어렵기 때문이다.

결과적으로, 선택적 중재합의에 관하여는 이를 무효로 볼 경우뿐만 아니라 유효로 볼 경우에도 그에 기해 소송금지청구권이 발생한다고 보기는 어렵다고 생각한다(다만, 위와 같이 중재 단계에서 이의를 하지 않았다가 후에 변심하여 소송을 제기하는 경우가 아래 Ⅳ.항에서 살펴 볼 '분쟁해결합의 위반 외의 부당한 외국 제소'에 해당한다고 보아 소송금지청구권이 발생한다고 볼 수 있는지의 문제는 별론으로 한다).

한편, 사안에 따라서는 마치 선택적 중재합의에 해당하는 것처럼 보이지만 실제로는 선택적 중재합의가 아니라 전속적 중재합의로 해석되는 경우도 있는데,[456] 그러한 경우에는 중재합의에 따른 소송금지청구권이 발생된다.

선택적 중재합의의 유형에는 '재판 또는 중재' 방식 외에도 '조정 또는 중재'를 선택적으로 규정하고 있는 경우도 있는데, 대법원은 이러한 경우도 '재판 또는 중재' 방식의 경우와 마찬가지로 해석하고 있다.[457]

---

456) 대법원 2005. 5. 13. 선고 2004다67264,67271 판결은, 공사도급계약서상 '분쟁해결은 당사자 쌍방 모두 중재법에 의거 대한상사중재원 부산지부 중재에 따르고, 법률적 쟁송이 있을 경우 도급인의 주소지 관할법원으로 한다.'는 내용의 중재조항은 그 작성 경위 등에 비추어 이른바 선택적 중재조항으로 볼 수 없고, 오히려 전속적 중재조항으로 해석하여야 하며, 위 합의에서 '법률적 쟁송이 있을 경우'라 함은 그 중재절차·중재판정과 관련하여 제기될 수 있는 소송에 관한 중재법 제7조 소정의 관할 합의를 한 것으로 보아야 한다고 한 원심의 판단을 수긍한 바 있다.

457) 대법원 2005. 6. 24. 선고 2004다13878 판결. 위 사안에서는 분쟁해결에 관하여 '관계 법률의 규정에 의하여 설치된 조정위원회의 조정 또는 중재법에 의한 중재기관의 중재'에 의하여 해결할 수 있다고 정하였는데, 원고의 중재신청에 대하여 피고가 중재합의의 존부 및 범위에 관하여 다투지 아니한 채 중재본안에 관하여 답변하였으므로 유효한 중재합의라고 보았다.

이 경우에도 역시 설령 당사자가 중재를 선택하여 중재합의가 유효하게 되었다고 하더라도, 소송금지청구권이 발생되지 않는다고 본다. 원래 조정은 그것이 불성립될 경우 법원의 재판을 예정하고 있는 것이므로, 위 '재판 또는 중재' 방식에서와 마찬가지 이유로 소송금지청구권이 발생한다고 보기 어렵기 때문이다. 분쟁해결방법을 '조정 또는 중재로 정하면서, 조정에 불복하는 경우에는 법원의 판결에 의한다'라고 정한 사례[458]도 있었는데, 이 경우 또한 마찬가지로 볼 것이다.

요컨대, 소제기를 금지한다는 의사가 불명확하거나 모호하고 다의적인 해석이 가능한 경우에는 원칙적으로 소송금지청구권의 발생을 부정하여야 한다.

(3) 묵시적 중재합의

UNCITRAL 모델법 제7조 제5항(Option I)은 "신청서와 답변서의 교환 속에서 중재합의의 존재가 일방 당사자에 의해서 주장되고 상대방당사자가 이를 부인하지 아니하는 경우에는 그러한 합의는 서면으로 작성한 것으로 한다."고 규정하고, 이를 받아들인 우리 중재법 제8조 제3항 제3호도 "어느 한쪽 당사자가 당사자 간에 교환된 신청서 또는 답변서의 내용에 중재합의가 있는 것을 주장하고 상대방 당사자가 이에 대하여 다투지 아니하는 경우"에 서면에 의한 중재합의가 있는 것으로 보는데, 이러한 경우를 강학상 '묵시적 중재합의'라고 한다.[459] 이는 주로 중재합의의 서면성 요건과 관련하여 논의되는 것이나, 이러한 묵시적 중재합의가 유효하다고 인정되는 경우에도 이로부터 소송금지청구권이 발생할 수 있을지가 문제된다. 이는 개별 사안에서 묵시적 중재합의의 구체적인 내용과 당사자의 의사에 따라 달라질 것인데, 그 의사가 불명확하거나 모

---

458) 대법원 2004. 11. 11. 선고 2004다42166 판결.
459) 이에 관해서는 정선주, "한국과 독일의 중재판례 비교연구", 민사소송, 제20권 제2호, 2016., 14~22면 참조.

호하고 다의적으로 해석되는 경우에는 위 선택적 중재합의에서와 같이 소송금지청구권의 발생을 부정하여야 한다고 본다.

(4) 중재기관이나 중재지 등이 특정되지 않은 중재합의

예컨대, "이 계약으로부터 발생되는 모든 분쟁은 중재로 최종 해결한다"라고만 합의한 경우, 유효한 중재합의로 인정되는지 문제된다. 이에 관하여 대법원은 "장래 분쟁을 중재에 의하여 해결하겠다는 명시적인 의사표시가 있는 한 비록 중재기관, 준거법이나 중재지의 명시가 되어 있지 않더라도 유효한 중재합의로서의 요건은 충족하는 것이다. 그리고 이러한 중재합의가 있다고 인정되는 경우, 달리 특별한 사정이 없는 한 당사자들 사이의 특정한 법률관계에서 비롯되는 모든 분쟁을 중재에 의하여 해결하기로 정한 것으로 봄이 상당하다"라고 보았다.[460] 이러한 법리는 뉴욕협약이 적용되는 사안에서도 마찬가지로 보인다.[461] 이와 같은 대법원의 해석은 타당한 것으로 생각된다. 이와 반대로, 중재기관을 복수로 지정한 경우에도 중재합의의 유효성은 인정된다고 본다.[462] 이와

---

460) 대법원 2007. 5. 31. 선고 2005다74344 판결.
461) 대법원 1990. 4. 10. 선고 89다카20252 판결. 위 판결에서는 "매매계약서에 '......본 계약하에서 또는 그와 관련하여 발생하는 모든 분쟁은 본 계약일의 런던중재법원 규칙에 따라 중재에 의하여 결정된다......'라는 중재조항이 포함되어 있는 경우, 뉴욕협약 제2조에 의하면 같은 협약이 적용되는 중재합의는 '분쟁을 중재에 부탁하기로 하는 서면에 의한 합의'로서 족하고 중재장소나 중재기관 및 준거법까지 명시할 것을 요건으로 하고 있지는 아니할 뿐 아니라, 위 조항에는 중재장소와 중재기관 및 중재절차의 준거법이 한꺼번에 모두 명시되었다고 볼 것이므로 위 조약 제2조 소정의 유효한 중재합의가 있었다고 할 것이다."라고 판시하였다.
462) 이에 관하여 서울민사지방법원 1984. 4. 12. 선고 83가합7051 판결은 "본 용선계약상 발생하는 어떠한 분쟁도 대한민국 서울의 대한상사중재원 및 일본국의 일본 해운집회소에 제기하여야 하며 그 판정은 최종적으로 쌍방당사자를 구속한다"라고 되어있는 분쟁해결조항에 대하여, 위 조항의 '및'이라는 단어는 양 당사자가 서울 또는 일본에서 중재신청을 할 수 있고 어느 일방 당사자

같이 중재기관이나 중재지 등이 특정되지 않은 중재합의라 하더라도 중재합의로서 유효성이 인정되고, 그 경우 위 선택적 중재합의 등과는 달리, 당사자의 중재의사, 즉 소송배제 의사 자체는 명확하다고 할 수 있으므로, 그러한 중재합의로부터 소송금지청구권이 도출될 수 있다고 본다.

(5) 중재판정 불복시 법원에서 해결하기로 하는 합의

예컨대, 분쟁을 먼저 중재절차에 의하여 해결하기로 중재합의를 하면서도 그에 따른 중재판정에 불복할 경우 법원에서 최종 해결하는 것으로 정한 경우는, 설령 당사자가 중재절차를 거치지 않고 바로 법원에 제소한다고 하더라도 이를 금지할 소송금지청구권이 발생할 수 없다. 그러한 합의는 유효한 중재합의로 볼 수 없고,463) 당사자의 소송배제 의사도 명확하지 않기 때문이다.

(6) 중재합의의 범위 초과

유효한 중재합의가 있더라도 중재합의의 대상이 되는 분쟁의 범위를 넘는 문제에 관해서는 소송금지의무가 미치지 아니한다. 중재합의의 효력 범위는 기본적으로 당사자 의사표시 해석의 문제인데, 대법원은 그 범위를 가급적 넓게 해석하려는 입장으로 보인다. 주된 계약과 관련된 계약상 분쟁 외에 불법행위에 관한 분쟁에도 중재합의의 효력이 미치는지에 관해서는 앞서 보았는데, 이를 긍정하는 대법원 판결464)에 의할 때,

---

에 의하여 중재절차가 개시되면 타방 당사자는 이에 응하기로 한다는 취지의 표시라고 해석하면서 이를 유효한 중재조항이라고 본 바 있다.

463) 서울지방법원 2002. 10. 24. 선고 2002가합8808 판결도 "이 사건 분쟁해결조항은 '합의로 해결이 되지 않을 경우 대한상사중재원의 중재결정으로 해결하며, 당해 중재결정에 불복할 경우에는 갑(원고)이 소재하는 주소지의 관할법원에서 최종적으로 해결한다'라고 규정하여 중재판정에 대한 국가법원에 의한 일반적인 재심사 가능성을 유보하고 있음이 명백하므로, 이를 위와 같은 중재합의라고 보기 어렵다."고 판시하였다.

주된 계약과 관련한 중재합의가 인정된다면, 이와 관련된 불법행위에 기한 손해배상청구의 소제기에 대해서도 중재합의 위반에 기한 소송금지청구권이 발생할 수 있다고 본다.

6. 준거법

1) 소송금지청구권 발생 여부의 준거법

(1) 서론

중재합의로부터 당사자의 소송금지청구권이 도출되는지 여부에 관한 판단의 준거법은 무엇일까? 이에 관한 논의는 대체로 앞서 본 국제재판관할합의의 경우와 유사하므로, 이하에서는 유사 반복되는 부분은 요지만 기술하고 상이한 부분을 위주로 기술한다.

먼저, 개념상 구별해야 할 문제로, 소송금지가처분의 허용 가능성은 소송요건(신청요건 또는 적법요건) 심사 단계에서 검토할 대상으로 절차의 문제로 성질결정하여 법정지법에 따른다고 봄이 타당함은 앞서 보았다.

중재합의에 기하여 소송금지청구권이 발생하는지 여부 판단의 준거법도 법정지법에 따른다는 견해(법정지법설)가 있을 수 있으나, 이는 기본적으로 소송금지청구권 발생의 문제를 앞서 본 소송금지가처분의 허용 가능성(적법요건)의 문제와 혼동한 것으로서 찬성할 수 없다. 국내의 문헌[465] 중에서는 "당사자가 법원을 통하여 중재합의를 강제할 수 있는가는 법정지법에 따라 판단할 사항이다."라고 기술한 것이 있는데, 이것이 중재합의에 기한 소송금지청구권 발생 여부의 준거법을 법정지법으로 보는 견해인지 여부는 불분명하다. 만일 그런 취지라면 찬성하기 어

---

464) 대법원 1992. 4. 14. 선고 91다17146, 91다17153(반소) 판결, 대법원 2001. 4. 10. 선고 99다13577, 13584 판결.

465) 석광현[국제상사중재법연구1], 127면; 이규호[집행금지명령], 3면.

렵다. 아마도 위 문헌의 설명은, 미국과 같은 중재합의 이행명령(Pro-Arbitration Order)을 할 수 있는지의 문제는 법정지법에 따를 사항이라는 의미이거나, 소송금지가처분의 허용 가능성(적법요건)이라는 측면에서 이는 절차에 관한 문제이므로 법정지법에 따른다는 취지가 아닐까 생각된다.

私見으로는, 앞서 본 국제재판관할합의의 경우와 동일한 이유에서 중재합의에 기하여 소송금지청구권이 발생하는지 여부 판단의 준거법은 중재합의의 준거법이 되어야 한다고 본다(중재합의 준거법설). 즉, 중재합의에 기하여 소송금지청구권이 발생하는지의 문제는 피보전권리 존부단계에서 판단할 실체의 문제이고, 기본적으로 중재합의의 효력의 문제이므로, 그 준거법도 중재합의의 준거법이 되어야 한다.[466] 영국의 경우

---

466) 석광현[소송유지명령], 8면 주21, 27면도 同旨로 보인다. Heinze, Christian A./Dutta, Anatol, "Enforcement of Arbitration Agreements by Anti-suit Injunctions in Europe—From Turner to West Tankers", Yearbook of Private International Law Vol. IX 2007, 2008, 420면에서는 법정지법, 중재절차의 준거법(통상 중재지법)과 중재합의의 준거법을 논의한 뒤 중재합의의 준거법에 따른다고 보는데, 그 이유는 중재합의의 법적 효과의 문제이기 때문이라는 것이다(석광현[소송유지명령], 8면 주21에서 재인용).
한편, 석광현[국제상사중재법연구1], 127면에서는 다음과 같이 쓰고 있다. "중재합의의 적극적 효력의 준거법은 두 가지를 구분할 필요가 있다고 본다. 첫째, 중재인이 중재절차를 진행할 수 있는 효력에 관한 적극적 효력은 중재지법에 따를 사항이다. 둘째, 당사자가 법원을 통하여 중재합의를 강제할 수 있는가는 법정지법에 따라 판단할 사항이다. 그러므로 예컨대 중재지가 뉴욕이고 중재합의의 준거법이 뉴욕주법이더라도 우리 법원에 소가 제기 되었다면, 만일 우리 중재법상 중재절차를 강제할 수 없다는 해석론을 취할 경우, 우리 법원은 중재절차를 강제할 수는 없다. 하지만 만일 실체법상의 의무를 긍정한다면 결과적으로 그 범위 내에서는 중재합의의 준거법에 따른다고 볼 여지도 있다." 그리고 석광현[소송유지명령], 27면에서는 위 내용에 이어서 "여기에서는 실체법상의 의무를 긍정하므로 당사자의 협력의무 위반의 준거법은 중재합의의 준거법으로 보는 데 어려움이 없을 것이다. 본문의 결론에 따르면 당사자가 법원을 통하여 중재합의를 강제할 수 있는가도 법정지법이 아니

와 우리의 경우는 사정이 다름은 이미 앞서 보았다(제3장 제3절 I. 3.
항). 한편, 중재합의의 법적 성질 논의는 준거법 결정과 논리적 필연성이
있다고 보기 어렵고 실질적인 해결책이 되지도 못하므로,[467] 법적 성질
논의를 기초로 준거법을 결정하려는 시도는 그다지 설득력이 없다. 더구
나, 필자는 앞서 본 바와 같이 중재합의의 법적 성질을 혼합계약으로 보
고, 여기서는 절차법적 측면보다 실체법적 측면이 더 유의미하고 본질적
인 부분으로 기능한다고 보므로, 법적 성질 논의에 의하더라도 그 준거
법은 법정지법이 아니라 중재합의의 준거법이 되어야 한다. 앞서 본 국
제재판관할합의의 경우와 논리적 일관성을 유지한다는 측면에서도 중재
합의 준거법설이 타당하다.

(2) 중재합의의 준거법

중재합의의 준거법에 관하여 논하기에 앞서, 국제재판관할합의 부분

라 중재합의의 준거법에 따르게 될 것이다."라고 쓰고 있다(위 내용 중 '중재
합의의 준거법에 따르게 될 것이다' 부분은 후에 재수록된 국제상사중재법연
구 제2권 304면에서 '중재합의의 준거법에 따른다는 주장이 가능하다'라고 미
세하게 수정되었다). 위 견해가 법정지법설에 해당하는지 중재합의 준거법설
에 해당하는지는 불명확하나, 아마도 중재합의의 효력으로서 실체법상의 의
무를 부정한다면 법정지법설을, 실체법상의 의무를 긍정한다면 중재합의 준
거법설을 따른다는 취지로 이해된다. 참고로, 국제재판관할합의와 관련해서,
석광현[2019], 246, 주70에서는 국제재판관할합의 준거법설을 지지하는 것으로
보인다.

467) 이 점은 앞서 본 국제재판관할합의에서와 같다. 중재합의의 법적 성질 논의
가 준거법 결정과 논리적 필연성이 있다고 보기 어렵고 실질적인 해결책이
되지도 못한다는 점에 대한 상세한 논거는 석광현[국제상사중재법연구1],
112~113면 참조. 위 113면 주33에 의하면 Schwab/Walter[2005], Kapitel 7, Rn. 37;
Peter Schlosser, Das Recht der Internationalen Privaten Schiedsgerichtsbarkeit 2.
Auflage, 1989., Rn. 250도 同旨라고 한다. 반면에, 중재합의의 준거법은 중재합
의의 법적 성질에 따라 달리 정하여야 한다는 반대 견해도 있다(손경한[2011],
423면). 강수미[2006], 93~96면도 비슷한 취지로 보인다.

에서와 마찬가지로, 용어 및 구별개념에 관한 정리가 필요하다.[468]

첫째, '중재가능성의 준거법'이라고 함은, 말 그대로 중재가능성(중재적격, arbitrability) 여부를 판단하는 준거법을 말한다. 그에 따라 중재가능성[469]이 없다고 결정되면 중재합의도 무효가 되거나 이행할 수 없게 된다.

둘째, '중재합의의 허용요건(유효요건)'[470]이라고 함은 남용에 대한 통제의 문제를 포함하여 중재합의가 허용되는지 또는 유효한지의 문제를 말한다. 이는 의사표시의 하자와 같은 실질적 유효성(validity)과는 구별되는 것으로서 어떠한 중재합의가 허용되는 것인가라는 허용가능성 (admissibility, 독일어로는 Zulässigkeit)[471]의 문제이다. 중재합의의 맥락에

---

468) 아래의 용어 사용은 대체로 석광현[국제상사중재법연구1], 114면의 사용례를 따랐다. 독일에서의 논의 개관은 Münchener Kommentar zur BGB, 6. Auflage, 2015., Vor Art. 1 Rom I-VO, Rn. 89ff. (Martiny 집필 부분) 참조.

469) 중재가능성에 관한 일반적인 논의는 석광현[국제상사중재법연구1], 26~29면; 김인호, "중재가능성의 합리적 경계획정을 통한 국제중재의 증진", 비교사법, 제23권 3호, 2016.; 목영준/최승재[2018], 67~77면 참조. 2016년 개정 중재법 하에서의 중재가능성에 관한 논의는 석광현[국제상사중재법연구2], 96~107면 참조.

470) 본 논문에서는 '중재합의의 허용요건'이라는 개념을 '중재합의의 성립 및 유효성'과 구별하는 견해를 따랐지만, 사실 이에 관해서는 반론도 만만치 않다. 김인호[2020], 355~357면에서는 관할합의의 경우와는 달리 "중재합의의 경우에는 유효요건을 법정지법에 의하도록 하는 경우 법정지를 통일적으로 파악하기 어렵고 법정지에 따라 약관의 규제가 다르게 되므로 당사자가 자신에게 유리한 법이 적용되는 곳에서 소를 제기할 유인을 제공하여 법정지쇼핑을 유발하게 되는 불합리한 점이 있으며 중재절차의 진행단계에 따라서도 다수의 법정지가 개재될 수 있어 법정지에 따라 중재합의의 유효성에 관하여 서로 상충되는 판단이 내려져 법적 안정성을 해할 수 있고 중재판정의 집행법원이 집행국법에 의하여 중재합의의 유효요건을 검토할 수 있다고 한다면 뉴욕협약 제5조가 중재판정의 집행거부 사유를 제한적으로 규정한 취지에 반하게 된다"고 비판하면서 '허용요건(유효요건)'과 '성립 및 유효성'의 구분 없이 통일적으로 중재합의의 준거법이 적용되어야 한다고 주장한다. 뒤에서 보는 바와 같이 독일과는 달리 영미에서는 '중재합의의 허용요건'이라는 개념을 따로 구분하여 논하고 있지 않은 것으로 보인다.

서는 주로 중재조항이 약관에 포함되어 있는 경우에 약관에 의한 중재
합의의 허용가능성 문제와 관련된다. 그밖에 예컨대, 중재합의는 '일정
한 법률관계에 관련된 분쟁'을 대상으로 하는 것이어야 하는바(중재법
제3조 제2호, 뉴욕협약 제2조 제1항), 단순히 '장래의 모든 분쟁'을 대상
으로 하는 중재합의는 허용요건을 충족하지 못하는 것으로서 무효가 된
다.[472] 일부 문헌에서는 이를 '적법요건' 또는 '중재합의에 특유한 유효
요건'이라고 표현하기도 하고,[473] 이 허용요건이 구비되지 않으면 중재
합의도 무효가 되므로 이를 '유효요건'이라고도 표현한다.[474]

셋째, '중재합의의 방식 및 효력'이라고 함은 각 국가마다 요구하는
중재합의의 방식(예컨대, 우리 중재법 제8조 및 뉴욕협약 제2조의 서면
요건) 및 이를 갖추지 못했을 경우의 효력 등의 문제를 말한다.

넷째, '중재합의의 성립 및 유효성(실질적 유효성)'이라고 함은 중재
합의가 실질적으로 유효하게 성립되었는가의 문제(validity)로서, 예컨대

---

471) 중재합의의 허용요건에 관한 외국의 논의를 살펴보면, ① 독일에서는 'Zulä-
ssigkeitsvoraussetzung(허용요건)'으로 표현하면서 그 준거법에 관해서 별도로
논의하고, 우리의 약관규제법 제6조에 상응하는 독일민법 제307조 및 우리 민
법 제103조, 104조에 상응하는 독일민법 제138조에 따른 내용통제가 적용되는
지 여부에 관해서도 논의한다(Christoph Reithmann/Dieter Martiny/Rainer
Hausmann, Das Internationale Vertragsrecht 6. Auflage, 2004., Rz. 3261, 3309;
Münchener Kommentar zur BGB, 6. Auflage, 2015., Vor Art. 1 Rom I-VO, Rn. 89ff.
(Martiny 집필 부분)(이상 석광현[국제상사중재법연구1], 40, 121면, 석광현
[2016], 107면에서 재인용). ② 영미에서는 '중재합의의 유효성(validity) 또는 강
제가능성(enforceability)'이라는 용어를 사용할 뿐 '허용요건'이라는 개념을 따
로 논하고 있지는 않아 보인다. 다만, 중재합의와 관련하여 공서(public policy)
나 강행법규 위반 또는 적법성(legality)에 의한 통제에 관해서도 논의하고 있
는데(Born/Rutledge[2018], 1172~1173), 이를 위 유효성(validity) 또는 강제가능성
(enforceability)의 문제와 같게 취급하는지 다른 차원으로 취급하는지 여부는
분명하지 않다.
472) 석광현[국제상사중재법연구1], 122면 참조.
473) 석광현[국제상사중재법연구1], 40면.
474) 김인회[2020], 355면 이하.

의사와 표시의 불일치, 의사표시의 하자(사기, 강박, 착오 등), 선량한 풍
속 기타 사회질서에 반하는지 여부 등의 문제와 그 효과를 말한다. 선택
적 중재합의의 효력 문제도 여기의 '중재합의의 성립' 문제로 본다.[475]

본 논문에서 '중재합의의 준거법'이라고 할 때는 대체로 '중재합의의
성립 및 유효성'을 일컫는 것이다. 따라서 준거법도 '성립 및 유효성'의
준거법만 검토하면 족하다고 볼 수도 있겠으나, 사실은 그렇지 않다. 실
제로 중재합의 위반에 기하여 소송금지청구권이 발생하기 위해서는 우
선 유효한 중재합의의 존재가 인정되어야 하므로 결국 위에서 언급한
각 개념이 모두 검토되어야 한다. 그 결과에 따라서는 준거법의 분열 현
상이 발생할 수도 있게 된다.

한 가지 더 짚고 넘어가야 할 것은, 중재에 있어서는 뉴욕협약의 지
대한 영향으로 인하여 뉴욕협약이 적용되는 경우와 적용되지 않는 경우
를 나누어서 볼 필요가 있고, 각 중재절차의 국면에 따라서 중재단계, 항
변단계, 집행단계로 구분하여 각 개별로 논의할 필요가 있다는 점이
다.[476] 여기서 '중재단계'라 함은 일방당사자가 중재합의를 근거로 중재
신청을 하여 중재인이 중재절차를 진행하는 단계를 말하고, '항변단계'
라 함은 중재합의에도 불구하고 일방 당사자가 법원에 소를 제기하고
상대방이 항변으로 중재합의를 주장하여 소의 각하 또는 중지를 구하는
단계[477]를 말하며, '집행단계'라 함은 일방 당사자가 외국에서 받은 중재

---

475) 석광현[국제상사중재법연구1], 113면 주35.

476) 석광현[국제상사중재법연구1], 115면. 위 115면 주41에서는 Christoph Reithmann/
Dieter Martiny/Rainer Hausmann, Das Internationale Vertragsrecht 6. Auflage, 2004.,
Rz. 3243ff., Rz. 3387ff.에서도 이러한 구분을 철저히 한다고 부기한다.

477) 논자에 따라서는 이 항변단계를 '중재합의의 승인(집행)단계'라고 표현하기도
한다(목영준/최승재[2018], 72면; 강수미[2006], 98면, 106면). 이는 중재판정의
승인·집행에 대비되는 표현으로서, 뉴욕협약 제2조 제1항의 표현을 차용한
것이다(뉴욕협약 제2조 제1항은 '각 체약국은 중재에 의하여 해결이 가능한
사항에 관한 일정한 법률관계와 관련하여 당사자 간에 분쟁의 전부 또는 일
부를 중재에 회부하기로 약정하는 당사자 간의 서면에 의한 합의를 승인하여

판정을 내국에서 집행하기 위하여 필요한 절차를 밟는 단계를 말한다.[478] 이 중 본 논문의 논의 대상인 중재합의 위반에 기한 소송금지청구권 발생 여부의 문제는 '항변단계'의 문제에 해당된다고 본다.

① 중재가능성의 준거법

중재가능성의 준거법은 뉴욕협약이 적용되는 경우와 뉴욕협약이 적용되지 않는 경우로 구분하여 검토해야 하는데, 뉴욕협약이 적용되는 경우, 집행단계에 있어서는 법정지법(즉, 승인·집행국법)이 준거법이 되나(뉴욕협약 제5조 제2항 a호[479]), 항변단계에 관해서는 뉴욕협약이 규정하고 있지 않아 (a) 중재합의의 준거법설, (b) 법정지법설, (c) 양자를 중첩적으로 적용하는 중첩설 등 다양한 견해가 대립한다.[480] 종래 우리나라에서는 법정지법설과 중첩설[481]이 존재하고, 독일에서는 과거에 중첩설이 유력하였으나 최근에는 법정지법설이 유력하다고 하며, 일본에서는 중재를 허용하지 않는 이유가 공익을 위한 것인 경우는 당해 권리관계의 준거법, 당사자의 이익을 보호하기 위한 것인 경우는 중재합의의 준거법을 따른다는 견해가 유력하다고 한다.[482] 이와 같이 다양한 견해들에 대한 상세한 논의는 본 논문의 범위를 넘는 것이어서 생략하나,[483]

야 한다'고 규정한다).

478) 석광현[국제상사중재법연구1], 115면.

479) 뉴욕협약 제5조 제2항 a호는 '중재판정의 승인 및 집행을 요구 받은 국가의 권한 있는 당국이 분쟁의 대상인 사항이 그 국가의 법에 따라서는 중재에 의해 해결될 수 없는 것임을 인정하는 경우에는 중재판정의 승인과 집행이 거부될 수 있다.'고 규정한다.

480) 석광현[국제상사중재법연구1], 42~43면. 그밖에도 손경한[2011], 426~428면에서는 중재지법설, 실체준거법설, 승인·집행국법설도 소개하고 있다.

481) 목영준/최승재[2018], 73면이 이러한 견해를 취한다.

482) 석광현[국제상사중재법연구1], 42~43면.

483) 그에 관한 상세한 논의는 석광현[국제상사중재법연구1], 42~43면; 김인호, "중재가능성의 합리적 경계획정을 통한 국제중재의 증진", 비교사법, 제23권 3호, 2016., 1155면 이하; 목영준/최승재[2018], 71~73면; 손경한[2011], 426~429면; 손

私見으로는, 중재가능성의 문제는 각 법정지마다 고유한 정책이나 법원
칙에 따라 판단될 필요성이 크다는 점에서 절차적인 성격이 강하다는
점, 중재에 있어서 뉴욕협약이 가지는 국제적 규범력을 고려할 때 법정
지법설을 취한 위 뉴욕협약 제5조 제2항 a호가 하나의 중요한 저촉법적
기준을 제시한 것으로 볼 수 있는 점, 현실적으로도 각국의 법원에서 다
른 국가의 법질서 전반을 파악하여 중재가능성을 결정한다는 것은 매우
어려운 문제인 점 등에 비추어 법정지법설이 더 타당하다고 생각한다.

일부 견해[484]는 중재가능성의 준거법과 중재합의의 성립 및 유효성
의 준거법이 일치한다고 보아야 한다고 주장하는데, 그 성격이나 지향하
는 목적, 적용되는 법리나 규율 내용 및 작용 등 여러 측면에서 서로 상
이한 부분이 많으므로, 양자는 별개로 보는 것이 타당하다고 생각한다.

② 중재합의의 허용요건(유효요건)의 준거법

일반적으로 중재합의의 허용요건(유효요건)의 문제는 각 법정지마다
고유한 정책이나 공서, 경제적 약자보호 등의 법원칙에 따라 판단될 필
요가 있는 점에서 법정지법에 따름이 타당하다고 본다.[485] 이는 국제재
판관할합의 부분에서의 논의와 유사하고 그 논거도 유사하다. 다만, 이
에 관해서는 앞서 본 바와 같이 반론도 만만치 않다.[486] 중재합의의 맥

경한, "강행법규상 청구의 중재적격성-미국의 경우를 중심으로-", 중재, 172호,
1986., 20~21면; 강수미[2006], 98~99면; 이강빈[2005], 210~213면 참조.
독일의 학설에 관해서는 석광현[국제상사중재법연구1], 43면 주147, 주148에서
소개된 문헌 참조. 유럽과 미국의 판례 등에 관해서는 손경한[2011], 426~429면
참조. 일본의 학설과 판례에 대한 소개는 손경한, "강행법규상 청구의 중재적
격성-미국의 경우를 중심으로-", 중재, 172호, 1986., 20~21면 참조.
484) 손경한[2011], 429면.
485) 석광현[국제상사중재법연구1], 121면; 석광현[2016], 107~108면. 중재합의의 허
용요건에 관한 독일의 논의 개관은 독일의 개관은 Münchener Kommentar zur
BGB, 6. Auflage (2015), Vor Art. 1 Rom I-VO, Rn. 89ff. (Martiny 집필 부분) 참조
(석광현[2016], 107면 각주 80에서 재인용).

락에서는, 허용요건(유효요건)과 관련하여 주로 중재조항이 약관에 포함
되어 있는 경우에 중재합의의 유효요건을 판단할 준거법이 무엇인지가
논의된다. 뉴욕협약이 적용되는 범위 내에서는 동 협약에 따를 것이나,
뉴욕협약은 약관의 내용통제에 관해서는 규정하지 않는다.[487] 이 경우
중재합의의 허용요건으로 보아 법정지법이 적용된다는 견해[488]와 주된
계약의 준거법이 적용된다는 견해, 중재지법이 적용된다는 견해, 중재합
의의 성립 및 유효성의 준거법이 적용된다는 견해[489] 등이 가능하나, 관
할합의에서와 마찬가지로 법정지법이 적용된다고 본다. 따라서 한국법
원에 제기된 소송금지가처분 사건에 있어서, 중재조항이 약관에 포함된
경우 그 중재합의가 유효한지 여부에 관하여는 법정지인 한국의 약관규
제법 제14조[490]가 적용되고, 그 구체적인 해석론도 국내의 해석론에 따
르게 된다.[491]

---

486) 각주 470 참조.

487) 석광현[2016], 107면.

488) 석광현[국제상사중재법연구1], 121면; 석광현[2016], 107~108면.

489) 김인회[2020], 355~357면. 이는 앞서 본 바와 같이 '허용요건'을 별도로 구분할
필요가 없고 '성립 및 유효성'의 문제로 보면 족하다고 보는 입장이다.

490) 약관규제법 제14조는 "소송 제기 등과 관련된 약관의 내용 중 다음 각 호의
어느 하나에 해당하는 조항은 무효로 한다. 1. 고객에게 부당하게 불리한 소
송 제기 금지 조항 또는 재판관할의 합의 조항 2. 상당한 이유 없이 고객에게
입증책임을 부담시키는 약관 조항"이라고 규정한다. 중재조항도 위 규정의
'소송 제기 금지 조항 또는 재판관할의 합의 조항'에 해당한다.

491) 약관에 의한 중재조항의 효력에 관하여 유효설, 무효설, 제한적 유효설 등이
있으나, 일반적으로 중재조항이 약관에 포함되었다는 것 자체만으로 약관규
제법 제14조에 따라 무효라고 볼 수는 없을 것이고 사안에 따라 개별적으로
'부당하게 불리한지' 여부를 판단해야 할 것이다(김인회[2020], 360면도 同旨).
약관에 의한 중재조항의 유효성에 관한 우리 약관규제법상 해석론의 상세한
내용은 양석완, "중재합의의 효력 - 주관적 범위", 비교사법, 제21권 2호, 2014.,
927~931면 참조. 소비자중재의 경우 약관에 의한 중재조항의 유효성에 관한
논의는 석광현[2016], 108~113면; 정선주, "소비자중재에서 소비자보호의 문제",
서울대학교 법학, 제49권 제1호, 2008., 240~242면; 이병준, "약관을 통한 소비

③ 중재합의의 방식 및 효력의 준거법

중재합의의 방식 및 효력의 문제, 예컨대, 우리 중재법 제8조 및 뉴욕협약 제2조의 서면 요건 및 이를 갖추지 못했을 경우의 효과에 관한 준거법도 위에서 본 허용요건(유효요건)의 준거법과 마찬가지 이유에서 법정지법에 따름이 타당하다고 본다.[492] 한국법원에 제기된 소송금지가처분 사건에 있어서는, 뉴욕협약이 적용되는 경우에는 동 협약 제2조의 서면 요건 규정이 적용되고, 뉴욕협약이 적용되지 않는 경우(예컨대, 상사가 아닌 경우[493])에는 법정지법인 한국법이 적용되는데, 만약 중재지가 한국인 경우에는 중재법 제2조 제1항에 따라 중재법 제8조[494]가 적용된

자중재합의와 그 유효성", 중재연구, 제24권 제1호, 2014., 116~120면 참조. 한편, 소비자계약의 경우에는 국제사법 제27조를 중재에도 유추적용할 수 있는지의 논의가 있는데, 이에 관해서는 석광현[2016], 113~114면 참조.

위 김인호[2020], 369~371면에서는 서브웨이 가맹계약에 포함된 중재조항이 가맹사업자에게 부당하게 불리하여 무효라고 판시한 네델란드법원의 판결 [Subway v. A Franchisee (ECLI:NL:GHAMS:2014:2270 and ECLI:NL:GHAMS:2013:2580)]을 소개하고 있다.

그밖에 약관규제법이 국제사법 제7조의 국제적 강행규정에 해당한다고 볼 수 있는지도 논의되나 이는 부정함이 타당하다고 본다(석광현[2015], 208면; 김인호[2020], 365면; 대법원 2010. 8. 26.선고 2010다28185 판결).

492) 석광현[국제상사중재법연구1], 121면; 석광현[2016], 107~108면.

493) 우리나라의 경우 상사유보를 선언하였으므로 상사에 해당하지 않는 경우에는 뉴욕협약이 적용되지 않는다. 상사에 해당하지 않는 예로는 가사사건과 행정사건을 들 수 있다. 근로계약관계와 소비자계약관계에 관하여는 논란이 있는데, 이에 관해서는 석광현[2016], 117~118면 참조.

494) 2016년 개정 중재법 제8조에서는 종래의 서면요건을 완화하였는데, 그 결과 뉴욕협약에서 요구하는 이른바 '이중서면성' 또는 '완전한 서면방식'을 요하지 않게 되었다. 이 점에서 뉴욕협약이 적용되는 경우와 중재법이 적용되는 경우 사이에 다소간의 차이가 생기게 되었지만, 뉴욕협약 제7조에 따라 국내법이 더 완화된 중재합의의 방식을 정한 경우 국내법인 중재법을 적용할 수 있기 때문에 실제로는 차이가 없다. 개정 중재법의 완화된 서면요건에 관한 상세한 내용은 석광현, "2016년 중재법의 주요 개정내용과 문제점", 법학연구, 전북대학교 법학연구소, 제53집, 2017., 229~233면 참조.

다. 만약 뉴욕협약이 적용되지 않고 중재지가 외국인 경우에는 한국 중재법이 적용되지 않는데, 이 경우의 준거법으로는 ① 중재지인 그 외국의 법이 적용된다는 견해[495]와 ② 국제사법의 일반적인 원칙으로 돌아가 법률행위 방식의 준거법에 관한 국제사법 제17조[496]에 따라 중재합의의 준거법(즉, 중재합의의 성립 및 유효성의 준거법) 또는 중재합의 체결지법이 적용된다는 견해[497]가 대립된다. 전자의 견해는 중재법 규정을 일종의 저촉규정으로 보는 전제에서 주장되는 견해인데, 중재합의에 있어서 중재지가 가지는 의미 및 중요성에 비추어 볼 때 설득력이 있는 견해로 보이지만, 私見으로는 입법론으로는 몰라도 해석론으로는 무리가 아닌가 생각된다. 일반 조항인 국제사법 제17조에 따른다는 후자의 견해에 찬성한다.

④ 중재합의의 성립 및 유효성의 준거법

중재합의의 성립 및 유효성의 준거법은, 뉴욕협약이 적용되는 경우와 뉴욕협약이 적용되지 않는 경우로 구분하여 검토해야 한다.

먼저, 뉴욕협약이 적용되는 경우, 중재합의의 성립 및 유효성의 준거법은 뉴욕협약 제5조 제1항 a호[498]에 따라 1차적으로는 '당사자들이 명시적 또는 묵시적[499]으로 지정한 법'이, 2차적으로는 '중재판정지국법(중

---

495) 석광현[국제상사중재법연구1], 134~135면; 이강빈[2005], 217~218면.

496) 국제사법 제17조는 "① 법률행위의 방식은 그 행위의 준거법에 의한다. ② 행위지법에 의하여 행한 법률행위의 방식은 제1항의 규정에 불구하고 유효하다."라고 규정한다. ③ 당사자가 계약체결시 서로 다른 국가에 있는 때에는 그 국가중 어느 한 국가의 법이 정한 법률행위의 방식에 의할 수 있다."고 규정한다.

497) 강수미[2006], 98면.

498) 뉴욕협약 제5조 제1항 a호는 외국중재판정의 승인거부사유로서 "중재합의가 당사자들이 준거법으로 지정한 법령에 의하여 또는 지정이 없는 경우에는 판정을 내린 국가의 법령에 의하여 무효인 경우"라고 규정한다.

499) 묵시적 지정도 포함한다는 견해가 다수이나, 반대견해도 있다(상세는 석광현

재단계와 항변단계에서는 중재지법)'이 준거법이 된다. 뉴욕협약의 위 규정은 원칙적으로 집행단계에 관하여 적용되는 것이나, 중재단계나 항변단계에서도 마찬가지로 적용 또는 유추적용 된다고 본다.[500][501]

뉴욕협약이 적용되지 않는 경우에는, 단계에 따라 집행단계 및 항변단계에서는 법정지의 국제사법에 따르고, 중재단계에서는 중재지의 국제사법에 따른다고 본다.[502] 소송금지가처분의 경우에는 항변단계에 해당하므로 결국 법정지의 국제사법이 지정하는 준거법에 따른다. 이는 앞서 본 국제재판관할합의의 경우와 같은 결론인데, 그 논거도 유사하게 들 수 있겠다. 그 결과, 한국법원에 제기된 소송금지가처분 사건에서, 당사자들이 명시적 또는 묵시적으로 준거법을 지정한 경우는 그 법이(국제사법 제25조 제1항), 당사자들이 준거법을 지정하지 않은 경우에는 당해 중재합의와 가장 밀접한 관련이 있는 국가의 법이 준거법이 될 것이

[국제상사중재법연구1], 116면 주45 참조).

500) 석광현[국제상사중재법연구1], 116~120면; 목영준/최승재[2018], 83~84면; 이강빈[2005], 208~209면(외국 문헌들은 위 각 해당부분 각주를 참조).

501) 참고로, 우리 대법원의 태도는 명확하지 아니하나, 대체로 유사한 입장인 것으로 보인다. 예컨대, 대법원 1990. 2. 13. 선고 88다카23735 판결은 "중재계약이 유효한지의 여부나 그 효력은 중재가 행하여 지는 국가나 중재조항상의 준거법인 영국의 법에 따라 판단되어져야 할 것이다"고 판시하면서, 위 영국법에 의하면 유효한 중재계약이 있었다고 볼 수 없거나 그 이행이 불가능하다고 보아 피고의 중재항변을 배척하였다(위 대법원 판결에 대한 상세한 소개는 강수미[2006], 112~114면; 석광현[국제상사중재법연구1], 118~119면 참조). 한편, 일본 판례의 태도에 관해서는 강수미[2006], 115~116면 참조.

502) 석광현[국제상사중재법연구1], 129~130면; 목영준/최승재[2018], 82면. 상세한 논의는 위 각 해당 부분 참조. 그밖에 다른 견해로 주된 계약의 준거법에 의한다는 견해와 중재지법에 의한다는 견해도 가능하고(김인호[2020], 352면; 김인호, "국제계약의 분쟁해결메커니즘의 구조와 상호작용", 국제거래법연구, 제23집 1호, 2014., 228면), 중재단계에 있어서 중재지 국제사법이 아니라 중재인 스스로가 적절하다고 판단하는 국제사법을 적용하여 실질법을 결정하여야 한다는 견해도 가능하다(석광현[국제상사중재법연구1], 130면; 목영준/최승재[2018], 82면).

다(국제사법 제26조 제1항). 여기서 '중재합의와 가장 밀접한 관련이 있는 국가의 법'이 무엇인지가 문제되는데, ① 중재지법이 가장 밀접한 관련이 있는 국가의 법이라는 견해와 ② 주된 계약의 준거법, 즉 분쟁의 실체의 준거법이 가장 밀접한 관련이 있는 국가의 법이라는 견해, ③ 가장 밀접한 관련이라는 기준을 따로 적용하여 중재합의와 가장 밀접한 관련이 있는 국가의 법이 준거법이라는 견해503) 등이 대립된다.504) 私見으로는, 주된 계약과 중재합의는 그 성격상 별개이고(독립성), 아래의 '묵시적 지정'과 같은 다른 사정이 없다면 일반적으로 중재합의의 성립 및 유효성의 문제는 중재지와 더 밀접한 관련이 있다고 보이므로, 중재지법이 가장 밀접한 관련이 있는 법이라는 견해에 찬성한다.505) 좀 더 구체적으로 본다면, 만약 중재합의가 중재조항의 형식으로 되어 있고, 주된 계약의 준거법이 명시적 또는 묵시적으로 지정된 경우라면 뒤에서 볼 '묵시적 지정' 논의에 따라서 주된 계약의 준거법을 중재합의의 준거법으로 묵시적으로 지정하였다고 추정하므로, 위 국제사법 제25조 제1항이 적용된다. 중재조항의 형식이지만 주된 계약의 준거법 및 중재조항의 준거법이 지정되지 않아 주된 계약의 준거법이 객관적 연결에 의하여 결정되는 경우에는 국제사법 제26조 제1항이 적용되는데, 위 중재지법설에 따를 때 중재합의의 성립 및 유효성의 준거법은 중재지법에 따르게 된다. 중재조항의 형식이 아닌 중재부탁계약의 형식일 때에도 마찬가지

---

503) 김인회[2020], 353~354면; 김인호, "국제계약의 분쟁해결메커니즘의 구조와 상호작용", 국제거래법연구, 제23집 1호, 2014., 229면에서 이러한 견해를 소개하고 있다.
504) 독일의 견해대립에 관한 소개는 석광현[국제상사중재법연구1], 130면 주99 참조. 영국의 견해는 석광현[소송유지명령], 8면 주21 참조. 미국, 프랑스, 스위스의 태도는 김인호, "국제계약의 분쟁해결메커니즘의 구조와 상호작용", 국제거래법연구, 제23집 1호, 2014., 229면 참조.
505) 석광현[국제상사중재법연구1], 117면, 130면; 석광현[소송유지명령], 8면 주21; 김인회[2020], 355면도 同旨로 보인다.

로 중재지법에 따르게 된다.

이렇게 본다면, 소송금지가처분 사건에서 중재합의의 성립 및 유효성의 준거법은 뉴욕협약이 적용되는 경우나 적용되지 않는 경우나 동일한 결론에 이르게 된다. 즉, 1차적으로는 '당사자들이 명시적 또는 묵시적으로 지정한 법'이, 2차적으로는 '중재지법'이 준거법이 된다.506)

(3) 관련 문제 : 묵시적 지정

중재합의의 준거법에 따른다고 할 때, 위와 같이 일차적으로는 당사자들이 지정한 법이 적용되는데, 실무상 자주 문제되는 것으로, 중재합의의 준거법에 대한 명시적 지정은 없으나 당사자들이 중재조항이 포함된 주된 계약의 준거법을 명시적으로 또는 묵시적으로 지정한 경우 이를 중재합의의 묵시적인 준거법 지정으로 볼 수 있는지의 문제가 있다. 이에 대해서는 ① 중재합의의 독립성 및 절차적 성격에 비추어 주된 계약상 준거법에 관한 합의가 있다고 해서 곧바로 중재합의도 같은 준거법에 의하여 판단할 것은 아니라는 견해(부정설)507)와 ② 중재조항의 경우에는 중재합의가 주된 계약의 일부를 구성하는 형식을 취하므로, 명시적이든 묵시적이든 당사자들이 주된 계약의 준거법을 지정한 때에는 그 법을 중재조항의 준거법으로 묵시적으로 지정하였다고 추정하는 것이 통상 당사자의 의사에 부합할 것이라는 견해(긍정설)508)가 있다. ③ 대법

---

506) 예외적으로 중재지가 결정되지 아니하는 경우에는 위 ③설을 따라 가장 밀접한 관련이라는 기준을 따로 적용하여 중재합의와 가장 밀접한 관련이 있는 국가의 법을 준거법으로 정하여여 할 것으로 생각된다.

507) 김갑유, "중재합의의 유효성 판단과 그 준거법", 인권과 정의, 제331호, 2004., 181면; 이호원, "외국중재판정의 승인과 집행 —뉴욕협약을 중심으로—", 재판자료, 제34집, 1986., 675면; Albert Jan van den Berg, The New York Arbitration Convention of 1958, 1981., 293(석광현[국제상사중재법연구1], 116면 주47에서 재인용).

508) 석광현[국제상사중재법연구1], 116~117면; 김인호, "국제계약의 분쟁해결메커니즘의 구조와 상호작용", 국제거래법연구, 제23집 1호, 2014., 230면; 손경한·

원 판례로는 아직까지 이에 관하여 명확하게 판시한 사례는 없는 것으로 보이나, 긍정설의 입장으로 해석되는 판례[509]가 있고, 명시적으로 긍정설을 취한 하급심 판결을 수긍한 판결도 하나 있다. 즉, 서울고등법원 2017. 4. 4. 선고 2016나2040321 판결[510]은 "뉴욕협약 제5조 제1항 (a)호는 외국중재판정의 승인거부사유의 하나로서 '중재합의가 당사자들이 준거법으로서 지정한 법령에 의하여 또는 지정이 없는 경우에는 판정을 내린 국가의 법령에 의하여 무효인 경우'를 들고 있으므로, 중재합의의 성립과 실질적 유효성에 관한 준거법은 당사자들이 중재합의 준거법으로 지정한 법이 되고, 지정이 없는 경우 중재판정지국법이 되어야 할 것인데, 여기의 지정에는 묵시적 지정도 포함된다고 봄이 상당하다. 또한 당사자들이 중재합의의 준거법을 명시하지 않았다고 하더라도 중재조항을 포함한 주된 계약의 준거법을 명시적 또는 묵시적으로 정하였다면 특별한 사정이 없는 한 당사자들은 주된 계약의 준거법을 중재조항의

심현주, "중재합의에 대한 새로운 고찰", 중재연구, 제23권 제1호, 2013. 3., 63면; 이강빈[2005], 202면. 한편, 김인호, 위 논문 238~239면에서는 더 나아가서 반대로 중재합의는 있으나 준거법합의가 없는 경우에 준거법도 동일하게 지정한 것으로 추정할 수 있는지에 관해서도 논의하고 있다.

509) 대법원 1990. 4. 10. 선고 89다카20252 판결(이 판결에서는, 중재합의의 철회가 가능한지 여부는 결국 중재합의의 효력에 관한 문제인데 당사자 사이에 매매계약의 준거법을 영국법으로 정하고 그와 관련하여 발생하는 모든 분쟁은 런던 중재법원규칙에 따라 중재에 의하기로 정하였으므로 이는 당사자가 중재합의의 준거법으로 영국법을 지정하였다고 볼 것이라고 판시하였다).

510) 위 사건에서는 원고와 피고 사이에 표준약관을 계약의 내용으로 하는 호두공급계약이 체결되었고, 위 표준약관 제12조에서 호두공급계약의 준거법을 미국 캘리포니아주법으로 정하고 있는바, 비록 위 표준약관 제13조에 규정된 중재조항에 따른 중재합의에서 그 준거법을 명시적으로 지정하지는 않았다고 하더라도 위 호두공급계약 체결 당시 당사자의 의사는 위 중재합의의 준거법을 위 호두공급계약에 따라 미국 캘리포니아주법으로 지정하는 묵시적 합의가 있었다고 상당하므로, 위 중재합의가 성립되었는지 여부에 대한 판단의 준거법은 미국 캘리포니아주법이라고 판단하였다.

준거법으로 지정할 의사였다고 봄이 상당하다."라고 판시하였다. 위 판결의 상고심에서 대법원은 "외국 중재판정의 승인 및 집행에 관한 협약(이하 '뉴욕협약'이라고 한다) 제5조 제1항 에이(a)호 후단은 외국 중재판정의 승인과 집행의 거부사유 중 하나로 '당사자가 준거법으로서 지정한 법에 따라 또는 그러한 지정이 없는 경우에는 판정을 내린 국가의 법에 따라 중재합의가 유효하지 않은 경우'를 들고 있다. 위 규정에 따르면 중재합의의 성립과 유효성 판단의 준거법은 일차적으로 당사자들이 준거법으로 지정한 법이 되고, 그 지정이 없는 경우에는 중재판정을 내린 국가의 법이 된다. 아래에서 보는 바와 같이 이 사건 계약의 내용으로 편입된 이 사건 표준약관 제12조는 미국 캘리포니아주 법을 이 사건 계약의 준거법으로 규정하고, 제13조는 이 사건 계약에서 발생하는 모든 분쟁은 국제상업회의소의 중재규칙에 따라 미국 캘리포니아주 로스쿨리노스에서 중재로 최종 해결하도록 규정한다. 따라서 원고와 피고는 중재합의의 준거법으로 미국 캘리포니아주 법을 지정하였다고 볼 수 있다. 원심이 같은 취지에서 이 사건 중재합의의 준거법을 미국 캘리포니아주 법이라고 판단한 것은 앞서 본 법리에 따른 것이어서 정당하다. 거기에 상고이유 주장과 같이 중재합의의 묵시적 준거법 지정에 관한 법리를 오해하는 등의 잘못이 없다."고 판시하였다(대법원 2018. 7. 26. 선고 2017다225084 판결). 그밖에 서울고등법원 2016. 10. 25. 선고 2015나29277 판결도 위 2016나2040321 판결과 같은 내용의 판시를 한 바 있다.[511]

검토건대, 중재조항은 주된 계약의 일부를 구성하는 것이고, 당사자

---

511) 이 사건에서는 주주 간 계약의 실행을 위한 후속약정으로 체결된 '이익배당금과 사채원리금 명목으로 지급받은 선급금을 일정한 경우 반환한다는 약정(이하, '확약'이라 한다)에 대하여도 주주 간 계약과 동일한 중재합의가 있었다고 봄을 전제로, 위와 같은 법리에 따라 위 주주 간 계약은 당사자들이 준거법을 버뮤다국법으로 지정하고 있고, 위 확약의 준거법도 위 주주 간 계약에 따라 버뮤다국법으로 지정하는 묵시적인 합의가 있었다고 봄이 상당하므로, 중재합의의 성립과 유효성에 관한 준거법도 버뮤다국법이라고 판단하였다.

들이 중재조항이 포함된 주된 계약을 체결하면서 그 준거법을 지정하였다면, 중재조항에 관하여 적용될 준거법을 달리 정하였거나 그와 같이 볼만한 다른 특별한 사정이 존재하지 않는 이상, 주된 계약의 준거법과 중재조항의 준거법을 아울러 지정한 것이라고 추정하는 것이 당사자들의 의사에 부합되는 해석이다. 부정설에서 드는 중재조항의 독립성은, 주된 계약이 효력을 상실하더라도 중재합의 자체는 유효하고 그에 기하여 중재판정부는 중재판정을 내릴 수 있다는 점에 방점을 두는 것으로서, 중재조항 당사자의 묵시적 의사를 해석하는 데에 있어서 기준으로 삼을 원칙으로는 보기 어렵다. 따라서 긍정설이 타당하다고 본다. 다만, 당사자의 의사가 중재합의에도 동일한 준거법을 지정하였다고 보기 어려운 사정들이 발견되는 경우에는 묵시적 지정을 인정하는 데에 신중할 필요가 있다.

2) 논의의 실익 및 결과

한국법원에 소송금지가처분 신청이 제기된 경우를 상정하여, 위 준거법 논의의 결과를 단계별로 요약해 보면 다음과 같다.

먼저, 소송요건(신청요건 또는 적법요건)으로서 한국법원에서 소송금지가처분의 허용 가능성을 심사함에 있어서는 법정지법인 한국법에 따른다고 봄이 타당하고, 한국법상 이를 부정할 근거는 없다고 본다.

다음으로, 실체 요건(피보전권리의 존재)에 대한 심리 단계로 들어가 한국법원이 중재합의 위반으로 인한 소송금지청구권 인정 여부를 판단함에 있어서, 중재가능성, 중재합의 허용요건(유효요건), 중재합의의 방식 및 효력의 준거법은 모두 법정지법인 한국법이 된다. 중재조항이 약관에 포함된 경우 그 중재합의가 유효한지 여부에 관하여는 한국의 약관규제법 제14조 및 그에 관한 국내의 해석론이 적용된다.

가장 중요한 중재합의의 성립 및 유효성의 준거법은 뉴욕협약이 적용되는 경우나 적용되지 않는 경우나 동일하게 1차적으로는 '당사자들이 명시적 또는 묵시적으로 지정한 법'이, 2차적으로는 '중재지법'이 준거법이 된다.

예를 들어, 주된 계약에서 영국법을 준거법으로 지정하였다면, 그에 포함된 중재조항의 성립 및 유효성에 관한 준거법도 영국법으로 지정한 것이라고 추정되고(묵시적 지정), 그 경우 일방 당사자가 중재합의를 위반하여 한국법원에 제소하였고 상대방 당사자가 이를 막기 위해 한국법원에 소송금지가처분을 신청하였다면, 한국법원은 피보전권리 존부(즉, 중재합의의 효력으로 소송금지청구권이 발생하는지 여부)를 판단함에 있어서 중재합의 성립 및 유효성의 준거법인 영국법을 적용하게 된다. 다만, 그에 앞서 중재가능성, 중재합의 허용요건(유효요건), 중재합의의 방식 및 효력에 관해서 판단함에 있어서는 법정지법인 한국법을 적용하게 된다. 중재합의 성립 및 유효성의 준거법인 영국법을 적용하게 되면, 앞서 보았던 중재합의 위반에 기한 소송금지청구권 인정 가부에 관한 국내의 해석론은 무용하게 되고, 영국법에 따라서 한국법원은 중재합의 위반에 기한 소송금지청구권의 발생을 긍정할 수 있게 된다.

이와 같이, 준거법에 관한 논의는 생각보다 중요한 논점이면서 한편으로는 매우 까다로운 논점이다. 앞으로 국내에서도 이에 관한 연구가 좀 더 활발히 이루어져야 할 것으로 생각된다

7. 관련 문제 : 소비자계약의 경우

중재과 관련해서, 한 가지 흥미로운 사실은, 최근 우리나라에서도 '아마존'에서 해외직접구매를 하는 경우가 많은데, 아마존 홈페이지[512]를 보면 이용자 약관(Conditions of Use)에서 소비자와의 분쟁을 American

---

512) https://www.amazon.com/-/ko/gp/help/customer/display.html?ie=UTF8&nodeId=5080 88&ref_=footer_cou 참조(2020. 7. 20. 최종 방문).

Arbitration Association(AAA)의 중재규칙에 따라 중재로 해결하도록 규정하고 있다.513) 특이한 점은 분쟁의 대상에 적용될 준거법과 중재합의의 준거법을 따로 정하고 있는 점인데,514) 중재합의에 대해서는 연방중재법(Federal Arbitration Act)과 중재 관련 연방법(federal arbitration law, 제정법인 위 연방중재법과 구별되는 판례법을 의미하는 것으로 보인다)을 적용하고,515) 분쟁의 대상에 관해서는 연방중재법(Federal Arbitration Act), 연방법(applicable federal law), 워싱턴주법(the laws of the state of Washington)을 적용하도록 규정하고 있다.516)

이 경우 만일 한국 소비자가 아마존을 상대로 AAA 중재절차에 의하지 않고 한국법원에 제소하려는 것을 막기 위해 아마존이 한국 소비자를 상대로 한국법원에 소송금지가처분을 신청하였을 경우, 한국법원이 이를 발령할 수 있을 것인가 하는 문제가 발생할 수 있다. 앞서 본 미국의 태도517)에 비추어 볼 때, 만일 미국법원 또는 중재판정부에 소송금지

---

513) 원문에는 "Any dispute or claim relating in any way to your use of any Amazon Service, or to any products or services sold or distributed by Amazon or through Amazon.com will be resolved by binding arbitration, rather than in court." 및 "The arbitration will be conducted by the American Arbitration Association (AAA) under its rules, including the AAA's Supplementary Procedures for Consumer-Related Disputes."라고 되어 있다.

514) 보통 당사자가 중재합의의 준거법을 명시적으로 정하는 경우는 흔하지 아니하다(김인회[2020], 351면).

515) 원문에는 "The Federal Arbitration Act and federal arbitration law apply to this agreement."라고 되어 있다.

516) 원문에는 "By using any Amazon Service, you agree that the Federal Arbitration Act, applicable federal law, and the laws of the state of Washington, without regard to principles of conflict of laws, will govern these Conditions of Use and any dispute of any sort that might arise between you and Amazon."라고 되어 있다.

517) 미국은 앞서 본 바와 같이 중재합의 위반을 이유로 한 소송금지명령을 활발하게 발령하고 있을 뿐만 아니라, 영국이나 독일 등 유럽국가들과는 달리 중재합의에 있어서 소비자 보호를 위한 특별 규정도 따로 두고 있지 않다. 즉, 미국에서는 분쟁 발생 전의 소비자 중재합의도 인정하고 있고, 소비자 중재

명령을 신청한다면 미국법원 또는 중재판정부는 중재합의 위반을 이유로 이를 발령할 수 있을 것으로 보이는데, 한국법원은 이것이 불가능하다고 해석한다면 다소 문제가 있어 보인다. 물론, 위 사례에 관하여는 약관에 의한 중재조항의 유효성 및 국제소비자계약과 관련한 논점이 별도로 검토되어야 하는데,518) 만일 그러한 논의의 결과 약관규제법 제14조에 따라519) 위와 같은 중재합의를 무효로 본다면(이에 대해서는 논란의 소지가 있다), 국제사법 제27조 제5항에 따라 한국 소비자의 상거소인 한국법원에 관할이 인정되므로, 결과적으로 한국법원은 그와 같은 소송금지가처분 신청을 기각하게 될 것이다. 반대로 위 중재합의를 유효하다고 본다면,520) 한국법원이 위에서 본 소송금지청구권 긍정설을 취할 경우 소송금지가처분을 발령할 수도 있을 것이다.

합의의 효력을 인정하기 위해 반드시 소비자의 서명을 요구하지도 않으며, 약관 형태의 중재조항도 유효하다고 본다. 그에 따라 미국에서는 소비자 중재합의가 많이 이루어지고 있으며 필수적 중재조항(Mandatory Arbitration Clauses)도 많이 사용되고 있다. 이에 관한 상세한 소개는 정선주, "소비자중재에서 소비자보호의 문제", 서울대학교 법학, 제49권 1호, 2008., 236~243면; Sternlight, "Consumer Arbitration", Arbitration Law in America, 2006. 참조.

518) 이에 관한 상세한 논의는 석광현[2016], 104~121면 참조. 소비자중재에서 소비자 보호에 관한 각국의 입법례에 관해서는 정선주, "소비자중재에서 소비자보호의 문제", 서울대학교 법학, 제49권 1호, 2008., 236~243면 참조.

519) 우리 약관규제법을 적용하는 것은 앞서 본 바와 같이 이를 중재합의의 허용요건(유효요건)으로 보는 전제에 선 것이다.

520) 이는 중재합의의 허용요건(유효요건)으로 보지 않아 약관규제법이 적용되지 않는다고 보는 견해이거나 약관규제법에 의하더라도 무효사유에 해당하지 않는다고 보는 경우에 해당된다.

Ⅳ. 분쟁해결합의 위반 외의 부당한 외국 제소의 경우

1. 서론

이상에서는 당사자간의 분쟁해결합의(전속적 국제재판관할합의 및 중재합의)를 기초로 소송금지청구권을 도출할 수 있는 이론구성에 관하여 살펴보았다. 이제부터는 당사자간의 분쟁해결합의가 없는 경우, 또는 그 분쟁해결합의가 무효가 되는 경우, 유효라고 하더라도 소송금지청구권을 도출하기는 어려운 경우(예컨대, 선택적 중재합의), 분쟁해결합의에 기한 소송금지청구권의 발생을 부정하는 견해(부정설)를 따르는 경우에, 예외적으로 소송금지청구권을 도출할 수 있는지에 관해서 살펴본다.

일반적으로 당사자가 어느 법원에 제소하는 행위를 두고 위법·부당한 행위라고 평가하기는 어려울 것이나, 예외적으로 어느 외국법원에 제소하는 행위가 위법·부당하여 남용적 제소 행위라고 평가되는 경우가 있을 수 있다. 이러한 위법·부당한 제소를 이하에서는 편의상 '부당 외국 제소'라고 부르기로 한다.

이러한 행위를 금지하는 법률 규정(법적 근거 중 ① 유형)은 찾아볼 수 없고, 당사자간 계약(법적 근거 중 ② 유형)에 기하여 그러한 행위를 금지할 수 있는 경우도 아니므로, 여기서 볼 부당 외국 제소에서 소송금지청구권을 도출한다면 이는 앞서 본 금지청구권의 법적 근거 중 ③ 유형(불법행위 또는 남용적 외국제소에 대하여 해석상 금지청구권을 도출할 수 있는 경우)에 해당한다.

우리나라는 영미와 같은 판례법 국가가 아니므로 소송금지청구권을 법적 근거 없이 함부로 인정할 수는 없고, 성문법에서 그 법적 근거를 찾아야 한다. 우리법상 소송금지청구권을 직접적으로 인정하는 명문 규정은 없으므로, 법규정을 직접적용하여 소송금지청구권을 인정하는 것은 불가능하고, 해석상 유추적용 등의 가능성을 모색할 수밖에 없다.

이와 관련해서는 종래 국내 민법학계에서 '불법행위(또는 위법행위)와 금지청구권'이라는 주제로 민법 제750조 등의 규정에 기해서 일반적으로 금지청구권을 도출할 수 있는지에 관한 논의가 활발하게 전개되었고, 그 외에 특정 영역의 불법행위(예컨대, 지식재산권을 침해하는 부정경쟁행위, 인격권 침해행위, 환경권 침해행위, 제3자 채권 침해행위 등)에 기하여 금지청구권이 발생되는지에 관하여도 영역별로 다양한 논의가 이루어졌는데, 소송금지청구권도 일반적인 금지청구권의 일종이므로 우선 이 논의들을 살펴보아야 한다.

그 결과, 현행법상으로는 부당 외국 제소에 대한 금지청구권을 인정할 법적 근거가 없다고 해석한다면, 더 이상의 논의로 나아갈 필요가 없다. 만약 현행법상으로도 그 법적 근거에 관한 이론구성이 가능하다고 본다면, 나아가 구체적으로 어떠한 요건 하에 소송금지청구권이 인정될 것인지를 논할 필요가 있다. 소송금지청구권을 긍정할 필요가 있다고 하더라도 어디까지나 그것은 예외적인 경우에 한할 것이고 남용의 위험을 규제할 필요 역시 크므로, 제한적으로 허용되는 경우의 구체적 요건 제시가 매우 중요한 문제이다.

결론적으로 말하자면, 필자는 현행법 하에서도 부당 외국 제소에 대한 소송금지청구권의 이론구성이 어느 정도 가능하다고 보는데, 이하에서는 이를 논증하고 나름대로의 시론을 제시해 본다.

미리 밝혀둘 점은, 본 논문의 서론에서도 언급하였지만, 여기서의 논의는 어디까지나 국제적 분쟁, 즉 외국적 요소가 있는 사건을 전제로 논의를 진행하였고, 순수한 국내적 분쟁은 특별히 언급하는 경우를 제외하고는 논의 대상에서 제외하였다. 순수한 국내적 분쟁에 관해 국내 법원에 제소하는 것을 금지하는 소송금지청구권도 이론상으로는 동일한 적용이 가능할 것이지만, 국내적 분쟁에 대해서는 이송 등의 방법으로 비교적 피해가 적은 용이한 방법으로 대응이 가능하므로 손해배상과 같은 사후적 구제수단 외에 사전적 구제수단으로서 소송금지청구권을 인정하

기에는 요건 충족 차원에서 쉽지 않을 것으로 보인다. 재판청구권과의
충돌, 쌍방 이익형량 등의 측면을 고려하면 더욱 그러하다.

2. 국내의 논의

분쟁해결합의 위반 외의 부당 외국 제소에 해당하는 경우에 소송금
지청구권 또는 소송금지명령을 허용할 수 있는지에 관하여, 국내에서는
아직 판례도 없고, 그 법적 근거에 관하여 구체적으로 논증한 연구자료
도 발견되지 않는다. 다만, 아래와 같은 정도의 논의만이 발견된다. 소송
금지청구권에 관한 논의는 아니지만 불법행위와 금지청구권 일반에 관
한 논의는 많은데, 이는 뒤에서 따로 살펴보기로 한다.

1) 긍정설로 볼 수 있는 견해

민법상 인정되는 손해배상의 방법은 금전지급이 원칙이나 예외를 인
정하고 있으며(민법 제394조), 장래의 혹은 현재의 재산상의 침해를 막기
위한 방해배제청구권과 같은 물권적 청구권과 유사한 적극적인 청구권
을 부인할 이유도 없다는 견해이다.[521] 이 견해는 명확한 법적 근거를
제시하지 않고 있지만, 아래에서 볼 불법행위에 기한 일반적 금지청구권
을 인정할 수 있다는 견해에 속하는 것으로 이해된다.

중재합의와 같은 분쟁해결합의 위반이 아니라 당사자의 외국에서의
제소가 소권의 남용이거나 명백한 신의칙 위반에 해당하는 매우 예외적
인 사안에서는 소송금지명령을 허용할 여지가 있다고 보는 견해도 제시
되었는데,[522] 그 법적 근거에 관한 구체적인 설명은 없다.

---

521) 김동진[2004], 113면.
522) 석광현[소송유지명령], 34면 주136; 양석완[2014], 705면.

2) 부정설로 볼 수 있는 견해

우리 법제상 외국에서의 소송 자체의 중지를 청구하는 소를 제기할 수 있는 실체법적 근거가 없다는 견해이다. 이 견해는 한국법에 따른 재판관할권이 없는 외국법원에 소추당하지 않는다는 일반적인 권리를 한국법에서는 찾을 수 없다고 한다.[523]

3. 외국의 논의

1) 소송금지명령에 관련된 논의

이에 관한 각국의 태도와 논의 현황에 관해서는 위 제2장 제2절에서 이미 상세하게 살펴보았다.

개괄적으로만 보면, 영국에서는 당사자가 비양심적으로 행동하는 경우, 괴롭히거나 억압적인 경우, 절차 남용 등으로 표현하면서 부당 외국 제소에 대한 소송금지명령을 폭넓게 인정하는 경향이다. 미국은 영국보다는 덜한 것으로 보이지만 대체로 유사하다고 볼 수 있다. 이에 반해, 대륙법계 국가들은 전반적으로 부정적이지만 특히 분쟁해결합의 위반 외의 경우는 더욱 부정적인 입장으로 보인다. 다만, 앞서 본 바와 같이 독일에서 이혼사건과 관련하여 이례적으로 소송금지명령을 허용한 판례[524]와 최근의 Nokia v. Daimler and Continental 판례는 불법행위에 기한 금지청구권을 소송금지가처분의 피보전권리로 인정한 취지라고 해석되는데 이는 한국법의 해석에 있어서도 시사하는 바가 크다.

대륙법계에 속하는 한국의 경우, 뒤에서 보는 바와 같이 부당 외국 제소에 대하여 소송금지청구권을 도출할 수 있다고 하더라도, 그 인정

---

523) 김용진, 국제민사소송전략 : 국제민사소송실무 가이드, 신영사, 1997, 162면.
524) RGZ 157, 136 (136) (F.R.G.)

범위는 영미법계에서 인정하는 것보다는 훨씬 좁을 것으로 생각된다.[525]

2) 불법행위에 기한 금지청구권 일반에 관한 논의

불법행위에 기하여 일반적인 금지청구권이 발생하는가에 관해서, 영미법계에서는 형평법상의 권한에 기하여 당연히 인정하고 있으므로 논외로 하고, 주로 독일을 비롯한 대륙법계 국가에서 활발한 논의가 있어왔다. 그러나 이는 민법학의 영역에 속하므로 상세한 논의는 생략한다.[526] 결론적으로만 보면, 독일의 경우, 채무불이행이나 불법행위에 대한 구제수단은 원상회복이 원칙이고(제249조 제1항), 불법행위의 경우에 소유권에 관한 규정 등 여러 법률 규정을 유추적용하여 부작위청구권을 인정하고 있다.[527] 일본의 경우, 부정설이 종래의 통설이었으나 최근에는 불법행위에 기초하여 금지를 인정하자는 긍정설도 다수 제기되고 있다.[528] 일본 판례도 종전에는 명시적으로 부정하는 태도였는데, 최근에

525) 석광현[소송유지명령], 34면 주136에서도 영국법상 비양심적인 행동은 우리가 말하는 소권남용보다는 범위가 넓으므로, 이를 '극히 예외적인 경우인 소권남용'에 해당한다고 말할 수는 없다고 한다.
526) 이에 관한 외국의 논의는 권영준[2008], 54, 55, 58면; 김재형[2016], 128면; 유영선, "불법행위자로서 '부정한 경쟁행위' 및 그에 기한 금지청구권의 성립 요건 등에 관하여", 민사재판의 제문제, 23권, 한국사법행정학회, 2015., 481~486면; 한삼인, "통행방해 행위의 제거·예방청구의 적법 여부", 충남대학교 법학연구, 제25권 제2호, 2014., 299~303면; 윤진수, "손해배상의 방법으로서의 원상회복 -민법개정안을 계기로 하여-", 비교사법, 2003., 87면; 박시훈, "위법행위에 대한 금지청구권의 연구", 서울대학교대학원, 법학박사학위논문, 2015., 8~155면; 김재형/최봉경/권영준/김형석, 민법개정안 연구, 박영사, 2019., 142면 등 참조.
527) 김재형[2016], 128면; 김재형/최봉경/권영준/김형석, 민법개정안 연구, 박영사, 2019., 142면.
528) 四宮和夫, 不法行爲, 1985, 475頁 이하; 平井宜雄, 不法行爲, 1992, 107頁; 大塚直, 生活妨害の差止に關する基礎的考察-物權的妨害排除請求と不法行爲に基づく請求との交錯, 法學協會雜誌, 第103卷 4號(1986.4.)~ 第107卷 4號(1990.4.) (이상 일본문헌은 윤태영, "경쟁질서 위반행위에 대한 불법행위책임", 비교사

는 그 태도의 변화를 감지할 수 있다고 해석하는 견해가 있다.[529]

법, 제14권 제1호, 2007., 160~161면에서 재인용); 유영선, "불법행위자로서 '부정한 경쟁행위' 및 그에 기한 금지청구권의 성립 요건 등에 관하여", 민사재판의 제문제, 23권, 한국사법행정학회, 2015., 483면.

529) 유영선, "불법행위자로서 '부정한 경쟁행위' 및 그에 기한 금지청구권의 성립 요건 등에 관하여", 민사재판의 제문제, 23권, 한국사법행정학회, 2015., 484~485면. 위 논문에서는 3개의 일본 판례들을 소개하는데, ① 東京高裁 1991. 12. 17. 선고 平2 (ネ) 2733호 판결에서는, 불법행위에 기초한 피고제품의 제조, 판매 등의 금지청구에 대하여 특별히 이를 인정하는 법률상 규정이 존재하지 않는 한 불법행위에 의해 침해되는 권리가 배타성 있는 지배적 권리인 경우에만 허용된다고 하였고, ② 大阪高裁 1993. 4. 15.자 平4 (ラ) 451호 결정에서는, 채권자가 영업비밀 침해에 기한 부정경쟁방지법 상의 금지청구권 및 민법 709조의 불법행위에 기한 금지청구권을 피보전권리로 하여 그 금지를 구하는 가처분 신청을 한 사건에서, 민법은 불법행위 책임의 효과로서 손해배상청구권을 인정하는 데 그치고 금지청구권은 인정하고 있지 않으므로, 설사 채무자의 행위가 불법행위에 해당된다고 하더라도 그 행위의 금지를 요구할 수 없다면서, 불법행위에 기초한 금지청구권을 피보전권리로 하여 그 금지를 요구하는 채권자의 주장은 그 자체로 이유 없다고 판시하였다. 그런데 최근 ③ 知材高裁 2005. 10. 6. 선고 平17(ネ) 10049호 판결에서는, 일반적으로 불법행위에 대한 채권자의 구제로서는 손해배상청구가 예정되고, 금지청구는 상정되지 않는데, 본건에 있어서 금지청구권을 인정해야 하는 사정이 있는가를 검토하더라도, 앞서 인정한 본건을 둘러싼 사정에 비추어 보면, 피항소인(침해자)의 장래에 걸치는 행위를 금지하지 않으면 손해배상으로 회복할 수 없는 심각한 사태를 초래한다는 것을 인정할 수 없고, 본건 모든 증거에 의하더라도 이를 긍정해야만 하는 사정을 발견할 수 없으므로, 항소인(채권자)의 불법행위에 기초한 금지청구권은 이유가 없다고 설시하였다. 위 ③ 판결은 금지청구권을 부정하면서도, 앞서 본 90년대 초반의 두 판례와는 달리 불법행위에 기한 금지청구를 무조건 배척하지 않고 금지청구권을 인정해야 하는 사정이 있는지 여부도 살펴 '장래에 걸치는 행위를 금지하지 않으면 손해배상으로 회복할 수 없는 심각한 사태를 초래한다는 것'을 인정할 수 없다는 이유까지 들어 금지청구를 기각하였다는 점에서 그 태도의 변화를 감지 할 수 있다고 한다.

4. 손해배상청구권 발생 여부

앞서 분쟁해결합의 위반의 경우에도 소송금지청구권 발생 여부와 연장선상에 있는 문제로서 손해배상청구권 발생 여부를 살펴보았다. 부당 외국 제소의 경우에도 유사한데, 차이점이라면 분쟁해결합의 위반의 경우에는 이를 채무불이행책임(계약책임)의 문제로 다룬 반면, 부당 외국 제소의 경우에는 불법행위에 기한 손해배상청구권의 문제가 된다.[530] 그 결과, 분쟁해결합의 위반에서의 논의와는 달리, 부당 외국 제소의 경우에는 불법행위로 인정되는지 여부가 주로 문제되고, 불법행위로 인정된다면 그 효과로서 손해배상청구권이 발생함에는 별 어려움이 없다. 문제는 소송금지청구권이 인정될 수 있는가이다.

5. 소송금지청구권 발생 여부(시론)

부당 외국 제소에 대하여 소송금지청구권을 인정할 수 있는지, 있다면 그 법적 근거는 구체적으로 무엇인지에 관해서 위에서 본 일반적 수준의 논의 외에는 아직까지 국내에서 구체적인 논의가 이뤄지지 않았지만, 국내 민법학계, 지식재산권학계, 환경법학계에서 이뤄진 논의들을 참고해 볼 때, 다음과 같은 4가지 이론구성이 가능할 것으로 생각된다. 즉, 1) 불법행위에 기한 금지청구권 인정, 2) 물권적 청구권에 관한 민법 조항 등 유추적용, 3) 권리남용(소권남용) 또는 신의칙에 기한 금지청구권 인정, 4) 외국 제소를 당하지 않을 권리라는 새로운 권리를 정면으로

---

530) 석광현[소송유지명령], 22면도 同旨. 물론, 분쟁해결합의 위반의 경우에도, 영미에서는 이를 계약위반, 즉 채무불이행의 문제로 접근하고 불법행위의 문제로는 다루지 않는데 반하여, 실체적 경합을 인정하는 한국의 경우에는 채무불이행과 불법행위가 모두 문제될 수 있다(한승수[2019], 28면 주106). 독일과 일본도 마찬가지로 보인다(Mankowski[2009], S. 26; Takahashi[2008], 69).

인정하는 방안이다.

이하에서 각 법리적 타당성을 차례로 검토해 본다.

1) 불법행위에 기한 금지청구권(편의상 '불법행위설'로 부름)

(1) 논의 개요

민법상 불법행위에 대한 구제수단으로는 손해배상청구만 규정되어 있고 침해행위에 대한 금지청구권은 규정되어 있지 않기 때문에, 전통적으로 우리 학계와 실무계의 주류적인 경향은 불법행위에 기해서는 손해배상청구만 가능하고 금지청구권까지는 인정할 수 없다고 보는 것이었다. 그러나 근래에는 외국 법제, 특히 독일의 영향을 받아 국내 민법학계에서도 어떤 침해행위에 대하여 사후적 손해배상만으로는 권리 구제의 실효성을 달성하기 어려우므로 입법론531) 또는 해석론으로서 불법행위에 대한 일반적 구제수단으로 금지청구권을 허용해야 한다는 주장들이 다수 제기되었다.532) 이러한 이론들은 지식재산권을 침해하는 부정경쟁행위,533) 인격권침해행위,534) 환경권침해행위535) 등과 관련하여 지

---

531) 입법론으로는 이미 2013년에 확정된 민법개정시안 제766조의2(금지청구)에서 이러한 취지의 조항이 마련되었다.

532) 그 대표적인 논문으로는, 양창수, "손해배상의 범위와 방법 : 손해배상책임의 내용", 민사법학, 15호, 1997.; 양창수, "손해배상의 범위와 방법", 민법산고, 2007.; 양창수, "한국에서의 불법행위법의 전개 -그 경향과 가능성-", 고려대 법과대학 100주년 기념국제학술대회 자료집; 김재형, "제3자에 의한 채권침해", 민법론 III, 2007.; 윤진수, "손해배상의 방법으로서의 원상회복 -민법개정안을 계기로 하여-", 비교사법, 2003.; 남윤봉, "불법행위제도의 기능", 재산법연구, 2001.; 송오식, "불법행위의 효과에 관한 일제언", 민사법연구, 1997.; 김차동, "금지(유지)청구권의 일반근거규정 도입에 관한 연구", 법학논총, 제31집 제4호, 2014.; 김상중(2013); 박시훈, "위법행위에 대한 금지청구권의 연구", 서울대학교대학원, 법학박사학위논문, 2015. 등이 있다.

533) 유영선, "불법행위자로서 '부정한 경쟁행위' 및 그에 기한 금지청구권의 성립요건 등에 관하여", 민사재판의 제문제, 23권, 한국사법행정학회, 2015. 참조.

식재산권법 또는 환경법 영역에서도 널리 제기되고 있다. 이에 관한 상세한 논의는 본 논문의 범위를 벗어나는 것이므로, 그 개요만 소개한다.

불법행위와 금지청구권에 관한 종래의 국내 학설·판례는 다음과 같다.[536]

① 불법행위의 효과로서 금지청구권을 일반적으로 도출할 수 있다는 긍정설은, 불법행위를 이유로 손해의 배상을 인정하면서 그 손해를 발생케 한 위법행위를 배제·예방할 수 없다면 이는 불법행위제도의 취지에 어긋나므로 마땅히 그러한 침해의 배제·예방을 청구할 수 있어야 한다고 주장한다.

② 부정설은 불법행위제도는 위법행위로부터 이미 발생한 손해를 전보시키는 것이기 때문에 현재 이루어지고 있는 위법행위의 배제·정지 내지 장래 있을 위법행위의 예방청구권 등은 불법행위로부터는 직접 발생하지 않는다고 한다.

③ 절충설은 불법행위로 침해된 이익의 종류나 성질에 따라서 손해배상만을 인정하는 것으로 충분하기도 하고 그 밖의 방해배제까지도 인정하는 것이 적당한 것도 있으며, 어떤 법익에 관하여 어느 정도의 구제를 주느냐는 순전히 입법정책의 문제이지 논리의 문제가 아니라고 전제한

---

534) 한삼인, "통행방해 행위의 제거·예방청구의 적법 여부", 충남대학교 법학연구, 제25권 제2호, 2014.; 강지웅, "통행의 자유와 통행방해 금지청구", 민사판례연구, 35권, 박영사, 2013. 등 참조.

535) 문광섭[2002]; 조재헌, "도로소음으로 인한 생활방해의 방지청구-수인한도와 이익형량을 중심으로-", 민사판례연구, 39권, 2017.; 지영난, "고속도로의 소음과 관련하여 추상적 부작위명령을 구하는 유지청구의 인정 여부", 민사재판의 제문제, 16권, 2007. 등 참조.

536) 이 부분 긍정설, 부정설, 절충설에 대한 설명은 곽윤직, 채권각론, 박영사, 2007., 446면; 김용담 편집대표, 주석 민법, 채권각칙(6), 한국사법행정학회, 2016. 275면; 곽윤직 편집대표, 민법주해(XVIII), 박영사, 2005., 256~257면을 참조하였다. 박시훈, "위법행위에 대한 금지청구권의 연구", 서울대학교대학원, 법학박사학위논문, 2015., 196~203면에서도 금지청구권에 관한 국내의 학설에 관하여 상세히 소개하고 있다.

다음, 방해배제까지도 인정할 것이냐의 여부는, 이를 인정함으로써 가해자 쪽의 자유활동을 제한하게 되는 데서 생기는 손실과 채권자 쪽이 그것에 의하여 얻게 되는 이익과의 비교·교량에 의하여 결정하여야 한다고 한다.

④ 이에 더하여, 최근에는 긍정설의 발전된 모습으로 이른바 '전체유추설'이 주장되기도 한다. 이 견해에 따르면, 금지청구권을 인정하는 명문규정의 흠결로 인한 불합리성을 완화하려는 다양한 시도가 이루어져 왔음을 지적하면서, 정의관념에 적합한 결과를 도출하기 위해서 이른바 전체유추(Gesamtanalogie, 다수의 법률규정들의 기초를 이루는 원칙에 의하여 법률 내에 존재하는 흠결을 보충하는 유추방식)에 기하여 불법행위에 기한 금지청구권을 인정할 수 있다고 주장한다. 즉, 우리 민법의 제2조(신의성실의 원칙), 제214조(물권적 청구권), 제217조 제1항(생활방해에 관한 적절한 조치의무), 제389조 제3항(부작위채무에 위반한 경우 적당한 처분), 제764조(명예회복에 적당한 처분의무), 부정경쟁방지법 제4조(금지청구권) 등에서부터 '법이 보호하고자 하는 권리나 이익이 침해되었다면 채권자는 그 침해로부터 회복될 수 있는 가장 적절하고 유효한 수단에 의하여 구제되어야 한다'는 법의 일반원칙을 도출할 수 있고, 이들 규정의 전체유추에 의하여 개별적인 사안에 따라서는 불법행위에 기한 금지청구권을 인정할 수 있다고 주장한다.[537)538)]

⑤ 대법원은 종래 부정설의 입장이었다고 볼 수 있다.[539)] 그런데 최

---

537) 권영준[2008], 61~66면; 김상중[2013] 338~342면도 同旨.
538) 이러한 전체유추설에 의하더라도, 모든 불법행위에 대하여 금지청구권을 인정하는 것은 아니고, 사안에 따라서 일정한 요건 하에 인정될 수 있다는 것인데, 침해되는 이익이 중대할수록, 손해배상으로는 그 손해의 온전한 회복이 어려울수록, 침해의 계속 가능성이 클수록 금지청구권을 허용해야할 필요성이 커지고, 법원이 이를 고려하여 금지청구권의 허용 여부를 사안별로 판단해야 한다고 주장한다.
539) 불법행위에 기하여 원상회복청구를 할 수는 없다는 취지의 대법원 1997. 3.

근 대법원 2010. 8. 25.자 2008마1541 결정에서 "경쟁자가 상당한 노력과
투자에 의하여 구축한 성과물을 상도덕이나 공정한 경쟁질서에 반하여
자신의 영업을 위하여 무단으로 이용함으로써 경쟁자의 노력과 투자에
편승하여 부당하게 이익을 얻고 경쟁자의 법률상 보호할 가치가 있는
이익을 침해하는 행위는 부정한 경쟁행위로서 민법상 불법행위에 해당
하는바, 위와 같은 무단이용 상태가 계속되어 금전배상을 명하는 것만으
로는 피해자 구제의 실효성을 기대하기 어렵고 무단이용의 금지로 인하
여 보호되는 피해자의 이익과 그로 인한 가해자의 불이익을 비교·교량
할 때 피해자의 이익이 더 큰 경우에는 그 행위의 금지 또는 예방을 청
구할 수 있다고 할 것이다."라고 판시함으로써 불법행위에 기한 금지청
구권을 명시적으로 인정한 것이 아닌가 하는 논란을 낳았다. 그러나 이
판례에 대해서는, 위법행위에 대한 금지청구권을 인정한 판례라고 해석
하는 견해[540]도 있고, 단순히 부정경쟁방지법 제4조 제1항의 금지청구권
을 유추적용하여 금지청구권을 인정한 것이라고 해석하는 견해[541]도 있
으며, 본건에서 보호되는 이익을 대세적 효력을 갖는 절대권으로 본 것
이라는 견해[542] 등으로 나뉘고, 私見으로도 위 판례를 불법행위에 기하
여 일반적으로 금지청구권을 인정한 것으로 확대해석하기는 어렵다고
생각한다.[543]

---

28. 선고 96다10638 판결, 대법원 1994. 3. 22. 선고 92다52726 판결, 대법원 1996.
7. 30. 선고 94다32122 판결 등 참조. 그밖에, 제3자에 의한 채권침해를 원인으로
한 방해배제청구에 관해 대세적 효력이 없는 채권적 권리에 불과하다는 이유로
이를 부정한 판례도 있다(대법원 2001. 5. 8. 선고 99다38699 판결).
540) 김재형/최봉경/권영준/김형석, 민법개정안 연구, 박영사, 2019., 143면; 김재형
[2016], 104면, 129면.
541) 유영선, "불법행위자로서 '부정한 경쟁행위' 및 그에 기한 금지청구권의 성립
요건 등에 관하여", 민사재판의 제문제, 23권, 한국사법행정학회, 2015., 502면.
542) 김천수, "우리 불법행위법의 소묘 -그 자화상과 미래상-", 민사법학, 제52호,
2010., 550면.
543) 김용담 편집대표, 주석 민법, 채권각칙(6), 한국사법행정학회, 2016., 275면도

그러나 표시·광고의 공정화에 관한 법률 위반광고에 관한 금지가처분 사건에서, 하급심 법원의 실무례[544]는 위 대법원 결정의 법리를 채용하여 불법행위에 기한 금지청구권을 피보전권리로 한 광고 등 금지가처분을 인정하고 있다.[545]

또한, 통행방해 행위로 통행의 자유를 침해하였다면 민법상 불법행위에 해당하며 침해를 받은 자로서는 그 방해의 배제나 장래에 생길 방해를 예방하기 위하여 통행방해 행위의 금지를 소구할 수 있다고 판시한 대법원 판례도 다수 있다.[546] 그밖에, 인격권 침해, 환경권 침해가 불법행위를 구성하고 금지청구권도 인정된다는 취지의 판례들도 다수 있다.[547]

⑥ 이에 관한 외국의 논의 내용은 위에서 이미 살펴보았다.

(2) 검토 및 私見

비교법적으로 보더라도, 불법행위에 기한 금지청구권은 영미법에서는 형평법에 기하여 이미 널리 인정되고 있고, 대륙법계인 독일도 인정

同旨.

544) 예컨대, 서울중앙지방법원 2015. 12. 1.자 2015카합81205 결정, 서울동부지방법원 2015. 8. 20.자 2015카합10089 결정, 서울동부지방법원 2015. 5. 15.자 2014카합10213 결정, 서울중앙지방법원 2015. 1. 23.자 2015카합80023 결정, 서울중앙지방법원 2015. 1. 23.자 2015카합80020 결정, 수원지방법원 성남지원 2015. 1. 2.자 2013카합277 결정, 서울중앙지방법원 2014. 1. 16.자 2013카합2145 결정, 서울중앙지방법원 2013. 12. 13.자 2013카합1991 결정, 서울중앙지방법원 2012. 10. 25.자 2011카합2461 결정, 서울중앙지방법원 2012. 11. 22.자 2012카합2336 결정, 서울중앙지방법원 2011. 6. 21.자 2011카합248 결정, 서울중앙지방법원 2010. 3. 25.자 2010카합378 결정, 수원지방법원 성남지원 2015. 1. 2.자 2013카합277 결정 등이 있다.

545) 민일영 편집대표, 주석 민사집행법(Ⅶ), 한국사법행정학회, 제4판, 2018,, 709면.

546) 대법원 2011. 10. 13. 선고 2010다63720 판결, 대법원 2013. 2. 14.자 2012마1417 결정. 위 판례에 대한 평석으로는 한삼인, "통행방해 행위의 제거·예방청구의 적법 여부", 충남대학교 법학연구, 제25권 제2호, 2014. 참조.

547) 대법원 1996. 4. 12. 선고 93다40614, 40621 판결, 대법원 1997. 10. 24. 선고 96다17851 판결, 대법원 2005. 1. 17.자 2003마1477 결정.

하는 해석이 지배적인 것으로 보이며, 일본에서도 최근에는 긍정하는 입
장이 대두되고 있다. 앞서 본 바와 같이 이혼사건과 관련하여 이례적으
로 소송금지명령을 허용한 판례[548]와 최근의 Nokia v. Daimler and
Continental 판례도 그 법적 근거로 불법행위에 관한 독일민법 제826조 및
제823조 제1항을 들고 있는데, 이는 불법행위에 기한 금지청구권을 소송
금지가처분의 피보전권리로 인정한 취지라고 해석된다. 우리나라에서도
근래에는 민법학계[549]에서 이를 인정하는 해석론이 다수 제기되었고, 이
를 반영하여 최근 민법개정시안 제766조의2(금지청구)[550][551]에서도 이러
한 취지의 조항이 마련되었다. 민법학계 외에도 지식재산권법학계 및 환
경법학계 등에서 이를 지지하는 견해들이 많이 있다. 법원의 판례를 보
더라도, 위 대법원 2010. 8. 25.자 2008마1541 결정에서 이를 인정할 단초

---

548) RGZ 157, 136 (136) (F.R.G.)

549) 가장 최근의 박사학위논문으로는 박시훈, "위법행위에 대한 금지청구권의 연
구", 서울대학교대학원, 법학박사학위논문, 2015. 참조.

550) 그 내용은 다음과 같다. "제766조의 2(금지청구) ① 타인의 위법행위로 인하여
손해를 입거나 입을 염려가 있는 자는 손해배상에 의하여 손해를 충분히 회
복할 수 없고 손해의 발생을 중지 또는 예방하도록 함이 적당한 경우에는 그
행위의 금지를 청구할 수 있다. ② 제1항의 금지를 위하여 필요한 경우에는
손해를 입거나 입을 염려가 있는 자는 위법행위에 사용되는 물건의 폐기 또
는 그 밖에 적절한 조치를 청구할 수 있다."
위 개정안의 성안 과정에 대한 소개는 김재형/최봉경/권영준/김형석, 민법개
정안 연구, 박영사, 2019., 144~147면 참조.

551) 민법개정시안의 위 금지청구권 조항에 따르면, 금지청구권의 요건은 ① 타인
의 위법행위의 존재, ② 이로 인하여 손해를 입거나 입을 염려가 있을 것, ③
손해배상에 의하여 손해를 충분히 회복할 수 없을 것, ④ 손해의 발생을 중지
또는 예방하도록 함이 적당할 것 4가지이다(김재형/최봉경/권영준/김형석, 민
법개정안 연구, 박영사, 2019., 147면). 고의 또는 과실은 요건이 아니고, 손해
가 이미 발생하여야 하는 것이 아니고 발생할 염려가 있으면 족하다. 그런데
여기서 '손해배상에 의하여 손해를 충분히 회복할 수 없을 것'이라는 요건에
대해서는 반드시 이것을 명시적으로 요구할 필요가 있는지에 대해 의문을 제
기하는 견해가 있다(김재형/최봉경/권영준/김형석, 민법개정안 연구, 박영사,
2019., 148면).

를 제공하였고, 표시광고법에 관한 하급심실무례는 이를 인정하는 쪽으로 확립된 것으로 보인다.

앞서 본 바와 같이 외국법원들은 이미 자국의 관할권를 수호하기 위하여 소송금지명령을 활발하게 발령하고 있고 실제로 국제소송에서 부당한 소송전략으로 악용될 소지가 있어 권리구제의 필요성과 당위성이 있음에도 불구하고 전통적 법리에 지나치게 얽매여 소극적인 해석론을 고수하는 것은 바람직하지 않다. 어떤 법익 보호의 필요성과 당위성이 크다는 점은 해당 법익을 법적으로 보호되는 권리로 인정할 가능성에 영향을 미친다. 이 점에서 대륙법 체계 내에서 소송금지청구권을 도출하기 위한 보다 적극적인 해석론이 필요하다.

이와 같은 법 해석론적 근거, 외국의 태도와 국내 학계 및 실무계의 동향 등에 비추어 볼 때, 이제는 국내에서도 종래 부정적으로 보아온 불법행위에 기한 금지청구권을 인정할 수 있는 충분한 해석론적 뒷받침과 여건이 성숙되었다고 생각된다. 물론, 입법론적으로 위 민법개정시안이 통과된다면 이것이 더욱 분명해 질 것이다.

결론적으로, 현행법의 해석론에 의하더라도, 부당한 외국 제소행위가 불법행위를 구성한다고 볼 수 있는 경우에는, 불법행위에 관한 민법 규정을 기초로(불법행위설) 혹은 민법의 여러 규정들에 의한 전체유추의 방법으로(전체유추설), 소송금지청구권의 발생을 인정할 여지가 있다고 생각한다. 다만, 소송금지청구권은 예양 원칙의 고려 등 여러 이유에서 매우 신중하게 예외적으로만 인정되어야 할 것인데, 이는 결국 불법행위를 구성하는지, 더 구체적으로는 '위법성' 요건이 충족되는지, 보전의 필요성 요건이 충족되는지의 단계에서 따로 검토할 문제이다.

2) 물권적 청구권 규정을 유추적용하는 견해(편의상 '물권적 청구권설'로 부름)

(1) 논의 개요

이 견해는 기본적으로 대세적 효력을 갖는 물권 등 절대권에 대해서만 금지청구권을 인정할 수 있다는 전제에서, 권리의 성격 또는 침해행위의 성격이 가지는 유사성에 기하여 물권적 청구권에 관한 민법 제214조를 유추적용함으로써 금지청구권을 인정할 수 있다고 해석한다.[552]

종래에 인격권 침해나 환경권 침해에 관해서는 이러한 시각에서 물권적 청구권 규정을 유추적용함으로써 금지청구권을 도출하는 해석이 지배적인데, 이도 같은 견해라고 볼 수 있다. 대법원 판례도 인격권 침해행위,[553] 환경권 침해행위,[554] 통행자유 침해행위[555] 등에 대해서 이

---

[552] 유영선, "불법행위자로서 '부정한 경쟁행위' 및 그에 기한 금지청구권의 성립 요건 등에 관하여", 민사재판의 제문제, 23권, 한국사법행정학회, 2015., 498~501면에서는 부정경쟁방지법에서 규율되지 않는 부정한 경쟁행위에 관하여 부정경쟁방지법 규정을 유추적용함으로써 금지청구권을 인정할 수 있다고 주장하는데, 이러한 견해도 금지청구권을 인정하는 개별 법률을 유추적용함으로써 금지청구권을 인정하자는 견해로서, 넓게 보면 같은 범주의 견해라 할 수 있다.

[553] 인격권 침해에 관한 판례로는 대법원 1996. 4. 12. 선고 93다40614, 40621 판결, 대법원 1997. 10. 24. 선고 96다17851 판결, 대법원 2005. 1. 17.자 2003마1477 결정, 대법원 2006. 5. 26. 선고 2004다62597 판결 등 참조. 그 중 대표적으로 대법원 1997. 10. 24. 선고 96다17851 판결에서는 "명예에 관한 권리는 일종의 인격권으로 볼 수 있는 것으로서, 그 성질상 일단 침해된 후에는 금전배상이나 명예 회복에 필요한 처분 등의 구제수단만으로는 그 피해의 완전한 회복이 어렵고 손해 전보의 실효성을 기대하기 어려우므로, 이와 같은 인격권의 침해에 대하여는 사전 예방적 구제수단으로 침해행위의 정지·방지 등의 금지청구권이 인정될 수 있다고 보아야 할 것이다."라고 판시하였다. 대법원 2006. 5. 26. 선고 2004다62597 판결에서는 "인격권이나 시설관리권 등과 같은 대세적 권리를 침해하는 행위에 대한 부작위청구권은 대세적 권리에 대한 침해의 우려가 있다는 점 또는 이미 침해가 있었고 그 재발의 위험성이 있다는 점

러한 시각에서 사전 예방적 구제수단으로 금지청구권을 인정하는 것이 확립된 태도이다. 부정 경쟁행위에 관한 대법원 2010. 8. 25.자 2008마 1541 결정은 위에서 본 바와 같다.

(2) 검토 및 私見

필자는 아래와 같은 이유에서, 이러한 이론구성으로 소송금지청구권을 도출하기는 어렵다고 본다.

① 물권적 청구권설은 그 이론구성이 보다 구체적이고 명확하며, 권리나 침해의 유사성에 기초하여 절대권에 관한 현행 민법의 규정을 유추적용하는 해석이므로 현행법 체계에 크게 배치되지 아니하고, 종래 판례도 이러한 법리를 인정하여 왔기 때문에 그 수용에 거부감이 덜하면서 실제적인 권리구제의 필요성도 만족시킬 수 있는 이론이기는 하다. 앞서 본 국내의 긍정설 중 장래의 혹은 현재의 재산상의 침해를 막기 위한 방해배제청구권과 같은 물권적 청구권과 유사한 적극적인 청구권을 부인할 이유도 없다는 견해556)도 구체적인 법적 근거를 제시하지는 않

등을 요건으로 하는 것이며, 이 경우 부작위명령의 대상이 되는 것은 가해자들이 이미 저지른 행위와 동일한 행위뿐만 아니라 그와 유사한 행위로서 장래에 저질러질 우려가 있는 행위를 포함한다."고 판시하였다.

554) 환경권 침해와 관련된 판례로는 대법원 1999. 7. 27. 선고 98다47528 판결 등이 있는데, 위 판결은 "어느 토지나 건물의 소유자가 종전부터 향유하고 있던 경관이나 조망, 조용하고 쾌적한 종교적 환경 등이 그에게 하나의 생활이익으로서의 가치를 가지고 있다고 객관적으로 인정된다면 법적인 보호의 대상이 될 수 있는 것이므로, 인접 대지 위에 건물의 건축 등으로 그와 같은 생활이익이 침해되고 그 침해가 사회통념상 일반적으로 수인할 정도를 넘어선다고 인정되는 경우에는 위 토지 등의 소유자는 그 소유권에 기하여 건물의 건축 금지 등 방해의 제거나 예방을 위하여 필요한 청구를 할 수 있다"고 판시하였다.

555) 통행자유 침해에 관한 판례로는 대법원 2011. 10. 13. 선고 2010다63720 판결, 대법원 2013. 2. 14.자 2012마1417 결정 등 참조. 위 판례에 대한 평석으로는 한삼인, "통행방해 행위의 제거·예방청구의 적법 여부", 충남대학교 법학연구, 제25권 제2호, 2014. 참조.

지만 이와 비슷한 견해로 보인다.

② 그러나 '부당 외국 제소를 당하지 않을 권리'에서 물권적 청구권을 도출할 만한 적당한 법적 매개가 마땅치 않다. 생각해 볼 수 있는 것으로는 '인격권'의 일종이라고 보아 물권적 청구권을 도출하는 이론 정도인데, 이것은 아래의 이유에서 입론의 가능성이 전혀 없지는 않으나 현재로서는 선뜻 받아들이기 어려운 이론구성이다.

③ 인격권은 사람의 자유, 명예, 신체, 생명 등 인격적 이익에 관한 권리로서, 사람이 자기 자신에 대하여 갖는 권리를 가리킨다.[557] 이러한 인격권은 헌법 제10조의 '인간의 존엄과 가치 및 행복추구권', 제17조의 '사생활의 자유', 제18조의 '통신의 비밀을 침해받지 않을 권리', 제19조의 '양심의 자유', 제20조의 '종교의 자유', 제21조의 '언론·출판의 자유' 등과 민법 제750조, 제751조, 제752조, 제764조 등에서 그 근거를 찾는다. 이러한 인격권은 대다수의 학설 뿐만 아니라 판례에 의해서도 이미 확립된 법적 권리로서, 물권과 같이 배타성을 지니고 모든 사람에 대해서 주장할 수 있는 절대권에 해당한다고 이해되고 있다.[558] 이에 기하여 인격권 침해에 대한 구제수단으로 손해배상청구권 뿐만 아니라 금지청구권까지 인정하고 있는 것이다.[559]

학설은 인격권의 내용으로 생명, 자유, 신체, 건강, 명예, 사생활(privacy), 성명·초상, 개인정보, 저작물과 공연 등 지식재산에 관련된 권

---

556) 김동진[2004], 113면.
557) 김재형[2012], 177면; 김용담 편집대표, 주석 민법, 채권각칙(6), 한국사법행정학회, 2016.(김재형 집필 부분), 386면. 인격권에 관하여는 국내에 많은 연구자료들이 나와 있는데, 일반적인 내용으로는 우선 위 논문들과 이봉림[2007]을 참조하고, 인격권과 금지청구권에 관해서는 박시훈, "위법행위에 대한 금지청구권의 연구", 서울대학교대학원, 법학박사학위논문, 2015.를 참조할 필요가 있다.
558) 이봉림[2007], 60면.
559) 전원열, "명예훼손 불법행위에 있어서 위법성 요건의 재구성", 서울대학교대학원 박사학위논문, 2001., 3~4면; 앞서 본 대법원 93다40614, 96다17851, 2003마1477 등 참조.

리 등 대단히 포괄적으로 들고 있는데, 이와 같이 인격권은 매우 포괄적
인 권리로서 그 보호범위가 매우 넓으며, '새로운 권리를 인정하는 매개
개념'으로 작용하고 있고, 앞으로 사회의 발전에 따라 끊임없이 새로운
보호영역이 발견될 것이며 인격권에 대한 침해유형도 다양해질 것이라
고 한다.560)561)

---

560) 이봉림[2007], 4~5면. 이에 관하여 전원열, "명예훼손 불법행위에 있어서 위법
성 요건의 재구성", 서울대학교대학원 박사학위논문, 2001., 47~50면에서는, 20
세기 중반 이래 인격권 보호영역의 외연은 확장되어 왔고 그와 함께 인격권
개념의 내포는 축소되었으며, 그에 따라 법률상 보호받아야 하는 것과 그에
는 이르지 말아야 할 것들을 구별하는 작업이 과제로 대두었다고 쓰고 있다.

561) 실제로 학설과 판례에 의해 새로이 인정되는 인격권의 종류 및 범위는 점차
로 다양해지고 확장되고 있는 추세인데, 위에서 든 내용들 외에 비교적 근래
에 인정된 인격권의 사례로는 환자의 자기결정권을 인격권으로 인정한 사례
(의사가 환자에게 설명을 다하지 않은 것이 환자의 수혈 여부 등에 관한 자기
결정권이라는 인격권을 침해한 것이라고 한 대법원 1998. 2. 13. 선고 96다
7854 판결, 연명치료 중단에 관하여 환자의 자기결정권을 인정한 대법원
2009. 5. 21. 선고 2009다17417 전원합의체 판결 등), 개인정보 자기결정권을
인격권에 의하여 보장되는 권리로 인정한 사례(대법원 2016. 8. 17. 선고 2014
다235080 판결), '성적 자기결정권에 반하여 성적 수치심을 일으키는 그림 등
을 개인의 의사에 반하여 접하지 않을 권리'의 근거를 성적 자기결정권과 일
반적 인격권에서 찾은 사례(대법원 2018. 9. 13. 선고 2018도9775 판결), 박종철
고문치사 사건과 관련한 진상은폐행위를 유족에 대한 인격적 법익 침해로 본
사례(대법원 1995. 11. 7. 선고 93다41587 판결), 고등학교의 종교교육과 관련
하여 학생의 종교에 관한 인격적 법익 침해로 본 사례(대법원 2010. 4. 22. 선
고 2008다38288 전원합의체 판결), 서울YMCA의 성 차별적 총회원 자격심사가
여성회원들의 인격적 법익을 침해한 것이라고 본 사례(대법원 2011. 1. 27. 선
고 2009다19864 판결), 통행의 자유를 인격권의 일종으로 인정한 사례(대법원
2011. 10. 13. 선고 2010다63720 판결. 위 대법원 판결에서는 '인격권'을 명시적
으로 언급하지는 않았으나, '인격권의 일종으로서의 통행의 자유권'을 인정한
1심 및 원심판결을 수긍하였고, 위 판결에 관한 대법원판례해설에서도 통행
의 자유권을 인격권의 일종으로 거론하고 있다. 김성주, "일반 공중의 통행에
제공된 도로의 통행자유권", 대법원판례해설, 89호, 2012., 170~174면) 등이 있
다. 일부 학설(조재헌, "도로소음으로 인한 생활방해의 방지청구-수인한도와

④ 그렇다면 '부당 외국 제소를 당하지 않을 권리'도 인격권의 일종이라고 보아 인격권 법리를 유추적용할 수 있는가? 이에 대해서는 인격권의 비정형성과 포괄추상성, 보호영역 확장 경향, 성격상 유사성 등을 들어 긍정하는 견해도 있을 수 있겠으나,562) 기본적으로 유추해석은 비교대상 간에 본질적 요소를 함께 하는 유사성이 존재하여야만 인정되는 것인데,563) '부당 외국 제소를 당하지 않을 권리'와 인격권 사이에 그 정도의 본질적인 유사성이 인정된다고 보기는 어려우므로,564) 부정함이 타

이익형량을 중심으로-", 민사판례연구, 39권, 2017., 291면; 지영난, "고속도로의 소음과 관련하여 추상적 부작위명령을 구하는 유지청구의 인정 여부", 민사재판의 제문제, 16권, 2007., 518면; 문광섭, "환경침해에 대한 유지청구", 재판자료, 94집, 법원도서관, 2002., 288~289면 참조)과 전원합의체 판결(대법원 2008. 4. 17. 선고 2006다35865 전원합의체 판결)의 반대의견은 환경권 침해 또는 일조권 침해도 인격권 침해의 일종으로 설명하기도 한다.

562) 국내의 문헌 중에서는, 민법 제751조의 '자유'를 일본과 동일하게 신체적 자유와 정신적 자유 양자를 포함하는 것으로 보면서, 부당한 고소·고발 행위는 피고소인·피고발자의 정신에 커다란 동요와 불안을 가져다주고, 사회적 활동에도 큰 제약을 가하는 것이며, 그릇된 정보의 등록 및 개시로 인해 피해자의 정신적 자유 및 사회적인 자유를 침해하는 경우가 될 수 있고, 명예나 신용, 프라이버시 및 재산상의 침해행위도 동시에 형성하는 수가 많다고 기술하면서 '부당한 고소·고발을 당하지 않을 권리'를 인격권의 일종으로 들고 있는 문헌이 발견된다(이봉림[2007], 72면, 75면). 또한 김혜경, "고소권 제한원리로서 권리남용금지원칙의 도입에 관한 연구 -헌법상 기본권 충돌과 제한의 관점에서-", 피해자학연구, 25권 1호, 한국피해자학회, 2017., 30면에서는, 고소권 남용 피해자의 '형사사법 불참여권'을 언급하면서 "형사사법에의 불참여권이라는 것이 헌법상 명시적인 권리는 아니지만, 우리 헌법 제10조 및 제37조 제1항에 의하여 헌법에 열거되지 아니한 권리 역시 국민의 기본권으로 보호되며, 형사사법에의 불참여권은 헌법 제10조의 일반적 행동의 자유권으로서 보호되어야 한다."고 주장한다. '부당 외국 제소를 당하지 않을 권리'도 이와 유사하게 보아 헌법상 보호되는 '부당한 사법절차에의 불참여권'의 일종이자 인격권의 일종이라고 볼 수 있다는 견해도 가능하다.

563) 최봉경, "민법에서의 유추와 해석 -판례를 거울삼아-", 법철학연구, 12권 2호, 2009., 2면.

564) '부당 외국 제소를 당하지 않을 권리'에 인격권적인 요소가 전혀 없다고 할

358 국제적 분쟁과 소송금지명령

당하다고 생각된다.

3) 권리남용 또는 신의칙에 기한 금지청구권(편의상 '권리남용설'로 부름)

(1) 논의 개요

부당한 외국 제소 행위가 권리의 남용(소권남용)에 해당된다고 평가될 경우, 권리남용의 효과로서 그러한 권리행사의 정지, 예방을 구할 수 있는 금지청구권이 발생한다고 생각해 볼 수도 있겠다. 앞서 본 국내의 견해 중 외국에서의 제소가 소권의 남용이거나 명백한 신의칙 위반에 해당하는 매우 예외적인 사안에서는 소송금지명령을 허용할 여지가 있다고 보는 견해[565]도 결국 이와 유사한 견해로 보인다.

민법학계에서는 권리남용의 효과에 관하여, 권리의 정상적인 행사에서 나오는 법률효과가 발생하지 않음은 물론이고, 남용의 결과 타인에게 손해를 주면 위법한 행위로서 손해배상책임을 지게 되며, 권리행사의 정지, 장래의 예방, 손해배상의 담보 청구도 가능하게 된다고 설명한다.[566] 일부 문헌에서는 구체적인 근거는 설명하지 않은 채, 권리남용의 경우 위법성을 띠게 되므로 불법행위를 구성한다고 한다.[567]

한편, 앞서 본 독립적 은행보증금 지급금지 사건에 관한 대법원 1994. 12. 9. 선고 93다43873 판결에서는 "보증인은 특히 수익자의 보증금 지급청구가 권리남용임이 객관적으로 명백할 때에는 보증의뢰인에 대한 관계에 있어서 마땅히 그 지급을 거절하여야 할 보증의뢰계약상의 의무를 부담하고, 그 반면에 보증의뢰인으로서도 보증인에 대하여 위와 같이 수

수는 없으나, 기본적인 성격은 재판받을 권리에 관한 것이고 부수적으로 재산이나 자유, 명예 등이 침해되는 성격이 있을 뿐이라고 생각된다.
565) 석광현[소송유지명령], 34면 주136; 양석완[2014], 705면.
566) 송덕수, 민법총칙, 제4판, 박영사, 2018., 86면; 이영준, 민법총칙, 박영사, 2007., 97면.
567) 이영준, 민법총칙, 박영사, 2007., 97면; 지원림[2019], 51면.

익자의 청구가 권리남용임이 명백하다는 것을 입증하여 그 보증금의 지급거절을 청구할 수 있는 권리를 가진다고 보아야 할 것이다."라고 설시하여, 일견 권리남용에 기한 금지청구권을 인정한 것으로 해석할 여지를 남긴다.

(2) 검토 및 사견

필자는 아래와 같은 이유에서, 이러한 이론구성은 어렵다고 본다.

① 기본적으로, 우리 민법상 권리남용 금지의 원칙은 신의칙에 위배되는 권리의 행사는 허용되지 않는다는 원칙으로서 권리의 부당한 행사를 저지하기 위한 방어권적 성격의 법리이지, 이에서 적극적인 청구권이 도출되는 근거 법리로 사용할 수는 없다. 이는 다른 곳에서 근거를 찾아야 한다. 권리남용 금지의 원칙은 신의성실의 원칙(민법 제2조 제1항)에서 파생되는 것인데, 신의성실의 원칙은 독립적으로 새로운 법률제도를 창조하는 것이 아니고, 그 자체가 독자적인 청구권의 기초가 되는 것도 아니다.[568] 이 원칙의 과제는 현존하는 법규 또는 법률관계를 그 의미와 목적에 따라 구체화하거나 법적 지위(즉 권리나 의무)의 한계를 제시하는 데에 있다.[569] 외국의 문헌에서도 이와 같은 견해가 발견되는데, 예컨대, 신의성실 원칙에 관한 미국 통일상법전(U.C.C.) 제1-304조에 대한 공식주석에서도 "위 조항이 신의성실의무 불이행에 대하여 독립적 청구권을 인정하고자 하는 것은 아니고, (중략) 신의성실의 원칙은 단지 법원으로 하여금 계약이 만들어지고, 이행되며, 집행되어진 상업적 맥락 속에서 그 계약을 해석하도록 할 뿐이지, 독립적으로 계약위반의 문제를 발생시키는 별개의 '공정하고 합리적이어야 할 의무'를 만들어 내는 것은 아니다."라고 쓰고 있다.[570] 다시 말하자면, 신의성실 의무는 당사자

---

568) 지원림[2019], 45면.
569) 지원림[2019], 45면.
570) Official Comment to U.C.C. § 1-304, [1].

들에게 별개로 부가된 의무가 아니고 당사자들이 합의한 약속을 대하는 태도의 문제라는 것이다.[571]

한편, 신의칙에 기해서 계약상의 부수의무(예컨대, 보호의무)가 발생한다고 보고, 이에 위반할 경우 손해배상의무도 발생한다고 보기는 하나, 이는 어디까지나 계약에 부수하는 의무로서 신의칙의 보충적, 수정적, 확장적 기능에 의한 것이지, 독자적인 청구권 발생의 근거가 될 수 있다는 것은 아니다. 민법학계의 문헌에서 권리남용 또는 신의칙의 효과로서 그 행위의 금지청구권이 발생되는지에 관하여 명시적으로 언급한 내용은 찾지 못하였으나, 이는 권리남용 법리의 근본적인 성격에 비추어 당연히 불가한 해석으로 보인다.

② 민법상 권리의 발생은, 채권은 계약, 불법행위, 부당이득, 사무관리, 물권은 물권법정주의에 따라 해당 법률 조항에 기해서 발생하는 것이고, 성문법주의 하에서 그러한 근거가 없이 독자적인 권리의 발생을 인정할 수는 없다. 권리남용 또는 신의칙 법리는 그러한 독자적인 권리 발생의 근거가 될 수는 없다.

③ 따라서 외국에 소송을 제기하는 행위가 권리남용 혹은 소권남용에 해당된다고 하더라도, 권리남용 금지 원칙에 기하여 곧바로 그러한 행위에 대한 적극적 금지청구권이 도출된다고 보기는 어렵다고 생각된다. 다만, 앞서 본 바와 같이 민법학계에서도 권리남용으로 인해 상대방에게 손해가 발생하였다면 불법행위가 성립할 수 있다고 보는데, 이는 권리남용의 직접적인 효과라기 보다는 별개의 불법행위 성부의 문제라고 보아야 할 것이고, 만약 권리남용이 불법행위로 인정될 경우 그 불법행위의 효과로서 금지청구권이 발생할 여지는 있다고 본다(이 경우는 위 불법행위설의 논의로 돌아가게 된다).

④ 한편, 위 독립적 은행보증에 관한 대법원 판례는 그 문언을 자세

571) Klass, Gregory, et el. (eds.), Philosophical Foundations of Contract Law, Oxford University Press, 2014., 284, 286.

히 보면 "보증금 지급청구가 권리남용임이 객관적으로 명백할 때에는 보증의뢰인에 대한 관계에 있어서 마땅히 그 지급을 거절하여야 할 보증의뢰계약상의 의무를 부담하고", "보증의뢰인으로서도 보증인에 대하여 위와 같이 수익자의 청구가 권리남용임이 명백하다는 것을 입증하여 그 보증금의 지급거절을 청구할 수 있는 권리를 가진다"고 되어 있으므로, 이는 권리남용적 지급청구의 경우에는 '보증의뢰계약에 기하여' 그러한 지급의 거절을 청구할 수 있는 권리가 발생한다는 취지로 보아야 한다. 위 판례를 두고 권리남용의 효과로서 금지청구권을 인정한 것이라고 보기는 어렵다.

4) 독자적 권리를 인정하자는 견해(편의상 '독자권리설'로 부름)

국내에서도 영국의 법리를 수용하여 '외국 제소를 당하지 않을 권리'라는 새로운 권리를 인정할 수 있다는 입론도 생각해 볼 수 있다. 즉, 영국에서 인정하는 'a right not to be sued in foreign courts'를 받아들여 우리나라에서도 이를 독자적인 권리의 하나로 입론할 수 있고, 그 법적 근거로는 헌법상 재판받을 권리에 부당한 외국 제소로 인한 외국 재판을 받지 않을 권리도 포함되므로 이에서 도출가능하다고 이론구성을 시도해 볼 여지도 있다.

그러나 헌법상 기본권의 대 사인적 효력에 관해 대법원이 취하는 간접적용설에 의할 때, 헌법상 기본권 조항에서 곧바로 사인간에 적용되는 '외국 제소를 당하지 않을 권리'라는 독자적 권리가 도출된다고 해석하기는 어렵다고 본다. 영미법과는 달리 우리 법제하에서는 개별 입법이 이루어지거나 사법상의 일반원칙을 규정한 민법 제2조, 제103조, 제750조, 제751조 등을 통하지 않는 이상, 위와 같은 독자적 권리를 해석론으로 인정하기는 어렵다. 결국, 소송금지명령을 허용하는 개정 중재법 제18조와 같은 조항이나, 최소한, 앞서 본 영국 Senior Courts Act 1981 제37

조 제1항과 같이 포괄적인 근거조항이라도 입법이 되어야 가능한 이론 구성이므로, 현재로서는 입론의 여지가 없다.

6. 구체적 요건 및 위법성 판단기준 제시(시론)

이상에서 부당 외국 제소에 대하여 소송금지청구권을 인정할 법적 근거로 4가지 이론구성, 즉 1) 불법행위에 기한 금지청구권 인정, 2) 물권적 청구권에 관한 민법조항 등 유추적용, 3) 권리남용 또는 신의칙에 기한 금지청구권 인정, 4) 외국 제소를 당하지 않을 권리라는 새로운 권리 인정을 각 살펴보았고, 필자의 사견으로는 위 1)의 이론이 타당성 있다고 보았다.

위 1) 이론에 의할 때, 구체적인 요건은 불법행위의 구성요건이 그대로 적용될 것이므로, ① 고의·과실, ② 가해행위, ③ 위법성, ④ 손해 및 인과관계를 요하게 된다. 이 중에서 소송금지가처분에서 주로 문제되는 요건은 위법성 요건이므로, 이하에서는 이 요건을 중심으로 살펴본다.

1) 소송금지가처분에서 위법성의 의미

어떠한 행위를 불법행위로 인정하기 위해서는 그 행위의 위법성이 인정되어야 하는데, 소송금지가처분에서 외국 제소행위를 불법행위로 인정하기 위해서는 일반적인 위법성과는 다소 다른 취급이 필요하다. 왜냐하면, 외국 제소행위 자체는 원칙적으로 재판청구권의 행사로서 적법한 권리의 행사이기 때문이다. 따라서 소송금지가처분에서는 일반적인 불법행위의 위법성 법리에 더하여 재판청구권과의 충돌이라는 측면에서 제소행위의 위법성 문제가 별도의 논점으로 검토되어야 한다.

2) 제소행위의 위법성(재판청구권과의 충돌 문제)

우리 헌법 제27조 뿐만 아니라 모든 법치국가에 있어서 재판받을 권리는 최대한 보장되어야 할 사법절차적 기본권이므로 법원에 소를 제기하는 행위 자체는 원칙적으로 적법한 행위이다. 그러나 본질적인 침해가 아닌 한 재판청구권도 제한이 가능하고, 특별한 사정이 있는 경우 재판청구권의 사전 제한도 가능하다.572) 또한, 재판청구권은 법원에의 접근가능성을 보장하는 것이지 특정 내용의 재판을 받을 권리를 보장하는 것도 아니다.573) 소송금지명령의 맥락에서 볼 때, 제소자가 특정한 국가의 법원에 제소하는 것을 금할 뿐이고 다른 합당한 관할법원 또는 중재절차에의 호소를 전면적으로 봉쇄하는 것이 아닌 점, 소송금지명령이 인정되더라도 매우 제한적인 요건하에서만 엄격하게 인정되는 점, 아래에서 보는 바와 같이 부당한 외국 제소행위는 한편으로는 제소자의 재판청구권 행사이지만 다른 한편으로는 반대 당사자의 재판 받을 권리, 자유권, 재산권 등 다른 기본권들을 침해하는 것이 된다는 점 등에 비추어 볼 때, 소송금지명령 자체가 재판청구권을 본질적으로 침해하는 것이라거나 헌법상 과잉금지원칙(헌법 제37조 제2항)에 위배된다고 할 수는 없다.

위와 같이 부당한 외국 제소 상황에서는 제소자의 기본권과 반대 당사자의 기본권이 서로 충돌하는 현상, 즉, 기본권의 충돌 상황이 발생한다. 기본권의 충돌 시 해결방법에 관해서는 이익형량 이론, 위계질서 이론, 실제적 조화 이론(규범조화 이론) 등 다양한 해석이 있으나, 결국 구체적인 기본권을 이익형량의 방법을 통하여 조화적으로 해결함이 타당하다. 즉, 어느 일방의 기본권이 완전히 배제되는 극단적인 이익형량이

---

572) 이계정, "부당소송에 대한 영미법상의 대응방안 및 도입가능성에 관한 연구", 사법, 42호, 사법발전재단, 2017., 223면.
573) 장석조, "재판 받을 권리의 헌법상 보장", 사법, 7호, 사법연구지원재단, 2009., 43면.

아니라 각 기본권이 보호하는 법익간에 조화를 이루도록 해석해야 한
다.574) 부당 외국 제소의 경우 제소자의 재판청구권 등과 반대 당사자의
재판청구권 등을 비교형량 하여 제소자의 정당한 이익보다는 반대 당사
자의 불이익이 더 크며, 제소자의 주관적인 의도 등에 비추어 그 권리행
사가 보호받을 가치가 낮은 경우에는 제소자의 재판청구권 등도 제한될
수 있다. 만일 분쟁해결합의가 있었던 경우라면, 당사자의 동의에 근거
하여 비교적 어려움 없이 재판청구권 제한이 가능할 것이다.575) 분쟁해
결합의 외의 부당 외국 제소의 경우에도 위와 같이 양자의 이익을 비교
형량하여 일정한 경우 제소자의 재판청구권을 제한할 수 있다.

위와 같이 부당 외국 제소의 경우 제소자의 재판청구권도 일정한 전
제 하에 제한할 수 있고, 그 범위 내에서는 그 외국제소 행위가 위법하
다고 평가될 수 있다. 여기서 재판청구권 침해의 정당화 문제는 자연스
럽게 제소행위의 위법성 문제로 전이된다.

부당 제소행위의 위법성 인정기준에 관하여는 공서양속위반설, 재판
제도의 취지·목적상 상당성흠결설, 소권남용설, 중과실설 등 다양한 견
해가 있으나,576) 이러한 견해들은 모두 표현을 조금씩 달리 하기는 하나
결국 재판청구권 보장과의 관계에서 부당제소 자체만으로는(설령 제소
결과 패소했다 하더라도) 위법하다고 볼 수 없고 그 이상의 어떤 반사회
적 요소가 필요하다는 취지이다.577)

---

574) 법제처, 헌법 주석서 1, (주)휴먼컬처아리랑, 2015., 674면; 권영성, 헌법학원론,
    법문사, 2010., 339~344면.
575) 상호간의 약정에 의한 업종 제한은 사적자치의 영역에 속하는 사항으로서 계
    약자유의 원칙에 따른 것이므로 헌법상 직업선택의 자유를 침해하는 것이 아
    니라고 본 대법원 1997. 12. 26. 선고 97다42540 판결 참조.
576) 이에 관한 상세한 소개는 김용담 편집대표, 주석 민법, 채권각칙(8), 한국사법
    행정학회, 2016., 152~154면 참조.
577) 김용담 편집대표, 주석 민법, 채권각칙(8), 한국사법행정학회, 2016., 153면도
    같은 취지로 설명하고 있다.

우리 대법원도 "일반적으로 소송을 제기하거나 제기되어진 소송에 응소하는 것 자체는 헌법에 의하여 보장된 국민의 권리실현이나 권리보호를 위한 수단으로서 원칙적으로 적법하나, 그와 같은 소제기나 응소행위가 권리실현이나 권리보호를 빙자하여 상대방의 권리나 이익을 침해하거나 상당한 이유 없이 상대방에게 고통을 주려는 의사로 행하여지는 등 고의 또는 과실이 인정되고, 이것이 공서양속에 반하는 정도에 이른 것인 경우에는 위법성을 띠고 불법행위를 구성한다"고 판시하거나,[578] "법적 분쟁의 당사자가 법원에 대하여 당해 분쟁의 종국적인 해결을 구하는 것은 법치국가의 근간에 관계되는 중요한 일이므로 재판을 받을 권리는 최대한 존중되어야 하고, 제소행위나 응소행위가 불법행위가 되는가를 판단함에 있어서는 적어도 재판제도의 이용을 부당하게 제한하는 결과가 되지 아니하도록 신중하게 배려하여야 할 것인바, 따라서 법적 분쟁의 해결을 구하기 위하여 소를 제기하는 것은 원칙적으로 정당한 행위이고, 단지 제소자가 패소의 판결을 받아 확정되었다는 것만으로 바로 그 소의 제기가 불법행위였다고 단정할 수는 없으나, 반면 소를 제기당한 사람 쪽에서 보면, 응소를 강요당하고 어쩔 수 없이 그를 위하여 변호사 비용을 지출하는 등의 경제적·정신적 부담을 지게 되는 까닭에 응소자에게 부당한 부담을 강요하는 결과를 가져오는 소의 제기는 위법하게 되는 경우가 있을 수 있으므로, 민사소송을 제기한 사람이 패소판결을 받아 확정된 경우에 그와 같은 소의 제기가 상대방에 대하여 위법한 행위가 되는 것은 당해 소송에 있어서 제소자가 주장한 권리 또는 법률관계가 사실적·법률적 근거가 없고, 제소자가 그와 같은 점을 알면서, 혹은 통상인이라면 그 점을 용이하게 알 수 있음에도 불구하고 소를 제기하는 등 소의 제기가 재판제도의 취지와 목적에 비추어 현저하게 상당성을 잃었다고 인정되는 경우에 한한다"고 판시한 바 있다.[579]

---

578) 대법원 1997. 2. 28. 선고 96다32126 판결.
579) 대법원 1999. 4. 13. 선고 98다52513 판결. 그밖에, 확정판결에 기한 집행이 권

이러한 학설과 판례의 태도를 종합해 볼 때, 부당 외국 제소행위에 대한 위법성을 인정하기 위해서는 단순히 그 제소가 부당하게 제기되었다는 사실만으로는 부족하고, 그러한 부당성을 알면서도 상당한 이유 없이 상대방에게 고통을 주려는 의사로 행하여졌거나, 그 제소행위가 공서양속에 반하는 정도에 이른 것인 경우, 그밖에 소의 제기가 재판제도의 취지와 목적에 비추어 현저하게 상당성을 잃었다고 인정되는 경우에 한하여 그 위법성이 인정된다고 할 것이다. 다만, 위 대법원 판례 이론은 국내 부당제소를 전제로 한 것이므로, 국제소송에서 부당제소의 위법성을 판단함에 관해서는 국제소송의 특수성을 감안할 필요가 있다.

3) 금지청구를 위한 가중된 위법성

일반적으로 금지청구권을 인정하기 위해서 요구되는 위법성의 요건과 손해배상청구권에서 요구되는 위법성의 정도가 다를 이유가 없다고 보는 견해도 있으나, 학설과 판례는 대체로 금지청구권의 위법성은 손해배상의 경우보다는 더 엄격하고 명확한 요건 하에서만 인정하는 태도이다.[580] 이들 학설은 외국의 이론을 받아들여 고도의 위법성설(위법성단계설), 이익형량설 등[581]으로 설명하고 있으나, 결과에 있어서 큰 차이는

리남용, 불법행위에 해당된다고 쉽게 인정해서는 안된다는 취지의 대법원 2017. 9. 21. 선고 2017다232105 판결, 대법원 2001. 11. 13. 선고 99다32899 판결도 참조.

580) 곽윤직 편집대표, 민법주해(XVIII), 박영사, 2005., 257~258면, 268~269면; 김용담 편집대표, 주석 민법, 채권각칙(6), 한국사법행정학회, 2016.(김재형 집필 부분), 420~421면; 전원열, "명예훼손 불법행위에 있어서 위법성 요건의 재구성", 서울대학교대학원 박사학위논문, 2001., 52면, 277면; 박시훈, "위법행위에 대한 금지청구권의 연구", 서울대학교대학원, 법학박사학위논문, 2015., 204면.

581) 이에 관한 상세한 소개는 곽윤직 편집대표, 민법주해(XVIII), 박영사, 2005., 257~258면, 268~269면; 강지웅, "통행의 자유와 통행방해 금지청구", 민사판례연구, 35권, 박영사, 2013., 185면 참조.

없는 것으로 보인다. 즉, 어느 설을 따르든 금지청구권을 인정하기 위해서는 피해자가 입게될 불이익과 침해자의 이익 등 제반요소를 비교형량하여 더 엄격하고 명확한 요건 하에서만 인정되어야 한다고 본다. 이에 관하여 대법원도 부정한 경쟁행위에 대한 금지명령에 관하여 "금지로 인하여 보호되는 피해자의 이익과 그로 인한 가해자의 불이익을 비교·교량할 때 피해자의 이익이 더 큰 경우에는 그 행위의 금지 또는 예방을 청구할 수 있다고 할 것이다."라고 판시한 바 있다.[582] 불법행위에 기하여 금지청구권을 인정하는 경우에도 마찬가지로 해석할 것이다. 앞서 본 독일의 최근 Nokia v. Daimler and Continental 판례에서도 뮌헨고등법원은 'Continental의 소권과 Nokia의 재산권 양자를 이익형량한 결과 Continental의 소권이 제한될 수 있다'고 판시하였다.

따라서 부당 외국 제소의 위법성을 인정하기 위해서는 위 2)에서 살펴 본 부당 제소의 위법성 기준 외에도 법익의 비교형량(이익형량)이라는 위 가중된 기준까지 통과해야 한다고 본다.

여기서 부당 외국 제소와 관련하여 법익의 비교형량 시 고려할 요소로는, 외국에서의 응소로 인하여 입게 될 시간, 비용, 노력 등의 부담, 외국법 및 사법제도의 부지, 절차의 생소함, 외국 사법제도의 신뢰도(성숙도), 승패의 예측불가능성, 지리적 거리와 언어 및 문화적 차이로 인한 의사소통의 어려움, 집행가능성, 소송지연 및 정당한 권리 실현 지연 등으로 인한 물질적·정신적 고통, 외국 피소로 인한 명예나 명성, 신용의 훼손 등이 있겠다.

4) 영미 사례에서 추출되는 위법성 판단 요소

국내법상 위법성 판단기준을 정립해 보기 위해서는 그에 앞서 영미

---

582) 대법원 2010. 8. 25.자 2008마1541 결정.

법계 국가에서 고려요소로 삼고 있는 개별적인 내용들을 살펴보고, 국내
법에서도 이를 선별적으로 수용함이 유용하겠다. 물론, 영미법계에서는
우리와 소송금지명령에 대한 접근법이 완전히 다르고, 위법성 요건을 별
도로 언급하지도 않고 있으므로, 우리에게는 그대로 적용될 수 없는 것
들도 많다.

(1) 영국

① 외국소송이 '괴롭히거나 억압적인 경우'에 해당되기 위해서는 영
국법원이 '자연적 법정지(natural forum)'로 인정되어야 하고,[583] 더 나아
가 외국소송이 원고에게 부정의를 초래하는 것이어야 한다.[584]

② 피고의 외국소송이 완전히 불합리한 것이어서 승소 가능성이 없는
경우 또는 피고가 자신에게 유리한 결과를 얻기 위한 목적에서 2곳의 법
원에 동시에 소를 제기하는 경우는 통상 '괴롭히는' 경우에 해당한다.[585]

③ 피고가 외국에 소송을 제기함으로써 자신에게 유리한 혜택을 도모
할 만한 실질적인 근거가 있는 경우(예컨대, 집행가능한 자산이나 담보
물이 외국에 있다거나, 다른 당사자가 특정 외국법원에서만 응소할 수
있는 경우)에는 외국법원에 소를 제기한다고 해서 '괴롭히는' 경우라 할
수 없다.[586]

④ 괴롭히고 억압적인 것인지를 판단함에 있어서는, 소송금지명령이
발령되지 않을 경우 외국소송에 응해야 할 원고에게 발생될 부정의와,
소송금지명령이 발령될 경우 피고에게 발생될 부정의를 모두 고려해야
한다.[587] 이는 곧 양자의 이익형량을 거쳐서 '괴롭히고 억압적인지' 여부
를 결정해야 한다는 의미로 보인다.

---

583) Fentiman[2015], para. 16,91
584) Cheshire/North/Fawcett[2017], 428.
585) Peruvian Guano Co. v. Bockwolt (1883) 23 Ch D 225, 230
586) McHenry v. Lewis 22 Ch D 397; The Irini A [1999] 1 Lloyd's Rep 196.
587) Société Nationale Industrielle Aerospatiale v. Lee Kui Jak [1987] AC 871 (PC).

⑤ 그밖에 '억압적인 경우'에 해당되는 예로는, 외국법원에서 공정한 재판을 보장받지 못할 우려가 있는 때, 외국소송이 악의로 제기된 것이거나 패소할 수밖에 없는 소송일 때, 피고가 외국에 소송을 제기할 합리적인 근거가 없고, 다른 법원에 관할이 생기는 것을 막기 위한 방어적 수단으로 외국소송을 제기한 것일 때 등이 있다.[588]

⑥ '기타 비양심적 행동이 있는 경우'로는 원고가 영국소송에 참여한 것에 대한 보복 목적으로 외국소송이 제기된 경우,[589] 영국법원에서 이미 선고된 판결에 관해 다시 판단받기 위한 목적에서 외국소송이 제기된 경우,[590] 영국법원의 관할판단권한(competence-competence)을 배제하기 위한 목적에서 외국소송이 제기된 경우,[591] 영국의 도산절차를 보호하기 위한 목적에서 외국소송에 대한 소송금지명령이 발령되는 경우,[592] 원고가 당사자인 영국소송이 계속 중이었는데, 피고가 위 영국소송절차를 좌절시키거나 방해할 목적으로 외국(스페인)에서 악의적으로 소송을 제기한 경우,[593] 외국(Georgia) 소송이 악의적인 의도(여러 법원에서 소송하여야 할 부담을 지움으로써 원고를 힘들게 하기 위한 목적과 소송지연의 목적)로 제기된 경우,[594] 외국법원이 과잉관할(exorbitant jurisdiction)을 행사하는 경우[595] 등이 있다. 반면에, 진행 중인 영국소송의 당사자가 미국에서 증거 확보를 위한 기일 전 증거개시(pre-trial discovery) 절차

---

588) Cheshire/North/Fawcett[2017], 430.
589) Bank of Tokyo Ltd v. Karoon
590) Masri v. Consolidated Contractors International Company Srl [2008] EWCA 625, at [95]; RBS v. Hicks and Gillett[2010] EWHC 2579 (Ch)
591) Tonicstar Ltd v. American Home Assurance Company [2004] EWHC 1234 (Comm)
592) Harms Offshore AHT Taurus GmbH & Co KG v. Bloom [2009] EWCA Civ 632; Kemsley v. Barclays Bank plc [2013] EWHC 1274 (Ch); Société Nationale Industrielle Aerospatiale v. Lee Kui Jak [1987] AC 871 (PC)
593) Turner v. Grovit [2002] 1 WLR 107 (HL), at [29]
594) Glencore International AG v. Exter Shipping Ltd [2002] EWCA Civ 528, at [65~70]
595) Midland Bank plc v. Laker Airways Ltd [1986] QB 689

를 신청한 사안에서는, 그러한 행위가 비양심적인 행동에 해당되지 않는
다고 본 사례가 있다.596)

　⑦ 정의의 목적에 부합하지 않아 소송금지명령이 허용되지 않는다고
본 사례로는, 소송금지명령의 원고가 허위의 증거를 제출한 경우,597) 신
청의 시기가 늦은 경우,598) 특히 피고가 외국소송에서 지출한 비용이 증
가하는데도 원고가 이를 묵인하거나 소송금지명령 신청을 고의로 지연
한 경우,599) 분쟁해결합의로 인해 제3자가 피해를 입게 될 경우,600) 소송
금지명령으로 인해 피고가 담보를 상실할 우려가 있는 경우,601) 피고에
게 영국법원에서의 대등한 구제수단이 없는 경우602) 등이 있다.

(2) 미국

　① '괴롭히거나 억압적인 경우'에 해당한다고 본 사례로는, 자신의 권
리 구제를 위해 반드시 필요하지 않은 비용이나 고통을 상대방에게 부
가함으로써 상대방을 힘들게 하는 경우,603) 외국소송이 불필요한 소송지
연에 해당하거나 상당한 불편을 야기하거나 장래 판결의 모순저촉을 가
져올 수 있는 경우604) 등이 있다.

---

596) South Carolina Insurance Co v. Maatschappij 'de Zeven Provincien' NV [1987] AC
　　24; Cheshire/North/Fawcett[2017], 434.
597) Royal Bank of Scotland Plc v. Highland Financial Partners LP [2013] EWCA Civ 328,
　　at [158]
598) Donohue v. Armco Inc [2002] 1 All ER 749, at [24]; Shashoua v. Sharma [2009]
　　EWHC 957 (Comm), at [51]
599) Shashoua v. Sharma [2009] EWHC 957 (Comm), at [42]~[45]
600) Fentiman[2015], para. 16.46; Donohue v. Armco Inc [2002] 1 All ER 749, at [27]
601) Welex AG v. Rosa Maritime Ltd (The Epsilon Rosa) (No2) [2003] EWCA Civ 938
602) OceanConnect UK Ltd v. Angara Maritime Ltd [2010] EWCA Civ 1050
603) Gulf Oil Corp. V. Gilbert, 33 U.S. 501, 508 (1947); Born/Rutledge[2018] 564.
604) Allendale Mut. Ins. Co. v. Bull Data Sys., Inc., 10 F.3d 425 (7th Cir. 1993); Seattle
　　Totems Hockey Club v. Nat'l Hockey League, 652 F.2d 852 (9th Cir. 1981); Cargill,
　　Inc. V. Hartford Acc. & Indem. Co., 531 F. Supp. 710 (D. Minn. 1982);

② '미국의 공서에 반하는 경우'의 예로는, 당사자가 분쟁에 관련된 미국의 법을 회피하고자 하는 경우,[605] 미국소송에서 사용할 증거를 만들어내기 위해 외국에서 소를 제기한 경우[606] 등이 있다.

③ '미국법원의 관할권을 위협하는 경우'로는 미국판결에 따른 판결금 변제를 위해 지급된 돈의 상환을 구하는 중국소송을 금지한 경우[607] 등이 있다.

④ 그밖에, 미국법원이 일반적으로 예비적 금지명령을 발령하기 위해 요구하는 발령요건으로는 (a) 회복하기 어려운 손해(Irreparable Injury), (b) 다른 구제방법의 부적절성(Inadequacy of Legal Remedies),[608] (c) 본안 승소 가능성(Likelyhood of Success on the Merits), (d) 이익형량(Balance of Hardship, 가처분이 발령되었을 경우 피신청인이 입게 되는 불이익과 가처분이 기각되었을 경우 신청인이 입게 되는 불이익의 비교형량),[609] (e) 공익(Public Interest)이 있다.[610]

⑤ 참고로, 위 ④의 발령요건들은 앞서 본 우리 대법원이 부정경쟁행위 금지가처분 사건에서 금지명령의 요건으로 제시한 내용과 상당히 유사하다.

즉, 대법원 2010. 8. 25.자 2008마1541 결정에서는 "위와 같은 무단이용 상태가 계속되어 금전배상을 명하는 것만으로는 피해자 구제의 실효성

Born/Rutledge[2018] 564.

605) Laker Airways Ltd v. Sabena, Belgain World Airlines, 731 F.2d 909, at 931 (D.C.Cir. 1984).

606) United States v. Davis, 767 F.2d 1025 (2d Cir. 1985).

607) Eastman Kodak Co. v. Asia Optical Co. Inc., 118 F. Supp. 3d 581 (SDNY. 2015).

608) Weinberger v. Romero-Barcelo , 456 US 305, 102 S.Ct. 1798 (1982)

609) Amoco Production Co. v. Village of Gambell, Alaska, 480 US 531, 107 S.Ct. 1396 (1987)

610) 김연학[2008], 167면. 그밖에 정선주 외, 임시의 지위를 정하기 위한 가처분제도의 발전방향에 관한 연구, 법원행정처, 2017., 59~62면에서도 미국의 예비적 금지명령의 발령요건에 관하여 상세히 소개하고 있다.

을 기대하기 어렵고 무단이용의 금지로 인하여 보호되는 피해자의 이익과 그로 인한 가해자의 불이익을 비교·교량할 때 피해자의 이익이 더 큰 경우에는 그 행위의 금지 또는 예방을 청구할 수 있다."고 하면서, "원심이 적법하게 인정한 사실들에 의하면, 채무자의 위와 같은 광고행위가 일회적인 것이 아니라 이 사건 프로그램을 설치한 인터넷 사용자들이 네이버에 접속할 때마다 계속적으로 반복되는 것임을 알 수 있다. 나아가 이 사건 프로그램에 의한 광고행위의 성질상 채권자가 인터넷 사용자들의 이 사건 프로그램의 설치현황 및 그로 인한 네이버에서의 채무자의 광고현황 등을 일일이 파악하여 대응하기가 매우 곤란할 것으로 보이는 점과 채무자의 광고내용에 따라서는 채권자의 신용, 명성 등 무형적인 가치까지도 손상시킬 수 있을 것으로 보이는 점 등을 고려할 때 채무자에게 금전배상을 명하는 것만으로는 채권자 구제의 실효성을 기대하기 어렵다고 할 것이다. 나아가 채무자의 이 사건 프로그램에 의한 네이버에서의 광고행위를 그대로 방치하는 경우 결국 네이버에서의 광고영업을 그 수익모델로 삼고 있는 채권자 회사의 존립 자체를 위협할 수 있다는 점에서 채무자의 위와 같은 광고행위를 금지함으로써 보호되는 채권자의 이익이 그로 인한 채무자의 영업의 자유에 대한 손실보다 더 크다고 할 것이다. 따라서 채권자는 채무자에 대하여, 네이버에 접속한 인터넷 사용자들의 모니터에서 이 사건 프로그램을 이용한 광고행위를 하는 것의 금지 또는 예방을 청구할 수 있다고 봄이 상당하다."고 판시하였다.

위 대법원 2008마1541 결정에서 추출되는 요소는 ① 침해의 계속성, ② 피침해자의 대응 곤란성, ③ 신용, 명성 등 무형적인 침해도 있어 금전배상만으로는 구제의 실효성을 기대하기 어려운지 여부, ④ 쌍방의 이익 형량(금지로 인하여 보호되는 피해자의 이익과 그로 인한 가해자의 불이익을 비교·교량할 때 피해자의 이익이 더 큰지 여부) 등이다.

5) 구체적 판단기준

위 논의들을 기초로, 부당 외국 제소에 대한 소송금지청구권의 인정 요건 중 위법성의 구체적 판단기준 및 고려요소들을 나름대로 제시해 보면 아래와 같다.

① 요구 수준 : 일반적인 불법행위에서 요구하는 위법성보다 더 가중된 위법성이 요구됨

② 주관적 의사 측면 : 침해자가 부당성을 알면서도 악의적으로 외국소송을 제기하였거나, 침해자에게 특별한 이익이 없음에도 합리적인 이유 없이 소송전략상 또는 상대방에게 고통을 주려는 의사로 외국 제소를 한 것인지 여부 등

③ 객관적 측면 : 외국소송이 소극적 확인의 소인지 여부(Italian torpedo), 외국소송이 선행소송 제기 후에 비로소 방어적으로 제기된 것인지 여부, 양 소송이 이미 진행된 정도, 외국법원에 국제재판관할이 인정되는지 여부, 다른 국가의 법원에 전속관할이 인정되거나 다른 국가의 법원이 그 사건과 더 밀접한 관련성을 가지는지 여부, 외국제소가 공서에 반하거나 금반언[611] 또는 신의칙에 반하는지 여부, 외국제소가 완전히 불합리한 것이어서 승소가능성이 없는 것인지 여부, 특정한 국가의 법을 회피하기 위해 외국소송이 제기된 것인지 여부, 외국법원에서 공정한 재판을 보장받지 못할 우려가 있는지 여부, 침해자가 외국소송을 제기할 정당한 이익(예컨대, 집행가능한 자산이나 담보물이 외국에 있다거나, 증거개시절차 등 그 외국법원에서만 이용 가능한 제도가 있는 경우, 다른 제3의 당사자가 특정 외국법원에서만 응소할 수 있는 경우 등)이 있는지 여부, 그

---

611) 예컨대, 앞서 본 China Trade 사건에서와 같이 당사자 사이에서 A국 법원에서 재판하는 것에 동의하였다가(혹은 별다른 이의 없이 응소하였다가) 위 재판이 상당히 진행된 후에 뒤늦게 B국에서 동일한 내용의 소를 제기한 경우.

밖에 외국제소에 합리적인 이유가 있는지 여부 등

④ 피해의 성격과 정도 측면 : 금전배상만으로는 구제의 실효성을 기대하기 어려운지 여부(피침해자가 사후적 금전배상으로는 회복하기 어려운 손해를 입을 것인지 여부), 금전적 손해 외에 피침해자가 입게 될 정신적 고통, 명예나 명성, 신용의 훼손 정도 등

⑤ 이익형량 고려요소들 : 외국소송으로 인하여 피침해자가 입게될 손해 또는 부담의 정도(외국에서의 응소로 인하여 입게 될 시간, 비용, 노력 등의 부담, 외국법 및 사법제도의 부지, 절차의 생소함, 외국 사법제도의 신뢰도, 승패의 예측불가능성, 지리적 거리와 언어 및 문화적 차이로 인한 의사소통의 어려움, 집행가능성, 소송지연 및 정당한 권리 실현 지연 등으로 인한 물질적·정신적 고통, 외국 피소로 인한 명예나 명성, 신용의 훼손 가능성 등), 외국소송 제기로 인하여 침해자가 얻을 정당한 이익이 있는지 여부, 외국소송을 금지 당할 경우에 침해자가 입을 피해의 내용 및 정도, 외국소송에 대한 피침해자의 대응 곤란성, 침해자와 피침해자 사이의 무기대등 정도612)

⑥ 기타 고려요소 : 한국의 공공정책 또는 공서에 반하는지 여부, 국제예양613) 등 외국의 주권 침해 요소 등

---

612) 즉, 피침해자의 지위나 경제적 규모에 비해 침해자의 그것이 월등히 우월하여 외국에서의 응소 자체만으로도 피침해자의 존립 자체에 대한 위협이 제기될 수 있는 상황이거나, 이로 인하여 쌍방 간 협상력의 균형이 상실되어 협상력에 있어서 피침해자에게 부당하게 불리한 상황이 초래될 것으로 예상되는지 여부를 고려요소로 삼을 필요가 있겠다. 예컨대, 개인사업자나 소규모 회사가 다국적 기업이나 대기업 같은 대규모 회사로부터 부당한 외국 제소를 당했는데 그 국가에서의 소송비용이 많이 소요되는 경우, 소규모 사업자로서는 응소를 사실상 포기해야 할 수 있는데, 이러한 경우에는 소송금지가처분의 요건을 인정할 가능성이 높아질 것이다.
613) 국제예양에 관해서는 뒤에서 따로 살펴본다.

7. 준거법

1) 문제의 소재

이상의 논의는 모두 부당 외국 제소에 대한 소송금지청구권 발생 여부에 관한 준거법이 한국법일 경우에 적용될 수 있는 국내법상의 해석론이다. 만일 한국법원에 소송금지가처분 신청이 제기되었을 경우, 피보전권리의 존부(즉, 부당 외국 제소의 경우 소송금지청구권이 발생하는지 여부)에 관한 준거법이 한국법으로 결정되었다면, 위의 해석론이 적용될 것이다. 만일 그 준거법이 영국법이라면 일정한 요건 하에서 소송금지청구권을 인정할 수 있다는 것이 영국의 확립된 판례이므로, 한국법원도 영국법에서 요구하는 요건 충족여부에 따라 소송금지청구권 발생 여부를 판단해야 할 것이다. 준거법이 독일과 같이 소송금지청구권을 부정하는[614] 국가의 법이라면 한국법원도 이를 인정하기 어려울 것이다. 여기서 준거법 문제의 중요성이 대두된다.

2) 소송금지청구권 발생 여부의 준거법

(1) 논의 개요

분쟁해결합의가 없는 경우에 위에서 논의한 소송금지청구권 발생 여부에 관한 준거법이 무엇인지에 관해서는 아직까지 국내에서 별다른 논

---

614) 앞서 본 바와 같이 독일에서는 부정설이 전통적인 다수설이지만 최근에는 긍정설도 대두되고 있어 독일이 부정설을 취하는 국가라고 단정할 수는 없다. 다만, 국내외의 여러 문헌들(예컨대, 석광현[소송유지명령], 27면; Raphael[2019], para 1.17.; Lenenbach[1998], 273; Pfeiffer[2007], S. 77. 등)이 독일은 소송금지명령에 대하여 부정적인 국가라고 기술하고 있는 점과, 외국 송달과 관련한 독일 뒤셀도르프 고등법원 판결[OLG Düsseldorf, ZZP, 109 (1996), 221]의 태도에 비추어 볼 때, 현재로서는 독일의 입장은 부정설이라고 해석하는 것이 타당해 보인다.

의가 없으나, ① 법정지법에 따른다는 견해, ② 법정지의 국제사법에 따라 분쟁의 실체에 관하여 적용되는 법을 따른다는 견해, ③ 이 문제를 불법행위에 준하는 문제로 보아 법정지 국제사법에 따라 정해지는 불법행위의 준거법에 따른다는 견해 등이 가능할 것으로 생각된다.

영국에서는 앞서 본 바와 같이 분쟁해결합의 위반의 경우나 그 외의 비양심적인 경우 모두에 대해서 근거 법률인 Senior Courts Act 1981 제37조를 최우선 강행규정(overriding mandatory rule)으로 해석하거나 이를 절차의 문제로 보아서 법정지인 영국법을 적용한다.615) 이와 관련하여 분쟁해결합의 위반 외의 비양심적인 경우에 대해서는 영국법이 아니라 '로마 II 규정'(계약외채무의 준거법에 관한 2007년 7월 11일 유럽의회 및 이사회의 No 864/2007 규정)616)이 적용되고 그 결과 다른 국가의 법이 준거법이 될 수도 있지 않느냐는 논의가 있다. 그러나 로마 II 규정이 적용된다고 하더라도 동 규정 제4조 제1항617)에 따라 '손해가 발생한(the damage occurs) 국가의 법'이 영국법이라고 보거나, 제4조 제3항618)에 따

---

615) 상세는 제3장 제3절 I. 3. 부분 참조.

616) Regulation (EC) No 864/2007 of the European Parliament and of the Council of 11 July 2007 on the law applicable to non-contractual obligations (Rome II).

617) 로마 II 규정 제4조 제1항은 "불법행위로부터 발생하는 계약외채무의 준거법은, 손해를 야기하는 사건이 발생한 국가에 관계없이 그리고 그 사건의 간접적 결과(indirect consequences)가 발생한 국가 또는 국가들에 관계없이, 손해가 발생한(the damage occurs) 국가의 법이다."고 규정하여, 결과발생지법이 준거법이 됨을 명시하고 있다. 문면상 손해발생지법(lex loci damni)처럼 보이나 이는 결과발생지(또는 법익침해지)를 의미하는 것으로, 프랑스법계의 책임법에는 '법익침해'라는 개념이 일반적으로 사용되지 않으므로 덜 정확하지만 손해발생지라는 개념을 사용하였다고 한다[석광현, "계약외채무의 준거법에 관한 유럽연합 규정(로마II)", 법학, 서울대학교 법학연구소, 제2권 제3호(통권 제160호), 2011., 257~258면].

618) 로마 II 규정 제4조 제3항은 "사안의 모든 상황에 비추어 불법행위가 제1항 또는 제2항에 의하여 지정된 국가 이외의 국가와 명백히 더 밀접한 관련이 있음이 분명한 경우에는 그 다른 국가의 법이 적용된다. 다른 국가와의 명백히 더 밀접한 관련은 특히 문제된 불법행위와 밀접한 관련이 있는 계약과 같

라 '그 불법행위와 명백히 더 밀접한 관련이 있는 국가'가 영국이라고 보아 여전히 영국법이 준거법이 된다고 해석하는 경향이다.[619] 이는 부당한 외국소송으로 인하여 당사자가 영국에서 소송할 권리를 침해 당한다는 사실에 근거한다. 만일 영국에서도 이미 소송이 계속 중이었다면 이러한 사실은 위 제4조 제3항의 '당사자 간에 이미 존재하는 법률관계(pre-existing relationship)'에 해당하여 영국이 '명백히 더 밀접한 관련이 있는 국가'라고 보기가 더 용이해질 것이라고 한다.[620] 한편, 분쟁해결합의 위반 외의 비양심적인 경우 소송금지명령 가부의 문제는 절차의 문제이므로 로마II 규정의 적용 제외 사항(동 규정 제1조 제3항)[621]이라는 해석도 가능한데,[622] 그와 같이 해석할 경우에도 역시 법정지법인 영국법이 적용된다.

(2) 검토 및 私見

私見으로는, 불법행위의 준거법에 따른다는 견해가 타당하다고 생각한다. 그 이유는 다음과 같다.

① 법정지법설은, 문제되는 부당한 외국 제소행위가 소권 남용으로서 허용될 수 없는지 여부는 소송법적 문제이므로 법정지법을 적용해야 한다는 논리를 내세울 수도 있겠다. 그러나 앞서 분쟁해결합의에서도 본바와 같이 소송금지청구권 발생의 문제는 소송금지가처분의 허용 가능성(적법요건)의 문제와는 구별되는 것으로서, 후자는 당연히 절차의 문제로 성질결정하여 법정지법에 따르지만, 전자는 어디까지나 피보전권

은 당사자 간에 이미 존재하는 법률관계(pre-existing relationship)에 근거할 수 있다."라고 규정한다.

619) Fentiman[2015], para. 16.17.

620) Fentiman[2015], para. 16.17.

621) 동 규정 제1조 제3항에서는 적용제외 사항으로 '증거 및 절차(evidence and procedure)'을 규정하고 있다.

622) Raphael[2019], para. 4.17.

리(즉, 소송금지청구권) 존부의 문제로서 실체의 문제이다. 논리적으로나 구조적으로 볼 때에도, 앞서 본 분쟁해결합의 위반에 기한 소송금지청구권의 경우와 분쟁해결합의 위반 외 부당제소에 기한 소송금지청구권의 경우를 달리 볼 이유가 없다. 만일 후자의 준거법을 법정지법으로 본다면, 분쟁해결합의 위반의 경우 소송금지청구권이 발생하는가의 준거법도 동일하게 법정지법으로 보아야 논리적으로 일관될 것인데, 이것이 부당함은 앞서 설명한 바와 같다.

② 일반적으로, 부당한 외국 제소를 당하지 않을 권리를 소송법적(절차적) 권리라고 볼 법령상 혹은 해석론상의 근거는 없다. 뿐만 아니라, 앞서 본 바와 같이 권리남용(소권남용)에 기하여 곧바로 소송금지청구권이 발생한다는 해석은 민법의 해석상 받아들이기 어렵다.

③ 영국에서는 이를 절차의 문제라고 보아 법정지법을 적용하지만, 한국의 경우는 이와 달리 실체의 문제로 보아야 함은 이미 여러 번 설명하였다.

④ 한편, 법정지의 국제사법에 따라 분쟁의 실체에 관하여 적용되는 법을 따른다는 견해는, 앞서 본 분쟁해결합의 위반의 경우와 유사하게 보는 견해인데, 분쟁해결합의의 경우에는 분쟁의 실체와 분쟁해결합의 사이의 연관성이 크므로 그와 같이 볼 수도 있지만, 분쟁해결합의 위반 외 부당제소의 경우에는 분쟁의 실체와 그 부당제소행위 사이에 별다른 연관성이 있다고 보기 어려우므로 양자의 준거법은 별개로 결정되어야 한다. 예컨대, 주된 계약의 준거법과 주된 계약에 포함된 관할합의조항이나 중재조항 위반에 기한 소송금지청구권 발생의 준거법은 같이 볼 수도 있지만, 분쟁해결합의 위반 외 부당제소에 있어서는 주된 계약과 부당제소는 별 상관이 없다. 따라서 이 견해도 지지하기 어렵다.

⑤ 실제에 있어서 분쟁해결합의 위반 외 부당 제소행위는 그 성격상 불법행위와 가장 유사하다. 이런 점에서 앞에서는 소송금지청구권의 국내법상 이론적 근거를 불법행위 규정의 적용 또는 유추적용에서 찾은

것이다. 따라서 이를 불법행위에 준하는 문제로 보아 법정지 국제사법에 따라 정해지는 불법행위의 준거법에 따른다고 봄이 가장 합리적이다. 참고로, 관할합의 위반에 기한 손해배상책임에 관한 국내의 문헌 중에서도 관할합의 위반에 따른 손해를 불법행위책임의 문제로 접근하는 것도 가능하고, 그러한 경우 불법행위에 관한 우리 국제사법의 규정에 따라 준거법 결정을 하여야 할 것이라고 기술한 것이 있다.[623]

⑥ 실무상 지식재산권, 환경권, 인격권 등 침해 분쟁에서 흔히 제기되는 침해행위금지 가처분 사건의 경우에도 해당 금지청구권의 실체적 내용에 적용될 준거법에 따라 피보전권리의 존부를 판단하는 것이지, 무조건 법정지법을 적용하여 피보전권리의 존부를 판단하지 않는다.[624]

3) 구체적인 검토

이와 같이 분쟁해결합의 위반 외 부당 제소행위의 경우 소송금지청구권이 발생하는지 여부의 준거법은 법정지 국제사법에 따라 정해지는 불법행위의 준거법이라고 본다면, 문제는 구체적으로 그러한 불법행위의 준거법이 무엇인가이다. 여기서는 한국법원에 제기된 소송금지가처분 사건을 전제로 논의하므로, 법정지인 한국의 국제사법에 따른 불법행위의 준거법이 될 것인데, 소송금지가처분의 경우 이것이 구체적으로 무엇인지가 추가로 검토되어야 하겠다.

국제사법에 의하면, 불법행위(부당제소행위)가 발생한 후 당사자 사이에 준거법에 관한 사후적 합의가 있었다면 그 법이 최우선적으로 적용된다(제33조). 종속적 연결이 적용될 경우(즉, 가해자와 피해자간에 존

---

623) 한승수[2019], 33면.
624) 권창영[2018], 147면에서도 보전소송에 관하여는 법정지법(lex fori)인 우리나라 법률이 적용되나, 피보전권리의 성립 및 효력에 관하여는 국제사법상 원칙에 따른다고 하여 同旨로 보인다.

재하는 법률관계가 불법행위에 의하여 침해되는 경우)에는 그 법률관계
의 준거법이 적용될 것인데(제32조 제3항), 여기서 다루는 분쟁해결합의
위반 외 부당 제소행위의 경우에는 종속적 연결이 적용될 만한 사안은
거의 없을 것으로 보인다. 만일 불법행위 당시 가해자와 피해자의 상거
소가 동일한 국가에 있는 경우에는 그 국가의 법이 준거법이 된다(제32
조 제2항). 그 외의 경우에는 그 행위가 행하여진 곳의 법(행위지법)이
준거법이 된다(제32조 제1항).625)

---

625) 참고로, 불법행위의 준거법에 관한 외국의 태도를 비교법적으로 검토해 보면
다음과 같다. ① 로마 II 규정 : 앞서 본 바와 같이 원칙적으로 결과발생지법
이 준거법이 되고(제4조 제1항), 예외적으로 더 밀접한 관련이 있음이 분명한
국가의 법이 준거법이 된다(제4조 제3항) ② 미국 : 유럽과는 달리 미국에서는
각 사안에서의 실질법의 목적 또는 정책, 인적·물적 요소 등 각 사안의 구체
적 사정들, 이해관계나 이익 등을 고려하여 준거법을 결정하여야 한다는 취
지의 신이론들이 주창되었다. 미국의 '저촉법 혁명(American Conflicts Re-
volution)' 또는 'Currie 혁명'이라고도 불리는 이러한 미국 신이론들의 예로는
'이익분석이론(Interest analysis theory)', '보다 좋은 법 이론(the better law
theory)', '계약의 관련요소 연결 이론(Grouping of contracts doctrine)' 등이 있다.
또한 법률은 아니지만 미국법률협회(American Law Institute)가 제정한 '1차
Restatement(Restatement of the law of conflict of law, First)'와 '2차 Restatement
(Restatement of the law of conflict of law, Second)'도 저촉법적 기준으로 널리
적용되고 있는데, 1차 Restatement 제377조는 이른바 기득권이론에 기하여 원
칙적으로 모든 불법행위에 대하여 행위지원칙을 채택하였다. 그러나 2차
Restatement 제145조는 "불법행위의 쟁점에 관한 당사자들의 권리와 책임은 당
해 쟁점에 관하여 사건 및 당사자들과 가장 중요한 관계(the most significant
relationship)를 가지는 국가(주)의 법에 따라 결정된다."고 하여 준거법결정의
규칙(rules)을 규정하는 대신 기법(technology) 내지는 접근방법(approach)을 규
정하였고, 나아가 제146~155조에서 인신침해 등 개별불법행위에 대하여 특칙
을 두고, 제156~174조에서는 불법행위의 주요 쟁점에 관한 상세한 규정을 두
고 있다. 기본적으로 미국은 통일된 국제사법 원칙이 있는 것이 아니라, 각
주에 따라 위 원칙들 중 어느 하나 또는 복수의 원칙을 채택하여 다양한 방식
으로 준거법을 정하고 있다(석광현[국제사법해설], 390면, 주 2); 신창선/윤남
순[2016], 48, 54~55, 320면. 그밖에 미국의 저촉법 원칙에 관한 상세는 신창선/
윤남순[2016], 43~48면, 54~55면; 임치용, "미국 국제사법(저촉법)의 현황·준거

부당한 외국제소의 경우 행위지는 어디인가? 예컨대, 한국에 상거소
를 둔 A가 이탈리아에 상거소를 둔 B를 상대로 한국에서 이행소송을 제
기하려고 하는데, B가 악의적으로 이탈리아법원에 소극적 확인의 소를
먼저 제기하였다면, 행위지는 이탈리아인가 한국인가? 만약 이탈리아라
고 본다면 다소 곤란한 문제가 발생할 수 있는데, 이는 이탈리아법에 따
를 경우 이탈리아법원에 소를 제기한 것은 통상적으로 적법한 행위라고
볼 가능성이 높기 때문이다.626) 또한, 한국에 상거소를 둔 A의 법익 침
해지가 한국이 될 수도 있는데 이러한 점이 무시되게 된다.

私見으로는, 아래와 같은 이유에서 법정지인 한국의 국제사법에 의하
더라도 소송금지가처분을 신청하는 당사자(부당한 외국 제소를 당한 자,

법의 결정을 중심으로-", 사법연구자료, 24집, 법원도서관, 1997. 등 참조). ③
영국 : 영국에서는 현재 Private International Law Act 1995가 적용되는데, 그에
따르면 불법행위의 준거법은 원칙적으로 불법행위지법(the law of the country
in which the events constituting the tort or delict in question occur)이 되고(제11
조), 예외적으로 그 불법행위와 가장 밀접한 관련(closest connection)이 있는
국가의 법이 된다(제12조). 위 Private International Law Act 1995가 시행되기 전
에 적용되던 영국 common law 상의 전통적 법리는 이른바 'double-actionability
rule'(이중소구가능성의 원칙)인데, 이는 피해자가 영국에서 불법행위에 기한
손해배상청구소송에서 승소하기 위해서는 우선 당해 불법행위가 영국법상
소구할 수 있어야('actionable')하고, 또한 불법행위지법상 정당하지 않을('not
justifiable') 것이 요구된다는 법리이다(Hartley[2009], 533, 563면). 그러나 위 법
리는 위 Private International Law Act 1995(제10조)에 의하여 폐지되었다. 현재
는 로마 Ⅱ 규정이 적용되는 범위 내에서는 동 규정이 적용된다. 다만, 명예
훼손(defamation)에 관해서는 로마 Ⅱ 규정 및 위 Private International Law Act
1995가 적용되지 않고(로마 Ⅱ 규정 제1조(2)(g)항, Private International Law Act
1995 제9조(3), 10, 13조), 여전히 종전의 common law 상의 법리가 적용된다
(Hartley[2009], 563면). ④ 독일 : 1999년 개정된 민법시행법 제40조 제1항은 행
동지법을 원칙으로 하되, 피해자에게 일정한 시점까지 결과발생지법의 적용
을 요구할 수 있는 선택권을 인정하였다.
626) 앞서 본 바와 같이 영국에서는 분쟁해결합의 위반 외의 비양심적인 경우에도
법정지인 영국법을 적용하는데, 이러한 사고의 근저에는 위와 같은 문제에
대한 고려도 있지 않은가 추측된다.

이를 편의상 '피해자'라고 한다)의 상거소지법(위 사례에서는 한국법)이
준거법이 될 수 있다고 본다.

즉, 위 사례와 같이 피해자가 자국이 아닌 외국에서 부당한 제소를
당한 경우, 이를 격지불법행위의 한 유형에 해당한다고 보아서 일차적으
로는 피해자에게 선택권을 허용하고 피해자의 선택의사가 불분명할 경
우에는 로마 II 규정과 같이 결과발생지법을 준거법으로 인정하는 이론
구성이 가능하다.

부당한 외국 제소행위가 불법행위를 구성하는 경우도 행동지(외국
제소가 이루어진 그 외국)와 결과발생지가 상이한 격지불법행위에 해당
된다고 본다. 우리 국제사법상 불법행위의 준거법은 원칙적으로 행위지
법(제32조 제1항)이 되는데, 행동지와 결과발생지[627]가 상이한 격지불법
행위의 경우에는 명확한 규정이 없으므로 판례와 학설의 해석론에 맡겨
져 있다. 이에 관하여 국내에서는 ① 결과발생지를 불법행위지로 정하
되, 국제사법 제8조에 의하여 사안과 가장 밀접한 관련이 있는 곳의 법
으로 정하자는 견해,[628] ② 피해자로 하여금 행동지와 결과발생지 중에
서 택일하도록 하고 법원이 국제사법 제8조에 의하여 당해 사안과 보다
밀접한 관련이 있는 곳을 발굴하도록 하자는 견해,[629] ③ 결과발생지를
우선시키는 것이 타당하다는 견해[630] 등이 있다.[631]

---

[627] 여기서 '행동지'는 구성요건에 해당하는 외부적 효력을 가지는 실행행위가 행
해진 곳을 말하고, '결과발생지'라 함은 보호되는 법익이 불법행위에 의하여
직접 침해된 장소, 즉 법익침해 당시 법익의 소재지를 말한다. 여기의 결과발
생지는 직접적인 법익침해지만을 말하는 것이지 그로부터 파생되는 이차적
또는 간접적 결과발생지는 이에 포함되지 않는다. 이는 궁극적으로 손해가
발생한 장소인 '손해발생지'와는 구별된다(석광현[국제사법해설], 392면). 그러
나 대법원 2013. 7. 12. 선고 2006다17539 판결, 대법원 2008. 4. 24. 선고 2005다
75071 판결 등은 이를 엄밀히 구별하지 않고 '손해의 결과발생지'라는 표현을
사용한다.
[628] 신창섭, 국제사법, 제4판, 세창, 2018., 277면.
[629] 신창선/윤남순[2016], 325면.

우리 판례의 태도를 보면, 아래와 같이 최근의 경향은 대체로 피해자의 선택권을 인정하고 있는 것으로 보이고, 의사가 명확하지 않은 경우에도 피해자의 일정한 행위에 기해서 선택의사를 추인하는 방식을 취하고 있는 보인다.

먼저, 고엽제 소송에 관한 제1심 판결(서울중앙지법 2002. 5. 23. 선고 99가합84123 판결)에서는 "섭외사법의 원인된 사실이 발생한 곳이라 함은 불법행위를 한 행동지(가해행위지)뿐만 아니라 손해의 결과발생지도 포함하며, 불법행위의 행동지와 결과발생지가 상이한 경우에는 준거법으로 지정될 수 있는 행동지법과 결과발생지법은 각각 그 지정을 정당화하는 이익에 의하여 뒷받침되고 그 이익의 우열을 판단하기는 어렵다고 보아야 할 것이므로, 피해자인 원고는 다른 준거법을 적용할 때보다

630) 석광현[국제사법해설], 394~395면이 이러한 견해로 보인다. 그러나 위 책 395면에서는 피해자의 선택권을 인정하는 편재주의를 배척하기는 어렵다고 쓰고 있어서 입장이 명확하지 아니하다(선택권을 인정하되 이를 행사하지 않는 경우에는 결과발생지법으로 결정해야 한다는 취지가 아닌가 생각된다).
631) 참고로, 석광현[국제사법해설], 393~394면; 석광현, "계약외채무의 준거법에 관한 유럽연합 규정(로마Ⅱ)", 법학, 서울대학교 법학연구소, 제2권 제3호(통권 제160호), 2011., 257~258면에서는 격지불법행위의 준거법에 관한 외국의 태도를 상세하게 소개하고 있는데, 이를 요약하면 다음과 같다. ① 독일 : 과거에는 행동지와 결과발생지를 대등하게 취급하여 피해자에게 선택권을 인정하고(偏在主義), 피해자가 준거법을 선택하지 않은 경우 법원이 직권으로 피해자에게 유리한 법을 선택하도록(이른바 '유리의 원칙') 하였으나, 1999년 개정된 민법시행법 제40조 제1항은 행동지법을 원칙으로 하되, 피해자에게 일정한 시점까지 결과발생지법의 적용을 요구할 수 있는 선택권을 인정하였다. ② 스위스 : 가해자가 그 국가에서의 결과 발생을 예견했어야 하는 경우에는 결과발생지법을 우선하고, 그렇지 않은 경우에는 행동지법에 따른다(스위스 국제사법 제133조 제2항). ③ 일본 : 결과발생지법을 우선시키나 다만 결과발생지에서 결과의 발생이 통상 예견할 수 없는 것이었던 때는 가해행위가 행하여진 곳의 법에 의한다(일본 법적용통칙법 제17조). ④ 로마 Ⅱ 규정 : 행동지와 간접적 결과발생지에 관계없이 결과발생지법이 격지불법행위의 준거법임을 명시한다(제4조 제1항). ⑤ 오스트리아 : 행동지법을 적용한다.

더 유리한 판결을 받을 수 있다고 판단하는 준거법이 있다면 그 법률을 적용할 수 있다고 할 것이고, 그 유리·불리의 여부는 법원이 아닌 원고가 판단하여야 할 것이다(각 준거법의 택일적 적용 또는 주장도 가능하다고 볼 것이다)."고 판결하였다. 나아가 위 판결은 "대한민국의 베트남전 참전군인들이 미국 법인인 제초제 제조회사들에 의하여 제조되어 베트남전에서 살포된 고엽제의 유해물질로 인하여 각종 질병을 얻게 되었음을 이유로 위 참전군인들 또는 그 유족들이 위 고엽제 제조회사들을 상대로 대한민국 법원에 제조물책임 또는 일반불법행위책임에 기한 손해의 배상을 구하는 사안에 적용될 수 있는 준거법은 행동지법으로서 생산지법인 미국법과 사용지법인 베트남법, 결과발생지법으로서 대한민국법이라 할 것인데, 피해자인 원고들이 이 사건에 관하여 변론함에 있어 대한민국법에 근거하여 제조물책임, 소멸시효 등에 대한 법률요건 및 효과를 주장하고 있는바, 이에 비추어 원고들은 이 사건에 대하여 적용될 준거법으로서 대한민국법을 선택하였다고 볼 것이다."라고 판시하였다.

제2심 판결(서울고등법원 2006. 1. 26. 선고 2002나32662 판결)은 위 1심 판결과 동일한 취지로 판시한 후 "원고들은 이 사건 변론에서 불법행위의 결과발생지인 대한민국의 법률에 근거하여 제조물책임 또는 일반불법행위책임에 기한 손해배상청구권의 성립과 효과를 주장하고 있으므로, 이 사건의 준거법이 될 수 있는 미국법, 베트남법, 대한민국법 가운데 대한민국법을 이 사건 관하여 적용할 준거법으로 선택하였다고 볼 것이다."라고 판시하였다. 다만 부가적으로 "복수의 준거법이 적용될 수 있는 상황에서 (만일) 원고가 그 적용될 준거법을 선택하지 않은 경우 법원은 행동지법 또는 결과발생지법 중의 하나에 해당하는 법정지법을 그 준거법으로서 적용하여야 할 것이다. 왜냐하면 원고가 복수의 준거법이 적용될 수 있는 상황에서 특정한 준거법이 시행되는 국가를 법정지로 선택한 것은 특별한 사정이 없는 한 그 법정지의 법률을 적용받고자 하는 의사를 표시한 것으로 해석함이 합리적이기 때문이다."라고 판시하였다.[632]

그 상고심 판결(대법원 2013. 7. 12. 선고 2006다17539 판결)도 "구 섭
외사법 제13조 제1항에 의하면, 외국적 요소가 있는 섭외사건에서 불법
행위로 인하여 생긴 채권의 성립 및 효력은 그 원인이 된 사실이 발생한
곳의 법에 의하여 판단하여야 하고, 불법행위에서 그 원인이 된 사실이
발생한 곳에는 불법행위를 한 행동지뿐만 아니라 손해의 결과발생지도
포함된다."고 판시하면서, 원심의 판단을 그대로 수긍하였다.

다음으로, 일제 징용사건 판결(대법원 2012. 5. 24. 선고 2009다22549
판결)에서는 "원고 등의 청구권이 성립한 시점에 적용되는 대한민국의
저촉규범에 해당하는 일본의 '법례'(1898. 6. 21. 법률 제10호)에 의하면
불법행위로 인한 손해배상청구권의 성립과 효력은 불법행위 발생지의
법률에 의하는데(제11조), 이 사건 불법행위지는 대한민국과 일본에 걸쳐
있으므로 불법행위로 인한 손해배상청구권에 관하여 판단할 준거법은
대한민국법 또는 일본법이 될 것이다. 그러나 이미 원고들은 일본법이
적용된 일본소송에서 패소한 점에 비추어 자신들에게 보다 유리한 준거
법으로 대한민국법을 선택하려는 의사를 가지고 있다고 추인되므로, 대
한민국 법원은 대한민국법을 준거법으로 하여 판단하여야 한다."고 판시
함으로써, 행동지와 결과발생지가 복수국가에 소재하는 경우 피해자는
자신에게 유리한 법을 준거법으로 선택할 수 있음을 인정하였다.(633)

---

632) 그 밖에 위 판결에서는 원고가 각 준거법 중 자신에게 유리한 일부만 추출하
여 선택할 수 있는지에 관하여 "선택된 준거법은 불법행위채권의 성립과 효
과 등 당해 채권에 관한 법률관계에 전체적으로 적용되어야 하므로, 원고는
각 준거법으로부터 자신에게 유리한 일부 요건이나 효과만을 선택적으로 추
출하여 그 적용을 주장할 수는 없다."고 판시하였다. 위 사건에서 원고들은
대한민국법을 준거법으로 적용하면서도 불법위의 행동지에 해당하는 미국의
법률은 대한민국의 법률에 반하지 않는 한 소멸시효에 관하여 보충적, 제한
적으로 적용될 수 있다고 주장하였고, 이에 반하여 피고들은 "준거법으로 어
느 하나의 법만을 선택하여야지 양국의 법률을 혼합하여 이 사건에 적용할
수 없다. 불법행위로 인한 손해배상청구권에 관한 준거법은 그 청구권의 소
멸시효에 관한 준거법과 동일한 국가의 법률이어야 한다."고 주장하였었다.

도메인이름에 관한 판결(대법원 2008. 4. 24. 선고 2005다75071 판결)에서도 "구 섭외사법 제13조의 원인된 사실이 발생한 곳이라 함은 불법행위를 한 행동지뿐만 아니라 손해의 결과발생지도 포함하는데, 위 도메인이름의 이전등록으로 인하여 원고는 대한민국에서 위 도메인이름을 사용하지 못하게 되었으므로 불법행위의 성립 및 효력에 대하여는 대한민국법이 준거법이 된다고 할 것이다."고 판시한 다음, 우리 법상 위 이전등록행위는 위법성이 없다고 판단하였다.[634]

---

633) 사안은, 일제강점기에 국민징용령에 의하여 강제징용되어 일본국 회사인 미쓰비시중공업 주식회사에서 강제노동에 종사한 대한민국 국민 갑 등이 구 미쓰비시가 해산된 후 새로이 설립된 미쓰비시중공업 주식회사를 상대로 국제법 위반 및 불법행위를 이유로 한 손해배상과 미지급 임금의 지급을 구한 사건이다.

634) 사안은, 한국에 주소를 둔 원고가 도메인이름 "hpweb.com"을 등록하여 사용하던 중 "hp"라는 표장에 대한 상표권자인 피고(미국 법인)가 원고를 상대로 국제인터넷주소관리기구(ICANN)의 '통일 도메인이름 분쟁해결정책(UDRP)'에 따라 분쟁해결기관에 분쟁조정신청을 하고, 그 결과에 따라 미국 버지니아주에 소재하는 도메인이름의 등록기관이 피고에게 이전등록을 하였는데, 위 도메인이름을 이전받은 행위에 대하여 원고가 피고를 상대로 불법행위에 기한 손해배상을 청구한 사건이다.

위 판결의 판시내용을 두고, 이는 불법행위로 인하여 경제적 손실을 입게 된 이차적 또는 간접적 결과발생지를 결과발생지에 포함시킨 것이라고 보는 견해도 있다(석광현[국제사법해설], 392면, 주11). 그러나 私見으로는 위 판결을 그와 같은 취지라고 해석하기는 어렵고, 단지 어디까지를 '직접적 법익침해지(법익의 소재지)'로 볼 것이냐에 관한 해석의 차이에 불과하다고 축소해석할 필요가 있다고 본다. 왜냐하면 위 대법원 판례해설(김운호, "UDRP에 의한 조정결정에 따른 도메인 강제이전과 부당이득의 성립 여부", 대법원 판례해설 제75호, 2008년 상권, 444면)에서도 "법익 침해 당시의 법익소재지인 결과발생지와 궁극적으로 손해가 발생한 장소인 손해발생지는 구별되는 개념이고, 불법행위의 결과발생지에 2차적으로 발생하는 경제적 손해 발생지까지 포함한다면 결과발생지의 범위가 지나치게 넓어져 가해자가 그 준거법을 예측할 수 없는 우려가 있으므로, 결과발생지를 법익의 직접적 피해가 일어나는 장소로 한정하는 것이 타당하다."고 보고 있고, 그러면서도 결론적으로는 도메인이름의 사용수익권을 상실하게 되는 대한민국이 법익침해지가 된다고 보았기 때문이다.

私見으로는, 일차적으로 피해자에게 선택권을 허용하되, 선택의사가 명시적이지 않은 경우에도 가급적 피해자의 행위에 기해서 묵시적 선택 의사를 탐구해 보고, 그것도 불명확할 경우에는 로마 II 규정과 같이 결과발생지법을 준거법으로 인정함이 타당하다고 생각한다.[635]

여기서 결과발생지라 함은 법익침해 당시 법익의 소재지를 말하므로, 소송금지가처분의 경우 외국 제소를 당한 당사자(피해자)의 상거소지(위 사례에서는 A의 상거소인 한국)를 결과발생지라고 할 수 있다. 왜냐하면, 부당한 외국 제소로 인해 피해자가 자국에서 소송할 수 있는 법익을 침해 당하였고, 이를 재산권이나 그밖에 명예, 신체 또는 정신의 자유, 신용 등의 침해로 보더라도 그 법익의 소재지는 피해자의 상거소지라고 봄이 타당하기 때문이다.

따라서 한국의 국제사법에 의하더라도 위 격지불법행위의 준거법 이론에 따라서 소송금지가처분을 신청하는 피해자의 상거소지법(위 사례에서는 한국법)이 준거법이 될 수 있다고 본다.

V. 관련 문제 : 소명책임과 소명정도, 국제예양, 손해배상청구권과의 관계

1. 소명책임과 소명정도

소송금지가처분 사건에서 소명책임은 누구에게 있는지, 일정한 경우 소명책임을 완화할 여지가 있는지, 소명의 정도는 어떠한지, 그 판단의

---

635) 결과발생지법을 우선시키는 이유는, 현대 불법행위법에서는 '법익의 보호'가 '행위의 불법'보다 전면에 서므로, 법익침해지 즉 결과발생지를 우선시켜야 하기 때문이라고 설명한다(석광현[국제사법해설], 394~395면). 로마 II 규정 전문 제16조에도 유사한 취지가 규정되어 있다.

준거법은 무엇인지에 관해 살펴본다.

1) 준거법

변론에서의 증명책임에 관해서는 이를 실체의 문제로 보아 해당 법률관계의 준거법(lex causae)을 적용한다고 보는 것이 국내에서의 통설[636]이자 판례[637]의 태도이고, 독일과 일본에서의 지배적인 견해로 보인다.[638][639] 이는 소송금지가처분에서의 소명책임에 관해서도 마찬가지로 보아야 한다. 따라서 소송금지가처분 사건에서 피보전권리, 다시 말해 소송금지청구권의 존재에 관한 소명책임의 소재는 해당 법률관계의 준거법에 따라 결정될 것이다. 그러나 외국법을 적용한다고 하더라도 대체로 소송금지를 청구하는 자에게 소명책임이 있다고 볼 경우가 많을 것이므로 실무상 준거법에 따른 큰 차이는 없을 것으로 보이고, 다만 뒤에서 볼 분쟁해결합의 위반의 경우 소명책임 전환 또는 완화와 관련해서 어느 정도 실익이 있을 것으로 보인다.

소명의 정도에 관해서는 절차적 문제라는 견해(절차법설)[640]와 실체

---

636) 석광현[국제민사소송법], 322면; 정동윤/유병현/김경욱[2019], 562면; 이시윤[2019], 543면도 同旨로 보인다.

637) 대법원 2001. 5. 15. 선고 99다26221 판결도 "이 사건 보험계약에 적용되는 영국 해상보험법 및 관습에 의하면, 보험의 목적에 생긴 손해가 그 부보위험인 해상 고유의 위험으로 인하여 발생한 것이라는 점에 관한 입증책임은 피보험자가 부담한다"고 판시하여, 실체법설을 취하고 있다.

638) Schack[2006], Rn. 674(BGHZ 3, 342, 346과 Coester-Waltjen, Internationales Beweisrecht, 1983., Rn. 371도 同旨라고 함)(장준혁[2006], 271면 주114에서 재인용). 정동윤/유병현/김경욱[2019], 562면에서도 실체법설이 독일의 통설이라고 한다.

639) 반면에, 영국에서는 증명책임을 절차의 문제로 본다고 한다(Collier, J. G., Conflict of Laws, 3d ed., 2001., 60면; Re Fuld (No. 3), [1968] P 675)(장준혁[2006], 272면에서 재인용). 미국의 Restatement First(제595조 제1항)도 법정지법설을 취한다(장준혁[2006], 272면).

640) Schack[2010], Rn. 776ff.; 석광현[국제민사소송법], 27면, 319~321면; 석광현[국제

적 문제라는 견해(실체법설)[641]가 대립된다. 우리 민사소송법상 증명의
정도는 '고도의 개연성' 정도를 요구하나,[642] 영미의 민사소송에서 요구
되는 증명의 정도는 그보다 완화된 '증거의 우월(preponderance of evi-
dence)' 또는 '우월한 개연성(preponderance of probabilities)' 정도라고 하
므로,[643] 위와 같은 견해 대립은 실익이 있다. 즉, 법정지법인 한국법을
준거법으로 볼 경우, 영미법을 준거법으로 볼 경우보다 요구되는 소명의
정도가 높아지게 된다. 검토건대, 증명의 정도는 증명책임과 마찬가지로
실체법과 상호의존하는 측면이 있다는 점에서 실체법설도 나름대로 설
득력이 있기는 하나, 증명의 정도는 기본적으로 증거의 평가와 관련된

사법해설], 26면; 석광현, "국제소송에서 입증의 정도의 성질결정과 준거법",
법률신문, 3954호(2011. 7. 25.), 13면; 우성만, "영국 해상보험에 있어서 '근인'
과 '선장 등의 악행'의 의미 및 입증책임", 판례연구, 부산판례연구회, 18집,
2007., 458면. 미국의 Restatement Second(제135조)도 증명의 정도(sufficiency of
evidence)를 절차의 문제로 보아 법정지법에 따를 사항이라고 한다(석광현[국
제민사소송법], 320면, 주85).

641) Geimer[2009], Rn. 2336; 대법원 2001. 5. 15. 선고 99다26221 판결. 위 판결은 "이
사건 보험계약에 적용되는 영국 해상보험법 및 관습에 의하면, 보험의 목적
에 생긴 손해가 그 부보위험인 해상 고유의 위험으로 인하여 발생한 것이라
는 점에 관한 입증책임은 피보험자가 부담한다고 할 것이고, 그 증명의 정도
는 이른바 '증거의 우월(preponderance of evidence)'에 의한 증명으로 충분하다
고 할 것이다."라고 판시하여 실체법설을 취하였다.

642) 이시윤[2019], 535면; 전원열[2020], 349면; 석광현[국제민사소송법], 317면; 대법
원 2010. 10. 28. 선고 2008다6755 판결도 "민사소송에서 사실의 입증은 추호의
의혹도 있어서는 아니 되는 자연과학적 증명은 아니나, 특별한 사정이 없는
한 경험칙에 비추어 모든 증거를 종합 검토하여 어떠한 사실이 있었다는 점
을 시인할 수 있는 고도의 개연성을 증명하는 것이고, 그 판정은 통상인이라
면 의심을 품지 않을 정도일 것을 필요로 한다"고 판시하였다.

643) Geimer[2009], Rn. 2335; 석광현[국제민사소송법], 317~318면. 위 318면 주78에서
는 이에 관한 영미와 독일의 문헌들을 소개하고 있다. 그러나 미국에서 요구
하는 증명의 정도가 항상 '증거의 우월(preponderance of evidence)' 정도인 것
은 아니고, 요증사실에 따라서는 'clear and convincing evidence' 또는
'substantial evidence' 등을 요구하기도 한다(전원열[2020], 350면 각주3).

증거법적 문제로서 절차의 성격이 더 강하다고 생각되고, 현실적으로나 정책적으로도 법관에게 외국법에 따른 증명의 정도를 적용하도록 요구한다는 것은 무리이고, 실효성도 낮을 것으로 여겨지는 점에서 절차법설이 타당하다고 본다.[644] 따라서 우리 법원이 소송금지가처분을 심리함에 있어서 소명의 정도에 관해서는 법정지법인 한국법에 따라 판단하면 될 것이다.

2) 소명책임

국내법상 소송금지가처분의 요건, 즉 피보전권리의 존재 및 보전의 필요성에 대한 소명책임은 기본적으로 신청인에게 있다고 보아야 한다.[645] 이는 소명책임의 준거법이 외국법으로 지정되더라도 대체로 비슷할 것으로 보인다.

여기서 한 가지 검토할 만한 점은, 분쟁해결합의 위반에 기한 소송금지가처분의 경우 국내법상 피보전권리에 관한 소명책임이 전환 또는 완화된다고 볼 여지가 있는지 여부이다. 이에 관하여 영국에서는 분쟁해결합의의 경우 다른 경우와는 달리 소송금지의무를 추정하여 소송금지명령을 허용하지 말아야 할 강력한 이유(strong reasons)를 상대방이 소명하여야 한다고 본다.[646] 전속적 관할합의 위반을 이유로 소송금지명령을

---

644) 증명의 정도에 관한 절차법설과 실체법설의 상세한 논거에 관해서는 석광현 [국제민사소송법], 320~321면 참조.

645) 정선주, "가처분절차에서 소명", 민사소송, 제13권 2호, 2009., 259~260면; 권창영[2018], 362면. 한편, 정선주, 위 논문에 의하면, 독일에서는 보전소송의 소명책임 분배에 관해 일반적인 증명책임 분배와는 달리 보아야 한다는 견해도 있다고 하나, 이는 지지하기 어려운 견해이고 국내의 실무에서도 받아들여지지 않는다.

646) Donohue v. Armco Inc [2002] 1 All ER 749, at [24]; Skype Technologies SA v.Joltid Ltd v. Kasesalu [2009] EWHC 2783 (Ch), at [29]; Aggeliki Charis Compania Maritima SA v. Pagnan SpA (The Angelic Grace)[1995] 1 Lloyd's Rep 87, 96 (CA). 참고로,

발령한 Donohue v. Armco Inc 판결에서도 "당사자들이 특정한 법원으로 전속적 관할합의를 한 경우 당사자가 그 합의의 범위에 속하는 청구에 관하여 합의한 법원 이외의 법원에서 소를 제기한 때에는, 합의되지 않은 법원에서 소를 제기하는 당사자가 그 법정에서 제소하는 강력한 근거를 증명하지 않는 한, 계약상 합의의 준수(to secure compliance with the contractual bargain)를 보장하기 위하여 영국법원은 소송 중지나 외국 제소 금지명령, 기타 적절한 절차명령을 행사할 통상적인 재량권을 가진다"고 판시하였다.[647] 위와 같은 영국의 태도가 우리법상 법률상 추정에 해당하는지 사실상 추정에 해당하는지는 분명하지 않다.

이에 관해서는 아직 국내에서는 별다른 논의가 없는데, 私見으로는 국제거래에 있어서 분쟁해결합의가 있는 경우에는 경험칙상 당사자들이 소송금지의무에 관한 합의까지 한 것이라는 고도의 개연성이 있다고 볼 수 있으므로, 분쟁해결합의가 존재한다는 간접사실(전제사실)만 소명되면 소송금지의무에 관한 합의가 존재한다는 사실에 대한 일응의 추정[648]이 가능하다고 본다. 따라서 피신청인이 그 추정을 번복하려면 소송금지의무에 관한 합의가 없었다는 반증을 들거나 분쟁해결합의가 무효, 취소, 해제 되었다는 등의 사유를 항변 및 소명하여야 할 것이다. 다만, 보전의 필요성 요건은 분쟁해결합의가 있는 경우에도 여전히 신청인에게 소명책임이 있고, 위와 같은 추정이 적용되지 않는다고 본다.

이 법리는 외국법원을 전속관할법원으로 하는 관할합의가 있음에도 영국법원이 자국 소송을 중지(stay)하지 않아야 할 경우에 관하여도 동일하게 적용되는 법리이다.

647) Donohue v. Armco Inc [2002] 1 All ER 749, at [24]

648) '일응의 추정'은 '표현증명' 또는 '일단의 추정'이라고도 하는데, 어떤 경험칙이 고도의 개연성을 갖는 것이어서 A사실이 있으면 그 결과 B사실을 인정하는 것이 충분히 타당할 경우에 A사실의 증명만으로 B사실이 일응 증명된 것으로 보는 것을 말한다(전원열[2020], 391면). 이는 사실상 추정의 한 유형이다. 법률의 규정이 없으므로 법률상 추정으로 볼 수는 없다.

이와 달리, 분쟁해결합의 위반 외의 부당한 외국 제소의 경우에는 원칙에 따라 신청인이 가중된 위법성 요건을 비롯한 피보전권리의 존재, 보전의 필요성 요건을 모두 소명하여야 할 것으로 생각된다.

3) 소명의 정도

먼저, 국내법상 증명과 소명이 입증의 정도에서 어느 정도 차이가 나는지를 살펴볼 필요가 있다. 증명은 본안소송에서 기준으로 적용되는 증명책임 판단 기준으로 일방 당사자의 증거가 상대방 당사자의 증거보다 상당한 정도로 우위에 있는 것(고도의 개연성)을 의미한다. 반면에 소명은 증명보다 증명도가 낮은 것으로서 법관이 요증사실의 존재에 대해 확신을 얻는 것이 아니라 일응 확실할 것이라는 추측을 얻는 상태를 말한다.[649] 민사집행법 제279조 제2항에 의하면, "청구채권과 가압류의 이유는 소명하여야 한다."고 규정하고, 이를 가처분에서도 준용하고 있다(민사집행법 제301조). 국내에서는 보전소송에서도 관할과 당사자능력과 같은 소송요건에 대해서는 소명이 아니라 증명이 요구된다고 보는 견해[650]가 지배적이나, 신속성의 요청과 보전소송의 특질에 비추어 소송요건에 대해서도 소명으로 족하다는 반대설[651]도 있고, 독일에서도 소명의

---

649) 정선주, "가처분절차에서 소명", 민사소송, 제13권 2호, 2009., 243면. 소명의 증명도에 관한 상세한 내용과 독일 학설의 소개는 위 논문 255~257면 참조. 전원열[2020], 350면에서는 소명의 정도를 쉽게 풀어서 "그만하면 맞는 듯하다"는 정도라고 설명한다.

650) 법원행정처[민사집행IV], 102면; 권창영[2018], 362면; 곽종훈, "보전소송에 있어서의 소명", 재판자료, 제45집, 1989., 151면.

651) 정선주, "가처분절차에서 소명", 민사소송, 제13권 2호, 2009., 246~247면; 增田幸次郞, "いかなる場合に疎明がなくても保證を立てさせて保全處分申請を認容しうるが゙ろ, 判例タイムズ, 197號 23面; 岡垣學, "疎明代用の保證をめぐる二つの問題", 判例タイムズ, 48號 3面(위 일본 문헌은 곽종훈, "보전소송에 있어서의 소명", 재판자료, 제45집, 1989., 151면에서 재인용).

대상으로 보고 있다.[652]

구체적인 소명의 정도는 가처분 사건의 종류, 내용, 채무자가 입을 가능성이 있는 손해의 정도 등에 따라서 다를 수 있고, 실무상으로도 가처분의 종류에 따라서 요구하는 소명의 정도를 다르게 보고 있다.[653] 가처분 사건 중 접근금지가처분, 효력정지가처분 등 채무자에게 별다른 피해를 입히지 않아 다툼의 대상에 관한 가처분과 같이 현상유지의 성격이 강한 사건은 채권자의 증거가 채무자의 증거보다 우위에 있지 않더라도 향후 본안소송에서 채권자가 승소할 가능성만 어느 정도 있다고 판단되면 가처분신청을 인용할 수 있다. 그러나 각종 침해금지신청이나 직무집행정지 등 그 신청취지가 본안소송의 청구취지와 실질적으로 동일한 이른바 '만족적 가처분' 사건에서는 원칙적으로 본안소송으로 통해서 얻을 수 있는 결과를 적은 비용과 짧은 시간으로 용이하게 얻을 수 있으므로, 그 입증의 정도도 거의 본안에 준하는 정도의 '고도의 소명'[654]을 요구하고 있다. 만족적 가처분이 인용될 경우 채무자로서는 본안소송을 통해 다투어 볼 기회를 가져보기도 전에 사실상 본안판결이 인용된 것과 같은 결과에 이르게 되고, 이를 원상회복하기도 쉽지 않기 때문이다(이른바 보전소송의 본안화 현상). 만족적 가처분 사건에서는 위와 같이 피보전권리에 관하여 고도의 소명이 필요할 뿐 아니라 가처분의 또 하나의 요건인 보전의 필요성을 판단함에 있어서도 현상유지를 목적으로 하는 가처분보다 훨씬 엄격한 기준을 적용하고 있다.

---

652) 정선주, "가처분절차에서 소명", 민사소송, 제13권 2호, 2009., 245면.
653) 법원행정처[민사집행Ⅳ], 99면.
654) 학자에 따라서는 소명의 정도를 고도의 소명과 일반 소명으로 나누는 것은 바람직하지 않고 그 대안으로 증명과 소명의 중간단계에 해당하는 '준소명'을 요구하는 것이 바람직하다고 보는 견해가 있다(정선주, "가처분절차에서 소명", 민사소송, 제13권 2호, 2009., 257면, 267~269면). 그러나 어느 견해에 의하든, 만족적 가처분의 경우 더 높은 수준의 소명이 요구된다는 점에서는 동일하다.

2. 국제예양의 문제

1) 서론

소송금지명령과 관련한 중요한 논점 중에서 국제예양의 문제가 있다. 앞서 본 바와 같이 외국(주로 영미)에서는 소송금지명령과 관련하여 국제예양의 문제를 중요한 논점으로 다루는데 반하여,[655] 국내에서는 국제예양이라는 주제를 본격적으로 다룬 연구자료가 거의 없는 실정이고,[656]

---

655) 앞서 본 바와 같이 영미에서는 예양(comity)에 관하여 다룬 문헌들이 굉장히 많은데, 기본적으로 Raphael[2019], para. 1.26~1.64, 4.77~4.92, 8.24~8.51; Fentiman[2015], para. 1.59~1.61, 16.111~16.130; Born/Rutledge[2018], 562~563 참조. 그밖에도 Fentiman[2015], para. 16.111의 주219에 실린 문헌들; Dicey, Morris & Collins on The Conflict of Laws, 14th ed., 2006., ∬1-008 to 1-017; Richard Fentiman, "Anti-suit Injunctions – Comity Redux?", Cambridge Law Journal., Vol. 71(2), 2012.; Michael D. Ramsey, "Escaping 'International Comity'", Iowa Law Review, Vol. 83(5), 1998.; Donald Earl III Childress, "Comity as Conflict: Resituating International Comity as Conflict of Laws", U.C. Davis Law Review, Vol. 44(1), 2010.; Joel R. Paul, "Comity in International Law", Harvard International Law Journal, Vol. 32(1), 1991.; Eric Roberson, "Comity Be Damned: The Use of Antisuit Injunctions Against the Courts of a Foreign nation", University of Pennsylvania Law Review, Vol. 147(2), 1998.; Daniel Tan, "Anti-Suit Injunctions and the Vexing Problem of Comity", Virginia Journal of International Law, Vol. 45(2), 2005.; Cameron Sim, "Choice of Law and anti-Suit Injunctions: Relocating Comity", International and Comparative Law Quarterly, Vol. 62(3), 2013.; Felix W. H. Chan, "Anti-suit Injunctions and the Doctrine of Comity", Modern Law Review, Vol. 79(2), 2016.; Briggs, Adrian, "The Principle of Comity In Private International Law", Recueil Des Cours, Vol. 354, 2012. 등 참조.

656) 국내문헌 중 국제예양에 관한 개괄적인 설명으로는 석광현[국제민사소송법], 21~24면 참조. 국내 논문 중에서 예양을 주제로 한 논문으로는 오병선, "독점규제법의 역외적적용과 국제예양", 국제법학회논총 29권 2호, 1984.가 발견될 뿐이다. 일본에서도 사정은 비슷한 것으로 보이는데, 安藤誠二, "外國訴訟差し止め命令と國際禮讓", 海事法研究會誌, 145號, 1998.이라는 논문이 발견되

이를 언급한 판례도 아래에서 보는 소수의 것들 외에는 거의 없는 상황이다. 이는 아마도 영미에서는 전통적으로 예양이라는 개념을 여러 상황에서 활용하고 있는 반면에, 대륙법계에서는 예양이라는 개념을 선호하지 않는 점[657]이 주된 원인으로 보인다. 앞서 본 바와 같이 독일 문헌 중에서는 국제예양의 문제가 영미법의 소산이라 독일과 같은 대륙법계 국가에서는 예양의 개념이 적용되지 않고, 따라서 소송금지명령 발령 가부에 관한 기준으로 기능하지 못한다고 설명하는 것도 있다.[658]

'예양'은 국제공법과 국제사법의 여러 분야에서 다양한 의미로 사용되고 있는데, 국제사법 또는 국제민사소송법 분야 내에서도 예양의 개념은 여러 국면에서 다양하게 사용되고 있다. 예컨대, 국내에서는 외국법 적용의 근거, 외국판결 승인·집행의 근거, 국제사법공조의 근거, 국제도산에서 보편주의 적용의 제한 근거, 독점규제법에서 역외적용의 제한 근거 등에서 예양의 개념이 사용된다.[659] 영국에서는 국제사법 영역에서 예양이 작용하는 국면을 준거법의 적용범위 결정과 그 해석, 관할권 행사에 관한 재량권 행사(주로 부적절한 법정지의 법리와 관련됨)를 비롯한 재판 절차법의 적용, 외국판결의 승인과 집행, 국제사법공조 또는 국제도산절차의 공조 등으로 나누어 설명하기도 한다.[660]

그런데 각국의 법체계에서 명문으로 규정되어 있는 '공서' 개념과는 달리 '예양'을 명문으로 입법화 하고 있는 경우는 드물다.[661] 이런 이유

기는 하나, 이 논문은 영국의 Airbus Industrie v. Patel [1999] 1 AC (HL) 판례를 그대로 해설한 내용일 뿐이고, 예양의 의미나 기능에 관한 일본의 논의를 다루고 있지는 않다.

657) 석광현[국제민사소송법], 21.

658) Lenenbach[1998], 295.

659) 이에 관한 상세한 내용은 석광현[국제민사소송법], 21~24면, 344~345면 참조.

660) Briggs, Adrian, "The Principle of Comity In Private International Law", Recueil Des Cours, Vol. 354, 2012., 89.

661) Basedow, Jürgen et.(edited), Encyclopedia of Private International Law (Massachusetts: Edward Elgar Publishing Limited, 2017), s.v. Comity(한승수[2019],

로 예양의 정의를 일률적으로 내리기는 쉽지 않은데,[662] 앞서 본 바와 같이 영국에서는 소송금지명령과 관련하여 '예양'을 '상이한 국가, 특히 그의 법원과 법제가 적절한 경우 서로에게 상호 존중, 공감과 경의를 나타내는 것'으로 정의하고,[663] 좀 더 구체적으로는 한 국가의 법원이 정당한 이유 없이 외국의 사법체계에 대한 영토적·사법적 주권에 대하여 간접적으로라도 간섭하는 조치를 해서는 안 된다는 원칙이라고 설명되거나,[664] 외국의 사법기관에 대한 상호신뢰에 기초하여 서로 간섭하지 않는다는 원칙과 외국 사법기관의 행위가 확정적이라는 것을 존중하거나 그에 신뢰를 부여한다는 원칙이라고 설명된다.[665]

영국과 마찬가지로 미국에서도 법원마다 상이한 표현을 사용하고 있어 '예양'의 정의를 일률적으로 내리기는 쉽지 않다. 미국 연방대법원에 의하면, 예양을 '국내 법원이 다른 주권국가의 법률과 이익에 관계되는 사건의 해결에 접근함에 있어서 그에 따른 협조의 정신'이라고 정의하거나,[666] '한 국가가, 국제적 의무 및 편의와, 그 자신의 국민 또는 그 법률의 보호 하에 있는 다른 사람들의 권리의 양자를 적절히 고려하여 그의 영토 내에서 다른 국가의 입법적, 행정적 또는 사법적 행위에 대하여 허락하는 승인이다'라고 정의한다.[667] 그밖에 미국의 항소심 판결 중에서

36면 주133에서 재인용).

662) Briggs, Adrian, "The Principle of Comity In Private International Law", Recueil Des Cours, Vol. 354, 2012., 79.

663) Raphael[2019], para. 1.26.

664) Airbus Industrie v. Patel [1999] 1 AC (HL), 133, 138, 140.

665) Briggs, Adrian, "The Principle of Comity In Private International Law", Recueil Des Cours, Vol. 354, 2012., 89.

666) Societe Nationale v. District Court, 482 U.S. 522, 543 n.27 (1987).

667) Hilton v. Guyot, 159 U.S. 113, 163-4 (1895); E. & J. Gallo Winery v. Andina Licores S.A., 446 F.3d 984 (9th Cir. 2006.) at 994; Huawei Technologies. Co. Ltd. v. Samsung Electronics Co., Case No. 3:16-cv-02787-WHO (N.D. Cal. Apr. 13, 2018.), 2018 WL 1784065, at 11. (위 정의 부분의 번역은 석광현[국제민사소송법], 22, 23면을 따랐다).

는 국제예양을 '단순한 예의보다는 강하고 의무보다는 약한 다소 불명확한 원칙으로서, 주권 국가간의 마찰을 조정하려는 시도'라고 정의한 것이 있다.[668] 미국에서는 특히나 예양이라는 요건을 중요하게 고려하고 이를 어느 정도로 고려하는지에 따라서 엄격한 접근방식과 완화된 접근방식으로 나뉘고 있음은 앞서 보았다.

2) 소송금지가처분에서 예양의 지위 및 기능

외국에서도 예양이라는 개념을 어느 단계에서, 어떤 요건으로, 어느 정도의 엄격성으로 적용할 것인지는 국가마다, 심지어 법원마다 약간씩 상이하다. 이에 관해서는 제2장 제2절 부분을 참조하고, 여기에서는 우리 국내법상 소송금지가처분과 관련하여 '예양'이라는 요소가 가지는 실질적 의미나 지위 및 기능(즉, 어느 단계에서, 어떤 요건으로, 어느 정도로 적용할 것인지, 그 효과는 어떠한지)을 조명해 보고자 한다.

이에 앞서, 우리 법원의 판결 중 드물지만 '예양'을 언급한 사례들을 살펴보면 다음과 같다. 대법원 판결로는 국제사법공조(영사송달)와 관련하여 '우리 나라와 영사관계가 있더라도 송달을 받을 자가 자국민이 아닌 경우에는 영사에 의한 직접실시방식을 취하지 않는 것이 국제예양이며'라고 설시한 것이 있고,[669] 그밖에 외국판결의 승인 및 집행과 관련하여 예양을 언급하고 있는 것들이 있다.[670] 헌법재판소 결정 중에서는 '절차상 피고인의 반대신문권 및 참여권 보장과 관련해서도 증인신문은 피요청국의 법률이 정하는 방식에 의하여 실시될 것인데, 각 국내법이 상이한 경우에도 요청국의 특별한 요청이 있으면 피요청국에서 이를 존

---

668) Republic of Phil. v. Westinghouse Electric Co., 43 F. 3d. 65, 75 (3d. Cir. 1994)
669) 대법원 1992. 7. 14. 선고 92다2585 판결.
670) 대법원 2017. 5. 30. 선고 2012다23832 판결, 대법원 2016. 1. 28. 선고 2015다207747 판결, 대법원 2013. 2. 15. 선고 2012므66 판결.

중하는 것이 국제예양이라 할 수 있으므로(국제형사사법공조법 제13조 단서 참조)'라고 설시한 것이 있다.[671] 하급심 판결 중에서는 영국법상 '국제 예양(禮讓)이나 호혜(互惠)의 원칙상 부보사업의 적법성을 판단함에 있어 그 준거법이 외국법인 경우 그 외국법을 기준으로 삼는다'는 취지로 판시한 것들이 있고,[672] 공정거래법 위반 행위에 관하여 '외국사업자에 대한 위와 같은 일방적인 통지(특히, 부작위 및 금전지불의무를 부과하고 그 불이행시 형벌이나 체납처분과 같은 강제처분이 수반되는 이 사건 의결의 통지)는 그 사업자가 주재하는 국가의 주권을 침해하거나 국제예양에 반하여 국제적 분쟁을 일으킬 우려가 있는 점'이라고 판시한 것이 있으며,[673] 역시 공정거래법 위반 행위와 관련하여 '우리나라 공정거래법에서는 외국에서 이루어진 행위가 그 나라 법령에서 적법한 행위로 인정되는 경우 공정거래법의 적용을 배제한다는 규정을 두고 있지 않다. 또한, 우리나라와 일본 사이에 공정거래법 위반행위에 관하여 상호 간에 국제예양이 준수된다는 국제법이 존재한다고 볼 자료도 없다'고 판시한 것이 있다.[674]

소송금지가처분과 관련하여, 우리법상 예양이라는 요소가 가지는 실질적 의미 및 기능에 관해서는 연구자료가 거의 없는 실정이므로, 필자의 私見을 나름대로 제시해 보면 다음과 같다. 우리나라의 소송금지가처분 사건에 있어서 예양이라는 요소는 아래와 같이 각 심사 단계(소송요건 심사 → 실체요건 심사(피보전권리 심사→보전의 필요성 심사))마다 별개로 기능한다고 생각된다.

---

671) 헌법재판소 2005. 12. 22. 선고 2004헌바45 전원재판부.
672) 부산고등법원 2010. 4. 6. 선고 2009나15916 판결, 부산고등법원 2019. 12. 19. 선고 2017나55346 판결.
673) 서울고등법원 2004. 8. 19. 선고 2002누6110 판결.
674) 서울고등법원 2012. 5. 16. 선고 2010누45912 판결.

(1) 소송요건(적법요건) 심사 단계

소송요건 심사의 단계에서는 우리법상 외국소송을 금지하는 내용의 소송금지명령 또는 소송금지가처분에 관하여 ① 재판권이 존재하는지 여부, ② 그러한 소송금지명령 또는 소송금지가처분이 허용되는 것인지 여부(허용 가능성 또는 적법요건의 문제)를 심사함에 있어서 '예양'이 고려될 수 있다.

먼저, 재판권의 존재와 관련해서는 제3장 제3절 Ⅰ. 1.에서 이미 살펴보았다. 국제법 위반, 외국 주권 침해, 국제예양 위반 등의 이유로 소송금지가처분에 관하여 우리 재판권을 부정하는 견해가 있을 수도 있지만, 결론적으로, 소송금지가처분에 관하여 우리 법원의 재판권 자체가 존재하지 않는다고 볼 근거는 없다고 본다.

다음으로, 소송금지가처분의 허용 가능성 또는 적법요건 심사에 있어서도 이미 제3장 제2절 Ⅲ.에서 살펴본 바와 같이, 소송금지가처분이 국제법이나 국제예양의 위반, 외국의 주권 침해, 혹은 재판청구권의 침해에 해당되어 아예 허용될 수 없다고 볼 것은 아니라고 본다. 이미 많은 외국법원들이 소송금지명령을 발령하고 있는 점에 비추어 볼 때 상호주의 측면에서도 소송금지명령 자체를 일률적으로 예양위반이라고 단정할 것은 아니다.

결국, 소송금지가처분의 소송요건 심사 단계에서 예양이 문제되지는 않는다고 본다.

(2) 피보전권리 심사 단계

우리 법원이 피보전권리, 즉 소송금지청구권의 존부를 심사함에 있어서는 국제예양이 직접적인 고려 요소가 되는 것은 아니라고 본다. 즉, 예양에 반하므로 소송금지청구권을 인정할 수 없다거나, 예양에 반하지 않으므로 소송금지청구권이 인정된다고 할 것은 아니다. 다만, 이 문제는 분쟁해결합의 위반의 경우와 분쟁해결합의 위반 외의 부당한 외국

400   국제적 분쟁과 소송금지명령

제소의 경우를 구분해서 볼 필요가 있다. 즉, 피보전권리 심사 단계에서,
분쟁해결합의 위반의 경우라면 예양이라는 요소를 고려할 필요 없이 그
자체로 피보전권리가 인정되므로 예양 요소는 피보전권리의 심사 단계
에서는 고려할 여지가 없고 뒤에서 볼 보전의 필요성 단계에서나 고려
할 요소가 된다. 반면에 분쟁해결합의 위반 외의 부당 외국 제소의 경우
에는 피보전권리 심사 단계에서부터 일정 부분 고려될 요소일 수 있다
고 본다. 구체적으로는 앞서 본 바와 같이 '위법성 요건'에 침투되어 고
려 요소가 될 수 있고 위법성 요건의 엄격성 및 가중성의 근거가 될 수
있다고 생각한다. 이 점에 있어서는 영미법계 국가에서 예양을 소송금지
명령 발령 여부의 실체요건으로서 중요하게 취급하는 태도와 다소 상이
한데, 이는 근본적으로 소송요건과 실체요건을 엄격히 구분하지 않는 영
미법적 사고에서 기인하므로 대륙법계인 우리와는 다르게 볼 수밖에 없
다. 다만, 앞서 본 바와 같이 영미에서도 분쟁해결합의 위반의 경우와
그 외의 경우를 구분하여 전자의 경우에는 예양의 원칙을 고려하지 않
거나 훨씬 약하게 고려하고 후자의 경우에는 예양의 원칙을 더 엄격하
게 고려하는데,675) 이러한 측면은 위 필자의 견해와 어느 정도 일맥상통
한다.

(3) 보전의 필요성 심사 단계

우리법상 국제예양이 가장 직접적이고 독자적인 고려 요소로 기능할
수 있는 단계는 보전의 필요성 심사 단계로 보인다.676) 즉, 우리 법원으
로서는 보전의 필요성을 심사함에 있어서 외국소송을 금지하는 소송금
지가처분이 국제예양의 원칙에 반하지 않는다고 인정될 경우에만 이를

675) Cheshire/North/Fawcett[2017], 424, 439; Fentiman[2015], para. 16.119.; Naumann[2008], S. 205, 206.; Aggeliki Charis Compania Maritima SA v. Pagnan SpA (The Angelic Grace) [1995] 1 Lloyd's Rep. 87 (CA).
676) 이 점은 석광현[소송유지명령], 30면도 同旨.

인정하여야 할 것이다. 어떠한 경우가 국제예양에 반하는 것일지는 개별 사안에 따라 다를 수밖에 없을 것인데, 앞서 본 영국의 판례와 학설들이 우리 법원에서 적용할 구체적인 판단기준으로 참고될 수 있을 것이다. 예컨대, 외국법원에서의 간이한 구제수단(예컨대, 관할 위반에 대한 이의절차)이 존재한다면 그 절차를 거쳤는지 여부도 고려 요소가 될 수 있고, 외국소송이 이미 상당히 진행되었다거나, 외국소송에서 여러 당사자가 연관되었거나 이미 상당한 사법인력이 소요되었을 경우라면, 우리 법원이 국제예양의 원칙에 비추어 보전의 필요성을 부정함이 타당할 수 있겠다.

(4) 소결론 및 향후 과제

결론적으로, 대륙법계에 속하는 우리 국내법상으로는 예양이라는 요소가 어떤 규범적인 효력을 가진다거나 영미법과 같이 소송금지가처분 발령 가부 심사에서 독자적·직접적인 요건으로서 기능한다고 보기는 어렵지만, 소송금지가처분에 대한 각 단계별 심사 과정에서 다른 요건들에 간접적으로 투영되어 일정한 고려 요소로서 기능한다고 본다. 이런 점에서 국내법상으로도 예양이라는 요소는 최소한의 의미는 가지는 것이다. 국내법상 예양이라는 요소가 작용하는 단계는 주로 보전의 필요성 심사 단계가 될 것인데, 예외적으로 분쟁해결합의 위반 외의 부당한 외국 제소의 경우에는 피보전권리(위법성 요건) 심사 단계에서도 고려될 수 있다고 본다. 한편, 예양 요건 때문에 재판권과 같은 소송요건(적법요건)에 흠결이 있어 실체판단까지 들어갈 수조차 없다고 해석하는 것은 부당하다고 본다.

더 나아가, 예양 위반 여부를 판단함에 있어서 구체적인 기준을 제시할 필요가 있는데, 예양 요소가 고려되더라도 이는 매우 재량적인 판단 요소가 될 것이어서 그 구체적인 기준을 일률적으로 분석하고 제시하기는 매우 어려운 일이다. 이에 관해서는 향후 좀 더 축적된 사례와 추가적인 연구가 필요하겠다. 다만, 앞서 본 영국의 판례와 학설들이 우리에게도 참고가 될 것이다.

3. 손해배상청구권과의 관계

분쟁해결합의 위반 또는 그밖의 부당한 외국 제소에 기하여 손해배상청구권이 발생하는지의 문제와 소송금지명령의 피보전권리로서의 소송금지청구권 발생 여부의 문제는 서로 별개의 쟁점이면서도 밀접하게 연관되어 있는 쟁점이다. 여기서는, 양자의 관계 및 異同에 관해서 잠시 논하기로 한다.

손해배상청구권이 인정된다면 당연히 소송금지청구권도 인정되는 것일까? 아니면 손해배상청구권은 인정되지만 소송금지청구권은 인정되지 않는 경우도 있을 수 있나? 반대로, 소송금지청구권이 인정되지 않는 경우라면 손해배상청구권도 당연히 인정될 수 없는 것인가? 이러한 문제에 관하여 국내에서는 아직 구체적인 논의가 없는데, 단지 학설 중에서는 특별한 근거 설명 없이, 중재합의 위반과 관련하여 손해배상청구만 인정하고 소송금지가처분과 같은 소송금지명령은 발령할 수 없다고 설명하는 견해가 제시된 바 있다.[677]

이에 관한 외국의 논의를 살펴보면, 영미법계 국가에서는 기본적으로 형평법상 구제수단인 소송금지명령과 보통법상 구제수단인 손해배상청구를 별개로 보아, 예컨대 소송금지명령이 거부되었다고 하더라도 손해배상은 인정될 수 있다는 입장으로 보인다.[678] 더 나아가, 앞서 본 바와 같이 미국법원에서는 소송금지명령이 형평법상의 권한에서 나오는 것으

---

[677] 김용진[2017], 98~100, 102면.

[678] Tan[2005], 652. 미국의 판례로는 Welling v. Crosland, 123 S.E. 776, 781 (S.C. 1924); Livingston v. Krown Chemical Manufacturing, 229 N. W. 2d 793, 794-795 (Mich. 1975) 참조.

로서 손해배상으로는 충분하지 않아 형평법상의 구제수단이 없을 경우 당사자가 회복할 수 없는 손해를 입게 되는 경우에만 허용된다는 입장을 보이고 있다.[679]

 그런데 대륙법계에 속하는 국내법상으로는, 손해배상청구권이 인정되기 위해서는 그 전제로 외국 제소행위가 채무불이행 또는 불법행위로 인정되어야 한다.[680] 또한, 앞서 본 논의에 기초할 때, 채무불이행 또는 불법행위가 인정된다면 논리적으로 당연히 소송금지청구권이 인정된다고 볼 수 있다. 즉, 분쟁해결합의 위반의 경우 채무불이행 또는 불법행위가 인정된다는 것은 당연히 계약적 효력에 기한 소송금지의무가 인정됨을 전제로 하는 것이므로, 소송금지청구권도 인정되게 된다. 분쟁해결합의 없는 부당 외국 제소의 경우 손해배상청구권이 인정되려면 불법행위로 인정되어야 하는데, 그 경우 앞서 본 바와 같이 불법행위에 기한 소송금지청구권이 인정될 수 있다.[681]

 이와 같이 국내법상으로는 일견 양자의 발생은 논리적으로 궤를 같이한다고 볼 수도 있겠지만, 엄밀히 살펴보면 다음과 같은 이유에서 양자의 인정범위는 다소 상이하다고 보아야 한다. 즉, 소송금지청구권은 손해배상청구권에 비해 좀 더 적극적이고 침해적인 성격이 강한 권리이고, 그밖에 외국 사법주권에 대한 간접적 침해가 될 수 있다는 측면, 국제예양의 원칙, 재판청구권 침해 등을 추가적으로 고려해야 하기 때문에, 손해배상청구권에 비해 더 제한적으로 인정되어야 한다. 앞서 언급한 '손해배상으로 전보될 수 없는 손해 또는 회복할 수 없는 손해의 발생'을 요구하고 있는 것도 이와 비슷한 맥락으로 볼 수 있다. 유럽의 브

---

679) Born/Rutledge[2018], 560; Morles v. Trans World Airlines, Inc., 504 U.S. 374, 381 (1992).
680) 그밖에 하자담보책임, 계약해제 등 손해배상청구권을 발생시키는 경우는 본 사안과 무관하므로 논외로 한다.
681) 앞서 본 인격권 침해에 관한 판례들에서도 구제수단으로 손해배상청구권과 금지청구권을 인정하고 있는데, 그 인정 요건을 달리 보고 있는 것 같지는 않다.

뤼셀체제 하에서도 더 이상 소송금지명령은 허용되지 않지만, 손해배상
청구는 여전히 가능하다고 보는데[682] 이도 비슷한 맥락으로 보인다.[683]

좀 더 실제적인 면에서 이것을 각 청구권의 인정 요건에 대입하자면,
소송금지청구권의 경우 손해배상청구권 인정의 경우보다 '위법성' 요건
에서 좀 더 가중된 위법성 요건을 통과해야 한다고 생각한다.[684] 이와
같이 가중된 위법성의 내용에 대해서는 위에서 이미 살펴보았다.

결론적으로, 국내법상 성립요건의 맥락에서, 소송금지청구권의 성립
범위는 손해배상청구권의 성립범위보다 좁고, 그에 포함되는 부분집합
이라고 생각한다. 물론, 이상의 논의는 피보전권리 요건에 한정되는 것
이고, 소송금지가처분의 경우에는 그 외에 보전의 필요성이라는 요건을
별도로 고려해야 한다.

이와는 다소 다른 문제로, 소송금지청구권은 손해배상청구로 손해를
회복할 수 없는 경우에 보충적으로만 인정되어야 하는가의 문제가 있다.

---

682) 브뤼셀체제 하에서 전속적 관할합의 위반하여 EU국에 제기한 선제소송에 대
하여 손해배상의무가 발생하는지 여부에 관해서는 Fentiman[2015], para. 2.253
이하 참조. 영국 판례(Starlight Shipping Co. v. Allianz Marine & Aviation Verisi-
cherungs AG (The Alexandros T) [2014] EWCA Civ 1010)는, 계약위반에 대해서
상대방에게 구제수단을 청구하는 문제는 절차적인 문제가 아니고 실체적인
문제이므로 유럽사법재판소의 Turner 판결 사안과는 다르다는 이유에서 이를
긍정하였다(Fentiman[2015], para. 2.254). 손해배상청구는 다른 회원국 법원에
대한 간접적인 간섭인 반면에, 소송금지명령은 직접적인 간섭이라는 면에서
차이가 있으므로, Turner 판결이 손해배상청구까지 금지하는 것으로 해석할
수는 없다고 한다(Fentiman[2015], para. 2.262). 개정된 Brussels I bis에 따르더
라도 손해배상청구가 가능할 것으로 해석된다.

683) 소송금지명령과 손해배상청구의 비교, 이동에 관해서는 Takahashi[2008], 82-83
참조 요.

684) 김상중, "불법행위에 대한 금지청구권의 판례법적 형성과 발전", 민사재판의
제문제, 22권, 2013., 345면에서도 "금지위법이 인정되는 경우는 대체로 배상
위법을 인정할 수 있겠으나, 이와 반대로 배상위법이 사후적으로 인정되는
경우에도 그 침해행위를 사전에 중지하도록 하는 금지위법이 반드시 인정되
지는 않을 수 있다."고 쓰고 있다.

앞서 본 바와 같이 영미법계 국가에서는 기본적으로 형평법상 구제수단
인 소송금지명령과 보통법상 구제수단인 손해배상청구를 별개로 보고
있고, 손해배상이 인정되는 경우라고 하더라도 금지청구의 요건이 충족
되는 경우에는 손해배상청구 가능성과 상관없이 금지청구를 인용하고
있다.[685] 미국법원에서는 소송금지명령이 형평법상의 권한에서 나오는
것으로서 손해배상으로는 충분하지 않아 형평법상의 구제수단이 없을
경우 당사자가 회복할 수 없는 손해를 입게 되는 경우에만 허용된다는
입장을 보이고 있지만, 이것이 소송금지명령의 보충성을 요구하는 것이
라고 볼 수는 없다. 앞서 본 민법개정시안 제766조의2에서도 '손해배상
에 의해서는 손해를 충분히 회복할 수 없을 것'이라는 요건을 규정하고
있지만, 이 요건에 대해서는 비판적인 견해가 많다.[686] 결론적으로, 손해
배상청구와의 관계에 있어서 소송금지명령의 보충성이 요구되는 것은
아니고 단지 소송금지명령에 있어서 인정범위가 좀 더 좁을 뿐이라고
본다.

한편, 법리적인 측면이 아닌 실제적 효용성이라는 측면에서 양자를
비교해 보자면, 손해배상청구의 경우 그 가능성만으로도 상대방의 분쟁
해결합의 위반 또는 선제소송 제기 시도를 사전에 억제시킬 수 있다는
면에서 효과적인 도구이기는 하나, 손해배상청구소송을 별도로 제기해
야 하고 그 본안판단까지 다시 상당한 시간과 비용이 소요되며 그 결과
도 명확히 예측불가능하며, 손해 산정이 어렵거나 손해배상소송으로 전
보받기 어려운 손해들도 있다는 점 등의 한계를 가진다. 이에 반하여,
소송금지명령은 국제적 분쟁이 발생한 직후 상대적으로 빠른 시간 내에

---

685) 박시훈, "위법행위에 대한 금지청구권의 연구", 서울대학교대학원, 법학박사
학위논문, 2015., 135면.
686) 김재형/최봉경/권영준/김형석, 민법개정안 연구, 박영사, 2019., 148면; 김차동,
"금지청구권의 요건사실에 관한 법경제학적 검토", 법경제학연구, 제7권 제1
호, 2010., 103~104면; 박시훈, "위법행위에 대한 금지청구권의 연구", 서울대학
교대학원, 법학박사학위논문, 2015., 135면.

적극적·선제적으로 대응함으로써 손해의 위험을 원천적으로 차단할 수 있고, 명령 위반 시 구금이라는 강력한 제재도 가능하다는 점에서(영미의 경우) 만일 인정되기만 한다면 국제거래 당사자에게는 상당히 매력적인 제도이기는 하지만, 한편으로는 인정되기가 쉽지 않고, 그 효력도 당사자에 대한 대인적 효력에 그치거나(영미의 경우) 간접강제의 의할 수 밖에 없는(우리나라의 경우) 한계가 있으며, 외국의 소송금지명령에 대한 승인 및 집행이 어렵다는 단점이 있다.[687] 결국, 국제적 소송에서 효율성을 증대시키기 위해서는 소송금지명령이라는 구제수단과 손해배상청구라는 구제수단을 병용하여 상호보완적이고 조화롭게 사용할 필요성이 크다.

VI. 소결론

전속적 국제재판관할합의나 중재합의와 같은 분쟁해결합의 위반의 경우에는 소송금지가처분의 피보전권리가 인정될 수 있다고 본다. 그 외의 경우, 즉 분쟁해결합의 위반은 아니지만 부당한 외국 제소가 불법행위를 구성하는 예외적인 경우에도 이를 인정할 수 있다고 본다. 이러한 필자의 시론적 이론구성이 현행법의 해석상으로는 다소 무리이고 시기상조라고 비판받을 소지도 있다. 이러한 비판은 현재로서는 정당한 비판이다. 필자도 이러한 이론구성이 실무에서 당장 받아들여질 수 있을런지에 대해서는 의문이 있지만, 적어도 이러한 이론구성의 시도는 후일의 연구에 있어 약간의 단초는 될 수 있을 것이고, 뒤에서 볼 입법론으로 이어질 수도 있다. 국내 민법학계에서는 현 시점에서도 불법행위에 기한 금지청구권 논의가 어느 정도 무르익었다고 보고 있다. 설령 이러한 시

---

687) 그밖에 소송금지명령과 손해배상청구의 장단점에 관한 설명으로는 Tan[2005], 644~645 참조.

론적 이론구성을 배척하여 분쟁해결합의가 없는 경우에는 소송금지청구권이 발생할 수 없다고 본다 하더라도, 최소한 분쟁해결합의 위반의 경우에 만큼은 현 시점에서도 소송금지청구권 및 소송금지가처분을 긍정할 수 있다고 본다.

제5절 한국법원의 중재금지가처분 발령 가부

이상에서는 한국법원이 외국법원에의 소제기를 금지하는 내용의 소송금지가처분을 발령할 수 있는가의 문제를 살펴보았다. 여기서는 한국법원이 외국 또는 국내에서의 중재절차의 진행을 금지하는 내용의 가처분(편의상 '중재금지가처분'이라 한다)을 발령할 수 있는지에 관하여 살펴본다. 다만, 본 논문의 주된 연구 대상은 위에서 상세히 본 소송금지가처분의 발령 가부이고, 중재금지가처분의 발령 가부에 관해서는 견해 대립이 별로 없는 상황이므로, 이 부분에 관해서는 가급적 간략히만 살펴보기로 한다.

I. 국내외의 논의 개요

1. 국내의 논의

1) 판례

한국법원이 중재절차의 정지를 구하는 가처분을 발령할 수 있는지에 관하여 우리 대법원은 아래와 같이 명시적으로 부정설의 입장을 취하였다.

① 대법원 1996. 6. 11.자 96마149 결정은 우리 법원이 국내(대한상사중재원)의 중재절차 정지 가처분을 할 수 있는지에 관하여(구 중재법이 적용된 사안임), "중재인은 당사자가 중재절차를 허용할 수 없는 것이라고 주장하는 경우에도 중재절차를 속행하여 중재판정을 할 수 있다고 규정한 중재법 제10조의 취지에 비추어 보면, 설사 당해 중재절차가 허용될 수 없는 경우에 해당한다고 하더라도 당사자가 상대방에 대하여 법원에 그 중재절차의 위법 확인을 구하는 본안소송을 제기하거나 중재판정이 있은 후에 중재판정취소의 소를 제기하여 중재절차의 위법을 다투는 것은 별론으로 하고, 곧바로 그 중재절차의 위법을 들어 법원에 중재절차정지의 가처분을 구할 수는 없다"고 판시하여 중재절차정지를 구하는 가처분이 허용될 수 없다고 판시하였다.

② 나아가 대법원 2004. 6. 25. 선고 2003다5634 판결은 "중재합의 없이 중재절차가 진행되는 경우 중재법(1999. 12. 31. 법률 제6083호로 전문 개정된 것)이 인정하고 있는 사법적 통제는 ① 중재법 제17조 제1항 내지 제5항 에 의하여 중재판정부가 당사자의 이의에 대하여 선결문제로서 그 권한이 있다고 결정한 경우 이의당사자는 같은 조 제6항에 의하여 30일 이내에 법원에 중재판정부의 권한에 대한 심사를 신청할 수 있는바, 법원이 이에 따라 중재판정부의 권한을 심사함으로써 하는 방법과, ② 중재판정에 불복하는 당사자가 중재법 제36조에 의하여 제기한 중재판정취소의 소에서 중재합의가 있었는지의 여부를 심리하는 방법 및 ③ 중재법 제37조에 따라 중재판정에 대한 승인 또는 집행판결을 신청하는 경우 그 소송절차에서 중재합의가 있었는지의 여부를 심리하는 방법 등 3가지가 있는데, 위와 같은 사법적 통제에 관한 중재법의 관련 규정에 의하면 중재법은 중재판정부에 자기의 관할권의 전제가 되는 중재합의의 유효성 및 범위에 대한 판정권을 우선적으로 부여하면서도, 그 판정권은 법원을 구속하는 최종적인 것이 아니고 그에 대한 최종적인 판단권은 법원에 유보하고 있음을 알 수 있으나, 한편 중재법 제6조는 '법원은 이

법이 정한 경우를 제외하고는 이 법에 관한 사항에 관여할 수 없다.'고 규정하고 있어 법원이 중재활동에 개입할 수 있는 범위를 '이 법이 정한 경우'로 한정하고 있으므로, 중재합의가 없는 경우에도, 중재법에서 허용하고 있는 위 3가지 경우를 제외하고는 법원은 중재절차에 대한 사법적 통제를 할 수 없다고 할 것인바, 중재절차위법확인의 소는 중재절차에 대한 사법적 통제의 일종이라 할 것이어서 이는 중재법 제6조에 의하여 허용되지 아니한다 할 것이고 따라서 원고의 이 사건 중재절차위법확인의 소는 부적법하다(1999. 12. 31. 법률 제6083호로 전문 개정되기 전의 구 중재법 제17조 제1항은 '중재인을 선정하거나, 기피하거나, 중재계약이 소멸하거나, 중재절차를 허용할 수 없는 것이거나, 중재판정 취소의 소 또는 집행판결에 관한 소에 대하여 중재계약에서 합의한 때에는 그 지방법원 또는 동 지원이 관할하고 그러하지 아니한 때에는 민사소송법 제1조 내지 제22조를 적용한다.'고 규정하고 있어, 당해 중재절차가 허용될 수 없는 경우 당사자가 상대방에 대하여 법원에 중재절차의 위법 확인을 구하는 소를 제기하는 것이 허용된다고 해석할 여지가 있었으나, 개정된 중재법은 구 중재법 제17조 제1항과 같은 규정을 두고 있지 아니할 뿐만 아니라, 중재법에서 정하고 있는 경우 이외에는 중재절차에 대한 사법적 통제를 금지하는 제6조를 따로이 두고 있으므로 개정된 중재법하에서는 중재절차의 위법 확인을 구하는 소는 허용되지 아니한다고 보아야 할 것이다.)고 판단하였는바, 기록에 비추어 살펴보면, 원심의 위와 같은 판단은 정당한 것으로 수긍이 되고, 거기에 상고이유에서 주장하는 바와 같이 중재법 제6조에 관한 법리를 오해한 위법이 있다고 할 수 없다"고 하면서, 중재절차의 위법 확인을 구하는 소도 허용되지 아니한다고 판시하였다.

③ 최근에 선고된 대법원 2018. 2. 2.자 2017마6087 결정은 중재법 개정 후의 사안임에도 종전 판결들을 그대로 유지하면서 위 법리를 좀 더 명확하게 선언하고 있다. 즉, 위 결정에서 대법원은 "중재법 제6조, 제9

조, 제17조의 문언, 내용, 체계 등에 비추어 보면, 중재법이 법원이 중재
절차에 관여할 수 있는 경우를 '중재법에서 정한 사항'으로 엄격하게 한
정하면서 중재절차의 진행을 정지하는 가처분을 허용하는 규정을 두고
있지 않는 이상 중재합의가 없거나 무효이거나 효력을 상실하였거나 그
이행이 불가능(이하 '중재합의의 부존재나 무효 등'이라 한다)하다고 주
장하면서 법원에 가처분의 방법으로 중재절차의 진행을 정지해달라고
신청하는 것은 허용되지 않는다고 보아야 한다. 한편 중재법 제10조는
'중재합의의 당사자는 중재절차의 개시 전 또는 진행 중에 법원에 보전
처분을 신청할 수 있다.'라고 정하고 있다. 이 규정은 중재합의를 전제로
중재합의의 대상인 분쟁에 관하여 중재판정이 있기 전에 현상 변경을
막거나 다툼이 있는 권리관계에 끼칠 현저한 손해나 급박한 위험 등을
피하기 위하여 법원에 보전처분을 신청할 수 있도록 한 것으로 중재판
정의 실효성을 확보하기 위한 것이다. 따라서 중재법 제10조는 중재합의
의 부존재나 무효 등을 이유로 법원에 중재절차의 정지를 구하는 가처
분신청을 할 수 있다는 근거가 될 수 없다."고 판시하였다.[688]

④ 그밖에, 직접적으로 관련된 것은 아니나, 강제집행의 정지는 오직
강제집행에 관한 법규 중에 그에 관한 규정이 있는 경우에 한하여 가능
하고, 이와 같은 규정에 의함이 없이 일반적인 가처분의 방법으로 강제
집행을 정지시킨다는 것은 허용되지 아니한다는 판례들이 다수 있다.[689]

---

688) 이 사건의 원심인 서울고등법원 2017라20809 결정에서는 "중재절차정지의 가
     처분이 허용되지 않는다 하더라도 그로 인해 헌법상 보장된 법관에 의한 재
     판을 받을 권리 및 신속한 재판을 받을 권리가 침해된다고 할 수는 없다"고
     판시한 바도 있다.
689) 대법원 2004. 8. 17.자 2004카기93 결정, 대법원 2003. 9. 8.자 2003그74 결정,
     대법원 1986. 5. 30.자 86그76 결정.

2) 학설

위 판례에 관해서는, 중재절차의 독립성을 존중하는 입장에서 위 판시 내용을 지지하는 견해들이 대다수인 것으로 보인다. 즉, ① '중재법 제17조는 중재판정부의 권한판단권한에 대하여 이의가 있는 경우 중재판정부에게 일차적 판정권한을 부여하고, 그에 불복하는 경우 종국적인 사법적 통제권한을 법원에 부여하므로, 중재판정부가 구성된 이상 중재절차의 진행 여부는 중재인이 판단해야지, 중재판정부의 판단에 앞서 법원이 가처분의 형태로 당사자에게 중재절차의 금지를 명할 수는 없다'고 설명하거나,[690] ② '중재판정부의 자기심사권한(competence-competence)과 중재조항의 독립성을 사실상 무력화시킬 우려가 있다'는 논거로,[691] 또는 '중재인에 의한 중재절차와 법원에 의한 재판절차와는 상호 독립적인 것으로 법원에 의한 중재절차에의 관여는 최소한에 그쳐야 할 것이므로, 여기에 위 중재법 제10조의 취지에 비추어 보면, 설사 당해 중재절차가 허용될 수 없는 경우에 해당한다고 하더라도 당사자가 상대방에 대하여 법원에 그 중재절차의 위법확인을 구하는 본안소송을 제기하거나 중재판정이 있는 후에 중재판정취소의 소를 제기하여 중재절차의 위법을 다투는 것은 별론으로 하고, 막바로 그 중재절차의 위법을 들어 법원에 중재절차정지의 가처분을 구할 수는 없다고 해석하여야 한다'는 논거로[692] 위 판례 입장을 지지하고 있다.

이와 달리 절충적인 견해로서, 법원에 중재정지명령을 가처분으로 신청하는 것은 일반적으로 허용되지 않되 다단계 대체적 분쟁해결조항을 합의하고 중재를 개시하기 전에 선행되어야 하는 절차를 거치지 않고 중재를 신청하는 등으로 중재절차에 의하는 것이 불공정하고 권리남용

690) 석광현, "중재절차에서의 법원의 역할", 변호사, 37집, 2007. 1., 76, 77면.
691) 목영준, "중재에 대한 법원의 관여", 중재, 295호, 2000. 3., 27면.
692) 김수형[1996], 272면.

이 되는 예외적인 경우에만 제한적으로 허용된다고 보아야 한다는 견해
도 있다.[693]

그밖에 중재판정부가 구성되기 전까지는 법원의 중재금지가처분이나
중재절차위법확인청구가 가능하다고 보아야 한다는 견해가 있는데, 이
견해는 중재판정부가 구성되기 전까지는 중재절차 적법여부에 대한 확
인을 구할 수 있다고 명시적으로 규정하고 있는 독일 민사소송법 제1032
조 제2항과 같이 우리의 경우에도 중재판정부가 구성되기 전까지는 중
재절차 위법확인 청구의 가능성을 열어두는 것이 중재제도 활성화와 권
리구제의 효율성 및 당사자의 이익 보호라는 가치를 모두 고려하는 것
으로서 바람직한 해석이고, 대법원이 드는 논거는 중재판정부가 구성되
기 전에는 타당하지 않은 논거라고 비판한다.[694]

한편, 국내에서 중재금지가처분을 전면 긍정하는 견해는 찾아볼 수
없다.

2. 외국의 논의

1) 영미법계 국가

일반적으로 영미법계 국가의 법원은 비교적 중재금지명령(anti-arbitration

---

693) 김인회[2020], 367면.

694) 중재절차위법확인청구에 관해서는 정선주, "한국과 독일의 중재판례 비교연
구", 민사소송, 제20권 제2호, 2016., 34~36면; 중재금지가처분까지 포함한 논의
에 관해서는 정선주, 2020. 3. 민사판례연구회 자료 중 '소송금지가처분과 중
재금지가처분' 발표에 대한 토론문 참조. 한편, 김수형[1996], 272면에서도 "중
재절차의 위법확인을 구하는 본안소송을 제기하거나 중재판정이 있는 후에
중재판정취소의 소를 제기하여 중재절차의 위법을 다투는 것은 별론으로 하
고"라고 설명하고 있는 점에 비추어 중재절차 위법확인 청구는 긍정하는 견
해로 보인다.

injunction)을 적극적으로 발령하는 태도이다. 이에 반하여 대륙법계 국가들은 법원이 중재절차에 개입하는 것을 제한하려는 태도가 강하다.[695]

영국의 경우에는, 영국법원이 영국 중재법(Arbitration Act 1996) 제72조 제1항[696]에 따라 임시적 또는 최종적 '중재금지명령'을 발령할 수 있는 것으로 보인다.[697] 영국에서 중재금지명령이 발령된 사례는 매우 많지만,[698] 영국에서도 중재금지명령은 'competence-competence' 원칙으로 인하여 외국 중재가 '괴롭히고 억압하는(vexatious and oppressive)' 경우와 같이 매우 예외적인 경우에만 발령이 허용된다고 한다.[699] 예컨대, 중재절차 개시 전에 당사자들 사이에 영국법원을 전속적 국제재판관할법원으로 하는 합의가 있었던 반면, 유효한 중재합의가 성립되었다고 볼 수는 없는 경우에, 예외적으로 중재금지명령을 발령할 수 있다고 한다.[700][701]

미국의 경우도 영국과 유사하게 법원이 일반적 소송금지명령의 일종으로 중재금지명령(anti-arbitration injunction)을 발령하고 있다.

---

695) 이규호[2010], 66면.
696) 위 조항의 내용은 다음과 같다. "아직 중재절차에 참여하지 않은 당사자는 그의 권리보호를 위하여 (a)유효한 중재합의가 있는지, (b)중재판정부가 적법하게 구성되었는지, (c)중재합의에 기하여 중재에 회부된 범위에 관해 법원에 확인 청구, 금지명령(injunction) 청구, 기타 적당한 방법으로 그 심사를 요청할 수 있다."
697) Raphael[2019], para. 11.01.~11.03., 11.25.~11.29 참조.
698) 영국에서 Anti-arbitration injunction이 발령된 판례로는 Claxton Engineering Services Ltd v. TXM Olaj-Es Gazkutato KFT [2011] EWHC 345; Elektrim SA v. Vivendi Universal SA (No 2) [2007] EWHC 571 (Comm); Albon v. Naza Motor Trading Sdn Bhd [2007] EWCA Civ 1124; Excalibur Ventures LLC v. Texas Keystone Inc [2011] EWHC 1624 (Comm) 등 참조.
699) Fentiman[2015], para 16.05. 같은 취지의 판례로는 Weissfisch v. Julius [2006] EWCA Civ 218; Claxton Engineering Services Ltd v. TXM Olaj-Es Gazkutato KFT [2011] EWHC 345; Sabbagh v. Khoury & Ors [2019] EWCA Civ 1219 등 참조.
700) Fentiman[2015], para 16.05; Claxton Engineering Services Ltd v. TXM Olaj-Es Gazkutato KFT [2011] EWHC 345.
701) 그밖에 영국의 사례에 관한 상세한 소개는 이규호[2010], 65~73면 참조.

2) 대륙법계 국가

① 독일과 일본에서는 긍정설[702]도 있으나 대체로 부정설[703]이 다수 설로 보이고, 일본의 판례[704]도 부정설을 취하였다.

② 프랑스도 중재 친화적인 경향이 강하므로 법원의 중재금지명령은 부정한다. 프랑스 판례도, Kompetenz-Kompetenz 원칙에 기해 중재판정부의 권한을 판단할 전속적 관할권은 중재판정부에게 있고, 법원은 어떠한 경우에도 중재절차에 개입할 수 없다고 하면서 법원의 중재금지명령은 허용되지 않는다고 판시하였다.[705]

③ 스위스에서도 법원의 중재금지명령은 허용되지 않는다는 입장이다. Air (Pty) Ltd v. International Air Transport Association 사건[706]에서 스위스 법원(Court of First Instance of Geneva)은, Namibia 법원이 발령한 중재금지명령(anti-arbitration injunction)에 대한 승인·집행을 거부하면서, 중재

---

702) Francis Russell, Russel on the Law of Arbitration, 19판, Sweet & Maxwell, 107~108 면; Martin Domke, Domke on Comercial Arbitration, Revised edition, 1984., 268~269면; 小山昇, 仲裁法(新版), 新版, 1983., 110면(이상 김수형[1996], 271면 에서 재인용).

703) Stein/Jonas, Kommentar zur Zivilprozeβordnung, 제6권, 222면(Peter Schlosser의 견해); 小島武司/高桑昭, (注解)仲裁法, 靑林書院, 1988., 145면(柏木邦良의 견 해) (이상 김수형[1996], 271면에서 재인용).

704) 東京高判 昭和37·3·5 결정(김수형[1996], 271면에서 재인용).

705) S.A. Elf Aquitaine and Total v. Mattei, Lai, Kamara and Reiner(the Paris court, 6 January 2010); Republic of Equatorial Guinea v Fitzpatrick Equatorial Guinea, de Ly, Owen and Leboulanger(the Paris First Instance Tribunal, 29 March 2010); TGI Paris, 24 June 2004, LV Finance Group, Rev. Arb. 2005. 이에 관한 상세한 내용은 Alexis Mourre, "French Courts firmly reject anti-arbitration injunctions", Kluwer Arbitration Blog, May 6, 2010.
(http://arbitrationblog.kluwerarbitration.com/2010/05/06/french-courts-firmly-reject-ant i-arbitration-injunctions/?print=print)(2020. 7. 20. 최종 방문) 참조.

706) C/1043/2005-15SP (2 May 2005), trans (2005) 23 ASA Bull 739, 747. 위 판결의 사 안 및 판시 내용에 관한 상세는 Scherer/Jahnel[2009], 66~67면 참조.

금지명령은 국제적 공서에 반하고 Kompetenz-Kompetenz 원칙에도 반하
므로 스위스 법원이 이러한 중재금지명령을 발령할 수 없고, 외국법원이
중재금지명령을 발령했다고 하더라도 스위스에서 승인·집행될 수 없다
고 판시하였다.

II. 검토 및 私見

본 논문의 주된 논의 대상인 한국법원의 소송금지가처분 발령 가부
에 관해서는 이미 앞에서 상세히 살펴보았다. 얼핏 보기에는, 위 논의와
한국법원의 중재금지가처분 발령 가부는 동일한 차원의 문제로서 그 결
론도 일관되어야 한다고 보기 쉽다. 그러나 그렇지 않다. 한국법원의 중
재금지가처분 발령을 부정한 위 대법원 판례와 학설의 견해는 어디까지
나 중재절차의 독립성과 법원의 최소 관여 원칙이라는 특수한 필요성과
해석원칙에 근거하여 법원에 의한 중재금지가처분이 허용될 수 없다는
취지로서, 본 논문에서 다루는 소송금지가처분의 허용 가부 문제와는 논
의의 평면이 다르고, 적용되는 법적 근거도 다른 문제이다.

필자는 아래와 같은 논거에서 부정설이 타당하다고 생각한다.

① 중재법 제6조에 의하면, 법원은 이 법에서 정한 경우를 제외하고
는 이 법에 관한 사항에 관여할 수 없도록 되어 있다. 중재법에서 법원
이 중재절차에 관여하는 경우로는 앞서 대법원 2004. 6. 25. 선고 2003다
5634 판결이 설시한 바와 같이 크게 3가지가 있는데, 위 3가지 경우를 제
외하고는 원칙적으로 법원이 중재절차에 대한 사법적 통제를 할 수 없
다고 보는 것이 중재법의 취지에 부합되는 해석이다.

② 원칙적으로 중재절차와 법원의 재판절차는 서로 독립적인 것이고,
중재법 제9조 제3항[707]에 의하더라도 우리 법은 소송절차와 중재절차의
병행을 허용하는 입장을 취하고 있는 점,[708] 중재법 제17조[709]는 중재판

정부의 권한에 대하여 이의가 있는 경우 중재판정부에게 일차적 판정권

---

707) 중재법 제9조 제1항은 "중재합의의 대상인 분쟁에 관하여 소가 제기된 경우에 피고가 중재합의가 있다는 항변을 하였을 때에는 법원은 그 소를 각하하여야 한다. 다만, 중재합의가 없거나 무효이거나 효력을 상실하였거나 그 이행이 불가능한 경우에는 그러하지 아니하다"고 규정하고, 제3항은 "제1항의 소가 법원에 계속 중인 경우에도 중재판정부는 중재절차를 개시 또는 진행하거나 중재판정을 내릴 수 있다"고 규정한다.

708) 이에 관하여, 석광현, "중재절차에서의 법원의 역할", 변호사, 37집, 2007. 1., 60면은 "모델법의 성안과정에서 법원이 중재절차를 중지시킬 권한을 가져야 한다는 견해도 있었지만, 결국 분쟁의 신속한 해결을 위하여 절차의 병행을 허용하는 견해가 채택되었는데, 중재판정부가 구성된 이상 중재절차를 중지하는 것은 중재판정부가 판단할 사항이며, 법원은 중재절차의 중지를 명할 권한이 없다는 것이다"라고 쓰고 있다.

709) 중재법 제17조는 "① 중재판정부는 자신의 권한 및 이와 관련된 중재합의의 존재 여부 또는 유효성에 대한 이의에 대하여 결정할 수 있다. 이 경우 중재합의가 중재조항의 형식으로 되어 있을 때에는 계약 중 다른 조항의 효력은 중재조항의 효력에 영향을 미치지 아니한다. ② 중재판정부의 권한에 관한 이의는 본안에 관한 답변서를 제출할 때까지 제기하여야 한다. 이 경우 당사자는 자신이 중재인을 선정하였거나 선정절차에 참여하였더라도 이의를 제기할 수 있다. ③ 중재판정부가 중재절차의 진행 중에 그 권한의 범위를 벗어난 경우 이에 대한 이의는 그 사유가 중재절차에서 다루어지는 즉시 제기하여야 한다. ④ 중재판정부는 제2항 및 제3항에 따른 이의가 같은 항에 규정된 시기보다 늦게 제기되었더라도 그 지연에 정당한 이유가 있다고 인정하는 경우에는 이를 받아들일 수 있다. ⑤ 중재판정부는 제2항 및 제3항에 따른 이의에 대하여 선결문제(선결문제)로서 결정하거나 본안에 관한 중재판정에서 함께 판단할 수 있다. ⑥ 중재판정부가 제5항에 따라 선결문제로서 그 권한의 유무를 결정한 경우에 그 결정에 불복하는 당사자는 그 결정을 통지받은 날부터 30일 이내에 법원에 중재판정부의 권한에 대한 심사를 신청할 수 있다. ⑦ 중재판정부는 제6항에 따른 신청으로 재판이 계속 중인 경우에도 중재절차를 진행하거나 중재판정을 내릴 수 있다. ⑧ 제6항에 따른 권한심사신청에 대한 법원의 권한심사에 대하여는 항고할 수 없다. ⑨ 제6항에 따른 신청을 받은 법원이 중재판정부에 판정 권한이 있다는 결정을 하게 되면 중재판정부는 중재절차를 계속해서 진행하여야 하고, 중재인이 중재절차의 진행을 할 수 없거나 원하지 아니하면 중재인의 권한은 종료되고 제16조에 따라 중재인을 다시 선정하여야 한다"라고 규정한다.

한을 부여하고, 그에 불복하는 경우에 종국적인 사법적 통제권한을 법원에 부여하고 있는 점[710] 등에 비춰볼 때, 우리 중재법 하에서는 중재판정부가 구성되었다면 그 중재절차의 유지 여부를 결정할 권한은 중재판정부에 있고, 법원은 중재절차의 금지를 명할 권한이 없다고 보아야 한다. 중재법 전체의 취지를 보더라도, 법원의 중재절차에 대한 관여는 중재를 지원하는 차원에서 최소한에 그치는 것이 바람직하고, 가급적 사전적 통제보다는 사후적 통제에 머무르는 것이 바람직하다. 비교법적으로 보더라도 앞서 본 대륙법계 국가들의 태도는 대체로 중재인의 자기심사권한을 보장하고 법원의 관여를 배제하는 입장이고, 특히 국제상사중재에 관한 1961년 유럽협약(European Convention on International Commercial Arbitration of 1961) 제6조 제3항은 "체약국의 법원은 타당하고 실질적인 이유가 없는 한, 중재판정이 날 때까지 중재인의 권한에 관한 판단을 정지하여야 한다."고 명시적으로 규정하여 법원의 관여를 배제하고 있다.

이와 관련하여, 앞서 본 국내 학설 중 중재판정부가 구성되기 전에는 위 중재법 제17조가 적용될 수 없다는 이유 등에서 중재금지가처분을 허용할 필요가 있다는 견해는 중재제도 활성화와 권리구제의 효율성 및 당사자의 이익 보호라는 가치를 조화적으로 고려한다는 점에서 매우 설득력 있는 견해로 보인다. 그러나 중재판정부가 구성되기 전이라는 이유로 중재금지가처분을 통한 법원의 개입을 허용하게 될 경우, 자칫 이를 악용하여 법원을 통한 중재절차 방해 또는 지연 시도가 잦아질 가능성이 많다는 점에서 비록 중재판정부가 구성되기 전이라도 법원의 관여를 최대한 제한하는 것이 바람직하다고 생각한다.

③ 무엇보다도, 중재금지가처분이 가능하려면 그 피보전권리가 인정

---

710) 입법례에 따라서는 중재판정부의 일차적인 권한판정권한을 인정하지 않는 국가도 있는데(미국, 영국, 중국이 그러하다고 한다), 대부분의 국가는 모델법이나 우리 중재법과 같이 competence-competence rule을 인정한다. 미국, 영국, 중국의 태도에 관해서는 김용진[2017], 88면, 92면 참조.

되어야 하는데, 위에서 본 소송금지가처분의 경우와는 달리 중재금지청
구권이라는 실체적 권리가 발생한다고 볼 근거가 없다. 소송금지가처분
의 경우, 앞서 본 바와 같이 당사자간의 중재합의 또는 전속적 국제재판
관할합의로부터 소송금지의무를 도출할 수 있고, 그 외 부당한 외국 제
소의 경우에도 이를 금지할 소송금지청구권이 발생될 수 있다. 반면에,
중재금지가처분의 경우, 당사자간에 중재를 제기하지 아니하기로 하는
약정이 있었던 경우(그러한 경우는 실제로 거의 없을 것이다)가 아닌 한,
설령 유효한 중재합의가 없었다고 하더라도, 중재금지의무가 발생한다
고 볼 만한 아무런 계약적, 비계약적 근거가 없다. 다만, 유효한 중재합
의가 없음에도 중재절차를 신청하는 행위를 두고 불법행위에 해당한다
고 보는 것은 이론적으로 가능할 수도 있겠으나 실제로 요건 충족이 쉽
지 않을 것이다. 결국, 중재금지가처분의 경우 소송금지가처분의 경우와
는 달리 피보전권리를 인정하기도 어렵다.

④ 따라서 현행법의 해석상으로는 중재절차의 금지 또는 중지를 구하
는 가처분신청은 부적법하므로 각하되어야 하고, 설령 그렇지 않더라도
그 피보전권리가 인정되지 않으므로 기각되어야 한다고 본다. 다만, 그
렇게 해석할 경우, 아래에서 보는 바와 같이 중재판정부는 소송금지 임
시적 처분을 발령할 수 있는데 반하여, 법원은 중재금지가처분을 발령할
수 없다는 것이 되어, 중재판정부가 법원보다 광범위한 권한을 보유하게
되는 불균형이 발생하기는 한다.[711] 그러나 이는 중재절차를 활성화하
고 지원하기 위한 입법적·정책적 결단의 산물이라고 보아야 하므로 부
당하다고만 볼 수 없고, 무엇보다 사적자치의 영역에서 합의된 분쟁해결
절차가 존재하는 경우 그 범위 내에서 국가기관인 법원의 개입이 제한
되는 것은 재판제도의 본질에 오히려 부합하는 것인 점, 위와 같이 법원

---

711) 석광현, "2016년 중재법에 따른 중재판정부의 임시적 처분 – 민사집행법에 따
른 보전처분과의 정합성에 대한 문제 제기를 포함하여–", 국제거래법연구,
제26편, 제1호, 142~143면도 이를 지적하고 있다.

이 중재금지가처분을 발령하기 위한 피보전권리(중재절차금지청구권)을 인정할 만한 실체법적인 근거가 없는 점 등에 비추어, 별다른 문제가 없다고 본다. 법원에 중재절차의 진행을 금지하는 본안소송을 제기할 수 있는지, 중재절차위법확인의 본안소송을 제기할 수 있는지 여부도 마찬가지로 보아야 한다고 생각한다.

제6절 한국법원의 집행금지가처분 발령 가부

I. 외국의 논의

영미법계 국가에서는 대체로 집행금지명령(Anti-enforcement Injunction)을 소송금지명령의 일종으로 보아 특별히 다르게 취급하지 않는 것으로 보인다.

영국에서는 집행금지명령이 발령된 판례도 있고 그것이 가능함을 인정한 판결들도 많다.[712] 영국에서는 예컨대, 전속적 국제재판관할합의에 위반된 외국 판결의 집행을 금지하는 집행금지명령이 허용된다고 한다.[713][714]

---

712) Bank St Petersburg OJSC v. Vitaly Arkhangelsky [2014] EWCA Civ 593; Ecobank Transnational Inc v. Tanoh [2015] EWCA Civ 1309 등.

713) Fentiman[2015], para. 16.04; Bank St Petersburg OJSC v. Vitaly Arkhangelsky [2014] EWCA Civ 593.

(판결원문은 https://www.bailii.org/ew/cases/EWCA/Civ/2014/593.html 참조) (위 판결에 대한 평석으로는 http://theinjunctionsblog.com/the-court-of-appeal-grants-rare-anti-enforcement-injunction/ 참조) (2020. 7. 20. 최종 방문)

714) 그밖에 영국의 Anti-enforcement Injunction에 대한 상세한 소개는 Raphael[2019], para. 5.65~5.72; 이규회[집행금지명령], 24~26, 30, 31면 참조.

미국의 경우에도 집행금지명령을 발령하고 있는데, 앞서 한국 당사자가 관련된 사례에서 본 Samsung v. Huawei 사건715)에서도 미국법원이 중국판결의 집행금지명령을 발령한 바 있고, Industrial Maritime Carriers (Bahamas), Inc. v. Barwil Agencies A.S. 사건716)에서도 임시적 제지명령의 형태로 집행금지명령을 발령하였다.

II. 국내의 논의

한국의 경우 집행금지가처분 또는 집행금지명령이 허용되는지에 관한 연구는 거의 없고, 유일하게 이를 부정하는 문헌이 하나 발견된다.717) 위 견해는 외국판결이 선고되었다면 민사집행법과 민사소송법의 외국판결의 승인·집행 절차에 따라야 하므로 한국법원이 집행금지명령을 내릴 법적 근거가 존재하지 않는다고 한다.

이에 대한 필자의 私見은 다음과 같다.

보통 한국의 판결에 기해 한국에서 강제집행을 하려고 할 때 이를 저지하기 위한 방법으로는, 항소를 제기하면서 강제집행정지 신청을 하여 집행정지결정을 받거나, 이미 확정된 판결에 대해서는 청구이의 소송을 제기하면서 강제집행정지 신청을 하여 집행정지결정을 받는 방법, 그밖에 집행절차 자체에 대하여 집행에 관한 이의신청, 집행문부여에 대한 이의신청 등을 하면서 강제집행정지를 명하는 잠정처분을 받는 방법 등이 있다.

---

715) Huawei Technologies. Co. Ltd. v. Samsung Electronics Co., Case No. 3:16-cv-02787-WHO (N.D. Cal. Apr. 13, 2018.), 2018 WL 1784065.

716) Industrial Maritime Carriers (Bahamas), Inc. v. Barwil Agencies A.S., No. C.A. 03-1668, 2003 WL 22533704 (E.D. La., Nov. 5, 2003).

717) 이규회집행금지명령], 31면.

만일 한국의 판결을 한국에서 집행하는 것을 금지하는 내용의 가처분 신청이 있다면 이는 허용되지 않을 것이다. 즉, 대법원은 "강제집행의 정지는 오직 강제집행에 관한 법규 중에 그에 관한 규정이 있는 경우에 한하여 가능하고, 이와 같은 규정에 의함이 없이 일반적인 가처분의 방법으로 강제집행을 정지시킨다는 것은 허용되지 아니한다"고 판시하였다.[718] 다만, 대법원 1986. 5. 30.자 86그76 결정의 이유를 볼 때, 허용되지 않는 이유는 피보전권리가 인정되지 않아서가 아니고 부적법하기 때문이라고 보는 듯하다.

그렇다면 한국판결을 외국에서 집행하는 것을 금지하는 가처분은 어떠한가? 私見으로는, 이 또한 위 대법원 판결의 취지와 마찬가지로, 한국판결에 대한 강제집행을 정지시키는 방법은 한국법에 따로 규정이 있으므로 이에 의하여야 하고 그 외에 일반적인 가처분의 방법으로 이를 허용하기는 어렵다고 생각된다(즉, 각하 대상). 이와 달리, 집행정지에 관한 한국법의 규정들은 한국에서 집행이 이루어질 것을 전제로 한 규정들이므로 외국에서 집행이 이루어질 경우에는 무의미하므로 허용되어야 한다는 견해도 생각해 볼 수 있다. 그러나 집행정지에 관한 위 한국법 규정들은 개별적인 집행을 전제로 하지 않고 집행권원 일반에 관한 규정들도 많으므로, 반드시 그렇게 볼 수는 없다.

그렇다면 외국판결에 기한 강제집행을 금지하는 가처분은 어떠한가? 私見으로는, 다음과 같은 이유에서 이 또한 인정되기 어렵다고 본다.

무엇보다, 외국판결을 집행하기 위해서는 우리나라를 비롯한 대부분의 국가에서 우선 승인·집행 절차를 거쳐야 하는데 이 단계에서 부당한 판결의 집행이 저지될 수 있을 것이므로, 그와 별도로 집행금지가처분을 발령할 '보전의 필요성'이 인정되기 어려울 것으로 본다.[719] 집행할 당해

---

718) 대법원 2004. 8. 17.자 2004카기93 결정, 대법원 2003. 9. 8.자 2003그74 결정, 대법원 1986. 5. 30.자 86그76 결정.

719) 이는 앞의 3장 각주 111의 해당 본문 부분에서 설명한 내용, 즉 '분쟁해결합의

국가에서 우리나라처럼 강제집행정지 절차를 따로 두고 있다면, 그에 의하여 집행을 저지할 수 있으므로 역시 보전의 필요성이 인정되기 어려울 것이다.

국가에 따라서는 승인·집행 절차를 거치지 않고도 바로 외국판결을 집행할 수 있고 강제집행정지 절차도 따로 두고 있지 않은 곳이 있는지는 모르겠으나, 설령 그러한 국가에서의 집행을 막아달라고 우리 법원에 집행금지가처분을 신청한다고 하더라도, 피보전권리의 인정이 쉽지 않을 것으로 본다. 피보전권리의 측면에서 볼 때는 집행금지청구권을 인정할 수 있을지가 문제인데, 당사자 간에 판결의 집행을 하지 않기로 하는 합의가 있는 예외적인 경우라면 그 합의에 기하여 집행금지청구권이 인정될 수 있을 것이나, 실제로 그러한 경우는 거의 드물 것이고, 그런 합의가 없는 경우, 앞서 본 바와 같이 소송금지명령을 예외적으로 엄격한 위법성 요건(가중된 위법성) 하에 인정하는 것이 타당하다는 입장에서 볼 때, 한국법원이 외국에서 일단 사법적 절차를 거쳐 적법하게 선고된 판결에 따른 집행을 위법하다고 인정하기는 굉장히 어려울 것으로 보인다. 최소한 민사소송법 및 민사집행법상의 승인요건 중 송달 및 방어권 보장이나 공서 요건에 위반되는 정도가 되어야 예외적으로 집행금지청구권을 인정할 여지가 생길 수 있을 것으로 본다. 결국 이론상으로는 인정될 수 있는 경우도 있을 수 있으나 실제로 그 요건을 충족하기는 거의

에 위반한 외국소송에서 선고된 외국판결은 한국에서 승인·집행되지 않을 것이므로 소송금지가처분을 발령할 보전의 필요성이 없다는 주장은 설득력이 없다'는 부분과 일견 모순되는 것처럼 보일 수도 있다. 그러나 그렇지는 않은 것이, 여기서 논의하는 대상은 외국판결에 대한 한국법원의 '집행금지가처분'이므로 한국법원의 승인·집행 단계에서 외국판결을 저지할 수 있다면 굳이 별도의 집행금지가처분으로 저지를 구할 실익이 없다는 것이다. 이와 달리 외국제소를 저지하기 위한 소송금지가처분의 경우 외국소송에 대응하는 과정에서 이미 회복하기 어려운 손해가 발생할 수 있는 등의 실익이 있기 때문에 후의 승인·집행 가부와 무관하게 보전의 필요성이 있다는 것이다.

어렵지 않을까 생각된다.

앞서 소개한 Samsung v. Huawei 사건에서는 삼성이 미국법원에 중국 판결의 집행금지명령(Anti-enforcement Injunction)을 신청하였고, 미국법원은 이를 받아들였는데, 만약 삼성이 한국법원에 이를 신청하였다면 아마도 받아들이기 어렵지 않았을까 생각한다. 소송금지명령에 대한 영미법계와 대륙법계의 차이와 영미법원의 폭넓은 재량권을 다시 한번 실감하는 대목이다.

제4장
한국 중재판정부의 발령 가능성

제1절 국내외의 논의 개요

국제거래의 실무에서 중재합의가 있었음에도 이를 위반하여 법원에 소송을 제기하는 사례는 심심치 않게 발생하는데, 이로 인하여 '중재절차와 소송절차의 경합'이 발생하기도 한다. 그 경우 중재판정부가 법원에의 소송을 금지하는 소송금지명령을 임시적 처분 또는 종국판정의 형태로 발령할 수 있는가라는 중요한 문제가 대두된다.

Ⅰ. 외국의 논의

이에 관하여 종래 개정 전 UNCITRAL 모델법 하에서 중재판정부의 소송금지명령 허용 가부에 관한 논란이 많았다가, 2006년 개정으로 이것이 가능하게 되었음은 앞서 본 바와 같다(위 제2장 제2절 Ⅶ.).[1] ICC나 ICSID 등 국제중재기관들도 중재규칙에서 임시적 처분 또는 긴급조치로서 어떠한 내용이 가능한 것인지에 관해서 구체적인 규정을 두고 있지 않고 포괄·추상적인 규정만 두고 있음에도 실제 중재판정사례에서는 소송금지명령이 가능한 것으로 판정하고 있다는 점도 앞서 보았다.[2]

영국 중재법(Arbitration Act 1996) 제48조 제5항에 의하면 '중재판정부는 당사자로 하여금 어떠한 행위를 하거나 하지 못하도록 명령하는 등

---

1) 종래의 긍정설과 부정설의 대립 내용과 모델법의 개정 과정에서의 논란 등에 관한 상세한 내용은 석광현[2017], 112~113면; 노태악/구자헌[2006], 492면 이하; 강병근, "UNCITRAL 모델중재법의 개정 ―제39차 유엔국제무역법위원회 본 회의를 중심으로―", 한림법학 FORUM, 제17권, 2006., 9면 이하; 조인영[2020], 285~286면 등 참조.
2) 소송금지명령에 관한 ICC 등 국제중재기관의 판정 사례에 관한 소개는 Scherer/Jahnel[2009], 70~73면; 조인영[2020], 291~294면; 이규회[2010], 75면 등 참조.

에서 법원과 같은 권한을 가진다'고 규정하므로, 중재판정부도 법원과 같이 '종국적 소송금지명령(final anti-suit injunction)'을 발령할 수 있다.[3] 반면에, 영국 중재법상으로는 당사자들이 명시적으로 그 권한을 허용하지 않는 한 중재인이 '임시적 소송금지명령(interim injunction)'을 발령할 권한은 없다고 하는데,[4] 이는 UNCITRAL 모델법이나 다른 국제중재기관들의 중재규칙에서 임시적 처분(interim measure)으로서 임시적 소송금지명령(interim injunction)을 허용하는 태도와 상이하다. 런던상사중재원 (LCIA, London Court of International Arbitration)의 중재규칙에서도, (a) 담보제공명령, (b) 분쟁 대상에 대한 보전, 보관, 처분 등 명령, (c) 본안 판정으로서 지급을 명하게 될 금원이나 재산 처분에 대한 잠정적 지급명령 등의 임시적 처분이 가능하다고 규정하고 있어(제25조), 위 규칙만으로는 소송금지의 임시적 처분을 허용하는 명시적인 근거가 된다고 보기 어렵지만, 실제로 런던상사중재원은 중재규칙상 명시적 규정이 없어도 영미법상의 법리에 근거하여 당연히 그러한 처분이 가능한 것을 전제로 판정하고 있다고 한다.[5]

한편, 유럽에서는, 중재판정부가 다른 회원국 법원에의 소송금지명령을 발령하는 것이 브뤼셀체제 하에서 허용되는지 여부가 쟁점이 되었던 최근 유럽사법재판소의 Gazprom OAO v. Lithuania 사건[6]에서 유럽사법재판소는 이것이 허용된다고 판시하였는데, 이에 관해서도 앞에서 살펴보았다.[7]

---

3) Raphael[2019], para. 7.60.
4) Raphael[2019], para. 7.60 주118.
5) 조인영[2020], 290면.
6) C-536/13 [2015] ECLI:EU:C:2015:316.
7) 그밖에 중재인의 임시적 처분에 관한 비교법적 연구로는, 손경한 외, "중재판정부의 임시적 처분 등에 대한 법원의 역할", 대법원 용역보고서(2015. 10.), 45면 이하; 이규호, "중재인의 임시적 처분 및 이에 대한 법원 역할의 비교법적 분석, 국제사법연구, 제23권 제1호, 2017., 410~444면 참조

외국 중재판정부가 발령한 소송금지명령의 효력은 각 중재지법에 따라 다를 것인데, 기본적으로 그 효력은 중재당사자에 대해서만 효력이 미치고 제3자 또는 외국법원에 미치지는 않는다.[8] 외국 중재판정부가 발령한 소송금지 임시적 처분은 한국에서 승인·집행 되지 않는다.[9] 그러나

---

[8] 조인영[2020], 296면.

[9] 외국 중재판정부가 발령한 임시적 처분의 승인·집행에 관해서는 우리 중재법이 적용되지 않고 뉴욕협약(중재지가 뉴욕협약 당사국인 경우) 또는 민사소송법과 민사집행법(중재지가 뉴욕협약 당사국이 아닌 경우)이 적용되는데(석광현[2017], 141면), 뉴욕협약이 적용되는 경우에도, 종국판정만이 집행의 대상이 된다고 해석되므로 종국판정이 아닌 중간판정(임시판정, interim award)이나 임시적 처분 형태로 내려진 소송금지명령은 한국에서 승인·집행되기 어렵다고 본다(석광현, [국제상사중재법연구1], 300면. 이에 대해서는 반대견해가 있는데, 이는 같은 면 주261 참조). 설령, 임시적 처분을 종국판정의 형태로 하였더라도 여전히 뉴욕협약에 따른 승인·집행의 대상은 되기 어렵다고 보는데, 그 이유는 뉴욕협약상 '중재판정'의 개념은 각 체약국의 법률에 따라 해석되어야 하는데, 우리 중재법 제3조 제1호에서 규정하는 '중재'의 개념은 원칙적으로 본안에 관한 중재판정부의 판단을 의미하는 것으로 보아야 하므로, 임시적 처분은 본안에 관한 판단이 아니기 때문에 판정의 형태로 내려진다 해도 뉴욕협약의 적용대상이 될 수 없기 때문이다(정선주, 2020. 3. 민사판례연구회 자료 중 '소송금지가처분과 중재금지가처분' 발표에 대한 토론문 참조). 다른 문헌에서도 뉴욕협약상 중재판정은 당사자 간의 법률관계에 관한 분쟁을 해결하기 위하여 내려진 판단이라고 보기 때문에 중재의 대상인 본안이 아니라 중재의 진행에 관한 중재판정부의 절차적 명령은 중재판정이 아니라는 견해가 유력하므로 중재판정과 절차적 명령은 구분하여야 한다고 설명한다(석광현[국제상사중재법연구1], 265면). 독일에서도 외국 중재판정부의 임시적 처분은 최종성 또는 확정성의 결여로 인해 뉴욕협약의 적용대상이 아니고 따라서 승인·집행 대상이 아니라고 보는 것이 다수설이라고 한다(정선주, 위 토론문 참조).
뉴욕협약 비적용 대상인 경우에도 민사소송법 제217조 및 민사집행법 제26조 제1항 및 제27조가 적용(중재법 제39조 제2항)되므로, 외국법원이 발령한 경우의 논의와 동일하게 승인·집행이 허용되지 않는다고 해석된다.
한편, 외국 소송을 금지하는 중재판정부의 소송금지 임시적 처분은 공서 위반의 거부사유에 해당한다고 주장할 수도 있겠지만, 외국 중재판정의 승인·집행 거부사유로서의 공서는 가능한 좁게 해석하는 것이 바람직하고(정선주, "외국 중재판정의 승인과 집행을 위한 법원의 심사 : 공서위반을 중심으로", 민사재

외국 중재판정부의 소송금지 임시적 처분을 한국에서 승인·집행 받아야
할 실익은 크지 않을 것으로 보인다. 그보다는 오히려 사실상의 강제력이
클 것으로 보이는데, 중재실무상 중재당사자들은 중재판정부의 처분에
따르지 아니할 경우 중재판정부가 부정적인 선입견을 가질 것을 염려하
여 중재판정부의 임시적 처분을 준수함이 보통이라고 한다.[10]

II. 국내의 논의

개정 전 중재법 하에서는 중재지가 한국인 경우 중재판정부가 소송
금지 임시적 처분을 발령할 수 있는지에 관해서 논란이 있었지만 부정
적인 해석이 다수였다.[11] 그 후 위와 같이 2006년 UNCITRAL 모델법이 개
정되자 2016년 개정된 중재법에서는 위 모델법의 개정 조항 중 사전명령
에 관한 부분을 제외한 나머지 조항을 그대로 수용하였다.[12] 그 결과,
중재법 제18조 제2항 제2호로 '중재절차 자체에 대한 현존하거나 급박한
위험이나 영향을 방지하는 조치 또는 그러한 위험이나 영향을 줄 수 있
는 조치의 금지'를 규정함으로써 소송금지를 명하는 임시적 처분이 가능
하게 되었다.[13] 그에 따라 대한상사중재원 국제중재규칙 제32조도 임시

판의 제문제, 18권, 2009., 400~401면 참조), 우리 중재법상으로도 이제 중재판정
부의 소송금지 임시적 처분이 가능하게 된 점 등의 이유에서 필자는 공서 위
반을 적용하는 것은 타당하지 않다고 본다.

10) 노태악/구자헌[2006], 498면.

11) 이는 종전 중재법 제18조 제1항에서 '분쟁의 대상에 관하여'라고 규정하고 있
   었기 때문이다(석광현[국제상사중재법연구1], 73면, 석광현[2017], 111면 참조).

12) 중재법 개정작업의 경위에 관해서는 석광현[2017], 108~110면; 법무부, 조문별
   개정이유서(중재법 일부개정법률안); 강태훈, "중재판정 집행재판의 개정에
   관한 검토", 저스티스, 통권 제151호, 2015. 12., 356면 이하; 정선주, "중재법 개
   정의 방향과 주요 내용", 고려법학, 제69호, 2013.; 정선주, "중재절차에서 임시
   적 처분제도의 개선 방안", 2012년도 법무부 연구용역 보고서 등 참조.

적 처분으로서 소송금지명령이 가능하도록 개정되었다.

이와 같이 개정 중재법상 중재판정부의 소송금지 임시적 처분이 가능하게 바뀐 만큼, 이제는 우리 법원도 중재합의에 위반한 외국 제소를 금지하는 소송금지가처분을 발령할 수 있다고 해석할 가능성과 필요성이 더 높아졌다.[14] 법원의 소송금지가처분에 대한 보다 적극적인 태도가 필요함을 시사하는 대목이다.

제2절 중재법상 소송금지 임시적 처분의 주요 내용

먼저 준거법에 관하여, 중재판정부의 소송금지 임시적 처분[15]의 발령 가부, 요건, 절차, 효과는 통상 절차법의 문제로 보아 당사자들이 중재절차에 관해 합의한 절차규범(법 또는 중재규칙) 또는 중재지법을 적용한다.[16] 이하에서는 중재지가 한국일 경우 적용될 개정 중재법상 소송금지를 명하는 임시적 처분과 관련된 해석론 및 주요 쟁점들을 간략히만 살펴본다.

① 발령요건을 보면, 중재판정부가 소송금지를 명하는 임시적 처분을 발령하기 위한 요건에 대해서는 제18조 제2항 제2호 및 제18조의2 제1항에서 규정하고 있는데, (a) '중재절차 자체에 대한 현존하거나 급박한 위험이나 영향'이 있어야 하고(제18조 제2항 제2호), (b) '손해배상으로 적

---

14) 석광현[2017], 143~144면; 박진수[2016], 12면도 同旨.

15) [용어 정리] 법원이 보전처분으로 발령하는 소송금지가처분과 중재판정부가 임시적 처분으로 발령하는 소송금지명령은 성격과 내용에 있어 상이하므로, 본 논문에서는 중재판정부가 발령하는 소송금지명령을 '소송금지 임시적 처분'이라고 칭하거나 포괄적으로 '소송금지명령'이라고 칭한다.

16) 조인영[2020], 296면; 목영준/최승재[2018], 125면.

절히 보상되지 아니하는 손해가 발생할 가능성'이 있고(제18조의2 제1항 제1호 전단), (c) '그러한 손해가 임시적 처분으로 인하여 상대방에게 발생할 것으로 예상되는 손해를 상당히 초과'해야 하며(제18조의2 제1항 제1호 후단), (d) '본안에 대하여 합리적으로 인용가능성'이 있어야 한다 (제18조의2 제1항 제2호). 위 각 요건들은 모두 신청인이 소명[17]하여야 한다(제18조의2 제1항).

위 (a) 요건에 따라서 중재절차 자체에 대한 침해가 이미 발생하였거나 그 침해가 급박한 상태일 것이 요구된다. 위 (b) 요건과 관련해서는 '회복할 수 없는 손해(irreparable harm)'까지 요구되는 것은 아니고, 손해배상으로 치유될 수 없는 경우만이 아니라 '비교적 복잡한(comparatively complicated)' 경우도 포함되며, 손해가 실제로 발생해야 하는 것은 아니고 발생할 가능성이 있는 것으로 족하다.[18] 위 (c) 요건은 양자의 손해를 이익형량하여 신청인의 손해가 상당히 초과해야 한다는 의미이다. 위 (d) 요건에 의하면 본안 승소가능성을 요구하는데, 여기서 '본안'은 중재판정의 대상인 분쟁의 실체를 말하는 것으로 보이고, 소송금지가처분에서와 같이 소송금지청구의 소를 말하는 것은 아니라고 해석된다.[19]

② 중재법상 소송금지의 대상이 되는 소(suit)는 '본안에 관한 소'를 말하고, 법원의 보전처분은 그 대상이 아닌데, 그 이유는 중재절차가 진행 중이라도 법원의 보전처분 신청이 가능하기 때문이다(법 제10조).[20] 또한 중재판정부가 선결문제로 판정 권한에 관한 결정(자신의 권한 및 이와 관련된 중재합의의 존재 여부 또는 유효성에 대한 이의에 대한 결정)

---

17) '소명'이라는 개념을 사용한 것에 대한 비판은 석광현[2017], 119~120면 참조.
18) 석광현[2017], 118면.
19) 그밖에 위 요건에 관한 상세한 설명은 석광현[2017], 118~121면; Holtzmann, Howard M./Neuhaus, Joseph E./Kristjánsdóttier, Edda/Walsh, Thomas W., A Guide To The 2006 Amendments to The UNCITRAL Model Law On International Commercial Arbitration: Legislative History and Commentary, 2015., 167~171면 참조.
20) 박진수[2016], 12면.

을 한 경우 그 결정에 불복하는 당사자는 법원에서 중재판정부의 권한에 대한 심사를 신청할 수 있는데(법 제17조), 이 역시 소송금지의 대상이 되는 소에는 해당하지 않는다.[21]

③ 절차적인 문제로서, 중재판정부가 임시적 처분을 발령하기 위해서는 반드시 심문이 필요한지, 아니면 일방적(ex parte) 임시적 처분이 가능한지에 관해서는 논란이 있으나, 개정 중재법에서 모델법의 사전명령 제도를 도입하지 않은 점, 중재법 제18조의8 제1항 제1호 가목 2)에서 "임시적 처분의 상대방 당사자가 중재인의 선정 또는 중재절차에 관하여 적절한 통지를 받지 못하였거나 그 밖의 사유로 변론을 할 수 없었던 사실"을 승인·집행 거부사유로 규정하고 있는 점에서 허용되지 않는다고 본다.[22]

④ 중재법 제18조의4에 따라, 중재판정부는 임시적 처분을 함에 있어서 담보제공을 명할 수 있는데, 그 내용은 법원의 소송금지가처분에서와 대체로 유사할 것으로 보인다.

⑤ 긴급중재인 제도와 관련하여, 대한상사중재원 국제중재규칙 별표3에서는 긴급중재인에 의한 긴급처분에 관하여 규정하고 있고,[23] 각국의 중재기관들도 마찬가지이나, 개정 중재법은 긴급중재인에 관한 규정을 도입하지 않았다. 따라서 중재신청을 접수하거나 중재판정부가 구성되기 전에 긴급하게 잠정적 처분을 구할 필요가 있는 경우라 하더라도, 위 기관중재규칙에 기한 긴급중재인의 긴급처분만 가능하고 중재법상으로는 그것이 인정되지 않는다. 그 결과, 기관중재규칙에 기한 긴급중재인의 긴급처분이 있었더라도 중재법상 승인·집행 관련 규정들은 적용되지 않는다.[24]

---

21) 박진수[2016], 12면.
22) 석광현[2017], 123~124면.
23) 상세한 내용은 대한상사중재원, 2016 국제중재규칙 해설서, 2018.; 김인호, "국제중재규칙 해설서의 발간에 즈음하여", 중재, 349호, 2018., 40~41면.

⑥ 중재법상 중재판정부가 소송금지를 명하는 임시적 처분과 함께 또는 중재판정과 함께 그 실효성 확보를 위하여 간접강제를 명할 수도 있는지가 문제된다. 입법례에 따라서는 이에 관한 규정을 두고 있는 국가도 있으나,[25] 우리 중재법은 아무런 규정을 두고 있지 않다. 대한상사중재원의 국제중재규칙에도 그러한 규정은 없다. 만약 당사자 사이에 중재판정부가 강제금을 부과할 수 있다는 취지의 합의가 있다면 당연히 가능하다. 우리나라와 같이 법률 규정도 없고 당사자의 합의도 없는 경우에 중재판정부가 간접강제금을 부과할 수 있는지에 관하여, 긍정설과 부정설이 가능하다.[26][27]

긍정설은, 강제금이 기본적으로 손해배상금의 성질을 가지므로 중재판정부도 강제금을 부과할 수 있고, 중재판정부의 강제금 지급 명령을 이행하지 않으면 그 집행을 위하여 법원의 집행결정을 받아야 하므로 강제금의 지급을 명하는 것 자체는 집행은 아니며, 중재판정부는 법원보다 유연한 처분을 할 수 있으므로 강제금을 민사제재라고 보더라도 가능하다고 주장할 수 있다. 또한 간접강제결정을 위해서는 필요적 심문을 거치도록 하고 있는데(민사집행법 제262조) 중재판정부가 임시적 처분을 발령함에 있어 상대방에 대한 변론의 기회를 부여하도록 하고 있는 점, 위반에 따른 제재적 성격을 갖는 간접강제금을 정하는데 있어 중재판정부가 이행을 강제함에 필요한 적정한 금액을 산정할 수 있다고 보이는 점, 간접강제결정이 상대방에 대하여 일정한 의무의 이행을 명하는 형식

---

24) 상세한 내용은 석광현[2017], 116~117면 참조. 이에 대한 반대견해로는 정선주, "2016년 개정 중재법 소고", 민사소송, 제21권 제1호, 2017. 5., 44면 참조.

25) 네덜란드 민사소송법(제1056조)은 중재판정을 따르지 않은 것에 대해 강제금(영문번역은 penalty)을 부과할 수 있음을 명시한다고 한다(석광현[2017], 114면 주34).

26) 이하의 견해대립 논의는 석광현[2017], 114~115면에서 인용한 것이다.

27) 그밖에, 간접강제 관련 논점으로 그 준거법을 무엇으로 볼 것인지도 문제되는데, 이에 관해서는 석광현[2017], 115면 참조.

을 갖는 점에 비추어 중재판정부가 할 수 있다고 보는 견해도 있다.[28]

부정설은, 강제금은 집행제도의 일부이거나 이를 보완하기 위한 것이거나 일종의 법정 제재이므로 법원이 담당하는 집행의 영역에 속하고 중재판정부는 할 수 없다거나, 법률상의 근거가 없으면 할 수 없다고 본다.

私見으로는, 다음과 같은 이유로 긍정설에 찬성한다.

우선, 중재법 제18조 제2항 제2호에서 "중재절차 자체에 대한 현존하거나 급박한 위험이나 영향을 방지하는 조치 또는 그러한 위험이나 영향을 줄 수 있는 조치의 금지"를 할 수 있도록 규정하므로, 이와 같은 '방지 조치'에는 소송금지를 명하는 처분 외에도 그 실효성 보장을 위한 조치인 간접강제까지도 포함된다고 해석할 수 있다.

위 중재법 조항은 민사집행법상 가처분과 유사한 내용이고, 이러한 점에서 중재법 제18조의7 제4항에서는 "임시적 처분의 집행에 관하여는 민사집행법 중 보전처분에 관한 규정을 준용한다."고 규정하고 있는데, 우리 민사집행법 제261조에 의한 간접강제는 가처분에 대해서도 적용되고 가처분결정 주문에서 간접강제를 함께 명할 수도 있으므로, 중재판정부의 임시적 처분에 있어서도 위 민사집행법 조항을 준용(중재법 제18조의7 제4항에 기하여) 또는 유추적용함으로써 중재판정부가 간접강제를 부과할 수 있다고 본다.

간접강제결정을 위해서는 필요적 심문을 거쳐야 하는데 중재판정부가 임시적 처분을 발령함에 있어 상대방에 대하여 변론의 기회를 부여하도록 하고 있으므로 절차적으로도 별 문제가 없다.

그밖에, 우리 민사집행법상의 간접강제는 손해배상금의 성격[29]과 함

---

28) 박진수[2016], 13면.
29) 정선주, "간접강제금의 본질과 소송상의 제문제", 민사소송, 제16권 제1호, 2012., 456면; 사법정책연구원[2015], 29면 참조.
대법원 2014. 7. 24. 선고 2012다49933 판결도 "간접강제 배상금은 채무자로부터 추심된 후 국고로 귀속되는 것이 아니라 채권자에게 지급하여 채무자의 작위의무 불이행으로 인한 손해의 전보에 충당되는 것이다."라고 판시하여 손해배상의

께 법정 제재금의 성격[30]도 가지는 것으로 해석되는데, 중재판정부가 부과할 강제금이 반드시 민사집행법상의 간접강제와 같은 성격의 것이어야 할 의무는 없으므로, 중재판정부의 판단에 따라 단순한 손해배상금이나 위약금(위약벌)과 같이 유연한 형태로 부과할 수도 있을 것인데, 이러한 성격의 민사적 제재금 부과는 당연히 허용된다고 보아야 한다. 이와 달리 독일의 강제금(Zwangsgeld)[31]과 같이 강제이행 압박 목적의 강제집행수단으로서 국고에 귀속되는 강제금의 성격이라면 법령상의 근거가 없는 이상 불가능하다고 본다.

한편, 이에 관하여 최근에 선고된 판결이 있어 이를 간략히 소개한다.

이 사건에서는 집행판결 청구의 피고가 네덜란드 중재원(Netherlands Arbitration Institute, NAI)이 내린 간접강제 배상금의 지급을 명하는 중재판정 주문이 공서에 반한다고 주장하였는데, 이에 대하여 1심 판결[32]은 "네덜란드 민사소송법 제1056조는 네덜란드를 중재지로 하는 중재절차에서 중재인이 당사자의 중재판정 불이행에 대하여 간접강제 배상금을 부과할 수 있다고 명시하고 있는 사실을 인정할 수 있으므로, 간접강제 배상금 부과는 이 사건 중재판정의 내용이 될 수 있고, 피고는 중재판정에서 간접강제를 명하는 것이 대한민국 민사집행법에 위반된다고 주장

성격을 가짐을 분명히 하였다.

30) 대법원 2013. 2. 14. 선고 2012다26398 판결.

31) 독일의 강제금(Zwangsgeld)은 손해배상과는 무관하고(독일 민사소송법 제893조), 채무자가 지급하는 강제금은 채권자에게 귀속되는 것이 아니라 국고에 귀속된다(권창영[2018], 491면). 이 점은 국고로 귀속되는 것이 아니라 채권자에게 지급하여 채권자의 손해 전보에 충당(대법원 2014. 7. 24. 선고 2012다49933 판결)하는 우리와 다른 점이다. 독일의 강제금(Zwangsgeld)에 관해서는 석광현[2017], 114면 주33; 정선주, "간접강제금의 본질과 소송상의 제문제", 민사소송, 제16권 제1호, 2012., 436~439면; 김형석, "강제이행-특히 간접강제의 보충성을 중심으로-", 서울대학교 법학, 제46권 제4호, 통권 제137호, 2005., 245면; 사법정책연구원[2015], 152~154면; 권창영[2018], 491~492면 참조.

32) 인천지방법원 2015. 2. 10. 선고 2012가합14100 판결.

하나, 대한민국 민사집행법상으로도 중재판정에서 간접강제를 명하는 것이 금지된다고 볼 만한 근거규정을 찾아볼 수 없다."라고 판시하여 한국법상으로도 중재판정에서 간접강제를 명하는 것이 허용된다는 취지로 판결하였다.

그 항소심 판결[33]도 1심 판결의 위 내용을 그대로 인정하였고 추가로 '판결 선고 시 간접강제결정을 함께 할 수 있다고 선고한 대법원 2013. 11. 28. 선고 2013다50367 판결에 의하더라도 집행권원(중재판정)의 성립 단계에서 간접강제를 명할 수 있을 것으로 보인다'고 설시하였다.

그 상고심에서도 대법원[34]은 위 판시 내용에 관해서는 명시적으로 언급하지 않았지만, 간접강제를 명한 위 중재판정이 공서양속에 반한다는 피고의 주장을 배척함으로써 위 하급심의 결과를 유지하였다.

⑦ 중재법상 중재판정부가 판결의 집행을 금지하는 내용의 임시적 처분(집행금지명령)을 발령할 수 있는가?

이에 관하여는 긍정하는 견해도 있고 부정하는 견해[35]도 있다. 국제 중재기관들은 대체로 긍정하는 것으로 보이는데, 예컨대, ICC 중재판정부는 계속 중인 중재절차의 당사자에 대하여 중재판정이 내려지기 전에 위 당사자 및 그 자회사가 독일법원의 판결을 집행하는 것을 금지하는 내용의 집행금지명령을 발령한 바 있다.[36]

私見으로는, 앞에서 본 법원의 집행금지가처분 가부에서와 거의 유사한 논거에서 부정적으로 본다. 먼저, 한국판결을 한국이나 외국에서 집행하는 것을 금지하는 내용의 임시적 처분은 국내법상 판결의 강제집행 정지 절차를 따로 두고 있음에 비추어 허용될 수 없다고 본다. 외국판결

---

33) 서울고등법원 2016. 4. 7. 선고 2015나8423 판결.
34) 대법원 2018. 11. 29. 선고 2016다18753 판결.
35) 이규회집행금지명령], 31면.
36) ICC case no. 17176. 위 중재판정의 내용에 대해서는 이규회집행금지명령], 24면 참조.

을 한국이나 외국에서 집행하는 것을 금지하는 내용의 임시적 처분은 일반적으로 불가능하다고 볼 것은 아니나, 일단 그 국가에서 사법적 절차를 거쳐 적법하게 선고된 판결이고, 이에 대해서는 해당 승인집행국의 승인·집행 절차에서 다투어 집행을 저지할 수 있으므로, 중재법상 '중재절차 자체에 대한 현존하거나 급박한 위험이나 영향'이라는 요건이나 '손해 요건' 등을 충족하기가 어려울 것으로 보인다.

⑧ 임시적 처분의 형식에 관하여 개정 전 중재법 제18조는 임시적 처분을 '결정'으로 하도록 정하고 있었으나, 개정 중재법은 임시적 처분의 형식에 관하여 명시적인 규정을 두고 있지 않다. 따라서 중재판정부의 재량에 따라 임시적 처분을 '결정' 또는 '판정'으로 할 수 있다고 해석된다.[37]

소송금지를 명하는 임시적 처분의 주문 형태는 법원의 소송금지가처분에서 본 주문례와 유사하게 볼 수 있다.[38] 그 주문은 집행이 가능할 정도로 명확하게 특정되어야 함도 같다. 만일 그렇지 못하여 집행이 불가능할 정도라면 중재법 제18조의8 제1항 제2호 가목에서 정한 승인·집행 거부사유(법원에 임시적 처분을 집행할 권한이 없는 경우)에 해당될 수 있다.

⑨ 중재판정부의 임시적 처분은 당사자에 대한 구속력을 가지나 중재판정부를 구속하는 기속력(자기구속력)은 없고, 집행력과 기판력(실질적 확정력)도 없다.[39] 또한 당사자에게만 효력이 미치고 제3자에 대해서는

---

37) 이와 관련하여 ICC 중재규칙 제28조에서는 'order' 또는 'award'의 형태로 임시적 처분이 내려질 수 있다고 규정하고, 2010년 UNCITRAL 중재규칙 제26조 제2항은 임시적 처분을 중간판정의 형식으로 할 수 있음을 명시하고 있다. 프랑스 파리 항소법원은 판정 형식으로 임시적 처분을 명할 수 있다고 판시하였고 (Otor Participation v. Carlyle, 7 October 2004, J.D.I., 2005.341.), 프랑스 파기원은 판정 형식의 임시적 처분이 집행될 수 있도록 중재판정부가 어떤 쟁점에 관하여 종국적인 판단을 내려야 한다고 판시하였다(GAT v. République du Congo, Cass. 1e civ., 12 October 2011).

38) 중재판정부의 실제 판정 사례에서 발견되는 주문 형태는 "… order(recommend) (a party) to move for a stay(withdraw) of the current proceedings…"와 같다.

효력이 없다.[40]

영국에서는 1996년 중재법 제42조에 따라 중재판정부에 의한 소송금지 임시적 처분 위반에 대해서 법원의 소송금지가처분과 같이 법정모욕의 제재를 가할 수 있고, 스위스법원도 영국과 유사하게 형사상의 제재를 받을 수 있다고 한다.[41] 그러나 우리 중재법상으로는 이러한 제재가 불가능하다.

따라서 법원의 소송금지가처분에서와 마찬가지로 소송금지를 명하는 중재판정부의 임시적 처분의 실효성을 확보할 수 있는 사실상 유일한 수단은 간접강제인 것으로 보인다. 중재판정부의 간접강제 가능성에 대해서는 앞에서 보았고, 그와는 별개로, 중재법 제18조의7 제4항에서는 "임시적 처분의 집행에 관하여는 민사집행법 중 보전처분에 관한 규정을 준용한다."라고 규정하므로, 중재판정부의 임시적 처분에 관하여 법원에 민사집행법 제261조에 따른 간접강제 신청을 하여 법원으로부터 간접강제결정을 받는 것은 가능하다고 본다.[42]

한 가지 덧붙이자면, 중재판정부가 임시적 처분을 한 경우 설령 간접강제를 부과하지 않더라도, 뒤에 있을 본안 중재판정에서의 사실상의 불이익을 생각하면 당사자가 이를 무시하기는 쉽지 않을 것으로 생각된다.

⑩ 중재판정부의 임시적 처분에 대한 승인집행과 관련해서는 여러 쟁점들이 있으나, 여기서는 간략히만 살펴본다. 개정 전 중재법에서는 중재판정부의 임시적 처분을 '결정' 형식으로 하도록 하고, 법원의 집행판결의 대상을 '중재판정'으로 명시하여 중재판정부의 임시적 처분은 집행판결의 대상이 될 수 없는 것으로 보았다. 이에 따라 중재당사자가 중재판징부의 임시적 처분을 따르지 않는 경우에도 법원을 통한 강제집행은

---

39) 석광현[2017], 130면.
40) 조인영[2020], 296면.
41) 조인영[2020], 302면.
42) 이에 대해서는 부정하는 반대견해가 있다(조인영[2020], 302면).

불가능하였다. 개정 중재법은 모델법의 내용을 받아들여 임시적 처분에 관한 승인·집행에 관하여 별도의 규정(제18조의7, 제18조의8)을 둠으로써 법원을 통한 집행을 가능하게 하였다. 중재판정부의 임시적 처분에 대한 승인 집행은 '결정'으로 한다(제18조의7).

그런데 여기서 한 가지 문제가 제기되는데, 앞서 본 바와 같이 개정 전 중재법에서 '분쟁의 대상'에 관해서만 임시적 처분이 가능하도록 규정한 것을 삭제 및 개정함으로서 개정 중재법하에서는 소송금지 임시적 처분을 포함한 다양한 형태의 임시적 처분이 가능하게 되었지만, 승인집행거부사유를 규정한 중재법 제18조의8 제1항 제1호 가목 3)에서는 '임시적 처분이 중재합의의 대상이 아닌 분쟁을 다룬 사실'을 임시적 처분의 승인집행거부사유로 명시하고 있어서 소송금지 임시적 처분은 승인집행거부사유에 해당하는 것이 아닌가 하는 지적이 제기된다.[43] 위와 같은 지적은 일견 설득력이 있는데, 일반적으로는 '중재합의의 대상인 분쟁'은 본안에 관한 것을 의미하므로 소송금지 임시적 처분은 본안사건과는 구분되는 또 다른 분쟁, 즉 법원에 소를 제기할 수 있는지 없는지에 관한 것이라고 볼 소지가 높다.[44]

이에 대한 私見은 다음과 같다. 위와 같은 지적은 일리가 있으나, 개정 중재법에서 일부러 소송금지명령을 허용하는 모델법을 수용하여 다양한 형태의 임시적 처분이 가능하게 하고 그에 관한 별도의 승인집행 규정까지 마련한 입법취지를 고려하면, 문제되는 위 승인집행거부사유의 해석에 있어서 '중재합의의 대상인 분쟁'에는 '중재합의 위반을 이유

---

43) 정선주, "2016년 개정 중재법 소고", 민사소송, 제21권 제1호, 2017. 5., 44~45면.
44) 정선주, "2016년 개정 중재법 소고", 민사소송, 제21권 제1호, 2017. 5., 45면. 위 논문에서는 예컨대, 매매대금의 지급을 구하는 중재사건에서 중재합의의 대상인 분쟁은 매매대금지급의무의 유무이고, 만일 중재판정부가 법원에 매매대금 지급을 구하는 소를 제기하지 못하도록 하는 처분을 내린다면 이는 중재합의의 대상인 분쟁, 즉 매매대금지급여부를 다룬 것이 아니라 법원에 소를 제기할 수 있는지 없는지에 관한 분쟁을 다룬 것이라고 설명한다.

로 한 소송금지 임시적 처분'도 포함된다고 넓게 해석할 필요가 있다고
본다. 그렇지 않으면 위 개정의 취지가 무색해진다. 그리고 개정전 중재
법의 '분쟁의 대상'이라는 표현은 본안에 관한 것을 의미함이 분명해 보
이지만, 그와 달리 개정법의 위 승인집행거부사유에서는 '중재합의 대상
이 아닌 분쟁을 다룬 사실 또는 임시적 처분이 중재합의 범위를 벗어난
사항을 다룬 사실'이라고 규정하고 있어서 이는 주로 '중재합의 범위 일
탈'의 문제를 의미하는 것으로 보이므로, 중재합의 위반을 이유로 한 소
송금지 임시적 처분은 여기의 거부사유가 아니라고 해석할 여지가 있다
고 본다. 궁극적으로는, 법 개정을 통하여 일견 상충되는 것처럼 보이는
위 문제를 개선함이 바람직한데,[45] 한 가지 가능한 방안으로는 '중재합
의 대상이 아닌 분쟁을 다룬 사실' 부분은 삭제하고 뒷부분인 '임시적 처
분이 중재합의 범위를 벗어난 사항을 다룬 사실' 부분만 남기면 되지 않
을까 생각된다.

　그밖에, 한 가지 주의할 점은 중재법의 규정은 중재지가 한국인 경우
에만 적용되므로(법 제2조 제1항), 승인·집행에 관한 위 내용은 한국 중
재판정부가 발령한 임시적 처분에 대한 승인·집행에 대해서만 적용되고,
외국 중재판정부가 발령한 임시적 처분에 대해서는 뉴욕협약(중재지가
뉴욕협약 당사국인 경우) 또는 민사소송법과 민사집행법(중재지가 뉴욕
협약 당사국이 아닌 경우)이 적용된다는 점이다.[46] 그에 관한 상세한 논
의는 앞에서 보았다.[47]

　앞으로 법원 실무에서 과연 중재판정부의 소송금지 임시적 처분에
대한 승인·집행 신청을 받아들여 줄런지는 지켜보아야 할 문제이겠지만,
私見으로는 소송금지가처분이라는 성격 자체만 가지고 중재법 제18조의

---

45) 정선주, "2016년 개정 중재법 소고", 민사소송, 제21권 제1호, 2017. 5., 45면도
　　법 개정이 필요하다고 한다.
46) 석광현[2017], 141면.
47) 각주 9 참조.

8에서 정한 각 거부사유에 해당된다고 보기 어려우므로, 다른 거부사유가 따로 없다면 집행을 허가하여야 한다고 생각된다.[48]

제3절 법원의 소송금지가처분과의 비교

이상과 같이 중재법 개정에 따라 중재판정부의 소송금지 임시적 처분이 허용됨에 따라 법원의 소송금지가처분을 긍정하는 견해를 취한다면 양 절차의 병존이 가능하고 당사자는 선택에 따라 양 절차 중 하나를 이용할 수 있게 되었다. 당사자가 어느 절차를 선택하는 것이 유리할지를 결정하기 위해서는 먼저 양 절차의 차이와 장단점을 분석해 볼 필요가 있다. 양 절차가 동시에 진행되는 경합의 상황도 발생할 수 있는데 그러한 경합 상황의 해결방안에 관해서는 다른 연구에 미루도록 한다.[49]

기본적으로 양 제도의 차이는 중재절차와 보전소송절차라는 성질의 차이에서 기인하는 측면도 있지만, 제도를 도입한 연혁적 이유에서 기인하는 바가 크다. 즉, 중재법상 소송금지 임시적 처분은 UNCITRAL 모델법을 따른 것이고 이는 기본적으로 영미법의 영향을 받은 것이다.[50] 반면에, 법원의 소송금지가처분은 대륙법계인 독일의 제도를 계수한 것이어서 여기서부터 양 제도는 상당한 차이가 발생한다.[51]

---

48) 석광현[2017], 143면도 同旨.
49) 이에 대해서는 박진수[2016], 20, 23~25면; 이규호, "중재인의 임시적 처분 및 이에 대한 법원 역할의 비교법적 분석, 국제사법연구, 제23권 제1호, 2017., 447, 448면 참조.
50) 석광현[2017], 118, 145면.
51) 양 제도의 차이와 정합성의 문제에 관해서는 석광현[2017], 144~146면; 박진수[2016], 21~23면; 한민외[2012], 11~14면; 정선주, "중재절차에서 법원의 역할과 한계", 중재학회지, 10권, 2000., 72~73면 등 참조.

이하에서는 중재판정부의 소송금지 임시적 처분의 장단점을 살펴본다. 법원의 소송금지가처분의 장단점은 그 반대라고 보면 된다.

〈장점〉

① 해당 분쟁에 대한 본안 판정을 하게 되거나 하고 있을 중재판정부가 그 사안에 대하여 더 잘 알 것으로 기대할 수 있다.

② 본안에 대한 중재판정 권한이 있으므로 당사자에 대한 사실상의 강제력이 법원의 그것보다 강하다고 할 수 있다.

③ 가장 큰 장점으로, 법원의 소송금지가처분에 관해서는 이를 허용해 줄지 여부가 매우 불확실하고, 설령 필자와 같이 긍정설을 취하더라도 앞서 본 바와 같이 이론상으로나 실제상으로나 쉽지 않은 '피보전권리의 존재'라는 요건을 충족해야만 하지만, 중재법이 영미법계의 영향을 받은 결과 중재판정부의 소송금지 임시적 처분에 있어서는 '피보전권리의 존재'라는 요건이 따로 필요하지 않고, 성질상 보전의 필요성 요건과 유사하다고 볼 수 있는 중재법상의 요건들만 충족되면 된다. 법원의 소송금지가처분에서 요구되는 보전의 필요성 요건과 중재법상 요건들은 실질적으로 큰 차이는 없을 것으로 보인다.

〈단점〉

① 긴급중재인 제도가 도입되지 않은 결과, 중재판정부가 구성되기 전에는 이용할 수 없다. 다만, 대한상사중재원이나 그밖의 국제중재기관의 중재에 의할 경우 해당 기관의 중재규칙에 따라 가능할 수 있지만, 그 경우 우리 중재법에 따른 승인·집행은 적용되지 않는다.

② 외국 중재판정부가 내린 임시적 처분에 관해서는 우리 중재법이 적용되지 않는 결과 한국에서 승인·집행이 될 수 있을지가 불확실하다.

③ 법원의 소송금지가처분은 곧바로 집행력이 발생하나, 중재판정부의 소송금지 임시적 처분은 법원으로부터 집행결정을 받아야만 집행할 수 있다.

그밖에 양 절차의 차이점이 더 있지만 가처분 또는 임시적 처분의 문제와는 별 관련이 없는 것들이므로 생략한다.

전체적으로 총평하자면, 발령요건의 인정 측면에서는 중재판정부의 그것이 훨씬 유리하고, 반면 집행력 측면에서는 법원의 그것이 좀 더 유리하고 편리하다. 사실상의 강제력 측면에서는 중재판정부의 그것이 더 유리해 보인다. 개별 상황에 따라 다르겠지만, 전체적으로 볼 때 중재판정부가 구성된 후라면 중재판정부의 소송금지 임시적 처분을 이용하는 것이 더 유리한 선택으로 보이고, 중재판정부가 구성되기 전에는 법원의 그것을 이용할 수밖에 없겠다.

이렇게 본다면, 앞으로 중재판정부의 소송금지 임시적 처분이 더 활성화될 가능성이 높아 보인다. 한편, 그 반작용에 의하여 법원의 소송금지 가처분을 허용해야 한다는 주장이 좀 더 힘을 얻게 될 것으로 보인다. 중재법상 소송금지 임시적 처분은 기본적으로 영미법계의 제도를 도입한 것인 반면, 법원의 소송금지가처분은 대륙법계의 제도를 계수한 것이어서 양 제도가 법체계적인 면에서 불일치하고 그 결과 정합성에 있어서 상당한 부조화를 야기한다.[52] 이를 최대한 일치시켜 보려는 해석론이 필요함이 우선이겠으나, 궁극적으로는 입법론적 해결이 필요해 보인다.

---

52) 석광현[2017], 144~146면에서도 이를 지적한다.

제5장
대응책 및 입법론

제1절 대응책

이상에서 국제적 분쟁에서 소송금지명령을 둘러싼 여러 쟁점들을 살펴보았고, 실제로 한국 당사자들이 이에 휘말린 사례들도 여러 건 살펴보았다. 여기서는 입법론을 제외한 현 상태에서의 대응책을 살펴보기로 한다.

우선, 국제거래의 당사자로서는, 국제재판관할합의 또는 중재합의를 함에 있어 그 합의의 효력으로서 타법원에의 소송금지의무가 있다는 취지의 조항, 그 합의의 효력을 다투지 않겠다는 취지의 조항, 이를 위반 시 손해배상의무를 부과하는 조항[1], 소송금지명령을 허용하는 취지의 조항[2]을 명시하는 것이 좋겠다.[3] 손해배상액의 예정 조항이나 위약금 또는 위약벌 조항을 넣어 두는 것도 가능하겠다. 그렇게 함으로써 소송금지의무 또는 소송금지명령의 인정 가부에 관한 논란, 외국의 주권 침해에 관한 논란 등의 어려운 문제들을 상당 부분 피해갈 수 있을 것이고,[4] 그 요건충족에 관한 증명도 훨씬 용이해 질 것이다.[5]

---

1) 실제로 영국의 실무에서는 그러한 조항을 두는 경우가 많다고 한다. 예컨대, "The borrower undertakes to pay, irrespective of any finding made by such a court, all such sums as shall represent the whole of any loss to the Bank caused by or resulting from the bringing of those proceedings"과 같은 조항이 되겠다 (Fentiman[2015], para. 2.25 참조). 그밖에 Briggs[2008], 160-161에서도 관련 조항의 예시를 소개하고 있다.

2) 예컨대, "This agreement confers jurisdiction to grant such interim, provisional or protective measures as may be available in the designated court"와 같은 조항을 추가할 수 있겠다(Fentiman[2015], para. 2.22 참조).

3) 중재합의조항 작성 시의 일반적 고려사항에 관해서는 정홍식, "국제상사계약 체결에서 중재합의조항에 관한 실무적 고려사항", 국제규범의 현황과 전망: 2013년 국제규범연구반 연구보고 및 국제회의 참가보고, 115호, 2014. 2., 법무부, 66, 67면 참조.

4) Mankowski[2009], S. 32.

중재합의의 경우, 당사자 사이에 중재합의의 유효성이나 중재판정부의 권한에 대한 최종적인 판단권한을 중재판정부에만 부여하고 법원에의 제소를 배제하는 합의를 할 수 있는지의 문제가 있다. 이는 이른바 '권한판정권한 조항'(Kompetenz-Komptenz Klausel)의 효력 문제로 논의되는데, 부정설이 다수설이나 긍정설도 있다.6) 만일 긍정한다면, 중재합의 당사자로서는 위와 같은 조항을 미리 넣어 둠으로써 법원에의 제소를 통해 중재절차의 진행을 지연 또는 방해하려는 시도를 원천적으로 막을 수 있다.

중재합의 당사자의 경우에는, 중재법 개정으로 중재판정부의 소송금지 임시적 처분이 허용되었으므로 법원의 소송금지가처분과 중재판정부의 소송금지 임시적 처분 중 어느 것이 자신에게 더 유리할지를 잘 비교해 보아야 할 것이다. 앞서 본 바와 같이 중재판정부가 구성된 후라면 일반적으로 중재판정부의 소송금지 임시적 처분 신청이 더 유리하다고 본다.

한국 당사자로서는 만일 부당한 외국 소송을 제기 당할 위험이 감지된 경우, 최대한 빨리 이를 막기 위한 소송금지가처분을 신청할 필요가 있다.7) 앞서 본 바와 같이 지연된 소송금지가처분 신청은 보전의 필요성을 부인 당할 위험을 증대시키고 피보전권리의 인정에까지 영향을 미칠 수 있다. 더 나아가서는 그 사이에 오히려 외국 법원으로부터 역으로

---

5) 물론, 각국의 소송절차법이나 공서 등에 비추어 그러한 계약조항들이 유효한지에 관해서는 여전히 논란이 있을 수 있다. 이에 관해서는 Fentiman[2015], para. 2.279~2.283 참조.

6) 이에 대한 상세한 내용은, 석광현, "중재절차에서의 법원의 역할", 변호사, 37집, 2007. 1., 69면; 김용진[2017], 90, 91면 참조.

7) 이러한 소송금지가처분을 어느 나라 법원에 신청할 것인지는 경우에 따라 달라질 것인데, 예컨대, 한국 회사가 일본 회사와 영국에서 분쟁을 해결하기로 합의하였음에도 불구하고 일본 회사가 일본에 제소하려는 경우 영국법원에 가서 소송금지가처분을 받을 수도 있을 것이므로, 한국 회사로서는 이러한 내용을 알고 있어야 보다 유리한 법정지를 선택할 수 있을 것이다.

한국법원에의 소송금지가처분 신청을 금지하는 anti-anti-suit injunction을 당할 수도 있다.

사법부나 정부의 차원에서는, 한국법원이 외국소송을 금지하는 소송 금지가처분을 발령할 경우 발생할 외교적 파장 또는 분쟁 가능성과 그에 대한 대응논리도 미리 검토해 둘 필요가 있겠다. 특히, 최근 강제징용 판결이나 위안부 관련 문제로 양국 사법권을 두고 한·일 양국이 첨예한 대립과 충돌 양상을 보이는 모습들을 보면서, 소송금지가처분의 발령에 있어서 다소 조심스럽게 접근해야 할 필요성도 어느 정도 공감된다. 법리적인 측면에서 포섭하자면, 이는 앞서 본 국제예양의 고려를 어떻게 구체화할 것인지와도 관련된다.

이런 측면에서, 학계에서도 소송금지가처분을 인정하자고 주장하는 선에서 그칠 것이 아니라, 나아가 그 발령요건을 어떻게 더 구체화 할 것인지, 남용 방지를 위한 법적 장치를 어떻게 마련할 것인지, 예측가능성과 법적안정성을 제고하기 위해 세부적인 판단기준을 어떻게 정립할 것인지에 주력할 필요가 있다. 예컨대, 앞서 본 내용 중 유효한 분쟁해결합의가 있더라도 그것이 불명확하고 다의적인 해석이 가능한 경우에는 소송금지청구권이 인정되지 않는다는 식의 기준이나, 분쟁해결합의 외의 부당 제소의 경우에는 더 엄격하게 가중된 위법성 요건이 요구된다는 기준 등과 같은 정립이 필요하다. 그런 구체화 없이 소송금지가처분을 남발한다면 외국에서도 그 정당성을 인정하지 않을 것이고 그에 대한 승인·집행이나 송달 촉탁도 거부 당할 수 있다.

제2절 입법론

이상의 논의를 바탕으로, 해석론으로 극복하기 어려운 문제들을 장래 입법론으로 제시해 본다.

우선, 영미법의 영향을 받은 중재법의 임시적 처분 제도와 대륙법을 계수한 민사집행법의 소송금지가처분 제도 사이에 법체계적인 불일치와 그에 따른 정합성의 부조화가 초래되므로, 궁극적으로는 양자의 조화를 입법론적으로 해결할 필요가 있다고 본다. 그 방법으로는, 민사집행법을 전면 개정하여[8] 영미법의 injunction 제도의 성격을 일부 도입하거나(그 중 미국의 TRO 도입 논의에 대해서는 앞서 보았다), 중재법의 임시적 처분 제도를 개정하여 민사집행법의 보전처분 제도와 부합되게 손보는 방법이 있겠는데, 전자가 더 바람직하다고 본다. 예컨대, 소송금지가처분 등과 같은 임시지위 가처분의 요건으로 중재법과 같이 피보전권리의 존재를 요구하지 않거나, 손해배상청구권과 같은 금전채권도 임시지위 가처분의 피보전권리가 될 수 있도록 민사집행법을 개정하는 등의 방안도 신중하게 검토해 볼 필요가 있다. 어느 쪽을 택하든 간에, 대륙법계과 영미법계의 절충과 타협은 이제 피할 수 없는 세계적 추세가 되었다고 본다.[9] 다만, 이러한 개정 논의는 우리법제에 미치는 영향이 크므로 각계 전문가의 충분한 논의 과정을 거쳐서 신중하게 이루어져야 할 것이다.

중재판정부의 임시적 처분에 관하여 간접강제를 할 수 있는지에 관

---

8) 이러한 준비작업은 이미 어느 정도 진행되고 있는데, 정영환 외, "권리구제 효율성의 제고를 위한 민사집행 개선방안 연구", 2012년 법무부 용역 보고서, 2012. 참조,.

9) 참고로, 최근 유럽법률협회와 UNIDROIT가 공동 추진하는 "유럽민사소송규칙의 초국가적 원칙(Transnational Principles to European Rules of Civil Procedure)" 프로젝트에서는 보전처분에 관한 소위원회를 구성하여 EU 차원에서 보전처분과 관련된 통일규범을 수립하고자 한다(석광현[2017], 146면 주168).

해서는 앞서 본 바와 같이 논란이 있는데, 앞서 본 네델란드 민사소송법 제1056조와 같이 우리 중재법에서도 근거규정을 마련하여 중재판정부가 간접강제금 부과를 할 수 있도록 명확히 함이 필요하다고 본다.

소송금지가처분의 실효성을 확보하기 위해서 우리도 법정모욕죄 또는 이에 유사한 제재방안(구금 제도, 과태료 등)을 도입하는 방안을 조심스럽게 검토해 볼 필요가 있다고 본다. 종래에도 그러한 주장과 논의들이[10] 많았으나 아직은 큰 국민적 공감대를 얻지 못하고 있다. 임시지위 가처분은 피신청인이 이를 위반할 경우 신청인에게 현저하고 급박한 손해가 있을 것을 전제로 하여 발령되는데 그 위반에 대하여 간접강제 외에는 별다른 즉각적 제재수단이 없음은 매우 불합리한 현상이라고 할 것이다.[11] 이미 특허법 제229조의2, 저작권법 제129조의3에서는 법원의 명령에 불복종하는 경우 징역형, 벌금형 등의 형사제재를 부과할 것을 요구한 한미자유무역협정에 따라서 법원의 비밀유지명령 위반에 대한 형사처벌 규정이 신설되었는데, 이러한 내용이 참고가 될 수 있겠다.[12] 우리의 국민정서 등에 비추어 그러한 입법이 어렵다면 최소한 독일에서와 같이 간접강제의 방법으로 일정한 구금이 가능하도록 개정하는 것도 하나의 대안이 될 수 있겠다.

소송금지청구권을 인정할 법적 근거를 명확히 하기 위해서는 불법행위에 대한 일반적인 구제수단으로 금지청구권을 인정하는 명문규정을 민법에 마련할 필요가 있다고 본다. 2013년에 확정된 민법개정시안 제

10) 정선주, "가처분제도의 남용에 대한 제재방안", 민사소송, 제21권 2호, 2017., 247~251면; 한승 외 6명, "가처분 위반에 대한 제재 도입문제", 민사집행법 실무연구 III, 2011.; 김연학[2008], 190~192면; 최민용 외[2013]; 하태헌, "미국법상 법원명령 위반에 따른 제재수단에 관한 연구: 간접강제의 실효성 확보를 위한 제재수단을 중심으로", 민사집행법연구, 제9권, 2013.; 권오곤, "헤이그통신(12) 법원모욕죄", 법률신문, 2007. 12. 24.자, 14면 등 참조
11) 김연학[2008], 190면.
12) 이에 관한 상세 내용은 사법정책연구원[2015], 34~35면 참조.

766조의2(금지청구)에서는 이미 그러한 규정을 두고 있지만 아직 입법화되지 못하였다.[13]

국제적인 차원에서는, 국제적 소송경합의 처리에 관한 통일적인 규범을 만들 필요가 있다.[14] 특히, 영국과 유럽연합의 충돌, 영미법계와 대륙법계의 충돌에서 볼 수 있는 바와 같이, 각국의 입장과 이해관계의 조정이 필요하다.

---

13) 민법개정시안의 내용에 대한 상세한 소개는 김재형/최봉경/권영준/김형석, 민법개정안 연구, 박영사, 2019.; 김재형[2016], 127~134면 참조.

14) 예컨대, 2019년 외국재판의 승인 및 집행에 관한 협약 제7조 제1항은 승인거부사유를 열거하는데 이런 사유가 있으면 승인국은 승인 및 집행을 거부할 수 있다. 한편 제7조 제2항은 특수한 상황, 즉 국제적 소송경합이 있는 경우 승인국 법원이 승인·집행을 연기 또는 거부할 수 있음을 규정한다. 그러나 위 협약은 국제적 소송경합을 정면으로 다루지는 않는다. 이는 이른바 '관할 프로젝트(Jurisdiction Project)'에서 다루어질 예정이고, 이를 위하여 2020년 2월 헤이그국제사법회의의 전문가회의가 개최되었다. 그밖에, 김용진[2017], 100~101면에 의하면, 중재합의 유효 여부와 그 범위에 관하여 최종적이고 통일적인 관할권을 중재지의 법원에 부여하는 방안이 이미 하이델베르크 보고서에서 제안된 바 있다고 한다.

제6장

결론

제1절 국제적 동향과 현실적·정책적 필요성

지금까지 소송금지명령 제도의 한국적 수용가능성에 관하여 주로 법적 근거에 관한 대안적 이론구성 위주로 논의를 전개해 보았다. 그런데 근본적으로 외래 제도인 이 제도를 우리나라에서 꼭 수용할 필요가 있는가 하는 의문이 제기될 수 있다. 우리 대륙법계 체계와의 부정합을 무릅쓰면서 굳이 이 제도의 수용가능성을 논의할 현실적인 필요가 무엇인가?

Fentiman이 지적하듯이, 대부분의 국제적 분쟁에서는 병행소송의 가능성이 수반되고, 그 결과 소송의 중지(stay)나 외국소송에 대한 금지명령은 예외적인 것이 아니라 법원의 주요 임무 중 하나라고 볼 수 있다.[1] 특히, 소송금지명령은 국제적 분쟁에서 절차 지연이나 상대방 압박 등과 같은 불순한 혹은 전략적 의도를 가진 일방 당사자의 부당한 '절차적 선제공격'으로부터 상대방 당사자를 적절히 보호할 수 있는 매우 직접적이고도 강력한 구제수단이다. 종래에 영국의 런던이 국제적 분쟁의 법정지 또는 중재지로서 각광받은 데에는 여러가지 유인들이 있기 때문이지만, 그 중 하나로 영국법원이 전통적으로 발령하고 있는 소송금지명령의 매력을 무시할 수 없을 것이다.[2] 비록 유럽연합에서 영국의 소송금지명령에 대하여 제동을 걸긴 하였지만, 여전히 영국은 유럽연합 회원국이 아닌 제3국에 대해서는 종래의 법리에 따른 소송금지명령을 발령하고 있다. Brexit 이후의 불확실한 상황 속에서 영국이 개별적인 조약 등을 체결하지 않을 경우 극단적으로는 브뤼셀체제 하에서 받던 제약 없이 자유롭게 소송금지명령을 발령할 수 있는 상대로 회귀할 가능성도 배제할 수는 없다. 미국의 경우도 대체로 유사하다. 최근에는 대륙법계인 독일과 프랑스 법원조차도 영미의 소송금지명령에 대항하고 자국의 사법권

---

1) Fentiman[2015], para. 1.17
2) Fentiman[2015], para. 1.16

을 수호하기 위한 목적에서 소송금지명령을 발령한 사례가 있다. 그 외에 세계 여러 국가들(홍콩, 싱가포르, 호주 등)의 법원과 대다수의 국제중재기관도 마찬가지 입장이다. 이제는 소송금지명령을 허용하는 것이 세계적인 추세라고도 말할 수 있겠다.

우리나라도 최근에는 홍콩이나 싱가포르 등과 경쟁하면서 아시아에서의 국제소송 및 국제중재의 허브로 발돋음하려는 국가적인 시도를 많이 하고 있다.[3] 이러한 상황에서 소송금지명령 제도의 불비는 우리 사법제도의 국제 경쟁력 제고라는 측면에서 볼 때 하나의 장애 요소로 작용할 수 있다. 그렇게 되면, 우리 사법제도의 국제 경쟁력 강화는 요원해질 것이고, 결국 아시아에서도 다른 영미법계 국가들이 찾이하는 위상에 눌릴 수밖에 없을 것이다. 이 점에서, 허브화 정책을 주장만 할 것이 아니라 이를 뒷받침 할만한 실제적인 제도와 인프라를 사전에 구축할 필요가 있는데, 한국을 국제재판관할법원 또는 중재지로 삼는 당사자간 합의를 지원하기 위한 한국의 소송금지명령제도 구비는 그 중요한 인프라가 될 수 있다. 그밖에 최근에 헤이그국제사법회의에서 채택된 외국재판의 승인 및 집행에 관한 협약 가입에 대비한 사전적 조치로도 검토될 필요가 있다.

특히, 우리나라의 경우 최근 중재법 개정에 따라 중재판정부가 임시적 처분의 형태로 소송금지명령을 발령할 수 있게 되었으므로, 이에 대응하여 법원이 소송금지명령을 발령할 수 있는지에 관한 해석도 좀 더

---

3) 2016. 12. 27. 제정되어 2017. 6. 28.부터 시행된 중재산업 진흥에 관한 법률 제1조에도 "이 법은 중재산업의 진흥에 필요한 사항을 정하여 국내 및 국제 분쟁 해결 수단으로서 중재를 활성화하고 대한민국이 중재 중심지로 발전할 수 있도록 중재산업 진흥기반을 조성함으로써 국민경제의 발전에 이바지함을 목적으로 한다."고 규정하고, 제7조 제1항에서는 "법무부장관은 대한민국을 중재지 또는 심리장소 등으로 하는 국제적인 분쟁에 대한 중재(이하 "국제중재"라 한다)의 유치를 촉진하기 위하여 필요한 시책을 마련하여야 한다."고 규정하고 있다.

전향적으로 전환할 필요성과 가능성이 커졌다. 그밖에, 소송금지명령의 허용 가능성을 열어두는 것은 국제거래에서 '약자 보호'와 '무기대등'의 관점에서도 필요하고,[4] 이는 결국 절차 남용 방지 및 절차적 정의 실현 이라는 소송법의 근본 목적을 위해서도 필요하다. 그밖에, 소송금지명령 을 인정해야 할 실제적, 정책적 필요성을 나열해보면 다음과 같다.

① 실무적으로 중재인이 중재합의에 기하여 소송금지명령을 할 가능 성이 점증하고 있는데, 중재인은 소송금지명령을 할 수 있는 데 반하여 우리 법원은 이를 할 수 없다는 것은 문제가 있다.[5]

② 종래 독일에서 소송금지명령에 부정적인 한 원인으로, 소송법의 관할규정들이 강행적으로 적용되어 법원은 그 관할규정에 따를 뿐이지 관할을 결정함에 있어 재량권을 가지지 않고 부적절한 법정지의 법리도 적용되지 않는다는 점을 들고 있었다.[6] 우리 또한 비슷하게 볼 수 있는 데, 주목할만한 점은 최근 국제사법 개정법률안에서는 부적절한 법정지 의 법리를 도입한 것이다(제12조).[7] 이는 적절한 관할법원에 대한 판단 및 관할권 행사 여부에 관한 권한을 제한적으로 법원에 부여한 것으로 서, 소송금지명령을 긍정할만한 이론적 기초를 마련해 준다.

③ 우리 정부 및 법원에서 추진하고 있는 국제소송 및 국제중재의 허

---

4) 이는 상대적으로 자금이 풍부하고 규모가 큰 강자일수록 부당한 외국 제소로 인한 피해를 적게 받고, 약자일수록 그로 인한 피해를 많이 받게 되므로 (Fentiman[2015], para. 1.40., 1.41), 만일 소송금지명령을 통해 구제받지 못할 경 우 약자로서는 강자에게 대등하게 맞서기 어려워 결국 법적 대응을 포기하거 나 합의를 강요당하는 결과가 초래될 수 있기 때문이다.

5) 석광현[소송유지명령], 28~29면.

6) Lenenbach[1998], 276~277.

7) 개정법률안 제12조 제1항은 "법원은 이 법에 따라 국제재판관할이 있더라도 법 원이 국제재판관할권을 행사하기에 부적절하고 국제재판관할이 있는 외국의 법원이 분쟁을 해결하는데 보다 적절하다는 예외적인 사정이 명백히 존재하는 때에는 본안에 관한 최초의 변론기일 또는 변론준비기일까지 피고의 신청에 따라 소송절차를 결정으로 중지하거나 소를 각하할 수 있다. 다만, 법원이 제8 조에 따라 합의관할을 가지는 경우에는 그러하지 아니하다."라고 규정한다.

브화 정책을 뒷받침하는 측면에서도 소송금지가처분을 인정할 필요가 있다. 아시아에서 국제소송 및 국제중재의 허브화를 추진하는 싱가포르와 홍콩 같은 나라들은 소송금지명령에도 매우 적극적이라는 사실을 유념할 필요가 있다. 통상 국제소송에서 복수의 법정지 중 하나를 선택함에 있어서 당사자들이 고려해야 할 여러 요소들 중 하나로 소송금지명령과 같은 구제수단의 유무가 포함된다고 한다.[8] 종래 영국 런던이 국제적 분쟁의 법정지 또는 중재지로서 각광받은 원인을 상기할 필요가 있다.

④ 최근에는 IT산업의 발달로 특허권 등 지식재산권 관련 다국적 국제소송이 빈번하게 발생하고 있다. 앞서 본 Samsung v. Huawei 사건이나 Apple v. Qualcomm 사건, Microsoft v. Motorola 사건, Nokia v. Daimler and Continental 사건, IPCom v. Lenovo and Motorola 사건 등이 그러한 예인데, 지식재산권 관련 사건에서는 침해금지가처분이 빈번하게 신청되고 그와 관련하여 anti-suit injunction이나 anti-anti-suit injunction이 발령되는 사례가 많아지고 있으며, 이러한 추세는 앞으로도 더 증가할 것으로 예상된다. 우리도 특허법원 등의 국제 허브코트화 추진이라는 측면에서 이러한 시대적 흐름에 좀 더 기민하게 대응할 필요가 있을 것으로 보이고, 지식재산권 관련 소송금지명령 또는 소송금지가처분 제도를 전향적으로 검토할 필요가 있다고 본다.

⑤ 무엇보다, 이를 인정하지 않을 경우 당사자의 권리 보호에 법적 공백이 생긴다. 예컨대, Italian torpedo와 같이 악의적인 부당 외국 제소에 대한 구제수단으로 사후적 손해배상청구는 충분하지 않다. 중요한 것은 시간과 비용인데, 손해배상을 받기 위해서는 다시 본안소송을 제기하여 상당한 기간 동안 다투어야 하고, 손해 산정이 어렵거나 손해배상소송으로 전보받기 어려운 손해들도 있다. 부당한 외국 제소에 대응하여

---

8) Fentiman[2015], para. 7.28, 7.29.

본안 전 항변을 한 결과 각하 또는 중지결정을 받아낸다고 하더라도 그 때까지의 기간 동안 상당한 비용과 노력을 투입해야 한다.

⑥ 나아가, 이러한 소송금지명령이 적절히 활용되고 발령된다면, 국제적 분쟁이 본안판단 단계까지 가지 않고 그 전 단계에서 화해(settlement) 등으로 해결될 수도 있다. 당사자들이 전속적 관할합의나 중재합의를 더 적극적으로 활용할 수 있게 되고, 이를 위반하기가 좀 더 어려워지게 됨으로써 국제거래의 안정이 도모될 수 있다.

이와 같은 국제적 동향, 소송금지명령의 제도적 유용성과 정책적 필요성, 국내외 여건의 변동 등을 고려할 때, 이제는 우리 학계와 실무계에서도 법원의 소송금지명령에 대해서 좀 더 적극적으로 접근할 필요가 있다. 여기서, 우리가 대륙법계를 계수한 이상 국내 민사법 및 민사집행법의 정치한 법리를 무시할 수는 없겠지만, 그에 너무 얽매여서는 안된다.[9] 왜냐하면, 국제거래의 특수성과 국제적 분쟁의 합리적 해결이라는 특수한 가치를 고려해야 하기 때문이다. 결국, 영미법계와 대륙법계 어느 일방의 입장에 치우치지 않고 양자의 장점을 균형있게 받아들이는 조화로운 해석이 필요하다. 이를 위해서는 지나치게 관념적이고 도그마적인 접근법보다는 당사자의 이익과 실제적 필요성 및 국제거래의 특수성을 고려한 실용적이고 유연한 접근법을 취할 필요가 있다. 무엇보다, 추상적인 이론보다 실제 사안해결에 도움이 되는 구체적인 요건 및 효과의 분석 작업이 필요하다.

소송금지명령에 대한 비판론 및 신중론에서 제기하는 우려도 경청할 만하다. 법리적으로 무리가 있다는 비판은 현재로서는 정당한 비판이다.

---

9) 최봉경, "동아시아 계약법의 현재, 과거 그리고 미래 -PACL을 꿈꾸며-", 저스티스, 통권 제158-2호(특집호Ⅰ), 2017., 339면에서는, 어느 법계를 계수한 경우 상당 기간 동안 피계수국의 법적 사고와 이론에서 벗어나지 못한다는 문제를 지적하고 있다. 또한 위 논문 338면에서는, 동일한 법계를 계수한 경우에도 각국의 사고방식에 따라서 재형성되거나 변형되어 서로 상이한 방향으로 학설이 발전할 수도 있다고 설명한다.

그러나 당장은 어렵더라도 적어도 향후 이러한 해석의 이론적 가능성은 열어둘 필요가 있다고 본다. 소송금지명령에 대한 오남용의 우려는 우리의 경우 소송금지가처분 제도에 내재한 여러가지 통제수단으로 적절히 통제할 수 있다고 본다. 즉, 엄격한 피보전권리 요건단계에서의 통제, 보전의 필요성 단계에서의 통제, 국제예양의 고려에 의한 통제, 담보제공에 의한 통제, 가처분 발령 후 가처분이의 절차에 의한 통제, 외국에서의 승인·집행 단계에서의 통제 등의 이중, 삼중 안전 장치들이 마련되어 있으므로, 그 오남용의 위험을 지나치게 우려할 필요는 없다고 본다.

제2절 결론 및 제언

한국법원도 일정한 요건 하에 제한적으로 외국소송을 금지하는 소송금지가처분을 발령할 수 있다고 본다. 그 요건으로서 피보전권리의 존재는 여전히 필요한데, 소송금지명령과 관련된 피보전권리는 소송금지청구권이 된다. 분쟁해결합의 위반의 경우에는 좀 더 용이하게 소송금지청구권이 발생된다고 볼 수 있다. 그러나 분쟁해결합의가 없는 경우에도 일정한 경우에는 예외적으로 소송금지청구권이 발생될 수 있다고 본다. 그 경우 청구권의 법적 근거는 불법행위에 기한 금지청구권에서 찾을 수 있다고 본다. 이러한 필자의 시론적 이론구성이 현행법의 해석상으로는 다소 무리이고 시기상조라고 비판받을 소지도 있다. 그러나 적어도 이러한 이론구성의 시도는 후일의 연구나 입법론에 있어 약간의 단초는 될 수 있을 것이다. 국내 민법학계에서는 현 시점에서도 불법행위에 기한 금지청구권 논의가 어느 정도 무르익었다고 본다. 설령 이러한 시론적 이론구성을 배척하여 분쟁해결합의가 없는 경우에는 소송금지청구권이 발생할 수 없다고 본다 하더라도, 최소한 분쟁해결합의 위반의 경우에만큼은 현 시점에서도 소송금지청구권 및 소송금지가처분을 긍정할 수 있다고 본다.

국제예양이나 재판청구권 침해 가능성을 고려하면, 소송금지청구권을 인정하더라도 손해배상청구권에 비해 더 엄격한 요건, 특히 위법성 요건에서 보다 가중된 요건을 충족해야만 가능하다고 해석되어야 한다. 보전의 필요성 요건도 일반 가처분보다 더 엄격하게 보아야 한다.

소송금지명령에 관하여 본 논문에서 다 다루지 못한 다양한 쟁점들이 더 있는데, 이에 대한 연구는 후일로 미룬다. 무엇보다도, 우리에겐 아직 낯선 이 제도에 대한 관심과 더 체계적인 연구, 궁극적으로 입법론적 해결이 필요하다.

마지막으로 한 가지 덧붙이자면, 근본적으로 소송금지명령은 연혁적으로나 실무적으로 영미법적 사고의 산물이라고 할 수 있는데, 대륙법계에 속한 우리법에서 이러한 영미법적 사고와 이론을 과연 어느 정도까지 수용할 수 있을지에 관한 좀 더 근본적인 논의와 성찰이 필요하다는 점이다. 이 점에 있어서 필자는 오늘날 대륙법 체계라는 종래의 도그마와 논리적 일관성에 지나치게 집착하기 보다는 양대 법체계의 절충과 타협을 위한 전향적 자세가 불가피하다고 생각하고, 이를 통해 문제해결 지향적인 유연한 접근(solution-oriented approach)과 법적 안정성 및 예측가능성의 보장이라는 가치 사이에서 적절한 균형점을 찾아야 한다고 생각한다. 향후 우리 법체계와 입법 방향에 관한 진지한 논의를 기대해 본다.

참고문헌*

Ⅰ. 국내 문헌

1. 단행본

강현중, 민사소송법, 박영사, 2018.

곽윤직 편집대표, 민법주해(XVIII), 박영사, 2005.

곽윤직, 채권각론, 박영사, 2007.

권영성, 헌법학원론, 법문사, 2010.

권창영[2018] = 권창영, 민사보전, 한국사법행정학회, 2018.

김용담 편집대표, 주석 민법, 물권(1), 한국사법행정학회, 2011.

김용담 편집대표, 주석 민법, 채권각칙(6), 한국사법행정학회, 2016.

김용진, 국제민사소송전략 : 국제민사소송실무 가이드, 신영사, 1997.

김인호, 국제사법 -판례와 사례 분석과 해설-, 박영사, 2012.

김재형/최봉경/권영준/김형석, 민법개정안 연구, 박영사, 2019.

김홍규/강태원, 민사소송법, 제4판, 삼영사, 2017.

대한상사중재원, 2016 국제중재규칙 해설서, 2018.

대한상사중재원·한국중재학회, 주석중재법, 2005.

목영준/최승재[2018] = 목영준/최승재, 상사중재법, 박영사, 2018.

민일영 편집대표, 주석 민사소송법(Ⅰ), 한국사법행정학회, 제8판, 2018.

민일영 편집대표, 주석 민사소송법(Ⅳ), 한국사법행정학회, 제8판, 2018.

민일영 편집대표, 주석 민사집행법(Ⅶ), 한국사법행정학회, 제4판, 2018.

법원행정처[민사집행Ⅳ] = 법원행정처, 법원실무제요 민사집행Ⅳ -보전처분-, 2014.

법제처, 헌법 주석서 1, (주)휴먼컬처아리랑, 2015.

사법정책연구원[2015] = 사법정책연구원, 각국 법원모욕의 제재 방식에 관한 연구, 2015.

---

* 아래 참고 문헌 중 반복적으로 인용되는 문헌은 앞머리에 약어를 함께 기재하였고, 이 약어로 인용한다

석광현[국제민사소송법] = 석광현, 국제민사소송법, 박영사, 2012.
석광현[국제사법과 국제소송1~6] = 석광현, 국제사법과 국제소송 제1권 ~ 제6권, 박영사, 2001.~2019.
석광현[국제사법해설] = 석광현, 국제사법 해설, 박영사, 2013.
석광현[국제상사중재법연구1] = 석광현, 국제상사중재법연구, 제1권, 박영사, 2007.
석광현[국제상사중재법연구2] = 석광현, 국제상사중재법연구, 제2권, 박영사, 2019.
송덕수, 민법총칙, 제4판, 박영사, 2018.
신창선/윤남순[2016] = 신창선/윤남순, 신국제사법, 제2판, 피데스, 2016.
신창섭, 국제사법, 제4판, 세창, 2018.
이시윤[2019] = 이시윤, 신민사소송법(제13판), 박영사, 2019.
이영준, 민법총칙, 박영사, 2007.
이영창, (이론·실무·기재례) 보전소송, 진원사, 2011.
이호정, 국제사법, 경문사, 1981.
전병서, 강의 민사소송법, 박영사, 2018.
전원열[2020] = 전원열, 민사소송법 강의, 박영사, 2020.
정동윤/유병현/김경욱[2019] = 정동윤/유병현/김경욱, 민사소송법(제7판), 법문사, 2019.
정선주 외[2017] = 정선주/김연/황재훈/서울대학교 산학협력단/법원행정처 사법지원실, 임시의 지위를 정하기 위한 가처분제도의 발전방향에 관한 연구, 법원행정처, 2017.
지원림[2019] = 지원림, 민법강의, 홍문사, 제16판, 2019.
한충수, 민사소송법, 박영사, 2018.
호문혁, 민사소송법, 법문사, 2016.

2. 논문

강병근, "UNCITRAL 모델중재법의 개정 —제39차 유엔국제무역법위원회 본 회의를 중심으로—", 한림법학 FORUM, 제17권, 2006.
강태훈, "중재판정 집행재판의 개정에 관한 검토", 저스티스, 통권 제151호, 2015. 12.
강수미[2006] = 강수미, "중재합의의 성립 내지 효력에 관한 준거법", 중재연구, 제16권 제2호, 2006.

강지웅, "통행의 자유와 통행방해 금지청구", 민사판례연구, 35권, 박영사, 2013.

강현중, "중재합의의 효력", 중재, 343호, 2015.

강희철, "전속적인 국제재판관할 합의의 유효요건", 국제사법연구, 제2호, 1997.

곽종훈, "보전소송에 있어서의 소명", 재판자료, 제45집, 1989.

권영준[2008] = 권영준, "불법행위와 금지청구권 -eBay vs. MercExchange 판결을 읽고-", Law & Technology, 제4권 제2호, 2008.

권오곤, "헤이그통신(12) 법원모욕죄", 법률신문, 2007. 12. 24.자, 14면.

권창영, "국제민사보전법상 국제재판관할", 민사집행법 실무연구 III, 통권 제5권, 2011.

권창영, "민사보전상의 간접강제제도", 사법논집, 제50집, 2011.

권창영, "의사표시를 명하는 가처분", 사법논집, 제52집, 2011.

김갑유, "중재합의의 유효성 판단과 그 준거법", 인권과 정의, 제331호, 2004.

김기정 외, "미국의 TRO(Temporary Restraining Order)에 대한 이해 및 TRO 유사 잠정명령 도입에 관한 제안", 김능환 대법관 화갑기념: 21세기 민사집행의 현황과 과제, 민사집행법 실무연구 III(통권 제5권), 2011.

김도형, "2005년 헤이그 재판관할합의협약(The Hague Convention on Choice of Court Agrements)의 검토", 국제규범의 현황과 전망-2012년 국제규범연구반 연구 보고 및 국제회의 참가보고-, 2013.

김동진[2004] = 김동진, "국제재판관할의 경합에 있어 영미법상의 소송금지명령(Anti Suit Injunction)에 대한 검토", 해상·보험 연구, 제4호, 2004. 3.

김동훈, "신종계약의 입법방향", 민사법학, 제18호, 2000.

김명엽, "중재계약의 법적 성질과 효력에 관한 연구", 중재학회지, 제11권, 한국중재학회, 2001.

김민기, "국제재판관할합의-2005년 헤이그 재판관할합의협약을 중심으로-", 국제규범의 현황과 전망, 2006.

김상중[2013] = 김상중, "불법행위에 대한 금지청구권의 판례법적 형성과 발전 -영업이익과 계약관계 침해에 대한 예방적 보호를 중심으로-", 민사재판의 제문제, 22권, 2013.

김상찬, "중재합의와 보전처분의 국제재판관할", 법학연구, 제51집, 2013. 9.

김성주, "일반 공중의 통행에 제공된 도로의 통행자유권", 대법원판례해설, 89호, 2012.

김수형[1996] = 김수형, "법원에 의한 중재절차정지의 가처분이 가능한지 여부", 대법원판례해설, 25호, 1996. 11.

김연, "영미법상의 Injunction 소송절차 소고", 경성법학, 2호, 1993.

김연학[2008] = 김연학, "임시의 지위를 정하기 위한 가처분의 심리에 관한 몇 가지 모색적 시도", 민사집행법연구, 4권, 2008.

김용진[2016] = 김용진, "소극적 확인의 소와 이행의 소의 관계에 대한 국내법적 처리 방향과 국제적 차원에서의 대응 방안", 인권과 정의, 459호, 2016. 8.

김용진[2017] = 김용진, "중재와 법원 사이의 역할분담과 절차협력 관계 -국제적 중재합의 효력에 관한 다툼과 중재합의관철 방안을 중심으로-", 중재연구, 제27권 제1호, 2017. 3.

김운호, "UDRP에 의한 조정결정에 따른 도메인 강제이전과 부당이득의 성립 여부", 대법원 판례해설 제75호, 2008년 상권.

김인현, "2008년 로테르담 규칙상 재판관할제도의 성립 과정과 내용- 전속적 합의관할을 중심으로 -", 한국해법학회지, 제32권 제1호, 2010. 4.

김인호, "국제계약의 분쟁해결메커니즘의 구조와 상호작용", 국제거래법연구, 제23집 1호, 2014.

김인호, "국제계약의 성립에 대한 당사자의 상거소지법의 저지 기능", 법조, 57권 3호, 2008.

김인호, "국제물품매매계약상의 원상회복의무와 그 이행지에 기초한 국제재판관할권", 인권과 정의, 408호, 2010.

김인호, "국제중재규칙 해설서의 발간에 즈음하여", 중재, 349호, 2018.

김인호, "소비자계약 및 근로계약 사건의 국제재판관할의 일반적 규정 방식에 대한 비판적 검토", 국제사법연구, 제24권 제1호, 2018.

김인호, "중재가능성의 합리적 경계획정을 통한 국제중재의 증진", 비교사법, 제23권 3호, 2016.

김인회[2020] = 김인호, "가맹사업계약에 포함된 부당하게 불리한 중재합의의 유효성", 비교사법, 제27권 제2호, 2020. 5.

김재형[2012] = 김재형, "언론에 의한 인격권 침해에 대한 구제수단", 언론과 인격권, 박영사, 2012.

김재형[2016] = 김재형, "민법상 구제수단의 다양화: 이행·추완·금지청구권에 관한 민법개정안", 서울대학교 법학, 57권 4호, 2016.

김재형, "제3자에 의한 채권침해", 민법론 III, 2007.

김종호, "미국법상 대물소송(action in rem) 제도에 관한 소고", 한양법학 제23권 제4집 통권 제40집, 2012. 11.

김차동, "금지청구권의 요건사실에 관한 법경제학적 검토", 법경제학연구, 제7권 제1호, 2010.

김차동, "금지(유지)청구권의 일반근거규정 도입에 관한 연구", 법학논총, 제31집 제4호, 2014.

김천수, "우리 불법행위법의 소묘 -그 자화상과 미래상-", 민사법학, 제52호, 2010.

김태선, "미국법상 금지명령 제도-불법행위법 개정안에 대한 시사점을 중심으로-", 민사법학, 61호, 2012.

김형석, "강제이행-특히 간접강제의 보충성을 중심으로-", 서울대학교 법학, 제46권 제4호, 통권 제137호, 2005.

김혜경, "고소권 제한원리로서 권리남용금지원칙의 도입에 관한 연구 -헌법상 기본권 충돌과 제한의 관점에서-", 피해자학연구, 25권 1호, 한국피해자학회, 2017.

김홍규, "중재법원(중재판정부)의 자기의 관할권을 판정하는 권한", 중재, 제298호, 2000.

김효정[2019] = 김효정, "헤이그관할합의협약 가입시의 실익과 고려사항", 국제사법연구, 25(1), 2019.

김희동, "헤이그관할합의협약과 우리 국제재판관할 법제의 과제", 숭실대학교 법학논총 제31집, 2014. 1.

남영찬, "부재자 재산관리인의 권한초과행위에 대한 허가신청절차의 이행약정을 소구할 수 있는지 여부", 대법원판례해설, 제35호, 2001.

남윤봉, "불법행위제도의 기능", 재산법연구, 2001.

노태악, "국제재판관할합의에 관한 2018년 국제사법 전부개정법률안의 검토 -법원의 실무와 헤이그재판관할합의협약을 중심으로-, 국제사법연구, 제25권 제1호, 2019.

노태악[2012] = 노태악, "한국 국제재판관할법에 있어 합의관할, 변론관할, 전속관할, 반소관할", 국제사법연구, 제18호, 2012.

노태악/구자헌[2006] = 노태악·구자헌, "최근 UNCITRAL 모델 중재법의 개정논의 결과와 국내법에의 시사 ―중재합의의 서면성과 중재판정부의 임시적 처분을 중심으로", 국제규범의 현황과 전망 -2006년 국제규범연구반 연구보고―, 2006.

목영준, "중재에 대한 법원의 관여", 중재, 295호, 2000. 3.

목영준, "중재에 있어서 법원의 역할에 관한 연구", 연세대학교대학원 법학박사학위논문, 2005.

문광섭[2002] = 문광섭, "환경침해에 대한 유지청구", 재판자료, 제94집, 법원도서관, 2002.

박상순[2017] = 박상순, "헤이그 재판관할합의협약에 대한 연구", 서울대학교대학원 법학석사학위논문, 2017. 8.

박시훈, "위법행위에 대한 금지청구권의 연구", 서울대학교대학원, 법학박사학위

논문, 2015.

박정훈, "헤이그 재판관할합의협약(2005 Convention on Choice of Court Agreements)", 국제사법연구, 제11호, 2005.

박종삼·김영락, "중재계약에 관한 판례 분석", 중재, 제290호, 1998. 12.

박진수[2016] = 박진수, "개정 중재법에 따른 임시적 처분의 활용 범위 및 실무 개선방안", 2016. 11. 18. 법원행정처와 서울국제중재센터가 공동으로 개최한 개정 중재법의 실무적 쟁점 및 운영방안 심포지엄 자료.

석광현, "국제거래와 약관의규제에관한법률의 적용", 국제사법연구, 2003. 12.

석광현, "국제도산법에 관한 연구 : 입법론을 중심으로", 통상법률, 제39호, 2001년.

석광현, "국제사법상 소비자계약의 범위에 관한 판례의 소개와 검토 : 제27조의 목적론적 축소와 관련하여", 국제사법연구, 제22권 제1호, 2016.

석광현, "국제상사중재에서 중재합의의 준거법", 법학논총, 제24권 제1호, 한양대학교 법학연구소, 2007.

석광현, "국제소송에서 입증의 정도의 성질결정과 준거법", 법률신문, 3954호 (2011. 7. 25.).

석광현, "국제신용장거래와 사기의 원칙에 관한 소고-한국법상의 법리를 중심으로-", 법학논총, 21집, 한양대학교, 2004.

석광현, "국제적 기업인수계약의 준거법을 다룬 하급심판결에 대한 평석: 주주총회의 특별결의를 요구하는 상법 규정은 국제적 강행규정인가", 경희법학, 제53권 제2호, 2018.

석광현, "전속적 국제재판관할합의의 유효요건", 법률신문(2004. 7. 27.)

석광현, "중재절차에서의 법원의 역할", 변호사, 37집, 2007. 1.

석광현, "2016년 중재법의 주요 개정내용과 문제점", 법학연구, 전북대학교 법학연구소, 제53집, 2017.

석광현, "2018년 국제사법 전부개정법률안에 따른 해사사건의 국제재판관할규칙", 한국해법학회지, 40권 2호, 2018.

석광현[개정안 총칙] = 석광현, "2018년 국제사법 전부개정법률안에 따른 국제재판관할규칙: 총칙을 중심으로", Dong-a journal of international business transactions law, vol. 21, 2018.

석광현[개정안 각칙] = 석광현, "2018년 국제사법 전부개정법률안에 따른 국제재판관할규칙: 각칙을 중심으로", Dong-a journal of international business transactions law, vol. 23, 2018.

석광현[소송유지명령] = 석광현, "국제상사중재에서 중재합의와 소송유지명령", 선진상사법률연구, 50호, 2010. 4.[1]

석광현[2000] = 석광현, "국제재판관할에 관한 연구 -민사 및 상사사건에 있어서의 국제재판관할의 기초이론과 일반관할을 중심으로-", 서울대학교 대학원 법학박사 학위논문, 2000.

석광현[2005] = 석광현, "2005년 헤이그 재판관할합의협약", 국제사법연구 제11호, 2005.

석광현[2015] = 석광현, "영국법이 준거법인 한국 회사들 간의 선박보험계약과 약관규제법의 적용 여부", 저스티스, 통권 제149호, 2015. 8.

석광현[2016] = 석광현, "해외직접구매에서 발생하는 분쟁과 소비자의 보호 : 국제사법, 중재법과 약관규제법을 중심으로", 법학, 57권 3호, 2016.

석광현[2017] = 석광현, "2016년 중재법에 따른 중재판정부의 임시적 처분- 민사집행법에 따른 보전처분과의 정합성에 대한 문제 제기를 포함하여-", 국제거래법연구, 제26집 제1호, 2017.

석광현[2019] = 석광현, "우리 법원의 IP 허브 추진과 헤이그 관할합의협약 가입의 쟁점", 국제사법연구, 제25권, 제1호, 2019.

손경한, "강행법규상 청구의 중재적격성-미국의 경우를 중심으로-", 중재, 172호, 1986.

손경한, "분쟁해결합의에 관한 일반적 고찰", 법조(2012. 12.), 2013.

손경한, "중재합의", 사법연구 1: 계약법의 특수문제, 1983.

손경한·심현주, "중재합의에 대한 새로운 고찰", 중재연구, 제23권 제1호, 2013. 3.

손경한 외, "중재판정부의 임시적 처분 등에 대한 법원의 역할", 대법원 용역보고서(2015. 10.)

손경한[2011] = 손경한, "중재 자치와 중재의 준거법", 국제사법연구, 제17호, 2011.

손경한[2013] = 손경한, "국제재판관할합의에 대한 새로운 이해", 국제사법연구, 19(1), 2013.

손태우, "국제상사계약에서의 중재합의이행에 대한 미국판례입장 -Republic of Nicaragua v. Standard Fruit Co. 사건을 중심으로-", 상사판례연구, 제11집, 2000.

송오식, "불법행위의 효과에 관한 일제언", 민사법연구, 1997.

심승우/이혜민, "보전처분의 남용 및 해결방안", 민사집행법연구, 9권, 2013.

---

1) 이 논문은 그 후 일부 수정·보완되어 같은 저자의 단행본인 '국제사법과 국제소송 제5권, 649면 이하' 및 '국제상사중재법연구 제2권, 275면 이하'에도 수록되었다. 그러나 그 내용은 최초 논문과 대동소이하므로, 일부 수정·보완된 부분을 따로 인용하는 경우를 제외하고는, 편의상 최초 논문인 이 논문을 석광현[소송유지명령]으로 표시하여 인용하기로 한다.

안춘수, "국제사법에 있어서의 성질결정 문제", 비교사법, 11권 2호, 2004.

양석완, "의사표시를 구하는 소송과 보전처분의 한계", 비교사법, 14권 3호 상(통권 38호), 2007.

양석완, "중재합의의 효력 - 주관적 범위", 비교사법, 제21권 2호, 2014.

양석완[2014] = 양석완, "중재합의의 유효성 다툼과 임시적 처분의 허용 여부", 법과 정책연구, 제14집 2호, 2014.

양창수, "손해배상의 범위와 방법", 민법산고, 2007.

양창수, "손해배상의 범위와 방법 : 손해배상책임의 내용, 민사법학, 15호, 1997.

양창수, "한국에서의 불법행위법의 전개 -그 경향과 가능성-", 고려대 법과대학 100주년 기념국제학술대회 자료집

여미숙, "선택적 중재조항의 유효성", 민사판례연구, 27권, 2005.

오병선, "독점규제법의 역외적적용과 국제예양", 국제법학회논총 29권 2호, 1984.

오정후, "국제사법 개정안의 국제재판관할", 민사소송, 제22권 제2호, 2018.

오창석[2002] = 오창석, "파산절차에 있어서의 중재합의의 효력과 중재절차", 중재연구, 제12권 제1호, 2002. 8.

오흥록, "간접강제에 대한 몇 가지 검토 : 집행문 부여 절차, 청구이의의 소를 중심으로", 민사판례연구, 37권, 2015.

우성만, "영국 해상보험에 있어서 '근인'과 '선장 등의 악행'의 의미 및 입증책임", 판례연구, 부산판례연구회, 18집, 2007.

유상호, "미국의 인장크션(Injunction)제도", 재판자료, 6집, 법원도서관, 1980.

유영선, "불법행위자로서 '부정한 경쟁행위' 및 그에 기한 금지청구권의 성립 요건 등에 관하여", 민사재판의 제문제, 23권, 한국사법행정학회, 2015.

유영일, "국제재판관할의 최근 동향", 세계화 시대의 법•법률가, 2002. 10.

유재풍[1996(1)] = 유재풍, "국제소송관할의 합의(I)", 법조, 제45권 1호, 1996.

유재풍, "국제소송관할의 합의(II)", 법조, 제45권 2호, 1996.

유중원, "신용장거래에 있어서 준거법과 재판관할의 결정기준", 국제사법연구, 2호, 1997.

윤경, "피보전권리 없이 받은 임시의 지위를 정하는 가처분에 위반행위의 효력", 인권과 정의, 300호, 2001.

윤성근, "국제거래사건 소송실무 현황", 국제관계법의 새로운 지평, 진산 김문환 선생정년기념논문집, 제1권.

윤진수, "독립적 은행보증과 지급금지 가처분신청금지 약관의 효력", 민사재판의 제문제, 1995.

윤진수, "손해배상의 방법으로서의 원상회복 -민법개정안을 계기로 하여-", 비교

사법, 2003.

윤태영, "경쟁질서 위반행위에 대한 불법행위책임", 비교사법, 제14권 제1호, 2007.

이강빈[2005] = 이강빈, "국제중재에 있어서 중재합의의 준거법 결정에 관한 연구", 중재연구, 15권 2호, 2005.

이계정, "부당소송에 대한 영미법상의 대응방안 및 도입가능성에 관한 연구", 사법, 42호, 사법발전재단, 2017.

이규호, "선제타격형 국제소송에 대한 연구", 민사소송, 제14권 제2호, 2010. 11.

이규호, "임시의 지위를 정하는 가처분과 관련하여 잠정명령 제도의 도입에 관한 연구", 민사소송, 제17권 제2호, 2013. 11.

이규호, "중재인의 임시적 처분 및 이에 대한 법원 역할의 비교법적 분석, 국제사법연구, 제23권 제1호, 2017.

이규호[집행금지명령] = 이규호, "소송유지명령 및 집행금지명령에 관한 연구", 한국국제사법학회 2019년 정기총회 및 제138회 정기연구회 자료집(2019. 3. 28.)

이규호[2010] = 이규호, "국제상사중재와 국제소송의 경합", 국제사법연구, 제16호, 2010. 12.

이규호[2019] = 이규호, "관할합의에 기초한 소송유지명령(Anti-suit Injunction)의 법적 쟁점",국제사법연구, 제25권 제1호, 2019.

이규호, "한미 FTA상 저작권 집행과 우리법의 대응(상)", 법조, 56권 9호, 2007.

이균용, "인격권으로서의 명예권에 기초한 침해행위금지청구권의 법적 근거와 언론·출판 등의 표현행위에 대한 가처분에 의한 사전금지의 허용 요건", 대법원판례해설, 54호, 2006.

이동명, "임시의 지위를 정하는 가처분에 있어서의 보전의 필요성", 재판자료 제45집, 법원도서관, 1989.

이병준, "약관을 통한 소비자중재합의와 그 유효성", 중재연구, 제24권 제1호, 2014.

이병화, "법률관계성질결정에 관한 국제사법적 고찰", 저스티스, 95호, 2006.

이봉림[2007] = 이봉림, "인격권에 관한 연구", 성균관대학교 대학원 박사학위논문, 2007.

이상현[2009] = 이상현, "미국법상 법원모욕죄와 우리 형법 제140조의 비교법적 분석 : 부작위 의무를 명하는 가처분 위반을 중심으로", 비교형사법연구, 11권 2호, 2009.

이인재[1989] = 이인재, "국제적 관할합의", 사법논집, 제20집, 1989.

이철원[2012] = 이철원, "EU법상 국제소송 경합의 처리와 우리 법에 대한 시사점-

브뤼셀 규정과 최근 ECJ 판결들에 대한 검토를 중심으로 -", 한국해법학회지, 34권, 2호, 2012.

이필복, "전속적 국제재판관할 개관", 국제사법연구, 24(1), 2018.

이헌묵, "일제 강점기 강제징용에 관련한 국제재판관할(대법원 2012. 5. 24. 선고 2009다22549 판결)", 법률신문, 4093호, 2013. 1.

이호원, "외국중재판정의 승인과 집행 ―뉴욕협약을 중심으로―", 재판자료, 제34집, 1986.

이흥주[2011] = 이흥주, "미국법상 임시적 제지명령의 도입에 관한 소고", 재판자료 제122집 : 외국사법연수논집(30) , 대법원 법원도서관, 2011.

임치용, "미국 국제사법(저촉법)의 현황-준거법의 결정을 중심으로-", 사법연구자료, 24집, 법원도서관, 1997.

장석조, "재판 받을 권리의 헌법상 보장", 사법, 7호, 사법연구지원재단, 2009.

장준혁, "계약관할로서의 의무이행지관할의 개정방안", 국제거래법연구, 23집 2호, 2014.

장준혁[2006] = 장준혁, "법률행위의 방식과 절차 문제의 구별", 국제사법연구(12), 2006.

장준혁[2013] = 장준혁, "동산의 제작물공급계약의 성질결정", 박영사, 민사판례연구, 35권, 2013.

전원열, "명예훼손 불법행위에 있어서 위법성 요건의 재구성", 서울대학교대학원 박사학위논문, 2001.

정선주, "가처분절차에서 소명", 민사소송, 제13권 2호, 2009.

정선주, "가처분제도의 남용에 대한 제재방안", 민사소송, 제21권 2호, 2017.

정선주, "간접강제금의 본질과 소송상의 제문제", 민사소송, 제16권 제1호, 2012.

정선주, "당사자의 무자력과 중재합의 관계의 해소", 중재연구, 제12권, 1호, 2002. 8.

정선주, "민사소송법적 관점에서 본 삼성-애플의 독일 특허쟁송", 민사소송, 제17권 1호, 2013.

정선주, "선택적 중재합의조항의 유효성과 문제점", 중재연구, 제13권 제2호, 2004.

정선주, "소비자중재에서 소비자보호의 문제", 서울대학교 법학, 제49권 1호, 2008.

정선주, "외국중재판정의 승인과 집행을 위한 법원의 심사 : 공서위반을 중심으로", 민사재판의 제문제, 18권, 2009.

정선주, "중재법 개정의 방향과 주요 내용", 고려법학, 제69호, 2013.

정선주, "중재절차에서 법원의 역할과 한계", 중재학회지, 10권, 2000.

정선주, "중재절차에서 임시적 처분제도의 개선 방안", 2012년도 법무부 연구용역 보고서

정선주, "한국과 독일의 중재판례 비교연구", 민사소송, 제20권 제2호, 2016.

정선주, "2016년 개정 중재법 소고", 민사소송, 제21권 제1호, 2017. 5.

정영환 외, "권리구제 효율성의 제고를 위한 민사집행 개선방안 연구", 2012년 법무부 용역 보고서, 2012.

정진명, "혼합계약의 해석", 민사법학, 제16호, 1998.

정해덕[2009] = 정해덕, "미국해사소송에 있어서의 대한민국법상의 소멸시효와 소송중지명령 : 선박 MSC Carla 침몰 사건에 관한 미국판결을 중심으로", 한국해법학회지, 31권 2호, 2009.

정홍식, "국제상사계약 체결에서 중재합의조항에 관한 실무적 고려사항", 국제규범의 현황과 전망: 2013년 국제규범연구반 연구보고 및 국제회의 참가보고, 115호, 2014. 2.

조무제, "판례에서 보는 중재법", 중재, 319호, 2006.

조인영[2020] = 조인영, "소송금지가처분(Anti-Suit Injunction)과 중재금지가처분", 저스티스, 통권 제178호, 2020. 6.

조재헌, "도로소음으로 인한 생활방해의 방지청구-수인한도와 이익형량을 중심으로-", 민사판례연구, 39권, 2017.

지영난, "고속도로의 소음과 관련하여 추상적 부작위명령을 구하는 유지청구의 인정 여부", 민사재판의 제문제, 16권, 2007.

최민용 외[2013] = 최민용 외, "법원의 소송지휘권 행사에 관한 연구 : 영미의 법정모독의 도입을 중심으로", 법원행정처, 2013.

최봉경, "동아시아 계약법의 현재, 과거 그리고 미래 -PACL을 꿈꾸며-", 저스티스, 통권 제158-2호(특집호 I), 2017.

최봉경, "민법에서의 유추와 해석 - 판례를 거울삼아 -", 법철학연구, 12권 2호, 2009.

하태헌, "미국법상 법원명령 위반에 따른 제재수단에 관한 연구: 간접강제의 실효성 확보를 위한 제재수단을 중심으로", 민사집행법연구, 제9권, 2013.

한민외[2012] = 한민오, "국제상사중재에 있어서 중재판정부의 임시적 처분에 관한 연구", 서울대학교 법학석사학위논문, 2012. 2.

한삼인, "통행방해 행위의 제거·예방청구의 적법 여부", 충남대학교 법학연구, 제25권 제2호, 2014.

한승 외 6명, "가처분과 간접강제", 21세기 민사집행의 현황과 과제 : 김능환 대법관 화갑기념, 민사집행법 실무연구 III, 사법발전재단, 2011.

한승 외 6명, "가처분 위반에 대한 제재 도입문제", 민사집행법 실무연구 III, 2011.

한승수[2019] = 한승수, "국제재판관할합의의 위반과 손해배상책임", 국제사법연구, 25(1), 2019.

한애라, "국제재판관할과 관련된 판결의 추이 및 국제사법의 개정방향 -국제재판관할의 판단구조 및 법인에 대한 일부 과잉관할 쟁점과 관련하여-", 민사판례연구, 35권, 2013.

한충수, "국내토지관할 규정의 국제적 정합성 -법인의 보통재판적과 영업소 및 재산소재지 특별재판적을 중심으로-", 민사소송, 제13권 제2호, 2009.

한충수, "국제보전소송의 재판관할권 -직접관할을 중심으로-", 국제사법연구, 제4호, 1999.

한충수, "국제재판관할합의에 있어 전속적관할합의의 유효요건중 내국관련성 문제", 민사소송 : 한국민사소송법학회지, 제1권, 1998.

한충수, "국제재판관할합의의 성질결정과 성립준거법", 법학논총, 14집, 1997.

한충수[1997] = 한충수, "국제재판관할합의에 관한 연구", 연세대학교 대학원 박사학위논문, 1997.

Choe, Chang Su, "Transnational Litigation Strategies for the U.S. Foreign Anti-suit Injunction", 민사소송: 한국민사소송법학회지, 제18권 제2호, 2015.

II. 외국 문헌

1. 영미 문헌

1) 단행본

Born/Rutledge[2018] = Born/Rutledge, International Civil Litigation in United States Courts, Wolters Kluwer(6th ed.), 2018.

Brand, Ronald A./Herrup, Paul M., The 2005 Hague Convention on Choice of Court Agreements: Commentary and Documents, Cambridge University Press, 2008.

Briggs[2008] = Briggs, Adrian, Agreements on Jurisdiction and Choice of Law, Oxford University Press, 2008.

Cheshire/North/Fawcett[2017] = Cheshire, North & Fawcett Private International Law(15th ed.), Oxford University Press, 2017.

Collier, J. G., Conflict of Laws, 3d ed., 2001.

Encyclopedia[2017] = Basedow, Jürgen/Rühl, Giesela/Ferrari, Franco/de Miguel Asensio, Pedro (eds.), Encyclopedia of private international law, Cheltenham, UK: Edward Elgar Publishing, 2017.

Fentiman[2015] = Fentiman, Richard, International Commercial Litigation(2nd ed.), Oxford University Press, 2015.

Ferrari, Franco(ed.), Forum shopping in the international commercial arbitration context, Munich : sellier european law publishers, 2013.

Garcimartín, Francisco/Saumier, Geneviève, Judgments Convention: Revised Draft Explanatory Report(https://www.hcch.net/en/publications-and-studies/details4/?pid=66 42&dtid=61)(2020. 7. 20. 최종 방문)

Hartley, Trevor C./Dogauchi, Masato, Explanatory Report on the 2005 Hague Choice of Court Agreements Convention

Hartley[2009] = Hartley, Trevor C., International Commercial Litigation: Text, Cases and Materials on Private International Law, Cambridge University Press, 2009.

Hartley[2013] = Hartley, Trevor C., Choice-of-Court Agreements under the European and International Instruments: the Revised Brussels I Regulation, the Lugano Convention, and the Hague Convention, Oxford University Press, 2013.

Holtzmann, Howard M./Neuhaus, Joseph E./Kristjánsdóttier, Edda/Walsh, Thomas W., A Guide To The 2006 Amendments to The UNCITRAL Model Law On International Commercial Arbitration: Legislative History and Commentary, 2015.

Klass, Gregory, et el. (eds.), Philosophical Foundations of Contract Law, Oxford University Press, 2014.

McLachlan, Campbell, Lis Pendens in International Litigation, Brill, 2009.

Nygh, Peter E., Conflict of Laws in Australia, 6th ed., 1995.

Raphael[2019] = Raphael, Thomas, The Anti-suit Injunction, Oxford University Press(2nd ed.), 2019.

Salles, Luiz Eduardo Ribeiro, Forum shopping in international adjudication : the role of preliminary objections, Cambridge, United Kingdom : Cambridge University Press.

Tang[2016] = Tang, Zheng Sophia, Jurisdiction and Arbitration Agreemen ts in International Commercial Law, Routledge, 2016.

Young, Peter W./Croft, Clyde/Smith, Megan Louise, On Equity, Thomson Reuters, 2009.

2) 논문

Assarch, Ali, "Forum shopping and the cost of access to justice: cost and certainty in international commercial litigation and arbitration", Journal of Law and Commerce, Vol. 31(1), 2012.

Bermann, George A., "The use of anti-suit injunctions in international litigation", Columbia Journal of Transnational Law, Vol. 28(3), 1990.

Briggs, Adrian, "The Principle of Comity In Private International Law", Recueil Des Cours, Vol. 354, 2012.

Browne, Oliver E./Price, Robert, "English Court Cannot Issue Anti-uit Injunctions Restraining Other EU Court Proceedings", Latham & Watkins LLP 웹사이트, 2018. (https://www.latham.london/2018/07/english-court-cannot-issue-anti-suit-injunctions-restraining-other-eu-court-proceedings/)(2020. 7. 20. 최종 방문)

Clermont, Kevin M., "Governing Law on Forum-Selection Agreements", Hastings Law Journal, April, 2015, Vol. 66(3)

Cuniberti, Gilles, "Paris Court Issues Anti Anti Suit Injunction", EAPIL 웹페이지, 2020. 3. 25.(https://eapil.org/2020/03/25/paris-court-issues-anti-anti-suit-injunction/) (2020. 7. 20. 최종 방문)

Douglas[2017] = Douglas, Michael, "Anti-Suit Injunctions in Australia", Melbourne University Law Review, Vol. 41, No. 1., 2017.

Franzosi, Mario, "Worldwide Patent Litigation and the Italian Torpedo", European Intellectual Property Review, 1997.

Freehills, Herbert Smith, "Hong Kong Court Grants Anti-suit Injunction to Bind Third Party to Arbitration Agreement", Herbert Smith Freehills 웹사이트, 2019. (https://hsfnotes.com/arbitration/2019/03/05/hong-kong-court-grants-anti-suit-injunction-to-bind-third-party-to-arbitration-agreement/)(2020. 7. 20. 최종 방문)

Freehills, Herbert Smith, "Hong Kong Court Grants Interim Anti-suit Injunction in Favour of Arbitration to Restrain Court Proceedings Involving Third Party", Herbert Smith Freehills 웹사이트, 2019. (https://hsfnotes.com/arbitration/2019/12/02/hong-kong-court-grants-interim-anti-suit-injunction-in-favour-of-arbitration-to-restrain-court-proceedings-involving-third-party/)(2020. 7. 20. 최종 방문)

Greenwood[2015] = Greenwood, Lucy, "Anti-suit injunctions in Europe", Norton Rose

Fulbright 웹사이트, 2015.
(https://www.nortonrosefulbright.com/en/knowledge/publications/1b
1e4d76/anti-suit-injunctions-in-europe)(2020. 7. 20. 최종 방문)

Hartley[1987] = Hartley, Trevor C., "Comity and the Use of Antisuit Injunctions in International
Litigation", The American Journal of Comparative Law, Vol.35(3), 1987.

Heinze, Christian A./Dutta, Anatol, "Enforcement of Arbitration Agreements by Anti-suit
Injunctions in Europe—From Turner to West Tankers", Yearbook of Private
International Law Vol. IX 2007, 2008.

Heiser, Walter W., "Using Anti-Suit Injunctions to Prevent Interdictory Actions and to
Enforce Choice of Court Agreements", Utah Law Review, Vol. 2011(3), 2011.

Ho, Look Chan, "Anti-suit Injunctions in Cross-Border Insolvency: A Restatement",
International and Comparative Law Quarterly, Vol. 52(Part 3), 2003.

Holzapfel, Henrik/Dölling, Christian, "German Court Issues First-Ever Anti-Suit Injunction",
McDermott Will and Emery 웹사이트, 2019. 8. 2.(https://www.mwe.com/insights/
german-court-issues-first-ever-anti-suit-injunction/)(2020. 7. 20. 최종 방문)

Klein, Fabian M., "First Anti-Anti-Suit Injunction in Germany", Ashurst 웹페이지, 2020.
4.16.(https://www.ashurst.com/en/news-and-insights/legal-updates/first-anti-anti
-suit-injunction-in-germany/) (2020. 7. 20. 최종 방문)

Lee, Serena/Phua, Myron, "Why Allianz v. West Tankers Still Applies under the Brussels
Regulation (Recast): An Analysis of Nori Holdings v Bank Otkritie [2018] EWHC
1343 (Comm)", Journal of International Dispute Settlement, Vol.10(4), 2019.

Lenenbach[1998] = Lenenbach, Markus, "Antisuit Injunctions in England, Germany and
the United States: Their Treatment under European Civil Procedure and the
Hague Convention", 20 Loyola of Los Angeles International & Comparative
Law Review 257, L.A.: Loyola University, 1998.

Ling, Peter, "Paris Court Grants Anti-Anti-Suit Injunction in IPCom v. Lenovo", The Ipkat
웹페이지, 2019. 12. 2.
(http://ipkitten.blogspot.com/2019/12/paris-court-grants-anti-anti-suit.html)
(2020. 7. 20. 최종 방문)

Liu/Lai[2019] = Liu, Edward/Lai, Geoffrey, "Anti-suit injunction: the position in Hong
Kong", Arbitration Law Monthly 웹사이트, 2019.
(https://www.arbitrationlawmonthly.com/reliefs-and-remedies/inj
unctive-reliefs-and-orders/anti-suit-injunctions/anti-suit-injunc
tion-the-position-in-hong-kong-136164.htm)(2020. 7. 20. 최종 방문)

Lutzi, Tobias, "Nori Holdings: England & Wales High Court confirms 'continuing validity of the decision in West Tankers' under Brussels I Recast", 2018. (http://conflictoflaws.net/2018/nori-holdings-england-wales-high-court-confirms-continuing-validity-of-the-decision-in-west-tankers-under-brussels-i-recast/)(2020. 7. 20. 최종 방문)

Luxton, Nick, "Anti-Suit Injunctions in Hong Kong: Recent Developments", Asian Dispute Review, Vol. 18(2), 2016.

Markus/Giroud[2010] = Markus, Alexander R./Giroud, Sandrine, "A Swiss Perspective on West Tankers and its Aftermath", ASA Bulletin, Vol. 28(2), 230, 2010.

McClean, David, "A Common Inheritance? An Examination of the Private International Law Tradition of the Commonwealth", 260 Recueil des Cours 9, 1997.

Mok, Wynne/Townsend, Matthew, "Hong Kong Court Issues First Anti-suit Injunction in Restraint of Foreign Court Proceedings", Kluwer Arbitration Blog, 2015. (http://arbitrationblog.kluwerarbitration.com/2015/07/15/hong-kong-court-issues-first-anti-suit-injunction-in-restraint-of-foreign-court-proceedings/)(2020. 7. 20. 최종 방문)

Moses, Margaret, "Barring the Courthouse Door? Anti-Suit Injunctions in International Arbitration", Kluwer Arbitration Blog, 2011. (http://arbitrationblog.kluwerarbitration.com/2011/11/14/barring-the-courthouse-door-anti-suit-injunctions-in-international-arbitration/)(2020. 7. 20. 최종 방문)

Mourre, Alexis, "French Courts firmly reject anti-arbitration injunctions", Kluwer Arbitration Blog, May 6, 2010. (http://arbitrationblog.kluwerarbitration.com/2010/05/06/french-courts-firmly-reject-anti-arbitration-injunctions/?print=print) (2020. 7. 20. 최종 방문)

Paschalidis[2017] = Paschalidis, Paschalis, "The Future of Anti-Suit Injunctions in Support of Arbitration after the EU Court of Justice's Judgment in the Gazprom Case", 34 Journal of International Arbitration, 2017.

Perreau-Saussine[2010] = Louis Perreau-Saussine, "Forum Conveniens and Anti-Suit Injunctions before French Courts: Recent Developments", International and Comparative Law Quarterly, Vol. 59, 2010.

Richter, Konstanze, "Munich Higher Regional Court confirms Nokia's anti-anti-suit injunction against Continental", JUVE Patent Newsletter 웹사이트, 2019. 12. 12.(https://www.juve-patent.com/news-and-stories/cases/munich-higher-regional-court-confirms-nokias-anti-anti-suit-injunction-against-continental/)(2020. 7. 20.

최종 방문)

Riley, Brian W., "Civil Procedure - Antisuit Injunction Held Invalid against Parallel Suit in Foreign Country", 22 Suffolk U. L. Rev., 1988.

Ross, Steve, "French Court Issues Anti-Anti-Suit Injunction Claim in FRAND Dispute", International Litigation Blog 웹사이트, 2020. 1. 14.(http://international-litigation-blog.com/french-court-issues-anti-anti-suit-injunction-claim-in-frand-dispute/)(2020. 7. 20. 최종 방문)

Scherer/Jahnel[2009] = Scherer, Matthias/Jahnel, Werner, "Anti-Suit and Anti-Arbitration Injunctions in International Arbitration: A Swiss Perspective", 12 Intl ALR, 2009.

Schulze, Christina, "Paris and London courts award anti-anti-suit injunction", JUVE Patent Newsletter 웹사이트, 2019. 11. 11.
(https://www.juve-patent.com/news-and-stories/cases/paris-and-london-courts-award-anti-anti-suit-injunction/)(2020. 7. 20. 최종 방문)

Sternlight, "Consumer Arbitration", Arbitration Law in America, 2006.

Symeonides, Symeon C., "What Law Governs Forum Selection Clauses", Louisiana Law Review, Summer, 2018, Vol.78(4).

Tan[2005] = Tan, Daniel, "Damages for Breach of Forum Selection Clauses, Principled Remedies, and Control of International Civil Litigation", Texas International Law Journal, Vol. 40, Iss. 4, 2005.

Watt[2003] = Watt, Horatia Muir, "Injunctive Relief in the French Courts: A Case of Legal Borrowing", Cambridge Law Journal, 62(3), 2003.

Whytock, Christopher A., "The evolving forum shopping system", Cornell Law Review, vol. 96, 2011.

Wilske, Stephan and Krapfl, Claudia, "German Federal Court of Justice grants claim for damages due to violation of jurisdiction clause", International Bar Association Arbitration Committee publication, 2020.

Wilson, Maura E., "Let Go of That Case-British Anti-Suit Injunctions against Brussels Convention Members-", Cornell International Law Journal,Vol.36, 2003.

4ipcouncil 웹페이지, "Case law search: IPCom v. Lenovo, Court of Appeal of Paris - RG 19/21426", 2020. 4. 13.
(https://caselaw.4ipcouncil.com/search/tag/anti-anti-suit%20injunction) (2020. 7. 20. 최종 방문)

2. 독일 문헌

1) 단행본

Antomo[2017] = Antomo, Jennifer, Schadensersatz wegen der Verletzung einer internationalen Gerichtsstandsvereinbarung? : Eine Untersuchung von Schadensersatz- und anderen materiellrechtlichen Erstattungsansprüchen wegen der Missachtung einer internationalen Gerichtsstandsvereinbarung, Mohr Siebeck: Tübingen, 2017.

Geimer[2009] = Geimer, Reinhold, Internationales Zivilprozessrecht, 6. Auflage, 2009.

Hau[1996] = Hau, Jakob, Positive Kompetenzkonflikte im Internationalen Zivilprozessrecht, 1996.

Jasper[1990] = Jasper, Dieter, Forum shopping in England und Deutschland, 1990.

Kropholler[1982] = Kropholler, Jan, Handbuch des Internationalen Zivilverfahrensrecht Band I, Kapitel III, 1982.

Kropholler[2006] = Kropholler, Jan, Internationales Privatrecht, 6. Auflage, 2006.

Kürth[1988] = Kürth, Jügen, Inländischer Rechtsschutz gegen Verfahren vor ausländischen Gerichten, 1988.

Matscher[1967] = Matscher, Franz, Zuständigkeitsvereinbarungen im österreichischen und im internationalen Zivilprozessrecht, 1967.

Nagel, Heinrich, Internationales Zivilprozessrecht, 3. Aufl., 1991.

Nagel, Heinrich/Gottwald, Peter, Internationales Zivilprozessrecht, 5. Aufl., 2002.

Naumann[2008] = Naumann, Ingrid, Englische anti-suit injunctions zur Durchsetzung von Schiedsvereinbarungen, Mohr Siebeck, 2008.

Rosenberg/Schwab/Gottwald, Zivilprozessrecht, 15. Aufl., 1993.

Rosenberg/Schwab/Gottwald[2004] = Rosenberg/Schwab/Gottwald, Zivil prozessrecht, 16. Aufl., 2004.

Schack, Haimo, Internationales Zivilverfahrensrecht, 1991.

Schack[2006] = Schack, Haimo, Internationales Zivilverfahrensrecht, 4. Auflage, 2006.

Schack[2010] = Schack, Haimo, Internationales Zivilverfahrensrecht, 5. Auflage, 2010.

Schlosser[1985] = Schlosser, Peter, Der Justizkonflikt zwischen USA und Europa, 1985.

Schütze, Rolf A., Schiedsgericht und Schiedverfahren, 3. Auflage, 1999.

Schwab/Walter[2005] = Schwab, Karl Heinz/Walter, Gerhard, Schieds gerichtsbarkeit, 7.

Auflage, 2005.

Stein/Jonas, Kommentar zur Zivilproze β ordnung, 22. Aufl.(2002), Band. 9, § 940 II

Stein/Jonas, Kommentar zur Zivilproze β ordnung, 23. Aufl.(2014), Band. 1, § 38 II

Stein/Jonas, Kommentar zur Zivilproze β ordnung, 23. Aufl.(2016), Band. 3, § 256 VII

Wieczorek, Bernhard/Schütze, Rolf A., Zivilprozessordnung und Neben gesetze : Gro β kommentar, Band. 5., 1994.

2) 논문

Gottwald[1995] = Gottwald, Peter, "Internationale Gerichtsstandsverein barungen-Verträge zwischen Prozessrecht und materiellem Recht", Festschrift für Wolfram Henckel, zum 70. Geburtstag, 1995.

Mankowski[2009] = Mankowski, Peter, "Ist eine vertragliche Absicherung von Gerichtsstandsvereinbarungen möglich?", IPRax, 2009.

Pfeiffer[2007] = Pfeiffer, Thomas, "Die Absicherung von Gerichtsstands vereinbarungen durch Vereinbarung eines materiell-rechtlichen Kostenerstattungsanspruchs", Hau, Wolfgang u.a. (Hrsg.): Facetten des Verfahrensrechts, Köln, 2007.

Sachs, Klaus/Peiffer, Evgenia, "Schadensersatz wegen Klage vor dem staatlichen Gericht anstatt dem vereinbarten Schiedsgericht: Scharfe Waffe oder stumpfes Schwert im Arsenal schiedstreuer Parteien?", in: Hilbig-Lugani/Jakob/Mäsch/Reu β / Schmid(Hrsg.), Zwischenbilanz: Festschrift für Dagmar Coester-Waltjen zum 70. Geburtstag, 2015., S. 713 ff.

Schröder[1987] = Schröder, Jochen, "The Right not to be Sued Abroad", Festschrift für Gerhard Kegel zum 75, 1987.

Weyland, Peter, "Zur Frage der Ausschliesslichkeit internationaler Gerichts-standsverein- barungen", Gedachtnisschrift fur Peter Arens, 1993.

3. 일본 문헌

1) 단행본

古田啓昌[1997] = 古田啓昌, 國際訴訟競合, 信山社, 1997.

瀬木比呂志, 民事保全法, 日本評論社, 2014.

木棚照一/松岡 博/渡辺惺之[2007] = 木棚照一/松岡 博/渡辺惺之, 國際私法槪論,
　　　第5版, 有斐閣, 2007.

石黑一憲[1996] = 石黑一憲, 國際民事訴訟法, 新世社, 1996.

小梁吉章[2007] = 小梁吉章, 國際民商事法講義, 信山社, 2007.

松本博之/上野泰男[2015] = 松本博之/上野泰男, 民事訴訟法, 第8版, 弘文堂, 2015.

鈴木忠一 外 2人 編, 註解 强制執行法(4), 第一法規, 1979.

伊藤眞[2018] = 伊藤眞, 民事訴訟法, 第6版, 有斐閣, 2018.

中村達也[2017] = 中村達也, 仲裁法の論点, 成文堂, 2017.

秋元佐一郎, 國際民事訴訟法論, 國書刊行會, 1994.

2) 논문

高橋宏司[2007] = 高橋宏司, "管轄合意違反の損害賠償", 国際私法年報, 第9号,
　　　2007.

吉垣実, "アメリカ会社訴訟における 中間的差止命令手続の機能と展開 (1), (2) -
　　　予備的差止命令と仮制止命令の紛争解決機能-", 大阪経大論集, 2011,
　　　2012.

大須賀虔, "船荷證券裏面記載の普通契約條款によりなされた外國裁判所を專屬
　　　的管轄裁判所とする旨の合意が有效とされた事例", ジュリスト, NO.
　　　642, 1976.

安藤誠二[1998] = 安藤誠二, "外國訴訟差し止め命令と國際禮讓", 海事法研究 會
　　　誌, 145號, 1998.

池原秀雄, "國際的裁判管轄權", 新 實務民事訴訟法講座(鈴本忠一/三ケ月章 監
　　　修), 第7卷, 日本評論社, 1982.

平塚眞, "合意管轄", 別冊ジュリスト(涉外判例百選), NO. 133, 1995.

Dogauchi[1994] = Masato Dogauchi, "Concurrent Litigations in Japan and the United
　　　States", 37 The Japanese Annual of Int'l Law, 72, 1994.

Takahashi[2008] = Koji Takahashi, "Damages for Breach of a Choice-of-Court
　　　Agreement", Yearbook of Private International Law, Vol. 10, 2008.

4. 중국 문헌

류력, 주가보/이연(역), "중국에서의 부적절한 법정지의 원칙의 적용과 訴訟留止命令의 구축", 중국법연구, 제44집, 한중법학회, 2020. 11.

이창현

학력
고려대학교 영문학과(1998)

제41회 사법시험 합격(1999)

제31기 사법연수원 수료(2002)

고려대학교 법무대학원 국제거래법학과 석사(2005)

영국 런던정경대학(LSE) International Business Law(LL.M., 2013)

서울대학교 법학전문대학원 국제거래법전공 박사(2020)

경력
서울중앙지방법원 예비판사(2002-2004)

서울남부지방법원 판사(2004-2006)

창원지방법원 통영지원 판사(2006-2009)

수원지방법원 판사(2009-2014)

서울중앙지방법원 판사(2014-2016)

서울동부지방법원 판사(2016-2017)

부산지방법원 부장판사(2017-2020)

법무법인(유한) 태평양(2021-현재)

국제적 분쟁과 소송금지명령
(Anti-suit Injunction)

초판 1쇄 인쇄 | 2021년 06월 16일
초판 1쇄 발행 | 2021년 06월 30일

지 은 이   이창현
발 행 인   한정희
발 행 처   경인문화사
편   집   박지현 김지선 유지혜 한주연 이다빈
마 케 팅   전병관 하재일 유인순
출 판 번 호   제406-1973-000003호
주   소   경기도 파주시 회동길 445-1 경인빌딩 B동 4층
전   화   031-955-9300 팩   스   031-955-9310
홈 페 이 지   www.kyunginp.co.kr
이 메 일   kyungin@kyunginp.co.kr

ISBN   978-89-499-4973-4 93360

값 34,000원